Soziologie

Historischer Kontext und soziologische Theorie-Entwürfe

Von

Universitätsprofessorin

Dr. Gertraude Mikl-Horke

3., völlig überarbeitete und erweiterte Auflage

R. Oldenbourg Verlag München Wien

Die Deutsche Bibliothek - CIP-Einheitsaufnahme

Mikl-Horke, Gertraude:
Soziologie : historischer Kontext und soziologische Theorie-Entwürfe / von Gertraude Mikl-Horke. - 3., völlig überarb. und erw. Aufl. - München ; Wien : Oldenbourg, 1994
ISBN 3-486-23107-3

Gesamtherstellung: R. Oldenbourg Graphische Betriebe GmbH, München

ISBN 3-486-23107-3

Inhaltsverzeichnis

Einführung

Dieses Buch versteht sich als ein Begleiter durch das „Dickicht" soziologischer Theorien und Denkweisen. Ich bin dabei von der Überzeugung ausgegangen, daß die Begriffe und Theorien, mit denen Soziologen arbeiten, am besten verständlich und begreifbar gemacht werden können, wenn man sie zu ihren Ursprüngen zurückverfolgt, die in bestimmten Epochen, räumlichen Bezügen und konkreten Personen liegen. Die Selbsterzeugung eines ahistorischen Lehrbuchwissens, das -ismen, Richtungen, Modelle, Rezeptwissen und einen Kanon von Fachausdrücken anbietet und dies als die Wirklichkeit „Soziologie" hinstellt, erscheint mir unsinnig. Allen Zwängen in Richtung Selbstsystematisierung zum Trotz bleibt soziologisches Wissen untrennbar mit den Entstehungsbedingungen dieses Wissens verbunden und kann nicht davon abgelöst werden.

Im folgenden habe ich mir den Luxus geleistet, eine „Reise" durch die Epochen und Landschaften soziologischen Denkens zu unternehmen, und dies in der Absicht, es wieder als das intellektuelle Abenteuer begreifbar zu machen, das es über alle Dignität als akademisches Fach hinaus auch ist.

Will man etwas von der Soziologie als fortlaufendem Prozeß vermitteln, in dessen Verlauf Menschen versuchen, ihre soziale Wirklichkeit zu definieren, zu erklären, zu konstituieren, so kann sich das nicht in allgemeinen Feststellungen erschöpfen, sondern muß notwendig komplex werden. Vor allem setzt es eine historische Darstellung voraus, allerdings eine, die nicht einfach „Meisterdenker" stilisiert, sondern die individuellen intellektuellen Bemühungen in den Kontext der soziopolitischen, ökonomischen und kulturellen Szenarien ihrer Zeit und ihrer Gesellschaft setzt.

Die Soziologiegeschichte erlebt derzeit einen Aufschwung. Die Soziologen scheinen die Soziologie als Erkenntnisobjekt entdeckt zu haben. Eine große Zahl von soziologiehistorischen Studien zeugt von dem neuen Interesse an den Bedingungen und dem Verlauf der Entwicklung der Soziologie. Diese Studien sind zum Teil Ausdruck der Professionalisierung der Soziologie, zu einem anderen Teil Folge einer permanenten Krisenstimmung unter Soziologen. Als legitimierendes Vorbild diente das Umschwenken der Wissenschaftstheorie von einer normativen zu einer historisch-deskriptiven Absicht, wie sie die Arbeiten von Thomas S. Kuhn und anderen dokumentieren. Dabei wird Soziologiegeschichte aber in der Regel auf die interne Entwicklung der Wissenschaft begrenzt. Es werden Traditionen, Schulbildungen, Paradigmenwechsel und kumulativer Fortschritt beschrieben.

Die Entwicklung der Soziologie wird mitunter nach drei verschiedenen Aspekten differenziert dargestellt: als Ideengeschichte, als Theoriegeschichte und als Methodengeschichte. Diese Dreiteilung ist insofern interessant, als sie ein bemerkenswertes Faktum zutage zu fördern imstande ist: Die drei Aspekte haben sehr wenig miteinander zu tun, ihre Entwicklung erfolgte weitgehend getrennt und unabhängig voneinander. Die großen sozialen und politischen Bewegungen des 19. Jahrhunderts und ihre Ideologien Liberalismus, Sozialismus, Konservatismus in ihren nationalen Spielarten nahm die sich wissenschaftlich gebende Soziologie nicht wahr: Die Theoretiker der Soziologie übten und üben auch heute weitgehend intellektuelle Distanz zu den Ideen und Ideologien ihrer Zeit, und die empirische Sozialforschung entwickelte sich überhaupt aus anderen Wurzeln.

Eine andere Differenzierung ist die in die wissenschaftsinterne (Methoden- und Theorien-), die professionelle und die wissenschaftsexterne Entwicklung der Soziologie. Damit kann der Zusammenhang der intellektuellen (wissenschaftsinternen) Prozesse mit den professionellen (akademisch-institutionellen, beruflichen) Bedingungen und den gesellschaftlichen, i.e. den ökonomisch-politischen Verhältnissen des jeweiligen Landes und der jeweiligen Zeit hergestellt werden. Der Gang der Wissenschaft ist kein einseitig autonomer. Ideen fallen nicht vom Himmel, sondern sind in komplexer Weise Ausdruck von Lebens- und Umweltbedingungen und -erfahrungen. Die realen Umstände, unter denen wissenschaftliche Forschung vor sich geht, sind sehr wesentlich dafür, was geleistet wird; die beruflichen Aussichten, die Erwartungen von Karriere und Erfolg, die politischen Präferenzen, die bürokratischen Begrenzungen und Einengungen, die ökonomischen Verhältnisse in der Gesellschaft im allgemeinen sind Determinanten des wissenschaftlichen Output. Die Entwicklung der Soziologie geht nicht kontinuierlich und kumulativ vor sich, sondern ist durch Brüche und Unterschiede gekennzeichnet. Auch Soziologie ist ein Teil des sozialen Prozesses, von ihm bestimmt und ihn mitbeeinflussend, und stellt auch in ihrer Wissenschaftspraxis selbst einen sozialen Prozeß dar. Begriffe, Theorien, Methoden haben ihre interne, externe, professionelle und subjektive Geschichte, sie unterliegen sozialen Prozessen, die über ihren Erfolg oder ihr Vergessenwerden entscheiden, und sie formen unsere Deutung der Wirklichkeit mit.

Soziologische Theorien entstehen aus der Zeit heraus. Wenn wir sie im Bemühen um wissenschaftliche Distanz als ahistorische, nur analytische Ansätze behandeln, besteht die „Gefahr des Verlustes des Zusammenhangs mit der ursprünglichen Ausgangssituation, aus der die originäre Frageabsicht und Fragestellung erwachsen war. Die notwendige Auseinandersetzung aus der immer neuen Lebenssituation mit dem fertig überlieferten Frageansatz wird versäumt, und während die Wissenschaft von der lebendigen Bewegung des Lebens überholte Problematiken fortspinnt und die Sackgassen verfehlter Fragestellungen ständig verlängert, wird der Rückanschluß aus der Wissenschaft heraus an die Notwendigkeit des mitgelebten Lebens stets schwieriger.“[1]

So schrieb Siegfried Landshut schon 1932. Heute wird Soziologie in noch weit stärkerem Ausmaß als damals ohne historische Bezüge betrieben. Die Loslösung vom Historismus des 19. Jahrhunderts und die Bemühungen, die Soziologie als empirische und theoretische Wissenschaft zu begründen, waren Notwendigkeiten, die hier nicht in Frage gestellt werden sollen. Und doch muß gesagt werden, daß wir jetzt auch wieder eine verstärkte historische Reflexion brauchen, und zwar nicht, um antiquarischen Interessen zu frönen und soziologische Traditionen zu konservieren oder „Klassiker“ zu pflegen, sondern um uns zu fragen, ob unsere Modelle und unsere Theorien, unsere Begriffe und Methoden den gegenwärtigen Problemen entsprechen. Dazu kann uns die historische Analyse und Reflexion verhelfen, weil sie die Beziehung zwischen Wissenschaft und ihrer zeitlich-räumlichen Umwelt in den Blickpunkt rückt.

Trotzdem wurde weitestgehend davon Abstand genommen, die Aussagen der einzelnen hier behandelten „Soziologen“ auf Grundlage des historischen Kontextes ausführlich zu interpretieren. Dies vor allem deshalb, weil es nicht um die Einstellungen bzw. Stellungnahmen der Soziologen zu ihrer jeweiligen sozialen Wirklichkeit geht, sondern um Soziologie-Entwürfe, die nur indirekt Ausdruck ihrer Zeit und Gesellschaft sind. In den meisten Fällen betonten die Soziologen sogar emphatisch die Distanz zu den konkreten historischen Problemen ihrer Zeit; trotzdem sind sie nur in

---

[1] *Siegfried Landshut*, Kritik der Soziologie und andere Schriften zur Politik, Neuwied-Berlin 1969, S. 12

ihrer Zeit sinnvoll und nur aus dieser heraus wirklich zu verstehen. Zusammenhänge zwischen dem historischen Kontext und den Entwürfen einer Wissenschaft „Soziologie“ sind aber zu vielfältig und komplex, um in explikativer Weise dargestellt zu werden.

Die Frage „Was ist Soziologie?“ ist auch in der Gegenwart nicht durch den Hinweis auf eine „wahre“ Theorie zu beantworten. Noch immer geht es um Entwürfe, Versuche, Konzepte für eine Wissenschaft „Soziologie“. Diese Tatsache zeigt nicht die „Unreife“ unserer Disziplin auf, sondern nur ihre implizite Historizität. Die linearkumulative Vorstellung von wissenschaftlichem Fortschritt ist auf die Soziologie nicht anwendbar, weil ihre Begriffe und Problemstellungen nicht wissenschaftsintern generiert, sondern durch realhistorische Bedingungen sehr stark beeinflußt sind. In gewisser Weise lebt in der Soziologie das Erbe einer ihrer Wurzeln, der Literatur, fort und macht sie zur expressiven Funktion einer Zeit, einer Kultur.[2]

---

[2] Siehe dazu: *Wolf Lepenies*, Die drei Kulturen, Soziologie zwischen Literatur und Wissenschaft, München 1985

I. Die Idee der Soziologie

1. Voraussetzungen der Soziologie

Die Soziologie in der Phase ihrer Entstehung als Einzelwissenschaft setzte den Begriff „Gesellschaft" voraus und beanspruchte, eine „Theorie" der Gesellschaft aus der Erkenntnis der naturgesetzlichen Grundlagen der sozialen Ordnung zu entwickeln.[1] Man kann sogar sagen, daß die Voraussetzung dafür, daß es überhaupt zu einer eigenen Wissenschaft der Soziologie kommen konnte, die Erfindung der „Gesellschaft" war, d.h. die Karriere des Begriffs „Gesellschaft" im theoretischen Denken und im öffentlichen Sprachgebrauch.

Diese „Soziologie" entstand aus dem Geist der Aufklärung und der Reaktion auf die Französische Revolution. Sie ist daher Produkt einer bestimmten Zeit und Gesellschaft, wirkte sich aber in der Folge selbst als Produzent sozialer Wirklichkeit aus. Sie stand mit geistigen und politischen Strömungen der Zeit in Verbindung, aber soziales Denken mußte nicht zwangsläufig in die „Soziologie" einmünden. Das beweisen eine Reihe von Denkern, Wissenschaftlern, Sozialreformern, die sich sehr intensiv mit sozialen Zusammenhängen auseinandersetzten, sich aber keineswegs als „Soziologen" verstanden. Nur zwei von ihnen sollen hier erwähnt werden: Alexis de Tocqueville, der Zeitgenosse und Landsmann von Auguste Comte, dessen Werke „Über die Demokratie in Amerika" und „Der alte Staat und die Revolution" noch heute lesenswert und interessant sind, während Comtes Werk im Vergleich dazu ziemlich antiquiert wirkt; und Karl Marx, der sich über Comtes Soziologie, soweit er sie überhaupt zur Kenntnis nahm, mokierte und dessen Historischer Materialismus zur größten Herausforderung für die Soziologie wurde.

Im 19. Jahrhundert verband man mit dem Wort „Soziologie" ein ganz bestimmtes intellektuelles Unterfangen, das aber sicherlich nicht die einzige Art und Weise umfaßte, wie man die Frage nach der sozialen Ordnung und ihrer Entwicklung stellte. Die Frage selbst: Wie ist soziale Ordnung möglich? stand nicht am Anfang, sondern am Ende einer Entwicklung der Reflexion über Soziales.[2]

Die Soziologie ist eine bestimmte Antwort auf die Frage nach der sozialen Ordnung, die die nachfolgende Reflexion kanalisierte, die aber nicht die einzig mögliche war. Auch nach dem Auftauchen dieser spezifischen neuen Wissenschaft gab es andere Zugangsweisen zu sozialen Problemen, die sich nicht als „Soziologie" verstanden. In der Gegenwart hat sich der Umfang dessen, was die Soziologie beinhaltet, stark vergrößert und umfaßt heute viele vordem alternative Denkweisen, die als „Richtungen" oder „Paradigmen" bezeichnet werden.

Die Entstehung der Soziologie als Einzelwissenschaft erfolgte vor dem Hintergrund langfristiger Entwicklungen, deren Nachwirken bis in die Gegenwart hineinreicht. Sie bezogen sich auf vier Dimensionen:

1. Die Idee einer „natürlichen" gesellschaftlichen Ordnung, die ihre eigene Rationa-

---

[1] Die Auffassung *Tenbrucks*, daß die Soziologie Urheberin des modernen Gesellschaftsbegriffs sei, erscheint als eine Umkehrung der Tatsachen. Vgl. *Friedrich H. Tenbruck*, Die unbewältigten Sozialwissenschaften oder die Abschaffung des Menschen, Graz-Wien-Köln 1984

[2] Siehe dazu: *Niklas Luhmann*, Gesellschaftsstruktur und Semantik, Bd. 2, Frankfurt 1981, S. 195ff.

lität hat, und daher nicht dem „Staat" als der politisch-institutionellen Ordnung unterstellt werden kann, sondern ihm gegenüber steht, von ihm getrennt gedacht wird.
2. Die Entwicklung der Marktwirtschaft, deren Träger nicht der Staat, sondern die „bürgerliche Gesellschaft" ist.
3. Die „Verzeitlichung" der Geschichte als Grundlage für das Interesse am Sinn und Fortschritt der Geschichte.
4. Die Entwicklung der modernen Wissenschaftsauffassung und die Idee des wissenschaftlichen Fortschritts.

Der moderne Staat und die Gesellschaft

Der absolutistische Staat in der europäischen neuzeitlichen Entwicklung war aus aristokratisch-feudalen Strukturen hervorgegangen und personifiziert im König und dem Herrscherhaus, in der Dynastie. Der Begriff „Gesellschaft" bezog sich primär auf die höfische Gesellschaft, darunter befand sich das „Volk". Erst allmählich begannen sich die vertikalen Strukturen aufzulockern oder zumindest hinterfragt zu werden. Beiträge zu diesem Wandel leisteten die „Glorious Revolution" in England, die Aufklärung und die Französische Revolution; er gründete aber in dem Aufstieg einer Händler- und Kaufmannsschicht aus dem Volk, die ihre Stellung ohne Bezug zu dem Aufstiegs- und Privilegiensystem des „Ancien Régime" erreichte und die in der Folge zum Träger einer vom alten Staat unterschiedenen Macht und zugleich zum Träger des neuen „staatsbürgerlichen" Denkens wurde.

Intellektuell machte sich diese Entwicklung in der Idee einer „natürlichen Ordnung" geltend, die dem Staatsgebilde des Ancien Régime gegenübergestellt wurde. Schon im 17. Jahrhundert hat Thomas Hobbes (1588–1679) in England zwei Sphären, eine der Vernunft und eine der Natur (oder des Staates und der Gesellschaft), unterschieden. Während die Vergemeinschaftung bei den Tieren „natürlich" erfolge, werde sie bei den Menschen „künstlich" herbeigeführt durch den Vertrag, auf dem der Staat als Verkörperung von Gewalt und Gerechtigkeit beruhe. Seine Aufgabe ist die des Schutzes und seine Grundlage die Ubertragung der Rechte von den einzelnen auf den Souverän. Am nachhaltigsten war der Einfluß von Jean-Jacques Rousseau (1712–1778) mit seinem Konzept des „ordre naturel", der sich durch den Sozialvertrag zum „ordre positif" wandelt. Der Urzustand der menschlichen Gemeinschaft ist Rousseau zufolge gekennzeichnet durch Freiheit und Gleichheit aller. Durch die Arbeitsteilung kommt es zur Aneignung von Grund und Boden durch einige wenige, die mit den Besitzlosen einen Gesellschaftsvertrag schließen, der auf Ungleichheit und Unfreiheit der Besitzlosen beruht und durch den Unterwerfungsvertrag schließlich die Ungleichheitsordnung des bestehenden Staatswesens besiegelt. Sie kann nur aufgehoben werden durch die Übertragung der Rechte aller einzelnen an die Gemeinschaft im Zuge eines Abstimmungsverfahrens, in dem sich die Interessen der einzelnen neutralisieren und der Gemeinwille begründet wird. Die Menschen verpflichten sich in diesem Sozialvertrag doppelseitig, d.h. einmal als Teile des Souveräns und zum anderen als Untertanen zur Unterordnung unter den Gemeinwillen.

Die Idee des Sozialvertrages beherrschte die englische und französische kritische Philosophie des 18. Jahrhunderts. Seine Grundlage sind zum einen die Voraussetzung einer natürlichen, von der dynastisch-aristokratischen Herrschaftsordnung und deren Zivilisation abtrennbaren, eigengesetzlichen Ordnung, die sich den Staat erst zu schaffen vermag; und zum anderen die wachsende Bewußtheit, daß die Geschichte und damit auch die soziale und politische Ordnung nicht gottgewollt und darum

„heilige Ordnung“ ist, sondern Menschenwerk und vom Menschen darum geändert werden kann und muß, wenn die Menschheit die in ihr angelegten Möglichkeiten des Fortschritts entwickeln soll.

Die politische Revolution in Frankreich brachte schließlich den neuen Staat hervor. Sie war begleitet und vorbereitet durch eine geistige Revolution, ein neues Bewußtsein, das vor allem durch die Hoffnung auf die Wissenschaft bestimmt war. Das Verhältnis von neuer Gesellschaft, neuem Staat und neuem Bewußtsein war in den einzelnen Ländern ein unterschiedliches. Wir heben hier nur Frankreich, England und Deutschland hervor.

In England ging die Entwicklung der neuen Gesellschaft aufgrund der frühen wirtschaftlichen Entwicklung und der bereits im 17. Jahrhundert stattgefundenen demokratischen Revolution der in anderen Ländern voraus. Die Souveränität verschob sich von der Krone auf das Parlament. Dies wurde in der von den Whigs verfochtenen rationalistischen Naturrechtsauffassung reflektiert, wie wir sie sowohl bei Thomas Hobbes, mehr aber noch bei John Locke (1632–1704), der einige Zeit lang Berater von Lord Shaftesbury war, finden. Der Staat wird als notwendig erachtet, um die Gesellschaft im Naturzustand zu ordnen und zu befrieden – sowohl bei Hobbes wie bei Locke ist der Naturzustand auf Grund der jedem einzelnen Bürger zustehenden natürlichen Rechte ein „Kampf aller gegen alle“ –, aber es ist ein Staat, der auf Gesetz beruht. Locke skizzierte im zweiten „Treatise of Government“ (1690) die Grundprinzipien des liberalen Rechtsstaates. Die durch den Sozialvertrag begründete politische Kollektivität der Bürger überträgt ihre Rechte den staatlichen Organen der Legislative und Exekutive. Die Krone hat im Rahmen dieses Staates wichtige Befugnisse, sie ist aber zum Staatsorgan geworden. Die bürgerliche Gesellschaft hat damit eine naturrechtliche Legitimation der emanzipatorischen Interessen des wirtschaftlich aufstrebenden Teils der Bevölkerung gefunden und sich den Staat als Kontroll- und Ordnungsinstrument geschaffen. Im 18. Jahrhundert erfolgte in England und Schottland eigentlich nur eine Festigung und Weiterentwicklung der Strukturen, die sich als Ergebnis der Umwälzungen des 17. Jahrhunderts ergeben hatten. Vor allem die wirtschaftliche Entwicklung nahm einen großen Aufschwung, die industrielle Revolution setzte ein und wurde als Fortschritt gefeiert.

John Millar, Adam Smith und Adam Ferguson, die Begründer der schottischen Schule der Moralphilosophie, begriffen demgegenüber die Entwicklung der „bürgerlichen Gesellschaft“ (civil society) als eine Naturgeschichte der Menschheit, die sich in Stufen vollzieht. Anders als Hobbes und Locke stellten sie nicht die vielen einzelnen Menschen in den Mittelpunkt, sondern die Gruppen und sozialen Beziehungen und untersuchten die tatsächliche „historische“ Entwicklung ganzer Gesellschaften, allerdings nicht als Ereignisgeschichte, sondern als systematische Entwicklung von Gesellschaften. Fergusons Begriff der „civil society“ ist daher im Gegensatz zu dem von Hobbes oder Locke verwendeten oder auch dem bei Hegel anzutreffenden Begriff nicht auf die neuzeitlich-bürgerliche Gesellschaft bezogen, sondern eine kritische Instanz, an der er reale Gesellschaften mißt. Und gerade die aufkommende Klassengesellschaft der „commercial society“ entspricht diesen Normen nicht. In Schottland gab es zu der Zeit, als England schon auf dem Weg zur Marktgesellschaft war, keine nennenswerte Bourgeoisie. Eine „civil society“ ohne Besitzbürgertum war für Ferguson und auch für John Millar durchaus vorstellbar. Der Fortschritt der Gesellschaft ist in ihrer Auffassung abhängig von der Entwicklung von Arbeitsteilung und Eigentumsordnung und kann daher auch gehemmt oder beschleunigt werden durch staatliche Eingriffe. Diese müssen dem Prinzip der sozialen Nützlichkeit unterworfen werden, die sich nach dem Grad der Angleichung der Stände und der Gleichheit der Rechte aller Menschen bemißt. Sie kommen aber durch Austragung sozialer und politischer Konflikte zustande.

Im Gegensatz zu England war die Tendenz in Frankreich stärker, auch die sozialen und wirtschaftlichen Probleme durch rationale Regelung zu lösen; die Wissenschaft sollte hierfür die Grundlage liefern. Eine solche Tendenz ist auch bei Montesquieu (1689–1755) bemerkbar, insbesondere in dem für die Soziologie bedeutsamen Werk „L'ésprit des lois": Obgleich die Menschen natürlichen Gesetzen unterliegen, sind diese nur Ausgangsbedingungen, deren Ausformung in der Gesellschaft mit Hilfe der von menschlicher Vernunft geschaffenen „positiven" Gesetze erfolgt. Bei Montesquieu taucht die Spannung zwischen Natur und Vernunft auf, die gerade für die französische Gesellschaftsauffassung so wesentlich ist, denn bei Montesquieu ist Vernunft die Entsprechung zwischen den staatlichen und bürgerlichen Gesetzen und der „Natur" des Landes, des Volkes und der Regierung.

Den ungeheuren Aufstieg des Glaubens in die Wissenschaft reflektiert das Werk des Marquis de Condorcet (1743–1794). Die Wissenschaft soll nicht nur die Beobachterin sozialer Verursachung sein, sondern die bewegende Kraft im dynamischen Fortschritt der Menschheit werden. Nicht nur die „Natur" der Dinge sollte erkannt werden, sondern diese sollten entsprechend der Vernunft geordnet werden.

Der Comte de Saint-Simon (1760–1825) gab dem Glauben an die Wissenschaft als Grundlage für die Konstruktion einer gerechteren Gesellschaft ebenso Ausdruck wie Condorcet, faßte den Geist, die Vernunft und die Wissenschft aber als Teil der Natur auf, der ebenso wie diese einer naturgesetzlichen Entwicklung unterliegt. Im Falle der geistigen Evolution kommt es zu einem Fortschritt von der Erkenntnis der physischen Welt hin zur Selbsterkenntnis des Geistes. Ziel der Erkenntnis ist das Finden des einen, alles bewegenden Gesetzes, das Geist und Natur gleichermaßen umfaßt. Die Wissenschaft von der Gesellschaft ist Teil dieses einheitlichen Geistes. Comte war zeitweiliger Mitarbeiter Saint-Simons und von diesem stark beeinflußt. Beider Denken war durch die Tatsache geprägt, daß die Französische Revolution schon stattgefunden hatte, das Ancien Régime hinweggeschwemmt hatte und trotzdem gescheitert war. Vernunft implizierte nicht mehr die Möglichkeit revolutionären Handelns, sondern die schrittweise Konstruktion auf der Basis rationaler Wissenschaft. Für Saint-Simon ist es die Industrie, die Träger dieser Entwicklung werden soll, für Comte ist es die Politik.

In Deutschland eilte die Entwicklung des Bewußtseins der sozialen und politischen Entwicklung voraus. Die Ideen der Aufklärung fanden nirgends so weite Verbreitung wie in Deutschland, sie blieben aber weitgehend „freischwebend" durch die Tatsache der rückständigen politischen und ökonomischen Entwicklung. In Preußen gab sich der Staat als die revolutionäre Kraft, die die Ideen der Aufklärung in sich verkörperte. Das Pendant des preußischen Staates aber war das „Volk", nicht die Gesellschaft als eigenständige Ordnung, denn der preußische Staat beruhte in Wirklichkeit wie das „Ancien Régime" auf dem dynastischen Prinzip. Das ist der Hintergrund des deutschen Idealismus.

Die Idee des Staates als Inkarnation der Vernunft hat G. W. F. Hegel (1770–1831) am einprägsamsten herausgestellt. Er meinte damit den protestantischen preußischen Staat Friedrichs II. Hegel sah im Staat als abstraktes Prinzip das Subjekt der Geschichte, das sich in ihrem Objekt, der Gesellschaft, konkretisiert. Der Staat sorgt für den Ausgleich der Einzelinteressen, welche die Gesellschaft kennzeichnen. Diese neue Idee des Staates hat aber mit dem realen alten Staat, dem dynastischen Staat und seiner Wirklichkeit nur wenig zu tun. Es ist vielmehr jenes rationale, zivilisatorische Gebilde, das sich die Aufklärung als Komplement und Regulativ der ökonomisch fundierten Gesellschaftsordnung dachte. Die „Gesellschaft" wurde in Preußen als ein das ideale Wirken des rationalen Staates störendes Prinzip aufgefaßt und später nach der Restauration des Obrigkeitsstaates mit der suspekten kapitalistischen Marktwirtschaft identifiziert.

Lorenz von Stein (1815–1890) sah die Beziehung von Staat und Gesellschaft als antinomische Bewegung aller menschlichen Gemeinschaft. Der Staat kann sein eigentliches Prinzip der Verfassung und Verwaltung real nicht verwirklichen, weil die Gesellschaft als Insgesamt der Beziehungen der einzelnen durch das Streben jedes einzelnen bestimmt ist, jene Mittel zu erwerben, welche die anderen von ihm abhängig machen. Das Interesse, das auf Erwerb, Besitz und Macht zielt, ist das Prinzip der Gesellschaft. Zwischen den Prinzipien von Staat und Gesellschaft herrscht ein direkter Widerspruch. Dieser Gegensatz ist jedoch überhöht und bestimmt durch die Bewegungsgesetze der menschlichen Gemeinschaft.

In diesen Auffassungen von den Grundprinzipien von Vernunft und Natur bzw. „des" Staates und „der" Gesellschaft spiegeln sich nichts anderes als das historische Ideal des modernen Staates, die liberale Staatsidee, und die historische Realität der „bürgerlichen Gesellschaft" des 19. Jahrhunderts wider, die durch die Entwicklung und Umwälzung der Wirtschaft gekennzeichnet war. Die Trennung von Staat und Gesellschaft war reflektiert in der Transformation von stratifikatorischer zu funktionaler Differenzierung, wie Luhmann den Wandel der sozialen Strukturen in dieser Epoche bezeichnet.[3]

Marktwirtschaft und bürgerliche Gesellschaft

Condorcet, Saint-Simon und auch Comte waren der Wirtschaft, im besonderen der Industrie und dem Markthandel gegenüber durchaus positiv eingestellt. Technik, Handel und Industrie wurden neben den Wissenschaften als die Kräfte des Fortschritts angesehen. Ähnlich dem Walten der Vernunft oder der „natürlichen" Gesetzmäßigkeiten wurde auch der Markt mit seiner Lenkung der „unsichtbaren Hand" den alten Autoritäten und ihren willkürlichen Eingriffen gegenübergestellt. Auch Markt und Industrie ließen sich als Grundlage für die Idee einer neuen Gesellschaftsordnung, die auf Freiheit und Gleichheit gegründet ist, benutzen. Condorcet hob den pazifizierenden und ordnenden Einfluß von Handel und Industrie hervor, eine Beurteilung, die sich noch ein Jahrhundert später bei Herbert Spencer wiederfindet. Besonders für die britische Gesellschaftsordnung spielten Markthandel und kommerziell genutztes Eigentum schon im 17. Jahrhundert eine große Rolle, was sich etwa in Hobbes' „Behemoth" und im „Leviathan" niedergeschlagen hat.

Das ökonomische Denken hatte in Großbritannien eine umfassende Bedeutung für das Verständnis von Gesellschaft, Staat und Wirtschaft. Es ist daher durchaus legitim, wenn Adam Smith als einer der Begründer der Soziologie angesehen wird; er kann in der Tat als Repräsentant einer spezifisch britischen „Soziologie" angesehen werden. Sie ist aber ihrer ganzen Intention nach ein umfassendes Ideengebäude, das auf einer Moralphilosophie gründet, und nicht eine Einzelwissenschaft.

Der Liberalismus des 19. Jahrhunderts gehört genauso wie das Aufklärungsdenken des 18. Jahrhunderts zu den ideellen Grundlagen des modernen Gesellschaftsbegriffs. Die Autonomie der ökonomischen Gesellschaft vom Staat gründet hierbei auf der Freiheit des einzelnen, die aber quasi von selbst das Gemeinwohl herbeiführt. John St. Mill hat den Utilitarismus von Jeremy Bentham und James Mill auf eine profunde

---

[3] *Niklas Luhmann*, Soziologische Aufklärung 4, Opladen 1987, S. 67ff.

philosophische Basis gestellt. Er wurde in England zur ethischen und praxeologischen Grundlage der Wirtschaftsgesellschaft.

Die Revolutionen von 1848 in Europa und ihre Folgen machten endgültig klar, daß der ganze Prozeß der politischen und sozialen Veränderung seit der Französischen Revolution das Emporsteigen einer ganz bestimmten Klasse, des Bürgertums, in ökonomischer und politischer Hinsicht begünstigt hatte. Das „bürgerliche" Zeitalter hatte begonnen, und die Formel von der „menschlichen natürlichen Ordnung" hatte einen anderen Inhalt bekommen: den der kapitalistischen Marktgesellschaft. „Gesellschaft" bedeutet bei Lorenz von Stein etwa die „organische Einheit des menschlichen Lebens, durch die Verteilung der Güter bedingt, durch den Organismus der Arbeit geregelt, durch das System der Bedürfnisse in Bewegung gesetzt und durch die Familie und ihr Recht an bestimmte Geschlechter dauernd gebunden."[4]

„Bürgerlich" bedeutet dem 19. Jahrhundert immer weniger „staatsbürgerlich", sondern verbindet das politische Mitreden mit der Eigentums- und Besitzordnung und beschränkt es auf eine Schicht der Besitzenden. In diesem Sinne spricht Karl Marx vom „bürgerlichen Staat" als dem von einer Klasse beherrschten Staat. „Gesellschaft" wurde zu einer sozialen Ordnung, die sich auf die Sitten, Bräuche und Interessen des „Dritten Standes" stützte. Für Ferdinand Tönnies bestand der Gegensatz in dieser Gesellschaft nicht zwischen dem Bürgertum und der Arbeiterklasse wie bei Marx, sondern in der Konfrontation der Gesellschaft mit der „Gemeinschaft" als der traditionalen, realen und organisch gewachsenen Ordnung.

Die Herauslösung des Marktsystems aus dem sozialen Gefüge sieht Karl Polany als maßgebend für die „Entdeckung" der Gesellschaft an, allerdings auch für die Entstehung der sozialen Frage: „Pauperismus, Nationalökonomie und die Entdekkung der Gesellschaft waren miteinander eng verflochten."[5]

Die Gesetze des Geschäftsverkehrs wurden quasi als Naturgesetze aufgefaßt, und nach dem Sieg der marktwirtschaftlichen Ordnung wurden alle Bereiche der Gesellschaft seiner Logik unterworfen. Dies wird auch in der Reflexion über Gesellschaft deutlich. Für Karl Marx sind Markt und bürgerliche Gesellschaft untrennbar miteinander verbunden. Auch bei Max Weber finden sich Ansätze zu einer sehr engen Anlehnung des Gesellschaftsbegriffs an das Prinzip der „Marktvergesellschaftung". In dem unvollendeten 6. Kapitel von „Wirtschaft und Gesellschaft" bezeichnet er die Vergesellschaftung durch Tausch auf dem Markt als den Archetypos allen rationalen Gesellschaftshandelns. Diese Auffassung teilte auch Vilfredo Pareto, und sie setzte sich bis auf den heutigen Tag in der Ökonomie durch, so daß die ökonomische Logik schließlich als die allgemeine Logik rationalen Handelns dargestellt werden konnte.

Nicht nur ist die Soziologie als Disziplin besonders in Deutschland aus dem „Geist" der Nationalökonomie entstanden, sie hat unvermeidlich auch Elemente des vorherrschenden ökonomischen Denkstils übernommen. So weist Hans Albert[6] auf die ökonomische Tradition im soziologischen Denken hin, vor allem auf die Bedeutung der durch die Funktionsweise des Marktes suggerierten Idee eines automatisch funktionierenden Sanktionsmechanismus der sozialen Kontrolle. Wir müssen allerdings nicht auf diesen Einfluß der marktökonomischen Denkweise auf die Soziologie rekurrieren, um feststellen zu können, daß die Soziologie im frühen 19. Jahrhundert

---

[4] *Lorenz von Stein*, Geschichte der sozialen Bewegung in Frankreich von 1789 bis auf unsere Tage, Bd. 1, München 1921, S. 29

[5] *Karl Polanyi*, The Great Transformation, Wien 1977, S. 114

[6] *Hans Albert*, Marktsoziologie und Entscheidungslogik, Neuwied-Berlin, 1967, S. 13ff.

zweifellos als eine „bürgerliche Soziologie“ begann. Sie entsprang einem Zeitgeist, der durch das zu ökonomischer und politischer Macht aufsteigende Bürgertum bestimmt war und sie war weder der marktwirtschaftlichen noch der industriellen Entwicklung gegenüber negativ eingestellt, was allerdings nicht bedeutet, daß sie ein Instrument bourgoiser oder kapitalistischer Interessen war. Das wollte sie nicht und konnte sie auch gar nicht, denn sie beschränkte sich weitgehend auf die Ideengebäude einiger weniger Außenseiter.

Die Beziehung „bürgerlich“ ist allerdings nur solange gerechtfertigt als das Bürgertum tatsächlich eine sich herausbildende eigene Klasse darstellte, deren Handeln wesentlichen Anteil an dem Denken der Zeit hatte – und das ist eigentlich nur für den Beginn der Soziologie zutreffend gewesen.

Geschichtsphilosophie und Fortschritt der menschlichen Gesellschaft

Zwischen dem 15. und 18. Jahrhundert vollzog sich eine Änderung des Zeitbewußtseins und ein Wandel der Einstellung zur Vergangenheit. Waren bis dahin Gegenwart und Zukunft immer auf Vergangenes bezogen und wurden aus ihm heraus erklärt als ein Immer-Wiederkehren, so begann sich im erwähnten Zeitraum eine Umkehr im Verhältnis zwischen Vergangenheit und Zukunft abzuzeichnen; die Zukunft wurde das Bestimmende, auf das hin die Vergangenheit bezogen und erklärt, zur „vergangenen Zukunft“ wurde. Die Geschichte, in der sich diese Umkehr niederschlug, wurde uminterpretiert im Sinne eines Kontinuums von Vergangenheit und Zukunft. Diese Verzeitlichung der Geschichte wurde eine der Voraussetzungen für das Fortschrittsdenken und für die Entstehung der Geschichtsphilosophie als Erklärung einer unerfahrbar gewordenen Gegenwart.[7] Die Geschichtsphilosophie entstand als eine Kombination von Politik und Prophetie, eine Mischung aus rationaler Zukunftsprognostik und Heilserwartung im Schatten des absolutistischen Staates.

Giovanni Battista Vico (1668–1744) hatte mit seinem Diktum, daß der Mensch die Geschichte „mache“, noch gemeint, der Mensch setze die Ereignisse und Handlungen, die zu seiner „Geschichte“ werden, er könne diese aber nicht prognostizieren. Die „storia ideale eterna“, die Vico zum Zweck der Überwindung der Differenz von „scientia“ und „historia“ entwarf, sah ein allgemeines Grundmuster der Kulturentwicklung am Werke: Aufstieg, Blüte, Verfall, das er als Gesetzmäßigkeit der Geschichte auffaßte. Diese „ricorsi“ kehrten in späteren Kulturtheorien bei Arnold Toynbee oder Oswald Spengler wieder. Bei Kant und Hegel nimmt Geschichte schon einen anderen Sinn an, sie wird zu einem linear fortschreitenden Prozeß, der seine Logik in sich selbst trägt, eine endogene Entwicklung darstellt. Der große Königsberger Philosoph drückte dies folgendermaßen aus: „Man kann die Geschichte der Menschengattung im großen als die Vollziehung eines verborgenen Plans der Natur ansehen, um eine innerlich- und, zu diesem Zweck auch äußerlich-vollkommene Staatsverfassung zu Stande zu bringen, als den einzigen Zustand, in welchem sie alle ihre Anlagen in der Menschheit völlig entwickeln kann.“[8] Die Weltgeschichte hat sozusagen einen Leitfaden a priori, der mit der „Natur“ menschlicher Vergesellschaftung als „ungesellige Geselligkeit“ des Menschen begründet wird. Kant und Hegel sahen in der Nachfolge und Umdeutung von Hobbes und Locke den Staat als Instrument und Ausdruck der Möglichkeit der Vervollkommnung der Menschheit an.

---

[7] *Reinhart Koselleck*, Vergangene Zukunft, Frankfurt 1985, S. 34

[8] *Immanuel Kant*, Idee zu einer allgemeinen Geschichte in weltbürgerlicher Absicht (1784), in: Was ist Aufklärung? Aufsätze zur Geschichte und Philosophie, besp. von Jürgen Zehbe, 3. Aufl., Göttingen 1985, S. 40ff.

Die französischen Aufklärer hingegen verstanden die Natur und die Naturgesetzlichkeit der Gesellschaft im Gegensatz zum (alten) Staat. Beide aber sahen in der Natur die Wirkung der Vernunft; sie zu erkennen und im eigenen Tun anzuwenden galt als das erklärte Ziel in bezug auf die Neuordnung der Gesellschaft. Die Idee der Evolution, die im 19. Jahrhundert rasch zu einer dominanten Vorstellung wurde, unterstützte die lineare, endogene Vorstellung von „Geschichte".

Der Problematik, die sich aus der Vorstellung der geschichtlichen Welt als Menschenwerk, das nichtsdestotrotz Gesetzen der Natur unterliegt, ergab, begegnete Hegel mit der Differenzierung von Verstand und Vernunft. „Der einzige Gedanke, den die Philosophie mitbringt, ist... der einfache Gedanke der Vernunft, daß die Vernunft die Welt beherrsche, daß es also auch in der Weltgeschichte vernünftig zugegangen sei."[9] Die Geschichte ist für ihn jener Gesamtprozeß der Selbstverwirklichung des „Weltgeistes", der sowohl das Allgemeine im Besonderen realisiert wie auch das Besondere ins Allgemeine aufgehen läßt und eine Richtung hat, die er als „Fortschritt im Bewußtsein der Freiheit" bezeichnet. Die Bewegung der Geschichte aber ist durch die Dialektik der Abfolge von Tätigwerden und Selbstbetrachtung bestimmt, sie führt zur Selbsterkenntnis des Geistes in jeder Epoche. Die Machbarkeit der Geschichte wird dann anders interpretiert, nämlich als in die Zukunft weisende Gestaltungsmöglichkeit des Menschen. Durch den Widerspruch zwischen der Vernunft, die der Natur des Menschen entspricht und jener, die sich in der Geschichte verwirklicht, entfernt Hegel die Machbarkeit der Geschichte aber aus dem Bereich der Gestaltung durch den einzelnen Menschen; der Staat als Objektivierung des individuellen Willens wird zum Vollzugsorgan der historischen Vernunft.

Bei Marx wird die Geschichtsphilosophie nicht nur auf eine materialistische Basis gestellt, nicht der Staat als Idee ist der Träger und Exekutor des Sinns der Geschichte, sondern die ökonomischen Bewegungsgesetze der Gesellschaft; diese wird auch pragmatisch erkennbar, indem man Geschichte praktisch macht und damit ihren Sinn „erzeugt". Geschichte wird nicht durch Reflexion erklärt, sondern durch tätige Aneignung zugleich „gemacht" und interpretiert.

Die Fortschrittsidee bewirkte nicht nur eine Neudefinition der Geschichte des menschlichen Geistes als ständigen Prozeß der Höherentwicklung, sondern verband den geistigen Fortschritt mit dem Fortschritt der Lebensumstände, mit dem sozialen Fortschritt. Der konkrete Inhalt des Fortschritts wechselte mit den politisch-ökonomischen Bedingungen und den Intentionen der Denker. Condorcet etwa sah den Fortschritt des menschlichen Geistes als grenzenlos an und als unlösbar verbunden mit dem sozialen Fortschritt in Richtung auf mehr Gleichheit. Herbert Spencer sah ihn hingegen in der Befriedung der Gesellschaft und der Freiheit der einzelnen. Condorcet, Spencer und auch Comte sahen als das Instrument des geistigen und sozialen Fortschritts unisono die Wissenschaft an, und das ganze 19. Jahrhundert setzte seine Hoffnung auf die wissenschaftliche Erkenntnis, die durch die Aufdeckung der natürlichen Gesetze der Gesellschaft und ihrer Evolution dem Fortschritt der Menschheit den Weg weisen sollte.

Naturwissenschaft und wissenschaftlicher Fortschritt

Wissenschaft wurde zur legitimen Erkenntnisweise, nachdem sie nicht mehr „curiositas" war, sondern mit Methode betriebene Arbeit.[10] Um 1600 liegt etwa die Wende in der Entwicklung der Wissenschaften, die das Fortschrittsdenken mitbegründete und

---

[9] *G. W. F. Hegel*, Philosophie der Geschichte, Stuttgart 1961 (urspl. 1848), S. 48/9

[10] *Hans Blumenberg*, Die Legitimität der Neuzeit, 2. Bd., Frankfurt 1974, S. 214

gleichzeitig die Wissenschaft selbst als geeignetstes Instrument für den Fortschritt erscheinen ließ.

Edgar Zilsel[11] charakterisiert diese Wende durch die wachsende Anerkennung der experimentell-kausallogischen Tradition der Handwerker-Künstler-Ingenieur-Wissenschaft, die eine Verbindung mit der rationalen Schulung der Universitätsgelehrten ermöglichte. Diese neue Wissenschaft zeichnete sich durch kumulativen Fortschritt des Wissens durch die Kooperation der Wissenschaftler aus. Zum anderen entstand allmählich die Vorstellung der Naturgesetze. Descartes, der den Begriff als einer der ersten einführte, verstand sie als Gesetze, die Gott in die Natur gelegt hat. Mit Isaac Newton wurde es dann üblich, mechanische Regelmäßigkeiten als mathematisch formulierte Gesetze zu erfassen. Experiment, Gesetz und Fortschritt sind für Zilsel die Merkmale neuzeitlicher Wissenschaft.

Stephen Toulmin nennt drei Axiome der wissenschaftlichen Tradition des 17. Jahrhunderts:[12]

- Die Annahme einer festliegenden Naturordnung, die nach Grundsätzen der Erkenntnis erklärt werden kann, die ebenfalls allgemein und feststehend sind. Das begründet die ahistorische Weltsicht der Naturwissenschaften.
- Die Annahme der Passivität der Materie, von der der Geist (das „sensorium" Descartes') völlig getrennt ist. Das begründete den Dualismus von Materie und Geist, Leib und Seele.
- Die Annahme, daß die Geometrie Euklids den umfassenden Maßstab der Gewißheit und das Modell der Erkenntnis darstellt. Damit wurde das mathematische Ideal sicherer Erkenntnis übernommen und die Auffassung, daß logische Ableitungen eine richtige Beschreibung der Natur vermitteln.

Edgar Zilsel vertrat die These, daß das Denken in Gesetzen mit dem Aufkommen des absolutistischen Staates, mit dem positiven Recht und der Idee der zentralen Souveränität in Zusammenhang zu sehen ist. Sicher ist aber auch, daß die neue Auffassung von der Natur und ihrer Erkenntnis Auswirkungen auf die Vorstellung von der menschlichen Gesellschaft hatte, sobald diese als „natürlich" verstanden wurde. Wissenschaft war ein Synonym für Naturwissenschaft und die Fortschrittshoffnung der Epoche. Gesellschaftlicher Fortschritt wurde mit Hilfe und auf der Grundlage wissenschaftlicher Erkenntnis angestrebt. Alle Bereiche des Wissens sollten der wissenschaftlichen Methode unterworfen werden; sie war auch der Garant für die Aufklärung und Emanzipation der Menschen jenseits der Interessen und Ideologien.

Die Enzyklopädisten wie Diderot und d'Alembert wollten mit ihrer 1751 begonnenen und 1772 abgeschlossenen großen Französischen Enzyklopädie eine „science universelle", eine einheitliche Wissenschaft, begründen. Auch die großen philosophischen „Systeme" von Comte und Spencer standen in der enzyklopädischen Tradition. Bis in die Gegenwart läßt sich die Absicht der Begründung einer Einheitswissenschaft immer wieder nachweisen; besonders radikal etwa im Physikalismus Otto Neuraths und Rudolf Carnaps.

Im 19. Jahrhundert und dann wieder im 20. Jahrhundert war es vor allem die Darwinsche Evolutionstheorie, die besondere Bedeutung für das Verständnis der Gesellschaft hatte. Die „natürliche" Gesellschaft verlor auch im Frankreich des 19. Jahrhunderts ihre kritisch-politische Bedeutung, die sie im 18. Jahrhundert gehabt

---

[11] *Edgar Zilsel*, Die sozialen Ursprünge der neuzeitlichen Wissenschaft, Frankfurt 1976
[12] *Stephen Toulmin*, Kritik der kollektiven Vernunft, Frankfurt 1983, S. 26ff.

hatte, und wurde zur „naturgesetzlich" bestimmten Ordnung und Evolution. Ein Urzustand von Gesellschaft wurde angenommen, aus dem sich durch soziale Evolution die differenzierteren Formen entwickelt haben. Damit wurde die Verzeitlichung teilweise zurückgenommen zugunsten einer mehr räumlichen Vorstellung auf der Grundlage der euklidischen Geometrie. (Diesbezüglich finden sich etwa bei Georg Simmel und auch bei Talcott Parsons explizite Hinweise auf die räumlich-geometrischen Eigenschaften der „Gesellschaft".)

Die Auffassung von „natürlich" als naturgesetzlich im Sinne der Naturwissenschaft hatte auch Auswirkungen auf die Auffassung von der Veränderbarkeit gesellschaftlicher Strukturen. Wo Naturgesetze am Werk sind, kann der Mensch als Handelnder nicht viel ausrichten. Die Naturgesetze der Gesellschaft beziehen sich auf das Zusammenwirken der Menschen, auf den Gesamtzusammenhang in der Gesellschaft. Diese Feststellung führt allenthalben dazu, daß die bestehende Ordnung (der „bürgerlichen Gesellschaft") als „naturgemäß", „funktional", „organisch" bezeichnet wird und dadurch eine Wertentscheidung für das Gegebene vorweggenommen wird: Jeder Eingriff wird problematisch und den „natürlichen Zusammenhang" störend. Diese Auffassung finden wir bei Spencer und in der deutschen historischen Rechtsschule. Sie reflektiert die Etablierung des Bürgertums und das Reaktionärwerden des politischen Liberalismus im Verlauf des 19. Jahrhunderts. Veränderungen sind nur mehr peripher machbar und nur dann, wenn sie der höheren Vernunft naturgesetzlichen oder auch historisch-gesetzlichen Waltens à la Hegel entsprechen. Die verschiedenen Erscheinungs- und Ausprägungsweisen dieser Bedeutungsänderung haben jeweils unterschiedliche historische Bedingungen in Frankreich, in England und in Deutschland. Von daher jedoch datiert eines der grundlegenden Probleme der Soziologie: die Spannung zwischen den Handlungen der einzelnen Menschen und dem Zusammenhang aller Aktionen in der Gesellschaft.

Im 19. Jahrhundert und mehr noch im 20. Jahrhundert machten die Wissenschaften in ihrer Beziehung zu der Welt, die sie erklären, verstehen oder auch verbessern sollten, jenen Prozeß durch, der von Soziologen in der Rückschau „Ausdifferenzierung" genannt wird, d.h. sie wurden zu einem von anderen Realitätsdimensionen abgetrennten eigenen Bereich mit kognitiver, institutioneller und sprachlicher Eigenregelung und Autonomie. Während der Glaube an den gesellschaftlichen Fortschritt in Weltkriegen, Wirtschafskrisen und sozialen Problemen unterging, entwickelten sich im „System Wissenschaft" hingegen konkrete Vorstellungen über den wissenschaftlichen Fortschritt, seine Bedingungen, seinen Verlauf, seine Machbarkeit – allerdings ohne Bezug auf wissenschaftsexterne Zielvorstellungen. Der wissenschaftsinterne Fortschritt hängt – so war man sich bald einig – von der Operationalität und Exaktheit der Methoden und dem Informationsgehalt und der logischen Konsistenz der Aussagen ab.

Die Folgen für die Soziologie

Die Entstehung der Soziologie in einer bestimmten Epoche europäischer Geschichte begründete Eigenschaften und Merkmale dieser Einzelwissenschaft, ihres Gegenstands, ihrer Methode und ihrer Problemstellungen:

1) Der Gegenstand der Soziologie erhielt durch ihre enge Verbindung mit dem Begriff der Gesellschaft etwas Konstruiertes und Unbestimmtes. Er suggeriert eine Einheit und Ganzheit, deren Substanz und Grenzen jedoch nicht festzumachen sind an einer konkreten Realität. Zwar drängt sich als reale Bezugsgröße unweigerlich die jeweilige Staatsgesellschaft als historisch-empirische Auffüllung der seiner politisch-revolutionären Brisanz im Aufklärungsdenken verlustig

gegangenen Begriffshülse der „Gesellschaft" auf, aber in aller Regel wird noch immer der direkte Bezug auf Staatsgrenzen vermieden. Das Festhalten an dem inhaltsleeren Begriff der „Gesellschaft" und die Ablehnung, ihn auf den Staat zu beziehen, stehen auch in einem engen Zusammenhang mit dem dezidiert ahistorischen Charakter eines Großteils der modernen Soziologie. Dieser ist allerdings nicht nur durch die Beibehaltung der Differenzierung zwischen Staat und Gesellschaft bedingt, sondern auch durch die an den Naturwissenschaften bzw. dem Methodenverständnis, das die Wissenschaftstheorie postulierte, orientierte Auffassung von Wissenschaft und die Ablehnung einer speziell im Historismus betonten alternativen Wissenschaftlichkeit. In der Soziologie verband sich der Gesellschaftsbegriff mit der Vorstellung eines gerichteten, sinnvollen Geschichtsprozesses, der als „Entwicklung" verstanden und aus der endogenen Eigendynamik der Gesellschaft – einer Umdeutung der Hegelschen „List der Vernunft" – selbst erklärt wurde.

2) Auch die anderen Definitionen des Gegenstands der Soziologie wie das „soziale Handeln", das „soziale Verhalten", das „soziale System", bleiben weitgehend vage. Das „Soziale" wird als Beziehung, Form, Zusammenhang, Relation gedeutet und ist damit etwas Interpretiertes, Reflektiertes, eine „imaginäre Institution" (Cornelius Castoriadis), aber kein konkretes absteckbares Territorium für Forschung und Erkenntnis.
3) Was eine Theorie ist, bleibt im Zusammenhang der Soziologie vieldeutig und unbestimmt. „Theorie" kann genausogut logisch konsistentes Aussagesystem bedeuten wie „Denkweise", Forschungsdesign, Wissenschaftsentwurf, Generalisierung etc. Und Empirie wurde – zumindest in ihrem Kern – als „Erzeugung" von Daten betrieben. Aus diesem Grund bleibt die Herstellung einer plausiblen Verknüpfung von Theorie und Realität – und sei es auch nur in Form der selbsterzeugten Realität der Empirie – problematisch. Theorie und Empirie der Soziologie haben nicht zuletzt deshalb eine getrennte Geschichte gehabt.
4) Ein Grundproblem der Soziologie, das sich durch ihre Geschichte hindurchzieht, und das von der Frage der Willensfreiheit des Menschen seinen Ausgang nahm, ist das Verhältnis von Handeln und Struktur, oder anders ausgedrückt: die Vermittlung von Mikro- und Makroebene der Analyse.
5) Und schließlich blieb das Theorie-Praxis-Problem immer ein Grundproblem der Soziologie. Wissenschaftlicher Fortschritt und gesellschaftlicher Fortschritt drifteten auseinander, während mit dem Wissenschaftsanspruch der Soziologie auch das Problem der Verwertbarkeit soziologischer Erkenntnis stärker ins Bewußtsein rückte.

Literatur

Hans Albert, Marktsoziologie und Entscheidungslogik, Neuwied-Berlin 1967
Raymond Aron, Hauptströmungen des soziologischen Denkens, 2 Bde, Köln 1971
Hans Blumenberg, Die Legitimität der Neuzeit, 3 Bände, Frankfurt 1974
Cornelius Castoriadis, Gesellschaft als imaginäre Institution, Frankfurt 1984
Condorcet, Entwurf einer historischen Darstellung der Fortschritte des menschlichen Geistes, Frankfurt 1976 (urspr. frz. 1795)
Paul Thiry d'Holbach, System der Natur oder von den Gesetzen der physischen und der moralischen Welt, Frankfurt 1978 (urspr. frz. 1770)
Richard M. Emge, Saint-Simon, München 1986
Adam Ferguson, Versuch über die Geschichte der bürgerlichen Gesellschaft, Frankfurt 1986 (urspr. engl. 1767)
Ronald Fletcher, The Making of Sociology, 2 Bde, London 1971

Bernhard Groethuysen, Philosophie der Französischen Revolution, Frankfurt-New York 1989 (urspr. frz. 1956)
Jürgen Habermas, Zwischen Philosophie und Wissenschaft: Marxismus als Kritik, in: Theorie und Praxis, Frankfurt 1982, S. 228ff.
Gerhard Hauck, Geschichte der soziologischen Theorie, Reinbek b. Hamburg 1983
G. W. F. Hegel, Vorlesungen über die Philosophie der Geschichte, Stuttgart 1961 (urspr. 1848)
Thomas Hobbes, Leviathan, Neuwied-Berlin 1984 (urspr. engl. 1651)
Immanuel Kant, Idee zu einer allgemeinen Geschichte in weltbürgerlicher Absicht (1784), in: Was ist Aufklärung? Aufsätze zur Geschichte und Philosophie, hrsg. v. Jürgen Zehbe, 3. Aufl., Göttingen 1985, S. 40ff.
Dirk Käsler, Klassiker des soziologischen Denkens, 2 Bde, München 1976/1978
Helmut Klages, Geschichte der Soziologie, München 1969
Reinhart Koselleck, Kritik und Krise, Frankfurt 1973
Ders., Vergangene Zukunft, Frankfurt 1985
Siegfried Landshut, Kritik der Soziologie und andere Schriften zur Politik, Neuwied-Berlin 1969
Wolf Lepenies, Die drei Kulturen. Soziologie zwischen Literatur und Wissenschaft, München 1985
Ders. (Hg.), Geschichte der Soziologie, 4 Bde, Frankfurt 1981
Niklas Luhmann, Gesellschaftsstruktur und Semantik, 2 Bde, Frankfurt 1980/1981
Ders., Soziologische Aufklärung 4, Opladen 1987
John St. Mill, Der Utilitarismus, Stuttgart 1976 (ursprüngl. engl. 1861)
Montesquieu (Charles-Louis de Secondat), Vom Geist der Gesetze, 2 Bde., Tübingen 1992 (urspr. frz. 1748)
Robert Nisbet, History of the Idea of Progress, New York 1980
Ders., The French Revolution and the Rise of Sciology in France, in: E. A. Tiryakian (Hg.), The Phenomenon of Sociology, New York 1971, S. 27ff.
Karl Polanyi, The Great Transformation, Wien 1977 (urspr. engl. 1944)
Wilfried Röhrich, Sozialgeschichte politischer Ideen, Reinbek 1979
Jean-Jacques Rousseau, Vom Gesellschaftsvertrag oder Grundsätze des Staatsrechts, Stuttgart 1977 (urspr. frz. 1762)
Henri de Saint-Simon, Du système industriel, Paris 1820–22
Lorenz von Stein, Geschichte der sozialen Bewegung in Frankreich von 1789 bis auf unsere Tage, 3 Bände, München 1921 (urspr. 1850)
Charles Taylor, Hegel, Frankfurt 1983
Friedrich H. Tenbruck, Die unbewältigten Sozialwissenschaften oder die Abschaffung des Menschen, Graz-Wien-Köln 1984
Alexis de Tocqueville, Über die Demokratie in Amerika, 2 Bände, Stuttgart 1959 (urspr. frz. 1835/40)
Ders., Der alte Staat und die Revolution, München 1978 (urspr. frz. 1856)
Stephen Toulmin, Kritik der kollektiven Vernunft, Frankfurt 1983
Giovanni Battista Vico, Principien einer neuen Wissenschaft über die gemeinsame Natur der Völker, 2 Bde., Hamburg 1990 (urspr. 1744)
Bernard Willms, Thomas Hobbes, Das Reich des Leviathan, München-Zürich 1987
Edgar Zilsel, Die sozialen Ursprünge der neuzeitlichen Wissenschaft, Frankfurt 1976

2. Auguste Comte und die Entstehung der Soziologie in Frankreich

Der Begriff „Soziologie“ wurde erstmals von Saint-Simon verwendet und von Auguste Comte übernommen. Es wäre trivial, wollte man die Entwicklung der Soziologie an die Erfindung des Wortes „Soziologie“ knüpfen. Das wird hier nicht intendiert, obwohl wir den Lebenslauf der Soziologie mit Comte beginnen lassen. Sicherlich läßt sich die Entstehung soziologischen Denkens nicht so eindeutig orten, und das wäre vielleicht auch nicht sinnvoll. Die Idee der Soziologie als Einzelwissenschaft verdankt ihre Entstehung aber einer Reihe von Bedingungen, die im Frankreich der ersten Jahrzehnte des 19. Jahrhunderts gegeben waren.

Die Soziologie, wie Comte sie konzipierte, ist ein Kind der Nach-Revolutionszeit in Frankreich und weist aus diesem Grund bestimmte Züge auf. Die spezifische Gesellschaftsauffassung der französischen Aufklärung und der revolutionären Ideale bildet ebenso ihre Grundlage wie der sozialstrukturelle Wandel von Ancien Régime über Revolution, Napoleon, Restauration der Bourbonen bis hinein in die Mitte des vorigen Jahrhunderts.

Historische Voraussetzungen

Das Ancien Régime des 18. Jahrhunderts setzte sich zusammen aus dem absoluten Monarchen, den Generalständen (Klerus oder Erster Stand, Adel oder Zweiter Stand und Besitzbürger oder Dritter Stand) und den Parlements, den königlichen Gerichtshöfen. Der französische Adel war zu einem Anhängsel des Königtums geworden, er lebte nicht mehr auf seinen Ländereien, sondern in Versailles in der Nähe des Hofes. Ludwig XIV. war es mit der Verpflichtung des Adels zum Hofdienst gelungen, seine absolute Herrschaft zu Lasten des Adels zu festigen. Der Adel kümmerte sich wenig um seinen Grundbesitz, war aber aufgrund des Zwanges zu standesgemäßer Repräsentation inständigen Geldnöten. Die Abgaben, die die Adeligen aufgrund traditioneller Privilegien aus den Bauern herauspreßten, reichten oft nicht für den aufwendigen Lebensstil, den ihnen das Leben bei Hof aufzwang. Für die französische Landwirtschaft bedeutete dies eine Entwicklungshemmung. Über die größten Einkünfte verfügte die Kirche; die Adeligen konkurrenzierten einander daher heftig, um über den König Pfründe in der Kirche zu erhalten. Dies begründete eine enge Verquickung zwischen Königtum, Adel und Klerus. Der Ämterkauf, durch den begüterte Bürgerliche ein Amt bei Hof und damit die Aufnahme in den Adelsstand erwerben konnten, schuf eine gewisse Verbindung zwischen König und Großbürgertum, verhinderte aber die Entstehung eines von Monarchie, Adel und Klerus unabhängigen, selbstbewußten Bürgertums.

Die für das Ancien Régime typische Durchdringung von bürokratischen, feudalistischen und kapitalistischen Zügen machte einen evolutionären Wandel unmöglich und war die strukturelle Grundlage für den Ausbruch der Revolution.

Die kritische Philosophie der französischen Aufklärer von Rousseau bis Voltaire bekam großes politisches Gewicht. Ihr Einfluß beschränkte sich aber keineswegs auf die frustrierten Kreise des Bürgertums und die Intellektuellen, sondern erfreute sich großer Beliebtheit in den Salons der Adeligen und bei Hofe. Das Ancien Régime stellte sich rhetorisch selbst in Frage, ohne daraus praktische Konsequenzen zu ziehen.

Der revolutionäre Impuls kam durch einen Affront gegen den Dritten Stand zustande, dem man eine angemessene Vertretung verweigerte. Die erste Phase der

Revolution, die bürgerliche Revolution der Gironde, propagierte die Gleichheit der Menschen und die Bürgerrechte, die aber verschieden waren von den politischen Rechten und von ökonomischer (Chancen-)Gleichheit. Ungleiche Eigentumsverteilung, politische Rechte nur für die Besitzenden einerseits und Gleichheit als Menschenrecht vertrugen sich ausgezeichnet miteinander. Das Ziel war ja nur die Abschaffung der traditionellen Privilegien von König, Adel und Klerus.

Die Girondisten brauchten dafür die Unterstützung durch die Sansculotten; als es aber dann darum ging, neue Institutionen zu schaffen, offenbarte sich die Unvereinbarkeit der Interessen von Besitzenden und Besitzlosen. Die Vertretung letzterer in der Nationalversammlung, die radikale Berg-Partei, gewann die Oberhand und beendete damit die gemäßigte Phase der Revolution. In der Folge setzten sich antikapitalistische und sozialistische, aber auch diktatorische Bestrebungen durch (Schreckensherrschaft, Diktatur des Komitees der öffentlichen Sicherheit).

Bald zeigte sich wieder eine andere Unvereinbarkeit: die Interessen des Pariser Proletariats und die der Bauern. Nachdem die Versorgung von Paris mit Lebensmitteln zusammengebrochen war, war auch die Revolution am Ende. In ihrer letzten Phase nahm sie noch exaltiert-religiöse Züge an: Robespierre setzte die „Vernunft“ als höchstes Wesen ein und veranstaltete einen Massenkult. Nach dem Sturz Robespierres 1794 begann die Reaktion allmählich einzusetzen. Aufgrund einer Reihe militärischer Siege stieg Napoleon Bonaparte zum Konsul auf und beendete 1799 auch formal die Revolution durch den Sturz des Direktoriums.

Weder die liberalen noch die nationalen noch die sozialistischen Ideen und Bewegungen des folgenden Jahrhunderts auf dem europäischen Kontinent sind ohne die Französische Revolution denkbar. Sozioökonomisch bewirkte sie einen ungeheuren Impuls in Richtung Kapitalismus und Aufstieg des Bürgertums.

Nur wenige sahen, so wie Tocqueville,[1] daß die Abschaffung von Adel und Klerus, der Provinzstände und Parlamente, eine vordem unbekannte, ja seit dem Sturz des Römischen Reiches undenkbar gewesene mächtige Zentralgewalt geschaffen hatte. Die Revolution machte die starke zentrale Staatsgewalt des modernen Staates und auch die sozialistischen Ideen einer totalen Gesellschaftsveränderung möglich. Auch Napoleon wäre ohne die vorangegangene Revolution nicht denkbar. Sein Aufstieg beruhte auf Plebisziten, seine Machtentfaltung und die Zentralisierung der Verwaltung setzten das revolutionäre Hinwegfegen der alten Institutionen voraus. Seine Reformen waren, wie auch der Code Napoleon zeigte, eine Mischung aus revolutionären Idealen und Zentraliserungs- und Bürokratisierungstendenzen.

Die Auseinandersetzungen zwischen den Ultraroyalisten und den Liberalen brachten nach Napoleons Sturz die Restauration der Bourbonen. Die neue Verfassung von 1814 enthielt zwar die wesentlichsten Ideale der Revolution, in der Praxis setzte allerdings die Reaktion voll ein. Die Erneuerung der engen Verknüpfung zwischen Thron und Altar, die typisch gewesen war für das Ancien Régime, sowie der Versuch des Königs, dem Bürgertum wieder das Wahlrecht zu entziehen, führten zur Juli-Revolution von 1830, die die restaurative Phase beendete und den endgültigen Sieg des Großbürgertums brachte. Wenngleich der Herzog von Orléans König wurde, deutet sein Beiname „Bürger-König“ auf diese Tatsache hin. Seine Regierungszeit ist durch die Förderung der Interessen der Besitzbürger gekennzeichnet. Die Unzufriedenheit der petite bourgeoisie und der Pariser Arbeiterschaft löste schließlich 1848 erneut das Aufflammen der Revolution aus. Zwischen 1830 und 1848 machte das

---

[1] *Alexis des Tocqueville*, Der alte Staat und die Revolution, München 1978, S. 25

Land große Fortschritte in der Industrialisierung, und dementsprechend war auch die Zahl der Industriearbeiter 1848 schon stark angewachsen, so daß sie zum ersten Mal eine politisch relevante Gruppe zu werden begannen.

Es war dies die Zeit, in der auch sozialistische Ideen mit utopischen Zügen auftauchten. Sie hatten wenig Einfluß auf die Arbeiterschaft. Zunächst beinhalteten sie auch keine Ablehnung des Industriesystems als solchem. Der Graf Saint-Simon sah mit dem Industrialismus ein neues Christentum heraufkommen. Später wurden die kritischen Stimmen stärker, die sich aber weniger gegen die Industrie, sondern gegen den Kapitalismus richteten, und die utopischen Visionen wurden mehr und mehr durch realpolitische Forderungen und Agitation ersetzt, wie etwa bei Louis Blanc (1811–1882). Der Tenor aller dieser Ideen und Forderungen war der, vom Staat mehr Verantwortung für die Interessen und Bedürfnisse der besitzlosen Arbeiter zu verlangen. In der neuerlichen Revolte vom Juli 1848 zeigte sich deutlich, daß von nun an Bürgertum und Arbeiterklasse Gegner waren. Die Bürgerlichen hatten gesiegt, aber das allgemeine Wahlrecht der Männer, das nun eingeführt worden war, brachte Louis Napoleon, den Neffen Napoleons I., an die Spitze der neuen Republik.

Das war die Epoche Auguste Comtes, die Hintergrund seiner Ideen war und sich in diesen zumindest indirekt niederschlug. Die Soziologie Comtes entstand in einer Epoche, die geistig und politisch vom Bürgertum beherrscht war. Sie reflektiert den Aufschwung der Industrie und der Wissenschaften und enthält noch die Hoffnung auf die Lösung der sozialen Konflikte durch die Vernunft.

Comte und seine positive Philosophie

Auguste Comte (1798–1857) stammte aus kleinbürgerlichem, streng katholischem Milieu. Von wesentlichem Einfluß auf seinen Werdegang war der Besuch der Ecole Polytéchnique, einer Gründung der Revolution. Die Grundsätze dieser Schule bestanden in der Idee der Universalität der Wissenschaft und dem Ideal des enzyklopädischen Systems aller Wissenschaften, wobei die Mathematik als Grundlage angesehen wurde. Comtes Entwurf eines enzyklopädischen Systems der Wissenschaften reflektiert diese Grundsätze. Comte war später in dieser Schule als Examinator tätig.

Comte war auch eine Zeitlang Sekretär Saint-Simons und später dessen freier Mitarbeiter. Auch die Ideen Saint-Simons haben ihre Spuren im Werk Comtes hinterlassen, wenngleich man hier nicht von einer einseitigen Beeinflussung sprechen kann. Beide wollten die industrielle Gesellschaft der Zukunft auf wissenschaftlicher Grundlage organisiert sehen. Die von Saint-Simon vertretene Idee der Klassenhierarchie (zunächst die intellektuell-moralische Elite der Wissenschaftler, später die „Industrialisten" an der Spitze) und sein emphatisches Eintreten für die Verbesserung der Lage der Arbeiterschaft finden sich bei Comte allerdings kaum mehr. Auf der anderen Seite ist die Einschätzung, Comte hätte die industrielle Entwicklung, wie sie sich in Ansätzen zu seiner Zeit schon abzeichnete, kritiklos akzeptiert und sich vorbehaltlos auf die Seite der „Macher" gestellt[2], nicht zutreffend. Vielmehr betrachtete er die bisherige Entwicklung nur als Vorbereitung, die nun ihre Züge eines „dispersiven Empirismus" verlieren und zu einem ganzheitlichen systematischen Prozeß umgeformt werden müsse.[3]

Comte verband eine ideelle Freundschaft mit John St. Mill auf der Basis der

---

[2] So etwa bei Otwin Massing, Auguste Comte, in: Dirk Käsler (Hg.), Klassiker des soziologischen Denkens, Bd. I, München 1976, S. 19ff.

[3] Vgl. dazu Auguste Comte, Soziologie, 3. Bd., Jena 1911, S. 240ff.

gemeinsamen Interessen an der Entwicklung der positiven Wissenschaften. Allerdings differierte der Positivismus Mills von dem Comtes. In der Spätphase seines Lebens entwickelte Comte unter dem Eindruck und Einfluß von Clothilde des Vaux eine starke mystisch-religiöse Orientierung. Den Positivismus wollte er zu einer Art Religion erheben, bei der die „Menschheit" an die Stelle der Gottheit trat.

In seinem Hauptwerk „Cours de la philosophie positive" (1842) formuliert Comte zunächst die schon bei Giovanni Battista Vico und bei Turgot angeführten drei Stadien der Geschichte in erkenntnishistorische Phasen um, die der menschliche Geist der Reihe nach zu durchlaufen habe. Comtes Geschichtsphilosophie ist gleichzeitig Bewegungsgesetz der Geschichte und der Erkenntnis. Die Stadien sind:

1. das theologische oder fiktive Stadium
2. das metaphysische oder abstrakte Stadium
3. das wissenschaftliche Stadium.

Das dritte und letzte Stadium gilt als der fortgeschrittenste Zustand der Erkenntnis. Als Weise der Erkenntnis zielt das theologische oder fiktive Denken auf die Erfassung der inneren Natur der Dinge, der ersten Ursachen und letzten Ziele, also auf die absolute Erkenntnis der göttlichen Ordnung. In der Form des metaphysischen Denkens wird der Bezug auf die übernatürlichen Mächte ersetzt durch die Kraft der Abstraktion. An die Stelle Gottes tritt die Vernunft. Das metaphysische Stadium ist ein Übergangsprozeß zum wissenschaftlichen oder positiven Denken, welch letzteres auf die Erkenntnis von Gesetzen mit Hilfe von Vernunft und Beobachtung gerichtet ist. Nicht absolute Erkenntnis wird angestrebt, sondern die Erkenntnis der Beziehungen zwischen den Einzelerscheinungen und den allgemeinen Tatsachen (Gesetzen), deren Zahl durch die fortschreitende positive Forschung immer mehr reduziert wird. Zwar meinte Comte, die Zurückführung aller Erscheinungen auf ein einziges Gesetz sei, wenn überhaupt, eine Zukunftshoffnung, aber es ist zweifellos das Ideal der positiven Wissenschaft. Nachdem, so meinte Comte, die Menschheit die beiden ersteren Stadien zum größeren Teil hinter sich gelassen habe, wurde es möglich, an die Konzeption einer positiven Philosophie zu gehen. Diese sollte auch die kritische (verneinende) Philosophie des 18. Jahrhunderts ablösen. Während die Philosophie des 18. Jahrhunderts auf Ablehnung und Veränderung des Bestehenden gegründet war, ist es die Aufgabe der positiven Philosophie, die Erklärung des Gegebenen zu leisten, aus der dann Hinweise für Entscheidungen entnommen werden sollen.

Comtes positive Philosophie ist die Grundlage und Voraussetzung seiner Auffassung von der Verwissenschaftlichung der Politik und hat entschieden sozialtechnologische Züge. Die Wissenschaften sind – hier erweist sich Comte als ein Erbe der französischen Aufklärung – nicht Selbstzweck, sondern dienen dem Fortschritt der Menschheit. Dieses Ziel legt auch die Auffassung nahe, daß alle Wissenschaften sich einer einheitlichen Methode bedienen sollen, die ein Reflex der Seinsweise der Natur selbst ist. „Wissenschaft" wird bei Comte zum Synonym für Methode. Die Methode ist bestimmt durch die in der Natur angelegte Gesetzmäßigkeit und besteht daher in dem Aufspüren dieser Gesetzmäßigkeiten und der Erklärung des Bestehenden durch Gesetze, die ihrerseits wieder Voraussicht ermöglichen und Handeln zu leiten vermögen. Das sind die Kriterien der „Positivität": Gesetzeserkenntnis, Voraussicht, Anwendung. Für Comte stellt sich daher kein Theorie-Praxis-Problem, denn „... die Wissenschaft führt zur Voraussicht, Voraussicht führt zum Handeln."[4]

Die positive Wissenschaft „Soziologie" soll in Zukunft die Erkenntnis liefern, welche

---

[4] Zitiert aus: Auguste Comte, Soziologie. Die positive Philosophie im Auszug, Stuttgart 1974, S. 18

ein politisches Handeln ermöglicht, das in Übereinstimmung ist mit der Entwicklung der Menschheit in Richtung auf den „positiven Zustand“. „Positivität“ bezieht sich bei Comte also einmal auf Erkenntnis und andererseits auf die Sozialordnung. Der positive Zustand ist nicht nur das Mittel, sondern auch das Ziel der geistig-moralischen Entwicklung, die Herbeiführung der Übereinstimmung der gesellschaftlichen Verhältnisse mit den „natürlichen Gesetzten“.

Als Instrument der Erkenntnis zielt die positive Wissenschaft auf Gesetzeserkenntnis. Jede komplexere Wissenschaft baut auf den allgemeineren auf und kann sich dabei auch deren Methoden bedienen, aber jede komplexere Wissenschaft fügt eine spezifische Methode oder Betrachtungsweise hinzu. Im Falle der Soziologie ist es die „historische Methode“. Comte versteht darunter den Vergleich vorhergehender und nachfolgender Zustände und die Ableitung von Entwicklungsgesetzen daraus.

System der Wissenschaften und ihrer Methoden bei Comte:

Mathematik abstrakt	Logik
konkret (Geometrie, Mechanik)	Beobachtung
Astronomie	Beobachtung
Physik	Beobachtung + Experiment
Chemie	Beobachtung + Experiment + Klassifikation
Biologie	Beobachtung + Experiment + Klassifikation + Vergleich
Soziologie	Beobachtung + Experiment + Klassifikation + Vergleich + historische Methode

Die Soziologie als Wissenschaft der menschlichen Gesellschaft ist in der von Auguste Comte konzipierten Enzyklopädie der Wissenschaften die jüngste Einzelwissenschaft. Sie gilt es zu entwickeln, um mit ihrer Hilfe nicht nur die Gesetzmäßigkeiten der gesellschaftlichen Ordnung und Entwicklung zu erklären, sondern auch die Politik auf wissenschaftlicher Grundlage zur Förderung des menschlichen und gesellschaftlichen Fortschritts einzusetzen.

Die Soziologie ist aber auch der komplexeste Sproß in der Hierarchie der positiven Wissenschaften und muß daher auf allen anderen früher entwickelten positiven Wissenschaften aufbauen. Die Mathematik ist für Comte die Grundwissenschaft schlechthin. Als frühest entwickelte Wissenschaft ist die Astronomie anzusehen, ihr folgte die Physik, sodann Chemie und Biologie. Um Soziologie betreiben zu können, muß man sich die Erkenntnisse aller dieser Wissenschaften aneignen (mit Ausnahme der Psychologie, die Comte ablehnt). Die für uns wesentliche Tatsache in bezug auf die „Begründung“ der Soziologie durch Auguste Comte ist die pädagogisch-curriculare Absicht, die Comte mit seinem System der Wissenschaften einschließlich der von ihm so benannten „Soziologie“ verfolgte; er wollte einen Lehrplan für die „Ecole Polytechnique“ entwickeln.

Wenden wir uns nun zur inhaltlichen Konzeption der Comteschen Soziologie. Wie sieht er den Gegenstand und die grundlegende Problemstellung der neuen Wissenschaft?

Comte macht kein Hehl daraus, daß sein Gegenstand, die Gesellschaft und das Denken über soziale Verhältnisse, sich im nachrevolutionären Spannungsfeld von Ordnung und Fortschritt befindet. Diese Spannung, die in der damaligen Öffentlichkeit als Gegensatz und Widerspruch aufgefaßt wurde, versucht Comte mit seiner Soziologie zu überbrücken und die beiden Pole, Ordnung und Fortschritt, zu verbinden. Fortschritt ohne Ordnung ist Anarchie, Ordnung ohne Fortschritt wird zur Reaktion. In der positiven Politik sind Ordnung und Fortschritt die beiden untrennbaren Seiten desselben Prinzips. Ordnung und Fortschritt als die beiden das Dilemma der französischen Gesellschaft darstellenden Maximen sind aber nicht nur unterschiedliche Perspektiven des Gegenstands, sondern repräsentieren, wie Comte durchaus weiß, unterschiedliche Interessenlagen gesellschaftlicher Gruppierungen. Comte will die positive Philosophie aber so verstanden wissen, daß ihre politische Umsetzung diese Klassengegensätze zwischen Aristokratie und Bourgeoisie und in der Folge auch der Arbeiterklasse aufhebt. Ordnung und Fortschritt faßt er nicht primär als interessengeleitete Prinzipien auf, sondern als zwei Arten von Gesetzmäßigkeiten des „natürlichen“ Systems der Gesellschaft, dargestellt als die zwei Teile der Soziologie: soziale Statik und soziale Dynamik.

Die soziale Statik hat es mit der Ordnung zu tun, die aufgefaßt wird als Harmonie der Elemente, beruhend auf solidarischen Beziehungen. Familienbeziehungen und Arbeitsteilung sind die grundlegenden Relationen der gesellschaftlichen Ordnung. Für die soziale Dynamik nimmt Comte eine festliegende Abfolge der Entwicklungsschritte an. Er stützt sich auf die Lamarcksche Evolutionstheorie und versteht Entwicklung als durch Kultur unterstützten Aufschwung der Fähigkeiten. Den wertenden Gehalt des Begriffs „Fortschritt“ lehnt Comte mit dem Hinweis auf die Relativität des jeweiligen Zustandes ab. Entwicklung ist bestimmt durch eine Relation zwischen Handlungsfähigkeiten und -möglichkeiten und gesellschaftlichen Zuständen.

Die soziale Dynamik bedient sich neben den Methoden der allgemeineren Wissenschaften der historischen Methode. Als Entwicklungsgesetze der Gesellschaft führt Comte dann wieder die drei Stadien, diesmal als politisch-soziale Organisationsformen, ein:

1. theologisches Stadium: militärische Herrschaft
2. metaphysisches Stadium: feudale Herrschaft
3. positives Stadium: industrielle Zivilisation

Diese Stadien folgen notwendig und gesetzmäßig aufeinander; daher sind auch die Ungleichheiten zwischen den Gruppen in der Gesellschaft notwendig und gesetzmäßig mit einem bestimmten Entwicklungsstand verbunden. Es sind nicht die materiellen Veränderungen, die die Entwicklung und den Zustand der Gesellschaft bestimmen, sondern die geistig-moralischen Bedingungen und Beziehungen zwischen den Menschen.

In der industriellen Zivilisation sieht Comte die Anwendung des wissenschaftlich-positiven Geistes, d.h. nicht die Industrialisierung als technisch-ökonomischer Prozeß ist das epochale Ereignis, das die Veränderung bewirkt, sondern die Verbreitung des wissenschaftlichen Geistes und seine Anwendung in allen Bereichen des menschlichen Lebens. Aus diesem Grund liegt ihm die Entwicklung einer positiven Wissenschaft „Soziologie" am Herzen und insbesondere ihre Umsetzung in einer wissenschaftlich begründeten Politik. Dieser letzteren widmet er sein zweites großes Werk: „Système de la politique positive" (1850–1854).

Comtes Gegenstand ist nicht eigentlich die realhistorische Gesellschaft Frankreichs oder irgendeine reale Gesellschaft überhaupt, sondern als Relation zwischen einem politischen System und einem zivilisatorischen Niveau bestimmt. Den Wirren, Umbrüchen und reaktionären Erscheinungen seiner Zeit stellt er das Ideal der Evolution durch Vernunft und Wissenschaft entgegen, gleichzeitig wird dieses Ideal aber durch die wissenschaftliche Methode zu einer realisierbaren Strategie umfunktioniert. Die Scheinobjektivität, die dadurch begründet wird, ist ein in der modernen Sozialwissenschaft häufig anzutreffender Zug. Auch andere in der Folge immer wieder aufscheinende Aspekte kündigen sich bei Comte schon an: Die universalhistorisch-vergleichende Betrachtung mündet in der Vorstellung einer Kulturrevolution, die die soziale Organisation prägt. Grundtenor der Entwicklung liegt im Geistigen und stellt sich als „Entzauberung" des Denkens dar. Leitend in diesem Prozeß ist die Industrie, die auf Wissenschaft und Technik begründet ist und die auf dieser Grundlage zu einer Konvergenz menschlicher Gesellschaften als ganzheitlicher systematischer Entwicklung führt. Sein eigentlicher Gegenstand ist die „menschliche Gesellschaft", die Menschheit schlechthin. Der Staat als Rahmen für Gesellschaft spielt bei Comte im Gegensatz etwa zu Hegel als seinem deutschen Zeitgenossen eine untergeordnete Rolle.

Über die Soziologie Comtes kann man als Überbegriff den der „Ordnung" der Gesellschaft stellen; es ist allerdings darunter nicht nur ein struktureller Begriff gemeint, sondern ein politisch-dynamischer: Es ist eine Ordnung, die „gemacht", gestaltet, geplant werden muß. Der entscheidende Impuls für die Gestaltbarkeit stammte wohl aus der revolutionären Erfahrung; die Pragmatik der Planung aber war an den Fortschritt der Wissenschaft geknüpft. Die Wissenschaft sollte die willkürliche Autorität der Könige ersetzen und die Grundlagen für eine auf Vernunft gegründete Gesellschaftsordnung beistellen. Diese Wissenschaft soll ähnlich den Vorstellungen der Enzyklopädisten eine einheitliche sein. Die Gesetze, die die Natur durchwalten, sollen in ihrer Wirkung auf den Bereich der menschlichen Gesellschaft bestimmt werden. Das Gemeinsame aller Wissenschaften ist das Aufdecken von Gesetzen. Die Comtesche Soziologie ist positive Wissenschaft, ohne deshalb Naturwissenschaft zu sein.

Auguste Comte kann als Begründer der Soziologie angesehen werden, und zwar nicht aus dem Grund, weil er sich inhaltlich als erster mit Gesellschaft und sozialen Prozessen beschäftigt hätte – die Ideengeschichte der Soziologie ist sehr alt –, sondern weil er durch seinen Entwurf einer Systematik der Wissenschaften und der Einordnung der Soziologie in diese die Grundlage für die später erfolgte akademische Etablierung der Soziologie als Einzelwissenschaft geschaffen hat.

Literatur

Raymond Aron, Main Currents in Sociological Thought, Bd. 1, Harmondsworth 1968, S. 63ff.
Reinhard Bendix, Könige oder Volk, Bd. 2., Frankfurt 1980
Charles Breunig, The Age of Revolution and Reaction 1789–1850, New York 1970
Auguste Comte, Die Soziologie, Die positive Philosophie im Auszug, Stuttgart 1974

Ders., Soziologie, 3 Bände, Jena 1907–1911
Norbert Elias, Die höfische Gesellschaft, Darmstadt-Neuwied 1981
Pierre Gaxotte, Die Französische Revolution, München 1973
Henri Gouhier, La vie d'Auguste Comte, Paris 1965
Emile Littré, Auguste Comte et la philosophie positive, Paris 1877
Otwin Massing, Auguste Comte, in: Dirk Kösler (Hg.), Klassiker des soziologischen Denkens, Bd. 1, München 1976, S. 19ff.
John St. Mill, Auguste Comte and Positivism, London 1961
Barrington Moore jr., Soziale Ursprünge von Diktatur und Demokratie, Frankfurt 1969
Robert A. Nisbet, The French Revolution and the Rise of Sociology in France, in: E. A. Tiryakian (Hg.), The Phenomenon of Sociology, New York 1971, S. 27ff.

3. Die Evolution der britischen Gesellschaft und Herbert Spencer

Historische Voraussetzungen

In England war die zentrale Stellung des Königs schon im 17. Jahrhundert nicht mehr so stark gewesen wie auf dem Kontinent; die das europäische Mittelalter charakterisierenden Kämpfe um die Hegemonie zwischen den Adelsgeschlechtern war hier nicht in dem Maße zugunsten der zentralen Autorität des Königtums ausgegangen wie etwa in Frankreich Louis XIV. Die königliche Autorität war auch nicht so stark mit der Vorstellung göttlicher Weihen verbunden wie im Falle des „Allerchristlichsten Königs" oder des „Kaisers von Gottes Gnaden". Im 17. Jahrhundert kam es dann aufgrund absolutistischer Bestrebungen der Könige zu den Bürgerkriegen von 1642–46 und 1648 und schließlich nach dem Cromwellschen Protektorat und der Restauration der Königsgewalt durch James II. zur Glorreichen Revolution von 1688, die endgültig die Teilung der höchsten Autorität zwischen König und Parlament festlegte und in der Bill of Rights von 1689 die Krone zu einem Organ des Staates machte.

Dieser politischen Entwicklung waren bestimmte ökonomisch-soziale Bedingungen vorausgegangen: Landwirtschaft und Grundbesitz waren seit dem Mittelalter einem Prozeß der Kommerzialisierung unterworfen, wie er auf dem Kontinent in dem Ausmaße unbekannt blieb. Wesentliches Moment im Vergleich mit Frankreich war die Tatsache, daß der Adel auf seinen Ländereien verwurzelt blieb; daneben gab es die „yeomen", wohlhabende freie Bauern. Beide hatten ein Interesse daran, ihren Grundbesitz kapitalistisch zu bewirtschaften und zu vergrößern. Sie betrieben daher die Einhegungen des Gemeindelandes, die den armen Bauern die Lebensgrundlage mehr und mehr entzog. Der König schützte die einfachen Bauern gegen die Einhegungen, bereicherte sich aber selbst an den verhängten Strafen.

Der wirtschaftliche Konflikt zwischen Krone, agrarkapitalistischer „gentry" und der einfachen Bauernschaft hatte auch eine religiöse Seite. Die Gegner der Krone waren zu einem Großteil Puritaner, die die noch immer starke katholische Färbung des Anglikanismus, dessen Haupt der König war, ablehnten. Sie führten in ihrer Argumentation die spezifisch puritanischen Begriffe der „Freiheit" und der „Gleichheit" als innere Zustände der Individuen ins Treffen, denen aber keine sozialen Vorstellungen zugrunde lagen. Kriterium der Freiheit und der sozialpolitischen Stellung war das Eigentum. „Freiheit" bedeutete Nichteingriff in die Eigentumsrechte. Die Konflikte des 17. Jahrhunderts waren keine Klassenauseinandersetzungen, denn die Grenzen von Freund und Feind waren nicht klar nach ökonomisch-politischen Merkmalen gezogen. Es bestand aufgrund der agrarkapitalistischen und Markthandelsinteressen ein beträchtliches Maß an Interpenetration zwischen Adel, yeomen und reichen Bürgern. Wesentliches Kriterium war das Eigentum, dessen Interessen sich mit religiösen Bestrebungen in einer charakteristischen Weise verbanden, wie sie nur hier anzutreffen war. Die Puritanische Revolution war auch keine bürgerliche Revolution, wenn sie auch die kapitalistischen Interessen förderte, sie war bestenfalls eine agrarkapitalistische Revolution.

Das politische System, das aus den Kämpfen des 17. Jahrhunderts hervorging, blieb im großen und ganzen bis zum Ende des 19. Jahrhunderts unverändert. Seine naturrechtliche Legitimierung erhielt es u. a. durch John Locke (1632–1704), der den Staat als eine Institution zum Schutz des Eigentums definierte.

Das 18. Jahrhundert war gekennzeichnet durch das Vordringen der Industrie sowie die Erschließung überseeischer Rohstoffmärkte durch die Kolonisierung. Eine Schicht von industriellen Unternehmern und von Kaufleuten, die den internationalen Handel beherrschten, begann sich zu entwickeln, die aber nicht selbst nach der politischen Macht strebten, weil der Staat ihnen ohnehin den Rahmen bot, den sie brauchten. Im übrigen sollte er sich so wenig wie möglich in ihre Angelegenheiten einmischen. Das Parlament war zwar in Händen des grundbesitzenden Adels, der aber der industriellen Entwicklung keinen nennenswerten Widerstand entgegensetzte, sondern zum Teil selbst daran beteiligt war. 1707 vereinigten sich die Parlamente von England und Schottland, und die schottische Wirtschaft entwickelte sich in den Jahrzehnten danach rasant. Seinen Niederschlag fand dies in Adam Smith's „Wealth of Nations".

Die besitzlosen Schichten sind als notwendige Begleiterscheinungen der Einhegungen schon lange vor der Industrie entstanden. Paupere, städtisches und ländliches Proletariat, existierten aber im Bewußtsein der Zeit außerhalb einer Gesellschaft, deren konstitutives Merkmal der Besitz war. Die Industrie schien anfangs die Lage der armen Schichten zu verbessern, sie zu „freien" Industriearbeitern zu machen und sie als „Besitzer" und Anbieter von Arbeitskraft wenigstens in die Wirtschaftsgesellschaft zu integrieren.

Im 18. Jahrhundert hatte sich die Teilung der Macht zwischen der politisch herrschenden Aristokratie und dem wirtschaftlich starken Bürgertum bewährt. Zu Konflikten kam es erst unter dem Eindruck der Französischen Revolution und nach dem Krieg mit Frankreich durch die Einführung des Corn Law (1815), das das Verbot der Getreideeinfuhr zum Schutz des Preisniveaus für inländisches Getreide verfügte. Über das Corn Law geriet die konservative Tory-Regierung in Konflikt nicht nur mit den Whigs, den Liberalen, sondern auch mit den Arbeitermassen. Ab 1830 dominierten die Whigs im Parlament, die das Wahlrecht zugunsten des städtischen und industriellen Bürgertums reformierten. Das Industriebürgertum begann zu dominieren, und die Ära des Wirtschaftsliberalismus nahm ihren Anfang.

Gegen den Widerstand der Industriellen wurden zu Beginn der liberalen Epoche eine Reihe von Schutzgesetzen für Arbeiter (Factory Act etc.) durchgesetzt, deren Wirksamkeit aber fraglich war und kaum eine Änderung des Elends des städtischen Proletariats brachte. 1834 wurde auch eine neue Armengesetzgebung verabschiedet, die die liberalistischen Prinzipien mit der Lehre von Robert Malthus verband. An die Stelle der staatlichen Unterstützung durch Beihilfen trat die Einweisung in das Arbeitshaus. Trotz des Elends großer Teile der Bevölkerung beschränkten sich die Proteste weitgehend auf die sogenannte Chartistenbewegung, die das Wahlrecht auch für die besitzlosen Arbeiter forderte. Gewerkschaften waren noch gering an Zahl und auf die Handwerker beschränkt.

In der zweiten Hälfte des 19. Jahrhunderts kam es mit der Weiterentwicklung der Industrie und dem Anwachsen der industriellen Arbeiterschaft zu politischen Kontroversen zwischen den sozialreformerisch eingestellten Tories und den liberalen Whigs und zu dem Aufschwung einer liberal orientierten Arbeiterbewegung (Liblabism). Erst gegen Ende des Jahrhunderts entstanden Organisationen ungelernter Arbeiter mit sozialistischer Ausrichtung. Der britische Sozialismus hat aber eine spezifische Tönung von genossenschaftlichen, gewerkschaftlichen und demokratischen Elementen (Gildensozialismus, Fabian Society). Und auch die Sozialpolitik nahm wieder eine stärker sozialreformerische Orientierung an mit der Einführung elementarer sozialer Sicherheitsrechte für Arbeiter. Damit wurde der liberalistische Weg des ökonomischen Individualismus, der die Sozialpolitik zwischen den 30er und 80er Jahren des

19. Jahrhunderts beherrscht hatte, verlassen. Ein früher Vertreter der Verbindung von Liberalismus und Sozialreform war John St. Mill gewesen.

Moralphilosophie und „Moral Sciences": von Adam Smith zu John St. Mill

Im 18. Jahrhundert wurde Schottland ein intellektuelles Zentrum mit besonderer Bedeutung für die Entwicklung der Sozialwissenschaften. Hier wirkten neben bzw. als Nachfolger von David Hume (1711–1776) vor allem Adam Smith (1723–1790), Adam Ferguson (1723–1816) und John Millar (1735–1801), die die schottische Schule der Moralphilosophie begründeten. Ihnen gemeinsam war die Verankerung im Naturrechtsdenken und im politischen Humanismus in antiker Politiktradition. Die Moralphilosophie kann durchaus als „Soziologie" einer sich entwickelnden kommerziellen Gesellschaft begriffen werden; sie unterzog diese Gesellschaft allerdings auch einer Kritik aus der Sicht der normativen humanistischen Tradition.

Adam Fergusons „Essay on the History of Civil Society" erschien 1767 und enthält das Bekenntnis zur societas civilis schon im Titel. Ferguson untersuchte die Möglichkeiten der Verwirklichung des politischen Humanismus in den zivilisierten Gesellschaften im Vergleich verschiedener Kulturen. Zu den aufgrund ihrer kommerziellen Entwicklung „verfeinerten" Gesellschaften, vornehmlich der englischen und schottischen Gesellschaft, stand Ferguson insofern kritisch, als er befürchtete, daß der Primat ökonomischen Denkens und Handelns den politischen Humanismus untergraben und in den Despotismus führen müßte. Ferguson stand daher auch seinem Zeitgenossen Adam Smith kritisch gegenüber, denn in seiner Sicht führte das ökonomische Handeln nicht schon an und für sich zu höherem Wohle der Gesellschaft; dazu bedürfte es der Einordnung in einen praktisch-politischen Bezug, der bestimmt wäre durch die Liebe zum Gemeinwohl und den Respekt vor den Gesetzen. Anders als Smith sah Ferguson die „Teilung der Künste und Berufe" nicht nur als positiv an, sondern als eine der Ursachen sozialer und politischer Ungleichheit neben der Verschiedenheit natürlicher Talente und Neigungen und der ungleichen Verteilung des Eigentums. Er folgerte daraus für den Bereich politischen Handelns: „Ob nun in kleinen oder in großen Staaten, eine Demokratie wird nur unter Schwierigkeiten aufrechterhalten. Dies ergibt sich aus der Ungleichheit der Lebenslagen und der ungleichen Ausbildung des Geistes, wie sie die verschiedenen Bestrebungen und Tätigkeiten begleiten, welche die Menschen im fortgeschrittenen Stadium kommerzieller Künste voneinander trennen."[1] Dieser Satz hat wohl auch heute noch seine Berechtigung nicht verloren.

Adam Smith stützte seine Auffassung von Gesellschaft auf eine Sozialpsychologie, eine Rechtsphilosophie und eine ökonomische Theorie. Diesen entsprechen die drei wichtigsten Werke von Adam Smith: „The Theory of Moral Sentiments", „The Lectures on Jurisprudence" und „The Wealth of Nations" (1776).

Smith vertrat noch nicht die später von Jeremy Bentham aufgestellte utilitaristische Annahme, daß die Menschen nur von Eigeninteresse geleitet sind. Der Reichtum wird nicht um seiner selbst willen angestrebt, so Smith, sondern wegen der sozialen Anerkennung, die er vermittelt. Die soziale Anerkennung und Billigung ist auch die Grundlage der „moral sentiments", die bewirken, daß das Tun der Menschen zum allgemeinen Wohl hin gelenkt wird. Dabei muß der Staat allerdings unterstützend einspringen durch das Recht, d. h. eine Reihe von Institutionen, die die Ordnung der

---

[1] *Adam Ferguson*, Versuch über die Geschichte der bürgerlichen Gesellschaft, Frankfurt 1986, S. 346

Gesellschaft bewahren helfen. Der Staat wird auch von ihm nicht als Machtstaat, sondern als ein Insgesamt rechtlicher Institutionen gesehen.

Die Dimension, die den gesellschaftlichen Fortschritt in Gang setzt und hält, ist jedoch die ökonomische Arbeitsteilung; sie führt zu Wohlstand, sichert aber gleichzeitig die Ordnung. Smiths Bedeutung liegt vor allem in der Klassenanalyse der frühkapitalistischen Gesellschaft durch die Differenzierung von Kapitalisten, Grundbesitzern und Lohnarbeitern, als die den drei Einkommensarten entsprechenden Gruppierungen.

Besonderes Augenmerk auf die Strukturbedingungen sozialer Ungleichheit hat John Millar gelegt. Die vom juristischen Gesichtspunkt her entworfene Problemstellung hat Millar in naturgeschichtlich-evolutionärer Perspektive erweitert zu einer „Naturgeschichte der Menschheit." „Es wird dabei der Versuch gemacht, die allgemeinen und leicht erkennbaren Fortschritte aufzuzeigen, die sich allmählich innerhalb der Gesellschaft vollziehen, um sodann die Wirkungen zu zeigen, die sich aus solchen Fortschritten für die Sitten, die Gesetze und die Regierungsform eines Volkes ergeben."[2]

Sehr modern mutet Millars Kritik an, die Historiker hätten sich immer nur mit den großen politischen Begebenheiten beschäftigt und nicht mit den inneren Ordnungen des Zusammenlebens und den Herrschaftsformen eines Landes. Millar vergleicht Ungleichheitsordnungen aus den verschiedensten Kulturen und Epochen, die familialen Strukturen, die dörflichen und Stammesordnungen, die feudale Ordnung, die Sklaverei und Knechtschaft, die absolute Herrschaft und die Demokratie. Letztere sieht er als Tendenz, daß „keine Schicht in der Gesellschaftsordnung das ausschließliche Verfügungsrecht über Reichtümer für sich behalten kann, da jeder, der fleißig ist, sich auch in der Hoffnung wiegen darf, einmal zu Vermögen zu kommen".[3] Auch die Fluktuation des Eigentums und die geldliche Abgeltung von Dienstleistungen wirken in Richtung auf höhere Gleichheit, in dem Ausmaß wie Abhängigkeiten existentieller Art vermindert werden. Die weiteste Entwicklung in Richtung auf eine demokratische Staatsform sah Millar in Großbritannien seit der Glorious Revolution verwirklicht.

Interessant ist noch anzumerken, daß Millar zwar eine unilineare Entwicklung hin zu demokratischen Formen sah. Demokratie also als Folge soziokultureller Evolution verstand, aber dies primär durch die Entfaltung der ökonomischen Lebensumstände erklärte. Demnach beruht die „Freiheit" und Egalität primitiver Gesellschaften auf ihrer materiellen Dürftigkeit, die keine Abhängigkeiten entstehen lassen. Diese konnten erst entstehen, nachdem es zur Anhäufung und Verteilung von Eigentum gekommen war. Der Aufschwung von Handel und Gewerbe und der dadurch bewirkte allgemeine Aufstieg des Wohlstands wieder waren die Grundlage für die egalitären Tendenzen, die Millar in seiner Epoche sah.

Jeremy Bentham (1748–1832) der den Utilitarismus begründete, postulierte als Grundmaxime des Handelns „das größtmögliche Glück für die größtmögliche Zahl von Menschen". Er vertrat eine reine Nützlichkeitsphilosophie, den Utilitarismus, wonach der einzelne zwar sein Eigeninteresse im Auge hat, aber einsehen muß, daß er diesem am besten dient, wenn er es den Zielen der Allgemeinheit anpaßt.

Auch James Mill war ein Anhänger und Vertreter des Utilitarismus. Sein Sohn John

---

[2] *John Millar*, Vom Ursprung des Unterschieds in den Rangordnungen und Ständen der Gesellschaft, Frankfurt 1967 (urspr. engl. 1779), S. 56

[3] Ebenda, S. 226

St. Mill (1806–1873) wuchs daher in der Gedankenwelt des Utilitarismus auf. Ihm widmete er auch später eine Abhandlung, in der er jedoch einen gemäßigten Standpunkt einnahm. „Wenn die Nützlichkeit die letzte Instanz moralischer Verpflichtung ist, dann wird man sich auf die Nützlichkeit berufen dürfen, wenn zwischen unvereinbaren Ansprüchen zu entscheiden ist".[4]

Mills Konzeption der individuellen Freiheit entspricht dieser Ethik, d.h. die Freiheit des Individuums hat dort ihre Grenze, wo andere dadurch zu Schaden kommen und das größtmögliche Glück für die größtmögliche Zahl beeinträchtigt wird. Die utilitaristisch-liberale Ethik ist eine soziale Ethik; sie beruft sich nicht auf „letzte" metaphysische Werte, sondern bezieht sich auf Lustempfindungen als ihre Bewertungsbasis.

John St. Mill hat sich auch mit den logisch-methodologischen Grundlagen der Human- und Sozialwissenschaften beschäftigt. Mit Comte teilte er die Ansicht, daß es für die Naturwissenschaften wie auch für die „moral sciences" nur eine einheitliche Forschungslogik geben dürfe. Der größeren Komplexität der Wissenschaften vom Menschen und der Gesellschaft könne aber mit Hilfe einer Kombination verschiedener Methoden Rechnung getragen werden. Dazu zählen empirische Beobachtungen und deren Verallgemeinerung, die wieder der empirischen Prüfung zugänglich sein müssen, genauso wie multikausale Analysen, vergleichende Methoden anstelle der experimentellen Methoden, die historische Methode und die invers-deduktive Methode. Letztere beruht auf der Tatsache, daß wir immer schon über Erfahrungen in bezug auf soziale Tatbestände verfügen und diese im nachhinein durch Konstruktion befriedigender Hypothesen „verifizieren".

In ähnlicher Weise wie Comte sah Mill die Human- und Sozialwissenschaften als Voraussetzung für politische Entscheidungen, aber auch für die Schaffung effektiverer Möglichkeiten für die individuellen Wahlentscheidungen und damit für die Ausübung individueller Freiheitsrechte. In letzterem unterschied er sich sehr deutlich von Comte, der die Freiheit des einzelnen durchaus als nachrangig gegenüber dem Wohl der Gesellschaft sah.

Für Mill gab es keine Institutionen und Strukturen, die als unabhängig von den Individuen angesehen werden könnten. Alle sozialen Tatbestände, alle Institutionen und sozialen Strukturen blieben notwendig gebunden an menschliches Handeln. Es ist die „menschliche Natur", deren Gesetze auch die grundlegenden Tatsachen sozialer Strukturen sind. Jede Wissenschaft vom Menschen impliziert daher Wissen über die individuelle menschliche Natur (Psychologie) und über die sozialen Bedingungen, unter denen die Menschen handeln (Soziologie). Dazwischen muß es aber noch eine Dimension geben, die diese beiden Ebenen verbindet. Mill nennt sie „Ethologie" und meint damit die Wissenschaft, die sich mit der Persönlichkeit, der Charakterbildung und den kollektiven psychischen Tatsachen beschäftigt. Psychologie und Soziologie sind für Mill empirische Wissenschaften, die Tatsachen beobachten, beschreiben und allgemeine Aussagen aufstellen. Die Psychologie beobachtet die kognitiven, emotionalen Ausstattungen von Individuen, die Soziologie die Struktur der Gruppen und Institutionen. Die Ethologie aber verstand Mill als deduktive Wissenschaft, mit deren Hilfe aus dem Wissen über die psychologische Ausstattung der Individuen Aussagen über Persönlichkeit, Charakter und kollektive psychische Phänomene unter den Bedingungen spezifischer sozialer Bedingungen abgeleitet werden sollten. Das heißt aber nichts anderes, als daß mit Hilfe des Wissens über psychische und soziale Gegebenheiten die Entstehung von Glauben, Idealen, Attitüden, von „Moral" erklärt werden sollte. Dies ist eine Problemstellung, wie sie uns

---

[4] *John St. Mill*, Der Utilitarismus, Stuttgart 1976 (ursprl. 1861), S. 44

immer wieder im 19. Jahrhundert gegenübertritt. Insbesondere die britische Soziologie hat es seit der Zeit der schottischen Moralphilosophen immer wieder mit dem Problem von Moral und Ethik zu tun, das aber nicht mehr wertend-spekulativ, sondern empirisch-behavioristisch definiert wird, d. h. als „Einstellungen" und „Verhaltensweisen", wie wir heute sagen würden.

Die synthetische Philosophie und der Liberalismus Spencers

Herbert Spencer (1820–1903), „der" Soziologe des 19. Jahrhunderts in England, war dem liberalistischen Individualismus verpflichtet. Insofern war sein Denken das des vorherrschenden Bürgertums. Sein philosophisch-wissenschaftliches Werk hingegen fand in Großbritannien wenig Echo, was möglicherweise durch die starke naturalistische Orientierung seiner Gedanken begründet war.

Herbert Spencer hat eine umfangreiche intellektuelle Autobiographie hinterlassen, die er als „natural history of myself" verstanden wissen wollte. Darin führt er selbst die Eigenart seines Denkens auf seine einseitig naturwissenschaftlich-technische Ausbildung zurück. Während er mit sprachlich-humanistischen Disziplinen kaum in Berührung kam, studierte er Physik, Chemie und Biologie. Seine Berufserfahrung sammelte er zunächst als Eisenbahningenieur, später als Journalist und Mitherausgeber der Zeitschrift „Economist", in der er sich v. a. zu politisch-ethischen Themen der Zeit äußerte.

Eine Art „natural history ethics" sollte auch sein erstes philosophisches Werk begründen, das unter dem Titel „Social Statics" veröffentlicht wurde. Sein Hauptwerk, „A System of Synthetic Philosophy", umfaßt 10 Bände, darunter die drei (ursprl. als vier Bände konzipierten) „Principles of Sociology" (1894–97). Dem schon 1860 entworfenen Plan für sein System der Philosophie zufolge besteht dieses aus den „First Principles", den allgemeinen Grundlagen, sodann den „Principles of Biology", den „Principles of Psychology" (zum Unterschied von Comte inkludiert Spencer die Psychologie in sein System), den „Principles of Sociology" und den „Principles of Morality".

Die Grundlagen der Spencerschen Erkenntnislehre bilden das Kausalitätsprinzip und der Gedanke der Evolution, der lange vor Darwin in der intellektuellen Diskussion präsent war. Spencer unterscheidet unorganische Evolution (Entwicklung der Erde, des Weltalls...), organische Evolution (biologische und psychische Evolution) und superorganische Evolution (soziale Entwicklung, ethisch-moralische Evolution). Für den Gegenstand der Soziologie gilt das Prinzip der superorganischen Evolution, die alle jene Prozesse betrifft, die die koordinierten Aktionen vieler Individuen umfassen und nicht auf individuelle Handlungen zurückgeführt werden können.

Im Unterschied zum biologischen Organismus, der eine konkrete Ganzheit ist, ist die Gesellschaft eine „diskrete" Ganzheit, d.h. die einzelnen Teile treten scheinbar autonom auf, weisen aber in ihrem Zusammenwirken eine bestimmte Konkretheit des Aggregatszustandes auf. Gesellschaft wird durch Sprache, Verstand und Gefühle zusammengehalten und nicht durch physikalisch-chemische Reaktionen, dennoch unterliegt sie demselben grundlegenden Organisationsgesetz und auch denselben Entwicklungsgesetzmäßigkeiten in Richtung auf zunehmende Kohärenz, Heterogenität, Integration und Bestimmtheit. Spencer setzt daher Gesellschaft und Organismus für analytische Zwecke gleich.

In Organismus wie Gesellschaft findet Spencer ausdifferenzierte Subsysteme vor, die sich ihrerseits wieder weiter differenzieren: Das innere System erfüllt die Aufgabe der Erhaltung des Organismus durch Anpassung an die Bedingungen der „Nahrung", das äußere System ist das Regelungs- und Kontrollsystem zwischen den Subsystemen und in bezug auf die Umwelt des Systems, das intermediäre System ist für die Verteilung, den Transport und die Kommunikation zuständig. Damit finden wir schon wesentliche Elemente des späteren Funktionalismus bei Spencer vorgezeichnet: den Systemcharakter der Gesellschaft als eines Handlungszusammenhangs, der nicht auf die einzelnen Handlungen der Individuen zurückführbar ist; und die Konzeption der Systemstruktur, die sich durch Differenzierung herausbildet und durch Integration stabilisiert.

Nach dem Integrationsgrad der Gesellschaft unterscheidet Spencer einfache, zusammengesetzte, doppelt zusammengesetzte Gesellschaften, nach der relativen Bedeutung der Subsysteme lokalisiert er Gesellschaften als Entwicklungstypen zwischen zwei Polen:

1. den predatorisch-militanten Gesellschaften und
2. den industriellen Gesellschaften.

Militante Gesellschaftsorganisationen haben einheitliche Glaubenssysteme und die Kooperation zwischen den Individuen erfolgt durch Zwang und Gewalt; die Individuen existierten für den Staat. Die industriellen Gesellschaften, bei denen das ökonomische System dominiert, zeichnen sich durch demokratische Prinzipien, eine Vielfalt der Glaubenssysteme und durch freiwillige Kooperation der Individuen aus. Der Staat ist für das Wohl der Individuen da.

Grundsätzlich sieht Spencer eine Entwicklungsrichtung von militanten zu industriellen Gesellschaften hin, wobei er als Prototyp der industriell-demokratischen Gesellschaften sicherlich England vor Augen hat. Allerdings fächern sich die Entwicklungsformen mit zunehmender Evolution immer mehr auf, mehrere Spielarten industrieller Gesellschaften werden möglich. Auch Rückschritte zu militanten Formen schließt Spencer nicht aus, ja sieht einen solchen durch die in seiner Zeit immer stärker werdenden staatssozialistischen Ideen heraufkommen. Nicht nur diese, sondern auch alle Formen von Parlamentarismus und Staatsinterventionismus verwirft Spencer als „tyranny of organization" und als Vorrang des Staates gegenüber dem Individuum.

Comte und Spencer

Comte und Spencer haben einiges gemeinsam, manches trennt sie. Spencer selbst mußte zwar den Primat Comtes in bezug auf die Bezeichnung „Soziologie" anerkennen, suchte sich aber sonst dezidiert von diesem abzugrenzen. Charakteristisch für Comte wie für Spencer ist die enzyklopädische Einordnung der Soziologie in ein umfassendes System der Wissenschaften und die Auffassung von „Gesellschaft" als natürliches menschliches Sozialgebilde mit bestimmten Strukturen und Entwicklungsgesetzmäßigkeiten. Beiden gemeinsam ist aber auch die weitgehende Ausklammerung der Ökonomie aus dem eigentlichen Gegenstand der Soziologie und seiner Begründung. Gesellschaft wird als Natur konstituiert. Das überrascht bei Comte nicht weiter, weil Gesellschaft in Frankreich immer mehr als politisches Problem aufgefaßt wurde und die natürliche Ordnung sich ursprünglich als ein politisches Gegenkonzept gegen den dynastischen Staat verstand. Bei Spencer überrascht diese Tatsache der Ausklammerung der Ökonomie hingegen sowohl aus persönlich-biographischen Gründen (er war immerhin Herausgeber des „Economist" und Verfasser zahlreicher ökonomischer und wirtschaftspolitischer Aufsätze) wie aus Gründen der spezifisch britischen Entwicklung. Die großen politischen Umwälzungen waren im 17. Jahrhundert erfolgt, und seitdem bestand das politische System ziemlich unverändert bis in das späte 19. Jahrhundert hinein. Es waren primär wirtschaftliche Veränderungen und Probleme, die die soziale Ordnung prägten, gefährdeten, wandelten. Die

Ökonomie hatte schon sehr früh die Vorstellungen des Sozialen bestimmt, vor Adam Smith findet sich schon bei Thomas Hobbes eine eigentlich durch die Ökonomie bestimmte Auffassung der Gesellschaft. Bei Smith ist die natürliche Ordnung der Gesellschaft dann primär durch die ökonomischen Austauschmechanismen und die industrielle Arbeitsteilung bestimmt. Bei Spencer hingegen finden wir eine tiefgehende naturwissenschaftliche Definition vor, deren Zentrum die Idee der natürlichen Evolution ist. Er leitete daraus die Forderung ab, in die soziale und ökonomische Ordnung der Dinge nicht einzugreifen, um die natürliche Entwicklung nicht zu stören. Hier liegt der entscheidende Unterschied zu Comtes „sozialtechnologischer" Neigung, der engen Verbindung von positiver Wissenschaft, wie sie Comte konzipierte, und der Politik.

Für Comte wie für Spencer und damit für eine tiefverwurzelte Tradition soziologischen Denkens bestimmend ist das stark konstruktivistische Herangehen an den Gegenstand. Die „Gesellschaft" wird ab ovo als Gegenstand der Einzelwissenschaft Soziologie konstituiert. Das bewirkte eine Orientierung an abstrakt-theoretischer Konstruktion und die starke Distanz zu konkreten realhistorischen Problemen der Zeit. Das wiederum hatte zur Folge, daß die frühe Soziologie keinerlei Notiz nahm von der allmählichen Entwicklung der empirischen Sozialforschung aus statistischen und sozialreformerischen Impulsen. Die bis heute immer wieder beklagte Schwierigkeit einer Verbindung von Theorie und Empirie hat ihre Begründung schon in dieser frühen Phase.

Britische Soziologie nach Spencer

Um die Jahrhundertwende war soziologisches Denken in Großbritannien in verschiedenen Strömungen mitverwoben: in einer Bewegung, die sich in karitativer und sozialreformerischer Weise mit den sozialen und ökonomischen Bedingungen beschäftigte, unter denen die Menschen lebten. Sie war empirisch ausgerichtet, verband aber mit der Analyse stets das Ziel politischer Reformmaßnahmen. Unter anderen kann man Charles Booth sowie Beatrice Webb dazu zählen. Eine andere „Schule" beschäftigte sich – wie damals in ganz Europa üblich – mit eugenischen Fragen, mit Rassentheorie und deren sozialen Folgen und wieder eine mit Stadtsoziologie und Stadtplanung.

Die Soziologie erfuhr in Großbritannien eigentlich eine relativ frühe Akademisierung. Schon bald nach der Jahrhundertwende gab es zwei Lehrstühle für Soziologie, beide an der London School of Economics, die von Edward Westermarck und Leonard T. Hobhouse gehalten wurden. 1903 war die Gründung der Sociological Society erfolgt, an der sich Hobhouse und Westermarck führend beteiligten. Sowohl Hobhouse wie Westermarck blieben dem Gedanken der Evolution verhaftet, was zusammen mit den Spezialinteressen der beiden Wissenschaftler und der damals starken Entwicklung der Kulturanthropologie (Tylor, Frazer, Malinowski) zu einer Hinwendung zu dieser Disziplin führte. Der Aufschwung der Kulturanthropologie korrespondierte zweifellos mit den Interessen und Problemen eines Weltreichs mit einer Vielzahl von kulturell ganz unterschiedlichen Kolonien.

Edward Westermarck (1892–1939) wurde in Finnland geboren. Seine Soziologie zeigt die Einflüsse sowohl der Kulturanthropologen wie der Durkheimschen Soziologie. Die wesentlichsten Problemstellungen und Gegenstandsbereiche betreffen oder involvieren Religion und Moral.

Auch bei Leonard Trelawny Hobhouse (1864–1929) ist die Beschäftigung mit geistiger und moralischer Evolution vordringlich. Soziale Evolution sieht Hobhouse wie auch Westermarck immer in Zusammenhang mit geistiger Evolution. Soziale Evolution zeigt sich Hobhouse zufolge in der Größe der Gesellschaft, ihrer Effizienz in bezug auf ihre ökonomischen Ziele, das Ausmaß individueller Freiheit und dem Grad an Gegenseitigkeit und sozialer Verbundenheit.

Es ist nicht ganz unbegründet, wenn Perry Anderson meint, die Soziologie sei in Großbritannien „ausgeblieben".[5] Eine klassische Periode der Soziologie wie im Frankreich Durkheims oder im Deutschland Max Webers gab es in England nicht – und auch keinen Marxismus. Die Gründe dafür sieht Anderson einmal in der Tatsache, daß die britischen Intellektuellen keine eigenständige Schicht wurden, sondern mit ihrer Klasse, meist der Aristokratie, eng verbunden blieben, und damit im wesentlichen durch die Neigung zum Empirismus in der Wissenschaft einerseits, zum Konservatismus in der politischen Haltung andererseits bestimmt waren. Sie vermochten es nicht, genügend Distanz zu dem traditionell Gegebenen aufzubringen, um die Frage nach der Ordnung der Gesellschaft zu stellen. Ein zweites Merkmal charakterisiert Anderson als die „weiße" Emigration, die Intellektuelle aus Deutschland, Polen, Österreich etc. vor allem in den 30er Jahren nach England führte, wobei diejenigen, die hierherkamen, in der Regel konservativ oder liberal, aber nicht marxistisch orientiert waren. Sie verstärkten daher nur die konservativen Tendenzen in England.

Literatur

Perry Anderson, Großbritannien: Soziologische Gründe für das Ausbleiben der Soziologie, in: *W. Lepenies* (Hg.), Geschichte der Soziologie, Bd. 3, Frankfurt 1981, S. 413ff.
Reinhard Bendix, Könige oder Volk, 2 Bde., Frankfurt 1980
Friedrich Engels, The Condition of the Working Class in England, London 1969 (urspr. dt. 1845)
Ronald Fletcher, The making of Sociology, 2 Bde., London 1971
Adam Ferguson, Versuch über die Geschichte der bürgerlichen Gesellschaft, Frankfurt 1986 (urspr. engl. 1767)
R.J. Halliday, Die soziologische Bewegung, die Sociological Society und die Entstehung der akademischen Soziologie in Großbritannien, in: *W. Lepenies* (Hg.), Geschichte der Soziologie, Bd. 3, Frankfurt 1981, S. 381ff.
Leonard T. Hobhouse – G.C. Wheeler – M. Ginsberg, The Material Culture and Social Institutions of the Simpler Peoples, London 1915
Leonard T. Hobhouse, Social Development, London 1924
Eric J. Hobsbawm, Industrie und Empire, 1. Bd., Frankfurt 1974
Paul Kellermann, Herbert Spencer, in: Dirk Käsler (Hg.), Klassiker des soziologischen Denkens, Bd. 1, München 1976, S. 159ff.
John St. Mill, Principles of Political Economy, London 1848
Ders., A System of Logic, London 1884
John Millar, Vom Ursprung des Unterschieds in den Rangordnungen und Ständen der Gesellschaft, Frankfurt 1985 (urspr. engl. 1779)
Barrington Moore jr., Soziale Ursprünge von Diktatur und Demokratie, Frankfurt 1969
Adam Smith, The Wealth of Nations, 2 Bde., London – New York 1950 (urspr. 1776–8)
Herbert Spencer, An Autobiography, 2 Bde., London 1904
Ders., Grundlagen der Philosophie, Stuttgart 1875 (urspr. engl. 1874)
Ders., The Principles of Sociology, 3 Bde., London – Edinburgh 1876–1897
Ders., The Man versus the State, London-Oxford 1902
Richard H. Tawney, Religion and The Rise of Capitalism, Harmondsworth 1969 (urspr. 1922)
Michael Vester, Die Entstehung des Proletariats als Lernprozeß, Frankfurt 1970
Edward Westermarck, The Origin and Development of the Moral Ideas, 2 Bände, London 1912
Ders., Early Beliefs and Their Social Influences, London 1932

[5] *Perry Anderson*, Großbritannien: Soziologische Gründe für das Ausbleiben der Soziologie, in: *W. Lepenies* (Hg.), Geschichte der Soziologie, Bd. 3, Frankfurt 1981, S. 413ff.

II. Alternativen

1. Der historische Materialismus: Karl Marx

Lebensphasen

Karl Marx' Lebensgeschichte (1818–1883) und intellektuelle Biographie ist gekennzeichnet durch das Durchlaufen der kulturellen und politischen Milieus Deutschlands, Frankreichs und Englands. Jede durch den Aufenthalt in einer dieser Kulturen geprägte Lebensphase läßt sich in seinem intellektuellen Werk aufzeigen.
Seine deutsche Zeit (1818–1843) ist dominiert durch die Auseinandersetzung mit der idealistischen Philosophie und den sozialen Ideen, die in dieser Kultur entstehen konnten. Marx' Denken kann daher verstanden werden als Reaktion auf die idealistische Tradition des deutschen Denkens und die allgemeine Esoterik selbst des deutschen Materialismus. Von daher betrachtet ist es durchaus berechtigt, Karl Marx als deutschen Philosophen[1] zu bezeichnen. Er kämpfte solange gegen die „deutsche Ideologie" an, bis er sein Denken mit den Wurzeln aus dessen Verankerung gerissen hatte und zu dem Denker wurde, der international wirksam werden konnte.

In der Pariser Zeit (1843–1849) läßt sich zunächst noch die Auseinandersetzung mit der deutschen Philosophie feststellen, dann aber eine stärkere politische Orientierung und die Ausformung seiner Klassentheorie. In diese Zeit fällt auch das „Manifest". Daß in der Londoner Zeit (1849–1883) die ökonomisch orientierten Werke entstanden sind, die „Kritik der Politischen Ökonomie" und „Das Kapital", ist sicher nicht nur auf den Einfluß des ökonomischen Denkens in England zurückzuführen, ohne dieses aber undenkbar.

Der Unterschied, der zwischen den Auffassungen des „jungen Marx" der „ökonomisch-philosophischen Manuskripte" und dem Marx des „Kapitals" besteht, ist seit der „Entdeckung" der „Manuskripte" in den 50er Jahren immer wieder hervorgehoben worden. Neomarxistische Strömungen beriefen sich danach in großem Umfang auf die „Manuskripte" und deren humanphilosophische Zentrierung um das Problem der Entfremdung.

Das Werk von Marx und Engels umfaßt ein breites Spektrum des Denkens, ist eine Praxisphilosophie genauso wie eine Klassentheorie, eine ökonomische Analyse und eine Ideologiekritik. Sie alle greifen zwar auch stark ineinander, bedingen sich gegenseitig, bieten aber auch sehr unterschiedliche Zugänge für die Interpretation.

Das Werk

Karl Marx war zunächst im geistigen Umfeld des Linkshegelianismus verankert, mit dem er aber 1845 endgültig brach, weil er ihm als Nur-Kritik zu wenig praxisorientiert war.

In den „Ökonomisch-philosophischen Manuskripten" von 1844 setzte sich Marx mit dem Begriff der Entfremdung auseinander, wie er von Hegel über Feuerbach als philosophischer Begriff entwickelt worden war. Dabei kritisierte er an Hegel, daß er Arbeit als ein geistiges Handeln verstand; demgegenüber stellte Marx an den Ausgangspunkt seiner Überlegungen die Arbeit als sinnlichen Umgang mit der Natur,

---

[1] *Leszek Kolakowski*, Die Hauptströmungen des Marxismus, Bd. 1, München 1978, S. 15

als Beschaffung und Erzeugung der Nahrungsmittel, also als Produktion. Sie ist Charakteristikum des Menschen und Voraussetzung seines geistigen Handelns. Die Arbeit erfolgt unter sich wandelnden Produktionsverhältnissen, die auch die sozialen Beziehungen bestimmen, die die Menschen bei ihrer Arbeit unterhalten. Arbeit ist immer gesellschaftliche Arbeit; jeder Akt der Arbeit oder Produktion ist immer auch ein bestimmtes Verhalten zum Mitmenschen.

In den Produktionsverhältnissen der kapitalistischen Gesellschaft wurde die Arbeit zu einer Ware unter anderen. Im Warencharakter der Arbeitskraft liegt die Ursache für die Entfremdung der Arbeit, d. h. dem Arbeiter werden sowohl seine eigene Tätigkeit wie die Produkte dieser seiner Tätigkeit „fremd", erscheinen ihm außerhalb seines Selbst liegend. Die Arbeit als spezifisch menschliches Tun kann dann nicht mehr Ausdruck des Menschseins sein, sondern wird verrichtet, um die physisch-animalischen Erhaltungsbedürfnisse des Organismus befriedigen zu können über das Arbeitsentgelt, den Lohn. Damit führt die Entfremdung der Arbeit zur Entmenschung des Menschen.

Die Entfremdung der Arbeit ist das primäre, das Privateigentum das sekundäre Merkmal der kapitalistischen Produktionsverhältnisse. Es geht daher nicht einfach um die Abschaffung des Privateigentums, denn das würde nur die Lage der Arbeiter zur allgemeinen Lebenssituation machen, würde also die Entfremdung steigern. Marx plädierte vielmehr für die „positive" Aufhebung des Privateigentums, die in erster Linie Aufhebung der Entfremdung sein muß, d.h. dem Menschen erst sein volles Menschsein in der Kultur ermöglicht. Nicht das Privateigentum ist abzuschaffen, sondern das Problem des Eigentums überhaupt muß aus dem Bewußtsein verschwinden. Das setzt eine lange und tiefgreifende Veränderung voraus. Marx siedelte den Kommunismus als die Verwirklichung des Menschen an den Endpunkt eines langen und brutalen Geschichtsprozesses an. In diesen frühen Schriften ist der Sozialismus für Marx das Ende der bisherigen Geschichte, ist diesseitige Eschatologie.

Die 1845 geschriebenen „Thesen über Feuerbach", in denen Marx seinen Materialismusbegriff gegen den Feuerbachschen stellt, heben als Ergänzung und Kontrast zu den „Manuskripten" einen anderen Aspekt der Marxschen Philosophie prägnant hervor: den Praxisbezug, die Orientierung am Handeln. Der Schlußsatz der Thesen lautet bekanntermaßen: „Die Philosophen haben die Welt nur verschieden interpretiert; es kommt aber darauf an, sie zu verändern." Dieser Satz steht auch auf Marx' Grabstein in London wie ein Resumé seines Wollens.

In der Spannung zwischen der Betonung des gesellschaftsverändernden Tuns und der Endzeitvision des langen Geschichtsprozesses besteht die charakteristische Eigenart des Marxschen historischen Materialismus. Es kommt zwar darauf an, die Welt zu verändern (denn der Mensch macht seine Geschichte), aber diese Veränderungen sind nicht als sofortige Verbesserungen hic et nunc im Sinne eines Idealzustandes zu verstehen, denn Marx war entschieden und vehement gegen jede sozialreformerische, ja sogar gegen gewerkschaftliche Aktivitäten. Der Kommunismus ist Endzeitvision, aber nicht Utopie – denn als solche hätte er sich vorweg jeden Anspruchs auf Verwirklichung begeben. Er wird vielmehr als reale weltgeschichtliche Bewegung, als praktische, die bestehende Ordnung revolutionierende Kraft verstanden. Die Veränderungen erhalten ihre Bedeutung im Blick auf die Endzeitvision, was voraussetzt, daß alles, was bisher war, zuerst vergangen und zerstört sein muß, um eine andere Gesellschaft, ja einen anderen Menschen, den wahren Menschen im Marxschen Sinne erst zu ermöglichen.

„Die heilige Familie" und „Die deutsche Ideologie" von 1846 schrieb Marx bereits zusammen mit Friedrich Engels. Zwar lebte Marx seit 1843 in Paris, aber die Kritik richtet sich noch immer gegen die deutschen Denker, besonders die Sozialisten unter ihnen. In der „Deutschen Ideologie" entwickelte Marx seine Ideologiekritik. Die Menschen sind sich nicht bewußt, daß ihre Ideen ein Produkt ihrer Lebensverhältnisse sind. Sie bilden sich ein, daß ihre Ideen autonom und rational begründet sind. Jedes Denken, das sich als autonom versteht und nicht als Ergebnis der materiell-gesellschaftlichen Verhältnisse, ist für Marx aber ideologisch. Dieser Ideologiebegriff, der die Ideologiekritik und Wissenssoziologie des 20. Jahrhunderts entscheidend geprägt hat, ist in das materialistische Geschichtsverständnis von Marx und Engels eingebettet. In prägnanter Formulierung drücken die Autoren das so aus: „Nicht das Bewußtsein bestimmt das Leben, sondern das Leben bestimmt das Bewußtsein."[2] Was Marx und Engels unter „Leben" verstehen, hat allerdings wenig gemein mit dem mystischen Begriff Leben, wie er in der Lebensphilosophie später üblich war. Die ganze Abneigung gegen die Esoterik der deutschen Philosophie kommt in folgendem Zitat zum Ausdruck, worin gleichzeitig der Marxsche Materialismus konkretisiert wird: „Ganz im Gegensatz zur deutschen Philosophie, welche vom Himmel auf die Erde herabsteigt, wird hier von der Erde zum Himmel gestiegen. D.h. es wird nicht ausgegangen von dem, was die Menschen sagen, sich einbilden, sich vorstellen, es wird von den wirklich tätigen Menschen ausgegangen und aus ihrem wirklichen Lebensprozeß auch die Entwicklung der ideologischen Reflexe und Echos dieses Lebensprozesses dargestellt. Auch die Nebelbildungen im Gehirn der Menschen sind notwendige Sublimate ihres materiellen, empirisch konstatierbaren und an materielle Voraussetzungen geknüpften Lebensprozesses."[3]

Diese materiellen Voraussetzungen sind zunächst verstanden als die den Menschen als solchen auszeichnende Fähigkeit zur Produktion der Lebensmittel. Die Veränderungen in der Art und Weise der Produktion bestimmen die Geschichte, Ideen als solche haben keine Geschichte, sie sind immer Reflex der materiellen Geschichte. Jede „wirkliche, positive" Wissenschaft muß daher bei den materiellen Lebensbedingungen, bei den Produktionsverhältnissen ansetzen. Denn die Menschen müssen zuerst leben, sprich: essen, um „Geschichte machen" zu können. Die Bedürfnisse der Menschen und die Produktionsweise, durch die diese befriedigt werden wollen, setzen die Menschen in einen materialistischen Zusammenhang untereinander, der stets neue Formen annimmt. Dieser Zusammenhang ist zugleich eine Verteilung der Arbeit und ihrer Produkte, und zwar eine ungleiche: Produktion und Konsumtion fallen verschiedenen Individuen zu. Daher sind Arbeitsteilung und Privateigentum (als Verfügung über fremde Arbeitskraft) identische Ausdrücke und haben ihren Beginn bereits in der Familie als Urform der Gesellschaft.

Diese Arbeitsteilung versteht Marx als „naturwüchsig" im Gegensatz zu „freiwillig". Die Widersprüche und Konflikte dieser naturwüchsigen Arbeitsteilung, v.a. der Widerspruch zwischen den Einzelinteressen der Klassen und dem Allgemeininteresse, machen den Staat als Garant des Allgemeininteresses notwendig. Die Menschen, die nur ihre Eigeninteressen im Sinne haben, erfahren den Staat mit seiner sozialen Macht der Kooperation als Zwang und Gewalt, die ihren Ursprung außerhalb der Individuen hat, die sich entgegen den Annahmen der französischen Aufklärer nicht freiwillig zum Zusammenwirken entschlossen haben. Gerade die Freiwilligkeit der Kooperation macht für Marx das Wesensmerkmal des Kommunismus aus, der durch die Aufhebung der ungleichen Verteilung von Arbeit und Produkten durch die Aufhebung des Privateigentums auch die Entfremdung des Menschen in seiner Situation in Familie und Staat beseitigt.

---

[2] Marx-Engels-Werke (MEW), Bd. III, Berlin 1968, S. 27
[3] MEW III, S. 26

Das Denken, das aus der Arbeitsteilung zwischen „geistiger“ und materieller Arbeit resultiert, kann nur ideologisch sein, weil es getrennt ist von seiner materiellen Grundlage, es kann daher nur „falsches Bewußtsein“ sein. Die Gedanken der materiell herrschenden Klasse sind die herrschende geistige Macht. Die Klasse, die über die materiellen Produktionsmittel verfügt, beherrscht damit auch die geistige Produktion. Jede aufsteigende Klasse ist zunächst genötigt, ihre Denkweise, die durch die Interessen ihrer Klassenlage bestimmt sind, als die Allgemeininteressen auszugeben. Die Individuen dieser Klasse bilden sich dies auch in aller Regel ein und, solange sie noch revolutionär sind, solange stimmt dies auch in gewissem Maße. Sobald sie jedoch selbst die herrschende Klasse geworden sind, vertreten sie ihre Sonderinteressen, geben aber weiter vor, das Allgemeininteresse zu repräsentieren, d.h. den Staat.

In der Proudhon-Kritik von 1846/47, „Das Elend der Philosophie“, finden sich neben der eigentlichen Kritik an den Ideen Proudhons Aussagen über die Entwicklung von Bourgeoisie und Proletariat als Klassen. Marx wirft den Ökonomen seiner Zeit vor, die Bedingungen der bürgerlichen Produktionsweise als Naturgesetze hinzustellen, während sie doch nur die wissenschaftlichen Repräsentanten der bürgerlichen Kapitalinteressen seien. Grundsätzlich, so Marx, beinhalten alle Produktionsverhältnisse einen antagonistischen Charakter; auch im Feudalismus gab es daher ein Proletariat, die Keimzelle des späteren Bürgertums. In dem Maße, wie sich die Bourgeoisie entwickelte, wurde sie antagonistisch und bildete aus sich heraus ein modernes Proletariat.

Die Herrschaft des Kapitals hat für das Proletariat eine gemeinsame Situation und gemeinsame Interessen geschaffen. So ist diese Masse bereits eine Klasse gegenüber dem Kapital, aber noch nicht „für sich selbst“. In dem Kampf gegen das Kapital und seine Trägerin, die Bourgeoisie, konstituiert sie sich als Klasse für sich selbst. Wenn das Proletariat sich befreien soll, dann darf dies nicht in einer neuen Klassengesellschaft geschehen, sondern unter Abschaffung aller Klassen als Grundvoraussetzung, genauso wie die Befreiung des Bürgertums die Abschaffung der Stände bewirkte.

Marx faßt den Klassenbegriff allgemein als Beziehung von Unterdrückern und Unterdrückten; in diesem Sinne ist die Geschichte aller bisherigen Gesellschaft die Geschichte von Klassenkämpfen („Kommunistisches Manifest“ 1848). Zum anderen faßt er ihn als historischen Begriff, als eine Ordnung, die die ständische Ordnung abgelöst hat. Und drittens beinhaltet der Begriff sowohl eine kategoriale (objektive Klassenlage) wie eine dynamisch-aktionalistische Dimension (Klasse für sich durch Kampf gegen den gemeinsamen Gegner). Im ersteren Sinn ist die Klassenlage bestimmt durch die Produktionsverhältnisse, im zweiten entsteht Klasse erst durch das Bewußtwerden der Gemeinsamkeit in der Gegnerschaft gegen einen Feind, und gleichzeitig wird diese Gesellschaftsordnung durch das gemeinsame Handeln verändert.

Von 1849 an lebte Marx in London, wo er auch im Generalrat der Internationalen Arbeiterorganisation mitwirkte. Aus der Folgezeit datieren die Werke von Marx und Engels, die sich durch einen vorrangig ökonomisch-analytischen Charakter auszeichnen, beeinflußt von und in Auseinandersetzung mit der klassischen Ökonomie und ihren Epigonen wie David Ricardo. Es geht Marx und Engels nun um die Herausarbeitung der inhärenten Bewegungsgesetze des modernen Kapitalismus, niedergelegt in den „Grundrissen der Kritik der Politischen Ökonomie“ (die den Plan und Rohentwurf für das „Kapital“ enthalten) von 1857/58, der „Kritik der Politischen Ökonomie“ von 1859, in dem von Marx selbst unvollendet gebliebenen „Kapital“ (Band 1 von 1867, Bd. 2 und 3 zwischen 1885 und 1894 von Engels ergänzt, redigiert und herausgegeben) und Engels „Anti-Dühring" von 1878. Louis Althusser wies darauf hin, daß Marx Gesellschaft aus zwei verschiedenen Perspektiven analysierte: einmal als Resultat eines historischen Prozesses und zum anderen insbesondere im „Kapital" als spezifische Struktur, aus deren inhärenten Prinzipien heraus er die kapitalistische Gesellschaft theoretisch und ohne Rekurs auf ihre historische Entstehung erklärte[4].

Grundmerkmal des modernen Kapitalismus ist der Warencharakter der Arbeitskraft, d.h. die Tatsache, daß der Lohnarbeiter seine Arbeitskraft auf dem Arbeitsmarkt anbieten muß und diese von den Kapitalisten gekauft wird zu einem bestimmten Marktpreis, dem Lohn. Die Ware „Arbeitskraft" hat aber im Gegensatz zu anderen Waren, die beim Gebrauch verbraucht oder abgenutzt werden, die Eigenschaft, durch ihren Gebrauch wieder Wert zu schaffen. Arbeitskraft ist in diesem Sinne der einzig „produktive" Faktor in der Produktion. Der Wert der Arbeitskraft selbst wird bemessen nach den für ihre Produktion bzw. Reproduktion notwendigen Lebensmitteln, d. h. jener Summe von Lebensmitteln, die die Arbeiter nicht nur als Individuen, sondern als Klasse über Generationen hinweg am Leben erhält. Diese Lebensmittel benötigen zu ihrer Produktion eine bestimmte im Durchschnitt auf jeden Tag entfallende Arbeitszeit von z.B. 6 Stunden und stellen einen bestimmten Preis der Arbeitskraft dar. Der Arbeiter verkauft seine Arbeitskraft für eine bestimmte Zeit pro Tag, z.B. für 12 Stunden. Dafür erhält der Arbeiter als Lohn den Wert der Arbeitskraft, der allerdings nur 6 Stunden gesellschaftlich notwendiger Arbeitszeit für Brot, Kleidung, Wohnung etc. beinhaltet. Rohstoffe, Arbeitsmittel (die ihrerseits vergegenständlichte Arbeit sind) und Arbeitskraft hat der Kapitalist zu ihrem Preis gekauft. Am Ende des Produktionsprozesses erhält er jedoch einen Wert des Produkts, der über den Kosten liegt, verursacht durch die Differenz zwischen dem Wert der Arbeitskraft, ausgedrückt in Arbeitszeit, und dem tatsächlichen Gebrauch der Arbeitskraft, ausgedrückt im Wert des Produkts. Diese Differenz nennt Marx den Mehrwert.

Während Rohstoffe und Betriebsmittel ihren Wert während des Produktionsprozesses nicht verändern (konstantes Kapital), verändert sich der in Arbeitskraft umgesetze Teil des Kapitals im Produktionsprozeß (variables Kapital); er reproduziert sein eigenes Äquivalent und den Mehrwert. Die Relation von Mehrwert zu eingesetztem variablem Kapital (m/v) ist die Rate des Mehrwerts, und gleichzeitig zeigt sie den Grad der Ausbeutung der Arbeitskraft durch das Kapital an. Durch Erhöhung der Produktivkraft der Arbeit aufgrund technischer Veränderungen kommt es bei gleichbleibendem Arbeitstag zu einer Verkürzung der notwendigen Arbeitszeit, d.h. zu einem Sinken des Wertes der Arbeit und einer Erhöhung der Mehrarbeit (relativer Mehrwert).

Akkumulation ist der Prozeß, der aus Geld Kapital macht, d.h. Geld, das in einer endlosen Zirkulation von G-W-G' immer mehr Geld, das nicht für die persönlichen Bedürfnisse des Kapitalisten verbraucht wird, anhäuft. Dies ist ein fundamentales Bewegungsgesetz der kapitalistischen Produktionsweise. Die Bewegung beginnt mit der ursprünglichen Akkumulation als dem Prozeß der Abtrennung des Arbeiters von den Produktionsmitteln oder dem Übergang von der feudalen in die kapitalistische Ausbeutung. Sie nimmt ihren Ausgang bei der Expropriation der ländlichen Produzenten von Grund und Boden. Das immanente Gesetz der kapitalistischen Akkumulation führt nach vollständiger Expropriation von Bauern, Handwerkern und allen unmittelbaren Produzenten auch zur Expropriation von Kapitalisten selbst durch ihre Konkurrenten, zum Zentralisationsprozeß des Kapitals in immer weniger Händen.

---

[4] *Louis Althusser/EtienneBalibar*, Reading Capital, London-New York 1970, S. 64–68

Die Negation des individuellen, auf eigene Arbeit gegründeten Privateigentums durch das Kapital führt mit naturgesetzlicher Notwendigkeit zur Negation der Negation, zur Vernichtung des kapitalistischen Privateigentums durch die aufgrund des Zentralisationsprozesses unerträglich gewordene Lage des Proletariats und der revolutionären Expropriation der Expropriateure. Die sich daran anschließende Vergesellschaftung der Produktion kann nicht in der Wiederherstellung des einzelnen Privateigentums an den Produktionsmitteln resultieren, sondern in der Wiedereinführung des individuellen Eigentums bei gesellschaftlicher Kooperation in der Produktion.

Ein anderes Bewegungsgesetz der kapitalistischen Gesellschaft ist der tendenzielle Fall der Profitrate. Die Profitrate ist das Verhältnis von Mehrwert und Gesamtkapital (konstant und variabel). Bei steigendem konstantem Kapital als Tendenz der kapitalistischen Produktionsweise, d. h. bei steigendem Anteil an Arbeitsmitteln, Maschinen, etc. kommt es daher zu einem Sinken der Profitrate. Das bedeutet aber nicht weniger Profit für den einzelnen Kapitalisten; unter Voraussetzung des Akkumulationsprozesses bleibt der Profit für den einzelnen aus einer immer kleiner werdenden Klasse von Kapitalisten gleich oder steigt sogar. Gleichzeitig steigt allerdings auch die industrielle Reservearmee, der immer geringere Arbeitsmöglichkeiten gegenüberstehen, was den Grad der Ausbeutbarkeit dieser Arbeiter erhöht.

Die kapitalistische Produktionsweise weist somit innere Widersprüche auf zwischen der Entwicklung der Produktivkräfte und den Produktionsverhältnissen, die sich im periodischen Auftreten von Krisen zeigen. Die Entwicklung der Produktivkraft geht mit der Erhöhung des konstanten Kapitalanteils einher; der Fall der Profitrate wird begleitet vom Anwachsen der Masse des Kapitals, was zur Entwertung des Kapitals führt, die Akkumulation aber wieder beschleunigt. Das Kapital selbst ist somit die wahre Schranke der kapitalistischen Produktion, gerade weil es allein Zweck dieser Produktion ist.

Die Dialektik bei Hegel, Marx und Engels

Hegel faßte die Dialektik als Bewegungsform des Bewußtseins auf, als Prozeß, in dem unsere Alltagserfahrung sich umwandelt in philosophische Erkenntnis („Phänomenologie des Geistes" 1807). Es ist der Weg vom subjektiven Geist über den objektiven Geist zum absoluten Geist. Dieser Weg ist kein leichter, sondern durch Konflikte gekennzeichnet, vor allem durch den Gegensatz zwischen der individuellen Freiheit und dem Wirken der Natur, der Gesellschaft, der Geschichte, aber auch durch die Erkenntnis, daß die Welt nicht so ist, wie sie scheint. Der Weg, in dem sich der Geist selbst erkennt, ist die Dialektik. Sie enthält einmal die Differenzierung von Wesen und Erscheinung, zum anderen die Auffassung, daß das Wesen und die Wahrheit sich in einem ständigen Prozeß der Entwicklung befinden. Diese Bewegung ist aber eine antithetische, d. h. durch Widersprüche bestimmte. Die Wirklichkeit ist widersprüchlich, jeder positiven Setzung (These) steht eine Negation (Antithese) derselben gegenüber. Dieser Widerspruch aber strebt gleichzeitig nach seiner Auflösung, die in der Entstehung einer neuen Qualität durch Negation der Negation (Synthese) besteht. Diese wird selbst wieder zur neuen These, die eine Antithese auf den Plan ruft, und wieder zur Synthese strebt.

Diese dialektische Bewegung faßte Hegel als stufenweise Höherentwicklung der Menschheit zur Freiheit auf, als historischen Entwicklungsprozeß des „Weltgeistes" (absoluter Geist), in dem die Menschheit sich ihres wahren Selbst bewußt wird, und zwar im antithetischen Prozeß von subjektivem Geist (z. B. individuelles Nutzenstreben) und dem sich in allen historischen Institutionen objektivierenden Weltgeist (objektiver Geist).

Hegel übertrug diesen dialektischen Prozeß auf die Entwicklung der bürgerlichen Gesellschaft. Das Individuum strebt nach Erfüllung seiner Bedürfnisse, niemals von sich aus nach dem Gemeinwohl. Dafür ist das Recht notwendig, das die „Subjektivität“ des Einzelwillens ins Bewußtsein ruft, und damit den Widerspruch zwischen dem subjektiven Willen und der objektiven Gesellschaftsordnung bewußt macht. In diesem Stadium befand sich die bürgerliche Gesellschaft seiner Zeit in Hegels Einschätzung. Sie war noch nicht zur Sittlichkeit als die Idee der Freiheit durch Identität von subjektiven und objektiven Interessen gelangt. Diese Sittlichkeit objektiviert sich zunächst in der Familie, dann aber vor allem im Staat als der Verwirklichung der vernünftigen Bestrebungen freier Individuen nach Vereinigung.

Karl Marx übernahm die dialektische Methode von Hegel, stellte sie aber „vom Kopf auf die Füße“: Während für Hegel Wirklichkeit etwas Geistiges war, faßte Marx sie als materiell auf. Ideen, Geist, Bewußtsein, aber auch Normen, Werte, Sitten etc. sind nur Reflexe der ökonomischen Ordnung. Die dialektische Bewegung wird von Marx nicht auf das Bewußtsein, sondern auf den sozioökonomischen Prozeß bezogen. Die technisch-ökonomische Entwicklung bewirkt einen Widerspruch zu den traditionellen sozialen Verhältnissen, und als antithetische Kräfte treten die die traditionellen Produktionsverhältnisse auf der einen Seite und die neuen ökonomischen Bedingungen auf der anderen Seite repräsentierenden Klassen der Gesellschaft auf. Im 19. Jahrhundert waren das die Bourgeoisie und das Proletariat genauso wie ein Jahrhundert davor die Feudalaristokratie und das Bürgertum.

Wie bei Hegel ist auch bei Marx der dialektische Prozeß eine Bewegung zur Entwicklung der Freiheit, und bei beiden wird die Verknüpfung von Freiheit und Eigentum betont. Aber anders als Hegel sieht Marx diesen Befreiungsprozeß nicht als einen geistigen Prozeß, eine Entfaltung des Bewußtseins, sondern als einen politisch-ökonomischen Prozeß, als ökonomische Bewegungsgesetze der Geschichte. Und der Staat ist ihm nicht die Verwirklichung der sittlichen Idee, sondern Instrument in der Hand der herrschenden Klasse.

Engels hat die Dialektik später auch als Bewegung der Natur interpretiert: In der „Dialektik der Natur“ nennt Friedrich Engels drei dialektische Gesetze der Natur, der menschlichen Gesellschaft und des Denkens:[5]

- Das Gesetz des Umschlagens von Quantität in Qualität und umgekehrt
- Das Gesetz der Durchdringung der Gegensätze
- Das Gesetz von der Negation der Negation

Hegel wirft er vor, die Dialektik als bloße Denkgesetze entwickelt zu haben; Engels versteht sie als Bewegungsgesetze der Natur und der Geschichte, aus denen dann erst die Gesetzmäßigkeiten der Erkenntnis abgeleitet werden können.

Marxismus und Soziologie

Das Denken Karl Marx' steht in einem ambivalenten Verhältnis zur Soziologie: Marx selbst hat immer nur ironisch von den „Soziologen“ gesprochen; für die Soziologie Comtescher Prägung hatte er nichts übrig; sie war ihm typischer Ausdruck bourgeoiser Interessen und bürgerlichen Bewußtseins. Und dennoch wären sein Denken wie auch die Soziologie nicht möglich ohne die Ideen der Aufklärung. In diesem Sinne

---

[5] *Friedrich Engels*, Dialektik der Natur, MEW Bd. XX, Berlin 1968, S. 348

kann man sowohl die Soziologie wie den Marxismus als Erben der Aufklärung ansprechen.

Karl Marx soll hier nicht als Soziologe verstanden werden. Er hätte sich selbst sicher nie so gesehen, und man sollte es ihm daher auch posthum nicht antun. In sehr entschiedener Weise war der Marxismus eine Gegenposition zur „bürgerlichen" Soziologie.

Die Verachtung, die Marx der Soziologie entgegenbrachte, wurde aber nicht von allen geteilt, die seiner Lehre folgten. Auf dem 1. Internationalen Kongreß für Soziologie 1894 referierten auch einige Vertreter des Marxismus. Insbesondere nach dem Ende der Zweiten Internationale (1889–1914), die als das goldene Zeitalter des Marxismus bezeichnet wurde, tauchten mehr Stimmen auf, die den Marxismus als Soziologie verstanden, d.h. denen es in erster Linie um die Analyse und Erklärung der modernen Gesellschaft ging und die den Marxismus als geeignetes Instrument dafür ansahen. Zwei Ereignisse waren es vor allem, die in der Folge die gesellschaftliche Realität und damit die Reflexion darüber aus marxistischer Sicht entscheidend verändert hatten: die Russische Revolution und die Etablierung des Sowjetregimes auf der einen Seite und das „Scheitern" der europäischen, insbesondere der deutschen Arbeiterklasse, in bezug auf die Revolution der Gesellschaftsordnung nach dem 1. Weltkrieg. Statt dessen war es zur Integrierung der Arbeiterklasse in die kapitalistische Gesellschaft gekommen und zu ihrer politischen Einbeziehung in der Massendemokratie.

Dazu waren schon vom Ende des 19. Jahrhunderts weg Entwicklungen gekommen, die den historischen Materialismus selbst als auf bestimmten historisch-gesellschaftlichen Bedingungen beruhend auffaßten. Am bekanntesten wurden die „revisionistischen" Überlegungen Eduard Bernsteins über die „Voraussetzungen des Sozialismus". Aber in anderer Weise beschäftigten sich sehr viele Marxisten mit der Beziehung zwischen der Marxschen Lehre und den neuen gesellschaftlichen Bedingungen. Diese Reflexionsphase führte, wo nicht expressis verbis wie bei Bernstein oder Otto Bauer von der Möglichkeit der Revolution zugunsten einer evolutionären Sicht abgerückt wurde, zumindest zu einer Neufundierung der Analyse. Dazu schien nun die Gesellschaftsanalyse nützlich zu sein. Eine ganze Reihe von Marxisten definierten den historischen Materialismus selbst als Soziologie, allerdings im Gegensatz zur „bürgerlichen" Soziologie Comtes, Spencers und deren Epigonen: Nicolai Bucharin, Max Adler, Karl Korsch.
Insbesondere Karl Korsch sah den Marxismus als echte Sozialwissenschaft der Gegenwart. Die wichtigsten Beiträge von Marx zur Gesellschaftsforschung erblickte er darin, daß

1. alle Erscheinungen des gesellschaftlichen Lebensprozesses auf die Ökonomie zurückgeführt,
2. auch die Ökonomie gesellschaftlich aufgefaßt,
3. alle gesellschaftlichen Erscheinungen geschichtlich bestimmt werden.

Marxismus ist, wie er meinte, seiner theoretischen Form nach strenge empirische Gesellschaftsforschung – gesellschaftliche Naturforschung –, seinem Inhalt nach ist er Ökonomie, nicht Soziologie.[6] Korsch sah ihn als eine eigene Wissenschaft, als die „echte gesellschaftliche Wissenschaft unserer Zeit"[7], während er die Soziologie als „Flucht vor den praktischen und damit auch theoretischen Aufgaben der gegenwärtigen geschichtlichen Epoche" bezeichnete.

---

[6] *Karl Korsch, Karl Marx*, Frankfurt am Main 1967 (ursprl. engl. 1938), S. 203ff.
[7] Ebenda, S. 7

Der „bürgerlichen" Soziologie warf er vor, daß sie das Soziale als autonome Sphäre behandle; die marxistische Soziologie hingegen gehe vom Primat der ökonomischen Struktur in der Gesellschaftsanalyse aus, betone die Historizität in der Interpretation sozialer Phänomene, betreibe empirische Studien im ökonomisch-historischen Kontext und vermöge revolutionären Wandel und Entwicklungsbrüche zu erkennen. Korsch sah den historischen Materialismus als kritische Gesellschaftswissenschaft, die nicht an die Comte-Spencer-Tradition, sondern an die kritische Philosophie und die Politische Ökonomie des 18. Jahrhunderts in Frankreich und Großbritannien anknüpft.

Georg Lukàcs' „Geschichte und Klassenbewußtsein" (1923) leitet die Entwicklung des „westlichen Marxismus" ein, und zwar durch die Einführung idealistischer Elemente in die marxistische Theorie. Danach ist die Verdinglichung im Bewußtsein der Menschen so weit fortgeschritten, daß auch das Proletariat davon erfaßt ist und sein Klassenbewußtsein nicht zu revolutionärer Orientierung gelangt. Diese kann nur durch die Partei bewirkt werden, nicht allein durch die ökonomischen Bedingungen. Der historische Materialismus wird bei Lukàcs zum Kampfmittel des Proletariats. Diese Re-Idealisierung des historischen Materialismus findet sich in der Folge bei einer Reihe von marxistischen Autoren. Das führte u.a. besonders bei Antonio Gramsci und der Frankfurter Schule zur Rückkehr zu philosophisch-kritischer Reflexion. Für Gramsci ist der Marxismus eine philosophische Weltanschauung, für Horkheimer wird er zur Kritischen Theorie, die wie eine Rückkehr zum Junghegelianismus anmutet.

In diesen intellektuellen Entwicklungen des marxistischen Denkens zeigen sich zwei entgegengesetzte geistige Strömungen, die schon in Marx' und Engels' Denken aufspürbar sind: die positivistisch-naturalistische Tendenz des 19. Jahrhunderts in Frankreich und England und der Hegelianismus in Deutschland. Der Nationalsozialismus und der 2. Weltkrieg verhinderten die Weiterentwicklung der marxistischen Gesellschaftswissenschaft. Nur die Kritische Theorie erlebte einen starken Aufschwung und wurde zur Ausgangsbasis für eine vielfältige Entwicklung kritischer Gesellschaftstheorie seit den 60er Jahren.

Literatur:

Max Adler, Der soziologische Sinn der Lehre von Karl Marx, Leipzig 1914
Georg Ahrweiler, Hegels Gesellschaftslehre, Darmstadt und Neuwied 1976
Jeffrey C. Alexander, Theoretical Logic in Sociology, Bd. 2: The Antinomies of Classical Thought: Marx and Durkheim, London-Melbourne-Henley 1982
Louis Althusser/Etienne Balibar, Reading Capital, London-New York 1970
Tom Bottomore, Marxist Sociology, London-Basingstoke 1975
Nicolai Bucharin, Historical Materialism: A System of Sociology, New York 1925
Jean-Yves Calvez, Karl Marx, Olten und Freiburg im Breisgau 1964
Friedrich Engels, Anti-Dühring, in: MEW 20, Berlin 1968, S. 16ff.
Ders., Dialektik der Natur, MEW 20, Berlin 1986, S. 305ff.
Leszek Kolakowski, Die Hauptströmungen des Marxismus, Bd. 2, München 1978
Gubor Kiss, Einführung in die soziologischen Theorien, Bd. 1, Opladen 1972
Karl Korsch, Karl Marx, Frankfurt 1967 (ursprl. engl. 1938)
Georg Lukàcs, Geschichte und Klassenbewußtsein, Neuwied und Berlin 1968 (ursprl. 1923)
Johann Mader, Zwischen Hegel und Marx, Wien-München 1975
Ernest Mandel, Entstehung und Entwicklung der ökonomischen Lehre von Karl Marx, Frankfurt-Wien 1968
Alfred Martin, Macht als Problem, Hegel und seine politische Wirkung, Mainz-Wiesbaden 1976
Marx-Engels-Werke, 39 Bände, Berlin 1968
Charles Taylor, Hegel, Frankfurt 1983

2. Empirische Sozialforschung und Soziologie (bis ca. 1933)

Die Moralstatistik

Die Bedeutung der Statistik als Instrument der Verwaltung war mit der wachsenden staatlichen Zentralisation im Zeitalter des Merkantilismus und Cameralismus gestiegen. England erwies sich hierbei als führend; schon im 17. Jahrhundert entwarf Sir William Petty seine „Politische Arithmetik", auf die sich später Jeremy Bentham stützte, um das „größte Glück der größten Zahl" zu fordern und seine rechnerische Ermittlung zu ermöglichen. Die Politische Arithmetik von Petty und Graunt war bereits stark quantitativ und zielte auf die Erfassung der Lebensverhältnisse auf Grund von Regelhaftigkeit durch die Analyse großer Zahlen ab.

Die Quantifizierung der britischen Statistik ist ein Reflex der schon im 17. Jahrhundert hier relativ weit fortgeschrittenen Markt- und Geldwirtschaft und der Zerstörung traditioneller vertikaler Strukturen. Im Unterschied zur Politischen Arithmetik war die deutsche kameralistische Statistik der Universitätsgelehrten des 18. Jahrhunderts wie Gottfried Achenwall und August Ludwig Schlözer eine rein deskriptive Erfassung demographischer, geographischer, ökonomischer und volkskundlicher Merkmale, die sich der zahlenmäßigen Darstellung nur zu illustrativen Zwecken bediente und den mathematischen Kalkül überhaupt nicht verwendete. Es war, unbeschadet der „Erfindung" des Wortes „Statistik" durch Achenwall, eine hauptsächlich qualitative Staatswissenschaft.

Die Vordenker und Ideologen der Französischen Revolution hingegen traten für eine zahlenmäßige Unterstützung politischer Entscheidungen ein, und Condorcet empfahl die Entwicklung einer „mathématique sociale". Napoléon führte dann eine quantifizierende Statistik als Grundlage der staatlichen Verwaltung und Politik ein.

Die Politische Arithmetik der ersten Hälfte des 19. Jahrhunderts war die „Moralstatistik", eine gängige Bezeichnung für die quantitative Darstellung sozialer Verhältnisse, die bevölkerungsstatistische, humanitäts-, religions- und wirtschaftsstatistische Daten umfaßte.

Von besonderer Bedeutung für die Entwicklung der Moral- bzw. Sozialstatistik war der belgische Statistiker Adolphe Quételet (1796–1874). Mit Hilfe der Wahrscheinlichkeitsrechnung wollte er eine quantitativ-naturwissenschaftlich begründete Sozialwissenschaft entwickeln, die er „physique sociale" nannte. Dabei ging er so vor, daß er bestimmte zahlenmäßige Regelmäßigkeiten in Ereignissen oder Verhaltensweisen feststellte und diese auf den gesellschaftlichen Zustand bezog, so daß er Gesetze der menschlichen Gesellschaft erfassen und soziale Typen formulieren konnte. Das wesentliche Ziel seiner Vorgangsweise war dabei die Abstraktion von individuellen Ursachen.

In ganz ähnlicher Weise verfuhr später Emile Durkheim, allerdings mit wesentlich weniger Gewicht auf der Quantifizierung oder gar Mathematisierung. Die sozialen Typen Quételets sind rein statistische Gesetzmäßigkeiten, die Durkheims theoretische Konstrukte aus statistischen Regelmäßigkeiten.

Comte, der Zeitgenosse Quételets, schätzte zwar die Mathematik hoch ein, aber seine „physique sociale" – er reklamierte den Begriff für sich – hatte nichts mit Statistik im Sinne. Die Soziologie als jüngste der positiven Wissenschaften baue zwar auf den Methoden der vorangehenden auf, habe aber auch eine spezifische Methode, die historisch-vergleichende Methode. Zudem war sich Comte klar, daß Theorie und Empirie einander wechselseitig bedingen und daher eine rein empirische Methode nicht möglich ist.

Die Konkurrenz zwischen empirisch-quantitativer Sozialwissenschaft und theoretisch-konzeptueller Soziologie blieb als eine Dimension im Theorie-Empirie-Verhältnis bestehen. 1899 forderte Adolphe Coste, die Soziologie müsse von spekulativen Überlegungen wegkommen und eine quantitativ messende Wissenschaft werden, die er „Sociometrie" nennen wollte. Die Begriffe Politische Arithmetik, soziale Mathematik, Moralstatistik, Soziometrie etc. repräsentieren Versuche zur Begründung einer quantitativ-empirischen Sozialwissenschaft, von der sich die positive Philosophie Comtes und die synthetische Philosophie Spencers abhoben.

Eine ähnliche Auffassung wie Quételet vertrat in Deutschland Ernst Engel, der Leiter des Preußischen Statistischen Büros. Seine „Physik und Physiologie der Gesellschaft" sollte „Demologie" heißen und die Gesetzmäßigkeiten feststellen, nach denen gesellschaftliche Veränderungen erfolgen. Ernst Engel ist allerdings der Nachwelt mehr durch das Engelsche Gesetz bekannt, das einen Zusammenhang herstellt zwischen den Ausgaben für Ernährung und dem Ausmaß des Wohlstands (gemessen an der Einkommenshöhe). Dieses Gesetz entstand u. a. im Gefolge seiner Beschäftigung mit den Untersuchungen von Frédéric Le Play (1806–1882) über die Lebensbedingungen der Arbeiter.

Social Surveys

Le Plays Bedeutung für die Sozialforschung beruht vor allem darauf, daß er sich nicht auf statistisches Datenmaterial allein stützte, sondern direkte Beobachtungen von Einzelfällen durchführte. Er kann als einer der Begründer der sozialwissenschaftlichen Primärerhebung angesehen werden. Als Grundeinheit seiner Erhebung nahm er die Familie, wobei er von der Annahme eines Zusammenhangs zwischen gesellschaftlicher Entwicklungsstufe und Familientyp ausging. Er unterschied

1) die patriarchalische Familie, die noch einen kollektiven Lebenszusammenhang darstellt,
2) die Stamm-Familie, in der der jeweils erstgeborene Sohn den Familienstamm weiter fortführt und
3) die instabile Familie, die Kleinfamilie ohne Intergenerationen-Zusammenhang.

In Le Plays Analyse mischten sich, wie aus dieser Typologie schon ersichtlich ist, konservative soziale Ideen. In seinem 1855 erschienenen Hauptwerk „Les ouvriers européens" präsentierte Le Play eine Auswahl von 57 Monographien einzelner Familien aus verschiedenen handwerklich-gewerblichen oder industriellen Bereichen und mehreren nach ihrer wirtschaftlichen Entwicklung unterschiedlich geprägten Regionen, deren Lebensweisen er detailliert beschrieb. Den Kern der Beschreibung stellt das Familienbudget dar, die Struktur der Einnahmen und Ausgaben. Dabei mußte Le Play vielfach nichtgeldliche Zusammenhänge in quantitativen Größen ausdrücken, was sich als schwierig und problematisch erwies. Diesen Ansatz führte Ernst Engel weiter und gründete darauf eine statistisch-komparative Analyse, was Le Play selbst nicht beabsichtigt hatte.

Empirische Primärerhebungen mittels Interviews und direkter Beobachtung wurden in Großbritannien schon in den 1830er Jahren durchgeführt, wo es sogar zur Entstehung eines „statistical movement" und zur Gründung von „statistical societies" gekommen war. In der Folge kam es zu zahlreichen empirischen Untersuchungen auf der Basis privater Initiative mit dem Zweck, Verbesserungsvorschläge in bezug auf die Lebensbedingungen der Arbeiter außerhalb der Fabriken zu machen und gesetzliche Maßnahmen zu fordern. Insbesondere zielte man mit „social surveys" in diesen bürgerlich sozialreformerisch orientierten Kreisen auf Verbesserungen durch Erziehung und Bildung sowie gesundheitsfördernde Maßnahmen.

Auf der anderen Seite konnten durch parlamentarische Ausschüsse oder durch vom König eingesetzte „Royal Commissions" Enquêten veranlaßt werden, auf die sich gesetzliche Maßnahmen stützten. Die Fabriksinspektoren konnten Untersuchungen durchführen. Auch die Studie von Friedrich Engels über „Die Lage der arbeitenden Klassen in England" von 1844 erfolgte im Auftrag der „Royal Commission". Engels stützte sich dabei auf Material, das von den bürgerlichen Sozialreformern stammte.

Marx selbst hatte sich auch emprisch betätigt, und zwar in der sogenannten „Enquête ouvrière". Eine sozialistische Zeitschrift veröffentlichte 1880 einen von Marx verfaßten Fragebogen mit Begleitschreiben, in dem die Arbeiter aufgefordert wurden, den Fragebogen auszufüllen und zusätzlich ihre Erfahrungen in bezug auf ihre Lebens- und Arbeitssituation darzustellen. Die Enquête hatte keinen Erfolg aufgrund der geringen Rücklaufquote, aber sie ist trotzdem wichtig als ein frühes Dokument „kritischer Sozialforschung". Zum einen zielten die Fragen auf die umfassende Ermittlung der Situation der Arbeiter einschließlich der Aspekte, die in „bürgerlichen" Untersuchungen ausgespart wurden. Zum anderen wurden die Arbeiter aufgefordert, ihre eigenen Erfahrungen zu schildern als die, die es eigentlich betraf und die daher am kompetentesten über ihre eigene Situation Auskunft geben können. Und schließlich zielte die Enquête auch darauf ab, daß die Arbeiter im Zuge der Dokumentation sich ihrer eigenen Situation bewußt werden sollten; sie war also nicht nur ein methodisches Instrument, sondern sollte gleichzeitig bewußtseinsverändernd und damit praxisrelevant sein.

Eine der umfangreichsten Untersuchungen der Zeit war die von Charles Booth geleitete Studie über „Life and Labour of the People in London", die zwischen 1892 und 1902 in 17 Bänden mit Daten, die über 4 Millionen Personen betrafen, veröffentlicht wurde. Eine der Mitarbeiterinnen Booth' war Beatrice Potter, später Beatrice Webb, gewesen. Sie hatte auch allein teilnehmende Beobachtungen durchgeführt, indem sie sich als Näherin anlernen hatte lassen. Ihre Beobachtungen veröffentlichte sie dann als „The Pages of a Workgirl's Diary", die vom Pathos der Erfahrung aus erster Hand geprägt waren. Die Webbs machten dies aber später zu einem ihrer Prinzipien in bezug auf empirische Forschung. Man muß, so forderten sie, für einige Zeit die Anschauungen derjenigen, die man untersuchen will, übernehmen und die Dinge in ihrem Licht sehen. Sie begründeten eine Auffassung von Sozialforschung, die sich als intellektuelles Handwerk verstand, und alle Arten von Zugangsmöglichkeiten zur Wirklichkeit, inklusive das Miterleben, einschließt. Beatrice Webb begann ihre „Karriere" als „social investigator" in der Tradition der bürgerlichen Philantropen und wandelte sich allmählich vor allem durch ihre Verbindung mit Sidney Webb, dem führenden Mitglied der „Fabian Society", zunächst zur gemäßigten Sozialistin, spsäter mit Sidney Webb zur Verfechterin des kommunistischen Systems der Sowjetunion.

In Deutschland waren es vor allem die Untersuchungen des „Vereins für Sozialpolitik", die sich empirisch mit der „sozialen Frage" befaßten. Dieser war vor allem von Vertretern der historischen Schule der Nationalökonomie 1873 als Forum zur Formulierung der sozialreformerischen Bestrebungen der „Kathedersozialisten" gegründet worden. Die Sozialforschung dieser Gruppe von akademischen Sozialreformern zielte darauf ab, empirische Grundlagen für die staatliche Sozialpolitik, die als bestes Mittel zur Lösung der „sozialen Frage" angesehen wurde, bereitzustellen. Die Themen der Enquête umfaßten die Fabrikgesetzgebung, das Lehrlingswesen, Heimarbeit und Hausindustrie, Landarbeiter, Wohnungsnot etc.

Die berühmteste Enquête waren die von Marx und Alfred Weber und Heinrich Herkner geleiteten „Untersuchungen über Auslese und Anpassung (Berufswahl und

Berufsschicksal) der Arbeiter in den verschiedenen Zweigen der Großindustrie" von 1909–1912. Die Studie zielte vor allem darauf ab, Aufschluß über die subjektive Verarbeitung der Bedingungen der Industriearbeit durch die Arbeiter zu erhalten, d.h. „welche Einwirkung die **geschlossene Großindustrie** auf persönliche Eigenart, berufliches Schicksal und außerberuflichen ‚Lebensstil' ihrer Arbeiterschaft ausübt".[1] Andererseits wurde untersucht, wie weit die Großindustrie an gegebene ethnische, soziale, kulturelle Traditionen und Gegebenheiten der Arbeiterschaft gebunden ist.

Eine ganze Reihe von Untersuchungen entstanden in den ersten Jahrzehnten des 20. Jahrhunderts, die sich mit der Lage der Arbeiterschaft beschäftigten, darunter auch in steigender Zahl solche von sozialistischen Autoren wie Adolf Levenstein und von Gewerkschaften in Auftrag gegebene oder durchgeführte Studien.

Forschungsinstitute und Umfrageforschung

Das erste Forschungsinstitut in Deutschland entstand 1919 in Köln. Auch dieses Institut sollte die soziale Frage untersuchen, um Grundlagen für sozialpolitische Maßnahmen zu entwickeln. Der Leiter der soziologischen Abteilung war Leopold von Wiese, der die empirische Sozialforschung als Soziographie begriff und zur Illustration seiner Beziehungslehre einsetzte. Die empirische Forschungsarbeit des Instituts blieb bescheiden und die Verbindung zur Soziologie als solcher problematisch.

In der deutschen Sozialforschung der ersten Jahrzehnte des 20. Jahrhunderts spielte die „Soziographie", eine Art sozialer Raumforschung zwischen Geographie und Soziologie, eine besondere Rolle, besonders weil sich der Doyen der deutschen Soziologie, Ferdinand Tönnies, für die von dem Niederländer S.R. Steinmetz entwickelte Soziographie interessierte und sie umdeutete in eine deskriptive Soziologie, die neben der reinen Soziologie stehen sollte.

Am 1924 gegründeten Institut für Sozialforschung an der Universität Frankfurt erfolgte die Forschung erstmals in interdisziplinären Teams und diente sozialphilosophischen Absichten, wie sie der Leiter des Instituts, Max Horkheimer, formulierte. Empirie und Theorie wurden als Wechselwirkungsprozeß verstanden. Konkrete Forschungsarbeiten zentrierten etwa um die Thematik „Autorität und Familie", sowie später in der Emigration um Analysen des Nationalsozialismus und der „Autoritären Persönlichkeit".

Auch der 1927 in Wien entstandenen „Wirtschaftspsychologischen Forschungsstelle" kam eine bedeutsame Rolle in bezug auf die Entwicklung der Sozialforschung zu. Sie ist vor allem mit dem Namen Paul F. Lazarsfeld verbunden und der von ihm mit anderen zusammen durchgeführten Studie über „Die Arbeitslosen von Marienthal" (1933).

Wenngleich die genannten Personen wie Max Weber, Ferdinand Tönnies, L. v. Wiese, Max Horkheimer, Paul Lazarsfeld auch als Soziologen galten und ihre empirischen Studien durchaus in bezug zu ihren theoretischen Vorstellungen sahen, so blieb das Verhältnis von Soziologie und Sozialforschung doch prekär. Sehr unterschiedlich waren die Ansichten über das Verhältnis der beiden und über die

---

[1] *Max Weber*, Methodologische Einleitung für die Erhebungen des Vereins für Sozialpolitik über Auslese und Anpassung (Berufswahl und Berufsschicksal) der Arbeiterschaft in der geschlossenen Großindustrie (1908), in: *Max Weber*, Gesammelte Aufsätze zur Soziologie und Sozialpolitik, Tübingen 1924, S. 1

Rolle der empirischen Forschung. Während Lazarsfeld letzterer den Vorrang einräumte und Theorie als ein Resultat empirischer Forschung begriff, war der Gedanke der Theorie als des leitenden Teils in dieser Beziehung bei Weber, Tönnies und von Wiese stärker. Und zu beiden in einem distanzierten Verhältnis blieb die kritische Sozialforschung in ihrer dialektischen Beziehung auf die kritische Gesellschaftstheorie bei Horkheimer und Adorno. Im übrigen verhielt sich die deutsche Soziologie der Zeit empiriefern, wenn auch immer wieder auf die Notwendigkeit empirischer Bezüge hingewiesen wurde. Der Soziologe, der eine Verbindung von Soziologie und Sozialforschung im Sinne einer Integration in einer „empirischen Soziologie" am meisten förderte, war Emile Durkheim in Frankreich.

Von besonderer Bedeutung wurde die empirische Sozialforschung in den USA, wo die „surveys" zunächst Erhebungen über soziale Probleme waren, bei denen es um fact-finding mit sozialreformerischer oder karitativer Zwecksetzung ging. Vielfach entstanden spezielle Organisationen, die surveys in großem Umfang auf der Basis privater Stiftungen (Rockefeller Foundation, Rusell Sage Foundation) durchführten. Eine wichtige Rolle bei der Entwicklung dieser Survey-Forschung zum akademisch-wissenschaftlichen „social research" spielte auf der einen Seite die Entwicklung einer quantitativ-analytischen Soziologie an der Columbia Universität unter der Führung von Franklin H. Giddings, auf der anderen die mehr qualitativ ausgerichteten Forschungen der Chicago-Soziologen und der Gemeindestudien dar. Seit den 40er Jahren dieses Jahrhunderts gewann dann die große Umfrageforschung auf der Grundlage standardisierter Fragebögen immer mehr Bedeutung und wurde zu einem Instrument für die „Erzeugung" einer großen Zahl von „Daten". Diese bestanden fast ausschließlich aus Meinungs- und Einstellungsaussagen, die in Massen und auf der Grundlage immer ausgefeilterer Meßverfahren erhoben und ausgewertet wurden. Empirische Sozialforschung wurde weitgehend identisch mit quantitativer Umfrageforschung.

Literatur

Charles Booth, Life and Labour of the People in London, London 1892–1902

Adolphe Coste, Principes d'une sociologie objektive, Paris 1899

Friedrich Engels, Die Lage der arbeitenden Klassen in England, Berlin 1947 (ursprl. 1845)

Max Horkheimer u.a., Studien über Autorität und Familie, Paris 1936

Horst Kern, Empirische Sozialforschung. Ursprünge, Ansätze, Entwicklungslinien, München 1982

René König, Handbuch der empirischen Sozialforschung, Bd. 1–4, Stuttgart 1974

Paul Lazarsfeld, Marie Jahoda, Hans Zeisel, Die Arbeitslosen von Marienthal, Frankfurt 1975 (ursprl. 1933)

Frédéric Le Play, Les ouvriers européens, 6 Bände, Paris 1855

Adolf Levenstein, Die Arbeiterfrage, München 1912

George Lundberg, Social Research, New York 1929

Richmond Mayo-Smith, Statistics and Sociology, New York 1895

Heinz Maus, Zur Vorgeschichte der empirischen Sozialforschung, in: Handbuch der empirischen Sozialforschung, Bd. 1, Stuttgart 1973, S. 21ff.

Adolphe Quételet, Lettres sur la théorie des probabilités appliquée aux sciences morales et politiques, Brüssel 1846

Ders., Soziale Physik-Abhandlung über die Entwicklung der Fähigkeiten des Menschen, Jena 1914/21 (ursprl. frz. 1835)

Catherine B. Silver (Hg), Frédéric Le Play on Family, Work and Social Change, Univ. of Chicago Press 1982

Ferdinand Tönnies, Soziographie, in: Verhandlungen des 7. Deutschen Soziologentages 1930, Tübingen 1931, S. 176ff.

Beatrice Webb, My Apprenticeship, Harmondsworth 1971 (ursprl. 1926)
Sidney and Beatrice Webb, Methods of Social Study, London 1932
Hilde Weiß, Die „Enquête Ouvrière" von Karl Marx, in: F. Fürstenberg (Hg.), Industriesoziologie I, Neuwied 1959, S. 127ff.

III. Entwicklungswege der Soziologie: Frankreich, Italien, Österreich

1. Voraussetzungen der Entwicklung der europäischen Soziologie im 20. Jahrhundert

Der Zeitabschnitt, den wir im folgenden betrachten wollen, reicht etwa von den 80er Jahren des vorigen Jahrhunderts bis in die 40er Jahre des 20. Jahrhunderts. In bezug auf die Soziologie läßt sich hierbei eine Kulmination rund um die Jahrhundertwende feststellen, die durch die heute mitunter als „klassisch" bezeichneten Arbeiten einer Reihe von Autoren gekennzeichnet sind, die alle derselben Generation angehörten: Emile Durkheim, Vilfredo Pareto, Ferdinand Tönnies, Georg Simmel, Max Weber.

Neben der eine Schule begründenden Durkheimschen Soziologie war es vor allem die Neubelebung des deutschen Idealismus als Wissenschaftsphilosophie in Deutschland, die für diese Epoche wichtig wurde. Und hier entstand hernach auch der politische Achsenpunkt der europäischen Geschichte. In der Phase zwischen den Kriegen werden noch andere Strömungen wirksam: die marxistische Soziologie sowie die Verlagerung der Betrachtung auf die kognitive und sprachliche Ebene: Die sozialen Tatbestände werden zu geistigen und sprachlichen erklärt. Damit nicht unverbunden kommt es zu einer Erschütterung der Gewißheit des Wissens, die ihren Ausdruck auch in der Entstehung der Wissenssoziologie fand.

Was sind aber die Bedingungen der äußeren Welt gewesen, die die Situation und Ausformung der Soziologie in dieser Epoche geprägt haben oder zumindest ihren Hintergrund bestimmten?

Vielleicht kann man hierzu anführen: den 1. Weltkrieg und den Zusammenbruch von Dynastien und Reichen, darüber hinaus aber ganzer kultureller Welten; die Entstehung der Massendemokratie; die Entwicklung des organisierten Kapitalismus, des Finanzkapitalismus; die Russische Revolution und ihre Wirkung auf den europäischen Sozialismus; die Entstehung und der Aufstieg der faschistischen Bewegungen in Europa und insbesondere des Nationalsozialismus in Deutschland.

Es war eine bewegte Zeit wie kaum eine andere, reich sowohl an umwälzenden Ereignissen wie an tiefgreifenden Entwicklungen. Sie kann zweifellos hier nicht in allen Aspekten dargestellt werden. Im folgenden sollen nur kurz die Bedeutung des Phänomens „Masse", seine Implikationen für die Transformation der Demokratie sowie die Auswirkungen des „Aufstiegs" und der Integration der Arbeiterklasse in die Gesellschaft angerissen werden. Diese Entwicklungen bestimmten auch die der Soziologie. Dazu kommt die professionelle Entwicklung der Soziologie, ihre akademische Anerkennung als eine wissenschaftliche Disziplin im Fächerkanon der Universität. Comte und Spencer waren keine Universitätsgelehrten, Durkheim, Tönnies, Simmel und Weber waren es, wenn auch nicht immer auf einem Lehrstuhl für Soziologie. Zudem fällt in den Zeitraum, den wir beobachten, auch die Gründung soziologischer Gesellschaften und soziologischer Zeitschriften als wesentliche Voraussetzungen der Professionalisierung der Soziologie.

Masse, Demokratie und Arbeiterklasse

Im ersten Jahrzehnt nach der Jahrhundertwende hatten fast alle europäischen Länder das allgemeine Wahlrecht eingeführt. Schon vor der endgültigen Einführung war die

Diskussion während der ganzen zweiten Hälfte des 19. Jahrhunderts in diese Richtung gegangen, so daß die schließliche Einführung des allgemeinen Wahlrechts nur mehr als Formalakt erscheinen konnte.

Im Laufe des 19. Jahrhunderts waren die alten Honoratiorenclubs zu Mitgliederparteien geworden, besonders nach der Gründung der Arbeiterparteien, die von Anfang an diese Struktur hatten und auf Massenorganisation abzielten. Das Wahlrecht selbst war im 19. Jahrhundert Schritt für Schritt ausgeweitet worden, bis es schließlich ganz losgelöst wurde von Kriterien wie Besitzstand oder Steueraufkommen.

Aufgrund der politischen, sozialen und ökonomischen Veränderungen kam es aber auch zu einer Transformation der ursprünglichen liberalen Vorstellungen von der Demokratie. Gegenentwürfe einer sozialen Demokratie entstanden, aber auch durch die Praxis des Parlamentarismus kam es zu Verzerrungen des demokratischen Prozesses. Und gerade diejenigen Parteien und Bewegungen, die am vehementesten und berufensten die Interessen und Anliegen der Massen vertreten sollten, taten dies nicht auf demokratische Art und Weise. Robert Michels' spätere Analyse der Arbeiterparteien machte nur explizit, was schon lange auf der Hand lag: daß die Bedeutung der Massen nicht in ihrer Teilnahme an Entscheidungen bestand, ja daß im Gegenteil neuartige, noch nie dagewesene Möglichkeiten der Machtkonzentration und -ausübung entstanden waren. Ursprüngliche Verfechter der Demokratie wurden zu ihren Kritikern wie Vilfredo Pareto und Robert Michels.

Die „Masse" war andererseits etwas, womit gerechnet werden mußte. Sie hatte sich in den Revolutionen von 1848 in der Pariser Kommune von 1870 und im 20. Jahrhundert in der Russischen Revolution und in den Revolutionen nach Kriegsende von 1919 in Berlin, München und Budapest bemerkbar gemacht. In der Literatur tauchte der Begriff der „Masse" auf. Gustave Le Bon schrieb seine „Psychologie der Massen" (1895), und eine Reihe von Wissenschaftlern beschäftigte sich mit diesem neuen Phänomen wie Gabriel de Tarde, Georges Sorel, Sigmund Freud.

„Masse", das war die eruptive Gewalt der gesichtslosen Menge, das den einen kulturellen Niedergang bedeutete, von den anderen mit Schrecken beobachtet wurde, wieder von anderen zum Mythos erhoben und bejubelt wurde. Es dauerte lange, bis die Technik der Massenbeeinflussung beherrscht wurde, aber sie entstand unvermeidlich.

So richtig manche Erkenntnisse Le Bons in bezug auf kollektives Verhalten auch später im Lichte sozialpsychologischer und soziologischer Erkenntnisse waren, so sehr war der Begriff „Masse" mystifizierend und ideologisch gefärbt. Masse – das war das Anathema für den Individualismus und Rationalismus des 19. Jahrhunderts, das war aber auch unvereinbar mit den Idealen des Liberalismus und der liberalen Demokratie; denn gewollt oder ungewollt würde die irrationale Masse den Führer bedingen und die Diktatur begünstigen. Im gesellschaftstheoretischen Denken der Epoche tauchen daher verstärkt Themen und Begriffe wie: Wandel der Eliten, Rolle des Führers, Tendenz zur Oligarchie, Funktion der Intellektuellen, Rolle der Partei etc. auf.

Die „Masse", das war andererseits zum größten Teil ident mit der in großer Zahl entstehenden Arbeiterschaft in Industrie und Gewerbe. Soweit sie sich in einer organisierten Arbeiterbewegung vereinigt hatten, waren sie zwar nicht mehr „Masse" im psychologischen Sinn, sondern eine durch ihre Massenorganisation politisch starke Kraft. Schon im 19. Jahrhundert hatten die Regierungen sich, um die „soziale Frage" zu lösen, sozialstatistischer Erhebungen bedient, um die Lebenssituation der armen Bevölkerungsschichten zu erfassen. Dieses neue Interesse war allerdings nur zum Teil und aus individuellen Antrieben heraus humanitär begründet. Im großen Klassenbildungsprozeß des 19. Jahrhunderts war die Arbeiterschaft die neue gesellschaftliche Gruppe, die im Konflikt zwischen Krone und Aristokratie auf der einen Seite und dem Bürgertum auf der anderen, zum zeitweiligen stummen Koalitionspartner vor allem der konservativen Regierungen wurde. Die sozialreformerischen Bestrebungen gingen daher auch von diesen Regierungen aus, die darin ein Kampfmittel gegen das immer stärker werdende Bürgertum sahen, zumindest solange, bis die Arbeiterbewegung noch nicht selbst zur Gefahr wurde.

Die herrschenden Aristokratien gingen mit dem 1. Weltkrieg zu Ende. Das 19. Jahrhundert erlebte den Aufstieg und den Niedergang des Bürgertums und seiner Ideologie, des bürgerlichen Liberalismus, im Zuge der Veränderungen des Kapitalismus und der politischen Systeme. Das Bürgertum transformierte sich, spaltete sich auf, der Kapitalismus nahm ein anderes Aussehen an, Industrie- und Finanzkapital konzentrierten sich. Die Arbeiterklasse war aufgrund ihrer zahlenmäßigen Stärke in der Demokratie und v. a. in Deutschland aufgrund ihrer ökonomisch-sozialen Macht als gewerkschaftlich organisierte Gruppe selbstbewußter geworden, aber dadurch auch wenig geneigt, das System grundlegend zu ändern oder ihre Stärke nicht zur Erringung unmittelbarer Verbesserungen ihrer Lage zu nutzen. Wie Rudolf Hilferding feststellte, hatte der Kapitalismus begonnen, sich von einem anarchischen in einen organisierten Kapitalismus zu verwandeln, in dem die Großbanken die monopolistischen Industrieunternehmen beherrschten, so daß ein Finanzkapitalismus entstanden war, der seinerseits wieder die Staatsmacht stärkte.[1]

Die Soziologie war nicht mehr eine Wissenschaft, die den Aufstieg des Bürgertums begleitete, sondern sie war die Wissenschaft des Sozialen in einer Zeit der Massendemokratisierung, der Organisierung des Kapitalismus in bürokratischen Großorganisationen und Massenorganisationen der Arbeiterschaft. Sofern sie auf gesellschaftliche Analyse ausgerichtet war, mußte sie „sozialistisch" werden. Der Marxismus wurde umdefiniert zur „Soziologie" der entwickelten kapitalistischen Gesellschaft. Die liberalen Soziologen wandten sich hingegen verstärkt von der gesamtgesellschaftlichen Analyse und Theorie ab und konstruierten Erkenntnisobjekte wie das „soziale Handeln" oder die „sozialen Tatsachen"; die Soziologie als wissenschaftliche Disziplin, nicht als Analyse und Theorie der Gesellschaft war ihr Anliegen.

Die Soziologie wird akademisch

Die Akademisierung der Soziologie bedeutete die Etablierung der universitären Soziologie als wissenschaftliches Fach. Als akademischer Gelehrter war der Soziologe an ein Curriculum gebunden, in das sich die Soziologie einzupassen hatte. Dies brachte das Problem der Abgrenzung des Gegenstands gegenüber anderen Wissenschaften, die sich mit sozialen Erscheinungen beschäftigten, wie der Ökonomie, der Staatswissenschaft, der Geschichte, der Pädagogik etc., mit sich.

Ein anderes Interesse zielte auf die Begründung der wissenschaftlichen Legitimität. Die Soziologie, die zu universitären Ehren gekommen war, mußte sich als „wissenschaftlich würdig" erweisen. Die Folge war eine starke Beschäftigung mit methodologischen Problemen, Problemen der Grundlegung dieser neuen Wissenschaft und der Theoriebildung. Die Soziologie mußte sich als Wissenschaft erweisen. Die Vorbildfunktion der Naturwissenschaften, die schon viel früher entwickelt waren, war daher nicht nur bei jenen stark wirksam, die sich zu einer positivistischen Auffassung

---

[1] *Rudolf Hilferding*, Das Finanzkapital, Frankfurt 1968 (ursprl. 1910); Ders., Arbeitsgemeinschaft der Klassen? In: Der Kampf 8/1915

bekannten, sondern ob sie es wollten oder nicht, auch bei den Geisteswissenschaftlern. Innerhalb der Sozialwissenschaften war es vor allem die Ökonomie, die als die am weitesten entwickelte, die „wissenschaftlichste" Disziplin galt.

Eine Folge der Etablierung der Soziologie an den Universitäten war auch die allmählich einsetzende Professionalisierung und damit das Auftreten von professionellen Interessen neben den wissenschaftlichen Aktivitäten. Für unsere Zwecke genügt es festzuhalten, daß „wissenschaftliche" und professionelle Interessen konvergierten in der Richtung auf Probleme der Wissenschaftlichkeit der Soziologie. Theoriebildung, Methoden und Definition des Erkenntnisgegenstandes der Soziologie genossen das Hauptinteresse der akademischen Soziologen, zumindest soweit sie Universitätslehrer waren. Bei manchen finden wir eine Spaltung zwischen den Arbeiten, die als „akademisch", als „wissenschaftlich" galten und jenen, die mehr essayistischen und zeitbezogenen Charakter hatten. Mit wissenschaftsexternen Problemen, d. h. mit den realen Zeitproblemen der jeweiligen Gesellschaft, beschäftigten sich die akademischen Soziologen mehr als Privatmenschen und nicht so sehr als professionelle Soziologen, in kleineren Aufsätzen, in nicht als „wissenschaftlich" oder „fachlich" definierten Artikeln. In ihrer eigentlichen soziologischen Arbeit beschäftigten sie sich nicht mit Zeitproblemen. Besonders stark war diese Rollenteilung bei jenen, die einem positivistischen Wissenschaftsideal huldigten, wie etwa Emile Durkheim, der die zeitgenössische französische Gesellschaft als solche weitgehend ausklammerte. Max Weber nahm regen Anteil an den sozialen und politischen Fragen seiner Zeit, als Wissenschaftler trat er aber für Werturteilsfreiheit und Objektivität ein und übte daher auch weitgehende „intellektuelle Distanz" zu den Zeitproblemen. Ähnliche Haltungen lassen sich bei den meisten der führenden Soziologen der Zeit nachweisen. Die Soziologen waren bemüht, jede Art von Engagement in ihrer wissenschaftlichen Arbeit zu vermeiden, und zwar durch eine Art von „Übergeneralisierung".[2]

Eine andere „Technik" der Distanzierung war die Beschränkung auf „eigentlich soziale" Aspekte, auf „Gesellschaft" unter geflissentlicher Vermeidung der Dimensionen des staatlich-politischen und des politisch-ökonomischen Bereichs. Wo man sich mit politischen oder ökonomischen Aspekten überhaupt beschäftigte, „soziologisierte" man diese. Die Übergeneralisierung und die Soziologisierung waren die Strategien der Gelehrten in ihren Bemühungen um die Konstruktion der Wissenschaft „Soziologie".

Literatur

Elias Canetti, Masse und Macht, Düsseldorf 1978

Sigmund Freud, Massenpsychologie und Ich-Analyse, Studienausgabe, Bd. IX, Frankfurt 1982, S. 61ff. (ursprl. 1921)

Rudolf Hilferding, Das Finanzkapital, Frankfurt 1968 (ursprl. 1910)

Gustave Le Bon, Die Psychologie der Massen, Stuttgart 1982 (ursprl. 1895)

William McDougall, The Group Mind, Cambridge UP 1920

Robert Michels, Zur Soziologie des Parteiwesens in der modernen Demokratie, Leipzig 1911

Serge Moscovici, Das Zeitalter der Massen, München-Wien 1984

Wilhelm Reich, Die Massenpsychologie des Faschismus, Köln 1972

---

[2] *Norbert Elias*, Engagement und Distanzierung, Frankfurt 1983, S. 32

Joseph Schumpeter, Kapitalismus, Sozialismus und Demokratie, München 1975 (ursprl. 1942)
Ignazio Silone, La scuola dei dittatori, Milano 1977
Gabriel Tarde, L'opinion et la foule, Paris 1910
Heinrich August Winkler (Hg.), Organisierter Kapitalismus, Göttingen 1974

2. Durkheims Soziologie und die III. Republik in Frankreich

Emile Durkheim und die Begründung der französischen Soziologie in der Dritten Republik

Das Zeitalter Durkheims ist die Dritte Republik in Frankreich. Nach dem „Bürgerkönig“ Louis Philippe folgte auf die Revolution von 1848 die zweite Republik unter Louis Napoleon, die aber bald zum zweiten Kaiserreich (1852–70) wurde. Die Niederlage gegen die Deutschen bei Sedan war dann das Ende des Kaiserreichs.

Die Dritte Republik begann unruhig. Die Pariser Kommune, die Sozialisten, Proudhonisten, radikale und gemäßigte Republikaner im März 1871 mit Hilfe der Nationalgarde errichtet hatten, wurde zwei Monate später blutig beendet. 1875 wurde die republikanische Verfassung definitiv; sie knüpfte symbolisch an die revolutionären Prinzipien von 1789 an und sah die schrittweise Veränderung im Sinne demokratischer Prinzipien vor. Ein Bereich der Reform, der auf starke Opposition von seiten des Klerus und der Katholiken stieß, war die Schulgesetzgebung und die Reform des Erziehungssystems. Die Schulen sollten aus der Kontrolle durch Klerus und Orden geführt und einem laizistischen Programm verpflichtet werden. Der Staat mußte zu diesem Zweck die Ausbildung von Laien als Lehrer fördern.

Skandale und Affären kennzeichnen die III. Republik: der Panama-Skandal und die Dreyfus-Affäre (1894–1906). Letztere weitete sich zum grundlegenden Konflikt über staatliche Prinzipien zwischen den Anhängern der Republik und der Rechten, in der Nationalisten, Royalisten und Kleriker versammelt waren, aus.

Emile Durkheim (1858–1917) war überzeugter Republikaner und Verfechter der Ideale der III. Republik: politische Demokratie, nationale Einheit und soziale Solidarität. Durkheim selbst war als Redner und Organisator der Dreyfusards aktiv gewesen, und die Anhänger Durkheims zählten zu den aktivsten Gegnern der alten Machtcliquen von Militär, Adel, Klerus.

Emile Durkheim entstammte einer Rabbinerfamilie. Er wurde an der Ecole Normale Supérieure erzogen, wo er zusammen mit einer Reihe später ebenfalls sehr bedeutender Männer, darunter Lucien Lévy-Bruhl und dem Sozialistenführer Jean Jaurès, studierte. Zunächst war Durkheim dann als Lehrer für Philosophie an Gymnasien tätig. Nach einem Studienaufenthalt in Deutschland 1885–86, bei dem Durkheim mit den Werken Wilhelm Wundts, Albert Schäffles, Ludwig Gumplowicz’ und Ferdinand Tönnies’ bekannt wurde, verschaffte ihm der Leiter der Hochschulabteilung im Erziehungsministerium 1887 einen Lehrauftrag für Sozialwissenschaft in Bordeaux, wo er schließlich Professor für Pädagogik und Soziologie wurde und damit den ersten Lehrstuhl für Sozialwissenschaft in Frankreich innehatte. 1898 gründete er die Année Sociologique, die zur Grundlage der Durkheim-Schule wurde. 1902 kam er – zunächst als Lehrstuhlvertreter, ab 1906 als Professor für Pädagogik und Soziologie– an die Sorbonne, die von den Gegnern der republikanischen Hochschulreformen als „Nouvelle Sorbonne“ zum Symbol der die klassische Kultur Frankreichs verratenden und naturwissenschaftlich orientierten, den politischen Zielen der Demokratisierung verpflichteten Universitätsausbildung der III. Republik wurde. Der Soziologie Durkheims sollte in diesem Rahmen große Bedeutung bei der Erziehung zu Demokratie und Solidarität zukommen, und Durkheim wurde bald zum akademischen Aushängeschild der diesbezüglichen Bemühungen der republikanischen Regierung. Der Lehrstuhl wurde 1913 in „Erziehungswissenschaft und Soziologie“ umbenannt, um die sozialwissenschaftliche Grundlage der Pädagogik zum Ausdruck zu bringen.

Die Spaltung in bezug auf die Auffassungen universitärer Bildung hatte auch ihren Niederschlag in der Soziologie gefunden. Die Durkheim-Soziologie wurde v. a. durch ihre ideologische Verbindung zum Regime und durch ihren Erfolg, eine eigene Schule zu bilden und die Soziologie zu institutionalisieren, zur führenden Richtung. Das Ideal der Wissenschaft und der wissenschaftlichen Bildung der III. Republik war der spezialisierte Fachwissenschaftler. Sie hatte aber auch Gegner und Konkurrenten: René Worms (1869–1926) mit seiner stark organizistischen Soziologie und Gabriel de Tarde (1843–1904), der die Soziologie in enger Verbindung mit Dichtung und Philosophie als eine Art Literaturgattung betrieb. Der größte Kontrahent Durkheims war aber zweifellos Henri Bergson und dessen Lebensphilosophie, die der traditionellen literarischen Kultur Frankreichs und der „Gegenrevolution" neuen Auftrieb gab. Bergson dominierte die Philosophie seiner Zeit. Die Soziologie Durkheims aber wurde in der Folge zu der französischen Soziologie schlechthin. Sie schaffte die Etablierung der Soziologie als einer akademischen Disziplin mit professionellen Entwicklungsmöglichkeiten und institutionell-organisatorischen Bedingungen für die Verbreitung soziologischen Wissens und die Entstehung einer Tradition des wissenschaftlichen Diskurses und der Forschung.

Das Werk Durkheims

Mit Comte teilte Durkheim die starke pädagogisch-curriculare Orientierung; er verstand die Pädagogik als angewandte Soziologie und verband daher beide Fächer in seinem Lehrstuhl. Seine Auffassung von Gesellschaft als moralischer Ordnung und der Soziologie als der Wissenschaft von der Moral läßt ihn auch keineswegs in Widerspruch zu Comte geraten. Im übrigen lassen sich in Durkheims Werk die Spuren des Einflusses sowohl von Montesquieu wie insbesondere seines Lehrers, des Historikers Fustel de Coulanges, und auch eine Beziehung zu dem Doyen der deutschen Soziologie, Ferdinand Tönnies, nachweisen.

Die „Gesellschaft" ist für Durkheim in erster Linie eine Gesamtheit von Ideen, Überzeugungen und Gefühlen, unter denen jene, die er „Moral" nennt, den ersten Rang einnehmen. „Moral" ist auf „Gesellschaft" gerichtet, und „Gesellschaft" ist der Zweck jeder moralischen Handlung. Die Gesellschaft wird zu einer Person sui generis, der eine bestimmte Moral entspricht. „Die Moral (aber) beginnt... dort, wo die Bindung an eine wie immer geartete Gruppe beginnt".[1] Und „jede Moral stellt sich uns dar als ein System von Verhaltensregeln".[2] Was uns nach Durkheims Meinung moralisch an den Nächsten bindet, ist nicht dessen empirische Individualität, sondern der höhere Zweck, dessen Diener und Organ er ist, und der auf „Gesellschaft" verweist.

Wie Comte verhält sich Durkheim der Psychologie gegenüber distanziert, allerdings gegenüber einer Psychologie, die einerseits rein individualistisch ist, andererseits den Geist als eine Funktion der Nervenzellen auffaßt. Demgegenüber meint Durkheim, daß das geistige Leben auf den kollektiven Vorstellungen beruht, die unser individuelles Bewußtsein übersteigen; diese selbst müssen dem Individuum gar nicht bewußt sein. Durkheim nimmt hier das „kollektive Unbewußte" voraus. R. König nennt ihn daher auch einen „Sozialpsychologen wider Willen."[3] Durkheim verfolgt diesen Gedanken allerdings nicht weiter, sondern gibt sich mit der Folgerung zufrieden, daß die Vorstellungen quasi ein Eigenleben haben und unabhängig von den

---

[1] *Emile Durkheim*, Soziologie und Philosophie, Frankfurt 1967 (ursprl. 1924), S. 87

[2] Ebenda, S. 84

[3] *René König*, Emile Durkheim zur Diskussion, München-Wien 1978, S. 134

nervlich-physiologischen Grundbedingungen des individuellen Bewußtseins weiter bestehen. Die Vorstellungen lösen sich aber auch von den konkreten Beziehungen zwischen Individuen ab. Aufgrund der Assoziation (W. James) der individuellen Gedanken kommt es zur Verknüpfung in Vorstellungen, die dann über ihren Ursprung in den individuellen Köpfen hinaus existieren und durch Synthese zu „etwas anderem" werden. Sie nehmen einen obligatorischen Charakter an, werden zu „Moral", und die Obligation nimmt Durkheim als Beweis dafür, daß diese Art des Denkens und Handelns nicht der Willensfreiheit der einzelnen entspringt, sondern das Werk einer übergeordneten „Instanz" ist, mag sie nun „Gott", „Vernunft", „Menschheit" oder „Gesellschaft" heißen.

„Gesellschaft" und „Moral" sind im individuellen Bewußtsein „vorhanden", reichen jedoch über dieses hinaus. Moralische Regeln differieren von anderen Verhaltensregeln, weil sie ihre Konsequenzen nicht schon in sich tragen, sondern erst bei Nichteinhaltung „von außen" Sanktionen für den Verstoß gegen die Pflicht gesetzt werden. Moral ist also zwar im individuellen Bewußtsein schon angelegt, aber gleichzeitig wird sie vom Individuum als etwas ihm Äußerliches, als Autorität, als Zwang erfahren.

Jede Gesellschaft hat ein ihrer Struktur entsprechendes Moralsystem. Dieses zu entdecken und aufzuzeigen, ist die Aufgabe der „Wissenschaft der Moral". Sie muß sich dabei eines Umwegs bedienen, denn was Moral in einer bestimmten Gesellschaft ist, das enthüllt sich am besten an Hand jener Verhaltensweisen, die davon abweichen und daher sozialen Sanktionen unterliegen. Wie sich Durkheim den Zusammenhang zwischen gesellschaftlichen Strukturen und ihnen entsprechenden Wertsystemen vorstellt, darüber gibt sein frühes Werk „Über die Teilung der sozialen Arbeit" (1893) Aufschluß.

Als verbindende Kategorie zwischen Gesellschaft und Wertvorstellungen führt Durkheim den Begriff „Solidarität" (der sich im übrigen schon bei Comte findet) als das Zusammenwirken der individuellen Psychen ein. Dieses Zusammenwirken schafft ein System gemeinsamer Werte und Gefühle, ein nicht mehr auf die einzelnen Individuen zurückführbares „Kollektivbewußtsein". Dessen Inhalt, die kollektiven Vorstellungen, erscheinen dem Individuum als „Dinge", die von außen auf ihn Zwang ausüben. Sie sind in diesem Sinne „soziale Tatsachen" und besitzen eine Realität sui generis, m.a. W. Durkheim spricht ihnen eine eigene Seinswirklichkeit zu. Die sozialen Tatsachen existieren genauso in der Realität wie die Handlungen der einzelnen Individuen.

Das Kollektivbewußtsein und die dadurch erzeugte Solidarität der einzelnen ist das Bindemittel, ohne das es keine gesellschaftliche Ordnung gibt. Seine Form und Wirkung sind aber von der Struktur der Gesellschaft bestimmt. In einfach strukturierten, segmentären Gesellschaften sind die Individuen einander in ihren Vorstellungen wie in ihrer Lebenssituation sehr ähnlich; und eben auf dieser ihrer Ähnlichkeit beruht ihre Solidarität; sie ist die „Mechanik", die einwirkende Kraft, die die gesellschaftliche Ordnung aufrecht erhält. Durkheim bezeichnet sie als „mechanische Solidarität".

Demgegenüber bewirkt die Spezialisierung in arbeitsteilig differenzierten Gesellschaften Unterschiede hinsichtlich Lebenslage und Bewußtsein, die jedoch nicht zerstörend wirken, weil die Menschen gerade in ihrer Unterschiedlichkeit voneinander abhängig sind. Wie im Organismus durch die verschiedenen Funktionen der Organe, so beruht die gesellschaftliche Ordnung in diesen Sozietäten auf Arbeitsteilung und Kooperation, auf dem funktionalen Zusammenhang. Durkheim nennt sie daher „organische Solidarität". Die beiden Typen kommen in konkreten Gesellschaften vermischt vor; allerdings überwiegen in modernen Gesellschaften die organisch-solidarischen Elemente, in primitiven, archaischen und traditionellen Gesellschaften die mechanisch-solidarischen Aspekte.

Durkheim kann neben Spencer als der erste Soziologe angesprochen werden, der die Gesellschaft, insbesondere die moderne arbeitsteilig organisierte Gesellschaft als Funktionszusammenhang sah. Wenngleich er durchaus nicht blind war für die sozialen Konflikte seiner Zeit, so deutete er sie doch als Pathologien, als Abweichungen, und nicht als Strukturdeterminanten dieser Gesellschaften. Die Ordnung der Gesellschaft war die Perspektive, auf die Durkheims Denken gerichtet war, der grundlegende Zusammenhang und Zusammenhalt der Gesellschaft. Die betont funktionale Ordnung, die sich in den modernen Gesellschaften seiner Zeit abzuzeichnen begann, sah er daher keineswegs negativ, sondern als Chance für den Übergang zu einer organisch gegliederten Gesellschaftsordnung, die auch die vorübergehenden Störungen durch Klassenkonflikte, soziale Fragen u.ä. beseitigen in der Lage sein würde.

In seiner erstmals 1895 erschienenen Abhandlung über „Die Regeln der soziologischen Methode" erklärt er die Verdinglichung der sozialen Gegebenheiten als „soziale Tatsachen" zum Grunderfordernis der objektiven wissenschaftlichen Betrachtungsweise. Soziale Tatsachen müssen wie „Dinge" behandelt werden, die ähnlich den „Dingen" in der Natur objektiv und empirisch erfaßt werden können, d.h. unter Ausschluß persönlicher Werturteile „von außen": Werte, Moral sind für den Soziologen Durkheim in erster Linie soziale Tatsachen, „Dinge", die Erkenntnisgegenstand der Wissenschaft, nicht Ziel oder Ideal sind. Zu sozialen Tatsachen werden kollektive soziale Verhaltensweisen dann, wenn sie mit einem obligatorischen Charakter ausgestattet sind, d.h. wenn Verstöße gegen sie negative Sanktionen hervorrufen.

Aufgabe der Soziologie laut Durkheim ist die Feststellung des „Normalen" durch die Erfassung des durch Sanktionen belegten abweichenden Verhaltens. Erst das „Abweichende" weist auf das hin, was im allgemeinen als „normal" gilt. Daß eine solche Soziologie das allgemein Gegebene und die gesellschaftlichen Zwänge legitimiert, sah Durkheim als wünschenswert an, denn die Soziologie sollte für die „Gesellschaft" nützlich sein, indem sie das ihr Entsprechende aufzeigt. Wie Comte, nicht so sehr wie Spencer, geht es Durkheim um die „Gesellschaft" und ihre Gesetze, die sich selbst generieren und selbst erhalten.

Allerdings unterschied er verschiedene Gesellschaftstypen. Eine soziale Tatsache ist „normal" immer nur relativ zu einem bestimmten sozialen Typus in einer bestimmten Phase seiner Entwicklung. Die verschiedenen Typen festzustellen ist Aufgabe der sogenannten „sozialen Morphologie", die am Beginn jeder soziologischen Analyse steht. Leitprinzip der Klassifikation der Gesellschaften in verschiedene Typen ist die Orientierung am Organisationsgrad, d.h. am Ausmaß der sozialen Differenzierung von einfach strukturierten Gesellschaften, die nur aus einem Segment bestehen, zu in sich differenzierten Gesellschaften.

Mit Hilfe der vergleichenden Methode, die er auch als „indirektes Experiment" bezeichnet, will er die Ausprägung bestimmter sozialer Tatsachen in allen sozialen Typen, die sich im gleichen Stadium der Entwicklung befinden, analysieren. Die soziologische Erklärung setzt sich laut Durkheim aus einer Ursachen- und einer Funktionsanalyse zusammen, wobei die Ursachen immer soziale Tatsachen sind und nicht individuelle Phänomene. Würden individuelle Phänomene als Ausgangspunkt genommen, so geriete die Soziologie unweigerlich in Gefahr, ein reines Anhängsel der Individualpsychologie zu werden. Soziale Tatsachen sind also die Kausalfaktoren, deren Auffinden bestimmte Zustände als Wirkungen dieser Ursachen erklärbar macht. Soziale Tatsachen sind aber immer auch funktional, d.h. nützlich für das Kollektiv, für das Ganze, für die „Gesellschaft", solange sie Zwangscharakter haben. Ihre Funktionalität ist auf das Ganze bezogen und daher unabhängig von ihrem Beitrag zu bestimmten expliziten und spezifischen politischen, ökonomischen oder religiösen Zielen.

Wie er sich eine solche soziologische Analyse vorstellte, demonstrierte Durkheim 1897 anhand einer Studie über den Selbstmord („Le Suicide"). Dieser kommt paradigmatische Bedeutung für die Begründung der Soziologie als empirischer und nomothetischer Wissenschaft zu.

Durkheim zeigt zunächst aufgrund statistischer Daten über den Selbstmord, daß es keinen zwingenden Zusammenhang zwischen individuellen Zuständen wie Geisteskrankheit, Alkoholismus u.ä. und der Selbstmordhandlung gibt; auch rassische und erbliche Faktoren sowie kosmische und klimatische Bedingungen erweisen sich als nicht notwendig mit Selbstmordhandlungen verknüpft. Durkheim untersucht sodann mögliche soziale Ursachen: Religionsbekenntnis, Familienstand und -situation, politische Zustände. Dabei fand Durkheim eine inverse Korrelation zwischen Selbstmordrate und dem Grad der Integration der Individuen in Religionsgemeinschaft, Familie und Staat. Die Lockerung sozialer Bindungen, die individuelle Isolierung ist, so Durkheim, die typische soziale Ursache für Selbstmord in den modernen Gesellschaften („egoistischer Selbstmord"). Aus dem umgekehrten Grund, der überaus starken sozialen Bindung, kommt es in anderen Gesellschaftsformen zum Selbstmord, weil das individuelle Leben wenig gilt („altruistischer Selbstmord"). Für die moderne Gesellschaft ebenfalls von geringer Bedeutung ist der von Durkheim nur in einer Fußnote erwähnte „fatalistische Selbstmord", der durch zu starke soziale Reglementierung und Kontrolle verursacht ist. Demgegenüber gewinnt der „anomische Selbstmord", als dessen soziale Ursache Durkheim die gesellschaftliche „Anomie" bezeichnet, an Bedeutung. Anomie steht für das Schwächerwerden sozialer Schranken und Zwänge, für einen Mangel an gesellschaftlicher Regelung und Kontrolle.

Durkheim wollte mit seiner Untersuchung über den Selbstmord aufzeigen, daß es allgemeine soziale Zustände gibt, die insofern als soziale Ursachen für Selbstmordhandlungen anzusprechen sind, als das Individuum durch sie zu einem derartigen Verhalten disponiert wird, wenn als Auslöser individuelle Probleme oder Ereignisse hinzukommen.

In seinem letzten großen Werk „Les formes élémentaires de la vie religieuse" (1812) manifestiert sich Durkheims Auffassung, daß die Analyse der einfachsten und primitivsten sozialen Typen auch über grundlegende Merkmale komplexerer Gesellschaften Aufschluß zu geben vermag. Aus der Untersuchung des Totemismus australischer Stämme versucht Durkheim allgemeine Erkenntnisse über den Zusammenhang zwischen Gesellschaftsstruktur und Religion abzuleiten. Er sucht zu beweisen, daß Religion eine gesellschaftliche Schöpfung ist und jeder Gesellschaftstyp daher seine eigene Religionsform entwickelt. In und durch die Religion verehren die Menschen daher ihre eigene Gesellschaft. So verehren etwa die Angehörigen der australischen Stämme das Totem als Ausdruck und Symbol der Clangemeinschaft.

Dieses Werk wies den Weg, den die Durkheim-Schule in Frankreich weiterverfolgte und der sie immer mehr auf das Gebiet der Kulturanthropologie führte. Typisch dafür ist vor allem das Werk von Marcel Mauss, dem Neffen Durkheims und seinem prominentesten Schüler.

Aus der Eigenschaft der Religion als einer Denk- und Wissensform der Gesellschaft ergab sich aber auch die Bedeutung, die diese Studie für die Begründung einer spezifischen Art der Wissenssoziologie hatte. Wissen und Logik werden als gesellschaftlich bedingt angesehen, sie sind daher nur jeweils relativ in bezug auf den Gesellschaftstyp, dem sie entsprechen, gültig, und jeder soziale Typus entwickelt in jeder Phase seiner Evolution wiederum eigene Wissensformen.

Wenn man René Königs Interpretation[4] folgt, wonach Durkheim nach der grundsätzlich optimistischen, in der Spencer-Tradition geschriebenen Arbeitsteilungsstudie einen tiefgehenden inneren Wandel vollzog, der in der mit pessimistischem Tenor ausgezeichneten Selbstmordstudie gipfelt, so kann man die „Vie religieuse" als die Konsequenz daraus sehen, eine Abkehr von der Analyse der modernen Gesellschaften und als eine Hinwendung zu der primitiven Gesellschaft, möglicherweise aus dem Grund, weil die krisengeschüttelten modernen Gesellschaften selbst keine Anhaltspunkte für eine Verbesserung boten und wohl auch, weil sich Durkheim vom Zurückgehen bis auf die Wurzeln der gesellschaftlichen Evolution Aufschluß über die Grundprobleme der Ordnung des menschlichen Zusammenlebens versprach. Die Linie geht also von dem Fortschrittsoptimismus aus der Zeit des frühen 19. Jahrhunderts über die sozialen Erschütterungen des späten 19. Jahrhunderts bis zu der Suche nach Ursprüngen, die eine Abkehr von den zeitgenössischen Gesellschaften überhaupt mit sich brachte.

Die Durkheimsche Soziologie enthält eine Reihe von Schwerpunkten und Perspektiven, die heute für einen Großteil der modernen Soziologie noch immer kennzeichnend sind:

1. In bezug auf die Methode:
   a) Durkheim begründete die Soziologie als empirische und nomothetische Wissenschaft. Die Wissenschaftlichkeit der Soziologie wurde als durch ihre Methode bestimmt angesehen. Dafür steht die Betonung, die Durkheim auf den „Ding"-charakter der sozialen Tatsachen legte.
   b) Durkheim trat für kausale Erklärung ein und erachtete daher die experimentelle Methode als die angemessene wissenschaftliche Vorgangsweise (er nannte sie auch die Methode der konkomitanten Variationen). Sie ist allerdings für den Bereich der Sozialwissenschaften zu modifizieren, weil hier die unabhängigen Variablen in der Regel nicht beliebig erzeugt werden können. Daher ist die Methode des indirekten Experiments oder die vergleichende Methode anzuwenden, wobei die Ausprägungen und Änderungen bestimmter Merkmale in mehreren sozialen Einheiten zu vergleichen sind.
2. In bezug auf den Gegenstand:
   Soziale Tatsachen werden als Produkte des Gesamtzusammenhangs der Gesellschaft gesehen, nicht als Merkmale von Individuen oder Gruppen.
   a) Motiviert ist diese Betrachtung durch das Erkenntnisinteresse an der gesellschaftlichen Ordnung. Die Frage: Was ist gesellschaftliche Ordnung? Wie ist sie begründet? kann als Zentralthema über die Durkheimsche Soziologie gesetzt werden. Integration und Organisation von „Gesellschaft" als Ganzes betrachtet sind die Grundprobleme dieser Soziologie.
   b) Durkheim führt die Kategorie der Funktion ein und versteht unter Funktion den Nutzen einer sozialen Tatsache für die Erhaltung der Ordnung des Ganzen, unabhängig von den Zielen von Individuen oder Gruppen.

---

[4] *René König,* Nachwort zum „Suicide", in: *René König,* Emile Durkheim zur Diskussion, München-Wien 1978, S. 208ff.

c) Die Orientierung an der Ordnung führt zur Leitdifferenz von Struktur/Abweichung als Erklärungsmodell.
d) Wissenschaftliche Objektivität macht auch vor Werten und Moral nicht halt. Das führt notwendig zu einem methodischen Relativismus der Werte, soweit diese Erkenntnisgegenstand sind.

Durkheims Betonung der Realität sui generis der sozialen Tatsachen und seine Ablehnung individueller Fakten als Erkenntnisgrundlage wurde oft kritisch als „Soziologismus" bezeichnet. Man muß sich aber vergegenwärtigen, daß die soziale Bedingtheit des Denkens und Handelns zur damaligen Zeit keineswegs als selbstverständlich angesehen wurde. Durkheim wollte die Soziologie als eine eigenständige Wissenschaft mit einem spezifischen Objekt, den sozialen Tatsachen, und mit einer spezifischen Methode, der vergleichenden empirischen Methode, begründen. Durkheims Soziologie markiert daher auch das Etablierungsinteresse der Wissenschaft von der Gesellschaft als akademischer Disziplin. „Eine Disziplin verdient den Namen Wissenschaft erst dann, wenn sie einen abgegrenzten Forschungsbereich hat. Denn Wissenschaft befaßt sich mit einem Gegenstand, einer Realität."[5]

Durkheim ging es in erster Linie um die Begründung und Abgrenzung der Soziologie als Wissenschaft. Dieses Interesse findet sich in der Epoche Durkheims bei fast allen, die sich „Soziologen" nennen. Aber so eindringlich und systematisch hat sich kaum einer von ihnen der Aufgabe gewidmet, Gegenstand und Methode der Soziologie festzustellen.

Die Durkheim-Schule

Unter den Schülern und Nachfolgern Durkheims ragen insbesondere Marcel Mauss (1872–1950) und Maurice Halbwachs (1877–1945) hervor.

Marcel Mauss war ein Neffe Durkheims. Er schrieb zusammen mit Paul Fauconnet 1901 einen Artikel mit dem Titel „Sociologie" in der „Grande Encyclopédie", der allgemein als Programm der Durkheim-Schule galt. Mauss' bedeutendstes Werk „Le Don" von 1925 wie auch die meisten seiner Studien beschäftigten sich mit den Strukturen prämoderner Gesellschaften, eine Hinwendung zur Ethnologie, die Durkheim schon in seinem letzten Werk vorgenommen hatte, und die zum prägenden Merkmal der Durkheim-Schule wurde. Grundaussage Mauss' ist, daß die individualisierte reine Interessengemeinschaft der modernen Gesellschaften eine Ausnahme darstellt. Die Geschichte der Menschheit ist durch kollektive Austausch- und Verpflichtungsordnungen gekennzeichnet.

Halbwachs knüpfte vor allem in seinem „Kollektiven Gedächtnis" an den Begriff der Kollektivvorstellungen an und versuchte die Beziehung zwischen dem individuellen Gedächtnis und der sozialen Ordnung herzustellen. Neben Mauss und Halbwachs sind noch u.a. Celestin Bouglé, Paul Fauconnet und François Simiand als Schüler Durkheims zu nennen. Die Zeitschrift „Année sociologique" zog aber auch zahlreiche jüngere Wissenschaftler an und hatte die Bedeutung eines Forschungsinstituts.[6]

Von großer Bedeutung für die ethnologische Ausrichtung der Durkheimschen Soziologie war neben Mauss auch Lucien Lévy-Bruhl (1857–1939), der zwar nicht als

---

[5] *Emile Durkheim,* Montesquieus Beitrag zur Gründung der Soziologie (1892), in: *Emile Durkheim,* Frühe Schriften zur Begründung der Sozialwissenschaft, hrsg. v. *Lore Heisterberg,* Darmstadt und Neuwied 1981, S. 88

[6] *Terry N. Clark*, Die Durkheim-Schule und die Universität, in: *Wolf Lepenies* (Hg.), Geschichte der Soziologie 2, Frankfurt 1981, S. 176

Schüler Durkheims anzusprechen ist, aber eigene Ansätze entwickelte, die sehr denen der „Durkheimiens" ähnelten. Von der Durkheimschen Soziologie führt eine Entwicklungslinie zu der in der französischen Sozialwissenschaft der Gegenwart sehr bedeutsamen strukturalen Anthropologie, wie sie vor allem von Claude Lévi-Strauss begründet wurde.

Die Vorstellung Durkheims vom Kollektivbewußtsein und der Gesellschaft als moralischer Institution war auch in einer Gruppe von Intellektuellen (Georges Batailles, Roger Callois, Michel Leiris u. a.) auf fruchtbaren Boden gefallen, die in Frankreich zwischen 1937–39 eine Gemeinschaft, das Collège de Sociologie, bildeten, welche in manchen Punkten den Poststrukturalismus vorwegnahm. Sie wandten sich kritisch gegen den Zeitgeist (Individualismus, Profanisierung und Säkularisierung, Surrealismus), versuchten, durch eine „Soziologie des Heiligen" die Gesellschaft wieder als auf geistig-moralischen Bindungen unter den Menschen beruhend aufzufassen. Darunter verstanden sie in erster Linie jene Verbindungen, die die soziale Isolation der Menschen durch starke geistige Bande aufzuheben vermögen, sie in engen Bünden und Gemeinschaften zusammenschweißen: Geheimgesellschaften, Sekten, Kirchen etc. Sie gingen von ganz ähnlichen Annahmen aus wie Durkheim und seine Schule, faßten die Gesellschaft als mehr als die Summe der Individuen auf, als eine moralische Institution, die in einer rituell-sakralen Gemeinschaftlichkeit kulminiert, taten dies allerdings mehr in poetisch-literarischer Form.

Von wesentlich größerer Bedeutung für die moderne Soziologie wurde die Wirkung Durkheims allerdings auf Grund der Rezeption in der amerikanischen Soziologie, die vor allem die empirische Wissenschaftlichkeit, die funktionale Differenzierung der Gesellschaft und die auf Normen und Institutionen beruhende Ordnung hervorgehoben hat. Durkheim wurde durch diese Interpretation zum Vorläufer der strukturell-funktionalen Soziologie.

Literatur

Jeffrey C. Alexander, Theoretical Logic in Sociology, Vol. 2: The Antinomies of Classical Thought: Marx und Durkheim, London, Melbourne and Henley 1982

Pierre Bourdieu und *Jean-Claude Passeron,* Soziologie und Philosophie in Frankreich seit 1945: Tod und Wiederauferstehung einer Philosophie ohne Subjekt, in: *Wolf Lepenies* (Hg.), Geschichte der Soziologie 3, Frankfurt 1981, S. 496ff.

Terry N. Clark, Die Durkheim-Schule und die Universität, in: *Wolf Lepenies,* Geschichte der Soziologie 2, S. 157ff.

Emile Durkheim, Frühe Schriften zur Begründung der Sozialwissenschaft, hrsg. v. *Lore Heisterberg,* Darmstadt-Neuwied 1981

Ders., Soziologie und Philosophie, Frankfurt 1967 (urspr. frz. 1924)

Ders., Die Regeln der soziologischen Methode, Neuwied und Berlin 1965 (urspr. frz. 1895)

Ders., Der Selbstmord, Frankfurt 1983 (urspr. frz. 1897)

Ders., Über die Teilung der sozialen Arbeit, Frankfurt 1977 (urspr. 1893)

Ders., Leçons de sociologie: Physique des moeurs et du droit, Paris 1969

Maurice Halbwachs, Das kollektive Gedächtnis, Stuttgart 1967 (urspr. frz. 1950)

Denis Hollier (ed.), The College of Sociology 1937–39, Minneapolis 1988

René König, Emile Durkheim, in: Dirk Käsler (Hg.), Klassiker des soziologischen Denkens, Bd. 1, München 1976, S. 312ff.

Lucien Lévy-Bruhl, La morale et la science des moeurs, Paris 1903

Ders., La mentalité primitive, Paris 1922

Claude Lévi-Strauss, Die elementaren Strukturen der Verwandtschaft, Frankfurt 1981 (urspr. frz. 1949)

Ders., Das wilde Denken, Frankfurt 1968, (urspr. frz. 1962)

Marcel Mauss, Die Gabe, Form und Funktion des Austausches in archaischen Gesellschaften, Frankfurt 1984 (ursprl. frz. 1950)
Friedrich A. Tenbruck, Emile Durkheim oder die Geburt der Gesellschaft aus dem Geist der Soziologie, in: Zschr. f. Soziologie 10/1981, S. 333ff.

3. Elite und Demokratie: Soziologie, Politik und Praxisphilosophie in Italien

Historische Voraussetzungen

Italien bestand um die Mitte des 19. Jahrhunderts aus den im Besitz Österreichs befindlichen Teilen, dem Kirchenstaat, dem Königreich Sardinien-Piemont, dem Königreich Neapel und einer Reihe von mittelitalienischen Fürstentümern.

Sardinien-Piemont zur Zeit von Ministerpräsident Cavour unter Viktor Emanuel II. wurde neben den nationalistischen Freischärlerbewegungen zum treibenden politischen Faktor für die Einigung Italiens. 1859 bewegte Cavour Napoleon III. dazu, gemeinsam mit Sardinien-Piemont Österreich den Krieg zu erklären. Die Niederlage Österreichs brachte Napoleon die Lombardei, die mittelitalienischen Fürstentümer schlossen sich durch Plebiszit dem Königreich Sardinien-Piemont an. Der Freischarführer Garibaldi eroberte Sizilien und Neapel, und zusammen mit den sardischen Truppen reduzierte er den Kirchenstaat um einige Gebiete. Nach Plebisziten in Neapel, Sizilien, den Marken und Umbrien schlossen sich diese Gebiete Sardinien an, und 1861 kam es zur Errichtung des Königreichs Italien mit der Hauptstadt Florenz. 1866 fiel auch das bis dahin unter Habsburgischer Herrschaft befindliche Venetien an Italien, nur Triest, Dalmatien und Trient verblieben als „Italia irredenta“ unter österreichischer Herrschaft. Rom verblieb noch bis 1870 unter französischer Besetzung und wurde erst nach dem Abzug der Franzosen Hauptstadt des Königreichs. Der neue Staat war vor allem durch die Spannung zur katholischen Kirche belastet. Die „Römische Frage“ belastete ihn nicht nur im Inneren, weil der überwiegende Großteil der Bürger des neuen Italien Katholiken waren, sondern auch außenpolitisch vor allem in seinem Verhältnis zu Österreich-Ungarn. 1882 kam es trotzdem zum Dreibund mit Österreich-Ungarn und dem Deutschen Reich.

Innenpolitisch dominierten die Liberalen, weil die Katholiken wegen der römischen Frage nicht im Parlament präsent waren und das Wahlrecht auf eine geringe Zahl von Bürgern beschränkt war. Die Liberalen waren aber auch unter sich nicht einig: Es gab die Rechte, die sich der Linie Cavours verpflichtet fühlte, und die Linke, die den Ideen Mazzinis folgte und in erster Linie eine Erweiterung des Wahlrechts anstrebte. 1881 kam es auch tatsächlich dazu, und aufgrund eines niedrigen Zensus und geringer Schulbildungserfordernisse erhöhte sich die Zahl der Wahlberechtigten auf 2,5 Millionen. Das brachte das Eindringen radikaler und republikanischer Bewegungen, gegen die sich die liberalen Rechten und Linken verbanden. Es entstand das, was in der politischen Geschichte Italiens als „transformismo“ bekannt ist, gekennzeichnet durch rasch wechselnde Regierungen innerhalb des liberalen Spektrums.

In den Ersten Weltkrieg trat Italien erst 1915 durch den Druck der Straße ein. Aufgrund des Friedensvertrags nach Kriegsende war Dalmatien an Jugoslawien gefallen, was in Italien große Enttäuschung hervorgerufen hatte. 1919 bildeten sich die „fasci di combattimento“ aus ehemaligen Frontkämpfern, und ihr Führer wurde bald Benito Mussolini, der davor radikaler Sozialist gewesen war, aber über die Frage des Kriegseintritts Italiens an der Seite der Entente mit seiner Partei in Konflikt geraten war. Die Stadt Fiume wurde von Truppen ehemaliger Soldaten und Offiziere unter der theatralischen Führung des Dichters Gabriele D'Annunzio besetzt, wobei sich schon die große Bedeutung der Symbolik (Totenkopfstandarte, blaue Hemden...) und der Rhetorik zeigte. Auch kam es zu zahlreichen Streiks von Fabrikarbeitern und Landarbeitern, zu Fabrik- und Güterbesetzungen, die die Macht der sozialistischen Organisationen als bedrohlich erschienen ließ. Die „fasci“ machten es sich zur Aufgabe, die sozialistischen Organisationen zu bekämpfen und lieferten sich bürgerkriegsähnliche Schlachten mit ihnen, die nach und nach in faschistischen Terror, besonders 1922 um Ravenna, mündeten. In der öffentlichen Meinung überwog die Auffassung, daß die Faschisten trotz ihrer gewalttätigen Mittel im Grunde Hüter der Ordnung und Erhalter des Staates seien. Nach dem Marsch auf Rom 1922 gelangte Mussolini daher ohne weiteres an die Regierung. Zunächst war seine Politik noch gemäßigt, er hatte sogar parteifremde Mitglieder im Kabinett. Nach der Ermordung des sozialistischen Abgeordneten Matteotti kamen die Faschisten unter Druck, und Mussolini schwenkte nach einer Krisenzeit in die totalitäre Regierungsform um (Verbot oppositioneller Parteien und Zeitungen, Zugehörigkeit zur faschistischen Partei wird zur Grundlage für die Zuteilung der öffentlichen Ämter etc.). Schließlich kam es durch die Vereinigung der Korporativen Dachorganisation mit der Partei zur Ausschaltung des Parlaments.

Italien als eigener Staat war ein Ideal, lange bevor es 1861 schließlich zur Einigung und der Entstehung des italienischen Staates gekommen war. Die Intellektuellen der Zeit mußten sich dann mit der Tatsache vertraut machen, daß die hohen Ideale des Risorgimento nur wenig Entsprechung in der tatsächlichen Politik der italienischen Regierung und der Parteien fanden. Einer von denen, die diesen Konflikt zwischen Theorie und Praxis erlebten und zu einer zynisch anmutenden Auffassung vom sozialen Handeln und seinen Beweggründen gelangten, war Vilfredo Pareto.

Die Logik des Irrationalen: Vilfredo Pareto

Vilfredo Pareto (1848–1923) war der Sohn des Marquese Raffaello Pareto, der aufgrund seiner demokratisch-liberalen Ideen ins Exil nach Paris ziehen mußte, wo auch Vilfredo zur Welt kam. Obgleich adeliger Herkunft war die Familie, und auch Vilfredo Pareto selbst, von demokratischen Idealen erfüllt. Vilfredo Pareto schlug zunächst die Ingenieurslaufbahn ein, engagierte sich nebenbei politisch für das allgemeine Wahlrecht, Freihandel und Abrüstung, die Ideale des italienischen Risorgimento. Beeinflußt war er vor allem von Mill und Spencer. Er griff die Mißstände und den Mißbrauch des italienischen Parlaments an und die Mißachtung des Elends der Massen. Er sympathisierte sogar eine Zeitlang mit dem Sozialismus, wandte sich später aber davon ab. Seine „Systèmes Socialistes“ von 1902 sind voll der sarkastischen Kritik.

1889 gab Pareto seine Position als Direktor in der Eisen- und Stahlindustrie auf und zog sich auch desillusioniert von der aktiven Beteiligung an der italienischen Politik zurück. Durch die Freundschaft mit dem Nationalökonomen Pantaleoni besonders angeregt, errang sich Pareto bald Ansehen in der Ökonomie durch die Anwendung mathematischer Techniken auf die Markttheorien von Walras und Edgeworth. Er wurde 1893 Nachfolger Walras' in Lausanne, und 1896 erschien „Cours d'Economie Politique“, 1906 „Manuale d'economa politica.“

Durch eine Erbschaft finanziell unabhängig, widmete er sich später der Soziologie, 1902 veröffentlichte er „Les systèmes socialistes“, 1916 den „Trattato di sociologia generale“, 1920 „Fatti e teorie“ und 1921 „Transformazione della democrazia“. Seine Soziologie verband wissenssoziologische und politologische Problemstellungen, entsprang von ihrer Entstehung her aber aus der Beschäftigung mit der Ökonomie. Sie stand im Dienste der Ökonomie, wie sich überhaupt das Problem einer allgemeinen Soziologie für ihn aus der Wirtschaftstheorie ergab. Diese Wirtschaftstheorie aber war von eigener Art: eine Wissenschaft vom logischen wirtschaftlichen Handeln und seinen Zusammenhängen ausgedrückt als mathematisches Gleichungssystem.

Die Nationalökonomie dieser Art konnte nicht die Wirklichkeit erklären, sondern nur über ein Modell krypto-normativ rationales ökonomisches Handeln konstruieren. Der Großteil des menschlichen Handelns ist aber irrational, nichtlogisch, selbst im Bereich der Wirtschaft. Die Soziologie als logische Erfassung des nichtlogischen Handelns sollte die Wirtschaftstheorie ergänzen und die Ökonomie zur Erfahrungswissenschaft machen. Diese Soziologie selbst sollte aber eine logisch-experimentelle Wissenschaft sein, denn sie sollte das nichtlogische Handeln logisch erfassen. So betrachtet, ist die Ökonomie für Pareto ein Teil der Soziologie – jener Teil, der sich mit den logischen Handlungen befaßt.

Logische Handlungen sind für Pareto solche, bei denen die subjektive Ziel-Mittel-Beziehung mit der objektiven Gegebenheit, wie sie logisch-experimentell ermittelt wurde, übereinstimmt. Bei nichtlogischen Handlungen fehlt die Konsistenz von subjektiver und objektiver Wirklichkeit. Sie fehlt, weil sich Gefühle, Weltanschauungen, Glauben etc. dazwischenschalten. Pareto nennt diese „Residuen". Die Menschen geben aber nicht gerne zu, daß sie irrational handeln, und oft wissen sie es auch nicht. Sie erfinden daher Rationalisierungen, verbale Rechtfertigungen ihres Handelns, die dieses als logisch erscheinen lassen. Dafür verwendete Pareto die Bezeichnung „Derivationen".

Die Residuen, Derivationen und ihre Beziehungen zu den Handlungen der Menschen stellen die Grundtatsachen und den Erkenntnisgegenstand der Soziologie dar. Dahinter steht die Auffassung, daß nicht Ideen das Handeln leiten – diese sind nur Illusionen –, sondern Gefühle, und daß es sich bei den sogenannten „Ideen" sehr oft um Derivationen handelt, die einem bestimmten Zweck dienen, etwa um das „Volk" von der Notwendigkeit und dem Nutzen der bestehenden Ordnung (alte Elite) oder des Wandels (neue Elite) zu überzeugen.

Die Eliten sind die typischen Urheber von Derivationen, insbesondere die herrschenden Eliten, aber auch jene, die ihnen die Macht streitig machen wollen. Die Eliten verkörpern aber auch grundlegende Residuen, insbesondere die Residuen der „Kombination" und der „Persistenz der Aggregate." Beide lassen sich als unterschiedliche Menschentypen charakterisieren: Die Menschen vom Typ der Residuen der Kombination sind fortschrittlich, listig und ohne allzu viele Skrupel. Sie vermeiden offene Konflikte, greifen lieber zu List, Betrug, Bestechung. Sie sind die „Füchse". Ihnen stehen die „Löwen" gegenüber, die an Gewohnheiten festhalten wollen, aber auch vor Gewalt und Konflikt nicht zurückschrecken. Diese Typisierung aus dem politischen Bereich findet ihre Entsprechung in den „Spekulanten" und „Rentiers" auf ökonomischem Gebiet.

Paretos „Gesellschaft" ist ein Gleichungssystem, das dazu dient, das Pareto-Optimum als jenen Gleichgewichtszustand zu finden, über den hinaus kein Individuum mehr Nutzen („Ophelimität") erhalten kann, ohne gleichzeitig ein anderes zu schädigen. Pareto sprach in diesem Sinne vom „sozialen System", und seine Theorie der Gesellschaft soll eigentlich eine krypto-normative Theorie sein, ähnlich der Wirtschaftstheorie. Der Begriff des „sozialen Systems" ersetzt für Pareto den allzu vieldeutigen Begriff der „Gesellschaft"; er soll den Erkenntnisgegenstand der Soziologie als eines Systems von Elementen, die bestimmten Kräften unterworfen sind, damit gleichzeitig in den Kontext des wissenschaftlichen Diskurses rücken. Das Gleichgewicht des komplexen und vielfach auf interdependenten Beziehungen beruhenden sozialen Systems wird durch Gefühle und Interessen und deren Ausgleich erreicht. Die Durkheimsche Frage: Wie ist Ordnung möglich? müßte bei ihm modifiziert werden zu: Wie ist das Management der Gesellschaft möglich?

Die Elemente des sozialen Systems sind: Residuen, Interessen, Derivationen; die Struktur ist bestimmt durch soziale Heterogenität. Pareto sprach in diesem Zusammenhang auch von der „sozialen Physiologie", deren Aufgabe es sei, zunächst die Verteilung des Reichtums und der Macht in einer Gesellschaft festzustellen.

Das soziale System ist ständig im Fluß, im Umbau, weil sich die Eliten transformieren, alte Eliten verfallen, neue Eliten entstehen. Er nannte dies die „Zirkulation der Eliten" und meinte, die Geschichte sei ein „Friedhof von Eliten."[1] Für seine Zeit konstatierte Pareto, daß die Bourgeoisie, die einst als neue „Aristokratie" (= Elite) aus der Französischen Revolution hervorgegangen sei, nunmehr vom Verfall bedroht sei. Auch Revolutionen sind für Pareto nur Zirkulationen von Eliten; der herrschenden Klasse steht nicht „das Volk" gegenüber, sondern eine neue Elite, die sich auf das Volk stützt, sich von diesem aber immer mehr distanziert, je näher sie selbst der Macht kommt.

Diese tatsächlichen Bedingungen und Bewegungen aber werden überlagert durch Derivationen, die die Situation jeweils anders interpretieren. Das Volk hält sich an bestimmte Lebensregeln und quasi-religiöser Beharrlichkeit, die alte Elite sieht sich als Hüter der Ordnung und des Wohlergehens des Volkes, die neue Elite gibt vor, für das Volk zu kämpfen und glaubt häufig auch selbst daran. Die große Zahl und damit politische Bedeutung der Arbeiter in der modernen Massendemokratie gibt den Derivationen besonderen Auftrieb, sie werden systematisch zur Beeinflussung aufgestellt, werden zur Demagogie. Gleichzeitig sah Pareto in seinen letzten Lebensjahren die Ansammlung einer großen Machtfülle bei Großunternehmern und Spekulanten, die Demokratie transformierte sich zur „demagogischen Plutokratie" und mündete in den Faschismus, dessen Anfangsphase Pareto noch erlebte. Mussolini wurde für ihn der „Fürst" machiavellischer Prägung, nachdem der ehedem liberaldemokratischen Prinzipien zuneigende Pareto durch die „Transformation" der Demokratie in Italien enttäuscht worden war.

Als Elitetheoretiker ist neben Pareto noch Gaetano Mosca (1858–1941) zu nennen. Der Sizilianer Mosca war anders als Pareto ein gemäßigt Konservativer. In viel stärkerem Maße als Pareto setzte er sich mit aktuellen politischen Problemen auseinander, bot hingegen keine systematische soziologische Theorie. Auch er vertrat die Auffassung, daß alle politischen Systeme durch Elitenherrschaft bestimmt sind, insbesondere auch die Demokratie. Die herrschende Klasse und die beherrschte Masse sind die zwei Teile des Volkes. Die „politische Klasse" wandelt sich bzw. wird ersetzt durch eine anders konstituierte, weil andere Bedingungen andere Fähigkeiten erfordern. Allerdings war er kein Zyniker wie Pareto, denn er sah das Ideal einer herrschenden Elite in selbstlos dem Allgemeinwohl dienenden gebildeten Personen, die ökonomisch unabhängig sind. Gerade aufgrund seiner normativen Theorie der Elite aber stand er dem Aufschwung des Faschismus nicht so positiv gegenüber, ja die Gefahr des Heraufkommens einer kulturlos-brutalen Autokratie versöhnte ihn wieder mit der repräsentativen Demokratie.

Robert Michels und die „oligarchischen Tendenzen"

Die Enttäuschung über die Realisierung der Demokratie führte zu einer positiven Einstellung vieler italienischer Intellektueller dem Faschismus gegenüber. Einer von ihnen war Robert Michels (1876–1936).

Für die Soziologie wurde seine parteisoziologische Abhandlung „Zur Soziologie des Parteiwesens in der modernen Demokratie" (1911), in der er ein „ehernes Gesetz der

---

[1] *Zitiert nach: Vilfredo Pareto, Allgemeine Soziologie, Tübingen 1955, § 2053*

Oligarchie" in den Arbeiterparteien, insbesondere der deutschen Sozialdemokratie feststellte, so wichtig, daß Michels als Begründer der Politischen Soziologie gilt.

Robert Michels entstammte einer wohlhabenden katholischen Kaufmannsfamilie aus Köln, die herkunftsmäßig international zusammengesetzt war. Seine Ausbildung war daher auch eine internationale: Schule in Berlin, Studium der Geschichte und Nationalökonomie an der Sorbonne in Paris sowie in München, Leipzig und Halle. Um die Jahrhundertwende schloß er sich den revolutionär-syndikalistisch orientierten Sozialisten an, wurde Mitglied des Partito Socialista Italiano und später auch der SPD. Persönliche Beziehungen verbanden ihn mit Antonio Labriola, Georges Sorel, Rosa Luxemburg und Karl Kautsky. Innerhalb der SPD, wo die syndikalistische Strömung, anders als in Italien und Frankreich, sehr schwach war, wurde seine Einstellung immer oppositioneller und kritischer. Er trat für eine Neubelebung im Sinne syndikalistischer Ideen ein und griff die Tendenz zur Oligarchisierung auch der Arbeiterparteien an, d.h. die Beherrschung der Partei durch die Führungsspitze bei gleichzeitiger Apathie und Gesetzesgläubigkeit der Massen.

In seiner „Soziologie des Parteiwesens" sucht er die Gründe für diese offenbar immanente Tendenz aller Zweckorganisationen, sogar der revolutionären Parteien selbst, die ihrem Wesen und ihren Zielen nach gegen die aristokratisch-oligarchischen Formen des politischen Lebens kämpfen, aufzuzeigen. Eine erste Ursache sah er in der Notwendigkeit der Organisation der Demokratie. „Wer Organisation sagt, sagt Tendenz zur Oligarchie. Im Wesen der Organisation liegt ein tief aristokratischer Zug. Die Maschinerie der Organisation ruft, indem sie eine solide Struktur schafft, in der organisierten Masse schwerwiegende Veränderungen hervor. Sie kehrt das Verhältnis des Führers zur Masse in sein Gegenteil um. Die Organisation vollendet entscheidend die Zweiteilung jeder Partei bzw. Gewerkschaft in eine anführende Minorität und eine geführte Majorität."[2] Die anfänglichen Versuche, ohne Führer und Organisation auszukommen, werden nach und nach aufgegeben, weil sich die mechanische und technische Unmöglichkeit unmittelbarer Massenherrschaft zeigt, die noch durch den militanten, kämpferischen Charakter der modernen Parteien unterstrichen wird.

Michels akzeptierte im großen und ganzen die Erkenntnisse der Massenpsychologie. Auch er war der Auffassung, daß die Masse sich nicht selbst führen kann, sondern ein Bedürfnis nach Führung hat und ohne Führer ohnmächtig ist. Dankbarkeit und Verehrung für den Führer als ein weiteres Grundbedürfnis der Massen, gesteigert durch bestimmte persönliche Eigenschaften der Führer, festigen das Verhältnis Führer-Masse. Die Führer erwerben sich aber auch eine sachliche und bildungsbedingte Überlegenheit durch die Führungsarbeit, die sie unentbehrlich macht. Bürokratismus, Zentralisation der Parteiorganisation, Parteifiskus, Parteipresse, Parlamentsmitgliedschaft der Führer stabilisieren ihre Herrschaft.

Diese Macht und die Stellung als Führer wirken zurück in Richtung auf eine psychologische Metamorphose der Führerschaft. Die anfänglichen Ideale, das selbstlose Engagement modifizieren sich; die Routine, die Gewöhnung an die Macht, die Entfremdung vom ursprünglichen Milieu und Beruf und damit von den Massen selbst, die Enttäuschungen der politischen Tagesarbeit führen dazu, daß die Idealisten zu Opportunisten, die Altruisten zu Egoisten werden.

Wie sehr im Namen des Volkes die Macht in einer Hand konzentriert werden kann, hatte Napoleon I. gezeigt, aber auch Napoleon III. basierte seine cäsaristischen Herrschaftsansprüche auf der Volkssouveränität. Der Bonapartismus war das damals

---

[2] *Robert Michels*, Zur Soziologie des Parteiwesens, Leipzig 1925 (ursprl. 1911), S. 33

beste Beispiel für die auf Volkswillen beruhende staatsrechtlich begründete Diktatur. Wie sich der Diktator mit dem Staat identifiziert, so setzt sich der Parteiführer mit der Partei gleich.

Michels ging es in der „Soziologie des Parteiwesens" um die Frage, ob das Ideal der Demokratie realisierbar sei. Die Illusionen, die sich um die Demokratie ranken, suchte er zu hinterfragen, weil sie die „Wissenschaft trüben" und die „Massen täuschen". Auch bei Michels geht es ähnlich wie bei Pareto um das Aufdecken von Illusionen, Täuschungen, Lügen, die im politischen Leben vorherrschen. Der Pessimismus, der in der Erkenntnis der historischen Notwendigkeit der Oligarchie liegt, hindert Michels aber nicht daran, zu ihrer Bekämpfung aufzufordern. Abschließend malt er das Bild einer rekursiven geschichtlichen Entwicklung, die an die „ricorsi" in Giambattista Vicos Geschichtsphilosophie oder auch an die Klassendialektik von Marx erinnern. „Die demokratischen Strömungen in der Geschichte gleichen ... dem steten Schlage der Wellen. Immer brechen sie an der Brandung. Aber auch immer wieder werden sie erneut. Das Schauspiel, das sie bieten, enthält zugleich Elemente der Ermutigung und der Verzweiflung. Sobald die Demokratie ein gewisses Stadium ihrer Entwicklung erreicht hat, setzt ein Entartungsprozeß ein, sie nimmt damit aristokratischen Geist, bisweilen auch aristokratische Formen an und wird dem ähnlich, gegen das sie einst zu Feld zog. Dann entstehen ihr aus ihrem eigenen Schoß neue Ankläger, die sie der Oligarchie zeihen. Aber nach einer Periode glorreicher Kämpfe und einer Periode ruhmloser Teilnahme an der Herrschaft gehen auch sie zu guter Letzt in der alten dominierenden Klasse auf. Jedoch gegen sie erheben sich nun namens der Demokratie wieder neue Freiheitskämpfer. Und dieses grausamen Spieles zwischen dem unheilbaren Idealismus der Jungen und der unheilbaren Herrschsucht der Alten ist kein Ende."[3]

Die „Soziologie des Parteiwesens" war ursprünglich Max Weber zugedacht, der ihn unterstützte und auch gegen die Angriffe von akademischer Seite wegen Michels' revolutionärer, sozialistischer Ansichten verteidigte. Trotzdem sah Michels in Deutschland keine Chancen für eine universitäre Karriere und übersiedelte schon 1907 nach Italien, wo er sich dann auch habilitierte, in Turin einen Lehrstuhl für Nationalökonomie übernahm und auch die italienische Staatsbürgerschaft erwarb. In der Folge entwickelte er einen leidenschaftlichen Patriotismus und Nationalismus in bezug auf seine neue Heimat Italien. Dies bewog ihn auch, 1922 dem „Partito Nazionale Fascista" Benito Mussolinis beizutreten. 1929 erhielt er dann den Ruf an die faschistische Parteihochschule in Perugia und wurde zu einem der Ideologen des italienischen Faschismus.

Vom Kritiker der elitären Tendenzen in den Massenorganisationen wandelte sich Michels zu einem Apologeten und begeisterten Anhänger des elitären Führerprinzips des Faschismus. So erstaunlich diese Wandlung scheint, so ist sie doch schon in seiner Oligarchiestudie im Keim angelegt, i.e. in der Grundhaltung gegenüber der Demokratie als einer trügerischen Illusion. Demgegenüber erschien das charismatische Führertum, das Michels in Verwendung des Weberschen Idealtyps in Mussolini verkörpert fand, als die ehrliche und eindeutige Übertragung des Willens der vielen auf den einen.

Politische Philosophie in Italien

Das soziale Denken in Italien ist traditionell stark politisch orientiert, und die Theoretiker lebten in aller Regel auch die Theorie-Praxis-Einheit insofern, als sie meist selbst politische Funktionen ausübten oder sonst politisch aktiv waren.

---

[3] *Robert Michels*, Zur Soziologie des Parteiwesens, op. cit., S. 513

In der Philosophie war der Einfluß Hegels auf die italienischen Denker bemerkenswert stark. So unterschiedliche Theoretiker wie Antonio Labriola, Benedetto Croce, Giovanni Gentile und Antonio Gramsci nahmen von der Hegelschen Philosophie ihren Ausgang. Von da führte der Weg der einen (Labriola, Gramsci) zu Marx, der der anderen (Croce, Gentile) zur Geschichtsphilosophie des liberalen bzw. des faschistischen Staates. Bei allen treten aber neben den idealistischen Elementen die praxisphilosophischen Grundstrukturen hervor. Gentiles „idealismo attuale" bedeutete, daß „die Welt erkennen" gleichbedeutend sei mit „die Welt machen", und der faschistische Staat fand seine Legitimität dann darin, daß seine aktuale Existenz umgekehrt bedeuten mußte, daß er im Bewußtsein der Menschen schon vorhanden war. Für Croce ist die Geschichte die Entwicklung der Freiheit bis hin zum liberalen Staat, und Geschichte und Philosophie werden dann in der Praxisphilosophie identisch. Für Gramsci – einen der Gründer der PCI – basiert der Marxismus im philosophischen Idealismus und ist selbst Ausdruck historischer Widersprüche, ist ein Mittel in der Hand der Intellektuellen, die als Avantgarde der Arbeiterklasse die Parteikader stellen.

Literatur

Raymond Aron, Hauptströmungen des soziologischen Denkens, 2. Bd., Köln 1971, S. 96ff.
Peter Bachrach, The Theory of Democratic Elitism: a Critique, London 1969
Richard Bellamy, Modern Italien Social Theory, Cambridge 1987
Tom B. Bottomore, Elite und Gesellschaft, München 1969
G. H. Bousquet, Pareto. Le savant et l'homme, Lausanne 1960
Carmine Chiellino, Italien, Bd. 1, München 1981
Gottfried Eisermann, Vilfredo Pareto als Nationalökonom und Soziologe, Tübingen 1971
Ders., Vilfredo Paretos System der allgemeinen Soziologie, Stuttgart 1962
Gottfried Eisermann, Vilfredo Pareto, Tübingen 1987
Rudolf Hamann, Paretos Elitentheorie und ihre Stellung in der neueren Soziologie, Stuttgart 1964
René König, Niccolo Machiavelli, München-Wien 1984 (urspr1. 1940)
Robert Michels, Zur Soziologie des Parteiwesens in der modernen Demokratie, Leipzig 1911
Ders., Sozialismus und Faschismus in Italien, München 1925
Ders., Corso di sociologia politica, Mailand 1927
Ders., Masse, Führer, Intellektuelle. Politisch-soziologische Aufsätze 1906–1933, Frankfurt/New York 1987
Gaetano Mosca, Die herrschende Klasse, Salzburg 1953 (urspr1. ital. 1896)
Vilfredo Pareto, Ausgewählte Schriften, Frankfurt-Berlin-Wien 1975
Ders., Allgemeine Soziologie, Tübingen 1955 (urspr1. it. 1916)
Wilfried Röhrich, Sozialgeschichte politischer Ideen, Reinbek 1979, S. 125ff.
Ders., Robert Michels, Vom sozialistisch-syndikalistischen zum faschistischen Credo, Berlin 1972

4. Vom Vielvölkerreich zum Reststaat: Die Soziologie in Österreich

Nationalismus, soziale Bewegungen und Vielvölkerreich

Das Haus Habsburg war der dynastische Repräsentant des Vielvölkerreichs. Die Vereinigung einer großen Zahl verschiedener Völker in einem Reich war das Grundmerkmal „Österreichs" bis 1918. Für dieses Vielvölkerreich war die theresianisch-josephinische Epoche eine sehr prägende gewesen. Die Entmachtung der Stände, der Aufbau einer zentralisierten staatlichen Verwaltung, die Abschaffung der Leibeigenschaft, das Toleranzpatent, die Auflösung der Klöster, die Schulreform sind nur einige der einschneidenden Maßnahmen vor allem Josephs II., die allerdings in der Zeit der Reaktion teilweise wieder rückgängig gemacht worden waren.

Die Aufklärung und „Revolution" gingen in Österreich wie in Preußen „von oben" aus, allerdings nur soweit sie nicht gefährlich wurden für die Dynastie und das Vielvölkerreich. Van Swieten setzte aufgeklärte Bürger mit zivilisierten Untertanen gleich, die aus Einsicht dem allgemeinen Besten dienen. Die Reformen Josephs II. stärkten daher vor allem die Bürokratie im Staat und waren die Wurzel sowohl für den Liberalismus wie für den Konservatismus der Folgezeit.

Das „System Metternich", das ab dem Wiener Kongreß von 1815 bis 1848 bestand, bedeutete außenpolitisch eine Politik des Gleichgewichts der Mächte, innenpolitisch die Unterdrückung nationaler, konstitutioneller und sozialer Bewegungen auf der Basis des Legitimismus, des Festhaltens am dynastischen Prinzip als dem Garant für die Erhaltung des Vielvölkerreichs. Die in diesem Reich lebenden Menschen sollten primär durch den Kaiser integriert werden, das Vaterland sollte der Vielvölkerstaat sein, nicht die völkische Heimat und schon gar nicht die Nation.

Nicht vom Bürgertum, das zahlenmäßig noch schwach war, ging Gefahr für dieses Prinzip der Reichsidee aus, sondern vom Adel, der aufgrund seiner noch immer starken grundherrschaftlichen Verankerung, besonders in Ungarn, nationalistischen Strömungen zuneigte. Durch das ganze 19. Jahrhundert hindurch blieb die politische Bedeutung des Adels in Österreich im Vergleich zu dem in Frankreich und auch in Preußen bzw. im Deutschen Reich relativ stark. Neben dem Hofadel entstand in zunehmendem Maße die „zweite Gesellschaft" von neugeschaffenen Adeligen aus den Gruppen der Beamten, Offiziere, Bankiers und Industriellen. Der Einfluß des Adels drückte auch dem Bürgertum seinen Stempel auf, vor allem in der Zeit der industriellen Entwicklung, die mit dem Wiedererstarken der absolutistischen Züge nach 1850 zusammenfiel.

Mißernten, Börsenkrach, Arbeitslosigkeit und Robotaufstände gaben den Anstoß zur Revolution von 1848, die das Ende der Metternich-Ära bedeutete. Der verfassunggebende Reichstag in Wien beschloß die Beseitigung der Fron und die Gleichheit aller Bürger vor dem Gesetz. Die Schwäche des Bürgertums, zumal das Besitzbürgertums, zeigte sich in der sozialen Zusammensetzung des Reichstages. Von den 383 Abgeordneten waren über 50% Beamte, Lehrer, Geistliche und Studenten, 24% Bauern und 11% Gutsbesitzer sowie 9% „Besitzbürger".[1]

Das Ende der Revolution kam mit der Spaltung in bürgerliche und adelige Liberale und in bürgerlich-proletarische Radikale, der Ermordung des Kriegsministers Latour sowie der Einnahme des von Radikalen besetzten Wien durch die kaisertreuen

---

[1] *Ernst Bruckmüller,* Sozialgeschichte Österreichs, Wien-München 1985, S. 351

Truppen unter Windisch-Grätz. Die Reaktion setzte schrittweise ein: Franz Joseph I. löste den Reichstag auf und oktroyierte seinerseits eine Verfassung, die einerseits den Zentralismus und den unteilbaren Einheitsstaat betonte, andererseits staatsbürgerliche Rechte und nationale Gleichberechtigung versprach. Erst 1851 begann mit der Aufhebung der Verfassung der Neoabsolutismus, der zwar antidemokratisch und zentralistisch, aber nicht antiliberal war. 1852 übernahm Franz Joseph I. selbst das Amt des Ministerpräsidenten und wurde damit sein eigener erster Beamter.

Ab 1860, vor allem aber nach der Niederlage von Königgrätz gegen Preußen mußte der Kaiser vom Absolutismus, der gleichzeitig ein Anti-Nationalismus sein mußte, abrücken, und 1867 hatte das Reich wieder eine Verfassung. „Österreich-Ungarn" entstand, wodurch der österreichische und der ungarische Nationalismus von Staats wegen anerkannt wurden unter Benachteiligung der anderen Volksgruppen, vor allem der Slawen. Alle Völker der Monarchie sollten sich entweder zur österreichischen oder zur ungarischen Staatsnation bekennen. In den „Ländern der ungarischen Krone" lebten allerdings nur 45% Ungarn und in den im „Reichsrat vertretenen Königreichen und Ländern" nur 35% Deutsche. Als Reaktion entstand die panslawistische Bewegung.[2] 1873 waren von den 353 direkt gewählten Abgeordneten im Reichsrat 85 Großgrundbesitzer, 21 Vertreter der Handelskammern, 118 der Städte und Industrieorte und 129 der Landgemeinden. Noch gab es keine Vertretung politischer Parteien.[3]

In der Zeit ab 1850 und besonders ab 1870 entwickelte sich die Wirtschaft rasch. 1859 war die Gewerbeordnung beschlossen worden. 1871 entwarf Albert Schäffle, der in Wien als Professor für Volkswirtschaftslehre und Soziologie und einige Zeit auch als Handelsminister tätig war, ein Regierungsprogramm mit stark genossenschaftlichen und föderalistischen Zügen, das aber abgelehnt wurde. Die Sozialgesetzgebung von 1887 und 1888 markiert den Übergang von liberaler zu interventionistischer Wirtschaftspolitik. Gegen Ende des Jahrhunderts entstand bereits ein System von Beiräten, in dem Interessenorganisationen im Vorfeld der Regierungsbürokratie vertreten waren.

Daneben entwickelten sich zunehmend auch freie politische und wirtschaftliche Vereinigungen: politische Parteien, Gewerkschaften, Arbeitgeberverbände. Die Konservativen, die zunächst auf Adel und Klerus beschränkt waren, formierten keine Partei, sondern einen Club (Hohenwart-„Partei"). Sie waren katholisch-kirchlich, antiliberal und föderalistisch orientiert. Die Liberalen waren aufgrund des bestehenden Wahlrechts begünstigt und lehnten daher jede weitere Demokratisierung ab. Sie verschwanden nach 1918 vollständig und gingen im Deutschnationalismus auf. Der Deutschnationalismus war eine Reaktion des nationalistischen Drucks der anderen Völker, gegenüber denen die Deutschen die Hegemonie beanspruchten. Unter ihnen gab es wieder Habsburgertreue, die am Reich festhalten wollten, und radikale Nationalisten, die die Vereinigung mit dem Deutschen Reich anstrebten. Die christlich-soziale Partei entstand aus der Fusion der Wiener Handwerkerbewegung mit den Ideen des Vogelsang-Kreises. Sie wurde zur ersten wirklichen Massenpartei und war antiliberal, antimarxistisch und antisemitisch mit einem starken katholischen Tenor. Die Sozialisten, die 1874 zur Partei geworden waren, hatten ihre Basis in den Arbeiterbildungsvereinen einerseits und in der I. Internationale. Auf dem Hainfelder Parteitag setzte sich der aus dem liberalen Flügel kommende Viktor Adler durch. Den Aufstieg der Partei zeigt die Tatsache, daß die 15 Abgeordneten im Reichsrat nach Einführung des allgemeinen Wahlrechts 1906 auf 86 anstiegen.

---

[2] *Franz Herre,* Kaiser Franz Joseph von Österreich, Köln o. J.

[3] *Ernst Bruckmüller,* op. cit., S. 425

Charakteristisch für das 19. Jahrhundert im Habsburgereich war die Überschneidung der Entwicklungslinien der nationalistischen Bestrebungen mit den sozialen Bewegungen. In der Regel erwiesen sich die nationalistischen Interessen als die stärker formenden, so daß innerhalb der nationalen Bewegungen wieder konservative, liberale und soziale Strömungen entstanden. Eine einheitliche Politik der sozialen Gruppierungen, die eine supranationale Solidarität vorausgesetzt hätte, war dadurch sehr erschwert. Auch die sozialistische Bewegung konstituierte sich als deutsch-österreichische, tschechische, ungarische etc.

Eine große Rolle zumindest im Vergleich zu Preußen spielte der Liberalismus im 19. Jahrhundert im Habsburgerreich. Doch es war nur ein beschränkt politischer Liberalismus, der relativ schwache demokratische Züge hatte und erst gegen Ende des Jahrhunderts nationale Ziele verfolgte. Und auch der wirtschaftliche Liberalismus kam nie voll zum Tragen, am ehesten noch in den 60er und 70er Jahren. Der Liberalismus im Habsburgerreich hatte wie auch der Konservatismus zunächst eine kosmopolitische Wurzel dadurch, daß sich das Bürgertum wie auch der Adel aus einer Vielzahl von Nationalitäten rekruierte. Er war mehr eine allgemeine Weltanschauung und unter den Intellektuellen sehr verbreitet. Die meisten der Professoren der Universität Wien waren Liberale; einer von ihnen, Carl Menger, Begründer der österreichischen Schule der Nationalökonomie, war einige Jahre lang Erzieher von Erzherzog Rudolf. Viele von ihnen stellten auch Minister und hohe Beamte. Ihr Einfluß wirkte sich auch durchaus positiv im Schul- und Bildungssystem aus, das ein hohes Niveau aufwies. Viele der liberalen Professoren wurden aufgrund ihrer Verdienste auch dadurch geehrt, daß sie ins Herrenhaus ernannt wurden.

Welche Rolle der weltanschauliche Liberalismus spielte, wird auch dadurch deutlich, daß eine Reihe der prominenten Führer der entstehenden politischen Parteien ursprünglich Liberale waren wie Karl Lueger, Victor Adler, Georg Ritter von Schönerer. Ein Element, das dem Kosmopolitismus und Liberalismus des geistigen Klimas besonders förderlich war, war das intellektuelle Übergewicht der Juden. Obwohl man sie gerade in den intellektuellen Berufen nicht gerne sah, wurden sie doch unter den Schriftstellern, Journalisten und teilweise auch in der Wissenschaft zu einem dominanten Element. Im Habsburgerreich hatten auch traditionell die „Hofjuden" und dann die jüdischen Staatsbankiers eine große Bedeutung. Gegen Ende des Jahrhunderts kam es dann zu einem großen Zustrom von ländlichen jüdischen Handwerkern und Kleingewerbetreibenden aus den anderen Ländern der Monarchie nach Wien, weil sie im Kaiser ihren Beschützer sahen.

Je mehr sich der Liberalismus als politische Ideologie im Verlauf des Jahrhunderts abnützte und sich selbst in Frage stellte, um so stärker scheint er als intellektuelle Quelle gewirkt zu haben. Um die Jahrhundertwende kommt es zu einer wahren Eruption intellektueller und auch künstlerischer Entwicklungen: Neopositivismus, Grenznutzenlehre, Sprachphilosophie, Austromarxismus, Psychoanalyse, Literatur (Schnitzler, Hofmannsthal, Karl Kraus), Malerei (Makart, Schiele, Klimt) etc.

Staat und Gruppenkonflikte: Die Soziologie Ludwig Gumplowicz'

Die Soziologie Comtes, Spencers, Durkheims zielt auf die Konstruktion einer allgemeinen Theorie der Gesellschaft, wobei „Gesellschaft" als Vielzahl von miteinander in Kontakt tretende Individuen verstanden wird. Nicht alle „Soziologen" des 19. Jahrhunderts konnten diese Auffassung teilen, selbst wenn sie sich zu einer positivistischen Wissenschaftskonzeption bekannten. Einer von diesen war Ludwig Gumplowicz, der die Soziologie im Habsburgerreich begründete. In den USA galt

Ludwig Gumplowicz aufgrund seines Einflusses auf Lester F. Ward und William G. Sumner eine Zeit lang als einer der Gründer der Soziologie überhaupt.

Ludwig Gumplowicz (1838–1909) stammte aus Krakau, das damals zum Habsburgerreich gehörte; später war er an der Universität Graz tätig. Mit Gumplowicz und seinem Schüler Gustav Ratzenhofer hat sich in Österreich zum Unterschied von Deutschland eine eigenständige positivistisch-naturalistische Soziologie entwickelt. Zu einem relativ frühen Zeitpunkt versuchte Gumplowicz in Österreich die Soziologie systematisch aufzubauen, noch bevor Durkheim, den er kannte und schätzte, seine großen Werke schrieb. Gumplowicz selbst war stark von Comte und Spencer, vor allem von letzterem beeindruckt, unterschied sich aber in einem Punkt sehr grundlegend von diesen wie auch von Durkheim, und zwar in der Ablehnung des Gesellschaftsbegriffs als „rationalistisch-geschichtsphilosophische Mystifikation". Kritisch stand Gumplowicz auch dem, vor allem in der liberalistischen Wirtschaftstheorie Carl Mengers vorherrschenden Individualismus gegenüber. Seiner Meinung nach war die Idee selbstbestimmten individuellen Handelns eine Illusion, da sich das menschliche Handeln stets innerhalb von Gruppen abspiele. Gumplowicz' Theorie reflektiert aber auch die Situation des Vielvölkerreiches der Habsburgermonarchie mit ihren vielfältigen Spannungen und Konflikten, gesehen aus der Perspektive des Polen und Juden, der in seiner Jugend starke nationalistische und antihabsburgische Gefühle gehegt hatte.

Seine Auffassung ist in dem 1883 erscheinenen Buch „Der Rassenkampf" und im „Grundriß der Soziologie" von 1885 niedergelegt. Die Soziologie verstand Gumplowicz als Nachfolgerin der Geschichtsphilosophie, wobei er deren „Vergeistigung" bei Hegel zurücknahm. Geschichte ist ihm ein Naturprozeß, was bedingt, daß zwei Erkenntnisse grundlegend sind:

1. Die Unfreiheit des Willens
2. Die Einheit von Natur und Geist (Monismus)

Geschichte spielt sich demnach nicht aufgrund menschlicher Zwecksetzungen ab, sondern nach sozialen Naturgesetzen. Gumplowicz übernimmt die 3 Stadien Comtes, nennt sie aber: theistisch, rationalistisch, naturalistisch. Die Soziologie als typisch für das dritte Stadium zielt dabei auf eine Naturgeschichte der Menschheit, wobei die Gruppen – oder „Rassen" – die relevanten Einheiten des sozialen Prozesses darstellen und nicht die „Gesellschaft".

Das grundlegende soziale Naturgesetz ist der Polygenismus, d.h. die Vielheit der ethnischen Ursprünge der Menschheit: Am Anfang gab es eine Vielzahl von ethnischen Gruppierungen, die zu größeren Einheiten verschmolzen. Der Kontakt heterogener Elemente ist die Grundlage der Naturprozesse, und der soziale Naturprozeß ist dadurch gekennzeichnet, daß jedes mächtigere ethnische oder soziale Element danach strebt, das in seinem Machtbereich befindliche schwächere Element seinen Zwecken dienstbar zu machen oder es auszurotten. Im ersten Fall wird – wenn man die anthropophagische „Nutzung" überspringt – daraus ein Herrschaftsverhältnis, das auch die Grundlage der Entstehung von Staaten ist.

Die Grundlage der sozialen Gesetze, so Gumplowicz', kann nicht „die Menschheit" sein, und man kann auch nicht in der Art und Weise Spencers die Entwicklung „der Menschheit" durch das Evolutionsgesetz erklären, weil dabei zuwenig Bedacht auf die realen Prozesse genommen wird. Dem Evolutionsgesetz wirft er vor: „Diese Formel läßt sich auf alles anwenden: Aber sie erklärt nichts".[4] Er wendet sich auch

[4] *Ludwig Gumplowicz,* Grundriß der Soziologie, Innsbruck 1926 (ursprl. 1885), S. 69

gegen die „sozial-psychologische" Deutung der sozialen Evolution als Prozeß der Entwicklung der gesellschaftlichen „Denkschöpfungen".

Soziale Gesetze betreffen Beziehungen von Menschengruppen und -gemeinschaften zueinander. Und Gesellschaft ist ihm die „Vielheit der im Staat zur Ausbildung gelangten sozialen Gruppen, Kreise, Klassen und Stände in ihren gegenseitigen Aktionen und Reaktionen."[5]

Die Methode der Soziologie ist nach Gumplowicz die Induktion, d.h. die Soziologie ist eine empirische, auf die Erkenntnis von Gesetzen abzielende Wissenschaft. Ihre empirische Grundlage sind die historischen oder ethnologischen Tatsachen, sie ist eine Naturwissenschaft gemäß der Art ihrer Erklärung, die auf der Geschichte und/oder Ethnologie beruht. Wie sehr er eine Wissenschaftsauffassung vertrat, die auf die Entdeckung von Gesetzen als Ziel des Forschungsprozesses aufbaut, bezeugt das kategorische Urteil: „Ohne soziale Gesetze keine Soziologie."[6] Die Sozialwissenschaft, um deren Begründung es Gumplowicz ging, besteht jedoch nicht nur aus der Soziologie als ihrer philosophischen Basis, sondern in sie münden viel ältere Wissenschaften wie die Anthropologie, die Ethnographie, die Staatswissenschaft, die Rechts-, Sprach- und Religionswissenschaft und die Nationalökonomie und nehmen von hier aus erneut ihren Ausgang.

Zu Mißverständnissen hat der Titel seines Buches „Der Rassenkampf" in bezug auf die Verwendung des Wortes „Rasse" bei Gumplowicz geführt. Unter „Rasse" versteht Gumplowicz nicht eine ethnisch-biologische Klassifikation, sondern jede Art von Gruppierung, die sich aufgrund von ethnischen, religiösen, politischen, sozialen und wirtschaftlichen Gemeinsamkeiten bildet. „Rassen" im ethnisch-biologischen Sinn waren nur die Urschwärme; die „Rassen" der späteren Zeiten sind bereits Produkte des historischen Amalgamationsprozesses. Sie weisen eine Einheit von Sprache, Religion, Sitte, Recht und Kultur auf, auf deren Grundlage dann mitunter eine Einheit des Blutes hineininterpretiert wurde. Es scheint also, als habe Gumplowicz mit dieser Bezeichnung einen Begriff übernommen, der zu seiner Zeit durchaus in der wissenschaftlichen (Gobineau, Lapouge, Chamberlain) und in der öffentlichen Diskussion häufig und geläufig war, ohne daß er dessen Bedeutung mitübernahm.

„Rassen" sind alle heterogenen Gruppen, die im Kampf miteinander die Träger des Geschichtsprozesses sind; sie sind durch ihre Rolle im Geschichtsprozeß bestimmt und nicht durch ihren konkreten Inhalt. Er verwendet ihn als Funktions- und nicht primär als Substanzbegriff und ganz ähnlich, wie Karl Marx den Begriff der Klassen zur Bezeichnung der antagonistischen Akteure im Geschichtsprozeß verwendete. In der Substanz unterscheidet sich der Rassenbegriff vom Begriff der Klasse bei Marx dadurch, daß er nicht primär ökonomisch bestimmt ist, sondern durch den sozialen „Naturprozeß" als „natürlich" bestimmte Gruppierung, die die Auseinandersetzungen seit Beginn des Menschheitsprozesses tragen. Der Begriff der „Rasse" ist aber insofern dem der „Klasse" sehr ähnlich, als es sich immer um eine sich im Konflikt mit anderen Gruppen manifestierende und sich in diesem Prozeß verändernde soziale Einheit handelt.

In dieser Ähnlichkeit zum Klassenbegriff, der Herausstreichung der als ethnisch begründeten oder zumindest so interpretierten Differenzen spiegelt sich die komplexe Sozialstruktur des Vielvölkerreiches im allgemeinen und die soziale Situation in Polen im besonderen, wo die Klassen gleichzeitig durch verschiedene „Rassen"

---

[5] *Ludwig Gumplowicz,* Grundriß der Soziologie, op. cit., S. 135
[6] Ebenda S. 7

repräsentiert wurden: der polnische Adel, der deutsche Mittelstand, die slawischen Bauern und die Juden.

Wichtig für die Konstitution der „Rassen" ist der Konflikt. Der Konflikt zwischen diesen Gruppierungen führt zur Unterwerfung einer Gruppe unter die andere, zur Ober- und Unterschichtbildung, und damit ist nach Gumplowicz der Staat entstanden. Er legte damit eine soziologische Theorie des Staates vor, die bei den Rechts- und Staatswissenschaftlern seiner Zeit wenig Gegenliebe fand. Diese Staatstheorie interpretiert den Staat grundsätzlich als auf Gewalt beruhend. Damit steht er im Gegensatz zur Vertragstheorie. Weil die den Staat konstituierende Organisation der Herrschaft zum Zwecke der „Arbeitsteilung" gewaltsam durchgeführt werden mußte, darum stellen einerseits die Rassen gleichzeitig Klassen dar, und andererseits verhalten sich die Klassen gleichzeitig wie „Rassen" zueinander, d.h. es besteht ein Konflikt- und Herrschaftsverhältnis zwischen ihnen. Nicht nur der Staat, sondern auch die Arbeitsteilung sind demnach nicht Produkte friedlicher Entwicklung. Mit der Staatsbildung ist aber die Zeit für Gewalt und Kampf keineswegs vorbei.

Das Verhalten der Gruppen sah Gumplowicz bestimmt durch drei Merkmale:

- sozialegoistische Kohäsion (Wir-Gefühl)
- Selbsterhaltungsstreben
- ständiges Bemühen um die Verbesserung der eigenen Lebenslage.

Daraus entstehen immer wieder Konflikte zwischen den Gruppen, die auch ihre Zusammensetzung und Zahl verändern. Die Gruppen sind also in einem steten Umwandlungsprozeß. Es kommt zur Mobilität zwischen den sozialen Kreisen, zur Entstehung neuer Gruppen. Mittelschichten bilden sich. Aber all diese Bewegung führt nicht zu größerer Gleichheit, sondern nur zur ständigen Umwandlung der Formen und Inhalte der Gruppenkonflikte.

Mit der Betonung der Gruppen als Grundtatsache des sozialen Lebens weist Gumplowicz' Soziologie in die Gegenwart. In ähnlicher Weise hat nur Georg Simmel in Deutschland sich mit den Gruppen beschäftigt. Gumplowicz erkannte unter allen deutschen Sozialwissenschaftlern seiner Zeit auch nur Georg Simmel als Vertreter der Soziologie an.

Mit der Konfliktperspektive unterscheidet sich Gumplowicz sehr wesentlich von Comte, Spencer und Durkheim, denen es um das Problem der Ordnung und mithin der gesellschaftlichen Integration ging. Mitunter werden gegenwärtig zwei theoretische Perspektiven der Soziologie unterschieden: die Integrationstheoretiker und die Konflikttheoretiker. In einer derartigen Unterscheidung muß Gumplowicz als ein Begründer der Konflikttheorie angesehen werden.

Gumplowicz' Auffassung ist von einem pessimistischen Ton durchzogen, der dem Fortschritts- und Planungsoptimismus der Aufklärung entgegengesetzt ist. Er sieht zwar die Soziologie als Grundlage der Politik, aber der Politik als Wissenschaft, nicht der politischen Praxis. Gumplowicz vertritt hier einen explizit vorsichtigeren Standpunkt als Comte oder Spencer, aber auch als die amerikanischen Soziologen Lester F. Ward und F.H. Giddings oder als sein Schüler Gustav Ratzenhofer, die alle darauf abzielen, aus den Erkenntnissen der Soziologie Maßnahmen für praktisch-politische Verbesserungen abzuleiten.

Gustav Ratzenhofer (1842–1904) war ein Schüler und Freund von Ludwig Gumplowicz, und er übernahm dessen Rassenkampftheorie und auch die Staatsauffassung. Von Bedeutung ist vor allem seine Lehre von den Interessen, die Albion Small aufgegriffen hat. Als das Grundgesetz der Soziologie bezeichnete er die „gegenseitige

Abhängigkeit aller Dinge", und die Soziologie sollte die „philosophische Grundlage für die Wissenschaften der menschlichen Wechselbeziehungen und ihrer wesentlichen Äußerung, der Politik" sein.[7]

Der Untergang der Welt von gestern und die Soziologie

Mit dem Ende des 1. Weltkriegs zerfiel auch das Vielvölkerreich; am 12. November 1918 wurde der Reststaat als „Republik Deutschösterreich" proklamiert. Die Wahlen von 1919 erbrachten eine Verteilung der Abgeordnetensitze, bei der die Sozialisten als die stärkste Partei hervorgingen:

72 Sozialdemokraten
69 Christlich-Soziale
26 Deutschnationale
3 Abgeordnete von Splittergruppen

1920 sah die Verteilung schon anders aus, und die Christlich-Sozialen wurden mit 79 Sitzen die stärkste Partei. Die Koalition zwischen Sozialdemokraten und Christlich-Sozialen von 1919 zerbrach, die Christlich-Sozialen regierten allein, und 1922 mit Ignaz Seipel an der Spitze als Bundeskanzler wurde die Linie der Regierungspartei stark antisozialistisch.[8]

Auch in der SPÖ verschob sich das Schwergewicht zugunsten des linken Flügels, teils aufgrund der Politik der Regierungspartei, teils um die Kommunisten zu konkurrenzieren. Die Verhärtung der politischen Fronten schlug sich in der Folge auch in der Aufstellung von eigenen Selbstschutzverbänden der Parteien nieder, der Frontkämpfervereinigung und den Heimwehren auf der rechten Seite und dem Republikanischen Schutzbund der Sozialisten. Der Konflikt führte 1927 zum Brand des Justizpalastes und einer größeren Zahl von Toten. Die Regierung blieb aber noch Herr der Lage. Die Heimwehren schlugen aus Enttäuschung mit den Christlich-Sozialen einen deutlich faschistischen Kurs ein. In den Wahlen zeigten sich hingegen nur geringe Stimmenzahlen für die Nationalsozialisten.

Bundeskanzler Dollfuß verhinderte 1933 die Wiedereinberufung des Nationalrats, verbot in der Folge die NSDAP und löste den Schutzbund auf. Im selben Jahr wurde die Vaterländische Front gegründet als Sammelbecken aller Kräfte, die sowohl antisozialistisch wie österreichisch gesinnt waren. Der Einfluß Mussolinis und des Heimwehrfaschismus stieg deutlich, eine ständische Verfassung wurde ausgearbeitet. Die Auflösung der SPÖ, die Ermordung von Dollfuß und die Ausschaltung der Heimwehren durch Schuschnigg führten nacheinander zur Schwächung der antinazistischen Kräfte, und in der weiteren Folge konnten sich die Kräfte, die für den Anschluß eintraten, immer mehr durchsetzen, der 1938 schließlich vollzogen wurde.

Bemerkenswert ist an der Entwicklung der Soziologie in Österreich, daß zumindest in der Monarchie die geisteswissenschaftlichen Elemente sehr gering ausgeprägt waren. Der Historismus in der Malerei (Makart) und in der bildenden Kunst hatte in Österreich keine nennenswerte Entsprechung in der Wissenschaft, ganz besonders dann nicht, wenn man damit die große Bedeutung des Historismus für die Wissenschaften in Deutschland vergleicht. Albert Schäffle vertrat zwar eine derartige Auffassung, allerdings war er Schwabe der Herkunft nach. In der Nationalökonomie als Kathedersozialist und Mitglied der historischen Schule der Nationalökonomie

---

[7] *Gustav Ratzenhofer,* Die soziologische Erkenntnis, Leipzig 1898, S. 6
[8] *Erich Zöllner,* Geschichte Österreichs, 6. Aufl., Wien 1979, S. 492ff.

einzuordnen, verband er in seiner Soziologie geisteswissenschaftliche und organizistische Ansätze.

Im übrigen dominierten in der österreichischen Soziologie wie auch in der Nationalökonomie „positivistische" und rationalistische" Ansätze. Von besonderem Einfluß waren auch der im Anschluß an Ernst Mach entstehende Logische Positivismus und die Begründung der Erkenntnistheorie als Wissenschaftstheorie. Die Naturwissenschaften und deren Erkenntnismethode hatten hier auf die Sozialwissenschaften einen prägenden Einfluß.

In der Zwischenkriegszeit war das intellektuelle Leben in den Sozialwissenschaften weitgehend durch den Austromarxismus beherrscht. Daneben entstand als Ausdruck und Produkt der herrschenden soziopolitischen Strömungen ein universalistisch-romantisch bzw. reformerisch-romantisch gefärbtes Gesellschaftsdenken, das teilweise durch die geistig-kulturelle Hinneigung zu Deutschland (Othmar Spann und sein Universalismus), teilweise durch die katholische Soziallehre in Zusammenhang mit der Vogelsang-Tradition geprägt war (Ernst Karl Winter, August Maria Knoll).

Damit reflektierten sich deutlich im sozialwissenschaftlichen Denken der Zwischenkriegszeit in Österreich die politischen Ideologien und verstärkten die schon in der Monarchie entstandene „Lager"-Mentalität mit der für das soziale und sozialwissenschaftliche Denken bis in die 80er Jahre hineinreichenden Folge, daß es unweigerlich einer politischen Richtung zugeordnet wird. Das breitgefächerte Spektrum des intellektuellen Lebens, das gerade die letzten Jahrzehnte der Monarchie auszeichnete, verengte sich immer mehr im Rahmen der begrenzten Möglichkeiten des neuen Staates.

Die Soziologie in Österreich

Die Soziologische Gesellschaft in Wien wurde 1906 von Max Adler, Rudolf Eisler, Rudolf Goldscheid, Wilhelm Jerusalem, Josef Redlich, Karl Renner u. a. gegründet. Unter den Mitgliedern waren Wilhelm Jerusalem und Max Adler von besonderer Bedeutung für die Soziologie.

Einer, der die Soziologie als Geisteswissenschaft, sogar als die wahre Geisteswissenschaft verstand, war Wilhelm Jerusalem. Wilhelm Jerusalem (1854–1923) war Philosoph, aber in seinen späteren Jahren wandte er sich der Soziologie zu, weil er zur Auffassung gelangte, daß die Erkenntnis selbst ein soziologisches Problem sei, da sie erst auf einer bestimmten Stufe der durch Arbeitsteilung bewirkten sozialen Differenzierung möglich wird. Das individuelle Denken und das wissenschaftliche Erkennen sind durch einen Prozeß der „Intellektualisierung der Seele" entstanden. Wie die französische Wissenssoziologie und Ethnologie geht Jerusalem von dem Unterschied zwischen dem Denken primitiver Gesellschaften und dem modernen, v.a. dem wissenschaftlich-logischen Denken aus.

Jerusalem hat Durkheim und dessen Wissenssoziologie rezipiert. Während es Durkheim aber, vor allem in seinen früheren Werken, um die sozialen Tatsachen und Strukturen in ihrer Dinghaftigkeit geht, wird für Jerusalem in Anschluß an Max Scheler und den deutschen Idealismus aus den sozialen Tatsachen etwas Geistiges. Die Soziologie wird ihm daher zur Grundlage der Geisteswissenschaften, sie begründet die Kategorien, mit denen sie arbeiten. Insofern ist Soziologie die „Philosophie der menschlichen Gesellschaft".[9]

---

[9] *Wilhelm Jerusalem,* Einführung in dei Soziologie, Wien-Leipzig 1926, S. 19

Als ihre drei Bereiche nennt er:

- die Soziologie des Erkennens
- die Soziologie des Fühlens
- die Soziologie des Wollens.

Der Beitrag Jerusalems zur Soziologie des Wissens ist der Begriff der „sozialen Verdichtung", d.h. der gegenseitigen Bestätigung und Bestärkung in der menschlichen Gruppe in bezug auf Wissen und Glauben. Auch die Evidenz und Denknotwendigkeit wissenschaftlicher Urteile, ja sogar der formalen Logik, beruhen auf allgemeinen und bewährten Erfahrungen als Ergebnis gemeinsamer geistiger Arbeit.

Max Adler (1873–1937) reformulierte den Marxismus als Theorie der sozialen Erfahrung mit Hilfe der Erkenntniskritik Kants. Als Grundlage der soziologischen Erkenntnis bezeichnete Adler das „Sozialapriori", die denknotwendigen Begriffe und Methoden, die die Erscheinungen der Wirklichkeit erst begreifbar machen. Diese sind übersubjektiv und machen das subjektive Bewußtsein a priori sozialbezogen, führen zur transzendentalen Vergesellschaftung des Einzelbewußtseins. Erkenntnis ist daher immer sozial, und „Gesellschaft" ist nur die jeweilige historische Form der mentalen Vergesellschaftung. Die Soziologie versteht Adler als Kausalwissenschaft vom vergesellschafteten Menschen, und der Marxismus ist in seiner Sicht der erste grundlegende Ansatz einer solchen allgemeinen Soziologie.

Auch für Otto Neurath (1882–1945) ist der Marxismus Soziologie, und zwar eine streng wissenschaftliche, unmetaphysische „physikalistische" Soziologie. Neurath hatte Kontakte zum Wiener Kreis des Neopositivismus. Der Physikalismus ist laut Neurath und Rudolf Carnap die Grundlage jeder Wissenschaft; beide gehen vom Prinzip der Einheitswissenschaft aus. Die empirische Soziologie hat es mit dem Verhalten menschlicher Gruppen zu tun, und ihr Zweck ist es, als Gesellschaftstechnik von den Staatsmännern und Organisatoren eingesetzt zu werden, allerdings im Interesse der Massen.

Eine im Marxismus wurzelnde Theorie-Praxis-Einheit weisen auch die erst in den USA zu Erfolg gekommenen Ansätze von Jakob I. Moreno auf, dem Begründer der Soziometrie. Schon in der Zeit des 1. Weltkriegs hatte Moreno seinen Ansatz in Wien entwickelt.

Auch ein anderer Sozialwissenschaftler, Paul Lazarsfeld, wurde erst in den USA zu einem der bedeutendsten Vertreter der modernen empirischen Sozialforschung. Die Grundlagen dafür wurden aber schon an der Wirtschaftspsychologischen Forschungsstelle in Wien und mit der zusammen mit Marie Jahoda und Hans Zeisel durchgeführten Untersuchung „Die Arbeitslosen von Marienthal" zur Zeit der großen Wirtschaftskrise gelegt.

Die große Bedeutung, die die Rechtswissenschaft in Ausbildung und Berufsleben in Österreich hatte, hat auch zu einer starken Beschäftigung mit soziologischen Aspekten des Rechts geführt (Anton Menger, Eugen Ehrlich, Karl Renner). Für Eugen Ehrlich war nicht der Staat, den er als gewaltsam begründete Zwangsherrschaft verstand, sondern die auf Konsens durch gegenseitige Abhängigkeit der Gruppen begründete Gesellschaft Grundlage des Rechts. Ehrlich ging von einer soziologischen Auffassung des Rechts aus, wonach sich dieses entsprechend den gesellschaftlichen und ökonomischen Veränderungen wandelt, d.h. lebendes Recht darstellt. Dies impliziert, daß die Jurisprudenz induktiv und beobachtend vorgehen muß und selbst ein Teil der Soziologie ist.

Interessant ist auch die Rolle der Grenznutzenschule der Nationalökonomie, in ihrer

Wiener Spielart begründet von Carl Menger (1840–1921), in bezug auf die Soziologie. Teilweise erregte der individualistische Ansatz dieser ökonomischen Denkweise den Widerspruch der Soziologen wie etwa bei Gumplowicz und später bei Alfred Schütz, teilweise rückten die Schüler Mengers von der extremen Haltung des Lehrers ab und wandten sich selbst soziologischen Problemstellungen zu (Eugen von Böhm-Bawerk, Friedrich von Wieser, Joseph Schumpeter).

Carl Menger plädierte für eine spezifische sozialwissenschaftliche Forschung und Erklärung der „ethischen Tatbestände", wobei er die Volkswirtschaftslehre durchaus als Sozialwissenschaft verstand. Er unterschied zwei Hauptrichtungen der Forschung: die individuelle (historische) und die generelle (theoretische), wobei seine Argumentation darauf gerichtet war, die Ansprüche der historischen Nationalökonomie zu entkräften und die theoretische Forschung als Grundlage der Erkenntnis der Sozialwissenschaften zu begründen. Der Zweck der theoretischen Wissenschaften ist auf das Verständnis, das heißt, die über die unmittelbare Erfahrung hinausreichende Erkenntnis, und auf die Beherrschung der realen Welt gerichtet.

Menger bestritt, daß es nur *eine* Richtung oder Methode der theoretischen Forschung gäbe, und differenzierte zwischen der realistisch-empirischen und der exakten Richtung der theoretischen Forschung: Die realistisch-empirische Forschung geht induktiv vor und kann daher sowohl im Bereich der sozialen Welt wie der Natur keine strengen Typen und keine exakten Gesetze ermitteln, sondern nur Realtypen und empirische Gesetze (faktische Regelmäßigkeiten ohne zwingende Aufeinanderfolge). Das Ziel der exakten Forschung ist die Feststellung von strengen Gesetzen, von Regelmäßigkeiten mit zwingend geltender, weil logisch begründeter Aufeinanderfolge. Was immer auch nur in einem Fall beobachtet wird, muß unter denselben Bedingungen stets wieder auftreten. Die exakte Wissenschaft reflektiert unsere Denkgesetze, nicht die empirische Wirklichkeit. Jede der resultierenden Sozialtheorien ergibt nur das Verständnis einer besonderen Seite von Erscheinungen menschlicher Tätigkeit, nur die Gesamtheit aller Theorien wird uns – in Verbindung mit den Ergebnissen der realistisch-empirischen Forschung – das tiefste erreichbare theoretische Verständnis der Sozialerscheinungen in ihrer vollen empirischen Wirklichkeit eröffnen. Die realistische Forschung der Wirtschaft berücksichtigt immer schon die nichtökonomischen Aspekte, die sozialen und staatlichen Elemente; sie kann gar nicht anders, denn diese sind in den realen Erscheinungen inkorporiert.

Menger bestritt auch die Analogie zwischen den Sozialerscheinungen und den natürlichen Organismen (Spencer), da es auch umgekehrt sinnlos wäre, auf den Blutkreislauf die Theorien des Geldumlaufs anzuwenden. Für die Zwecke der Darstellung, jedoch nicht der Forschung, ist eine derartige Analogie zwar brauchbar, jedoch nur dort, wo die Sozialerscheinungen keine Ergebnisse der Übereinkunft, der Gesetzgebung, des reflektierten Gemeinwillens sind, d. h. überall dort, wo die Erklärung der Sozialphänomene aus den Absichten, den Meinungen und den verfügbaren Mitteln der geselligen Vereinigungen der Menschen bzw. ihrer Machthaber nicht möglich ist: Die Sprache, die Religion, das Recht, der Staat, die Märkte, die Konkurrenz, das Geld etc. treten uns bereits entgegen, wo von einer Ziel-Mittel-Begründung keine Rede sein kann. Sie sind ohne einen auf ihre Begründung gerichteten Gemeinwillen entstanden.

Darin sieht Menger das merkwürdigste Problem der Sozialwissenschaften überhaupt: Wieso vermögen dem Gemeinwohl dienende und für dessen Entwicklung höchst bedeutsame Institutionen ohne einen auf ihre Begründung gerichteten Gemeinwillen zu entstehen? Die Lösung der wichtigsten Probleme der theoretischen Sozialwissenschaften und der theoretischen Volkswirtschaftslehre im besonderen ist daher verknüpft mit der Frage nach dem theoretischen Verständnis des Ursprunges und des Wandels der Sozialgebilde.

Neben der realistischen Forschung gibt es die exakte (oder: atomistische) Interpretation der Sozialgebilde, welche das unreflektierte Ergebnis gesellschaftlicher Entwicklung sind. Sie sieht etwa das Geld, den Staat, den Markt als die unbeabsichtigte Resultante spezifisch individueller Bestrebungen der Mitglieder einer Gesellschaft. Er wies auch darauf hin, daß viele Phänomene der Volkswirtschaft (z.B. Preise, Löhne, Zinsraten...) nicht als Sozialgebilde aufgefaßt werden, sie sind aber als Resultante individueller Interessen entstanden. In diesen unreflektierten Werdeprozeß greift dann die legislative Gewalt ein und beschleunigt bzw. modifiziert ihn. Neben unreflektierten Prozessen stehen zielgerichtete gesellschaftliche Handlungen, insbesondere die positive Gesetzgebung.

Sowohl Böhm-Bawerk wie Friedrich Wieser zeigten immer wieder die Bestimmtheit des individuellen wirtschaftlichen Verhaltens durch die gesellschaftlichen Mächte auf. Wieser kritisierte, daß die Machtbeurteilungen wissenschaftlich vernachlässigt wurden, obwohl die Menschen unter dem „Gesetz der Macht" stünden. Die Gesellschaftsvorstellung Wiesers ist stark von der Elitetheorie Moscas beeinflußt, aber auch die Wirkung von Gumplowicz läßt sich aufzeigen. Gumplowicz' Einfluß wird bei Joseph Schumpeter Anlaß für einen Aufsatz, betitelt „Die sozialen Klassen im ethnisch homogenen Milieu" (1927).[10] Torrance spricht mit Bezug auf diese so soziologisch anmutenden Ökonomen allerdings von „Gegensoziologie", denn die individualistische Grundlage wird doch nie verlassen und die kollektive Sicht abgelehnt.[11]

Othmar Spann (1878–1950) vertrat eine Ökonomie und Gesellschaftslehre, die an die Romantik anknüpfte und gegen Individualismus, Empirismus und Materialismus gerichtet war. Im Universalismus, der Ganzheitslehre, sollte eine für alle Sozial- und Geisteswissenschaften anwendbare fundamentale Methode als Alternative zu den herrschenden Auffassungen vorgelegt werden. Spann verkörperte die intellektuellen Bestrebungen einer bürgerlich-katholischen Gruppe, die dem politischen Katholizismus und der Ständestaatsidee zugeneigt war.

Eine andere Gruppe neigte stärker dem Linkskatholizismus zu. Ihre intellektuellen Vertreter waren Ernst Karl Winter (1895–1959) und August Maria Knoll (1900–1963). Winter war auch der Gründer der „Österreichischen Aktion" von 1927–35, die für Sozialreform und die Einbeziehung der Arbeiterschaft in den Staat eintrat. Er ersetzte aber nicht einfach die Soziologie durch die katholische Soziallehre, sondern plädierte für einen Methodendualismus von Theologie und Soziologie. Sein Beitrag zur Soziologie bestand in der Herausarbeitung sozialer Aspekte und Dimensionen in der Scholastik, in Platos Ideenlehre etc. Winter und Knoll haben auch in der ersten Zeit nach dem Ende des 2. Weltkriegs die österreichische Soziologie beherrscht, oder anders ausgedrückt: Dies war alles, was von der Soziologie in Österreich nach dem Nationalsozialismus und dem Krieg übriggeblieben war.

---

[10] In: *Joseph Schumpeter,* Aufsätze zur Soziologie, Tübingen 1953, S. 147ff.

[11] *John Torrance,* Die Entstehung der Soziologie in Österreich 1885–1935, in: *W. Lepenies* (Hg.), Geschichte der Soziologie, Bd. 3, S. 443ff.

Literatur

Max Adler, Das Rätsel der Gesellschaft. Zur erkenntniskritischen Grundlegung der Sozialwissenschaft, Wien 1936

Ders., Soziologie des Marxismus, 3 Bände, Wien 1964 (urspr. „Lehrbuch der materialistischen Geschichtsauffassung", 2 Bände, 1930/32)

Ders., Das Soziologische in Kants Erkenntniskritik, Wien 1924

Ernst Bruckmüller, Sozialgeschichte Österreichs, Wien-München 1985

Alois Brusatti (Hg.), Die Habsburgermonarchie 1848–1918, Wien 1973

Eugen Ehrlich, Gesetz und lebendes Recht, Berlin 1986

Albert Fuchs, Geistige Strömungen in Österreich 1967–1918, Wien 1984 (urspr. 1949)

Ludwig Gumplowicz, Der Rassenkampf, Aalen, 1973 (urspr. 1883)

Ders., Grundriß der Soziologie, Aalen 1978 (urspr. 1885)

Ders., Sozialphilosophie im Umriß, Aalen 1969 (urspr. 1910)

Ders., Soziologische Essays, Soziologie und Politik, Aalen 1972 (urspr. 1898/1891)

Ders., Soziologische Staatsidee, Aalen 1969 (urspr. 1901)

Franz Herre, Kaiser Franz Joseph von Österreich, Sein Leben – Seine Zeit, Wien o. J.

Wilhelm Jerusalem, Einführung in die Soziologie, Wien 1926

Ders., Die soziologische Bedingtheit des Denkens und der Denkformen, in: *Max Scheler,* Versuche zu einer Soziologie des Wissens, München 1924, S. 182ff.

Ders., Soziologie des Erkennens, in: Gedanken und Denker, Neue Folge, 2. Aufl. 1925, S. 140ff.

William M. Johnston, Österreichische Kultur- und Geistesgeschichte, Wien-Graz 1974

Paul F. Lazarsfeld – Maria Jahoda – Hans Zeisel, Die Arbeitslosen von Marienthal, Leipzig 1932

Carl Menger, Untersuchungen über die Methode der Sozialwissenschaften und der politischen Ökonomie, Leipzig 1883

Jakob I. Moreno, Das Stegreiftheater, Berlin-Potsdam 1924

Gerald Mozetič, Ludwig Gumplowicz, Ein unzeitgemäßer Soziologe, in: K2 SS 4/1985. S. 621ff.

Ders., Die Gesellschaftstheorie des Austromarxismus, Darmstadt 1987

Otto Neurath, Foundations of the Social Sciences, 2. Aufl. Chicago 1947

Ders., Empirische Soziologie, Der wissenschaftliche Gehalt der Geschichte und Nationalökonomie, Wien 1931

Ders., Wissenschaftliche Weltauffassung, Sozialismus und Logischer Empirismus, Frankfurt 1979

Gustav Ratzenhofer, Die soziologische Erkenntnis, Positive Philosophie des sozialen Lebens, Leipzig 1898

Ders., Wesen und Zweck der Politik, Leipzig 1893

Karl Renner, Die Rechtsinstitute des Privatrechts und ihre soziale Funktion, Stuttgart 1965 (urspr. 1904)

Leopold Rosenmayr – Eva Köckeis (Hg.), Sociology in Austria, History, Present Activities and Projects, Graz-Köln 1966

Joseph Schumpeter, Aufsätze zur Soziologie, Tübingen 1953

Othmar Spann, Gesellschaftslehre, Leipzig 1914

John Torrance, Die Entstehung der Soziologie in Österreich 1885–1935; in: *W. Lepenies* (Hg.), Geschichte der Soziologie, Frankfurt 1981, Bd. 3, S. 443ff.

Friedrich Wieser, Das Gesetz der Macht, Wien 1926

Erich Zöllner (Hg.), Österreichs Sozialstrukturen in historischer Sicht, Wien 1980

Ders., Geschichte Österreichs, 6. Aufl., Wien 1979

IV. Geist und Geschichte: Soziologie in Deutschland

1. Geschichte und Sozialwissenschaft in Deutschland

Historische Voraussetzungen

Das Merkmal, welches die Situation jenes Gebietes, das wir als „Deutschland" zu bezeichnen gewohnt sind, im Unterschied zur englischen und französischen Situation ganz entscheidend prägte, war die späte Entwicklung eines deutschen Nationalstaates. Seit dem Ende der Stauferherrschaft waren die zahlreichen kleinen Kurfürsten- und Herzogtümer, Rittersitze und freien Städte autonom; sie wählten aus ihrer Mitte einen, der durch die päpstliche Weihe zum Kaiser des Heiligen Römischen Reiches wurde. Traditionell fiel die Kaiserwürde dem Haus Habsburg zu, das daher eine besondere Stelle im Reich innehatte. Preußen, ursprünglich ein Herzogtum an der Ostsee, kam 1618 zum Hohenzollernschen Kurfürstentum Brandenburg. In der Folge wurde „Preußen" die Bezeichnung für alle Hohenzollernbesitzungen. Seit der Zeit des „Großen Kurfürsten" im 17. Jahrhundert stieg die Bedeutung Preußens stark an, und die Hohenzollern wurden zu Rivalen der Habsburger.

Die Territorialherren im Heiligen Römischen Reich Deutscher Nation widerstanden beharrlich jeder Einigung und Zentralisierung, wodurch es im Vergleich zu Westeuropa zu einer Verzögerung in der wirtschaftlichen und politischen Entwicklung und zu einem kulturellen Provinzialismus in den kleineren Staaten kam. Das Heilige Römische Reich endete 1806 unter dem Ansturm Napoleons. 1815 entstand als Ergebnis des Wiener Kongresses der Deutsche Bund aus 39 souveränen Mächten, in dem Österreich den Vorsitz innehatte.

Der Große Kurfürst Friedrich Wilhelm hatte in Preußen durch die Einführung von Steuern und einem stehenden Heer einen zentralverwalteten, militaristisch orientierten Einheitsstaat geschaffen. Die zentrale Autorität wurde noch durch die protestantische Frömmigkeit und das Prinzip des „cuius regio, eius religio" unterstrichen. 1701 wurde Preußen Königreich. Bis in das 18. Jahrhundert machte sich in diesem Staat aber noch eine gewisse Unabhängigkeit der Junker, der grundbesitzenden Ritter geltend, die von Friedrich II. dann vollends gebrochen wurde durch die Heranziehung des Adels zum Offiziersdienst und durch Begünstigungen auf Kosten der Städte und der Bauernschaft, so daß der Adel danach in Preußen eigentlich kein ernstzunehmender, die Prärogative des Königs gefährdender Machtfaktor mehr war.

Friedrich II. verstand sich als aufgeklärter Monarch; Voltaire weilte als Gast an seinem Hofe, und das „Allgemeine Landrecht" von 1794 enthielt die Ideale der Aufklärung. Der König wurde darin vom Landesherrn zum Staatsoberhaupt umgedeutet, der Staat als auf Sozialvertrag beruhend und als Hüter und Diener der bürgerlichen Gesellschaft definiert.

Die revolutionären Ideale wurden in Preußen von oben dekretiert, sie resultierten daher nur in einer Stärkung der Macht des Staates und der Legitimität der dynastischen Herrschaft. Auch die oft als „Revolution von oben" angesprochene Reformgesetzgebung von 1806/07, von Stein, Hardenberg und Humboldt verfaßt, die die noch immer feudalständische Ordnung in eine nach Besitz und Bildung strukturierte freie Staatsbürgergesellschaft umzuformen versuchte, schlug im wesentlichen fehl, auch wenn die Abschaffung der Leibeigenschaft, der Rechtsschutz für religiöse Minderheiten, die Abschaffung der Zünfte durch Gewerbegesetzgebung und städtische Selbstverwaltung, die Einführung der Grund- und der Gewerbesteuer etc. für die damalige Zeit sehr liberal und fortschrittlich schienen. Durch das Einsetzen der Reaktion nach 1815 wurde sie nicht oder erst nach vielen Jahren wirksam. Geblieben war als Resultat der Reform eine erstarkte Bürokratie, die zu einer eigenen Macht im Staate geworden war.

Lorenz von Stein[1] kommentierte die entstandene Situation so: Der preußische Staat habe keine ihm eigentümliche staatsbürgerliche Gesellschaftsordnung, er bestehe nur aus Regierung und Bürokratie. Stein hob auch hervor, daß die nationale Frage die liberalen und sozialen Bewegungen in Preußen durchkreuzte, diese blockierte und in der Folge konservativ-nationale Strömungen dominierten.

Die Wirtschaftspolitik in Preußen und den anderen deutschen Staaten in den 30er und 40er Jahren des 19. Jahrhunderts war allerdings liberal, man lehnte Schutzzölle ab und förderte die Industrie durch die Einfuhr von Maschinen und die Einrichtung von Musterbetrieben. Die Zahl selbständiger Unternehmer und Fabrikanten war aber noch klein. Gleichzeitig entstanden Bedingungen, die das Übergreifen der Revolution von 1848 von Frankreich auf Deutschland begünstigten: Ein ländliches Proletariat und verarmte Handwerker in den Städten und auf dem Land waren entstanden.

Die Städte verlangten weiterreichende liberale und demokratische Rechte, getragen von dem von der politischen Selbstverwaltung ausgeschlossenen, weil besitzlosen Bürgertum. Diese Schicht ist für Deutschland besonders interessant, weil sie hier ziemlich bedeutsam und zu der wichtigsten potentiell revolutionären Kraft wurde. Sie erhielt auch eine eigene Bezeichnung: „Bildungsbürgertum“, das vom Besitzbürgertum unterschieden wurde. Wilhelm Riehl[2] sprach von den „Proletariern der Geistesarbeit“, die in Deutschland zu der wichtigsten Kraft der Bewegung, zum eigentlich gefährlichen „Sauerteig“ der Revolution werden könnten, wie die Fabrikarbeiter in England und die brotlosen Handwerker in Frankreich. Riehl zählte zu diesen gebildeten Proletariern die niedere Beamtenschaft, die Schulmeister, die Privatdozenten, Literaten, Journalisten und Künstler und die Predigtamtskandidaten. Die Zusammensetzung der revolutionären Nationalversammlung in der Paulskirche in Frankfurt 1848 belegt dies:

58% der Delegierten waren Beamte, Lehrer und Geistliche, 24% Anwälte, Schriftsteller und sonstige, nur 9% waren Kaufleute, Fabrikanten, Handwerksmeister.[3] Ihr Ziel war weniger die Demokratisierung, sondern die nationale Einigung unter der Führung Preußens. Sie trug dem preußischen König Friedrich Wilhelm IV. die Kaiserwürde an, die dieser jedoch ablehnte, weil er sie nicht aus den Händen des Volkes annehmen wollte. Nicht gegen den Obrigkeitsstaat, nicht gegen das dynastische Prinzip wandte sich diese nationalliberale „Revolution“, sondern gegen die Hegemonie Österreichs im Deutschen Bund und die Macht und Privilegien des regierenden Adels in den Kleinstaaten. Die neue preußische Verfassung, die der König 1850 erließ, verband die Prärogative des Königtums mit der Anerkennung der Menschenrechte und der hierarchischen Ordnung.

Es war dies das Deutschland, dem Karl Marx den Rücken kehrte; aus der Sicht seiner Pariser Jahre trat er für die Revolution ein und lehnte die Sozialreform ab. Sein Zeitgenosse in Deutschland war Lorenz von Stein. Von einer Zweiteilung der sozialen

---

[1] *Lorenz von Stein,* Zur preußischen Verfassungsfrage, Darmstadt 1961
[2] *Wilhelm Riehl,* Die bürgerliche Gesellschaft, Stuttgart und Augsburg 1855
[3] *Reinhard Bendix,* Könige oder Volk, Bd. 2, Frankfurt 1980, S. 223

Theorie[4] im Deutschland des 19. Jahrhunderts kann jedoch kaum gesprochen werden, weil Marx' Denken in Deutschland selbst zunächst nicht so wirkungsvoll war wie Lorenz von Steins sozialreformerische staatswissenschaftliche Auffassungen, die das soziale Denken stark prägten.

Die preußischen Hegemonialbestrebungen führten zur Gründung des Norddeutschen Bundes unter Führung Preußens und unter Ausschluß Österreichs. 1871 war dann das Deutsche Kaiserreich nach den Siegen über Österreich 1866 und über Frankreich 1870/71 entstanden. Das Deutsche Reich war ein von oben eingerichtetes Staatswesen ohne eigene Staatsidee, es beruhte auf der Grundlage des Zusammenschlusses der Dynasten, war aber faktisch eine Ausdehnung des preußischen Staates und seiner Staatsideologie auf das Gebiet der kleineren Staaten. Als nationales Identifikationsziel fungierte der völkische Gedanke des Deutschtums, der mehr und mehr zu einem Nationalismus mit gesinnungsmilitaristischem Anstrich wurde. Auch im Bürgertum ging die liberale Strömung immer mehr zurück, und Bismarcks Politik des großpreußischen Machtstaates dominierte.

Die Konstruktion des politischen Systems zur Zeit Bismarcks beruhte auf der obersten Autorität der Krone und der eindeutigen Machtkonzentration in Händen des Reichskanzlers. Daran änderte auch das allgemeine Wahlrecht (für alle männlichen Staatsbürger über 24) nichts, das Bismarck 1871 eingeführt hatte, und auch nicht die Entstehung politischer Parteien. Nach wie vor, ja stärker als zu Beginn des Jahrhunderts, galt, daß die herrschenden Kräfte zu sehr fortschrittlich scheinenden Maßnahmen bereit waren, solange sie von oben initiiert und durchgesetzt wurden.

Der Verfassung nach präsidierte der Reichskanzler den Bundesrat, in dem er gleichzeitig Führer der preußischen Abgeordneten war. Im Bundesrat als Vertretung der Länder fielen die eigentlichen Entscheidungen, nicht im Reichstag als dem Vertretungskörper der Parteien, dem der Reichskanzler nur formal verantwortlich war. Keine der im Reichstag vertretenen Parteien konnte als genuin demokratischen Idealen verpflichtet angesehen werden. Allein die 1869 in Eisenach konstituierte Sozialdemokratische Partei bekannte sich explizit zu den westlichen demokratischen Prinzipien. 1876 trugen die Eisenacher, die dem Programm der Arbeiter-Internationale verpflichtet waren, endgültig den Sieg über die Lassalleaner davon, wodurch die Partei aber noch stärker das in Deutschland herrschende Mißtrauen gegenüber allen westeuropäischen Ideen auf sich zog. Von 1878 bis 1890 wurde die Partei durch die Sozialistengesetze Bismarcks verboten und konnte nur im Untergrund weiterbestehen. Auch die Sozialgesetzgebung Bismarcks in den 80er Jahren richtete sich gegen die Sozialisten, denen damit der Wind aus den Segeln genommen werden sollte.

Die Industrialisierung setzte in Deutschland um die Mitte des Jahrhunderts ein und die erste Expansionsphase, die von liberalistischer Wirtschaftspolitik geprägt war, dauerte bis 1873. In dieser Zeit rückte Deutschland zur zweiten Wirtschaftsmacht hinter England auf, war aber noch immer überwiegend ein Agrarstaat. Nach 1873 setzte die Phase der Hochindustrialisierung ein, die gekennzeichnet war durch die Entstehung einer nennenswerten Schicht von industriellen Unternehmen und eine staatliche Förderungspolitik, die den Charakter eines „Wirtschaftsnationalismus" annahm. Diese Phase dauerte bis etwa 1895 und hatte einschneidende Änderungen in der deutschen Gesellschaftsstruktur zur Folge. In ihrem Verlauf hörte das deutsche Bürgertum auf, ein einigermaßen einheitlicher Stand bzw. eine Schicht zu sein und zerfiel in das Großbürgertum, bestehend aus Fabrikbesitzern, Unternehmern, leiten-

---

[4] *J. Singelmann – P. Singelmann,* Lorenz von Stein and the paradigmatic bifurcation of social theory in the nineteenth century, in: The British Journal of Sociology XXXVII/1986, S. 431ff.

den Angestellten der Großbetriebe und Großbanken und in das Kleinbürgertum, das die Masse der Handwerker, Angestellten, Beamten umfaßte, die abgeschichtet wurden und dadurch mehr nach links im politischen Spektrum rückten. Die Zentrumspartei wurde zum großen Sammelbecken des mittleren und kleinen Bürgertums. Von Bismarck gefördert kam es in den letzten Jahrzehnten des 19. Jahrhunderts zu einer Annäherung zwischen Großindustrie und Großagrariern und zu einer Feudalisierung des Großbürgertums. Beide vereinte die Gegnerschaft zur Arbeiterbewegung.

Die sozialistische Arbeiterpartei, die nach dem Sturz Bismarcks 1890 wieder legalisiert wurde, entwickelte sich bis 1918 zur bestorganisierten Arbeiterpartei Europas. Allerdings war die klassenkämpferische, revolutionäre Militanz vor allem durch die Stärke der Gewerkschaften und das Umschwenken auf das realpolitische Taktieren stark gedämpft; Reform und Integration in die Gesellschaft waren die tatsächlich verfolgten pragmatischen Ziele.

Im Wilhelminischen Reich hatte die Abberufung Bismarcks ein Machtvakuum entstehen lassen, und Wilhelm II. büßte trotz anspruchsvoller Rhetorik viel an realer Macht der Krone ein. Es entstand eine autoritäre Polykratie ohne Koordination. Die Macht hatten der Adel, die Hochbürokratie und das Großbürgertum in Händen; das Bürgertum als solches konnte sich politisch nicht entsprechend artikulieren mangels echter parlamentarisch-demokratischer Einrichtungen.

Während des 1. Weltkrieges kam es zu einer weiteren Dichotomisierung der deutschen Gesellschaft, die Distanz zwischen der Machtelite und dem Volk wurde noch größer. Das Machtvakuum der Krone brachte 1916 das Militär an die Regierung, das, nachdem sich die unausweichliche Niederlage im Krieg abzeichnete, die Parlamentarisierung durchsetzte, um die Verantwortung Parteien und Politikern zuschieben zu können. Dies sollte die letzte „Revolution von oben“ sein, die nächste kam von unten: Der Aufstand der Matrosen von Kiel griff im November und Dezember 1918 auf ganz Deutschland über. Der Kaiser dankte ab, die Republik wurde ausgerufen, die Regierungsgeschäfte wurden dem „Rat der Volksbeauftragten“ übertragen mit dem Mehrheitssozialisten Friedrich Ebert als Kanzler. Arbeiter- und Soldatenräte übernahmen die Verwaltung in Gemeinden und Organisationen. Sie waren zwar nach bolschewistischem Vorbild organisiert, aber die Mehrheit der „sozialistischen Massen“ war nicht bolschewistisch eingestellt; die in dieser Phase gegründete Kommunistische Partei hatte nur wenige Mitglieder.

Unter der Führung der Mehrheitssozialisten kam es aber nicht zu einer tiefgreifenden Neuordnung der Gesellschaft. Die revolutionären Änderungen in Heer, Justiz, Verwaltung und Wirtschaft unterblieben, statt dessen mußte Ebert ein Bündnis mit den alten Führungscliquen eingehen. Die Radikalisierung der Arbeiter- und Soldatenräte aufgrund dieser Versäumnisse führte 1919 zu Neuwahlen und zur „Weimarer Republik“ als Koalition aus SPD, Zentrumspartei und der liberalen Deutschen Demokratischen Partei. Der Schöpfer der Weimarer Verfassung war Hugo Preuß; auf die Beratungen hatte aber auch Max Weber einigen Einfluß genommen.

Vom Widerstand deutschen Denkens gegen die Soziologie

Es ist üblich geworden, vom „deutschen Sonderweg“ der Entwicklung in ökonomischer und politisch-sozialer Hinsicht im späten 18. und 19. Jahrhundert zu sprechen. Wie Klaus Eder meint, gibt es zwei plausible Annahmen über die Gründe dieses Sonderwegs:

1. Die alte berufsständische Differenzierung wurde nur unvollständig durch eine

professionelle Differenzierung ersetzt; der Übergang von einer stratifikatorischen zu einer funktionalen Differenzierung fand nicht statt.
2. Die Modernisierung des Staates erfolgte nur in geringem Umfang, weil die kulturellen Voraussetzungen der alten hierarchischen Strukturen beibehalten wurden.[5]

Zwischen 1770 und 1840 war es auch zu einer geistig-intellektuellen Absonderung Deutschlands, insbesondere Preußens von der westeuropäischen Kultur gekommen. Die Aufklärung nahm hier eine ganz spezifische intellektuelle Färbung an, vor allem unterschied sie sich dadurch von der französischen Aufklärung, daß es nicht zu einem Widerspruch zwischen Vernunft und Religion kam. Große Bedeutung hatte dafür der Pietismus, der zwar mit einigen Idealen der Aufklärung vereinbar war, aber diese mit einer gefühlsbetonten Innerlichkeit des religiösen Erlebens verband. Die Literaturrevolution des Sturm und Drang verwarf die Grundhaltung der Rationalität, der Objektivität und ihrer materialistischen Ausrichtung. Die Transzendentalphilosophie Kants suchte dann erkenntnistheoretisch und moralphilosophisch einen Weg zwischen Metaphysik und materialistisch-objektivistischer Denkweise.

Die politischen Ideen der französischen Aufklärung fanden wenig Widerhall im deutschen Denken, wohl kam etwa Rousseau große Bedeutung zu, aber nicht als politischer Denker, sondern als Begründer eines Bildungsideals. Insbesondere die antireligiöse Haltung Rousseaus fand in Deutschland wenig Zustimmung. Aufklärung und Religion traten hier weitgehend gemeinsam auf, dafür steht etwa auch das Denken des jungen Hegel, das auf die religiöse Erneuerung abzielte, die jedoch nicht in Gegensatz zur Vernunft stehen, die Dimension des Gefühls mitberücksichtigen und sich mit allen Aspekten des Lebens der einzelnen und des Staates verbinden lassen sollte. Die deutsche Aufklärung war eine Art innerweltliche religiöse Erneuerung, die aber mit Politik im westeuropäischen Sinne nichts zu tun hatte. Helmuth Plessner sprach in diesem Zusammenhang von einem Bruch zwischen der lutherischen Innerlichkeit und dem Bereich der Öffentlichkeit, der seine Begründung in dem Widerspruch zwischen Glaubensspaltung und evangelischer Zwangsstaatskirche habe. Dies führte zu einer säkularisierten Religiosität, eine Art Weltfrömmigkeit, die alle Bereiche des Denkens und Handelns der Individuen bestimmte.[6] Der deutsche Idealismus hat darin seine lebensweltliche Verankerung genauso wie die große Bedeutung der Philosophie als Weltanschauung und Religionsersatz, ja als Ausdruck des deutschen Lebensgefühls. Auch im Bildungsideal und in der Idealisierung der Berufsarbeit drückt sich diese Kultur der Innerlichkeit, der säkularisierten, innerweltlichen Religiosität, die aber auf die individuelle Privatsphäre begrenzt bleibt, aus.

Nach 1848 verloren die Aufklärungsideen und das liberale Denken überhaupt stark an Bedeutung, die Gegenaufklärung und damit das konservative Denken trugen den Sieg davon. Der Rückzug des Bürgers ins Privatleben, der Ausfluß der individualistischen Kultur der Innerlichkeit war, bildete den Hintergrund für den preußischen Obrigkeitsstaat, das Bismarck-Reich und den Wilhelminismus.

Romantik und Historismus bestimmten den geistigen Tenor der zweiten Hälfte des 19. Jahrhunderts und mündeten im Wilhelminischen Reich in die Lebensphilosophie. Auf diesem geistigen Boden entstand auch eine anti-positivistische Wissenschaftsauffassung, das Konzept der „Geisteswissenschaften" (Wilhelm Dilthey), das für alle auf der Grundlage der Historik stehenden Disziplinen eine von der naturwissenschaft-

---

[5] *Klaus Eder,* Geschichte als Lernprozeß? Zur Pathogenese politischer Modernität in Deutschland, Frankfurt 1985, S. 484

[6] *Helmuth Plessner,* Die verspätete Nation, Frankfurt 1974, (urspr. 1935), S. 65ff.

lichen Methode unterschiedene eigene Erkenntnisweise für sich beanspruchte, das „Verstehen“ aufgrund der Gemeinsamkeit des Lebens und des Geistes.

In seiner 1925 erschienenen Schrift über den Konservatismus beschreibt Karl Mannheim sehr eindringlich die intellektuelle Situation.[7] Deutschland hatte schon die Französische Revolution mehr auf der Ebene der Philosophie denn der Praxis rezipiert, und auch die Reaktion war eine überwiegend philosophische. Anders als in Frankreich spielte sich die Romantik weniger im dichterisch-künstlerischen, sondern im philosophischen Bereich ab.

Mit dem konservativ-romantischen Geist ging auch die Hervorhebung der „Geschichte“ gegenüber der „Natur“ einher. „Geschichte“ wurde aber zum Mythos, verbunden mit den anderen beherrschenden Begriffen der Zeit: „Leben“ und „Volk“. Mannheim diagnostizierte, daß die Herrschaftslegitimation des Konservatismus überwiegend mythisch-transzendental erfolgte, während der des Liberalismus juristisch-naturrechtlich, der des Sozialismus ökonomisch war. Die Hervorhebung der „Geschichte“ als Leitbegriff bewirkte eine stark individualisierende Ausrichtung, die aber mythisch transzendiert wurde durch eine universalistische Orientierung an der Ganzheit, der Gemeinschaft, dem Gesellschaftskörper.

Die Staatswissenschaften

Soziales, gesellschaftstheoretisches Denken erfolgte traditionell im Rahmen der Geschichtsphilosophie und der Staatswissenschaften. Hegels Staatsbegriff und Geschichtsauffassung waren für die erste Hälfte des 19. Jahrhunderts die dominierende Lehre gewesen. Sie wurzelte immerhin noch in den Ideen der Aufklärung, wenn diese auch idealistisch gewendet waren. Unter ihrem Einfluß entstanden gewisse Ansätze zu einer eigenständigen Soziologie, so vor allem im Werk von Robert von Mohl. Die konservative Wendung nach 1848 bedeutete auch das Ende dieser Ansätze.

Die Staatswissenschaft, die im 18. Jahrhundert entstanden war, umfaßte vor allem Staatskunst, Staatswirtschaftslehre, Staatsrecht, Staatsgeschichte, Statistik. Während Robert von Mohl für eine eigene, von der Staatswissenschaft getrennte Gesellschaftswissenschaft eintrat, die sich mit der Sphäre zwischen dem einzelnen und dem Staat befassen sollte, sah Lorenz von Stein sie wie auch die Volkswirtschaftslehre als Teil einer umfassenden Konzeption der Staatswissenschaft, innerhalb der sie sich mit dem geistigen Leben zu beschäftigen hätte. Die integrative Sicht der Staatswissenschaft(en) dominierte, unterstützt von politischer Romantik und ganzheitlicher Staatsphilosophie, die im Staat eine organische und totale, alle Bereiche des Volkslebens umfassende Wesenheit erblickten. In der zweiten Hälfte des 19. Jahrhunderts wurde dann allmählich diese enzyklopädische Sicht der Staatswissenschaft, der in Westeuropa ein ähnlich enzyklopädisches System der Sozialwissenschaft oder der Soziologie gegenübergestanden war, durch die wachsende Bedeutung von Wirtschaft und Gesellschaft gegenüber dem Staat als solchem zurückgedrängt. Heinrich von Treitschke wandte sich noch 1859 gegen eine eigene Gesellschaftswissenschaft, weil er sie für überflüssig und auch schädlich hielt, denn sie würde die Trennung von Gesellschaft und Staat, das Grundproblem der Zeit, noch fördern.[8]

Die Stimmung in Deutschland war äußerst ungünstig für die Entwicklung einer positivistischen Soziologie à la Comte oder Spencer, ja Helmuth Plessner sprach sogar

---

[7] *Karl Mannheim,* Konservatismus, Frankfurt 1984 (ursprl. 1925)

[8] *Heinrich von Treitschke,* Die Gesellschaftswissenschaft. Ein kritischer Versuch, Leipzig 1859

von einem „antisoziologischen Affekt".[9] Ferdinand Tönnies schrieb noch 1912 in der Vorrede zur zweiten Auflage seines „Gemeinschaft und Gesellschaft": „Und doch weiß jedermann und weiß es als ein charakteristisches Faktum, daß die Soziologie keinen Platz an den deutschen Universitäten, nicht einmal an einem Nebentische der Philosophie, besitzt; daß ihr der Zutritt zu deren Gastmählern geflissentlich verwehrt wird."[10] Die Gründe dafür sah er einmal in der Restauration staatswissenschaftlichen Denkens, begründet im Wiederaufleben der preußischen Staatsidee aufgrund der nationalen Einigung im Deutschen Reich, und zum anderen in dem Aufstieg der historischen Nationalökonomie, die die Soziologie bestenfalls als Hilfswissenschaft gelten ließ.

Gesellschaft, Volk und Kultur

Die Tatsache, daß die westeuropäische Soziologie in Deutschland keine Entsprechung fand, sondern vielmehr weitgehend abgelehnt wurde, weist zwei Aspekte auf: Einmal die Problematik des Begriffs Gesellschaft und zum anderen die stark von der Geschichte beeinflußte und auf den Staat gerichtete Auffassung von Wissenschaft.

Wenn Hegel von Gesellschaft sprach, dann meinte er eine bestimmte Betrachtungsweise menschlichen Zusammenlebens, die von den Beziehungen der Menschen als selbständige Individuen, die individuelle Zwecke verfolgen, aber zur Befriedigung ihrer Bedürfnisse aufeinander angewiesen sind, geprägt war. In seiner Auffassung von „Gesellschaft" war Hegel zweifellos stark von seiner Kenntnis der Werke Adam Smiths und anderer britischer Denker bestimmt. Gesellschaft, insbesondere die „bürgerliche Gesellschaft", erschien ihm als ein System von Bedürfnissen. Eben diese bedingten aber auch die Heterogenität und Differenzierung der Gesellschaft. Hegel wandte sich hierbei gegen die Idee der absoluten Freiheit des einzelnen, die gesellschaftliche Homogenität voraussetzt. Demgegenüber meinte er, im modernen Staat komme es unvermeidbar zur sozialen Differenzierung, ja diese sei die Grundlage für den rationalen Staat.

Hegel unterschied drei Stände: den substantiellen oder Ackerbau betreibenden Stand, den reflektierenden oder Handelsstand und den allgemeinen Stand oder die Staatsbeamten. Das Proletariat sah Hegel zwar schon am Horizont heraufkommen, aber seine Konstitution als Stand schien ihm noch vermeidbar. Jeder der drei Stände nahm in unterschiedlichem Ausmaß an öffentlichen Angelegenheiten teil: am meisten die Klasse, die Hegel zuerst „Aristokratie", später „Bürokratie" nannte, also der allgemeine Stand, am wenigsten das Bürgertum, das vorwiegend privat(wirtschaftlich) engagiert war. Da es Hegel aber nicht um eine Gesellschaftsbeschreibung ging, sondern um die Auseinandersetzung zwischen der Freiheit des einzelnen und dem gemeinsamen Willen oder der Vernunft, ordnete er allen drei Ständen auch Ebenen der Sittlichkeit zu. Sittlichkeit bedeutet für Hegel die Verwirklichung des Guten im gemeinsamen und öffentlichen Leben. Dem substantiellen Stand entspricht die Sittlichkeit der Familie, dem Handelsstand die der bürgerlichen Gesellschaft und dem allgemeinen Stand der Staat.

Obwohl alle drei Stände eine andere Ebene der Sittlichkeit verkörpern, kommt die Synthese durch die Gemeinschaft, durch die Kristallisation des gemeinsamen Willens aus dem Zusammenspiel der privaten Willen zustande, und diese Synthese ist der Staat, der für Hegel die Verkörperung der Sittlichkeit ist. Es ist klar, daß der Staat Hegels nicht der später zu zweifelhafter Bedeutung aufgestiegene nationalistische

---

[9] *Helmuth Plessner,* Diesseits der Utopie, Frankfurt 1974, S. 36ff.
[10] *Ferdinand Tönnies,* Gemeinschaft und Gesellschaft, Darmstadt 1979 (urspr. 1887), S. XXV

Staat ist. Es ist auch nicht der Obrigkeitsstaat gemeint, der Staat ist für Hegel Idee und Verwirklichung der Sittlichkeit und Vernunft und auch der substantiellen Freiheit des Individuums.

Auch die Gesellschaftsauffassung Lorenz von Steins (1815–1890) ging vom Individuum aus, von seiner Stellung innerhalb von Staat, Recht und Besitz. Er sah den Begriff der Gesellschaft bestimmt durch das Eigentum, den Besitz, und durch die Arbeit als die Teilhabe der Besitzlosen an der Gesellschaft; beides erfährt eine Festigung und Verankerung über die Generationen durch die Familie. Die Existenz des Proletariats erfordere die Entwicklung einer Wissenschaft der Gesellschaft. Lorenz von Stein hatte sich mit den Frühsozialisten in Frankreich beschäftigt und auf die Begründung der sozialen Bewegung in der Gesellschaftsveränderung hingewiesen. Er kann daher auch als Begründer einer Gesellschaftsgeschichte angesehen werden. Das Verhältnis der Gesellschaft zum Staat interessierte ihn vor allem, wobei er progressive soziale Analyse mit konservativem Ordnungsdenken verband. Anders als Hegel sah Stein – seiner Zeit entsprechend – einen beständigen Kampf des Staates mit der Gesellschaft und umgekehrt; er schätzte diesen Konflikt durchaus als positiv ein, denn er erhalte die menschliche Gemeinschaft lebendig. Auf der anderen Seite zeigte er ständig die Dringlichkeit der Lösung der „sozialen Frage" auf, die nur durch den Staat erfolgen könne. Dabei schwebte ihm genau wie Hegel der preußisch-deutsche Staat als Ideal vor, ein Staat, der zwar grundsätzlich das Recht der Gesellschaft auf Teilhabe an den Entscheidungen anerkannte, aber dennoch eine autonome Autoritätssphäre darstellte, in die die antagonistischen Interessenkonflikte nicht hineingetragen werden könnten.

Nach dem Versanden der liberalen Strömungen im Gefolge der Ereignisse von 1848 dominierte realpolitisch der Obrigkeitsstaat. Wilhelm H. Riehl konnte mit Recht auf die Herrschaft des Staates über die Gesellschaft in Preußen hinweisen und die „Emanzipierung der Gesellschaftsidee von dem Despotismus der Staatsidee" fordern.[12] Allerdings stellt sich bei näherer Betrachtung heraus, daß das, was Riehl unter „Gesellschaft" verstanden wissen wollte, wenig mit dem westeuropäischen Gesellschaftsbegriff zu tun hatte, dafür eigentlich deckungsgleich mit dem Begriff „Volk" war. Riehl forderte auch die Entwicklung einer Gesellschaftswissenschaft und meinte damit eine „Wissenschaft vom Volke"; das Studium des Volkes sollte aller Staatsweisheit Anfang sein und nicht das Studium staatsrechtlicher Systeme. Das Volk wird als etwas „Natürliches", das eine eigenständige Beschaffenheit und Entwicklung hat, aufgefaßt. Riehls Hauptwerk heißt daher auch: „Die Naturgeschichte des Volkes als Grundlage einer deutschen Social-Politik", und „Die bürgerliche Gesellschaft" ist nur der Titel des zweiten Bandes dieses Werks, das Riehl als Vorstudien zu einem System der Staatswissenschaft auffaßt. Das Soziale kann auch von ihm nur in Beziehung auf den Staat gesehen werden; nur soll es nicht von der Idee des Staates abgeleitet werden, sondern aus dem empirischen Studium des Volkes erstehen. Der Begriff „Gesellschaft" erübrigt sich und kann wieder beiseite geschoben werden. Als Begründung dafür gab er an, daß die deutschen Gesellschaftszustände ganz andere wären als die französischen oder die englischen; das deutsche Volk wäre in allen Stücken etwas durchaus Individualisiertes. Die Wissenschaft müsse daher auf die Individualität und Mannigfaltigkeit der Gesellschaft „wie sie ist", auf die Eigentümlichkeiten des Volkslebens abstellen.

„Volk" wurde als das „Natürliche", überhistorisch Gültige, die „bürgerliche Gesell-

[11] *Lorenz von Stein,* Geschichte der sozialen Bewegung, Bd. 1: Der Begriff der Gesellschaft, München 1921 (urspr1. 1850), S. 24ff.

[12] *Wilhelm Riehl,* Die bürgerliche Gesellschaft, Stuttgart und Augsburg 1855, S. 30

schaft" hingegen als nur historische, zeitlich beschränkte Erscheinung verstanden. Dies war sowohl bei den Anhängern wie den Gegnern einer spezifischen Gesellschaftswissenschaft die vorherrschende Überzeugung. Der Begriff des Volkes nahm in der Romantik eine besondere Rolle ein, wurde zum bewußten Gegenbegriff gegen das Gesellschaftsdenken der Aufklärung. Er erhielt zunehmend den Charakter einer mystifizierten Ganzheit des „Lebenszusammenhangs". Albert Schäffle und Lilienfeld vertraten eine organizistische Interpretion. Schäffle sprach vom „Volkskörper" und vom „Staatskörper", in den auch die Arbeiterschaft integriert werden sollte.

Im Zuge des wachsenden Nationalgefühls nach der Reichsgründung nahm der Begriff „Volk" auch eine militant-nationalistische Bedeutung an, insbesondere da das Deutsche Reich auf keiner eigenen Staatsidee gründete. Der Nationalismus richtete sich anders als in Frankreich daher nicht auf den Staat, sondern auf das Volk. Schon Fichte hatte dem „deutschen Volk" bescheinigt, ein „Urvolk" zu sein, allem künstlichen, zivilisierten Wesen fremd, verbunden mit dem Boden, mit Heimat und altväterischer Sitte, das auch kein von Rom latinisiertes Volk war.

Die Ablehnung des Gesellschaftsbegriffs zugunsten der Begriffe „Staat" und „Volk" implizierte auh eine antidemokratische Dimension, zumindest im Verhältnis zum Begriff der Demokratie in Westeuropa. Auch der Liberalismus in Deutschland ging weniger mit demokratischen Ideen als mit nationalistischen Zielen einher.

Von großer Bedeutung in bezug auf die Abgrenzung des „Deutschtums" gegenüber Frankreich und England war auch der Begriff der Kultur, dem eine gewisse antithetische Bedeutung gegenüber dem französischen und englischen Begriff der Zivilisation zukam. Plessner spricht von Kultur als dem „deutschen Inbegriff für geistige Tätigkeit und ihren Ertrag im weltlichen Felde" und verweist auf die religiöse Funktion der deutschen Kultur.[13]

Auch Norbert Elias setzte sich mit der Soziogenese der Begriffe „Zivilisation" und „Kultur" auseinander und verstand letzteren als typisch deutschen Begriff, der seine Bedeutung im Zusammenhang des Gebrauchs innerhalb der deutschen gesellschaftlichen Wirklichkeit hatte und schwer übersetz- oder transferierbar sei.[14] Während sich der Begriff Zivilisation in seinem Gebrauch auf politische, wirtschaftliche, religiöse, technische und gesellschaftliche Fakten bezieht, ist der Begriff der Kultur in seinem Kern auf geistige, künstlerische, religiöse Aspekte gerichtet. Zivilisation verweist auf den materiellen, aber auch den politischen und sozialen Fortschritt der Gesellschaft und auf Prozeß und Zukunft, während „Kultur" an die geistig-künstlerische Tradition des Volkes anknüpft, damit auf Vergangenheit und die Erhaltung und das Beharren des Traditionellen gerichtet ist.

Besonders nach 1918/9 implizierte der Begriff „Kultur" in besonderem Maße die Gegnerschaft zu Westeuropa, das seinerseits im Namen der Zivilisation gegen Deutschland Krieg geführt hatte. Und in der Soziologie der Zeit wurde der Begriff ubiquitär: Simmel und Weber hatten den Begriff noch mit einer allgemeineren Bedeutung gebraucht, bei Sombart und Alfred Weber, welcher die Soziologie als Kultursoziologie begründete, bekommt sie einen ganz spezifischen Tenor (s. IV/4).

Historismus und Geisteswissenschaften

Es entstand eine spezifisch deutsche Kultur des Geistes, eine merkwürdige Mischung aus Ästhetizismus, Intellektualismus und antizivilisatorischem Urvolkgeist. „West-

[13] *Helmuth Plessner,* Die verspätete Nation, Frankfurt 1974, S. 73ff.
[14] *Norbert Elias,* Über den Prozeß der Zivilisation, Bd. 1, Frankfurt 1978

liche" oder „römische" Ideen wie Naturrecht und Positivismus wurden weitgehend abgelehnt; die starke Betonung der Geschichte in Deutschland in Romantik und Historismus war nicht zuletzt als eine Antithese zu „Natur" und zur „natürlichen Ordnung" der Gesellschaft zu verstehen. Die „verspätete Nation" brauchte die Geschichte zur Selbstfindung und zur Abgrenzung gegen den Gegner, nämlich den ahistorischen Geist der französischen Aufklärung und den Gedanken einer evolutionären Universalgeschichte.

Der Historismus bedeutete nicht nur die Verwissenschaftlichung der Geschichte, wie sie etwa Leopold von Ranke anstrebte, sondern eine besondere, auf der Art und Weise der Geschichtserkenntnis fußende Auffassung von Wissenschaft. Darüber hinaus wurde er zum Mythos und zum das Lebensgefühl bestimmenden Prinzip, das auch in Kunst und Kultur ihren Ausdruck fand. Noch 1924 konnte Karl Mannheim den Historismus als die herrschende Weltanschauung der Zeit bezeichnen, die Wissenschaft und Leben durchdringe. Mannheim sah ihn als Verbindung von Geschichtsphilosophie und Lebensphilosophie, die solcherart die Metaphysik abgelöst habe.[15]

Weder die Idee der Evolution übertragen auf die Gesellschaft noch das Ideal einer positivistischen Einheitswissenschaft der Gesellschaft mit der Annahme, daß soziale Tatsachen durch natürliche Gesetzmäßigkeiten bestimmt sind, konnten in Deutschland heimisch werden. Folgerichtig entwickelte sich daher in Deutschland in besonders markanter Form eine antipositivistische Wissenschaftsauffassung, die gegen den Universalanspruch der Naturwissenschaften und ihrer Erklärungsweise gerichtet war.

Als Grundlage der Wissenschaften vom Menschen war der Historismus gekennzeichnet durch die Ablehnung des Rationalismus der Aufklärungsphilosophie und des Positivismus und durch die dominierende Stellung der Geschichte als Grundlagenwissenschaft. Das bedeutete, daß

1. alle Tatsachen, auch die wissenschaftliche Erkenntnis selbst, als historisch verstanden wurden,
2. die der Geschichtswissenschaft entsprechende Methode die des Verstehens war, die daher auch für alle auf der Geschichte aufbauenden Wissenschaften galt, und
3. das singuläre Ereignis Gegenstand der wissenschaftlichen Erkenntnis war und Generalisierungen oder Gesetzeserkenntnis abgelehnt wurden. Auf Grund dieser Position und der Annahme einer eigenen historischen Wissenschaftlichkeit kam es zur Abgrenzung gegenüber den Naturwissenschaften und ihrer Methode. Wilhelm Windelband unterschied ideographische und nomothetische Wissenschaften, Wilhelm Dilthey stellte die von innen verstehenden Geisteswissenschaften den von außen erklärenden Naturwissenschaften gegenüber, und Heinrich Rickert differenzierte zwischen Natur- und Kulturwissenschaften.

Der Historismus inkludierte auch eine Soziologie, die geisteswissenschaftliche Soziologie, die ebenfalls auf der Verstehensmethode beruhte, und als die der Gesellschaft als historisch gewordener Kultur adäquate Erkenntnis angesehen wurde. Die Soziologie des Historismus war also in die historische Grundposition inkorporiert, war eo ipso historische Soziologie.

Voraussetzung dafür war die Neuinterpretation, die Schleiermacher der Hermeneutik angedeihen ließ. Während die theologische und philologische Hermeneutik in ihrer langen Tradition als Kunstlehre im Dienste des Verstehens stand, wurde das Verstehen selbst nun zum Problem und nach seiner theoretischen Begründung

---

[15] *Karl Mannheim,* Historismus, in: Ders., Wissenssoziologie, Berlin-Neuwied 1964, S. 246ff.

gesucht. „Verstehen“ wurde zu einer eigenen Methodik gemacht, die neben der grammatischen Auslegung die psychologische Deutung enthält. Verstehen wurde zum Nachbilden des „inneren Hergangs der Abfassung eines Werkes“, das ermöglicht wird durch die Annahme, daß jede Individualität Teil hat an dem Lebendigen, in diesem ihre Gemeinsamkeit, ihre Inter-Subjektivität findet.

Wilhlem Dilthey griff die romantische Hermeneutik Schleiermachers auf und machte sie zur historischen Methodik, die die Grundlage der „Geisteswissenschaften“ bilden sollte. Die „Geisteswissenschaften“ befassen sich mit der Realität von Geschichte und Gesellschaft, insoweit diese dem Menschen bewußt ist. Die Geschichte als bewußte und erlebte Geschichte eines Volkes ist Gegenstand und Paradigma der Geisteswissenschaften, die die Naturwissenschaften damit in ihre Schranken weisen; sie sollen nicht den Anspruch erheben, für die Gesellschaft, die für Dilthey ein historisches Phänomen ist, Erkenntnismöglichkeiten zu bieten. Dem Rationalismus der naturwissenschaftlichen Erkenntnis stellt Dilthey „das Leben“ als die Wirklichkeit der Geschichte entgegen. Denken wird zu einer Funktion des Lebens, nicht zu seinem dominanten Prinzip.

Mit dem Konzept der Geisteswissenschaften ging es Dilthey um eine Kritik der historischen Vernunft, d.h. um die Begründung der historischen Erfahrung als Wissenschaft, gleichzeitig aber um die Betonung der grundsätzlichen Andersartigkeit der historischen Erkenntnis gegenüber der Naturerkenntnis. Grundlage ist die Geschichtlichkeit der Erfahrung selbst, die Tatsache, daß Erfahrung immer ein lebensgeschichtlicher Vorgang ist. Er stützt sich auf Erinnerung und Erwartung, auf Lebenserfahrung, und Geschichte ist Lebenserfahrung in dem Sinne, daß sie aus menschlichem Geist gebildet und geformt ist. Zwischen dem erkennenden Subjekt und dem Objekt der Erkenntnis besteht kein wesentlicher Unterschied; die Übereinstimmung unserer Begriffe mit der Wirklichkeit der Außenwelt ist kein Problem. Die Subjekt-Objekt-Trennung der Naturwissenschaften kann für die Geisteswissenschaften aufgegeben werden. Aber das Problem ist, daß die Erfahrung der Geschichte die Erlebnis- und Erfahrungsmöglichkeiten des einzelnen übersteigen. Dilthey setzt hier das „historische Bewußtsein“ ein, das eine Erhebung über die individuelle Relativität hinaus zur Objektivität der geisteswissenschaftlichen Erkenntnis vollbringen soll. Es vermag dies, weil es reflexive Erkenntnis ist; es versteht sich selbst aufgrund seiner Geschichte, es ist Selbsterkenntnis des Geistes bzw. des Lebens.

Die erkenntnistheoretischen und methodologischen Wurzeln der deutschen Geisteswissenschaften fußen in Idealismus, Romantik und Historismus. Ihre erkenntnisphilosophische Fortsetzung um die Jahrhundertwende waren der Neukantianismus, die Lebensphilosophie und die Phänomenologie.

Diltheys geisteswissenschaftliche Methode und seine Lebensphilosophie beeinflußten Werner Sombart und Georg Simmel, während Max Weber sich seinerseits stark auf Simmel berief, direkt wie dieser vom Neukantianismus Heinrich Rickerts, aber auch von Einflüssen der experimentellen (Psychophysik) und analytischen (Logischer Positivismus) Wissenschaftlichkeit bestimmt war. Sowohl Simmel wie Weber sprachen von „verstehender Soziologie“, beide verbanden aber die Verstehensmethode mit empirisch-analytischen Elementen. Eine reine geisteswissenschaftliche Soziologie begründete eigentlich erst Alfred Schütz durch die Erweiterung und Vertiefung von Webers Handlungstheorie auf Grundlage der Phänomenologie Husserls. Sombarts „Noosoziologie“ hingegen stellt nur einen Rückgriff auf Dilthey dar ohne eigene philosophisch-methodologische Reflexion. Von ihm stammt die, auf einer Modifikation von Schellings Ausspruch über die Natur beruhende für die geisteswissenschaftliche Soziologie so treffende Feststellung: „Alle Gesellschaft ist Geist und aller Geist ist Gesellschaft.“[16]

Die antirationalistische Tendenz, die sich in der intellektuellen Geschichte Deutschlands über Gegenaufklärung, Romantik, Lebensphilosophie offenbarte, nahm Georg Lukàcs zum Anlaß, um von einer „Zerstörung der Vernunft“ zu sprechen, die schließlich jenes Klima schuf, in dem der Nationalsozialismus zur Herrschaft kommen konnte. In jüngerer Zeit hat André Glucksmann mit seiner Analyse der „Meisterdenker“ eine ähnliche Argumentation vorgelegt, wobei allerdings nicht allein auf den verhängnisvollen Hang deutschen Denkens zur Diktatur verwiesen wurde, sondern dieser als eine Tendenz der westeuropäisch-abendländischen Kultur erscheint.

Wenngleich die geisteswissenschaftlich-historische Denkweise in Deutschland dominierte und in ihrer Eigenart als Ausfluß der spezifisch preußisch-deutschen Kultur- und Denktradition angesprochen werden kann, so gab es doch auch immer wieder Ansätze zu einer empirisch-positivistischen Wissenschaftlichkeit sogar in der Historik – der deutschen Grundwissenschaft des Kaiserreichs –, wie das Beispiel Leopold von Rankes (1795–1886) und seiner Schüler zeigt. Vor allem ist hier auf den Außenseiter der Historikerzunft der Jahrhundertwende, auf Karl Lamprecht (1856–1915) zu verweisen, der eine an der empirisch-analytischen Psychologie orientierte kausalgenetische Erklärung der Kulturgeschichte anstrebte. Schon um 1800 lassen sich empirische Ansätze aufweisen, so etwa bei Friedrich Nicolai (1733–1811), einem empirisch-pragmatischen Sozialreformer, der sich zur Beschreibung sozialer Zustände seiner Zeit statistischer Methoden bediente. Von besonderer Bedeutung für die Entwicklung der Statistik und Sozialforschung im 19. Jahrhundert war dann Ernst Engel (1821–1896). Auch die Vertreter des Vereins für Sozialpolitik bedienten sich neben „geisteswissenschaftlichen“ Methoden durchaus der Statistik und Soziographie, was auch die empirischen Arbeiten Max Webers belegen. Um die Entwicklung der Soziographie machte sich v.a. Ferdinand Tönnies verdient, später der Ordinarius für Soziologie in Köln, Leopold von Wiese (1876–1969), der auch ein eigenes Forschungsinstitut und eine Zeitschrift führte und der in der Zwischenkriegszeit zu dem bekanntesten Vertreter einer formalen Soziologie wurde.

Die Sozialwissenschaften, die allerdings in der Regel nicht diese Bezeichnung trugen, wurden – allen voran die Nationalökonomie – zum Hauptaustragungsfeld der Auseinandersetzung zwischen den Vertretern nomothetischer Wissenschaft in Anlehnung an die Naturwissenschaft und den anderer Geisteswissenschaften. Es kam zu dem berühmten Methodenstreit zwischen der Grenznutzenschule, geführt von Carl Menger, und der jüngeren historischen Schule der Nationalökonomie, geführt von Gustav v. Schmoller. Der Methodenstreit war keine innerdeutsche Kontroverse, sondern eine zwischen der westeuropäisch beeinflußten Wissenschaft und der historisch-geisteswissenschaftlichen Auffassung. Der Einfluß der westeuropäischen, vor allem der französischen Kultur war im Habsburgerreich traditionell stark zum Unterschied von Preußen-Deutschland.

Gemeinschaft und Gesellschaft: Ferdinand Tönnies und Emile Durkheim im Vergleich

Ferdinand Tönnies (1855–1936) errang seine bedeutende Stellung in der deutschen Sozialwissenschaft durch sein Werk „Gemeinschaft und Gesellschaft“, welches bereits 1887 erschien. Anerkennung als einer der Begründer der Soziologie erfuhr er

---

[16] *Werner Sombart,* Noo-Soziologie, Berlin 1956, S. 115

aber erst viele Jahre später: Zwischen der ersten und der zweiten Auflage liegen 25 Jahre.

Tönnies verstand sich zwar 1887 als Soziologe, aber sein Werk war für Philosophen bestimmt und ein Beitrag zu den dominierenden philosophischen Kontroversen seiner Zeit: die Gegensätze zwischen Historismus, Rationalismus, Empirismus und kritischer Philosophie. Als Soziologe bekannte sich Tönnies zwar zum Einfluß Comptes und Spencers, hob auch Albert Schäffle und A. Wagner hervor, seine größten Impulse wollte er aber Sir Henry Maine, Otto Gierke und Karl Marx zu verdanken wissen. Er rezipierte sowohl die Psychologie, die er bereits in eine Beziehung zur Soziologie brachte, wie Nationalökonomie und Philosophie. Sein Werk erinnert etwas an den Engländer Leonard T. Hobhouse und den Amerikaner Lewis H. Morgan, die beide eine starke ökonomische Orientierung mit kulturanthropologischem Interesse verbanden. Tönnies' Werk enthält auch Ansätze zu einer damals noch unbekannten ökonomischen Anthropologie. So anthropologisiert er auch den Marxismus, verbindet die Begriffe Kommunismus und Sozialismus mit natürlichen Kulturentwicklungen.

Sein Einfluß war vor allem um die Jahrhundertwende sehr groß; bemerkenswert ist, daß Durkheim anläßlich seines Studienaufenthalts in Deutschland die Bekanntschaft von Tönnies machte, sein Buch auch rezensierte, und von ihm sicher wesentliche Anregungen in bezug auf seine Unterscheidung zwischen mechanischer und organischer Solidarität erhielt.

Tatsächlich verwendet Tönnies die Begriffe mechanische und organische Verbindung, allerdings in genau entgegengesetzter Bedeutung wie Durkheim: Er versteht Gemeinschaft als reales und organisches Leben und Gesellschaft als ideelle und mechanische Bildung. Gesellschaft ist ihm in erster Linie ein gedankliches Konstrukt, ein abstrakter Begriff, der der Sache und dem Namen nach etwas Neuess ist; eine Vorstellung, eine Beziehung zwischen den menschlichen Willen, die in Sitten und Anschauungen des Bürgertums begründet ist, daher auch ein primär städtisches Phänomen ist.

Mit Durkheim verbindet ihn die Auffassung, daß der Gegenstand der Soziologie nicht auf individuelle Sachverhalte reduziert werden kann. Während Durkheim von sozialen Tatsachen sprach, verwendete Tönnies den Begriff „soziale Wesenheiten" und meinte damit die „Dinge" (wie Durkheim betont Tönnies die Verdinglichung als Voraussetzung für die wissenschaftlich-systematische Erfassung), die aus dem sozialen Leben und nur daraus hervorgehen könnten. Er siedelte die sozialen Wesenheiten aber stärker als Durkheim im Bereich des Geistigen an, verstand sie als Erzeugnisse menschlichen Denkens, während Durkheim die sozialen Tatsachen in dem archetypengleichen Wirken eines Kollektivbewußtseins begründet sah. Die Art der sozialen Verbindung zwischen den Menschen sah Tönnies auch stärker als Durkheim durch das bewußte Wollen der Menschen bestimmt. Während Durkheim es in den Kollektivvorstellungen als un- oder vorbewußte Gemeinsamkeiten der Menschen lokalisierte, sprach Tönnies vom Willen der Menschen, besser: von den Willensarten der Menschen, die in vielfachen Beziehungen miteinander stünden und aus diesen Beziehungen etwas Neues bildeten, eben die Gemeinschaft im Falle des Vorherrschens des sog. Wesenwillens (der auf nachwirkenden „vererbten" Denk- und Wollensweisen beruht) oder die Gesellschaft auf Grund des sog. „Kürwillens" (bei dem das rationale Denken das Wollen bestimmt).

Es gibt also zwischen Tönnies und Durkheim zweifellos interessante Ähnlichkeiten bis hin zu den Ausdrucksweisen, aber dennoch eine dahinterstehende fundamental andere Denkweise, die letztendlich auch Ausdruck der unterschiedlichen kulturellen und intellektuellen Umwelten der beiden Autoren ist. Tönnies wandte sich zwar gegen den vorherrschenden Individualismus im deutschen Denken und hob hervor, daß es diesen nur immer in bezug auf eine bestimmte Gemeinschafts- und Gesellschaftsform gäbe und nicht an sich. Er wandte sich aber auch gegen die ganzheitlichen Vorstellungen, die den sozialen „Körper" in Analogie zu biologischen Organismen zu erklären suchten, und hob dagegen bewußt den Unterschied zwischen natürlichen und künstlichen Verbänden hervor. Tatsächlich zeigen die Begriffe der Gesellschaft und der Gemeinschaft bei Tönnies eine Vieldeutigkeit, die der romanischen Klarheit entgegensteht, wie die folgende Aufstellung von Bedeutungen der Begriffe, die Tönnies selbst gibt, zeigt.

Gemeinschaft	**Gesellschaft**
reales, organisches Leben (natürlich)	ideelle, mechanische Bildung (künstlich)
vertrautes, heimliches, ausschließliches Zusammenleben	Öffentlichkeit, „Welt"
in die Gemeinschaft wird man hineingeboren	in die Gesellschaft geht man wie in die Fremde
Gemeinschaft, die das ganze Leben umfaßt (communio totius vitae)	absichtgeleitetes „Leisten"
umfassende Gemeinschaft	bloßes Nebeneinander voneinander unabhängiger Personen
dauerndes, echtes Zusammenleben	vorübergehendes, scheinbares Zusammenleben
lebendiger Organismus	mechanisches Aggregat und Artefakt
Sprache, Sitte, Glauben	Erwerb, Reise, Wissenschaft
auf Wesenwillen gegründet	auf Kürwillen gegründet
= Begriff, der mit „Volk" im soziologischen, nicht im biologischen Sinn verbunden ist	= Begriff, der auf Interessen und Vorstellungen des Bürgertums beruht („bürgerliche Gesellschaft")

Als Theorie der Gemeinschaft und sodann der Gesellschaft präsentierte er eine Reihe von mehr oder weniger nur intuitiv zugänglichen Konstituentien der Begriffe. Gemeinschaft beruht auf der Gemeinsamkeit des Sinns, auf gemeinsamem Brauch und Glauben, auf der Reziprozität von Besitz und Genuß. Die größte noch als Gemeinschaft anzusprechende Einheit ist das „Volk", das sich in Stämme und Klans untergliedert, die das „Land", sodann die Mark oder den Gau und insbesondere das Dorf bevölkern. Auch die Stadt kann als Gemeinschaft interpretiert werden, wenn sie als eine Organisation von Gilden und Zünften sowie als Kulturgenossenschaft aufgefaßt wird. Im Zentrum der Gemeinschaft als ökonomischer Einheit steht das „Haus", so daß das Studium des Hauses gleichzuhalten ist dem Studium der Gemeinschaft. Von seinem Ursprung her ist Gemeinschaft auf Blutsgemeinschaft gegründet.

Im Gegensatz zur Gemeinschaft setzt Gesellschaft keine Einheit und Gemeinsamkeit a priori voraus. Gesellschaft besteht aus getrennten Individuen, die getrennt bleiben, auch wenn sie Verbindungen eingehen. Gesellschaft erscheint bei Tönnies als primär ökonomisch begründet, und zwar auf der Tatsache des individuellen Besitzes, als dessen Folge es zum Tausch kommt, der den Wert der Güter bestimmt, und schließlich in Geld ausdrückt. Die Gesellschaft stellt sich für Tönnies insbesondere im

Papiergeld selbst dar, sie produziert ihren eigenen Begriff als Papiergeld. Die Gesellschaft ist aber auch abstrakte Vernunft und ihr typischer Ausdruck die Wissenschaft. Zwischen dem Geld und der Wissenschaft sah Tönnies charakteristische Ähnlichkeiten: Wissenschaftliche Begriffe sind wie Waren auf dem Markt, und der abstrakteste wissenschaftliche Begriff ist gleich dem Geld.

Tausch als gesellschaftlicher Akt beruht auf Kontrakt. Vertragsbeziehungen sind daher typisch für Gesellschaft, und sie erfordern die Intervention des Rechts und des Kredits. Gewohnheiten, die sich im Bereich der Gesellschaft ausbreiten, sind nicht Brauch, sondern Konvention, und Gesellschaft ist ein durch Konvention und Naturrecht einiges Aggregat; Handel, Industrie, Wissenschaft sind die typischen Beschäftigungen. In der Betonung der ökonomischen Aspekte sowie in dem großen Gewicht, das Tönnies dem Naturrecht beimaß, liegt auch die Bedeutung von Gesellschaft als „bürgerlicher Gesellschaft" oder Tauschgesellschaft. Tönnies faßte Gesellschaft daher nicht „natürlich", als die menschliche Gesellschaft schlechthin auf, sondern als ein historisch-ideologisch abgrenzbares gedankliches Konstrukt, das auf bestimmten realen Gegebenheiten, die vornehmlich in Lebenssituation, Vorstellungswelt und Interessensphäre des Bürgertums lokalisiert sind, beruht. In der Skizzierung dieser „bürgerlichen Gesellschaft" stützte sich Tönnies sehr stark auf Marx' Analyse des Kapitalismus; er übernahm auch die Arbeitswerttheorie und konzedierte die Transformation von Arbeitskraft in eine Ware, die auf einem Markt gehandelt wird und in der kapitalistischen Produktion zur Mehrwerterzielung eingesetzt wird. Tönnies übernahm auch die Vorstellung Marxens von der Entstehung eines kapitalistischen Proletariats.

Jenseits der Analyse hört aber die Übereinstimmung mit Marx auf, denn die Wendung, mit der Tönnies an diese Kapitalismusanalyse anschloß, ist sowohl im Gegensatz zur marxistischen Auffassung zu sehen wie überraschend: die Wendung zum individuellen Willen als Grundlage allen sozialen Lebens. Die „Theorie" des individuellen menschlichen Willens soll die Lösung und Scheidung aller dieser Begriffe bewerkstelligen. Arbeitskraft wird nun zur „rein fiktiven durch menschlichen Willen gesetzten, unnatürlichen Ware".[17]

In bezug auf den menschlichen Willen wird dann zwischen dem Wesenwillen und dem Kürwillen unterschieden, und zwar unter Zugrundelegung der Beziehung zwischen Willen und Denken: Der Wesenwille ist das Prinzip der Einheit des Lebens, das das Denken mitumfaßt; der Kürwille ist ein Gebilde des Denkens selbst, ist eigentlich Denken, in dem der Wille enthalten ist. Seinen Realitätswert erhält der Kürwille daher eigentlich erst durch die Beziehung auf seinen Urheber, das denkende Subjekt. Demgegenüber bezieht sich der Wesenwille auf Vergangenes als Einheit, und das Werdende ergibt sich darauf. Der Wesenwille wird dann als typisch für Frauen, Kinder und das „Volk" bezeichnet, der Kürwille herrscht bei Männern, Alten und in der Gesellschaft vor.

Während das Bürgertum vom Kürwillen durchdrungen ist, bekennt sich das Proletariat nur zögernd und unwillig zu dieser Gesellschaft, in der es nur zum Teil freien Willen zuerkannt erhält und auch, weil es noch zu einem großen Teil „Volk" ist. Der Übergang vom Volk zum Proletariat ist eine Transformation vom Wesenwillen zum Kürwillen, die aber nicht vollkommen gelingen kann, weil das Proletariat immer „Volk" bleibt. Die Übernahme der Produktion durch das Proletariat, das Miteigentum des Proletariats am Kapital würde daher das „Ende der Gesellschaft" bedeuten.

---

[17] *Ferdinand Tönnies,* Gemeinschaft und Gesellschaft, op. cit., S. 69

Gemeinschaft und Gesellschaft werden somit repräsentiert durch je verschiedene Merkmale:

Gemeinschaft: Wesenwille, Selbst, Besitz, Grund und Boden, Familienrecht

Gesellschaft: Kürwille, Person, Vermögen, Geld, Obligationenrecht.

Gemeinschaft und Gesellschaft werden als zwei „Zeitalter“ im Entwicklungsprozeß verstanden. Aus vordem gemeinschaftlichen Sozialgebilden werden gesellschaftliche Beziehungen. Aus dem Volk wird durch den bewußten Kürwillen der einzelnen der Staat, der sich auf Recht stützt, Recht interpretiert und schafft. Damit wollte Tönnies einen begrifflichen Rahmen schaffen für die Strömungen und Kämpfe der letzten Jahrhunderte und ihr Fortwirken in der Epoche, die für ihn Gegenwart war. Er bezog sich dabei auf die „germanische Kultur“ in ihrem Entwicklungsprozeß, wie sie die beiden entgegengesetzten Tendenzen aus sich heraus erzeugte.

Diese Entwicklungsperspektive wird gekreuzt von einer Polarisierung zwischen „realem Leben“ und „gedanklicher Konstruktion“, denn Haus, Dorf und Stadt sind für ihn die bleibenden Typen des realen Lebens; Gesellschaft, Staat und Wissenschaft hingegen sind künstliche, durch Denken erzeugte Gebilde. Der moderne Mensch daher ein Grenzgänger zwischen zwei Welten. Immer wieder findet sich in diesen vielfältigen Abgrenzungen die ganze Fremdheit und Artifizialität des Gesellschaftsbegriffs und das Bewußtsein um seine historisch-ideologische Begrenztheit, das das „deutsche“ Denken durchzieht, reflektiert.

Tönnies verstand sich zwar als Soziologe, aber bei näherem Hinsehen ist seine Soziologie etwas ganz anderes als das, was Comte, Spencer und Durkheim implizierten. Gesellschaft, das ist ihm Konstruktion und Abstraktion: Was für ihn Realitätsgehalt hat, umfaßt der Begriff „Gemeinschaft“, und darin spiegelt sich eigentlich nichts anderes als das in der Zeit so oft gebrauchte bedeutungsschwere Wort vom „Volk“ („Volksgeist“, „Volkskörper“...). Und Tönnies stellt auch die Verbindung her zwischen seinem Gemeinschaftsbegriff und dem Hegelschen Begriff der „konkreten Substanz des Volksgeistes“. Tönnies wies selbst in einem späteren Werk[18] auf die Unterschiede zwischen Deutschland, Frankreich und Großbritannien hin. Während in Großbritannien die Bildung der neuen Gesellschaft als Produkt der industriellen Revolution zum Motor der Entwicklung geworden war, hatte in Frankreich der neue Staat durch die politische Revolution diese Führungsrolle übernommen. In Deutschland eilte die Entwicklung des Bewußtseins der sozialen und politischen Veränderung voraus. Der deutsche Idealismus war Produkt des Denkens einer „freischwebenden Intelligenz“, die sich aus ihrer ökonomisch-sozialen und politischen Gebundenheit geistig lösen konnte.[19]

Literatur

Georg Ahrweiler, Hegels Gesellschaftslehre, Darmstadt-Neuwied 1976

Horst Baier, Die Gesellschaft – ein langer Schatten des toten Gottes: Friedrich Nietzsche und die Entstehung der Soziologie aus dem Geist der decadence, in: Nietzsche-Studien 19–11/1981–2, S. 6ff.

Reinhard Bendix, Könige oder Volk, Bd. 2, Frankfurt 1980

---

[18] *Ferdinand Tönnies,* Die Entwicklung der sozialen Frage bis zum Weltkriege, Berlin und Leipzig 1919

[19] Der Begriff „freischwebende Intelligenz“ wurde von *Alfred Weber* geprägt und später v. a. von *Karl Mannheim* in seiner Wissenssoziologie verwendet

Cornelius Bickel, Ferdinand Tönnies, Soziologie als skeptische Aufklärung zwischen Historismus und Rationalismus, Opladen 1991

Wilhelm Dilthey, Gesammelte Schriften, 12 Bände, Stuttgart-Göttingen 1962–65

Emile Durkheim, Besprechung von Ferdinand Tönnies: Gemeinschaft und Gesellschaft, in: Frühe Schriften zur Begründung der Sozialwissenschaft, Darmstadt und Neuwied 1981, S. 77ff.

Klaus Eder, Geschichte als Lernprozeß? Zur Pathogenese politischer Modernität in Deutschland, Frankfurt 1985

Norbert Elias, Über den Prozeß der Zivilisation, Bd. 1, Frankfurt 1978 (ursprl. 1936)

Rolf Engelsing, Sozial- und Wirtschaftsgeschichte Deutschlands, Göttingen 1973

Alexander Gerschenkron, Economic Backwardness in Historical Perspective, Cambridge, Mass., 1965

André Glucksmann, Die Meisterdenker, Reinbek bei Hamburg 1978

Helga Grebing, Der „deutsche Sonderweg" in Europa (1806–1945) – Eine Kritik, Stuttgart 1987

Hajo Holborn, Der deutsche Idealismus in sozialgeschichtlicher Beleuchtung, in: *H.-V. Wehler,* Moderne deutsche Sozialgeschichte, Köln-Berlin 1966, S. 85ff.

Eckart Kehr, Zur Genesis der preußischen Bürokratie und des Rechtsstaates. Ein Beitrag zum Diktaturproblem, in: *H.-V. Wehler,* Moderne deutsche Sozialgeschichte, Köln-Berlin 1966, S. 37ff.

Jürgen Kocka, Stand-Klasse-Organisation, in: *H.-U. Wehler* (Hg.), Klassen in der europäischen Sozialgeschichte, Göttingen 1979, S. 137ff.

René König, Soziologie in Deutschland, München-Wien 1987

Reinhart Koselleck, Staat und Gesellschaft in Preußen 1815–1858, in: *H.-V. Wehler,* Moderne deutsche Sozialgeschichte, Köln-Berlin 1966, S. 55ff.

Ders., Preußen zwischen Reform und Revolution, Stuttgart 1987

Georg Lukàcs, Die Zerstörung der Vernunft, Berlin 1954

Karl Mannheim, Historismus, in: Ders., Wissenssoziologie, Berlin-Neuwied 1964, S. 246ff.

Ders., Konservatismus, Frankfurt 1984 (ursprl. 1925)

Arthur Mitzman, Sociology and Estrangement. Three Sociologists of Imperial Germany, New York 1973

Helmuth Plessner, Die verspätete Nation, Frankfurt 1974 (ursprl. 1935)

Ders., Diesseits der Utopie, Frankfrut 1974

Leopold von Ranke, Geschichte und Politik, Stuttgart 1943

Werner Richter, Bismarck, Frankfurt 1977

Wilhelm H. Riehl, Die bürgerliche Gesellschaft, Stuttgart und Augsburg 1855

Albert Schäffle, Bau und Leben des sozialen Körpers, Enzyklopädischer Entwurf einer realen Anatomie, Physiologie und Psychologie der menschlichen Gesellschaft mit bes. Rücksicht auf die Volkswirtschaft als sozialem Stoffwechsel, Tübingen 1875

Helmut Schelsky, Rückblicke eines ‚Anti-Soziologen', Opladen 1981

Carsten Schlüter – Lars Clausen, Renaissance der Gemeinschaft? Berlin 1990

J. Singelmann – P. Singelmann, Lorenz von Stein and the paradigmatic bifurcation of social theory in the nineteenth century, in: The British Journal of Sociology XXXVII/1986, S. 431ff.

Werner Sombart, Noo-Soziologie, Berlin 1956

Lorenz von Stein, Zur preußischen Verfassungsfrage, Darmstadt 1961

Ders., Geschichte der socialen Bewegung, Bd. 1: Der Begriff der Gesellschaft, München 1921 (ursprl. 1850)

Friedrich H. Tenbruck, Die unbewältigten Sozialwissenschaften, Graz-Wien-Köln 1984

Ferdinand Tönnies, Gemeinschaft und Gesellschaft, Darmstadt 1979 (ursprl. 1887)

Ders., Die Entwicklung der sozialen Frage bis zum Weltkriege, Berlin-Leipzig 1919

Heinrich von Treitschke, Die Gesellschaftswissenschaft. Ein kritischer Versuch, Leipzig 1859

Thorstein Veblen, Imperial Germany and the Industrial Revolution, Ann Arbor 1966 (ursprl. 1915)

Hans-Ulrich Wehler (Hg.), Moderne deutsche Sozialgeschichte, Köln-Berlin 1966

Ders., Das Deutsche Kaiserreich 1871–1918, Göttingen 1977

Ders., Der Aufstieg des organisierten Kapitalismus und Interventionsstaates in Deutschland, in: *H. A. Winkler* (Hg.), Organisierter Kapitalismus, Göttingen 1974, S. 36ff.

Emilio Willems, Der preußisch-deutsche Militarismus, Köln 1984

2. Form und Leben: Georg Simmel

Georg Simmel (1858–1918) war der deutsche Soziologe mit den meisten internationalen Beziehungen. In deutschen akademischen Kreisen eher ein Außenseiter, was auch die spät erfolgende Berufung 1914 als Ordinarius für Philosophie nach Straßburg belegt, war er Mitherausgeber und Autor des „American Journal of Sociology", arbeitete bei Durkheim „Année sociologique" mit und war Mitglied des von René Worms gegründeten „Institut Internationale des Sociologie". Er unterhielt also Beziehungen sowohl zur amerikanischen Soziologie wie zur französischen, sein Einfluß war aber besonders in Amerika stark. In Deutschland fand er weniger bereitwillige Anerkennung aus Gründen seiner relativistischen Einstellung zur Religion, seiner jüdischen Herkunft, seiner internationalen Ausrichtung und wohl auch wegen seines akademischen Stils. Georg Simmel bevorzugte bei seinen Darlegungen die Essayform und hielt unkonventionelle Vorlesungen. Zwar war er anfangs im Vorstand der Deutschen Gesellschaft für Soziologie, er trat aber später aus. Ein enger Freund und Förderer Simmels war Max Weber. Wie Weber war Simmel stark vom Neukantianismus Heinrich Rickerts beeinflußt, wandte sich aber insbesondere nach 1908 der Lebensphilosophie vor allem unter dem Eindruck Henri Bergsons zu.

Simmels Werk weist eine Vielfalt der Interessen auf, die sich schon in seiner Studentenzeit in einer großen Zahl von belegten Fächern: Geschichte, Philosophie, Völkerpsychologie, Kunstgeschichte, Altitalienisch, zeigte. Eines seiner Hauptinteressen, das sich in zahlreichen Essays niederschlug, betraf die Kultur der Moderne. Habermas nennt ihn einen „philosophierenden Zeitdiagnostiker".[1]

Allerdings war Simmel auch, insbesondere anfangs, stark vom Evolutionismus und Positivismus beeinflußt, was dazu führte, daß er sich mit den Problemen der Konstitution der Einzelwissenschaft Soziologie, ihres Erkenntnisobjekts und ihrer Methode auseinandersetzte. Simmel gilt daher auch als einer der Begründer der Soziologie, die er als formale Soziologie definierte.

Simmel wie auch Max Weber als „Soziologen" zu bezeichnen, ist nur legitim, wenn man ihre „Soziologie" als Teil ihres Gesamtwerks versteht, aus dem sie andererseits aber nicht einfach herauszulösen ist. Keineswegs waren beide Nur-Soziologen, ihr Werk betrifft auch – mitunter auch primär – andere Disziplinen und Problembereiche: bei Simmel die Philosophie, die Sozialpsychologie, die Kulturgeschichte; bei Weber die Geschichte, die Nationalökonomie, die Wissenschaft von der Politik. Für beide charakteristisch, daß sie die Einzelwissenschaft „Soziologie" trennen von einer breiteren – man könnte heute sagen: interdisziplinären – Behandlung gesellschaftlicher Phänomene unter der Perspektive der Kultur.

Erkenntnis und Leben: Über wissenschaftliche Methode

Unter dem Einfluß der geisteswissenschaftlichen Methode und insbesondere des neukantianischen Begriffs der Kulturwissenschaften, beschäftigte sich Simmel mit der Methode des Verstehens. Diese methodischen Überlegungen sind vor allem in: „Die Probleme der Geschichtsphilosophie" (1892, 1905 2. völlig veränderte Auflage) und in dem Aufsatz „Vom Wesen des historischen Verstehens" (1918) niedergelegt. Simmel geht es unter anderem um die Möglichkeit der Gesetzeserkenntnis in der Geschichte. Gesetze im Sinne einer strengen Kausalität kann es nur in bezug auf

---

[1] *Jürgen Habermas,* Simmel als Zeitdiagnostiker, Nachwort zu: Georg Simmel, Philosophische Kultur, Berlin 1983, S. 244

allgemeine kosmische Zusammenhänge, die gleichzeitig die zwischen den einfachsten Teilen sind, geben, während bei allen komplexeren Erscheinungen, und die Menschengeschichte ist die komplizierteste davon, das Auftreten unvorhersehbarer Einwirkungen aus anderen Bezügen nicht ausgeschlossen werden kann. Trotzdem hielt Simmel an der Gesetzeserkenntnis fest, allerdings unter der Voraussetzung der Unvollkommenheit des Erkennens selbst – ein Standpunkt, dem sich auch ein Vertreter der exakten Wissenschaft wie etwa Carl Menger anschließen hätte können. Simmel schloß seine Ausführungen über die historischen Gesetze mit der Feststellung, daß diese orientierend wirken können, solange sie nicht widerlegt sind, aber immer nur zeitlich und räumlich beschränkt gelten und weniger erklären, sondern selbst der Erklärung bedürfen: „Der relative Wert der historischen Gesetze bleibt... auch bei der Annahme ihrer zeitlichen Alternierung bestehen, auch hier zeigen sie sich als orientierende abstrakte Zusammenfassungen der Erscheinungen, jede berechtigt, solange als regulatives Princip verfolgt zu werden, wie die Thatsachen es zulassen...; gerade das Anerkenntnis, daß die historischen Gesetze nicht absolut, sondern in zeitlicher Beschränkung herrschen, zeigt, daß sie dann – und auch *nur* dann – ganz falsch sind, wenn sie dogmatisch ganz richtig zu sein behaupten.“[2]

Die historische Wahrheit ist keine Abspiegelung der historischen Wirklichkeit, denn wir gehen immer von Apriori-Kategorien unseres Verstehens aus, die den Spielraum der historischen Gestaltungsformen vorgeben, innerhalb derer die Deutung des realen Geschehens erfolgt. Dabei ist die erste übertheoretische Tatsache, die die Theorie überhaupt motiviert und das Erkennen leitet, das Erkenntnisinteresse. Die Art historischer Erkenntnismöglichkeit ist ferner dadurch bestimmt, daß die Substanz der Geschichte aus „psychologischen Tatsächlichkeiten“ besteht. Auch die traditionelle Geschichtsschreibung ging – wenn auch unbewußt – von der Annahme psychologischer Gesetzmäßigkeiten aus. Die Geschichtswissenschaft soll diese nun mit Hilfe des Verstehens aufspüren und explizit machen. Das hielt Simmel für möglich, weil man psychische Zusammenhänge rekonstruieren und dadurch seelisch nachvollziehen kann.

Zunächst ging es Simmel um das Aufzeigen der Grundlagen der historischen Interpretation, um das „Verstehen“ der Geschichte, das er als Urphänomen des menschlichen Geistes wie Hören, Sehen, Denken verstand. Seine Voraussetzung ist die Beziehung zum anderen, zum „Du“, welches selbst die Substanz darstellt, während Verstehen die Funktion ist, mit der die Beziehung aktiviert werden kann. Intuition ist der Weg, über den Verstehen möglich ist; es ist dies aber weder ein mystischer Vorgang noch das Sich-selbst-Wiederfinden im Du, sondern es ist die Grundlage der Beziehungspraxis im täglichen Leben.

Simmel unterschied zwischen dem Verstehen des Sachgehalts als dem zeitraumunabhängigen Begreifen des Inhalts und dem historischen Verstehen, das eigentlich kein inhaltliches Verstehen ist, sondern die Einbettung von Ereignissen, Personen, Sachverhalten in dem aktiven Fluß des Lebens. Wir können etwa ein bestimmtes Gedicht hören und es inhaltlich verstehen, wir können es aber auch in Beziehung setzen zu der Person des Dichters, des Lebensabschnitts, in dem das Gedicht entstanden ist, der Bedeutung, die der Dichter in demselben mit ihm verband. Die Herstellung dieser Verbindung, dieser Beziehung im Rahmen eines kontinuierlichen Zusammenhangs ist das, was wir „Geschichte“ nennen. Diese Unterscheidung ist jedoch nur analytisch-methodisch sinnvoll, in der Realität durchdringen sich beide Arten des Verstehens.

---

[2] *Georg Simmel,* Die Probleme der Geschichtsphilosophie, S. 297ff., in: Ders., Gesamtausgabe Bd. 2, Frankfurt am Main 1989, S. 378/9

Vor allem deshalb, weil auch das sachliche Verstehen auf eine evolutive Ordnung abzielt, die durch die Vorstellungen des erlebenden und betrachtenden Subjekts bestimmt ist, da man es sonst ja nicht einmal Verstehen nennen könnte.

Simmel bezieht Verstehen auf „Leben", und wie das Leben vielschichtig und dynamisch ist, so ist es auch der vitalistische Verstehensbegriff, den er von dem mechanistischen, der die Einheit des Lebens in seine Bestandteile zu zerlegen sucht, abzugrenzen bestrebt ist. Demgegenüber meint Simmel, „das Leben kann eben nur durch das Leben verstanden werden".[3]

In bezug auf die wissenschaftliche Betrachtung der Gesellschaft nahm Simmel keine sehr eindeutige Stellung ein. Einerseits ist klar, daß das soziale Leben historisch vorgeformt ist und in der Weise der Geschichte erkennbar sein muß, also durch „Verstehen", andererseits hält er seine Soziologie als exakte Wissenschaft für möglich. Wie für Max Weber ist auch für Georg Simmel darin kein Widerspruch zu sehen. Auch Simmel plädierte dafür, daß die wissenschaftliche Behandlung gesellschaftlicher Phänomene immer zugleich kausal und teleologisch sein müsse: kausal, wenn man den Zusammenhang der sozialen Elemente und ihre Wechselwirkung meint; teleologisch, wenn man diese Wechselwirkungen und das durch sie geschaffene Netzwerk der Gesellschaft von ihren individuellen Trägern her betrachtet. Diese zweifache Betrachtungsweise ist begründet in der Tatsache der Vergesellschaftung selbst, die das Individuum in eine Doppelstellung bringt: „Daß es in ihr befaßt ist und zugleich ihr gegenübersteht, ein Glied ihres Organismus und zugleich selbst ein geschlossenes organisches Ganzes, ein Sein für sie und ein Sein für sich".[4]

Gesellschaft ist das Axiom für jede weitere soziale Wechselwirkung; unsere Vorstellung vom anderen ist durch die Tatsache unserer Zugehörigkeit zu bestimmten sozialen Kreisen geprägt. So ist aber auch die Kenntnis der kausalen Zusammenhänge Voraussetzung für das teleologische Verstehen der Handlungen und dieses wieder für die Erklärung der Wechselbeziehungen. Wahrheit, auch wissenschaftliche Wahrheit, ist daher immer perspektivisch und relativ.

Simmel ging von einer pragmatischen Theorie der Wahrheit aus, wie sie in den USA auch von William James, Charles S. Peirce und John Dewey vertreten wurde. Zunächst trennte Simmel zwischen dem inhaltlichen oder ideellen und dem dynamischen Sinn menschlicher Vorstellungen. Die Vorstellungen, welche unser Handeln bestimmen, üben ihre Wirkungen nicht aufgrund ihres Inhalts aus, sondern gemäß der realen psychologischen Kraft, die sie einzusetzen haben. Mit den praktisch günstigen Erfolgen des Handelns ist noch keine bestimmte Qualifikation des Inhalts der handlungsleitenden Vorstellungen präjudiziert. Man muß die Nützlichkeitswirkung von den inhaltlichen Übereinstimmungen mit der Objektivität, auch der ideal gedachten, lösen. Nun läßt sich Wahrheit aber nicht einfach in Nützlichkeit auflösen. Simmel geht daher einen anderen Weg. Er argumentiert: Wahrheit ist nur innerhalb eines Systems von Sätzen möglich und relevant. So ist der einzelne mathematische Satz wahr, insofern er auf andere zurückzuführen ist; mathematische Wahrheit besteht nur zwischen den einzelnen Sätzen der Wissenschaft, die Wissenschaft als Ganzes aber, da sie von ihrerseits nicht beweisbaren und daher weder wahren noch falschen Axiomen ausgeht, ist nicht in demselben Sinne wahr. In jeder Wissenschaft findet sich beweisbare Wahrheit immer nur zwischen einzelnen Erkenntniselementen und nach Annahme gewisser erster Tatsachen und Prinzipien.

---

[3] *Georg Simmel,* Vom Wesen des historischen Verstehens, S. 61ff., in: Ders., Das Individuum und die Freiheit, Berlin 1984, S. 81

[4] *Georg Simmel,* Soziologie. Untersuchungen über die Form der Vergesellschaftung, 5. Auflage, Berlin 1968, S. 288

Interessant ist, daß Simmel zum Beweis seiner Thesen die natürliche Selektion bemüht und damit die heute so moderne evolutionäre Erkenntnistheorie vorwegnimmt. Die „Axiome" unserer Vorstellungen sind unsere physisch-psychischen Organisationen des Vorstellungsvermögens, bei den Tieren die Sinnesausstattung, die die Weltbilder und Vorstellungen der Tiere von der Welt bestimmen; die Sinnesausstattung der Tiere entspricht aber bzw. ist identisch mit den spezifischen Lebensanforderungen dieser jeweiligen Tierart. „Für das Tier ist diejenige Vorstellung die wahre, auf die hin es sich in der für seine Umstände günstigsten Weise verhält, weil eben die Forderung dieser Verhaltungsart selbst die Organe gebildet hat, die sein Vorstellen überhaupt formt."[5] Somit gibt es viele verschiedene Wahrheiten, je nach den Axiomen, sprich der „Welterkennungsausstattung" der Spezies, wobei der Mensch keine Ausnahme macht. Es ist daher müßig, eine absolute Wahrheit anzunehmen, zu der die praktischen Anforderungen erst in Beziehung gesetzt werden müßten, um Wahrheit oder Falschheit derselben feststellen zu können.

Die Vorstellungen, die als wahr gelten, sind nicht deshalb wahr, weil sie einer objektiven Wahrheit entsprechen, sondern weil sie durch praktische Selektion, d.h. durch ihre Wirkungen via den dynamischen psychischen Anstoß zum Handeln als günstig erwiesen wurden. Erkennen ist also nicht zuerst wahr und dann nützlich, sondern umgekehrt zuerst nützlich und wurde dann wahr genannt. Wir sind nur so gewohnt, uns die Wahrheit als etwas im absoluten Sinn Objektives vorzustellen, daß es uns schwerfällt zu sehen, daß Wahrheit und das, was wir logische Gesetze nennen, Resultate von Normen sind, die dem Nützlichkeitsprinzip entspringen. Simmel modifizierte einen Ausdruck von Kant, um diese seine Erkenntnistheorie zu skizzieren: „Die Nützlichkeit (statt Möglichkeit) des Erkennens erzeugt zugleich für uns die Gegenstände des Erkennens."[6]

Die Trennung von Form und Inhalt: die „formale" Soziologie Simmels

Soziologie als eigene Wissenschaft hielt Simmel für möglich, wenn man die Formen des sozialen Lebens aus ihren inhaltlichen Bezügen herauslösen und diese Formen für sich untersuchen kann. Die „Formen der Vergesellschaftung" – so der Untertitel von Simmels Buch „Soziologie" (1908) – sind der eigentliche „Gegenstand" dieser Wissenschaft. Er kann nicht als solcher aus der Wirklichkeit entnommen werden, sondern wird erst durch die Trennung von Form und Inhalt „erzeugt". Unter dieser Voraussetzung kann die Soziologie aber eine eigene Wissenschaft sein, ja sogar eine exakte Wissenschaft.

Die „Formen" der Vergesellschaftung lassen sich bestimmen als die Strukturen, die aufgrund der Wechselwirkungen zwischen Individuen und Gruppen entstehen. „Gesellschaft" beruht auf Wechselwirkung, auf Beziehung, und die konkreten sozialen Wechselwirkungen weisen zwei Aspekte auf: Form und Inhalt. Die sozialen Inhalte begründen keine eigene, spezifisch soziologische Interpretation, weil sie auch Gegenstand anderer Wissenschaften sind. Eine Wissenschaft „Soziologie" muß sich daher mit den formalen Aspekten beschäftigen. Die Abstraktion vom Inhalt ermöglicht es, „die Tatsachen, die wir als die gesellschaftlich-historische Realität bezeichnen, wirklich auf die Ebene des bloß Gesellschaftlichen" zu projizieren. Die Inhalte werden erst durch die Formen der Wechselwirkung oder Vergesellschaftung zu gesellschaftlichen. Erst auf diese Weise ist zu erfassen, „was an der Gesellschaft

---

[5] *Georg Simmel,* Über eine Beziehung der Selectionslehre zur Erkenntnistheorie, in: Archiv für systematische Philosophie, hrsg. v. P. Natorp, Berlin 1895, S. 41

[6] Ebenda, S. 45

wirklich ‚Gesellschaft' ist, wie erst die Geometrie bestimmt, was an den räumlichen Dingen wirklich ihre Räumlichkeit ist."[7]

Der Hinweis auf die „Wechselwirkung" als Grundtatsachen gesellschaftlicher Betrachtung hat in der amerikanischen Soziologie, auf die Simmel einen gewissen Einfluß hatte, ein Pendant im Begriff der „Interaktion", einem der zentralen Grundbegriffe der modernen (amerikanischen) Soziologie mit ihrem starken behavioristischen Einschlag. Und die Trennung von Inhalt und Form hat sich in der sozialpsychologischen Forschung als ganz wichtig erwiesen. Auch in bezug auf die starke sozialpsychologische Orientierung der amerikanischen Soziologie ergeben sich interessante Parallelitäten mit Simmel. Wenn Erving Goffman von den „Rahmungen" spricht und von den vielschichtigen Interpretationen der Wirklichkeit, so scheint sich darin die Vorstellung Simmels vom Spiel als der Metapher der formalen Soziologie zu spiegeln, bei dem die inhaltliche Bestimmtheit der Lebensformen durch die formale Bestimmung der Substanz ersetzt wird. Simmel nennt diese „Spielform der Vergesellschaftung" Geselligkeit, sie ist sozusagen die „reine Gesellschaft, die jeden spezifischen Inhalts enthobene Form, das „Gesellschaftsspiel".[8]

Die formale Soziologie Simmels ist keine „Richtung", kein theoretisch-methodischer Ansatz der Soziologie, sondern beruht auf einem Grundgedanken der modernen Wissenschaft überhaupt: In der Wissenschaftsphilosophie sprachen Heinrich Rickert und Ernst Cassirer von dem Übergang von Substanz bzw. Dingbegriffen zu Relations- bzw. Funktionsbegriffen; der Neopositivismus zeigte Tendenzen, die Wissenschaftssprache als Weiterentwicklung der formalen Aussagenlogik zu konzipieren. Wir finden im 20. Jahrhundert in den verschiedenen Wissenschaften immer stärker ein Abgehen von der Betrachtung ihrer Gegenstände als Dinge. Einheiten, Substanzen hin zu einer Analyse von Beziehungen und Funktionen. Am stärksten bemerkbar war dies in der theoretischen Physik, insbesondere der Atomphysik, aber auch in der Chemie, der Biologie und der Psychologie. Simmel griff also nur ein schon in Ansätzen vorhandenes neues Wissenschaftsdenken auf, wenn er die Soziologie auf der Trennung von Form und Inhalt des Sozialen aufbaute.

Daß er in den Formen der Vergesellschaftung, in den Wechselwirkungen, die Grundtatsache der Gesellschaft sah, reflektiert allerdings auch die geringe inhaltliche Besetzung des Begriffs „Gesellschaft" in der deutschen Öffentlichkeit. „Gesellschaft" wird verengt und eingegrenzt auf Formen von Beziehungen, daneben haben Begriffe wie „Kultur", „Leben" nicht nur durchaus auch inhaltliche Bedeutung bei Simmel, sondern nehmen auch einen breiteren Rahmen in seinem Werk ein.

Neben der reinen Soziologie als Einzelwissenschaft, die sich nach Simmel mit den gesellschaftlichen Formen, die durch die Wechselwirkung der Individuen entstehen, beschäftigt und als solche zu den exakten Wissenschaften gezählt wird, sah Simmel aber weiterreichende und diese einzelwissenschaftliche Bedeutung einrahmende, begleitende und begrenzende Dimensionen gesellschaftswissenschaftlicher Reflexion. Die Erkenntnis der Gesellschaft, die Erkenntnis, daß der Mensch in seinem ganzen Wesen und allen Äußerungen dadurch bestimmt ist, daß er in Wechselwirkung mit anderen Menschen lebt, muß zu einer neuen Betrachtungsweise in allen sogenannten Geisteswissenschaften führen und eine neue genetische Methode entwickeln helfen. Simmel deutete hiermit auf die sozialwissenschaftliche Betrachtungsweise hin, die aber nur Methode, nur ein neuer Weg ohne eigenes Objekt sei. In allen Geisteswissenschaften, in Politik, Ökonomie, Recht, Geschichte tauchen allgemeine

[7] *Georg Simmel,* Soziologie, op. cit., S. 9
[8] *Georg Simmel,* Grundlagen der Soziologie, Berlin 1970, S. 48ff.

Fragen auf, die auf der Betrachtung der verschiedenen Objekte dieser Einzelwissenschaften als sozial generiert beruhen. Solche allgemeinen Fragen richten sich auf die Gesetzmäßigkeit geschichtlicher Entwicklung, die Bedingungen der Macht von Gruppen, der Beziehungen zwischen individuellem und kollektivem Handeln. Neben den individuellen Leistungen, der objektiven sachlichen Bedeutung der Probleme, treten nun auch die Leistungen des „Subjekts Gesellschaft" in den Vordergrund.

Neben dieser allgemeinen Dimension der Soziologie als Denkweise in den Wissenschaften der modernen Kultur grenzen noch philosophische Fragen an die „Tatsache Gesellschaft" von zwei Seiten her an: erstens weil Grundbegriffe, Methoden, Theorien und Forschungswege gefunden werden müssen: dies ist die Erkenntnistheorie der Soziologie; sodann dadurch, daß die soziologischen Aussagen mit Zusammenhängen in Beziehung gesetzt werden, die außerhalb von Erfahrung und gegenständlichem Wissen liegen: dies ist die Metaphysik der Soziologie.

Ansätze zu einer Sozialpsychologie

Simmels Originalität und Gegenwartsrelevanz wird heute stärker in seinen sozialpsychologischen Betrachtungen als in seiner „formalen Soziologie" gesehen, obwohl beide eigentlich nicht zu trennen sind. Die Sozialpsychologie stellt zu Simmels Zeit durchaus ein Novum dar, und auch die starke Herausarbeitung verschiedener formaler Aspekte von sozialen Gruppen war ein neuartiges Untersuchungsgebiet. Er wird daher auch als ein Vorläufer der Gruppensoziologie gesehen.

Simmel war der Überzeugung, daß alle gesellschaftlichen Erscheinungen psychische Phänomene sind, eigentlich im Seelischen wurzeln. Aber: „Allein es ist von der äußersten methodischen Wichtigkeit und geradezu entscheidend für die Prinzipien der Geisteswissenschaften überhaupt, daß die wissenschaftliche Behandlung seelischer Tatsachen noch keineswegs Psychologie zu sein braucht; auch wo wir ununterbrochen von psychologischen Regeln und Kenntnissen Gebrauch machen, so die Erklärung jeder einzelnen Tatsache nur auf psychologischem Wege möglich ist – wie es innerhalb der Soziologie der Fall ist –, braucht Sinn und Absicht dieses Verfahrens durchaus nicht auf Psychologie zu gehen; d.h. nicht auf das Gesetz des seelischen Prozesses, der einen bestimmten Inhalt allein tragen kann, sondern auf diesen Inhalt und seine Konfigurationen selbst."[9]

Macht Simmel auch eine Trennung zwischen Psychologie und Soziologie, so wird für ihn doch je nach zu behandelndem Problem Soziologie nur zu einem anderen Namen für Sozialpsychologie, denn letztlich sind die Seelenvorgänge in den einzelnen ihr Gegenstand, allerdings differenziert je nach ihren sozialen Wirkungsfaktoren. Der Gegenstand der Sozialpsychologie ist die Beeinflussung der seelischen Vorgänge des Individuums durch das Vergesellschaftet-Sein. Dieses bewirkt eine gegenseitige seelische Beeinflussung, wodurch es aufgrund der Ähnlichkeit der sozialen Faktoren zu Gleichförmigkeiten vieler Individuen kommt. Mit fortschreitender Kultur wächst die Differenzierung unter den Individuen und steigt gegengleich die Annäherung an das Entferntere. Die Differenzierung und Arbeitsteilung begünstigt die Individualisierung des Menschen. Die zentripetalen Kräfte, die den Menschen in und an seine Gruppe banden, lockern sich, die Individuen in diesen Gruppen differenzieren und spezialisieren sich, orientieren sich an Mitgliedern anderer Gruppen, versuchen sich innerhalb ihrer eigenen Gruppe hervorzuheben (Mode, Schmuck), anders zu sein als die anderen, weniger umfassende, den ganzen Menschen beanspruchende Bindungen anzustreben. In der modernen Gesellschaft bewirkte die Arbeitsteilung aber gleich-

---

[9] *Georg Simmel,* Soziologie, op. cit., S. 17

zeitig mit der Individualisierung auch die Tendenz zur Angleichung, zur Nivellierung, schon deshalb, weil die räumlich-sozialen Voraussetzungen der Vergleichbarkeit größer wurden. Die moderne Kultur ist daher gekennzeichnet durch ein Spannungsverhältnis zwischen Individualismus und Gleichheitstendenz, das auch eine Veränderung der Bedeutung von Individualität mit sich gebracht hat.

Simmel unterschied zwischen der „germanischen" Variante des Individualismus, der er offenbar anhing, und der „romanischen" Variante. Erste zeichnet sich dadurch aus, daß das Individuum als einzigartig aufgefaßt wird, das jeden Vergleich ausschließt. Demgegenüber will der romanische Idealist die höchste Ausformung eines Typus sein. In jedem Menshen besteht aber eine unveränderliche Proportion zwischen dem Individuellen und dem Sozialen, die nur die Form wechselt. „... je enger der Kreis ist, an den wir uns hingeben, desto weniger Freiheit der Individualität besitzen wir; dafür aber ist dieser Kreis selbst etwas Individuelles, scheidet sich, eben weil er ein kleiner ist, mit scharfer Begrenzung gegen die übrigen ab. Und umgekehrt: Erweitert sich der Kreis, in dem wir uns betätigen und dem unsere Interessen gelten, so ist darin mehr Spielraum für die Entwicklung unserer Individualität, aber als Teile dieses Ganzen haben wir weniger Eigenart, dieses letztere ist als soziale Gruppe weniger individuell ...". Eine Folge davon ist: „... je mehr statt des Menschen als Sozialelement der Mensch als Individuum und damit diejenigen Eigenschaften, die ihm bloß als Menschen zukommen, in den Vordergrund des Interesses treten, desto enger muß die Verbindung sein, die ihn gleichsam über den Kopf seiner sozialen Gruppe hinweg zu allen, was überhaupt Mensch ist, hinzieht, und ihm den Gedanken einer idealen Einheit der Menschenwelt nahelegt."[10]

Simmel nahm wesentliche Inhalte der modernen Gruppensoziologie vorweg. Insbesondere wies er auf die Bedeutung der Zahl für die Gruppe hin. Zunächst hängt die Ausbildung von Regeln und Organisationsformen, Organen etc. von der Zahl ab; erst ab einer bestimmten Größe strukturieren sich Gruppen und bilden arbeitsteilige Organe. Sozialistische Ordnungen hielt Simmel nur in kleinen Gruppen für möglich, denn nur da ist die Gerechtigkeit in der Verteilung des Leistens und des Genießens gewährleistet. Ebenso hat sich, so Simmel, der Charakter des Christentums mit seiner Ausbreitung auf ganze Staaten gewandelt.

Aristokratische Körperschaften müssen klein sein, zumindest relativ zur Zahl derer, die sie beherrschen; Simmel meinte, es gäbe eine absolute Grenze für die Größe von Aristokratien, die durch teils äußere, teils psychologische Umstände bestimmt würde. Jeder muß noch mit jedem persönlich bekannt sein können. Verwandtschaft und Verschwägerungen müssen die ganze Gruppe durchziehen. Die restriktive Handhabung der Mitgliedschaft in Eliten ist daher nicht nur durch die egoistische Abneigung gegen das Teilen der Herrschaft oder das Exklusivitätsstreben bedingt, sondern auch durch das Gefühl für die Existenzbedingungen einer Aristokratie. Nicht nur die Kleinheit in Relation zur Masse ist wichtig, sondern auch die absolute Größe. Kleinen Gruppen attestiert Simmel einen möglichen Radikalismus, der aus der Zusammengehörigkeit, aus der Exklusivität und scharfen Abgrenzung der kleinen Gruppen stammt, während der Radikalismus der Masse durch Suggestion und Leidenschaft, durch die Faszination einer einfachen Idee induziert wird.

Überhaupt sind die „Bildungen der großen Kreise" Ersatz für den personalen und unmittelbaren Zusammenhalt kleiner Kreise: Ämter und Repräsentanten, Gesetze und Symbole, Organisationen und soziale Allgemeinbegriffe bilden die „abstrakte Form des Gruppenzusammenhanges" mit dem Charakter des Überpersönlichen und

---

[10] *Georg Simmel*, Soziologie, op. cit., S. 56/7

Objektiven, mit dem diese „Verkörperungen der Gruppenkräfte" dem einzelnen gegenübertreten.

Auch der normative Zusammenhang ist in kleinen und in großen Gruppen verschieden. Simmel charakterisiert ihn durch den Unterschied zwischen Sitte und Recht. Dem Individuum entspricht die persönliche Moral, der kleinen Gruppe die Sitte, dem großen Kreis das Recht. Daß für den großen Kreis die strenge und objektive Normierung durch das Recht notwendig ist, hängt mit der größeren Freiheit, Beweglichkeit, Individualität ihrer Elemente zusammen. Allerdings ist das Recht auch beschränkt auf jene Teile der Moral und Gerechtigkeit, die erforderlich sind, um die ganze Gruppe zu einer Einheit zusammenzufassen.

Simmel sah wohl, daß die Einteilung in große und kleine Kreise sehr unbestimmt und wenig hilfreich ist, wies aber zur Konkretisierung darauf hin, daß man in der Geschichte Zahlen als Einteilungskriterien verwendet hat und daß dabei auch bestimmte Zahlen eine große Rolle spielten (Hundertschaft...). Mit der Zahl ist nicht eine bloße Summe gemeint, sondern eine Gliederung des Kreises, denn die Zahl ist nicht nur Hervorhebung so und so vieler einzelner, sondern verbindet sie zu einer Gruppe, die zur Masse oder zum Rest in einer bestimmten Beziehung steht. Auch nimmt die Zahlbestimmtheit als Organisationsform innerhalb der gesellschaftlichen Entwicklung eine typische Rolle ein; sie tritt als Ersatz für die Verwandtschaftsstrukturen früher Gesellschaften auf. Simmel sah eine Vergewaltigung der Individualität, wenn versucht wird, aus Persönlichkeiten eine „runde Summe" herzustellen, und ortete eine tiefe innere Diskrepanz zwischen dem demokratischen und dem liberal-individualistischen Gesellschaftsdenken.

Simmel sprach von der „Kreuzung der sozialen Kreise" und meinte damit die Tatsache, daß der einzelne über seine Herkunftsfamilie hinaus in anderen realen oder gedachten Gruppen Mitglied wird: der Berufsgruppe, der neugegründeten Familie, dem Stand, in Vereinen, im Staat. Die Zahl der Kreise, denen der einzelne zugehört, gibt Aufschluß über die kulturelle Entwicklung der Gesellschaft. Jedes Individuum steht in einem Koordinatensystem der verschiedenen Gruppen, und was wir Persönlichkeit oder Individualität nennen, ist nur die individuelle Kreuzung der sozialen Kreise, ein Subjektives als Resultat der Synthese des Objektiven. Darin klingen die Vorstellungen der späteren Rollentheorie an.

Die Gruppe ist laut Simmel ein Gebilde von selbständiger Realität, das nach eigenen Gesetzen und Kräften unabhängig von seinen individuellen Trägern existiert. Sie hat wie das Individuum aufgrund einer besonderen Lebenskraft eine Tendenz zur Selbsterhaltung, deren einzelne Grundlagen und Prozesse Simmel untersuchte. Diese Selbsterhaltungsfähigkeit der Gruppe zeigt sich im Fortbestand der Gruppe trotz Ausscheidens einzelner Mitglieder. Die Selbsterhaltungsfähigkeit der Gruppe wird prekärer, wo das Leben der Gruppe eng mit einer herrschenden Einzelperson verbunden ist. Auflösung droht durch das Herrschaftshandeln, das den Gruppeninteressen zuwiderläuft, aber auch durch die Personalisierung der Gruppe. Andererseits kann der Führer Identifikationsobjekt sein und die Gruppeneinheit erhöhen. Das kann auch durch sachliche Symbole erfolgen, besonders dort, wo diese auch einen materiellen Besitz darstellen.

In bezug auf die Über- und Unterordnungsverhältnisse wandte Simmel seine Aufmerksamkeit der in der Wirklichkeit vorhandenen und wirksamen Mitwirkung der Untergebenen an der „Autorität" zu. Er meinte, Autorität vermittle im allgemeinen Sprachgebrauch die Vorstellung von Zwang, tatsächlich beruhe sie als Voraussetzung aber auf einer sehr weitgehenden Freiheit des der Autorität Unterworfenen.

Die Autorität kann aus den Qualitäten der Person erwachsen oder der Person von oben durch eine überindividuelle Gesamtheit: Staat, Kirche, Schule, Militär... verliehen werden. Bei der zweiteren Form muß der Autoritätsunterworfene nun zur Person, wie sie ihm gegenübertritt, etwas hinzutun: Er muß zwischen dem Persönlichkeitswert und dem überpersönlichen Wert eine Beziehung herstellen. Simmel nennt dies ein soziologisches Ereignis. Von dieser Art der Autorität unterscheidet Simmel die „Superioritätsnuance", die man als Prestige bezeichnet, die persönliche Autorität. Sie beruht auf persönlichen Qualitäten des Führenden einerseits und andererseits auf der „freiwilligen Huldigung" durch die Geführten. Simmel weist auch auf die bestimmende Kraft der Rückwirkung hin, die die „Masse" dem Führenden gegenüber zeigt, etwa in der Situation des Redners in einer Versammlung, des Lehrers in der Klasse.

Über- und Unterordnung ist keine einseitige Handlung, sondern eine Wechselwirkung, daher eine „soziologische Form". Jedes Gebot bindet nicht nur die Adressaten, sondern auch den Gebietenden. „Der Mensch hat ein inneres Doppelverhältnis zum Prinzip der Unterordnung: Er will zwar einerseits beherrscht sein, die Mehrzahl der Menschen kann nicht nur ohne Führung nicht existieren, sondern sie fühlen das auch, sie suchen die höhere Gewalt, die ihnen die Selbstverantwortlichkeit abnimmt, und eine einschränkende, regulierende Strenge, die sie nicht nur gegen außen, sondern auch gegen sich selbst schützt. Nicht weniger aber brauchen sie die Opposition gegen diese führende Macht, sie bekommt so erst, gleichsam durch Zug und Gegenzug, die richtige Stelle im inneren Lebenssystem der Gehorchenden. Ja, man möchte sagen, daß Gehorsam und Opposition nur die beiden nach verschiedenen Richtungen orientierten und als selbständige Triebe erscheinenden Seiten oder Glieder eines in sich ganz einheitlichen Verhaltens des Menschen sind."[11]

Der Übergeordnete kann eine Person, eine Gruppe oder ein objektives Prinzip sein. Nur bei der dritten Form, der Unterordnung unter ein objektives Prinzip, z. B. das Gesetz, scheint es diese Wechselwirkung nicht zu geben. Wer einem objektiven Gesetz untergeordnet ist, fühlt sich von diesem bestimmt, er selbst aber bestimmt das Gesetz in keiner Weise. Wer dem Gesetz nicht gehorcht, ist ihm eigentlich nicht „real" untergeordnet, meinte Simmel. Gesetzesherrschaft und Personenherrschaft sind grundsätzlich zu unterscheiden, allerdings mischen sie sich in der Realität. Letzlich hänge es von „soziologischen Wertgefühlen" ab, „ob man die Herrschaft von Menschen als das Provisorium für die Herrschaft des vollendeten Gesetzes ansieht oder umgekehrt die Herrschaft des Gesetzes nur für einen Lückenbüßer oder eine faute des mieux gegenüber der Herrschaft der zum Herrschen absolut qualifizierten Persönlichkeit."[12]

Simmel betrachtete den Streit oder Kampf als eine Vergesellschaftungsform, unabhängig von der Frage nach seinen Folgen oder Begleiterscheinungen. Wenn jede Wechselwirkung eine Vergesellschaftung ist, so muß logischerweise auch die heftige des Streits eine Vergesellschaftungsform sein. Simmel meinte aber darüber hinaus, daß der Streit, da das eigentlich Trennende die Kampfursachen sind, eigentlich eine Annäherung, eine Überwindung eines starren Dualismus im Sinne einer neuen Einheit sei. Simmel sah den Streit auch als konstitutiven Bestandteil aller sozialen Gebilde, ja aller Einheit, auch des Individuums, da neben den harmonischen, einheitsfördernden Kräften es immer die dissoziierenden gibt, zwischen denen sich die Lebensdynamik abspielt. Der Irrtum, daß der Konflikt etwas Zerstörendes sei,

[11] *Georg Simmel*, Soziologie, op. cit., S. 109
[12] Ebenda, S. 149

resultiert daraus, daß man nur auf die Bewegung der Teile blickt; etwas für das Individuum Negatives kann aber innerhalb der Totalität der Beziehung durchaus positiv wirken, wie etwa die Leistungskonkurrenz. Auch wies Simmel darauf hin, daß die Voraussetzung des Kampfes in Aspekten der Ähnlichkeit zwischen beiden Gegnern (gemeinsames Objekt, Vergleichsmöglichkeit) beruht.

Simmel hob bereits die Institutionalisierung des Arbeitskampfes hervor, der eine eigene Vergesellschaftungsform durch Versachlichung gefunden habe, zum einen, weil die unpersönlichen Interessengegensätze eigentlich von beiden Seiten im Prinzip anerkannt werden, sowie durch die Routinisierung der Austragungsformen und -regeln des Kampfes. Simmel zeigte auch, daß der Streit nicht nur für das Verhältnis zwischen den Gegnern, sondern auch für die innere Struktur jeder Partei bedeutsam ist, für ihren Zusammenhalt, für die Straffung der Organisation, für Zentralisation und Disziplin.

Das Geld und die Kultur der Moderne

Ein durchgängiges Interesse Simmels betraf das Problem der modernen Kultur. Zahlreiche seiner Essays beschäftigen sich mit kulturellen Themen, mit Themen des modernen Lebens: „Zur Psychologie der Mode“ (1895), „Philosophie der Mode“ (1905), „Weibliche Kultur“ (1902), „Soziologie der Konkurrenz“ (1903), „Zur Soziologie der Armut“ (1906), „Philosophische Kultur“ (1911) sowie eine große Zahl von Essays über die Stellung der Frau in Kultur und Gesellschaft und die Beziehungen der Geschlechter zueinander. Besonders wichtig ist seine Beschäftigung mit der kulturellen Bedeutung des Geldes, vor allem niedergelegt in „Philosophie des Geldes“ (1900). Diese ist „diesseits und jenseits“ der Ökonomik angesiedelt, d. h. sie beschäftigt sich mit den Voraussetzungen einerseits, den Wirkungen des Geldes in der modernen Kultur, des Geldes als Kulturerscheinung andererseits. Die Grundabsicht ist es, die wirtschaftlichen Faktoren ihrerseits als Ergebnis psychischer und metaphysischer Voraussetzungen zu erkennen. Er stellte sich damit ganz absichtlich in Gegensatz zum historischen Materialismus.

In einem „analytischen Teil“ behandelt er die Voraussetzungen der Kulturerscheinung „Geld“, wobei er zunächst Überlegungen über den Wert anstellt. Der wirtschaftliche Wert wird als Objektivation subjektiver Werte interpretiert, die zustandekommt durch die Distanzierung von Subjekt und Gegenstand. Wirtschaften definiert er gleichzeitig als Distanzierung zu den Objekten unserer Bedürfnisse durch Verzicht, Mühe, Opfer und Überwindung dieser Distanz. Der Tausch ist „reinstes soziologisches Vorkommnis“, „die vollständige Wechselwirkung“ und die Bedingung für die Entstehung des wirtschaftlichen Wertes. Das Geld als der verselbständigte Ausdruck der Tauschrelation bildet die Grundlage der relativistischen Werttheorie, denn die Dinge erhalten ihre Bedeutung in bezug aufeinander, in ihrer Gegenseitigkeit und nicht in ihrer Einzigartigkeit.

Im synthetischen Teil wandte sich Simmel zunächst der Begründung der individuellen Freiheit durch die Unpersönlichkeit der Geldbeziehungen zu. Die individuelle Freiheit, die das Gesetz vermittelt, stellt sich dar als „Ausprägung des Ich an den Dingen“, als Besitz. Die Trennung der Gesamtpersönlichkeit von ihren einzelnen Leistungen und von ihrem Besitz bewirkt eine Verselbständigung des Individuums gegenüber der Gruppe, i. e. den traditionellen sozialen Gruppierungen, und führt zu neuen zweckorientierten Assoziationsformen. Aber sie führt auch zur Entwurzelung der Persönlichkeit, zur Entwicklung einer negativen Bedeutung von Freiheit und zur Ermöglichung von Ausbeutung als Wertdifferenz zwischen persönlicher Leistung und Geldäquivalent. Die Geldwirtschaft veränderte den Lebensstil, brachte ein Übergewicht der intellektuellen über die Gefühlsfunktionen, das „rechnende Wesen der Neuzeit", die Steigerung der Kultur der Dinge bei Zurückbleiben der Kultur der Personen; sie bedingt eine spezifische Arbeitsteilung, die Ursache ist für das Auseinandertreten der subjektiven und der objektiven Kultur, die Herrschaft der Technik, die Vergrößerung der Distanz zwischen den Menschen. Geld ist für Simmel auch der vollendetste Repräsentant der modernen Erkenntnisform der Wissenschaft mit ihrer Reduktion qualitativer auf quantitative Bestimmungen.

Die Verwendung von Geld als Zahlungs-, Tausch- und Rechnungsmittel verwandelt persönliche Beziehungen in vermittelte unpersönliche und partielle Beziehungen. Sie erhöht die individuelle Freiheit, bewirkt aber durch Vergleichbarmachen aller möglichen Dinge eine Nivellierung. Simmel kritisierte die Tatsache, daß in der modernen Kultur der Geldwert andere – tiefere – Bedeutungen ersetze und so zu psychischer Verarmung und Sinnentleerung führe. Das Besitzinteresse richtet sich zweckhaft auf das Geld selbst, Geld, das seiner Natur nach nur Mittel sein kann, wird zum Endzweck. Auf der anderen Seite brachte die Geldverwendung eine Tendenz zum Abwägen, Kalkulieren, zur Mathematisierung und Quantifizierung des Alltagslebens, die auch als Rationalisierung im Sinne der Affektreduktion und -kontrolle wirkte. Das Geld ist aber nicht nur Determinante unserer Kultur. Dem Geld schrieb Simmel auch die Hinwendung des Denkens zu Begriffen der Entwicklung, der Bewegung zu. Ihr Ausdruck in den Wissenschaften ist die empirische Methodologie, denn diese bedeutet Abkehr von unbedingten Wahrheiten, Hinwendung zu Entwicklung und ständiger Veränderung.

In bezug auf das Prinzip der Konkurrenz wies Simmel darauf hin, daß dieses keineswegs dem Sozialinteresse widerspreche, sondern im Falle der vollkommenen Konkurrenz sogar ein höchstes Maß an sozialer Gerechtigkeit bewirken könne. Konkurrenz ist nicht notwendig an Individualismus gebunden, sie widerspricht nur der „sozialistischen" Technik der Organisierung aller Einzelarbeiten. Es ist bezeichnend, daß Simmel den Sozialismus auf eine Organisationstechnik reduzierte. An anderer Stelle wies er auf die Unmöglichkeit der Realisierung einer sozialistischen Gesellschaft hin.[13]

Ein immer wiederkehrendes Thema ist bei Simmel die menschliche Tragödie der Kultur. Im Laufe der kulturellen Entwicklung kam es durch die Prozesse der Differenzierung und Arbeitsteilung zu einem Auseinandertreten von subjektiver Kultur und objektiver Kultur. An Hegel gemahnt die Definition der objektiven Kultur als „objektiver Geist der geschichtlichen Gesellschaft". Während sich das Insgesamt der Kulturleistungen: das Wissen, die Erfindungen und Entdeckungen, die Kulturstile und -formen etc. immer weiter akkumuliert, entwickelt und verfeinert, bleibt die subjektive Kultur weit hinter dieser objektiven Entwicklung zurück. Die Kluft zwischen beiden erweitert sich immer mehr, je mehr sich die objektive Kultur entwickelt. Der Mensch ist nicht mehr in der Lage, das gesamte Wissen seiner Zeit zu erfassen, seine Lebensformen stehen in keiner Entsprechung zu den Möglichkeiten.

In „Der Konflikt der modernen Kultur" (1918) behandelte Simmel den seiner Meinung nach und für sein gesamtes Denken bestimmenden Gegensatz zwischen der modernen philosophischen Grundhaltung und der klassischen Erkenntnisphilosophie. Er wies darauf hin, daß die erstere ihren Ausgang von der pragmatistischen Orientierung an den Folgen des Handelns genommen habe (wobei Pragmatismus für ihn eine umfassendere philosophische Bewegung ist, deren oberflächlichste Erschei-

[13] *Georg Simmel,* Rosen. Eine soziale Hypothese (1897), in: Schriften zur Soziologie, Frankfurt 1983, S. 169ff.

nung der amerikanische Pragmatismus ist). Der Kern des Pragmatismus besteht darin, daß er die Unabhängigkeit der Wahrheit bestreitet, damit auch die „klassische" Abtrennung der Ebene des Erkennens von der Ebene des Lebens. Die Wahrheit von Erkenntnissen bemißt sich nach deren Folgen, die Erkenntnisse kommen aus dem Leben selbst und nicht aus einer isolierten Sphäre der „Vernunft", der „Form"; Wahrheit ist eine Ex-post-Übereinstimmung mit den Anforderungen des Lebens, Wahrheit wird ident mit Nützlichkeit. Für das moderne Denken ist „Leben" also die zentrale Sphäre, daneben gibt es keine isolierte Ebene der „Form". Wenn „Leben" selbst Gegenstand der Erkenntnis wird, so dürfte diese nicht eigenen Gesetzen folgen, welche den Schwankungen der „Welt" gegenüber immun sind, sondern die Erkenntnis müßte selbst zum Ausdruck eben dieser Schwankungen werden und dem Leben eingegliedert und unterworfen werden. An der Möglichkeit der Lebenserkenntnis als solcher zweifelte Simmel jedoch; für ihn ist Erkenntnis ein Prozeß, der immer wieder in der Spannung zwischen „Form" und „Leben" vor sich geht.

Das Denken Simmels selbst dokumentierte den Widerspruch zwischen „Form" und „Leben". Er versucht ihn zu „lösen", indem er meinte: Das Leben kann die Form nicht ersetzen, es kann nur in verschiedenen Formen erscheinen. Der Widerspruch, der den Konflikt der modernen Kultur bestimmt, wird bei ihm in ein Spannungsverhältnis umdefiniert, das nicht einfach gelöst werden soll, sondern das als solches eine Aufgabe erfüllt. „Leben" ist unkonstruierbar und daher auch undefinierbar, es ist eine „absolute Kontinuität, in der es zusammengesetzte Stücke oder Teile nicht gibt, die vielmehr in sich Einheit ist, aber eine solche, die in jedem Augenblick sich als Ganze in einer anderen Form äußert".[14] Leben und Form sind die zwei heterogenen Grundprinzipien, „zwischen deren Deutung und Wertung das Dasein sich auf Schritt und Tritt zu entscheiden hat" und die trotzdem untrennbar in der Dynamik des Seins miteinaner verbunden sind.[15]

Literatur

A. M. Bevers, Dynamik der Formen bei Georg Simmel, Berlin-München 1985

David Frisby, Sociological Impressionism. A Reassessment of Georg Simmel's Social Theory, Aldershot 1981

Donald N. Levine u.a., Simmels Einfluß auf die amerikanische Soziologie, in: *Wolf Lepenies* (Hg.), Geschichte der Soziologie, Bd. 4, Frankfurt 1981, S. 32ff.

Wolfgang K. Schulz, Wissenssoziologische Aspekte der Kulturtheorie Georg Simmels, in: KZSS 37/1985, S. 277ff.

Georg Simmel, Über soziale Differenzierung. Soziologische und psychologische Untersuchungen, Leipzig 1890

Ders., Einleitung in die Moralwissenschaft, 2 Bände, Aalen 1983 (ursprl. 1892/3)

Ders., Ästhetik und Soziologie um die Jahrhundertwende, hrsg. v. H. Böhringer und K. Gründer, Frankfurt 1976

Ders., Philosophische Kultur. Über das Abenteuer, die Geschlechter und die Krise der Moderne, Gesammelte Essais, Berlin 1983 (ursprl. 1911)

Ders., Die Probleme der Geschichtsphilosophie, in: Ders., Gesamtausgabe Bd. 2, Frankfurt 1989, S. 297ff. (ursprl. Leipzig 1892)

Ders., Schriften zur Soziologie, hrsg. von H.-J. Dahme und O. Rammstedt, Frankfurt 1983

Ders., Vom Wesen des historischen Verstehens, in: Ders., Das Individuum und die Freiheit, Berlin 1984, S. 61ff. (ursprl. 1918)

Ders., Philosophie des Geldes, Leipzig 1900

---

[14] *Georg Simmel,* Rembrandt, München 1985, S. 2

[15] Ebenda, S. 65

Ders., Soziologie. Untersuchungen über die Formen der Vergesellschaftung, 5. Auflage, Berlin 1968 (ursprl. 1908)

Ders., Grundfragen der Soziologie, Berlin 1970 (ursprl. 1917)

Ders., Das Geld in der modernen Kultur (1896), in: Georg Simmel, Schriften zur Soziologie, hrsg., v. H.-J. Dahme und Ottheim Rammstedt, Frankfurt 1983, S. 78ff.

Ders., Der Konflikt der modernen Kultur, München-Leipzig 1918

Ders., Über eine Beziehung der Selectionslehre zur Erkenntnistheorie, in: Archiv für systematische Philosophie, hrsg. v. P. Natrop, Berlin 1895, S. 34ff.

Ders., Schriften zur Philosophie und Soziologie der Geschlechter, hrsg. v. H.J. Dahme und K. Chr. Köhnke, Frankfurt 1985

Ders., Rembrandt, München 1985 (ursprl. 1916)

Ders., Das individuelle Gesetz. Philosophische Exkurse, hrsg. v. M. Landmann, Frankfurt 1987

3. Max Weber: Universalgeschichte und Kulturwissenschaft

Als der große Klassiker der deutschen Soziologie gilt heute Max Weber (1864–1920). Während Marx' Denken sich als eine Emanzipation von der esoterisch-idealistischen Philosophie und dem kleinbürgerlichen Provinzialismus der deutschen Kleinstaaten hin zum internationalen Vordenker des Sozialismus verstehen läßt, ist Max Webers Werk intellektuell und emotional mit Deutschland sehr eng verbunden. Er lebte auch nicht mehr in einem zersplitterten Deutschland, sondern in einem jungen und ambitionierten Nationalstaat.

Sein Selbstverständnis als Soziologe hat sich nur sehr zögernd und keineswegs im Sinne der Soziologie als einer selbständigen Einzelwissenschaft entwickelt. Durkheim und Weber nahmen voneinander keine Notiz. Sie repräsentieren, obgleich derselben Generation angehörend, zwei durchaus verschiedene Auffassungen: Durkheim steht für die auf ihre Abgrenzung von anderen Wissenschaften bedachte Einzeldisziplin „Soziologie" mit ihrem eigenen Erkenntnisobjekt, den sozialen Tatsachen und ihrer spezifischen Methode im Rahmen der naturwissenschaftlichen, positivistischen Wissenschaftsauffassung, und Weber steht für die sich aus anderen Wissenschaften, vornehmlich der historischen Nationalökonomie herleitende und von ihnen nicht trennbare „soziologische Perspektive", die eine Art begrifflich-logische Grundlage der Kulturwissenschaften liefern soll.

Leben und Werk

Max Weber wurde in Erfurt 1864 als Sohn des nationalliberalen Abgeordneten Max Weber und Helene, geb. Fallenstein, geboren. Er studierte Geschichte und Jus in Heidelberg und Berlin. Seine Dissertation beschäftigte sich 1889 mit der „Geschichte der Handelsgesellschaften im Mittelalter". Als Habilitationsschrift legte er 1891 eine „Römische Agrargeschichte in ihrer Bedeutung für das Staats- und Privatrecht" vor. Obwohl er keine einschlägige Vorbildung in Nationalökonomie hatte, wurde ihm ein Lehrstuhl für Nationalökonomie in Freiburg angeboten, den er 1894 annahm. Berühmt geworden ist seine Antrittsrede, allerdings aus ideologisch-kritischen Gründen, weil er darin die Nationalökonomie in den Dienst des nationalen Machtstaats gestellt wissen wollte („Der Nationalstaat und die Volkswirtschaftspolitik", Freiburg 1895). Diese Rede wird immer wieder bemüht, wenn bewiesen werden soll, daß Weber imperialistischen und nationalistischen Ideen anhing.

Webers politische Reden und Aufsätze zeugen zweifellos davon, daß er die Idee des nationalen Machtstaats vertrat, aber er sympathisierte zugleich mit dem Liberalismus und trat für individuelle geistige Freiheit ein. Dazu kam noch ein Interesse an sozialen Problemen, die seit den 70er Jahren in der Luft lagen und das ihn mit den Lehren der „Kathedersozialisten" (Adolf Wagner, Gustav Schmoller, Lujo Brentano...) und dem durch sie gegründeten Verein für Socialpolitik verband. Webers soziales Interesse war seinem Charakter entsprechend allerdings nie ein emotional-wertendes Stellungnehmen für die Unterprivilegierten, sondern ein distanziert-wissenschaftliches bzw. staatspolitisches Interesse. Das kommt deutlich in den Kommentaren zur Landarbeiterenquete zum Ausdruck: Es ging ihm nicht um das „Glück" der Massen, nicht um die Frage, ob die Arbeiter einen auskömmlichen Lohn, gute Wohnungen etc. hätten, sondern um die „sozialpolitisch viel wichtigere" Frage: „Wohin geht die Gesamtentwicklung ihrer Stellung innerhalb der Nation, was ist ihre Zukunft?"[1]

---

[1] *Max Weber,* Entwicklungstendenzen in der Lage der ostelbischen Landarbeiter, in: Gesammelte Aufsätze zur Sozial- und Wirtschaftsgeschichte, Tübingen 1924, S. 470ff.

Das staatliche Interesse stand also im Vordergrund, und das war immer wieder der Fall: Weber war zeit seines Lebens ein sehr engagierter politischer Mensch, der einmal auch nahe davor stand, ein Mandat zu erhalten; er war aber immer Staatspolitiker und nicht Parteipolitiker oder Volkstribun. Aus diesem Grund hat er sich auch nie eindeutig auf eine Partei festgelegt, wenngleich die nationalliberale Partei lange die ihm nahestehendste war. Er war eindeutig ein „Bürgerlicher", der sich in Distanz sowohl zum Adel wie zur Arbeiterschaft wußte. Die politische Schwäche des Bürgertums in Deutschland war ihm immer wieder Stein des Anstoßes. Er war ein bürgerlicher Liberaler mit nationalistischer Vorliebe, der aber besonders nach 1918 durchaus einsah, daß die Zeiten für die Massendemokratie und -bürokratie sprachen. Eine Zeitlang sympathisierte er mit der neugegründeten „nationalsozialistischen Partei" des Pastors Friedrich Naumann, die eine christlich (evangelisch)-soziale Partei war, aber nur geringen Erfolg hatte. Die Verbindung zur evangelisch-sozialen Bewegung führte zu einer zweiten Enquète über die Lage der Landarbeiter, die vom evangelisch-sozialen Kongreß in Auftrag gegeben wurde, und die eine Befragung der Landpfarrer war, während die erste vom Verein für Sozialpolitik durchgeführte Enquète auf der Befragung der Grundbesitzer beruhte.

1897 erfolgte die Berufung nach Heidelberg, um die Nachfolge von Knies anzutreten. Es dauerte allerdings nicht lange, und Weber konnte infolge von Depressionen, Schlaflosigkeit und nervösen Störungen seinen Lehrverpflichtungen nur mehr unter größter Überwindung nachkommen. Schließlich ließ er sich auf eigenen Antrag vom Lehrstuhl beurlauben und schied später ganz aus. Die Krankheit dauerte fünf Jahre, aber während ihn politische Reden und Diskussionen im Freundeskreis später nicht mehr übermäßig anstrengten, empfand er Vorlesungen bis in die letzte Münchner Zeit hinein als stark belastend. Die Krankheit und die damit verbundene Untätigkeit hatten eine Änderung seiner Interessen und seines späteren Denkens begründet. Während er nach den frühen rechtshistorischen Schriften vornehmlich konkrete Themen aus der Wirtschaft (Börsengesetz, Terminhandel etc.) behandelt hatte, wandte er sich nun mehr methodologischen Arbeiten zu. Ein neues Betätigungsfeld eröffnete sich ihm auch durch die Mitherausgabe (zusammen mit Edgar Jaffé und Werner Sombart) des „Archivs für Sozialwissenschaft" ab 1903. Für diese Zeitschrift begann er auch die Abhandlung über die protestantische Ethik zu schreiben. Eine Reise nach Amerika im Jahr 1904 auf Einladung Hugo Münsterbergs beeinflußte den zweiten Teil der „Protestantischen Ethik".

Weber war eigentlich zunächst in seinem Denken sehr stark voluntaristisch ausgerichtet: Wissenschaft war ihm nur insofern relevant, als das wirtschaftliche und politische Handeln davon bestimmt werden könnte. Erst später kam es zu einer Hinwendung zu einem mehr an wissenschaftlicher Wahrheit orientierten Denken. Auch in seiner Wissenschaftslehre war Weber aber immer nur Methodologe, nicht Wissenschaftstheoretiker im späteren engeren Sinn und schon gar nicht Wissenschaftsphilosoph.

Der Verein für Sozialpolitik verfolgte Webers Auffassung nach als wissenschaftlicher Verein viel zu stark propagandistisch-politische Ziele. Wiederholt plädierte Weber für wertfreie Forschung und gründete schließlich zusammen mit Sombart und Simmel 1909 die Soziologische Gesellschaft als rein wissenschaftliche Ergänzung zum Verein. „Soziologie", das bedeutete im Deutschland Max Webers noch nicht Spezialwissenschaft, sondern eine interdisziplinäre Orientierung an sozialen Fragen. Aber auch hier geriet Weber bald in Konflikt mit einigen anderen Mitbegründern wegen seines Beharrens auf dem Prinzip der Wertfreiheit.

Um dieselbe Zeit leitete Weber eine Erhebung über Anpassung und Auslese der Arbeiterschaft der geschlossenen Großindustrie für den Verein für Sozialpolitik und beschäftigte sich auch mit der Psychophysik der industriellen Arbeit. Vor dem ersten Weltkrieg begonnen und während desselben weitergeführt, brachte Weber seine „Wirtschaftsethik der Weltreligionen" heraus, die zusammen mit der „Protestantischen Ethik" seine Religionssoziologie darstellen. Auch eine Schrift über „Die rationalen und soziologischen Grundlagen der Musik" verfaßte er vor dem Krieg.

Weber war kein Pazifist, er trat für den Krieg ein, allerdings brachte ihn die deutsche Außenpolitik während des Krieges zur Verzweiflung; und er schrieb die seiner Meinung nach fehlgeleitete Politik der Beamtenherrschaft des Wilhelminischen Reichs zu. Eine Reihe von Aufsätzen in Zeitungen und Vorträgen belegen Webers Engagement in den Fragen des Krieges und der Staatsbildung nach dem Friedensschluß. Seine Stellung nach Kriegsende ist etwas unklar. Er hatte eine Zeitlang dem Heidelberger Arbeiter- und Soldatenrat angehört und sympathisierte mit den Mehrheitssozialisten und Gewerkschaften. Gleichzeitig hielt er aber die Monarchie für die anpassungsfähigste und daher beste Staatsform, mußte allerdings zugeben, daß unter den Bedingungen nach dem Krieg nur eine demokratische Republik möglich war. Er trat für verfassungsmäßiges Enquêterecht auch für Minderheiten ein sowie für die Volkswahl des Reichspräsidenten, für eine plebiszitäre Führerdemokratie. Er hielt zahlreiche politische Reden und erklärte sich auch für eine Kandidatur für die deutsch-demokratische Partei (DDP) für die Nationalversammlung bereit, die aber dann nicht zustande kam.

Webers politische Haltung ist Indiz seines leidenschaftlichen Engagements bei gleichzeitigem im wesentlichen illusionslosem Realismus: Politik ist Machtpolitik, und der Staat ist auf Gewalt gegründet. Immer wieder wies er vor allem junge Revolutionäre darauf hin, daß die Lehre der Bergpredigt in der Politik nichts zu suchen habe. „Politik als Beruf" ist der Titel eines Vortrags aus dem Jahr 1918, und auch im Wissenschaftler sah er primär den Fachspezialisten („Wissenschaft als Beruf", 1918).

Im Sommersemester 1918 las er eine Zeitlang in Wien und hielt hier auch seinen Vortrag über den Sozialismus. 1919 übernahm er Vorlesungen in München und schließlich auch den Lehrstuhl für öffentliche Volkswirtschaftslehre. Was er hier las, wurde aber später zum Kernpunkt seiner Soziologie erklärt: die soziologische Kategorienlehre. Sie wurde posthum als Einleitungsteil für „Wirtschaft und Gesellschaft", das im allgemeinen als sein Hauptwerk angesprochen wird, stammte wohl von Weber selbst, aber war ursprünglich als Teil eines viel umfassenderen Sammelwerkes gedacht, des „Grundrisses der Sozialökonomie", das zusammen mit anderen Autoren verfaßt werden sollte. Die einzelnen Kapitel aus „Wirtschaft und Gesellschaft" sind sehr unterschiedlichen Datums, einige gehen auf das Jahr 1909 zurück, andere stammen aus den letzten Jahren seines Lebens, vieles war unvollständig, wurde teilweise ergänzt aus anderen Schriften Webers. Auch die „Wirtschaftsgeschichte" auf der Grundlage einer Münchner Vorlesung wurde posthum veröffentlicht.

Es erscheint keinesfalls als ein leichtes Unterfangen, sich auf Webers Soziologie einzulassen, zum einen aufgrund des bruchstückhaften Charakters seines umfangreichen Werkes, zum anderen weil die Weber-Exegesen Legion sind. Im allgemeinen geht man davon aus, daß die Kategorienlehre aus „Wirtschaft und Gesellschaft" das maßgebliche soziologische Hauptwerk ist, ergänzt bestenfalls von der „Protestantischen Ethik" und dem einen oder anderen methodologischen Aufsatz. Dieser Auffassung kann ich mich nicht anschließen, da man die Wirkung Webers kaum mit Hinweis auf die dürren Definitionen der Kategorienlehre erklären kann. Erst das Gesamtwerk läßt die Vielschichtigkeit des Denkens Webers erahnen, und erst in Zusammenschau mit den anderen wesentlichen Arbeiten erhalten die einzelnen Teile von „Wirtschaft und Gesellschaft“ ihren Sinn und ihre Plausibilität als systematische Darstellungen.

Wirtschaft und Religion: die Kulturbedeutung des Kapitalismus

Die Studie „Die protestantische Ethik und der Geist des Kapitalismus“ in zwei Teilen (1904 und 1905) und die in der „Wirtschaftsethik der Weltreligionen“ zusammengefaßten Abhandlungen werden gemeinsam mit dem einschlägigen Kapitel in „Wirtschaft und Gesellschaft“ im allgemeinen unter dem von Johannes Winckelmann verwendeten Titel „Religionssoziologie“ zusammengefaßt.

Das zentrale Anliegen Webers war in der „Protestantischen Ethik“ und den anderen Studien über die Wirtschaftsethik auf die Erkenntnis der Kulturbedeutung des modernen Kapitalismus gerichtet, d.h. nicht der Kapitalismus als ökonomisches System oder als Ausfluß des Klasseninteresses der Bourgeoisie beschäftigte ihn, sondern Kapitalismus als Alltagspraxis, als methodisch-rationale Lebensführung.

Als das einzigartige Merkmal des okzidentalen modernen Kapitalismus sah Weber die rationale Organisation formell freier Arbeit in der Unternehmung an. Voraussetzung dafür sind: ein rationales Recht und eine rationale Verwaltung, aber auch die Internalisierung von Prinzipien des methodisch-rationalen Handelns im Rahmen der praktischen Lebensführung der Menschen. Er verstand den modernen Kapitalismus daher als fest in den Wertvorstellungen und Handlungsmotiven und in der ganzen Lebenspraxis der Menschen seiner Epoche verankerte Kultur.

An anderer Stelle heißt es: Kapitalismus ist ganz allgemein dann gegeben, wenn die erwerbswirtschaftliche Bedarfsdeckung auf dem Weg der Unternehmung stattfindet; rational ist er, wenn dies auf Basis der Kapitalrechnung geschieht. Typisch für den modernen Kapitalismus ist seine Rationalität, deren Voraussetzungen in der Sozialordnung der abendländischen Gesellschaften in ökonomische Klassen einerseits und andererseits in der Rationalisierung von Recht und Verwaltung vorlagen.

Immer mehr wird für Weber die Rationalisierung der praktischen Lebensführung zum Grundmerkmal der modernen Gesellschaft und Kultur. Rationalität wird zum Synonym für die methodische Ordnung der Lebensführung im Handeln: das zweckrationale Handeln damit das typisch moderne Gesellschaftshandeln. Ökonomische Rationalisierung setzt die Fähigkeit und Neigung der Menschen zu praktisch-rationaler Lebensführung voraus. Der Kapitalismus wurde von Weber als ein sozioökonomisches System verstanden, das in der allgemeinen Lebensführung der Menschen wurzelt und nicht im wirtschaftlichen Handeln bestimmter Einzelpersönlichkeiten, Unternehmer oder Politiker oder einzelner Gruppen.

Wirtschaftspraxis als ein Zug des Kulturlebens der Gesellschaft verweist dann auf die Bedeutung und Wirkung der Religion für die Entwicklung und Ausformung derselben. Die protestantische Ethik, insbesondere ihre asketischen Spielarten, haben nicht unwesentlich zur Entstehung der Kulturbedeutung des modernen Kapitalismus beigetragen. Insbesondere hatten einige Merkmale, wie das Ideal der Berufspflicht und die „innerweltliche Askese“ (im Gegensatz zur „außerweltlichen Askese“ etwa der buddhistischen Mönche), d.h. also die Verpflichtung zu frugaler Lebensführung verbunden mit aktiver Hinwendung zur Welt in rastloser Berufsarbeit, große Bedeutung. Das Individdum war dabei allein für sich und seinen Glauben zuständig und verantwortlich. Diese Eigenschaften des asketischen Protestantismus oder Puritanismus hatten zur Folge, daß das ganze Leben mit der Methodik der ethischen Lebensführung durchdrungen wurde, nicht nur ein ausdifferenzierter religiös-kirchlicher Bereich. Der Mensch wurde zur „Erwerbsmaschine Gottes“ und die Arbeit zum

Selbstzweck. Nicht nur die moderne Unternehmung mit ihrer Kapitalrechnung entstand vor dem Hintergrund der protestantischen Ethik, sondern auch die Ausbeutung der Arbeiter im Namen des Glaubens und die Ungerührtheit gegenüber dem Elend, das als selbstverschuldet aufgefaßt wurde.

Diese im Religiösen wurzelnden Antriebe blieben bestehen, auch nachdem der eigentliche religiöse Impuls verlorengegangen war. Der Glaube war geschwunden, die methodisch-rationale Form der Lebensführung geblieben. Weber interpretierte den Kapitalismus seiner Zeit durchaus nicht mehr als religiös begründet, sondern sah in ihm vielmehr ein „leeres Gehäuse", das ohne geistige Wiederauffüllung zu mechanisierter Versteinerung neigte. Wesentlich ist der Hinweis Webers, daß nicht das Judentum jene religiös-kulturelle Haltung begründen konnte, die zur Grundlage des modernen Kapitalismus wurde, sondern diesem sogar diametral entgegengesetzt war, weil es den Typus des Spekulanten und nicht des rationalen Fachmenschen im Wirtschaftlichen repräsentierte.

Die Reise nach Amerika bestärkte Weber in seiner These über die Bedeutung der protestantischen innerweltlichen Askese für die Entwicklung des Kapitalismus. In Amerika stieß er auch auf das Phänomen der Sekten und ihre Bedeutung für das Geschäftsleben. Die Mitgliedschaft bei einer Sekte war gleichbedeutend mit Kreditwürdigkeit und Konkurrenzvorteil, weil die Sekte Garant war für die Rechtschaffenheit des Mitglieds. Eine ähnliche Funktion erfüllten später auch nichtreligiöse Vereine wie die Rotary- und Lions-Clubs, deren Mitglieder „kraft Mitgliedschaft garantierte Gentlemen" sind. Weber erkannte auch, wie schon Tocqueville, daß die amerikanische Demokratie nicht auf der Ansammlung von Individuen, sondern auf der Vielzahl exklusiver, aber voluntaristischer Verbände beruht.

In der „Wirtschaftsethik der Weltreligionen" (1915–17) ging es ihm um die Wirkung der Religionen auf das praktische Handeln, vor allem auf das wirtschaftliche Handeln, wobei aber auch die Zusammenhänge zwischen religiösen Ideen und sozialen Schichten behandelt wurden. Das Religiöse war für ihn das „Außeralltägliche"; zumindest die ursprünglichen Kulte und religiösen Ideen sind bewußt und absichtsvoll außerhalb des täglichen Lebenszusammenhanges angesiedelt. Verbreiten sie sich aber und umfassen große Zahlen von Gläubigen, werden sie zu etablierten Kirchen oder Sekten, so müssen sie bis zu einem gewissen Grad wieder veralltäglicht werden.

Die großen Weltreligionen haben sich in der Regel aus magisch-rituellen Anfängen bis zu „rationalen" Ideen- und Kirchensystemen entwickelt; mitunter verlief der Prozeß aber auch umgekehrt: von spirituell-intellektuellen Ideen zu magisch-rituellen Massenkulten (Buddhismus). Während sich Judaismus, Islam (den er nicht behandelt), Puritanismus und Konfuzianismus als weltanpassende Religionen darstellen lassen, ist für Buddhismus, Jainismus, Lamaismus und für das Urchristentum eine weltablehnende Haltung typisch. Aber nur der Puritanismus bewerkstelligte die Durchbrechung der Stereotypisierung und des Traditionalismus, die den Religionen in bezug auf die Wirtschaft und die Lebenspraxis inhärent sind, und konnte sogar erneuernd auf diese wirken.

Weber untersuchte die großen Weltreligionen nach ihren ursprünglichen Trägerschichten. So waren Bauern kaum jemals Träger nichtmagischer Kulte; aber auch die Vorformen des „Bürgertums", Kaufmanns- und Handelsschichten, hatten stets eine Vorliebe für Diesseitsreligionen mit stark magischen Zügen. Eine Besonderheit ist der Konfuzianismus als „Beamtenreligion", weil Beamte in der Regel nicht zu den führenden religiösen Gruppen gehören. Auch der Adel war selten Träger der Religion außer im Zusammenhang mit seiner Rolle in der Laienbildung oder wenn es zu Religionskämpfen kam (Islam, Sikhs, buddhistische Kriegermönche, Kreuzritter).

Das alte Christentum war eine typische Handwerkerreligion und eine städtische Erscheinung, d.h. Blutsverwandtschaft und Sippenbildung spielten eine geringe Rolle. Während also die Dorfhandwerker, die in ihrer Sippe verhaftet blieben (z.B. Indien), eine Tendenz zu magisch-ritualistischer Religiosität zeigten, wurden die städtischen Handwerker zu Trägern einer rationalen Religiosität. Eine Differenzierung läßt sich auch insoweit herstellen, als Oberschichtreligionen die bestehende Lebensordnung und -führung im allgemeinen legitimieren, während Unterschichtreligionen ein besseres Los im Diesseits oder im Jenseits verheißen, Erlösung und u.U. auch Vergeltung im Jenseits in Aussicht stellen.

Zwei Aspekte von Webers Religionsoziologie sind zu Grundanliegen seines ganzen Werkes geworden: die Entwicklung in Richtung auf wachsende Rationalität und die Bedeutung des Außeralltäglichen.

Die Herrschaftssoziologie Webers: Recht, Verwaltung, Staat

Obwohl universalhistorisch ausgerichtete Untersuchungen, zeigten schon die „Wirtschaftsethik" und die „Protestantische Ethik" eine Neigung Webers zur Typisierung und Systematisierung. Es ging ihm nicht um eine historische Darstellung im engeren Sinn des Wortes, es ging um das Aufzeigen von Zusammenhängen zwischen bestimmten Soteriologien und sozialen und ökonomischen Merkmalen ihrer Trägerschichten. Wer nach chronologischer Aufeinanderfolge der historischen Formen sucht, wird an Webers Darstellung verzweifeln. In seinem eigenen Selbstverständnis sind diese Analysen aber auch nicht „Soziologie", obwohl sich darin gewisse soziologische Blickrichtungen aus heutiger Sicht nicht verleugnen lassen.

Seine wissenschaftliche Entwicklung hat ihn zweifellos dazu geführt, immer stärker die Grundlagen für Typisierung und Systematisierung zu fördern. Sie mündete schließlich in der „Kategorienlehre", die Weber in seiner Münchner Zeit (1918–20) entwarf und die er als „Soziologie" verstand. „Soziologie" war für ihn im Verhältnis zur historisierenden Nationalökonomie, zur historisierenden Rechtslehre vor allem durch eine strengere Begriffsbildung, durch „reine Typen" charakterisiert.

Diese Entwicklung Webers wird besonders an seiner – wieder von Winckelmann so genannten – „Herrschaftssoziologie" deutlich. Sie findet sich einmal unter dem Titel „Strukturformen und Funktionsweisen der Herrschaft" und zum anderen in der Kategorienlehre als „Die Typen der Herrschaft".[2] Webers Voluntarismus manifestiert sich in seiner Hervorhebung der tatsächlichen Wirksamkeit der Herrschaft als „Chance, für einen Befehl bestimmten Inhalts bei angebbaren Personen Gehorsam zu finden". An anderer Stelle definierte er Herrschaft etwas genauer: „Ein bekundeter Wille (Befehl) des oder der Herrschenden will das Handeln Anderer (Beherrschte) beeinflussen und beeinflußt es tatsächlich in der Art, daß dies Handeln so abläuft, als ob die Beherrschten den Inhalt des Befehls um seiner selbst willen zur Maxime ihres Handelns gemacht hätten". Das „als ob" soll ausdrücken, daß nicht nur die Faktizität des Befolgtwerdens, sondern die Wirkung des Befehls im Sinne einer geltenden Norm impliziert ist.[3]

Voraussetzung für Gehorsam ist der Glaube an die Legitimität der Herrschaft bzw. der Herrschaftsansprüche. Autorität und nicht Interessenkonstellationen sind bestimmend für die Legitimität einer Herrschaft, d.h. für die Anerkennung der

---

[2] *Max Weber,* Wirtschaft und Gesellschaft, 2 Bände, Tübingen 1972, II/S. 541ff. und II/S. 122ff.

[3] Diese Definitionen finden sich in: *Max Weber,* Wirtschaft und Gesellschaft, op. cit., I/S. 28 bzw. 122 sowie II/S. 544 resp.

Herrschaftsansprüche durch die Beherrschten. Während Macht als Resultat von Kräfteverhältnissen (aufgrund von Besitz, Machtlage etc.) auf formal freiem Handeln beruht, ist Herrschaft an den Glauben an die Rechtmäßigkeit der Autorität gebunden.

Hinsichtlich der Begründung der Autorität unterscheidet Weber drei Idealtypen (später: reine Typen) der Herrschaft:

1. Die legale Herrschaft (sie beruht auf der Geltung des positiven Rechts)
2. Die traditionale Herrschaft (sie beruht auf dem Glauben an die Rechtmäßigkeit des Gewohnten als Norm für das Handeln)
3. Die charismatische Herrschaft (sie beruht auf dem Glauben an die außeralltäglichen Qualitäten des/der Führer).

Kennzeichen der legalen Herrschaft sind:

- Jedes Recht besteht aus abstrakten, absichtsvoll gesetzten Regeln.
- Der legale Herrscher gehorcht, indem er anordnet, seinerseits dem Recht.
- Die Gehorsamspflicht besteht nur innerhalb der rational abgegrenzten sachlichen Zuständigkeit.

Die legale Herrschaft setzt daher die Rationalisierung des Rechts voraus. Ursprünglich fehlte der Gedanke, daß man Regeln für das Handeln absichtlich als Normen schaffen könne. Der Wille des Herrn war Recht und Gesetz. Ursprung aller Rechtssatzung ist die Offenbarung durch einen charismatischen Führer. Das moderne Rechtswesen entwickelte sich im Okzident aufgrund von drei Wurzeln: das kanonische Recht des Christentums mit seinem Dualismus von profanem und sakralem Recht; das „Imperium" der Fürsten, auf dessen Grundlage das erste rationale Recht, das Strafrecht entstand; das römische Recht mit seiner Fachjuristenschulung, das Laien ausschloß. Wesentlichen Anteil an der Rationalisierung der europäischen Rechtssysteme hatte das revolutionäre Recht des Code Civile, dessen Rechtssätze gerade durch bewußtes Abgehen von der Tradition gekennzeichnet sind.

Für Webers Gegenwart bedeutete die Rationalität des Rechts: Jede Rechtsentscheidung ist die Anwendung eines abstrakten Rechtssatzes auf einen konkreten Tatbestand; für jeden Tatbestand ist eine derartige Entscheidung zu gewinnen, und alles, was sich nicht rational-juristisch konstruieren läßt, ist rechtlich nicht relevant.

Die traditionale Herrschaft hingegen beruht auf der Heiligkeit überkommener Ordnungen und Herrengewalt, auf dem Glauben an das alltäglich Gewohnte als Norm für das Handeln. Dazu zählen Gerontokratie (Ältestenherrschaft), Patriarchalismus, Patrimonialismus, Feudalismus und Monarchie. Neuerungen können nur durch den Bruch mit dem Glauben an das Alltägliche, Gewohnte zustande kommen. Das Außeralltägliche ist daher auch selbst Grundlage eines Herrschaftstyps, der sich allerdings durch große Instabilität auszeichnet: die charismatische Herrschaft. „Charisma" ist als außeralltäglich angesehene Fähigkeit/Qualität einer Persönlichkeit, um derentwillen sie als übernatürlich, übermenschlich, gottgesandt, vorbildlich und daher als Führer anerkannt wird.

Der charismatische Führer, der in Not- oder Ausnahmezeiten auftritt, stößt bald auf das Problem der Aufrechterhaltung seines Charismas im Alltag oder bei Ausbleiben von Erfolgen. Charismatische Führer streben daher nach Erhaltung der Herrschaftsgrundlage in normalen Zeiten, nach Stabilisierung ihrer Herrschaft durch Veralltäglichung des Charismas. Strategien der Veralltäglichung des Charismas sind die Übertragung der charismatischen Zuschreibung aufgrund von Vererbung (Erbcharisma: Dynastien) und der Übergang des Charismas von der Person auf das Amt

(Amtscharisma: Papst, Allerchristlichster König). Damit kommt es zu einer Transformation der charismatischen Herrschaft in eine traditionale bzw. legale Herrschaft. Eine andere Möglichkeit der Veralltäglichung ist die Umformulierung der charismatischen Fähigkeit in eine sachliche Befähigung, die erlernbar ist durch eine bestimmte Erziehung und Ausbildung. Eine herrschaftsfremde Umdeutung des Charismas erfolgt, wenn der Führer bei Mißerfolg jederzeit vom „Volk" abgsetzt werden kann, wenn die Legitimität demokratisch festgestellt wird.

Jede Herrschaft wird im Alltag zu Verwaltung und muß als Verwaltung funktionieren. Weber unterschied daher neben den Legitimitätsgrundlagen der Herrschaft auch die Art ihres Verwaltungsstabes. Während die legale Herrschaft notwendig eine rationale Verwaltung entwickelt, ist dies nicht bei allen Formen der Herrschaft gegeben. Gerontokratie und Patriarchalismus kommen ohne Verwaltungsstab aus; bei charismatischer Herrschaft ist die Absenz von Verwaltung eigentlich schon impliziert. Das Auftreten eines Verwaltungsstabs bei charismatischer Herrschaft ist gleichbedeutend mit ihrer Veralltäglichung. Der Patrimonialismus stützt sich auf einen persönlich an den Herrscher gebundenen Verwaltungsstab und kann dann eine große Ausdehnung und auch sehr despotische Züge annehmen (Sultanismus). Bei ständischer Herrschaft besitzt der Verwaltungsstab des Herrschers selbst jeweils ein eigenes Herrschaftsgebiet und eine selbständige ökonomische Grundlage, das Lehen. Die Monarchie bediente sich bereits einer weitgehend bürokratisch organisierten Verwaltung. Für die legale Herrschaft ist die Bürokratie nicht nur typisch, sondern geradezu als Synonym anzusehen.

Herrschaftsform aufgrund der **Legitimität des/der Führer**	**Art des Verwaltungsstabes**
legale Herrschaft	rationale, bürokratische Verwaltung
traditionale Herrschaft	
Gerontokratie Patriarchalismus	ohne Verwaltungsstab
Patrimonialismus	persönlicher Verwaltungsstab des Herrschers
Ständische Herrschaft	Verwaltungsstab mit eigener Herrschaft und ökonom. Grundlage (Lehen)
Monarchie	bürokratischer Verwaltungsstab
charismatische Herrschaft	ohne Verwaltung zu Beginn; Verwaltungsstab tritt erst im Zuge der Veralltäglichung des Charismas auf (Erb-, Amtscharisma) und kann dann persönlich, ständisch oder bürokratisch organisiert sein.

Die bürokratische Herrschaft steht bei Weber synonym für das moderne Beamtentum, das sich in der öffentlichen Verwaltung, aber auch in der Privatwirtschaft, in karitativen Unternehmen, politischen und hierokratischen Verbänden nachweisen läßt. Demnach ist der Beamte persönlich frei und gehorcht nur sachlichen Amtspflichten innerhalb einer Amtshierarchie mit festen Amtskompetenzen. Er ist vertraglich aufgrund freier Auslese nach Fachqualifikation angestellt und wird mit festen Gehältern in Geld abgegolten. Sein Amt ist der einzige oder zumindest der Hauptberuf, sein Vermögen ist getrennt vom Amtsvermögen und es besteht keine Appropration der Amtsstelle. Er unterliegt der Amtsdisziplin und -kontrolle. Sein Beruf vollzieht sich in Form einer Laufbahn nach Amtsalter und/oder Leistung, und ist „lebenslänglich".

Die Merkmale der Bürokratie sind daher:

1. der kontinuierliche, regelgebundene Betrieb der Amtsgeschäfte;
2. die feste Kompetenzordnung, d. h. eine Amtshierarchie mit Instanzenzug, wobei die funktionale Autonomie der untergeordneten Positionen im Ausmaß ihrer Amtskompetenz erhalten bleibt;
3. Fachschulung und Fachqualifikation der Beamten;
4. Amtsführung mit Hilfe von Schriftstücken;
5. Trennung von Amtsvermögen und Privatvermögen der Beamten;
6. Amtsstelle geht nicht in den Besitz des Beamten über, wird nicht vererbt.

Während Weber im allgemeinen den Charakter der bürokratischen Herrschaft in der rationalen Regelung erblickt, spricht er sie auch einmal als Herrschaft kraft Wissens (Fachwissen, Dienstwissen) an.[4]

Die Bürokratisierung als Rationalisierungsprozeß der Herrschaft (Herrschaft wird zur unpersönlichen Verwaltung) wurde historisch ermöglicht durch die Entwicklung der Geldwirtschaft, die quantitative Entfaltung der modernen Großstaaten und Massenparteien, die qualitative Erweiterung des Aufgabenkreises der Verwaltung im Zuge der Befriedung und gemeinwirtschaftlichen Ausbildung, die Entwicklung der Technik und die Konzentration der sachlichen Betriebsmittel. Sie wurde gefördert durch die Nivellierung der sozioökonomischen Unterschiede in der Massendemokratie und sie förderte ihrerseits die Tendenz zur Nivellierung.

Der moderne Staat als Grundlage dieser Entwicklung beruht auf Fachbeamtentum und rationalem Recht und ist – einzigartig und nur im Okzident – durch diese Rationalisierungs- und Bürokratisierungsprozesse entstanden. Ursprünglich entwikkelten sich politische Gemeinschaften als gesonderte Gemeinschaften, abgetrennt von Hausgemeinschaften oder Nachbarschaftsverbänden, durch einen Prozeß der Monopolisierung der legitimen Gewaltsamkeit durch den politischen Gebietsverband und dessen rationale Vergesellschaftung in einer anstaltsmäßigen Ordnung. „Staat" kann nicht inhaltlich definiert werden, sondern nur mit Bezug auf diese Abtrennung und Monopolisierung der physischen Gewalt; er ist ein auf das Mittel der legitimen Gewaltsamkeit gestütztes Herrschaftsverhältnis von Menschen über Menschen. Der moderne Staat verband diesen Monopolisierungsprozeß mit einem Rationalisierungsprozeß des Rechts und der Herrschaft.

Soziales Handeln, subjektiv gemeinter Sinn und Idealtypen

An den Anfang von „Wirtschaft und Gesellschaft" wurde die „Kategorienlehre" gestellt, die aus der letzten Zeit von Webers Schaffen stammt. Sie gilt vielen als der eigentliche Kern von Webers Soziologie. In der Einbegleitung zur Kategorienlehre bezieht sich Weber auf Tönnies, Simmel u. a. und stellt damit eigentlich fest, daß er für „Soziologie" im engeren Sinne keine Originalität beansprucht.

Die Kategorienlehre beginnt mit dem Begriff des sozialen Handelns. Entwickelt hat Weber ihn in einem Aufsatz „Über einige Kategorien der verstehenden Soziologie" (1913). Gegenstand von Webers „verstehender Soziologie" ist das „soziale Handeln".

---

[4] *Max Weber,* Wirtschaft und..., op. cit., I/S. 129

Dieses definiert er als
1. ein dem subjektiv gemeinten Sinn des Handelnden nach auf das Verhalten anderer bezogenes,
2. durch diese sinnhafte Bezogenheit in seinem Verlauf mitbestimmtes und
3. aus diesem subjektiv gemeinten Sinn heraus verständlich erklärbares Handeln.

An der Wendung „subjektiv gemeinter Sinn“ hat sich die Weber-Rezeption vor allem in der amerikanischen Soziologie orientiert und Weber als Vorläufer bzw. Begründer der Interpretativen Soziologie der Gegenwart gesehen. Diese Fehlinterpretation gründet einmal in der durch Alfred Schütz vorgenommenen Verknüpfung von Webers Soziologie mit Husserls Phänomenologie und zum anderen in der Renaissance der Meadschen Sozialpsychologie im Rahmen des Symbolischen Interaktionismus, die die Neigung zu subjektivistischen Deutungen verstärkte.

Webers Auffassung von „Verstehen“ und verstehender Soziologie ist jedoch eine andere. Wohl geht er von der Tradition des „Verstehens“ aus, die auf J. G. Droysen und W. Dilthey zurückgeht. Demnach ist soziales Handeln uns aufgrund unserer eigenen Erfahrung verstehbar, nicht nur wie ein Naturobjekt von außen beobacht- und erklärbar. Aber dem zweckrationalen Handeln als ein nicht nur verstehbares, sondern mit einem Höchstmaß an Evidenz ausgestattetes Tun, das aber gleichwohl nicht an empirischen Handlungen ablesbar ist, kommt eine besondere Rolle in bezug auf die Deutung eben des empirisch gegebenen sozialen Handelns zu. Dieses wird im Vergleich zu dem Idealtypus des zweckrationalen Handelns bestimmt als traditional, affektiv, wertrational oder eben zweckrational.

Ein seinem subjektiven Sinn nach traditionales Handeln setzt immer schon geübte – und darum bewährte – Verhaltensweisen fort; affektives Handeln beruht auf situationsbezogenen Gefühlsregungen, und wertrational handelt ein Mensch, der sein Verhalten bewußt an bestimmten Werten (z. B. religiösen Werten) orientiert, während zweckrational handelt, wer ein Zweck-Mittel-Kalkül anwendet.

Zweckrationalität liegt auch der wissenschaftlichen Deutung zugrunde, aber es ist nicht mehr die subjektiv gemeinte Zweck-Mittel-Relation, sondern die durch empirische Untersuchungen und rationale Analyse objektivierte „Richtigkeitsrationalität“.

Für Weber ist nicht der „subjektiv gemeinte Sinn“ als solcher Ziel der Erkenntnis, sondern er ist ihm Mittel der Differenzierung zwischen den Wertbeziehungen des Handelnden und den Wertbeziehungen des interpretierenden Forschers und zwischen dem objektiv richtigen zweckrationalen Handeln und dem tatsächlichen empirischen Handeln. Immer zielt die Erkenntnis auf die Kulturbedeutung des Handelns, nicht auf die Erfassung des individuellen subjektiven Sinnes oder des tatsächlichen Handelns als solchem.

Und auch die tatsächlichen Handlungen und die sie verursachenden Erwartungen erklärt Weber keineswegs aufgrund einer subjektivistischen Orientierung. „Subjektive Erwartungen“ heißt bei ihm: als durchschnittlich vorhanden angenommene Tatbestände. Die „objektiven Möglichkeiten“ sind die vom Forscher mit Berücksichtigung der wahrscheinlichen Kenntnisse und Denkgepflogenheiten der Beteiligten zu kalkulierenden Chancen für das Einsetzen einer bestimmten Handlung. Die Ursachen sozialen Handelns, die Erwartungen, Motive, Vorstellungen, Zwecke sind nicht als allgemeine Erkenntnisse einfach vorauszusetzen, sondern sie bedürfen ihrerseits der Erklärung. „Geistig nachleben und verstehen“ bedeutet für Weber „immer weiter fragen und nach empirischen Gründen suchen“. Die Wendung vom „subjektiv gemeinten Sinn des Handelns“ hat daher mehr die Funktion der Hervorhebung des empirischen Charakters der Betrachtungsweise gegenüber metaphysisch-präskriptiven Interpretationen des Inhalts des „Sozialen".

Weber hält sowohl Verstehen wie Erklären für unerläßliche methodische Dimensionen der Kulturwissenschaften. „Soziologie" ist ihm daher „eine Wissenschaft, welche soziales Handeln deutend verstehen und dadurch in seinem Ablauf und seinen Wirkungen ursächlich erklären will".[5]

Wichtig für Webers methodisches Vorgehen ist der Begriff des Idealtypus und seine Bedeutung für die Analyse der sozialen Wirklichkeit; Weber hat ihn in dem Aufsatz „Die Objektivität sozialwissenschaftlicher und sozialpolitischer Erkenntnis" (1904) entwickelt. Dabei geht er durchaus von der Begründung der Sozialwissenschaften als historische Wissenschaften aus und weist darauf hin, daß Begriffsbildung in diesen Wissenschaften immer Typenbildung, d. h. Verallgemeinerung historisch-individueller Erscheinungen, ist. Diese können Gedankenbilder sein, welche erst aufgrund der Problematisierung von bestimmten Kulturerscheinungen bewußt konstruiert und definiert werden müssen. Diese Idealtypen sind keine Abbilder der Wirklichkeit, sie sind „unwirkliche", d. h. gedankliche Konstrukte. Es stimmt zwar, daß diese Begriffe „geronnene Geschichte" darstellen, weil sie immer aus der historischen Wirklichkeit entstammen; andererseits können sie aber zum Zweck der Analyse als „reine Typen", d. h. als abstrakte Begriffsbildungen konstruiert werden, die als Instrumente für die Erfassung der Wirklichkeit dienen, selbst aber nicht in der Wirklichkeit als solche vorfindbar sind.

Webers Handlungstypen und die Typen der Herrschaft stellen solche Idealtypen dar. Die Idealtypen übernehmen im Prozeß der wissenschaftlichen Argumentation die Rolle von rein idealen Konstrukten, an welchen die Wirklichkeit zur Verdeutlichung ihres empirischen Gehalts gemessen wird.

Wertfreiheit und Wertbeziehung

Für Webers Wissenschaftsauffassung ist sein rigoroses und kompromißloses Eintreten für die „Wertfreiheit" der Wissenschaft markant. Diese Forderung ist häufig mißverstanden worden. Tatsächlich wandte sich Weber damit konkret gegen die Verkündigung persönlicher Werturteile vom „Katheder" aus; gegen den Mißbrauch des Ansehens und der Position als Universitätslehrer, um junge Menschen im Sinne persönlicher Ansichten und Wertungen zu „bilden". Die Aufgabe sollte vielmehr sein, sie fachlich zu schulen und wenn „Wertbezüge" – die Weber der Wissenschaft keinesfalls absprach – auftauchten, alle möglichen Wertstandpunkte zu diskutieren. Wissenschaft sollte nicht als Heilsgut und Offenbarung von „Sehern" behandelt werden, sondern Fachschulung darstellen, um den „Beruf Wissenschaft" zu vermitteln. Die Auffassung von „Wissenschaft als Beruf" (Vortrag 1919), so Weber, entspricht den historischen Gegebenheiten und Notwendigkeiten der Zeit. Zweck dieses Berufs ist einmal ein voluntaristisch-pragmatischer, d. h. die Aneignung von Kenntnissen, die die Kontrolle über die Lebensführung, die äußeren Dinge und das Handeln der Menschen ermöglichen; zum zweiten ist Wissenschaft eine methodische Schulung des Denkens; und schließlich soll sie uns „Klarheit" (nicht „Wahrheit"!) verschaffen.

Großen Einfluß auf das Verständnis Webers in bezug auf Wissenschaft hatte Heinrich Rickert, einer der Vertreter des Neukantianismus. Rickert unterschied zwischen Natur- und Kulturwissenschaften; die einen befassen sich mit sinnfreier, die anderen

---

[5] *Max Weber,* Wirtschaft und ..., op. cit. I/S. 1

mit sinnvoller Realität, und letztere erfordern daher „Verstehen". Allerdings differenziert er zwischen „logischem" Verstehen, das die Erkenntnisweise der Kulturwissenschaften ist, und „alogischem" Verstehen, das sich auf absolut individuelle Sinngebilde richtet. Das historische Verstehen ist ihm zwar ein Nacherleben des Realen aufgrund des Verstehens irrealer Sinngebilde, es erhält aber eine Objektivität durch die Wertbeziehung, d.h. durch die Werte, die der Historiker dem historischen Kulturleben selbst entnimmt und auf die die historischen Objekte bezogen werden. Von den Werten ist es abhängig, welches Material überhaupt historisch wesentlich wird. Nicht nur die Wertungen einer historischen Epoche, die untersucht wird, gehen in die historische Forschung ein, sondern auch die Werte derjenigen Kreise, an die sich der Historiker mit seiner Darstellung wendet. Diese Wertbeziehung stellt die Grundlage historischen Verstehens dar; kulturwissenschaftliche Darstellung erfolgt dann über wertbeziehende individualisierende Begriffsbildung. Darin sah Rickert den logischen Gegensatz von Natur und Geschichte begründet, d.i. in der inneren logischen Struktur aller historischen Begriffsbildung.

Weber folgte dieser Auffassung und übertrug sie auch auf die Soziologie, wenn er sie als „Wirklichkeitswissenschaft" charakterisiert. Daraus folgt dann, daß diese Art von Wissenschaft wie die Geschichte in jeder Epoche neu geschrieben werden muß, weil ihre Begriffe aufgrund der sich immer wieder ändernden Wertbeziehungen umgebildet werden müssen. Die Soziologie wie die Geschichte können daher keinen Endpunkt, kein Ziel in einer umfassenden Theorie finden, weil sie sich selbst mit der Wirklichkeit und ihrer Deutung ändern.

Kulturwissenschaftliche Erkenntnis ist für Weber immer an subjektive Voraussetzungen gebunden, auch an Wertungen, aber nicht deshalb, weil sie aus einzelnen Werturteilen bestünde, sondern weil der Mensch als Kulturwesen und damit sowohl als Objekt und Subjekt der Kulturwissenschaft immer die Fähigkeit und den Willen hat, bewußt zur Welt Stellung zu nehmen und ihr einen Sinn zu verleihen. Kulturwissenschaftliche Erkenntnis ist, wie Weber sich ausdrückt, Erkenntnis von Kulturbedeutung. Und Kultur ist „ein vom Standpunkt des Menschen aus mit Sinn und Bedeutung bedachter endlicher Ausschnitt aus der sinnlosen Unendlichkeit des Weltgeschehens".[6]

Weber nahm damit die Psychologisierung der Hermeneutik, die Schleiermacher begründet hatte, wieder zurück; für ihn wird Verstehen ein logisches Problem der kulturwissenschaftlichen Erkenntnis und nicht ein psychischer Prozeß des „Sich-hinein-Versetzens". Damit unterscheidet sich Webers Begriff des Verstehens aber auch von dem Simmels und von dem „Fremdverstehen" von Alfred Schütz.

Das Ziel der Kulturwissenschaft beruht in der Erkenntnis der Bedeutung, welche die stets individuell geartete Wirklichkeit des Lebens in bestimmten einzelnen Beziehungen für uns hat. Weber wendet sich damit nicht gegen die kausale Erkenntnis als solche, denn es geht ihm sehr wohl um die Erkenntnis von Ursachen, allerdings von Ursachen von Handlungen (auch Zwecke von Handlungen sind Ursachen). Aber Ursachen von Handlungen vermag der Betrachter nicht nur zu konstatieren, sondern er kann und will sie auch verstehen. Weber hielt soziale Gesetze, d.h. Gesetzesaussagen über Soziales nicht für unmöglich, aber sie sind ihm Mittel der Erkenntnis, nicht selbst Ziel der kulturwissenschaftlichen Erkenntnis.

Als theoretische Disziplinen kommt den historischen Wissenschaften ewige Jugend-

---

[6] *Max Weber,* Die Objektivität sozialwissenschaftlicher und sozialpolitischer Erkenntnis, S. 146ff., in: Gesammelte Aufsätze zur Wissenschaftslehre, Tübingen 1922, S. 180

lichkeit zu; ihre Probleme müssen immer wieder neu definiert werden. Auch die Idealtypen müssen immer wieder neu konstruiert werden; sie sind nicht ewige Wahrheiten, die einen Fundus des Wissens bilden, sondern für die Zwecke der jeweiligen Untersuchung geschaffene Begriffe. Diese Auffassung impliziert die Ablehnung einer kumulativen Sicht des wissenschaftlichen Fortschritts. Der „Fortschritt" der Kulturwissenschaften kann nur als ein steter Umbildungsprozeß der Begriffe, mit denen wir die Wirklichkeit bezeichnen, verstanden werden. Die Veränderung der praktischen Kulturprobleme macht auch eine ständige, begleitende Kritik der Begriffsbildung notwendig.

Friedrich H. Tenbruck[7] sieht zu Recht in dem Konzept der „Wirklichkeitswissenschaft" Webers eine grundsätzliche Alternative zur heutigen Soziologie, die offen oder verdeckt nach allgemeinen zeitraum-unabhängigen Aussagen strebt. Dementsprechend folgt aus Webers Auffassung eine Soziologie, die nie endgültiges Wissen ansammelt und die nicht nur ihre Interpretation des Gegenstandes immer wieder ändern, sondern auch ihr eigenes Instrumentarium immer wieder umgestalten muß. Diese Soziologie ist zugleich Objektwissenschaft und Selbstreflexion, die Selbsterzeugung impliziert, ähnlich wie Luhmanns System„theorie" in der Gegenwart, wobei es aber nicht um Relationierungen, sondern um Bedeutung geht.

Max Weber und die geistige Situation Deutschlands

Wie ein roter Faden durchzieht Webers Werk die Ausrichtung auf den nationalen Machtstaat und die Betonung desselben als das grundlegende Postulat für alles politische Handeln. Zum ersten Male 1895 deutlich ausgesprochen in seiner Freiburger Antrittsrede, ist dieses Prinzip fundamental für das Verständnis auch der Weberschen „Soziologie", weil es bedeutet, daß für Weber nie die einzelnen Gruppen, Schichten, Klassen und ihre Lebenslage und Verhaltensweisen als solche interessant sind, sondern immer nur die Frage: Was bedeutet das für den Staat als Ganzen in bezug auf sein nationales Selbstverständnis und seine machtpolitische Stellung?

Dabei darf das Eintreten Webers für den nationalen Machtstaat nicht als radikalnationalistische Emphase wie etwa bei Heinrich von Treitschke aufgefaßt werden. Bei Weber bedeutet das Prinzip des nationalen Machtstaates etwas ganz und gar anderes: das vereinigende Prinzip des politischen Wertens und Handelns über die partikulären Interessenstandpunkte hinaus. In den Gruppeninteressen sah er eine Gefährdung der nationalen Einheit und damit eine Schwächung des Staates. In diesem Sinne ist auch sein Eintreten für die Präsidialdemokratie anläßlich der Beratungen für die Weimarer Verfassung zu verstehen: nicht als mythische Verherrlichung eines Führers, sondern als rationales Element der Vereinigung im Sinne des staatlichen Handlungspotentials.

Ein anderes, auch als sehr „deutsch" zu bezeichnendes Element in Webers Denken, und zwar eines, das Vorwürfen, er wäre für eine Führerdiktatur eingetreten, entgegensteht, ist das Festhalten am Prinzip der individuellen Freiheit. Der nationale Machtstaat Webers ist kein totalitär-autokratischer Leviathan; er läßt sich ohne weiteres mit der Idee der individuellen Freiheit verbinden. Nicht der Staat bedroht die Freiheit des Individuums seiner Meinung nach, sondern die Gruppeninteressen, die sich über die Individuen hinwegsetzen, sowie der Prozeß der Bürokratisierung, der sich in diesen Gruppen, in Verbänden, Parteien wie auch in den Wirtschaftsbetrieben immer stärker durchsetzt. Aus diesem Grund und nicht aus einem engen Klassenstandpunkt heraus ist Weber auch gegen den Sozialismus, der ihm – wo er radikal ist –,

---

[7] *Friedrich H. Tenbruck,* Das Werk Max Webers: Methodologie und Sozialwissenschaften, in: KZSS 38/1986, S. 13ff.

zuwenig realistisch erscheint, und wo er realistisch ist, zu Zentralverwaltung in Staat und Wirtschaft führt. Max Weber teilte nicht die weitverbreitete Angst vor dem Sozialismus und der Revolution, geriet sogar selbst nach dem Krieg in den – unbegründeten – Ruf, Sozialist zu sein; er war für Diskussionen mit Sozialisten aller Spielarten aufgeschlossen, und nicht wenige revolutionäre Sozialisten zählten zu seinen Schülern. Er lernte sogar Russisch während der Revolution von 1905, um die Zeitungsberichte darüber verfolgen zu können, enthielt sich aber bis auf eine Rede vor Offizieren in Wien meist einer Beurteilung des Sozialismus.

Typisch für Weber und für die deutsche Art zu denken ist auch die Auffassung säkularer Prozesse als „Kultur". Soziologie ist ihm „Kulturwissenschaft", wobei Kultur für ihn jedoch nicht im bodenfern Esoterischen bleibt, sondern konkretisiert wird als „Lebensführung". Den säkularen Prozeß der Rationalisierung, dem er in seinen Untersuchungen über die Wirtschaftsethik der Weltreligionen, in seiner Herrschafts-, Staats- und Rechts„soziologie" nachspürt, versteht er als kulturelles Phänomen und interpretiert ihn als „Methodik der Lebensführung". Darin drückt sich – obgleich Weber selbst nicht religiös war – die lutherisch-protestantische Innerlichkeit und Weltfrömmigkeit als grundlegendes Substrat der deutschen Kultur aus. Auch der Kapitalismus wird in diesem geistigen Klima als Kultur, i.e. als Methodik der Lebensführung gedeutet, historisiert und damit seines aktiv-dynamischen Klassenbezugs entkleidet.

Tatsächlich ließ sich der „Kapitalismus" in Deutschland nicht mit einer bestimmten Gruppe oder Klasse nahtlos verbinden. Vielmehr erschien er als ein Produkt vielfältiger Einflüsse, Einflüsse von außen durch das Beispiel von und die welthandelsbedingte Konkurrenz mit England und Frankreich, Einflüsse durch die staatliche Förderungspolitik, die ein stark bürokratisch-politisches Element des deutschen Kapitalismus bewirkte, und die Verbindung von großagrarischen und großindustriellen Interessen. Der Kapitalismus erschien als ein organisiertes Unternehmen, das aber das kulturelle Leben des ganzen Volkes veränderte. Während das Deutsche Reich zur ersten Wirtschaftsmacht Europas aufstieg, blieb jedoch der „Geist des Kapitalismus" den Deutschen fremd.

Literatur

Jeffrey Alexander, Theoretical Logic in Sociology, Bd. 3: The Classical Attempt at Theoretical Synthesis: Max Weber, London, Melbourne und Henley 1983

Eduard Baumgartner, Max Weber. Werk und Person, Tübingen 1964

Reinhard Bendix, Max Weber. Das Werk, München 1964

Ders., Max Webers Religionssoziologie, in: KZSS 7/1963, S. 273ff.

Reinhard Bendix – G. Roth, Scholarship and Partisanship. Essays on Max Weber, Berkeley 1971

Shmuel N. Eisenstadt, Die Protestantische Ethik und der Geist des Kapitalismus, Opladen 1971

Hans Gerth – C. W. Mills, From Max Weber. Essays in Sociology, New York 1958

Anthony Giddens, Politics and Sociology in the Thought of Max Weber, London-Basingstoke 1972

Ders., Capitalism and Modern Social Theory. An Analysis of the Writings of Marx, Durkheim and Weber, Cambridge 1971

Gerhard Hufnagel, Kritik als Beruf. Der kritische Gehalt im Werk Max Webers, Frankfurt–Berlin–Wien 1971

Dirk Käsler, Max Weber – Sein Wrek – seine Wirkung, München 1972

Ders., Einführung in das Studium Max Webers, München 1979

Jürgen Kocka, Karl Marx und Max Weber, in: Zschr. f. d. ges. Staatswissenschaft 122/1966, S. 328ff.

Ders., (Hg.), Max Weber, der Historiker, Göttingen 1986

René König – Johannes Winckelmann (Hg.), Max Weber zum Gedächtnis, 2. Auflage, KZSS Sonderheft 7/1963, Opladen 1985
Clausjohann Lindner, Max Weber als Handlungstheoretiker, in: ZfSoz. 15/1986, S. 151ff.
Karl Löwith, Max Weber und Karl Marx, in: Gesamamelte Abhandlungen. Zur Kritik der geschichtlichen Existenz, Stuttgart 1960, S. 3ff.
Wolfgang Mommsen, Max Weber, Gesellschaft, Politik und Geschichte, Frankfurt 1974
Ders., Max Weber und die deutsche Politik 1890–1920, 2. Aufl., Tübingen 1974
G.H. Mueller, Weber and Mommsen: non-Marxist materialism, in: British J. of Sociology XXXVII/1986, S. 1ff.
John O'Neill, The Disciplinary Society: From Weber to Foucault, British J. of Sociology XXXVII/1986, S. 42ff.
Heinrich Rickert, Die Grenzen der naturwissenschaftlichen Begriffsbildung. Eine logische Einleitung in die historischen Wissenschaften, 4. Aufl., Leipzig 1929
Otto Stammer (Hg.), Max Weber und die Soziologie heute, Tübingen 1965
Friedrich H. Tenbruck, Die Genesis der Methodologie Max Webers, in: KZSS 11/1959, S. 625ff.
Ders., Das Werk Max Webers, in: KZSS 27/1975, S. 663ff.
Ders., Das Werk Max Webers: Methodologie und Sozialwissenschaften, KZSS 38/86, S. 13ff.
Marianne Weber, Max Weber. Ein Lebensbild, Heidelberg 1950
Max Weber, Gesammelte Aufsätze zur Wissenschaftslehre, Tübingen 1922
Ders., Gesammelte Aufsätze zur Soziologie und Sozialpolitik, Tübingen 1924
Ders., Gesammelte Aufsätze zur Sozial- und Wirtschaftsgeschichte, Tübingen 1924
Ders., Gesammelte Aufsätze zur Religionssoziologie, 3 Bände, Tübingen 1922
Ders., Wirtschaftsgeschichte. Abriß der universalen Sozial- und Wirtschaftsgeschichte, 2. Aufl., München und Leipzig 1924 (hg. von S. Hellmann und M. Palyi)
Ders., Wirtschaft und Gesellschaft. Grundriß der verstehenden Soziologie, (hrsg. v. J. Winckelmann) Tübingen 1972 (ursprl. 1921)
Ders., Gesammelte politische Schriften, 2. Aufl., Tübingen 1971
Ders., Die protestantische Ethik und der Geist des Kapitalismus, 2 Bände, hg. v. J. Winckelmann, 2. Aufl., Hamburg 1972 (ursprl. 1904/05)
Hans-Ulrich Wehler (Hg.), Geschichte und Ökonomie, Köln 1972

4. Soziologie und Nationalsozialismus

Politische Kultur und Sozialstruktur Deutschlands zwischen den Kriegen

Es wurde schon darauf hingewiesen, daß der Gesellschaftsbegriff und die Auffassung von politischer Demokratie, wie sie sich in Westeuropa, vor allem in Frankreich und in Großbritannien entwickelt hatte, im Deutschen Reich in breiten Kreisen, auch unter den Intellektuellen, abgelehnt wurden. Auch der Kapitalismus wurde typischerweise geistig-kulturell interpretiert und als der deutschen Kultur fremd verstanden.

Ein typisches Beispiel für die bewußte Differenzierung von Westeuropa ist Werner Sombarts ansonsten völlig bedeutungslose Schrift „Händler und Helden" (1915), weil sich darin eine für die deutsche Öffentlichkeit durchaus repräsentative Auffassung von einem grundlegenden kulturell-geistigen Unterschied zwischen der westeuropäischen Zivilisation („Händlergeist") und der deutschen Kultur („heldischer Geist") ausdrückte.

Besonders die geisteswissenschaftlich orientierten Intellektuellen hatten tiefgehende Probleme mit dem „Geist des Kapitalismus", weil dieser für sie auch Materialismus, Empirismus und Sensualismus verkörperte. Dadurch kam es unter durchaus großen Gelehrten mitunter zu uns heute ungeheuerlich anmutenden Auffassungen. So faßte Max Scheler in dem Aufsatz „Die Zukunft des Kapitalismus" (1914) den Kapitalismus als begründet in den Zielen und Werten des „vital gemeinen Typus" des Bourgeois, den er mit den Juden gleichsetzte, auf. Der kapitalistische Geist war ihm im Gefolge von Nietzsche eine Sklavenmoral, deren Niedergang er in Zukunft durch das „Aussterben der deutschen Juden" erhoffte. Max Scheler war selbst jüdischer Abstammung.[1]

Diese Ablehnung des Kapitalismus schuf eine merkwürdige Widersprüchlichkeit der deutschen Gesellschaft und Kultur am Anfang des 20. Jahrhunderts, denn das Deutsche Reich stieg gleichzeitig zur ersten Wirtschaftsmacht Europas auf, wenn auch eine relativ hohe Abhängigkeit von ausländischem Finanzkapital bestand.

Die Wirtschaftsentwicklung Deutschlands verlief allerdings etwas anders als die Frankreichs und insbesondere Großbritanniens. Es war der Kapitalismus der unsichtbaren Hand, der liberale Kapitalismus des individuellen Eigeninteresses, der den Deutschen fremd erschien. Die staatlichen Interventionen, die monopolistisch-etatistische Wirtschaftsentwicklung, die Lenkung von oben hingegen waren wesentliche Merkmale der deutschen Industrialisierung und wurden daher, als die krisenhafte Entwicklung der Wirtschaft dies nahelegte, ohne weiteres akzeptiert.

Die Weltwirtschaftskrise von 1929 führte im Deutschen Reich zu einer allgemeinen Akklamation der Idee der Planwirtschaft als der Wirtschaft der Zukunft. Endlich fielen die störenden liberal-individualistischen Elemente des modernen Kapitalismus weg, die beunruhigende Vorstellung der Eigengesetzlichkeit, und Sombart konnte feststellen: „Die Wirtschaft ist nicht unser ‚Schicksal'. Eine Eigengesetzlichkeit der Wirtschaft gibt es nicht."[2] Die Planwirtschaft begrüßten Sombart und andere als Wirtschaftsform der Zukunft, die es ermögliche, daß rationale Voraussicht und Reglementierung an die Stelle der unsichtbaren Hand des Marktes treten. Und – man

---

[1] *Max Scheler,* Die Zukunft des Kapitalismus (1914), in: Die Zukunft des Kapitalismus und andere Aufsätze, München 1979, S. 73ff.

[2] *Werner Sombart,* Die Zukunft des Kapitalismus, Berlin-Charlottenburg 1932, S. 5

vermeint einen Seufzer der Erleichterung herauszuhören – „ein vollrationalisierter Geist ist aber kein echter kapitalistischer Geist mehr".[3]

Neben dem Kapitalismus westeuropäischer Prägung sah man auch weithin den Sozialismus als Gefahr für die deutsche Geistlichkeit und Kultur an. Nicht nur der Kapitalismus wurde als „volksfremd" empfunden, sondern auch der Sozialismus marxistischer Prägung (anarchistische Elemente waren selbst in der deutschen Sub- und Gegenkultur nur in Spuren vorhanden). Während die Lassallesche Spielart eines etatistischen Sozialismus durchaus selbst für Bismarck noch diskussionswürdig war, waren der Internationalismus, Materialismus und Pazifismus des Marxismus der deutschen Denkungsart fremd.

Auch die Tatsache, daß die Sozialdemokratie im deutschen Kaiserreich die einzige demokratische Kraft war, hatte sie mehr in die Subkultur gedrängt als sie zu einer Säule der politischen Kultur werden zu lassen. Die Sozialistengesetze Bismarcks waren nur der äußere Ausdruck dieser Situation gewesen. Obwohl sich die deutsche Sozialdemokratie nach der Aufhebung der Sozialistengesetze zu der stärksten Arbeiterbewegung in Europa entwickelte, war ihre Verankerung im politischen Selbstbewußtsein des deutschen Volkes, ja selbst der Arbeiterklasse, eine prekäre, zumindest jenseits des gewerkschaftlich-pragmatischen Kerns der Arbeiterbewegung. Die russische Revolution und die bolschewistischen Züge in den Revolutionen von 1918 ließen den Sozialismus zudem in den Augen einer breiteren Öffentlichkeit wieder zu einer Gefahr für die Nation und den Staat werden.

Die „verspätete Nation" war ängstlich darauf bedacht, ihre nationale Einheit, Eigenart und Selbständigkeit zu erhalten. Deutschtum, die deutsche Art zu denken wurden hervorgehoben und „volksfremde" Elemente davon unterschieden. Die Niederlage im 1. Weltkrieg hatte diese Haltung noch verstärkt, ebenso wie soziale Strukturentwicklungen im Inneren der deutschen Gesellschaft.

Schon in der Phase der Hochindustrialisierung hatte sich eine Verbindung zwischen Großagrariern und Großindustrie etabliert, die das deutsche Bürgertum spaltete. Auf der einen Seite das Großbürgertum, das zusammen mit dem Adel, dem Militär und der Bürokratie die herrschende Elite darstellte und auf der anderen Seite ein sozial deklassiertes Kleinbürgertum, dem auch ein großer Teil der Industriearbeiterschaft entstammte. Theodor Geiger (1891–1952), einer der bedeutendsten, wenn auch nicht entsprechend bekannten Soziologen der Zwischenkriegszeit, stellte um 1930 eine große Zahl von „Proletaroiden" in Handel und Handwerk fest. Außerdem zeichnete sich der „Mittelstand" durch eine gewisse Ambivalenz aus; er transformierte sich langsam in einen Arbeitnehmermittelstand.[4]

Dazu kam, daß sich in der „Wirtschaft" eine Krise des kapitalistischen Denkens abzeichnete. Im agrarischen Großunternehmertum war der Glaube an den modernen Kapitalismus überhaupt schon verschwunden, und feudalistisch-patrimoniale Vorstellungen hatten sich wieder ausgebreitet. In der Großindustrie bestand eine Abneigung gegen den „organisierten Kapitalismus", die Konzernierungspolitik und das Bankkapital.

Diese Merkmale der Sozialstruktur bewirkten zusammen mit einer Reihe anderer Voraussetzungen, daß der Nationalsozialismus anders als der italienische Faschismus radikalkonservativ orientiert war, denn die „sozialistischen" Elemente in ihm, die sich auf die Arbeiterklasse stützten, waren gering; an ihrer Stelle verbanden sich kleinbür-

---

[3] *Werner Sombart*, Die Zukunft des Kapitalismus, Berlin-Charlottenburg 1932, op. cit. S. 8
[4] *Theodor Geiger,* Die soziale Schichtung des deutschen Volkes, Stuttgart 1967 (ursprl. 1932)

gerlich-reformistische und konservative Strömungen mit dem naturalisierten Nationalismus der Blut-und-Boden-Romantik. Allerdings gab es eine ganze Reihe von vaterländisch-germanischen Bünden und Bewegungen, die NSDAP war nur eine von ihnen.

Zunächst war die NS-Bewegung eine Reaktion auf den verlorenen Weltkrieg gewesen, und der Anteil der ehemaligen Frontkämpfer unter den Mitgliedern war – wie auch im italienischen Faschismus – hoch. Es ist nicht zu bezweifeln, daß ein großer Teil der deutschen Bevölkerung positive Erwartungen in Hitler und die NSDAP in bezug auf eine nationale Restitutionspolitik setzte. Anders sind die Reichtagswahlen von 1932 nicht zu erklären, die den Nationalsozialisten so große Stimmengewinne brachten, daß sie innerhalb nur weniger Jahre von einer der zahlreichen nationalen Gruppierungen zur stärksten Partei wurden, und das, obwohl es keinen Zweifel daran geben konnte, daß sie die demokratische Verfassung abzuschaffen wünschten. Sogar die Kommunisten setzten ihre Hoffnung in bezug auf die Herstellung der proletarischen Einheitsfront auf die NSDAP.

Kaum an der Macht, setzten die Totalisierungsmaßnahmen Hitlers sofort ein, der spezifische Antisemitismus Hitlers führte allerdings erst nach einer Anfangsphase zu zielstrebigen Maßnahmen und dann unter den Prinzipien strengster Arbeitsteilung und Geheimhaltung. Antisemitische Rhetorik hingegen war allgemein an der Tagesordnung und kein Spezifikum der NSDAP.

Der Faschismus der Zwischenkriegszeit war ein epochales europäisches Phänomen, das keineswegs auf Italien und Deutschland beschränkt war. In fast allen Ländern gab es faschistische Bewegungen; die älteste und intellektuellste von ihnen war die Action Françaisе Charles Maurras' in der Folge der Dreyfus-Affäre. Das zeigt, daß der Faschismus kein „Zufall" war, sondern sich aufgrund bestimmter sozialhistorischer Bedingungen entwickelte, obwohl in der Geschichte nichts „notwendig" aus etwas Vorangehendem folgt.

Nur in Italien und Deutschland gelangte der Faschismus an die Macht; in diesen Ländern waren die Bedingungen für ihn besonders günstig. In jedem Land nahm der Faschismus eine eigene Ausformung an; dies und sein nationalistischer Charakter verhinderte die Verbindung der einzelnen faschistischen Bewegungen. Der Nationalsozialismus war sicher die radikalste faschistische Bewegung, und sie mußte sich auch die anderen Faschismen schließlich zu Gegnern machen, weil sie diese durch ihr Weltherrschaftsstreben gerade in ihrem nationalistischen Kern bedrohte.

Die unmittelbaren Prämissen für die Entstehung des Faschismus waren: der 1. Weltkrieg und der Vertrag von Versailles; die bolchewistische Revolution in Rußland und die Revolutionen und Räterepubliken in Berlin, Budapest und München; die Komintern von 1920 und die Weltwirtschaftskrise. Gemeinsames Kennzeichen aller faschistischen Bewegungen war ihr Antimarxismus. Marxismus, insbesondere der Bolschewismus, wurde als Bedrohung des Staates gesehen: Die Faschisten fühlten sich als Verteidiger des Nationalstaates gegen den Internationalismus und Pazifismus der Kommunisten.

Faschismus und Nationalsozialismus unterschieden sich aber von dem reaktionären Nationalismus und Konservatismus, dessen Träger die alte herrschende Elite war, dadurch, daß sie „von unten" kamen, sich auf das kleine und mittlere Bürgertum, den neuen Mittelstand und allenthalben auch Teile der Arbeiterschaft berufen konnten.

Wenn man die besonderen Voraussetzungen für den Erfolg des Nationalsozialismus in Deutschland bezeichnen soll, so kann man sie in den folgenden sehen:

1. Die späte Nationwerdung, die den nationalistischen Gefühlen noch große Wirksamkeit garantierte.
2. Das Mißtrauen der alten Staaten Europas gegenüber dem Deutschen Reich als potentielle Bedrohung der traditionellen Politik des Gleichgewichts der Kräfte.
3. Die militaristisch-preußische Tönung der deutschen Politik und das dem politischen Humanismus der westeuropäischen Staaten entgegengesetzte Prinzip der staatlichen Machtpolitik.
4. Die relativ schwachen demokratischen Ideen gegenüber der starken konservativen obrigkeitsstaatlichen Tradition.
5. Die irrationalistisch-romantische Weltanschauung, die auch den Nationalismus, der auf dem Prinzip der Volksnation gründete, bestimmte.
6. Die Soziallage und Sozialstruktur des deutschen Volkes, insbesondere die existentielle Verunsicherung des Mittelstandes.

Die Soziologie zwischen 1920 und 1945

Im deutschsprachigen Raum entwickelte sich die Soziologie in der Zwischenkriegszeit in sehr vielfältiger Form. Schon gab es eine Reihe von Lehrkanzeln für Soziologie; sie war ein akademisches Fach geworden, aber von einem einheitlichen Verständnis dessen, was Soziologie sein und tun sollte, konnte nicht gesprochen werden. Noch immer überwog die Auffassung, es mit einer „soziologischen Perspektive" und nicht einer Einzelwissenschaft zu tun zu haben.

Wenn wir einzelne Positionen der Zeit herausgreifen, so müssen wir zunächst den Nestor der deutschen Soziologie, Ferdinand Tönnies[5], erwähnen, der in diesem Zeitraum allerdings primär als Präsident der Deutschen Gesellschaft für Soziologie und Vorsitzender der Deutschen Soziologentage bis 1933 in Erscheinung trat. Von der alten Garde wirkten nach dem Tode von Simmel und Weber noch Werner Sombart, Alfred Vierkandt, Alfred Weber und Franz Oppenheimer.

Werner Sombart (1863–1941) setzte sich in seinen Werken wie etwa „Der Bourgeois. Zur Geistesgeschichte des modernen Wirtschaftsmenschen" (1913) und „Der moderne Kapitalismus" (1921) mit der Entstehung des modernen Kapitalismus auseinander, wobei er methodisch als systematischer Nationalökonom die Wirtschaftsgeschichte interpretierte. Die soziologische Orientierung zeigt sich in dem besonderen Wert, den er auf das Herausarbeiten der „Kulturbedingungen" der Wirtschaft und der Wirtschaftsgesinnung legte. Er zog eine scharfe Trennlinie zwischen dem vorkapitalistischen und dem kapitalistischen Geist, letzterer vollbrachte die grundlegende Wandlung von einer statischen zu einer dynamischen Gesellschaft. Den Hochkapitalismus zeichnet seiner Meinung nach eine Orientierung an Erwerb und Geschäft aus, nicht mehr an Versorgung. Er untersuchte auch die jüdische Religion nach den für die Entwicklung des kapitalistischen Geistes günstigen Merkmalen. Anders als Max Weber sah Sombart in den Juden die Begründer und Hauptrepräsentanten des modernen Kapitalismus, den er als zum großen Teil aus der Praxis der Geldleihe herleitete. Die Tatsache, daß Macht im Zuge der kapitalistischen Entwicklung nicht mehr ausschließlich aus sozialen und politischen Positionen erwuchs und Reichtum als solcher nicht mehr nur Folgeerscheinung dieser, sondern zur Grundlage eigener Machtentfaltung wurde, bezeichnete Sombart mit der griffigen Formulierung vom Übergang vom „Machtreichtum" zur „Reichtumsmacht".

Leitprinzip seiner nur in Skizzen vorhandenen, posthum herausgegebenen „Noo-Soziologie" war die Identifikation von Gesellschaft und Geist. Sie stellte er der

---

[5] Vgl. dazu IV/1

psychologischen oder naturalistischen Soziologie, die auf Gesetzeserkenntnis analog den Naturwissenschaften abzielt, gegenüber und verstand sie als Sozialtheorie im Rahmen der Kulturwissenschaft. Die Allgemeine Noo-Soziologie befaßt sich mit der Lehre vom Begriff, den Elementen und Trägern der Kultur, der Lehre vom Entstehen und Vergehen der Kultur und der Lehre von den Arten, Formen und Kreisen der Kultur.

Leopold von Wiese (1876–1969), der in der Gesellschaft für Soziologie eine dominante Rolle spielte, galt mit seiner „Beziehungslehre" als Verfechter einer „reinen", einer „formalen Soziologie". In der empirischen Forschung vertrat v. Wiese ähnlich wie Tönnies eine soziographische Richtung. Leopld von Wieses Beziehungslehre wurde auch von Albion Small und Howard Becker rezipiert, er war international relativ stark präsent und entfaltete auch in Deutschland eine rege organisatorische Tätigkeit („Kölner Vierteljahreshefte für Soziologie", Forschungsinstitut, Soziologentage). Mit seiner formalen Soziologie versuchte er das Fach auf eine systematische Grundlage zu stellen. Leopold von Wiese, der auch von der Mathematik beeinflußt war, meinte zwar, die Soziologie müsse die Phänomene ebenso wie die Naturwissenschaften messen, dürfe jedoch nicht einfach die Methoden und Meßinstrumente derselben übernehmen. Zentraler Begriff ist dabei der der sozialen Beziehungen; diese hätten ihre eigenen Gesetze und müssen mit spezifischen Methoden erforscht werden. Den Begriff der Struktur lehnte von Wiese ab, denn seiner Meinung nach gibt es nur Prozesse, die sich aus Ereignissen ergeben. Sie resultieren in Prozessen im sozialen Raum und in sozialen Gebilden.

Die jüngere Generation umfaßte ebenfalls sehr heterogene Erscheinungen wie Theodor Geiger, Alfred Salomon, Karl Mannheim, Max Horkheimer, Hans Freyer, Robert Michels (s. III/3) u. a. Theodor Geiger (1891–1952) war ein Beispiel dafür, daß das, was wir heute vielleicht als eigentliche Soziologie bezeichnen würden, in dieser Zeit sich weitgehend außerhalb des Universitätsbetriebs abspielte. Geiger kam von der politischen Arbeiterbildung her, bei der er sich bereits einige Verdienste um die Popularisierung soziologischen Denkens erworben hatte, als die Soziologie selbst an den Universitäten erst ein junges Fach war. Er hatte dann allerdings auch einen akademischen Lehrstuhl inne, den er aber bald wieder vor der NS-Bedrohung räumen mußte. Er ging nach Dänemark, wo auch viele seiner Werke erstmals erschienen. Sein wichtigstes und in Deutschland bekanntestes Werk ist „Die soziale Schichtung des deutschen Volkes" (1932), das Geiger im Untertitel als „soziographischer Versuch auf statistischer Grundlage" bezeichnete. Darin differenziert er zwischen der statistisch erfaßbaren Soziallage und der sozialen Schichtung, für die auch der mentalitätsabhängige Habitus wichtig ist, sodaß man auch zwischen Wirtschaftsschichtung und universalsoziologischem Schichtungsbild unterscheiden muß.

Verbindungen mit soziologischen Perspektiven gingen auch die philosophische Anthropologie (Max Scheler, Helmuth Plessner) und die Sozialgeschichte (B. Groethuysen, A. v. Martin) ein. Darüber hinaus gab es noch eine ganze Reihe von Überschneidungen und von Grenzgängern zwischen den Wissenschaften. Ein typisches Beispiel dafür war etwa Emil Lederer (1882–1939), der einen Lehrstuhl für Nationalökonomie in Berlin bekleidete und über ökonomische Theorie und Sozialpolitik schrieb, aber eigentlich einen Ruf als Soziologe genoß und als solcher auch in Erinnerung blieb. Allerdings ist er der akademischen Soziologie nur durch seine Analysen zur Angestelltenschicht bekannt. Darüber hinaus verfaßte er aber über eine Fülle von konkreten soziopolitischen und sozioökonomischen Problemen seiner Zeit Aufsätze, was jedoch nicht dem seltsam abgehobenen neuromantisch-lebensphilosophischen Tenor eines Großteils des akademischen Diskurses der Zwischenkriegszeit entsprach.

Bezeichnenderweise stammte Lederer aus dem Habsburgerreich und hatte in Wien Nationalökonomie studiert. Auch war er Sozialist und stand daher ohnehin am Rande, wobei er allerdings nach dem Kennenlernen des Bolschewismus in der Sowjetunion von dieser Alternative zur kapitalistischen Entwicklung abrückte und insbesondere in seinen bereits in den USA verfaßten Schriften für demokratische Freiheit in einer geschichteten Gesellschaft eintrat.

Die Soziologentage zwischen 1910 und 1930 wurden beherrscht von Kämpfen um Richtungen und Abgrenzungen zwischen mehr naturwissenschaftlich-empirischen Ansätzen (v. Wiese), stärker sozialwissenschaftlich ausgerichteten (Mannheim) und kulturwissenschaftlichen Auffassungen (A. Weber).[6] Auch Transformationen marxistischen Denkens machten sich verstärkt bemerkbar und verstanden sich auch als Soziologie. Diese Tendenzen haben ihren Ursprung stärker in Österreich als in Deutschland (Max Adler, Carl Grünberg...). Carl Grünberg war auch der erste Direktor des Frankfurter Instituts für Sozialforschung. Aber erst unter seinem späteren Direktor Max Horkheimer gewann das Institut eine philosophisch-kritische Profilierung.

Volker Kruse hat darauf hingewiesen, daß sich in den 20er und 30er Jahren eine Reihe von Sozialwissenschaftlern von der historistischen Grundpositon Diltheys oder auch Schmollers entfernten oder diese doch mit Elementen marxistischen Sozialdenkens wie auch analytischer Wissenschaftlichkeit verbanden. Die Idealtypenlehre von Max Weber hatte hierfür eine Vorreiterrolle eingenommen; daneben aber nennt er weitere drei Varianten dieser „Weimarer historischen Soziologie“: Werner Sombarts „historische Sozialtheorie“, die für bestimmte Wirtschaftsperioden je verschiedene Theorien annimmt; Alfred Webers Kultursoziologie, die auf der Differenzierung der historisch-sozialen Totalität in drei eigengesetzliche Sphären: Zivilisation, Gesellschaft, Kultur beruht; und Franz Oppenheimers Synthese von Kulturgeschichte, historischer Nationalökonomie und materialistischer Geschichtsauffassung.[7]

Das geistige Leben in Deutschland in den ersten Jahrzehnten des 20. Jahrhunderts blieb dennoch im Banne der Esoterik. In bezug auf die Soziologie wiesen sowohl Dirk Käsler wie Helmuth Berking auf die bemerkenswerte Distanz zur gesellschaftlichen Wirklichkeit hin, den „Geistesaristokratismus“, der sich nicht mit dem Geschäft der Auseinandersetzung mit den Tatsachen beschmutzen will. Die Lebensphilosophie, aus der Romantik entsprungen und von Dilthey und Nietzsche als ihren beiden größten Repräsentanten im 19. Jahrhundert begründet, wurde mit Max Scheler und dessen Schüler Martin Heidegger zu einer irrationalistischen Philosophie mit wissenschaftsfeindlicher Tönung. Sie gab einen durchaus geeigneten Hintergrund ab für das „völkische“ Denken der 20er und 30er Jahre. Die Lebensphilosophie machte Lukàcs vor allem für die „Zerstörung der Vernunft“ verantwortlich, die schließlich die totalitär-irrationale Herrschaft des Nationalsozialismus ermöglichte.

Max Scheler verknüpfte die Lebensphilosophie mit der Phänomenologie Husserls, um eine erkenntnisphilosophische Grundlage zu entwickeln. Scheler und Heidegger

---

[6] *Dirk Käsler,* Der Streit um die Bestimmung der Soziologie auf den Deutschen Soziologentagen 1910 bis 1930, in: *R. Lepsius* (Hg.), Soziologie in Deutschland und Österreich 1918–1945, KZSS Sonderheft 23, Opladen 1981, S. 199ff.

[7] *Volker Kruse,* Von der historischen Nationalökonomie zur historischen Soziologie, in: Zschr. für Soziologie 19/1990, S. 149ff.

stehen für die lebensphilosophische Wende der Phänomenologie. Scheler bezeichnete sich auch als Soziologe: Er traf die Unterscheidung zwischen „Kultursoziologie" und „Realsoziologie" und gilt auch als Begründer der Wissenssoziologie.

In den 30er Jahren, insbesondere nach der Machtergreifung des Nationalsozialismus, emigrierten zahlreiche Soziologen, darunter vor allem die im Umfeld marxistischer oder sozialdemokratischer Ideen oder Bewegungen angesiedelten und/oder jene jüdischer Abstammung. Allerdings wurde die Soziologie unter dem NS-Regime nicht vollkommen ausgemerzt, wie es aufgrund der Ausklammerung dieser Zeit aus der üblichen Darstellung der Soziologiegeschichte scheinen könnte. Immerhin blieb eine Anzahl von Soziologen in Nazideutschland, wenn sie als Nichtjuden und Nichtsozialisten nicht unmittelbar bedroht waren. Einige Soziologen bekannten sich auch zumindest zeitweise zum Nationalsozialismus. Dieser war nicht der Soziologie als solcher und allen ihren Spielarten gegenüber ablehnend, sondern nur jenen gesellschaftstheoretisch-kritischen Einstellungen gegenüber, die in diesem System naturgemäß unbequem sein mußten. Andererseits hatte gerade ein System wie das nationalsozialistische Deutschland einen großen Bedarf an sozialtechnologisch orientierter Wissenschaft und an empirischer Forschung und konnte daher Sozialwissenschaftlern durchaus Arbeits- und Forschungsmöglichkeiten bieten.

Die Soziologie, die sich anfangs mit dem Nationalsozialismus verbinden ließ, betonte das „Volk" als Willensgemeinschaft im Gegensatz zur bürgerlichen Gesellschaft – eine Auffassung, die sich mit starken geistigen Traditionen verbinden ließ (Romantik, W. Riehl etc.). Die Soziologen, die diese Auffassung vertraten, mußten deshalb keineswegs Anhänger des NS-Regimes sein – zumindest in seiner ersten Phase bis 1936. Die emphatische Betonung der „Volkwerdung" und die Hervorhebung der integrierenden Rolle eines charismatischen Führers waren die Merkmale dieser „Volksgemeinschaftssoziologie", die sicher gewisse Hoffnungen und Bestrebungen in der deutschen Gesellschaft wiedergab, welche als latente Hintergrundstimmung ermöglicht hatten, daß der Nationalsozialismus legal an die Macht kommen konnte.

Die führenden Köpfe dieser Soziologie waren Hans Freyer und Othmar Spann, aber auch Werner Sombart und Leopold von Wiese. Nach 1936 entledigte sich das NS-Regime allerdings auch dieser loyalen Soziologen, weil sie unbequeme kontrollierende Maßstäbe an die Politik der NSDAP anlegten. Die Volksgemeinschaftsidee und ihre Werte waren von ihnen höher eingeschätzt worden als die Politik der Partei bzw. sie vertraten die Auffassung, die Partei müsse diesen Werten dienen.

Nach der „Aufwärmphase" bis 1936 ging es im Hitlerstaat aber nicht mehr um „Volkswerdung", sondern um die Unterwerfung des Volkes unter die NS-Ideologie. Der Nationalsozialismus selbst konnte nicht mehr Objekt und Thema sein, er wurde zum Axiom. Die linientreuen Sozialwissenschaftler beschäftigten sich mit biologisch-soziologischen Theorien, Agrarsoziologie, Militärsoziologie und Sozialpsychologie, soweit sie für die Propaganda nützlich war, sowie mit Ganzheitssoziologie und Sozialtechnik. Sie sollten intellektuelle Waffen für die NSDAP gegen politische, soziale und rassische „Volksfeinde" entwickeln, und sie konnten von Staat bzw. Partei geförderte, empirische Studien mit sozialtechnologischem Charakter durchführen.

Soweit sie nicht selbst politisch im NS-Staat engagiert gewesen waren, blieben diese Soziologen auch nach dem 2. Weltkrieg auf ihren Lehrstühlen. Dazu kamen dann ehemalige Emigranten, die aus den USA die sich dort inzwischen rasant entwickelnde Empirische Sozialforschung und Soziologie „mitbrachten". Die Nachkriegssoziologie war in der Folge aufgrund der Rückkehr der Emigranten, der desavouierten unmittelbaren deutschen Tradition bzw. dem Bruch in der Tradition durch die NS-Zeit stark auf die Rezeption der amerikanischen Soziologie ausgerichtet.

Literatur

Hannah Arendt, Elemente und Ursprünge totaler Herrschaft, Frankfurt 1962

Heine von Alemann, Leopold von Wiese und das Forschungsinstitut für Sozialwissenschaften in Köln 1919 bis 1934, in: *Wolf Lepenies* (Hg.), Geschichte der Soziologie Bd. 2, Frankfurt 1981, S. 349ff.

Helmut Berking, Masse und Geist. Studien zur Soziologie in der Weimarer Republik, Berlin 1984

Martin Broszat, Der Staat Hitlers, München 1971

Hans Freyer, Soziologie als Wirklichkeitswissenschaft, Leipzig-Berlin 1930

Theodor Geiger, Die soziale Schichtung des deutschen Volkes, Stuttgart·1967 (urspr. 1932)

Rainer Geißler, Die Schichtungssoziologie von Theodor Geiger, in: KZSS 37/85, S. 387ff.

Hermann Graml, Europa zwischen den Kriegen, München 1969

Friedrich Heckmann – Friedhelm Kröll, Einführung in die Geschichte der Soziologie, Stuttgart 1984

Helmut Heiber, Die Republik von Weimar, München 1972

Josef Hülsdünker – Rolf Schellhase (Hg.), Soziologiegeschichte, Berlin 1986

Urs Jaeggi et al., Geist und Katastrophe. Studien zur Soziologie im Nationalsozialismus, Berlin 1983

Dirk Käsler, Soziologische Abenteuer, Opladen 1985

Ders., Der Streit um die Bestimmung der Soziologie auf den Deutschen Soziologentagen 1910 bis 1930, in: *R. Lepsius* (Hg.), Soziologie in Deutschland und Österreich 1918–1945, KZSS Sonderheft 23, Opladen 1981, S. 199ff.

Ders., Die frühe deutsche Soziologie 1909 bis 1934 und ihre Entstehungs-Milieus. Eine wissenschaftssoziologische Untersuchung, Opladen 1984 (Studien zur Sozialwissenschaft Bd. 58)

Carsten Klingemann, Heimatsoziologie oder Ordnungsinstrument? Fachgeschichtliche Aspekte der Soziologie in Deutschland zwischen 1933 und 1945, in: *R. M. Lepsius* (Hg.), op. cit. S. 273ff.

René König, Über das vermeintliche Ende der deutschen Soziologie vor der Machtergreifung des Nationalsozialismus, in: KZSS 36/1984, S. 1f.

Volker Kruse, Von der historischen Nationalökonomie zur historischen Soziologie, in: Zschr. für Soziologie 19/1990, S. 149ff.

Emil Lederer, Kapitalismus, Klassenstruktur und Probleme der Demokratie in Deutschland 1910–1940, Göttingen 1979

Rainer Lepsius (Hg.), Soziologie in Deutschland und Österreich 1918–1945, KZSS Sonderheit 23. Opladen 1981

Georg Lukàcs, Die Zerstörung der Vernunft. Der Weg des Irrationalismus von Schelling zu Hitler, Berlin 1955

Karl Mannheim, Die Gegenwartsaufgaben der Soziologie, Tübingen 1932

Alfred von Martin, Geist und Gesellschaft, Frankfurt 1948

Arthur Mitzman, Sociology and Estrangement, New York 1973

Robert Michels, Zur Soziologie des Parteiwesens, Untersuchungen über die oligarchischen Tendenzen des Gruppenlebens, Leipzig 1925 (urspr. 1910)

Franz Neumann, Behemoth, Frankfurt 1984 (urspr. amerik. 1942)

Ernst Nolte,' Der Faschismus in seiner Epoche, München-Zürich 1979 (urspr. 1963)

Ders., Die faschistischen Bewegungen, München 1973

Franz Oppenheimer, System der Soziologie, 4 Bände, Jena 1922–1926

Helmuth Plessner, Die verspätete Nation (urspr. „Das Schicksal deutschen Geistes im Ausgang seiner bürgerlichen Epoche", 1935), Frankfurt 1974

Ottheim Rammstedt, Deutsche Soziologie 1933–1945), Frankfurt 1986

Wilfried Röhrich, Sozialgeschichte politischer Ideen, Reinbek 1979

Max Scheler, Die Zukunft des Kapitalismus (1914), in: Die Zukunft des Kapitalismus und andere Aufsätze, München 1979, S. 73ff.

Helmuth Schelsky, Ortsbestimmung der deutschen Soziologie, Düsseldorf 1959
Werner Sombart, Händler und Helden, München-Leipzig 1915
Ders., Noo-Soziologie, Berlin 1956
Ders., Der Bourgeois. Zur Geistesgeschichte des modernen Wirtschaftsmenschen, München und Leipzig 1913
Ders., Der moderne Kapitalismus, 3 Bände, München und Leipzig 1921
Ders., Die Juden und das Wirtschaftsleben, Leipzig 1911
Ders., Die Zukunft des Kapitalismus, Berlin-Charlottenburg 1932
Ders., Der proletarische Sozialismus („Marxismus"), Jena 1924
Oswald Spengler, Jahre der Entscheidung. Deutschland und die weltgeschichtliche Entwicklung, München 1980 (usprl. 1933)
Erhard Stölting, Akademische Soziologie in der Weimarer Republik, Berlin-München 1986
Ferdinand Tönnies, Einführung in die Soziologie, Stuttgart 1931
Alfred Vierkandt (Hg.), Handwörterbuch der Soziologie, Stuttgart 1931
Andreas Walther, Die neuen Aufgaben der Sozialwissenschaften, Hamburg 1939
Alfred Weber, Prinzipien der Geschichts- und Kultursoziologie, München 1951
Ders., Kulturgeschichte als Kultursoziologie, Leyden 1935
Leopold von Wiese, System der Allgemeinen Soziologie (Beziehungslehre), München-Leipzig 1933

V. Zwischen Zeiten und Welten

Von großer Bedeutung für die moderne Soziologie der Gegenwart war die Soziologie der Emigranten bzw. jener Soziologen, die sich nicht mit den Anschauungen der Nationalsozialisten abfinden konnten. Es sollen hier nur drei Beispiele der deutschen Zwischenkriegssoziologie angeführt werden, die nach dem 2. Weltkrieg ihren Einfluß und ihre Bedeutung entfalten konnten:

1. Alfred Schütz und seine Verbindung von Husserls Phänomenologie mit Max Webers Soziologie
2. Karl Mannheim und die Wissenssoziologie
3. Max Horkheimer, Th. W. Adorno und die Kritische Theorie

Wenngleich diese Ansätze erst später zur vollen Wirkung gelangten, so stehen sie dennoch auch in der Epoche, in welcher sie entstanden sind, in den 30er Jahren dieses Jahrhunderts, stellvertretend für umfassende Charakteristika ihrer zeitgenössischen Wirklichkeit.

1. Phänomenologie und Soziologie: Alfred Schütz

Als in den 60er und 70er Jahren die neue phänomenologische Soziologie, die Soziologie des Alltagshandelns als ein Gegenparadigma gegen die funktionalistische und positivistische Soziologie entstand, berief sie sich auf das Werk von Alfred Schütz.

Alfred Schütz (1899–1959) war in Wien als Jurist und Privatgelehrter tätig. Er hatte bei Hans Kelsen und Ludwig von Mises studiert, und Edmund Husserl hatte ihm einen Assistentenposten in Freiburg angeboten. 1939 wanderte er in die USA aus, wo er zwischen 1943 und 1959 an der Graduate Faculty der New School for Social Research in Harvard als Vortragender wirkte.

Sein wichtigstes Werk „Der sinnhafte Aufbau der sozialen Welt" erschien 1932. Auch in den USA blieb Schütz bei seinem Ansatz einer phänomenologischen Fundierung der Sozialwissenschaften, er hatte aber keine große Wirkung, denn es war die Zeit, in der der Positivismus in den USA einen großen Aufschwung erlebte. Seine Auffassung wurde erst durch die Arbeiten seiner Schüler Peter Berger, Thomas Luckmann und Aaron Cicourel bekannt. Schütz selbst suchte den Austausch mit amerikanischen Wissenschaftlern, was der Briefwechsel mit Talcott Parsons belegt. Auch für das Werk von G. H. Mead interessierte er sich sehr, was in einer gewissen Verwandtschaft der Ansätze begründet war. Die Aufzeichnungen zu „Strukturen der Lebenswelt", die erst lange nach seinem Tod veröffentlicht wurden, hat Alfred Schütz in Amerika verfaßt.

Zur Phänomenologie Husserls und ihrer Bedeutung für Schütz

Um Schütz' Denken zu begreifen, sind einige Sätze über die Erkenntnistheorie von Edmund Husserl, die „Phänomenologie", angebracht.

Edmund Husserl (1859–1938) war von der Ausbildung Mathematiker und Naturwissenschaftler. In seiner Erkenntnislehre ging er von der Absicht aus, eine formallogische Begründung der Begriffe zu entwickeln. Ziel war eine transzendentale Erkenntnislehre, welche die Erkenntnis nicht aus der Empirie herleitete.

Zu diesem Zweck setzte er bei der „Intentionalität" des Bewußtseins an, d.h. der

Tatsache, daß unser Bewußtsein immer auf ein Objekt gerichtet ist und durch dieses erst konstituiert wird. Durch einen Akt der Ideation oder „epoché" kommt es zur „Einklammerung" der erfahrungsmäßigen Besonderheit und damit zur Erfassung der „Essenz" des Objekts. Diese „phänomenologische Reduktion" ermöglicht die Begriffsbildung als Rekonstitution der Welt und gleichzeitig als „reine Subjektivität".

Der lebensphilosophischen Wendung der Phänomenologie, wie sie von Scheler und Heidegger repräsentiert wurde, standen Husserl und Schütz fern. Für sie war die Phänomenologie Erkenntnistheorie, die sie dem Logischen Empirismus entgegenstellen konnten. Weder Edmund Husserl noch Alfred Schütz waren wissenschaftsfeindlich oder irrationalistisch eingestellt, wenngleich sie einen anti-positivistischen Standpunkt in bezug auf die begriffliche Erkenntnis einnahmen.

Ein Anliegen Schütz' bei seiner Synthese der Erkenntnislehre Husserls und der Weberschen Handlungssoziologie war auf eine epistemologische Modifikation der methodologischen Position der Grenznutzenschule, deren Mitglied er war, gerichtet. Schütz hielt am Prinzip des Apriorismus der Begriffe vor der Erfahrung fest, bemängelte aber, daß die Grenznutzenlehre keine Theorie der Intersubjektivität enthielte. Webers idealtypische Fassung sozialen Handelns wurde von Schütz mit Hilfe der phänomenologischen Erkenntnistheorie aus ihrer letztendlichen Verankerung in der Geschichte gelöst, enthistorisiert und verallgemeinert. Er versuchte auch, das „Verstehen" zur allgemeinen wissenschaftlichen Methodologie zu machen. Schütz begriff die verstehende Soziologie als kumulative nicht-positivistische Grundlagenwissenschaft für alle Sozialwissenschaften.

Handeln und Konstitution des Sinns

Handeln ist für Schütz eine sprachliche Hypostasierung von Erlebnissen; er unterscheidet in Anlehnung an Bergson zwischen „actio", dem Handeln als Erlebnis und „actum", der tatsächlich abgelaufenen Handlung, die der Handelnde aber als „Vorerinnerung", als Vorentwurf einer in der Zukunft abgelaufen sein werdenden Handlung mit seinem Handeln verknüpft und diesem so Sinn zuschreibt.

Schütz geht es nun um die nähere Bestimmung des „Verstehens" von Handlungen. Dieses erfordert die „phänomenologische Reduktion", d. h. die Lösung des Bewußtseins von den Dingen der Außenwelt (Einklammerung) und die Hinwendung zu dem „inneren Bewußtseinsstrom", denn beim Verstehen geht es nicht um die Erklärung der Außenwelt, sondern um die „Konstitution" des Sinnes der Außenwelt in meinem Bewußtsein.

Das Verstehen des eigenen Erlebens ist aber etwas grundsätzlich anderes als das Verstehen fremden subjektiven Sinns. Schütz bringt das Beispiel des Holzfällens. Verstehen, daß Holz gefällt wird, kann bedeuten:[1]

1. daß man nur den äußeren Hergang, das Schlagen der Axt in den Stamm meint;
2. daß Veränderungen an einem Ding der Außenwelt stattfinden;
3. daß nicht der äußere Hergang oder die Veränderung an einem fremden Korpus gemeint ist, sondern daß die Aufmerksamkeit auf die Erlebnisse des Holzfällers als handelnden Menschen gerichtet ist. Was erlebt er im Vollzug dieser Handlung? Welchen Sinn hat sein Handeln für ihn? Die äußere Handlung wird dann nur Anzeichen, Ausdruck für einen inneren Erlebnisprozeß.

Das Verstehen sprachlicher Äußerungen kann bedeuten:

---

[1] *Alfred Schütz,* Der sinnhafte Aufbau der sozialen Welt, Frankfurt 1974 (ursprl. 1932) S. 152ff.

1. Die Interpretation der äußeren und akustischen Eindrücke aufgrund des eigenen Erlebnisses.
2. Auch die Interpretation des Wortes als Zeichen impliziert nur einen Akt der Selbstauslegung.
3. Erst wenn der Beobachter die Wortbedeutung als Anzeichen für Bewußtseinsvorgänge des Sprechenden interpretiert, kommt es zu echtem Fremdverstehen.

Der subjektive Sinnzusammenhang der Deutung fremden Handelns setzt den Entwurf des Handlungsziels als Ziel des eigenen Handelns voraus, aufgrund dessen wir uns den Hergang des Handelns vorstellen. Wir (re-)konstituieren die Handlung in unserem Bewußtsein. Die Deutung, die Interpretation des fremden Erlebens, das Fremdverstehen, setzt die Rückbeziehung konstituierter Gegenständlichkeit auf fremdes Bewußtsein voraus und übersteigt das pragmatische Verstehen der alltäglichen Sozialwelt. Sie erfordert die Sinnbildung eines Erlebnisses im inneren Zeitbewußtsein durch die „phänomenologische Konstitutionsanalyse". Dadurch werden die Erfahrungsschemata des Deutenden zugleich seine Deutungsschemata. „Objektiver Sinn" kann konstituiert werden durch die Einordnung der Erlebnisse in den Gesamtzusammenhang der Erfahrung des Deutenden. Anders ausgedrückt: Das Verstehen des Verhaltens anderer erfolgt durch erlernte Interpretationsmuster.

Das Fremdverstehen differenziert Schütz idealtypisch nach den „Beziehungen", die zwischen dem handelnden Ich und dem deutenden Alter ego bestehen, in „Umwelt", „Mitwelt", „Vorwelt" (Geschichte), „Folgewelt (Zukunft". Sozialwissenschaftliches Verstehen bezieht sich auf Mitwelt und Vorwelt und erfordert daher nicht die Erfassung des So-Seins des leibhaftigen „Du", sondern das idealtypisch erfaßte Wie-Sein, dessen Grundlage bereits typisierte Beziehungen sind. Die Aufgabe der Sozialwissenschaft sieht Schütz in der Objektivierung subjektiver Sinnzusammenhänge, wobei die Objektivationen sowohl kausal- wie sinnadäquat sein müssen: eine andere Formulierung für Webers Verbindung von Kausalerklärung und sinnhafter Deutung.

Die Strukturen der Lebenswelt

„Die Wissenschaften, die menschliches Handeln und Denken deuten und erklären wollen, müssen mit einer Beschreibung der Grundstrukturen der vorwissenschaftlichen, für den – in der natürlichen Einstellung verharrenden – Menschen selbstverständlichen Wirklichkeit beginnen. Diese Wirklichkeit ist die alltägliche Lebenswelt."[2]

So beginnt der erste Band von „Strukturen der Lebenswelt", der auf Skizzen von Alfred Schütz beruht und von Thomas Luckmann ergänzt und bearbeitet wurde. Damit sind klar Ziel und Bedeutung dieser Arbeit vorgegeben: Es geht um die Analyse der alltäglichen Wirklichkeit und der in dieser gründenden Einstellung der Menschen, deren Verständnis erst den Zugang zu einer Deutung und Erklärung des Handelns und Denkens der Menschen schaffen kann. Es geht um die Voraussetzung von Denken und Handeln, wie sie in der uns umgebenden Lebenswelt bestehen.

„Lebenswelt" umfaßt alles, was den Menschen fraglos und unproblematisch wirklich und selbstverständlich ist. Die Lebenswelt ist von Anfang an intersubjektiv, denn die Existenz anderer Menschen und ihres Denkens und Handelns ist eine ihrer selbstverständlichen Gegebenheiten. Die Lebenswelt teile ich mit anderen Menschen, sie ist uns gemeinsam. Und sie umfaßt auch das Wissen um die wechselseitigen Beziehungen und die Art und Weise der sozialen Erfahrung. Dieses Wissen impliziert auch die

---

[2] *Alfred Schütz – Thomas Luckmann,* Strukturen der Lebenswelt, Bd. 1, Frankfurt 1979, S. 25

Annahme, daß die Sozialwelt einschließlich meiner selbst von den anderen Menschen in ganz ähnlicher Weise erfahren wird, wie ich sie erfahre.

Die natürliche Einstellung geht von der Selbstverständlichkeit der Wirklichkeit der Alltagswelt aus, schließt aber ein pragmatisches Motiv ein: Sie ist auf die Veränderung der Lebenswelt durch unser Handeln gerichtet. Die Lebenswelt ist eine Wirklichkeit, die wir durch unsere Handlungen modifizieren und die andererseits unsere Handlungen modifiziert. Das bedeutet aber auch, daß ich diese meine Wirklichkeit zum Zwecke meines Handelns in ihr auslegen, interpretieren muß. Dieses Auslegen beruht auf einem Vorrat früherer Erfahrungen, die ich selbst gemacht habe, die mir von meinen Mitmenschen mitgeteilt und vermittelt wurden. Dieser Wissensvorrat dient als Bezugsschema meiner Deutungen; alle meine Erfahrungen beurteile ich mit Bezug auf dieses Wissen, sie erscheinen mir als typenhaft, jedoch keineswegs als systematisch geordnet. Der Wissensvorrat des lebenswichtigen Denkens ist eine Totalität von situativ wechselnden Selbstverständlichkeiten mit einem „Horizont", hinter dem die Unbestimmtheit beginnt. Der Wissensvorrat besteht aus Problemlösungen, die in der Situation als fraglos angenommen werden, aber in der Vergangenheit durch Horizontauslegungen konstituiert wurden. Die Horizontauslegungen sind durch das pragmatische Motiv bestimmt, d.h. wenn sich die Wirklichkeit unserem Handeln aufgrund des gegebenen Wissens entzieht und problematisch wird, muß der Horizont unseres Wissens neu interpretiert werden, aber nur soweit, als es unser Problem erfordert; dann wird die Auslegung abgebrochen. Unser Wissen und dessen Typisierung stellen demnach Sedimentierungen vergangener situativ bedingter Probleme dar.

Während das Wissen des Alltags pragmatisch orientiert und unsystematisch und sein Ziel die Fraglosigkeit ist, unterscheidet sich das theoretische Wissen dadurch, daß die Auslegung über den Horizont des pragmatischen Problems hinaus erfolgt, Systematik und Konsistenz angestrebt wird und der Zweifel zum konstitutiven Prinzip des Wissenserwerbs gemacht werden kann.

Die Lebenswelt der natürlichen Einstellung Erwachsener, die Welt der Wissenschaft, die Welt der kindlichen Vorstellungen, die Welt der Mythen, der Religion etc., sie alle stellen geschlossene Sinngebiete dar und sind, wenn man ihnen zugewandt ist, jede für sich real. Jedes Sinngebiet ist geschlossen, d.h. es hat einen je eigenen Erlebnis- und Erkenntnisstil. Solange ich einem bestimmten Erlebnis- und Erkenntnisstil zugewandt bleibe, solange sind die Erfahrungen dieses Sinngebietes für mich real; solange habe ich eine bestimmte Bewußtseinsspannung, die in Situationen, die Handeln erfordern, besonders hoch, in anderen, z.B. in Traumsituationen, wo das Interesse an der Realität fehlt, niedrig ist. Dieses Interesse definiert die für uns relevanten Bereiche der Welt. Unter anderem enthält der Erlebnis- bzw. Erkenntnisstil auch eine spezifische Form der Sozialität (Einsamkeit, diverse Grade von Austausch und Interaktion mit anderen).

Die Lebenswelt des Alltags ist also nicht die einzige Realität, es ist aber die, der wir aufgrund des hohen Interesses an der Begegnung mit dieser Realität den Vorzug geben. Es ist gleichzeitig die Welt des alltäglichen Handelns. Ihre Struktur ist durch Aufschichtungen in räumlicher, zeitlicher und sozialer Hinsicht gekennzeichnet. Die Lebenswelt ist primär hic et nunc orientiert, an der Reichweite und Wirkzone meines Handelns in Raum und Zeit, wobei der Begriff der inneren Dauer des Bewußtseinsstroms, der von Bergson eingeführt wurde, wesentlich ist: Erfahrungen werden in zeitlicher Hinsicht in unserem Bewußtsein nicht als abgeschlossene Elemente oder Einheiten erlebt, sondern als Dauer und Zusammenhang. Aktuelle Erfahrung, vergangene Erfahrung und antizipierte Erfahrung verbinden sich im Sinnzusammenhang des situativen Erlebens und begründen die „subjektive Zeit“.

Mit Bezug auf die Sozialwelt ist Verstehen ein Grundprinzip der natürlichen Einstellung, d. h. die Interpretation des Verhaltens anderer mit Hilfe meines Wissensvorrats, der auch das Wissen um die Reziprozität dieser Auslegung beinhaltet. Für praktische Zwecke wird angenommen, daß die Standpunkte der Handelnden austauschbar sind und eine Kongruenz der Relevanzsysteme (individuelle Unterschiede werden als belanglos betrachtet) besteht. Beides zusammen bildet die Generalthese der wechselseitigen Perspektiven; es wird angenommen, daß die von mir als gegeben verstandene Lebenswelt auch vom anderen akzeptiert wird. Die Wechselseitigkeit der Perspektiven ist die Voraussetzung, daß wir uns die Lebenswelt in ihrer sprachlichen Ausformung aneignen können.

In Face-to-face-Situationen stehe ich anderen in der wechselseitigen Du-, also in der Wir-Beziehung gegenüber; diese ist aber nicht eine allgemeine, sondern auf die Situation und damit auf die Erfassung bestimmter Merkmale des Du bezogen. In diese unmittelbare Erfahrung der Sozialwelt durch die konkrete Begegnung mischen sich mehr oder weniger stark auch Elemente der mittelbaren Erfahrung der Sozialwelt, wie sie mir durch Mitteilungen anderer, vergangene Erfahrungen, kurz meinen Wissensvorrat zugänglich ist.

Es gibt soziale Beziehungen, die wesentlich in der Unmittelbarkeit der lebendigen Wir-Beziehung bestehen und andere, die nicht notwendig konkrete Wir-Beziehungen darstellen: Herrscher-Untertan, Vorgesetzter-Untergebener etc. Daraus formt sich die Ihr-Einstellung als Typus, der von meinem Wissen um die Sozialwelt überhaupt abgeleitet ist. Die Typisierung kann noch Elemente von Erinnerungen an lebendige Mitmenschen enthalten; dann werden sie „personale Typen“ genannt (Leute wie Hugo ...). Werden sie aufgrund bestimmter typischer Funktionen gefaßt, können sie „Verhaltenstypen“ genannt werden. Werden diesen dann Personen zugeordnet, können die so entstehenden Typen als „Funktionärstypen“ bezeichnet werden. Sie zeichnen sich durch einen hohen Grad von Anonymität aus. Wie schon im „sinnhaften Aufbau der Sozialen Welt“ wird die Ihr-Beziehung noch differenziert in Vorwelt- und Nachwelt-Beziehungen, zu vergangenen und zukünftigen Generationen.

Der subjektive Wissensvorrat ist gesellschaftlich bedingt. Er ist daher zum überwiegenden Teil nicht selbst unmittelbar erworben, sondern erlernt. Schon in den frühesten Erfahrungen ist die historische Sozialstruktur vorausgesetzt. Die gesellschaftliche Bedingtheit des subjektiven lebensweltlichen Wissens liegt in der Tatsache, daß die subjektiven Relevanzstrukturen einmal von den sozialen Gegebenheiten abhängig sind, zum anderen in der Biographie des einzelnen gesellschaftlich geprägt wurden. Die Sozialisierung der subjektiven Relevanzstrukturen bewirkt eine bestimmte Deutung von Situationen und von den anderen, die uns in der Situation entgegentreten. Die Relevanzstrukturen wurden in verschiedenen Situationen größerer oder geringerer Unmittelbarkeit oder Anonymität erworben. Dabei wirken besonders die Wir-Beziehungen der frühesten Sozialisierung als Filter, die eine bestimmte Auswahl bedingen. Wenn auch das subjektive Relevanzsystem des einzelnen sozialisiert ist, darf aber nicht übersehen werden, daß es auch eigenständige Interpretations- und Motivationsrelevanzen enthält und daß es in seiner Gesamtheit biographisch ausgeprägt ist. Das bewirkt, daß es zwar eine Ähnlichkeit mit dem seiner Zeitgenossen aufweist, die zum Zwecke der Kommunikation auch vorausgesetzt wird, daß sie aber niemals identisch sind in der Art, daß man das Relevanzsystem vom Subjekt lösen und es als eine Art allgemeiner Überbau behandeln könnte.

„Der sozialisierte Mensch ist ‚einzigartig'".[3] Der subjektive Wissensvorrat, der gesellschaftlich bedingt, aber dennoch „einzigartig" ist, unterliegt seinerseits einem Vergesellschaftungsprozeß durch die intersubjektiven Vorgänge der Objektivierung und die Ausprägung sozialer Relevanzen sowie die institutionalisierten Vorgänge der Wissensvermittlung, die zur historischen Anhäufung von Wissen führen. Daraus folgt, daß die Struktur des gesellschaftlichen Wissensvorrats nicht aus dem subjektiven Wissen abgeleitet werden kann. Sie reflektiert vielmehr die soziale Verteilung des Wissens, die sich ihrerseits wiederum historisch wandelt. Auch das Wissen um die soziale Verteilung des Wissens gehört zum gesellschaftlichen Wissensvorrat, ist ungleich verteilt und wandelt sich im Laufe der Zeit.

Die Lebenswelt ist Grundlage und Ausgangspunkt von Handeln und wird so zu Praxis. Aufbauend auf dem schon im „Sinnhaften Aufbau" entwickelten Begriff des Handelns wird gesellschaftliches Handeln als soziale Beziehungen begründendes Handeln definiert. Diese Beziehungen beruhen auf der wechselseitigen Erwartung der regelmäßigen Wiederkehr von Aktion und Reaktion. Die Form dieser Handlungen bestimmt die sozialen Beziehungen, die ihrerseits die Geselschaftsordnung ergeben. Insbesondere ist der Anteil einseitig mittelbarer Handlungen in den modernen Gesellschaften durch die Zentralisierung des Staates, die Rationalisierung der Wirtschaft und die Massenmedien gestiegen und haben eine weitgehende Anonymisierung von Sozialbeziehungen gefördert. Ihr Charakteristikum ist die überpersönliche Organisierung des mittelbaren Handelns und seine Einfügung in komplexe Handlungssysteme.

Damit sind die Grenzen der Lebenswelt erreicht. Grenzen der Lebenswelt gibt es in vielfacher Hinsicht: Grenzen des Lebens, Grenzen zum Traum, Grenzen des Handelns. Wir wissen auch um diese Grenzen und damit um die Transzendenz der Welt. In Widersprüchen, Unerklärlichkeiten, Verständigungsproblemen erleben und erfahren wir diese Transzendenz mit. Als Symbole beziehen wir sie in die Alltagswirklichkeit mit ein. Symbolische Bedeutungen sind Erinnerungen an Erfahrungen in außeralltäglichen Wirklichkeiten. Sie sind intersubjektiv konstituiert und bilden geschichtliche Zusammenhänge, häufig sogar als Sonderwissen institutionalisierte Systeme.

Das wichtigste lebensweltliche Zeichensystem, das intersubjektiv konstituiert und gesellschaftlich institutionalisiert und damit geschichtlich ist, ist die Sprache. Der Mensch wird in eine historische Lebenswelt geboren, in der die Sprache eine konkrete, vorbestimmte Struktur hat. Die Struktur einer Sprache hat sich als Abfolge gesellschaftlicher Handlungen, in denen Verständigung stattfand, gebildet und reflektiert mittelbar daher die Gesellschaftsstrukturen, die den Rahmen für diese Handlungen lieferten. „Sprache ist das hauptsächliche Mittel des gesellschaftlichen Aufbaus jeder menschlichen Wirklichkeit; sie ist aber auch das Hauptmedium der Vermittlung einer bestimmten, also geschichtlichen, gesellschaftlich schon aufgebauten Wirklichkeit."[4]

Verständigung in der Lebenswelt ist durch Sprachsystem, Gebrauchsregelungen und Gesellschaftsstrukturen sowie die durch die Redundanz der möglichen Formen gegebenen Wahlmöglichkeiten bestimmt. Sie ist daher in ihrer konkreten Realität nicht als verselbständigter Prozeß zu sehen, sondern wieder untrennbar an die subjektive Praxis gebunden.

Der Einfluß von Alfred Schütz entfaltete sich erst über seine Schüler und Rezipienten

---

[3] *Alfred Schütz – Thomas Luckmann* Strukturen ..., op. cit., Bd. 1, S. 312

[4] *Alfred Schütz – Thomas Luckmann,* Strukturen ..., op. cit., Bd. 2, S. 209

in den USA und war eine der Wurzeln für die in den 60er und 70er Jahren dieses Jahrhunderts verstärkt ins Blickfeld der Aufmerksamkeit rückende Betrachtung des Alltagshandelns.

Literatur

Rolf Eckelpasch – Burkhard Lehmann, Soziologie ohne Gesellschaft? München 1983

Edmund Husserl, Logische Untersuchungen, in: Husserliana XVIII und XIX, Dordrecht – Boston–Lancaster 1984 (ursprl. 1900/1901)

Ders., Einleitung in die Logik und Erkenntnistheorie, in: Husserliana XXIV, Dordrecht – Boston–Lancaster 1984 (ursprl. Vorlesungen 1906/1907)

Ders., Ideen zu einer reinen Phänomenologie und phänomenologischen Philosophie, in: Husserliana III, op. cit. (ursprl. 1913)

Helmuth Plessner, Phänomenologie. Das Werk Edmund Husserls, in: Ders., Zwischen Philosophie und Gesellschaft, Frankfurt 1979 (ursprl. 1953), S. 43ff.

Christopher Prendergast, Alfred Schütz and the Austrian School of Economics, in: American Journal of Sociology 92/1986, S. 1ff.

Alfred Schütz, Der sinnhafte Aufbau der sozialen Welt, Frankfurt 1974 (ursprl. Wien 1932)

Ders., Das Problem der Relevanz, Frankfurt 1971 (unveröffentlichtes Manuskript aus 1951)

Ders., Theorie der Lebensformen, Frankfurt 1981

Ders., On Multiple Realities, 2 Bde, Den Haag 1962

Alfred Schütz – Thomas Luckmann, Die Strukturen der Lebenswelt, 2 Bände, Frankfurt 1979

Alfred Schütz – Talcott Parsons, Zur Theorie sozialen Handelns. Ein Briefwechsel (1940/1941), Frankfurt 1977

Helmut R. Wagner, Alfred Schütz: An Intellectual Biography, University of Chicago 1983

2. Die Wissenssoziologie

Eine der bedeutendsten Entwicklungen in der Zwischenkriegszeit war die Konzeption der Wissenssoziologie. Sie ist untrennbar mit dem Namen Karl Mannheim verbunden, wenngleich der Begriff von Max Scheler geprägt wurde.

Die Wissenssoziologie Mannheims stellt in gewisser Weise den Endpunkt einer langen Entwicklung dar, einer Entwicklung, die durch zunehmende „geistige Entropie“ gekennzeichnet war, wie Gunther Remmling meint:

„Die Geschichte des Denkens spiegelt einen Prozeß der langsamen, doch stetig zunehmenden Erschöpfung wider. Dieser Vorgang ähnelt dem Energieverlust, der gemäß dem Zweiten Hauptsatz der Thermodynamik in einem System vor sich geht; er kann als geistige Entropie bezeichnet werden.“[1] Remmling versteht diesen Prozeß als Verlust der geistigen Gewißheit. Dieser wird durch zunehmendes Wissen beschleunigt, er hat seine philosophischen Voraussetzungen im Empirismus und in den Erkenntnistheorien von Kant, Hegel, Dilthey und Husserl. Begriffliche Voraussetzungen sind schon bei Francis Bacon, den Denkern der Aufklärung, dann bei Marx, Nietzsche und Freud zu finden.

Idole, Ideologie und Wissen

Das Verhältnis von Denken und Wirklichkeit war immer ein Problem, davon zeugt die Existenz der Philosophie selbst. Mit wenigen Ausnahmen wurden aber „absolute“ Antworten angestrebt: Idealismus, Realismus, „Begriffsrealismus“, Rationalismus etc.

Das Mißtrauen dem Denken gegenüber war bestenfalls vereinzelt vorhanden. Einer der frühen Philosophen des Zweifels war Francis Bacon mit seiner Idolenlehre. Er unterschied vier Arten von Trugbildern oder Vorurteilen:

- Die idola specus (Trugbilder der Höhle) gründen auf der individuellen Anlage und den angeborenen und erworbenen Eigenarten des Individuums.
- Die idola tribus (arteigene Trugbilder) sind begründet in der natürlichen Beschränktheit der menschlichen Sinne.
- Die idola fori (Vorurteile der öffentlichen Meinung) sind durch den Gebrauch der Sprache in der Kommunikation gebildete und vermittelte Bedeutungen.
- Die idola theatri (die Idole des Theaters) gründen auf traditionellen Regeln, religiösen Riten, autoritären Denkschemata und Gewohnheiten des Alltagshandelns.

Bacons „idola mentis“ sind pychologisch-empiristische Grenzen unseres Denkens, Illusionen, Vorurteile, vorgefaßte Meinungen, die aber individuelle Eigenarten des Menschen schlechthin darstellen. Er kollektivierte und historisierte sie noch nicht und hielt „wahre“ Erkenntnis für möglich.

Die englische und französische Aufklärung, vor allem John Locke und Condillac, dann auch Helvetius und Holbach vertieften die materialistisch-sensualistische Skepsis an der metaphysisch-theologischen Gewißheit. Ideen werden erworben, sind nicht einfach da, und sie sind bestimmt durch die äußeren Umstände. Erziehung vermag daher alles, meinte Helvetius.

Diese Ansicht erfuhr eine bedeutsame Personalisierung in der geistigen Bewegung

---

[1] *Günther W. Remmling,* Der Weg in den Zweifel, Stuttgart 1975, S. 12

der Französischen Revolution, als die alten Gewißheiten als Truggebilde der Herrschenden entlarvt wurden. Diese Wendung war überaus bedeutsam, weil dadurch festgestellt wurde, daß die Menschen zwar die Wahrheit erkennen könnten, wenn sie wollten; sie wollen aber nicht oder nicht immer, weil dies ihren Interessen widerspräche. Damit war schon die Ideologiediskussion, die in den folgenden Jahrhunderten eine so große Rolle spielen sollte, begründet. Klerus und Adel wurden beschuldigt, Wissen und Macht zur Förderung ihrer ökonomischen Interessen einzusetzen: Sie lehnten die Wahrheit ab oder täuschten das Volk sogar bewußt, um ihre Interessen durchzusetzen und zu fördern.

Das Wort Ideologie bezeichnete zunächst nur Ideenlehre; durch eine verächtliche Bemerkung Napoleons über die Philosophen um Destutt de Tracy erhielt das Wort zunächst die Bedeutung von „weltfremder Verschrobenheit", die es zwar bald wieder verlor, zurück blieb aber die negative, herabsetzende Bedeutung, die mit dem Denken des Gegners verbunden wurde. Der Ideologievorwurf wurde zur Waffe im Kampf der politischen Opponenten.

Kant begrenzte die Erkenntnismöglichkeit, nahm jedoch das Ding-an-sich, die Erkenntnis a priori an. Hegel setzte den Weltgeist absolut, aber gleichzeitig begründete er die Historisierung des Geistigen. Geschichte und Geist wurden identisch durch die Vorstellung vom Sinn der Geschichte. Diese überindividuelle „objektive" Konzeption der Geschichte modifizierte Dilthey schließlich durch den Bezug auf die Erfahrung des subjektiv-geistigen Lebens. Denken und Bewußtsein wurden von Dilthey als Ergebnis historischer Veränderung aufgefaßt, wurden daher selbst als veränderlich definiert. Der Historismus schuf wesentliche Voraussetzungen für die Relativierung des Wissens.

Der Gedanke, daß Wissen, Denken und Glauben der Menschen durch die sozialen Bedingungen beeinflußt werden, ist keineswegs neu oder eine Erfindung des 20. Jahrhunderts. Allerdings wurde zumindest vor Marx das Wissen nicht direkt mit den gesellschaftlichen Strukturen in Verbindung gebracht, sondern als bestimmt durch religiöse und mythische Vorstellungen gedeutet. Francis Bacon oder d'Holbach, Ludwig Feuerbach oder Montesquieu, sie alle betonten die Abhängigkeit unseres Denkens und Glaubens, meist auch in religionskritischer Absicht. Die Grenzen rationaler Erkenntnis wurden gerade im Zeitalter des Rationalismus und der Aufklärung sichtbar.

Erst im 19. Jahrhundert waren die Voraussetzungen erfüllt, daß das Wissen und die gesellschaftliche Existenz direkt aufeinander bezogen werden konnten. Karl Marx konnte davon ausgehen, daß nicht das Bewußtsein der Menschen ihr Sein, sondern das gesellschaftliche Sein das Bewußtsein bestimmt. Nur den ökonomischen Gegebenheiten und den durch sie bestimmten sozialen Beziehungen, den Produktionsverhältnissen, kommt objektive Wahrheit zu; die Ideen hingegen, Denken, Wissen und Glauben der Menschen sind Ausfluß ihrer Stellung im Rahmen der Produktionsverhältnisse: Die Klassenlage bestimmt das Denken.

Allerdings macht Marx hier einen Unterschied von großer Bedeutung: den zwischen dem wahren und dem falschen Bewußtsein. Zwar gibt es keine geistige Wahrheit an sich, aber es gibt einen historisch-dialektischen Prozeß, der durch das Klassenhandeln der geschichtlich relevanten Klassen bestimmt wird. Das Denken der jeweils als historisches Subjekt den Lauf der Geschichte bestimmenden Klasse ist daher auch das jeweils „wahre" Denken. In der Endzeit der kapitalistischen Entwicklung wird das Proletariat zum Subjekt der Geschichte, die durch sein Denken bestimmt wird. Davon unterscheidet sich das „falsche", eben nur auf die Klasseninteressen bezogene Wissen der Bourgeoisie, das nicht mehr im Einvernehmen mit dem Entwicklungsgang der Geschichte steht. Ihr Denken ist nur instrumental zur Förderung ihrer Interessen eingesetzte Ideologie.

Der 1. Weltkrieg und die russische Revolution markierten eine einschneidende Wende; sie zerstörten nicht nur Reiche und Dynastien, sondern auch geistige Welten der Sicherheit und Gewißheit. Europa wurde mitten hinein in die Geburtswehen der modernen Zivilisation gestoßen. Pessimismus kennzeichnet diesen Umbruch: Der Untergang des Abendlands, Die letzen Tage der Menschheit...

Die Weltwirtschaftskrise erschütterte auch den Glauben an das moderne Wirtschaftssystem, an die Möglichkeit der Harmonie durch Verfolgung der Privatinteressen. Sorge ums Überleben in allen Schichten der Bevölkerung kann eine tiefgehende Verunsicherung hinzufügen. Werte, Lebensstile, Klassenschranken wurden ein Opfer der turbulenten Zeiten, eine neue Gesellschaft schien sich anzukündigen, die aber nicht mit Hoffnung und Zuversicht erwartet wurde, sondern mit Angst und Unsicherheit. Sie konnte daher nicht ohne weiteres akzeptiert werden, ja nicht einmal als solche erkannt werden. Die Flucht in die Scheinsicherheit der Diktatur war die Folge.

Die Zwischenkriegszeit ist in Europa durch ein Zwielicht der Unsicherheit charakterisiert, die enthusiastischen Zukunftshoffnungen, die die Französische Revolution und das Aufklärungs- und Spätaufklärungsdenken beflügelten, fehlten vollkommen. Der Unsicherheit des Existierens und des Handelns entsprach eine zunehmende Relativierung des Wissens und Glaubens. Die naive Wissenschaftsgläubigkeit des 19. Jahrhunderts verschwand, die Religiosität des Lebens war weitgehend untergraben, das Denken wurde sich seiner selbst unsicher. Es ist daher kein Zufall, daß in diese Epoche die Entstehung der Wissenssoziologie fiel und die kritsche Philosophie eine Renaissance erfuhr.

Auch das wissenschaftliche Denken und das Denken über die Wissenschaft veränderten sich. Sie taten dies als Reflex auf die Zeitläufe, aber auch durch internen wissenschaftlichen Wandel. Das zweite thermodynamische Gesetz erschütterte die Zuversicht vieler Wissenschaftsgläubiger, weil die Tendenz zur Entropie darauf hinwies, daß diese Welt offenbar nicht auf Fortschritt und Sicherheit ausgerichtet ist. Einsteins Relativitätstheorie und Heisenbergs Unbestimmtheitsrelationen untergruben den Glauben an die in der Natur und ihren Gesetzen selbst angelegte Ordnung und Harmonie und die Möglichkeit, Gewißheit über diese Ordnung zu erlangen. Die Wissenschaft mußte die Suche nach Naturgesetzen aufgeben und sich ihre eigenen naturwissenschaftlichen Gesetze geben. Die Wissenschaft begann, anstelle der Wirklichkeit sich selbst zu untersuchen.

Die Wissenschaftstheorie entstand als Ausdruck dieser um sich selbst rotierenden Wissenschaft. Sie zerpflückte den uralten Glauben an die Möglichkeit der Erkenntnis von Wahrheit, ja die Existenz von Wahrheit. Wahrheitstheorien versuchten zu definieren, was man in der Wissenschaft unter Wahrheit zu verstehen habe. Auch der alte Glaube an die Möglichkeit der Erkenntnis von Wahrheit wurde hypothetisch. Die Wahrheit wissenschaftlicher Aussagen wurde auf die logische Konsistenz ihrer Sätze reduziert.

Die moderne Gesellschaft mit ihrer Ausrichtung auf funktionale Integration konnte auch das Tun des Wissenschaftlers nicht ungeschoren lassen. Der in Techniken versierte Spezialist wurde mehr und mehr gefragt, der seine Dienste jedem anbieten konnte, sei es der Staat oder eine staatliche Behörde, sei es die Großindustrie. Die Wissenschaft wurde eingebunden in das Gefüge der entstehenden Gesellschaftsmaschinerie der Massendemokratie. Der Naturwissenschaftler lieferte Ergebnisse für neue Instrumente, Maschinen, Techniken, mit denen die Industrie weiterentwickelt werden konnte.

Das Denken der Sozialwissenschaftler hatte mehr und mehr mit den Spaltungen zwischen Denken und Handeln zu rechnen und damit, daß die Vorstellungen und das Bewußtsein der sozialen Gruppierungen in der Bevölkerung nicht mehr durch ein einigendes Band verbunden oder auf einen gemeinsamen Nenner gezwungen werden konnten. Soziologie bedeutete in dieser Situation Relativierung durch Bezug auf zeitliche und räumliche Bedingungen. Es entstand eine Rechtssoziologie, die im Gegensatz zur Auffassung, daß Staat und Recht ident seien (Hans Kelsen), auf die historische und regionaltraditionale Bedingtheit des Rechts (Eugen Ehrlich) oder auf die Interessengebundenheit des Rechtes (Anton Menger) verwies. Die Familiensoziologie verglich historisch-soziale Formen und Funktionen dieser Grundeinheit der menschlichen Gesellschaft und relativierte dadurch das festgefügte Bild der Familie. Das Denken selbst wurde relativiert, auf seine historisch-soziale Bedingtheit und Interessengebundenheit bezogen.

Max Scheler und Georg Lukàcs: Stationen auf dem Weg der Selbstreflexion des Denkens

Im 20. Jahrhundert häuften sich – vor allem als Weiterführung von oder als Reaktionen auf die Marxsche Ideologiekritik – die Studien über die Voraussetzungen und Bedingungen des Denkens und der Erkenntnis. Die Hermeneutik und Phänomenologie können hier genannt werden, das Sozialapriori Max Adlers, die soziologische Bedingtheit des Denkens bei Wilhelm Jerusalem und auch Emile Durkheims Religionssoziologie. Besondere Erwähnung verdienen hier auch jene beiden Denker, die auch großen Einfluß auf Karl Mannheim hatten: Max Scheler und Georg Lukàcs.

Es war Max Scheler (1874–1928), der den Begriff der „Soziologie des Wissens" prägte. Er hielt es für den großen geschichtlichen Beitrag der Denker des 19. und 20. Jahrhunderts, die soziale Bedingtheit des Wissens entdeckt zu haben. Scheler war jedoch weit davon entfernt, aus dieser Erkenntnis der sozialen Bedingtheit und der historischen „Natur" des Wissens zu einem relativistischen Standpunkt zu gelangen, den er der positivistischen Geschichtsphilosophie des Wissens von Comte und wohl auch dem Ansatz Durkheims – welch letzteren er nur durch die Vermittlung Wilhelm Jerusalems zur Kenntnis nahm – vorwarf. Schelers Soziologie des Wissens oder der Erkenntnis baute explizit auf den geisteswissenschaftlich-phänomenologischen Wurzeln deutscher Wissenschaftsreflexion auf und verstand sich als Gegenposition zur positivistischen Wissenssoziologie. Sein Denken war bestimmt von der essentialistischen Werttheorie, d.h. er glaubte an absolute Werte, die durch Wesensschau erfaßt werden können. Scheler folgerte, daß die soziale Bedingtheit des Wissens noch nicht über die Sachgültigkeit dieses Wissens aussage. Er unterschied zwischen faktischem und essentiellem Wissen. Während das faktische Wissen Erkenntnis des Seins, der Natur sei, ist das essentielle Wissen auf das Begreifen des Sinns, des „Geistes" gerichtet.

Scheler differenzierte auch zwei Hauptformen soziologischen Denkens; die Kultursoziologie, die auf die Welt der Ideen und das von ihr bestimmte Handeln ausgerichtet ist, und zum anderen die Realsoziologie, die sich mit der „realen Welt" und dem vor allem triebbestimmten Handeln beschäftigt. Dementsprechend unterschied er auch Idealfaktoren, die aus dem „objektiven Geist" und seinem subjektiven menschlichen Korrelat (Geiststruktur) entstehen, und Realfaktoren, die auf den realen Lebensverhältnissen und ihrem subjektiven menschlichen Korrelat, der Triebstruktur, beruhen. Die geistigen Faktoren sind bestimmend, aber nicht realisierend, d.h. sie sind die

Werte und Gedanken, die aus einer Kultur hervorgehen können, aber die Realfaktoren entscheiden, was tatsächlich verwirklicht wird: Die Realfaktoren haben selektierende Funktion, bestimmen aber nicht über das prinzipiell Mögliche. Nach Scheler sind es drei Hauptgruppen von Realfaktoren, die in historischer Aufeinanderfolge ihren Wirkprimat entfalten: Blut (Blutsverhältnisse), Macht (politische Machtverhältnisse), Wirtschaft.

Schelers Unterscheidung in Realfaktoren (Realsoziologie) und Idealfaktoren (Kultursoziologie) ist eine Umdeutung der Marxschen Differenzierung von Unterbau und Überbau, nur daß als Unterbau bei Scheler nicht die Produktionsverhältnisse, sondern die Triebe als allgemein-psychische, anthropologische Grundlagen auftreten. Beide Sphären erscheinen bei Scheler zudem als voneinander abgegrenzt; die geistige Welt wird als selbstreproduzierend aufgefaßt, sie hat ihre eigene Logik, getrennt von der geschichtlichen Welt der Realfaktoren. Schelers Wissenssoziologie ist Teil der Kultursoziologie; sie wird letztendlich zur Metaphysik, weil Scheler dem historischen Relativismus ausweichen wollte.

Georg Lukàcs (1885–1971) war einer der bedeutendsten Marxismus-Theoretiker dieses Jahrhunderts. 1918 war er in der Räterepublik Bela Kuns in Ungarn Volkskommissär für Erziehung, wurde aber aus dem Zentralkomitee der KP ausgeschlossen, nachdem seine Essaysammlung „Geschichte und Klassenbewußtsein“ 1924 erschienen war. Darin hatte er Einflüsse von Georg Simmel, Max Weber und Wilhelm Dilthey verarbeitet. Der Grund für seinen Ausschluß bestand in der Auffassung Lukács’, das der Marxismus Instrument und Waffe in der Hand des Proletariats in ihrem Kampf gegen die Bourgeoisie sei. Nach der Zerstörung der Klassengesellschaft schwinde das Klassenbewußtsein auch des Proletariats, das ein Produkt eben der Klassengesellschaft gewesen sei, und der dialektische Materialismus verlöre dann sein Berechtigung.

Während Marx von der Universalität des historischen Materialismus ausging, meinte Georg Lukács, auch der historische Materialismus sei selbst wieder Produkt einer bestimmten Epoche, in welcher die ökonomischen Prozesse in der Gesellschaft dominant seien; er sei selbst ein Produkt des 19. Jahrhunderts. In bezug auf vorkapitalistische Gesellschaften aber müsse man jeweils feststellen, was die Veränderungen bewirkt haben. Das eigentliche Wahre ist für ihn der historische Prozeß in seiner Totalität; die Versuche der Menschen, diesen Prozeß auf Prinzipien, Tatsachen, Formen zu reduzieren, ist für ihn bereits eine Verdinglichung des Prozeßhaften. Diese Verdinglichung ist aber selbst wieder Ergebnis des geschichtlichen Prozesses, der kapitalistischen Überbewertung des Dinghaften, Materiellen, Ökonomischen. Sie hat die Tendenz, Beziehungen und Prozesse in Dinge und Fakten aufzulösen; dies sei für das bürgerliche Denken typisch. Dem Bourgeois, sei er nun Unternehmer, Wissenschaftler, Philosoph, Politiker, bleibt damit das „wahre“ Wesen verborgen, er habe immer ein falsches Bewußtsein, weil er die Gesellschaft als Ding sähe, das unveränderlichen Naturgesetzen unterliege, während das Proletariat, und hier insbesondere die dieses verkörpernde kommunistische Partei, das adäquate soziale Bewußtsein habe, weil es „die Zukunft herbeizuführen berufen sei“. Bleibe die Partei aber auch nach der Zerschlagung der Klassengesellschaft beim historischen Materialismus als Erklärung der gesellschaftlichen Verhältnisse, so würde dies ebenfalls eine Verdinglichung bedeuten.

Lukàcs war keinesfalls ein Kritiker des Marxismus; er interpretierte nur den dialektischen Materialismus selbst als ein Produkt der Gesellschaft und des Klassenkampfes, relativierte ihn daher, indem er ihn historisierte. Das konnte zwar den Dogmatikern der Macht nicht gefallen; diese Betrachtungsweise war aber für jemanden, der wie

Lukàcs bei Simmel und Weber studiert und ihre historisch-geisteswissenschaftliche Methode aufgenommen hatte, nur allzu naheliegend.

Karl Mannheim: Leben und Werk

Karl Mannheim (1893–1947) stammt wie Georg Lukács aus Ungarn, und wie dieser interessierte er sich für die Probleme der kulturellen Erneuerung und gehörte auch zu einer geisteswissenschaftlich orientierten Gruppe in Budapest, deren Führung er eine Zeitlang innehatte. Von 1919 an studierte Mannheim in Heidelberg, wo er sich vor allem dem Einfluß Alfred Webers öffnete. Anders als Lukács sah er nicht in der kommunistischen Bewegung die epochale kulturelle Erneuerung. 1930 übernahm Mannheim einen Lehrstuhl in Frankfurt, emigrierte aber schon 1933 nach England, wo er fortan an der London School of Economics und an der University of London lehrte.

Die Wissenssoziologie Mannheims kontrastiert mit der im Spätwerk Durkheims vor allem dadurch, daß sie Wissen stets auf konkrete historische Situationen bezog und in diesen abgrenzbare Soziallagen unterschied. Auch war das Interesse Mannheims auf die kulturelle und geistige Problematik der modernen Gesellschaften als historisch gewordener Gesellschaften gerichtet. Durkheim, der seine Wissenssoziologie aus der Analyse primitiver Religionsformen herleitete, zielte hingegen auf die allgemeine Abhängigkeit des Denkens von sozialen Strukturprinzipien „der Gesellschaft", wie der Arbeitsteilung oder den Verwandtschaftsbeziehungen.

Mannheims Wissenssoziologie erhielt ihre Bedeutung dadurch, daß er einerseits die Schelersche phänomenologische Interpretation der Wissenssoziologie überwand und andererseits auch nicht in marxistische Ideologiekritik verfiel, wie sie bei Lukàcs immer noch vorlag, auch wenn er den Marxismus selbst als Ausdruck bestimmter Produktionsverhältnisse zu sehen imstande war. Nach seiner Emigration nach England wandte sich Mannheim stärker den Problemen der liberalen Demokratie unter den Bedingungen sozialer und ökonomischer Planungsnotwendigkeit zu. Seine in der Emigration verfaßten Werke wie „Mensch und Gesellschaft im Zeitalter des Umbaus" (1935), „Diagnosis of Our Time" (1943) oder „Freedom, Power and Democratic Planning", das posthum 1950 ediert wurde, bleiben hier außer Betracht.

Vom kultursoziologischen und wissenssoziologischen Denken Mannheims lassen sich wesentliche Elemente im Werk von Norbert Elias aufzeigen. Elias hatte u.a. bei Alfred Weber und Karl Mannheim, dessen Assistent er eine Zeitlang war, studiert. Seine Werke „Über den Prozeß der Zivilisation" und „Die höfische Gesellschaft" entstanden schon in den 30er Jahren, erweckten aber aufgrund der Zeitumstände nicht die Aufmerksamkeit, die sie verdient hätten. Erst in den 70er Jahren kam es zur Entdeckung dieser interessanten soziogenetischen Analyse des Zivilisationsprozesses, die eine besondere Bedeutung im Rahmen des wieder entstandenen Interesses an historisch-genetischer Betrachtung in den 70er und 80er Jahren des 20. Jahrhunderts erhielten. In der Folge erschienen auch einige wissenssoziologische Arbeiten Elias', die an die Tradition Mannheims anknüpften.

Kultursoziologie und Erkenntnis

Karl Mannheim kam von der Kultursoziologie, insbesondere der von Alfred Weber vertretenen, zur Wissenssoziologie. Die „Kultursoziologie" bezeichnet den Versuch, die gesellschaftlichen, sozialen Tatbestände aus ihrer Verankerung in der ökonomischen Dimension zu lösen. Neben Alfred Weber kann man diese Intention v.a. Georg Simmel und Max Scheler zuschreiben, weniger Max Weber, wie Mannheim meinte, weil dessen „Kulturwissenschaft" noch sehr eng mit der Wirtschaft verknüpft blieb und Kultur auf die mit der Wirtschaftsweise verknüpfte Lebensführung bezog. Bei den Kultursoziologen erfolgt jedoch eine Ablösung der „Kultur" als geistiger Ebene von den „realen" Verhältnissen, eine „Vergeistigung" der Kultur. Jede „dinghafte" Betrachtung ist daher aus dem „Wesen" der Kultur heraus unangebracht. Denken, Wissen, Wissenschaft gehören in den Breich der Kultur, so daß man von der Kultursoziologie zur Selbsterkenntnis des Geistigen, zur Wissenssoziologie gelangte, die Mannheim zwischendurch auch als „Denksoziologie" bezeichnete. Die frühen Schriften Mannheims zeigen schon, daß er vor allem an den Problemen der kultursoziologischen Erkenntnis interessiert war. Neben der Soziologie der Kultur erkannte Mannheim – ähnlich wie Scheler – noch eine Soziologie als Gesellschaftslehre an, die es mit dem Aufbau und Wandel des sozialen Lebens und seiner Organisation zu tun hat.

Die Kultursoziologie verstand er als Wissenschaft, die „Kultur" von der soziologischen Begriffsebene aus betrachtet. Wesentlich erscheint, daß er die Kultursoziologie selbst als Produkt der Zeit und der Kultur sah. So trägt der erste Teil der Abhandlung „Über die Eigenart kultursoziologischer Erkenntnis" bezeichnenderweise den Titel „Zur Soziologie der Soziologie", eine Überschrift, die auch für seine Wissenssoziologie gilt.[2]

Der Ursprung dieser „reflexiven Soziologie"-Auffassung liegt in den historischen Wurzeln der Kultursoziologie, wodurch notwendig alles, was nicht Geschichtswissenschaft ist, als historisch bestimmt aufgefaßt wird, also auch die Wissenschaft selbst. Mannheim machte daher auch die genetische bzw. soziogenetische Einstellung als spezifisch moderne Orientierung für die Entstehung der Kultursoziologie verantwortlich. Die Kultursoziologie beschäftigt sich daher einerseits mit der Soziogenese der Kultur, zum anderen ist sie selbst soziogenetisch deutbar. Objekt wie Subjekt der Kultursoziologie ist der vergesellschaftete Mensch.

Mannheim schreibt der Kultursoziologie zu, sich mit der „sozialen Funktionalität der Kulturgebilde" zu befassen, die er allerdings – anders als der Funktionalismus – als vortheoretisch definierte. Es geht um die soziale Funktionalität geistiger Gebilde, die nicht direkt in bezug auf die Erfüllung gesellschaftlicher Ziele gedeutet werden können, wie das die strukturell-funktionale Theorie tut, sondern über die soziale Struktur des Bewußtseins verstehbar werden. Der gemeinsam gegebene Erlebniszusammenhang aufgrund gemeinsamer Lebenslage ist die Grundlage für die immanente Sozialität des Bewußtseins. Der Kultursoziologe muß diese immanente Sozialität auf Deutungsgrundlagen beziehen, um sie genetisch interpretieren und auf den Begriff bringen zu können. Das begründet auch die soziogenetische Funktionalität des Denkens selbst, und von da ist der Schluß naheliegend, daß aus kultursoziologischer Betrachtung Ideen niemals „ewig"« sind, sondern stets historische Produkte darstellen.

Nicht nur weltanschauliche Ideen, sondern auch wissenschaftliche Theorien und sogar Erkenntnismethoden sind Reflexe des gesellschaftlich-historischen Prozesses. In der warenproduzierenden und in Geldäquivalenten rechnenden bürgerlichen Gesellschaften entsteht auch die Tendenz, die sozialen Beziehungen quantitativ zu erfassen. Die Tendenz, als Wahrheit nur das gelten zu lassen, was für alle nachvollziehbar ist, reflektiert wiederum den Übergang von Gemeinschaft zu Gesellschaft und die Demokratisierung der Gesellschaft. Der Mensch in der Tönniesschen Gemeinschaft interessiert als Person, als einzelner, in der Gesellschaft aber als abstraktes Individuum oder als Funktionsträger. Dies repräsentiert auch zwei Methoden der

---

[2] In: *Karl Mannheim,* Strukturen des Denkens, Frankfurt 1980, S. 33ff.

Erkenntnis; neben der verallgemeinernden und quantifizierenden Erkenntnis muß auch das qualitative, situationsbezogene Denken anerkannt werden, weil nicht alle Bereiche des Lebens dem Rechenhaften und Demokratisierten angehören, sondern neben diesen „öffentlichen" Dimensionen auch die „internen" Beziehungen weiter bestehen.

Mannheim unterschied dann zwischen konjunktiver Erfahrung und kommunikativer Erkenntnis. Die erstere liegt dann vor, wenn wir den anderen im Rahmen einer existentiellen Beziehung, die so nur mit diesem speziellen anderen besteht, erfahren. Zu allen Personen in meinem Umkreis kann ich eine solche existentielle Beziehung haben, sie ist aber immer eine andere, und die Beziehungen wie auch die anderen Personen sind nicht verallgemeinerbar. Aus der Notwendigkeit der Kommunikation im fortschreitenden Vergesellschaftungsprozeß entstehen Rationalisierungen und von personalen, situativen und existentiellen Bedingungen relativ unabhängige „kommunikative" Begriffsbedeutungen, die „Bildungskultur", die über und neben den Gemeinschaftkulturen besteht.

Mannheim griff hier das von Tönnies angeschnittene Thema des Unterschieds zwischen Gemeinschaft-Gesellschaft auf und interpretierte ihn als unterschiedliche Denk- und Erfahrungsweisen jedes Menschen. Dasselbe Thema klingt später bei Parsons in seiner Unterscheidung von partikularistischen und universalistischen Kulturmustern wieder an. Im Laufe der zivilisatorischen Entwicklung vergrößerte sich zwar die Distanz zwischen den beiden Ebenen des Denkens, das kommunikative Denken wurde immer autonomer und beanspruchte mehr und mehr auch Allgemeingeltung. Nichtsdestotrotz mischen sich im Denken aller Menschen diese beiden Ebenen bzw. stellen bildlich gesprochen zwei Schichten des Bewußtseins dar.

Das konservative Denken, die sozial freischwebende Intelligenz und das Problem der Generationen

In seiner Habilitationsschrift beschäftigte sich Mannheim mit dem Konservatismus. Dieser ist ihm eine bestimmte Denkweise, die sehr tiefgreifend mit der deutschen Geschichte und der spezifischen geistigen Entwicklung in Deutschland zusammenhängt. Ihn zeichnet nicht das Festhalten am Althergebrachten aus (Traditionalismus), sondern er ist ein aus der historisch-sozialen Situation enstandenes sinnorientiertes Handeln im Rahmen eines dynamischen Strukturzusammenhangs. Wohl aber spielt das Geschichtsbewußtsein eine große Rolle für den Konservatismus. Dem ahistorischen Naturbegriff wurde im Zuge der Gegenrevolution die Geschichte entgegengestellt. Das gegenrevolutionäre Denken lehnte die inhaltlichen Elemente der naturrechtlichen Argumentation (Urzustand, Sozialvertrag, Volkssouveränität, Menschenrecht) ab, aber auch die damit verbundenen methodischen Aspekte des Denkens, die als Vernunft im Rahmen der westeuropäischen Deutung auftraten.

Die „Geschichte", das „Leben", das „Volk", die Irrationalität der Wirklichkeit, die individuelle Besonderheit, die organische Qualität des Ganzen u.ä. wurden besonders betont. Das Gegenrevolutionärwerden der Romantik und der Historismus sind die geistigen Strömungen, die den Konservatismus im 19. Jahrhundert in Deutschland bestimmt haben. Die Konservativen als Träger dieser Weltanschauung sind wie alle Schichten zugleich auch Repräsentanten bestimmter historischer Etappen der Vergangenheit. Sie haben aber kein „falsches" Bewußtsein, wie Marx meinte, kein von der Geschichte überholtes Denken, denn sie stellen nur eine seinsverbundene Perspektive dar, die sich den historischen Entwicklungen gemäß modifiziert. Im Kern aller politischen Ideologien steht die Herrschaftslegitimation; sie bewegt sich in konservativer Denkart auf mystisch-transzendentaler Ebene, in bürgerlich-liberaler

Sicht auf juristisch-naturrechtlicher und im sozialistischen Denken auf der ökonimischen Ebene.

Die Geschichte des konservativen Denkens reflektiert auch die Entwicklung der von Alfred Weber so genannten „sozial freischwebenden Intelligenz".[3] Die „sozial freischwebenden Intellektuellen" hatten schon die Aufklärungsideen rezipiert, sie waren auch die Träger romantischen Denkens. Ihr Charakteristikum ist ihre labile soziale und wirtschaftliche Lage, ist die Tatsache, daß sie keine eigene wirtschaftliche Grundlage und damit Verankerung in einer an Kriterien des Besitzes orientierten Gesellschaftsordnung hatten. Dies führte dazu, daß sie meist in Beamtenpositionen vorzufinden waren, eine Stellung, die ihnen den Wechsel der Anschauungen und die Neigung, alles und jedes zu rechtfertigen, nahelegte. Andererseits war ihr Denken unabhängig von den spezifischen Klasseninteressen. Auf diese eigene Intellektuellenschicht und ihre prekäre wirtschaftliche Situation hatte schon Wilhelm Riehl um die Mitte des 19. Jahrhunderts hingewiesen, wenn er sie als „Geistesproletariat« bezeichnete.[4] Allerdings hatte Riehl in ihnen unter dem Eindruck des Jahres 1848 die eigentlich aufrührerischen Elemente in der Gesellschaft gesehen. Später versuchte der Begriff „Bildungsbürgertum" ihre ambivalente Stellung zu erfassen.

Alfred Weber und Karl Mannheim hingegen hatten ihre Domestizierung im Deutschland Bismarcks und Wilhelm II. vor Augen und sahen sie als die typischen Rechtfertigungsdenker, die jedes politische Wollen zu begründen verstehen. Gleichzeitig waren sie aufgrund ihrer fehlenden klassen- oder standesgemäßen Verwurzelung auch die Träger der Ideen, des geistigen Lebens überhaupt, soweit es nicht direkt von Interessen und Ideologien geprägt war. Diese sozial freischwebenden Intellektuellen gaben den Dingen eine überhöhende Bedeutung, lasen Sinnzusammenhänge in Wirkungsgefüge hinein, kurz: sie romantisierten das Gegebene; ihr Denken war typisch geschichtsphilosophisch. Sie überhöhten konservative Klasseninteressen und machten daraus Ideen.

Nicht nur die Interessenlage hatte einseitig Einfluß auf das Denken, der freischwebende Intellektuelle kann sich auch in bestimmten Grenzen von der Interessenbestimmtheit lösen und (zunächst) klassenunabhängige „Ideen" in die Welt setzen. Nicht entziehen kann er sich allerdings dem Einfluß der Generationslagerung und des Generationszusammenhangs. Diese bestimmen das Denken insoweit, als sie eine differenzierte Erinnerungsstruktur und verschiedene Erlebnisschichten darstellen, die in der Gesellschaft aufeinandertreffen. Der Generationszusammenhang repräsentiert auch eine spezifische Dialektik durch die Tatsache der immer wieder für jede Generation neu zu leistenden „Kulturschöpfung" und der gleichzeitig erfolgenden Tradierung der Kulturinhalte; beides erfolgt in einer Wechselwirkung der Generationen untereinander.

Allerdings sind Generationen keine einheitlichen Repräsentanten bestimmter Weltanschauungen; in jeder Generation gibt es eine Vielzahl von geistigen Strömungen, die sich aber nicht alle in gleicher Weise im „Zeitgeist" niederschlagen können. In diesem Sinne wollte Mannheim auch das konservative Denken im Deutschland des 19. Jahrhunderts sehen: nicht als eine einheitliche geistige Orientierung, sondern als ein potentiell in jeder Generation breiter angelegtes Spektrum des Denkens, aus dem aber nur jene Teile jeder Generation erfolgreich waren, die romantisch-konservative Strömungen repräsentierten.

---

[3] *Karl Mannheim,* Konservatismus, hg. v. D. Kettler, V. Meja, N. Stehr, Frankfurt 1984, S. 144ff.
[4] *Wilhelm Riehl,* Die bürgerliche Gesellschaft, Stuttgart–Augsburg 1855, S. 304ff.

Die Wissenssoziologie als Grundlage der Sozialwissenschaften

Karl Mannheim hat in „Ideologie und Utopie" (1929) noch viel deutlicher als Max Weber, der zwischen Theorie und Praxis durch die Koexistenz von Wertfreiheit und Wertbeziehung zu vermitteln suchte, aufgezeigt, wie eng nicht nur Theorien, sondern wissenschaftlich-methodologische Strömungen mit politischen Zielen und Ideologien verbunden sind.

Die Wissenssoziologie wird zur Wissenschaftssoziologie und hat auch hier wie im Falle historisch-politischen „Wissens" die „soziale Gleichung" herauszuarbeiten. Nicht nur ist sozialwissenschaftliches Wissen immer reflexiv, sondern darüber hinaus sind auch die vorherrschende Wissensform und die Erkenntnistheorie selbst mit der sozial-geistigen Zeitsituation verknüpft.

Die Wissenssoziologie ist aber auch ein Produkt der Epoche, in der der Sozialzusammenhang nicht mehr als schicksalhaft und vorbestimmt angesehen wird, sondern zumindest teilweise voraussehbar. In dieser Phase wird die Reflexion über die sozialen Gründe unseres Denkens möglich, und das Interesse an einer Wissenschaft der Politik entsteht.

Zunächst nimmt die Erkenntnis der sozialen Gründe des Denkens und Wissens die Form der Ideologiekritik an. Während der „partikulare Ideologiebegriff" nur Teile der Aussagen des Gegners als „Lüge", d.h. als interessebedingte Aussage entlarvt, beinhaltet der „totale Ideologiebegriff" die Grundannahme der notwendigen und unausweichlichen Seinsverbundenheit des Denkens, d.h. die ganze Weltanschauung und die Denkkategorien selbst werden als ideologisch aufgefaßt. Die allgemeine Fassung des totalen Ideologiebegriffs, der auch das eigene Denken, nicht nur das des Gegners mitumfaßt, führte dann zur Erkenntnis der sozialen Bedingtheit des Denkens und Wissens, die die Grundlage eines eigenen Forschungsgebietes, der „Wissenssoziologie" wurde. Sie setzt Aussagen und Urteile zur sozialen Wirklichkeit als der Absolutschicht funktional in Beziehung, bringt damit die Seinsverbundenheit allen Wissens auf eine systematische Basis. Es geht ihr nicht um die Aufdeckung von „Lügen" des „Gegners", sondern um die Erforschung notwendig standortabhängiger Bewußtseinslagen.

Karl Mannheim will die Sozialwissenschaften als politische Wissenschaften begründen, d.h. er sieht sie „positivistisch" in dem Sinn, daß er ihnen einen durchaus praktischen Zweck, eine Nützlichkeit im Zusammenhang mit der wachsenden Notwendigkeit regulierender Eingriffe in den Gesellschaftsprozeß zuweist; er kann andererseits aber infofern als anti-positivistisch bezeichnet werden, als er nicht an dem Prinzip der Einheit der wissenschaftlichen Methode festhielt, sondern die Sozialwissenschaften auf eine eigene methodische Grundlage gestellt sah. Diese beruht auf der Analyse des Denkens im öffentlichen Leben und in der Politik („Soziologische Zeitdiagnostik").

Grundlage der Philosophie und der Naturwissenschaften war das Denken „an sich" innerhalb der spezifischen Bereiche der philosophisch-wissenschaftlichen Traditionen. Wie die Menschen wirklich denken, interessierte weder den Philosophen noch den Naturwissenschaftler. Gerade dies ist nach Mannheim die Aufgabe der Wissenssoziologie, die er als Grundlage der Sozialwissenschaften verstand. Wie die Sprache nicht ihren Ursprung im Individuum hat, so ist auch das Denken des Menschen ohne den Bezug auf seine gesellschaftlichen Wurzeln nicht zu verstehen. Die Wissensoziologie sucht daher „das Denken in dem konkreten Zusammenhang einer historisch-gesellschaftlichen Situation zu verstehen... Es sind also nicht die Menschen als solche, die denken, oder isolierte Individuen, die das Denken besorgen, sondern

Menschen in bestimmten Gruppen, die einen spezifischen Denkstil in einer endlosen Reihe von Reaktionen auf gewisse typische, für ihre gemeinsame Position charakteristische Situationen entwickelt haben."[5]

Das Individuum ist in zweifacher Hinsicht sozial gebunden; durch die Situation der Gruppe/Schicht/Klasse, der es angehört, und durch die von dieser entwickelten Denk-, Sprach- und Verhaltensformen. Die Wissenssoziologie kann aus diesem Grund ihre Untersuchung des Denkens nicht von den Handlungen der Menschen in ihren sozialen Situationen lösen. Das bezieht sich auf das Denken im Alltag, auf politisch-historische Theorien wie auf wissenschaftliche Erkenntnis. Mannheim betonte das aktive Element der Erkenntnis. Aber anders als die Vertreter einer analytischen Wissenschaftsauffassung sah Mannheim Erkenntnis selbst als sozial bestimmt an, trennte zumindest nicht zwischen Alltagserfahrung und wissenschaftlicher Erkenntnis. Und insofern steht er der Phänomenologie näher als dem Positivismus.

Sozialwissenschaftliche Erkenntnis ist für Mannheim konstitutiv-perspektivisch, sie kann keine „Geltung an sich" beanspruchen. Ihre Objektivität besteht nur in der Herstellung der Beziehung zwischen Erkenntnis und sozialstruktureller Seinslage. Er leugnete daher die Möglichkeit einer autonomen Erkenntnistheorie. Das Wissen, Denken, Erkennen weist stets eine „Aspektstruktur" auf, d.h. es ist notwendig perspektivisch und standortgebunden. Dies äußert sich in der unterschiedlichen Bedeutung von Begriffen, wenn von Personen differenter Soziallagen gebraucht, sowie in den Denkmodellen und Kategorien, die die Menschen in ihrem Handeln und in bezug auf die Problemstellung selbst anwenden.

Diese Aspektstruktur von Aussagen ist mit Bezug auf die sozialen Strukturen herauszuarbeiten. Die Wissenssoziologie bedient sich dabei als Methode der „Relationierung". Relationierte, d.h. auf ihre sozialen Gründe zurückgeführte Aussagen sind deswegen keineswegs falsch, denn „Wahrheit" in einem sozial unabhängigen Sinn gibt es nur in der selbstgeschaffenen Welt der Philosophie und Wissenschaftstheorie. Für den Wissenssoziologen gilt der Wahrheitsbegriff selbst als sozial generiert; für ihn sind alle Aussagen, ob wahr oder falsch in logischer oder empirischer Hinsicht, grundsätzlich sozial bedingt. Mannheim verwahrt sich aber gegen den Begriff des Relativismus, der eine Beliebigkeit der Beziehungen suggeriert. Relationieren bedeutet immer die Inbeziehungsetzung von Denkinhalten, Aussagen, Verhaltensweisen mit politisch-historischen sozialen „Seinslagen".

Weitere Voraussetzungen wissenssoziologischer Betrachtung sind die Distanzierung und die partikularische Beziehung der Aussagegeltung auf die jeweilige Anschauung oder Situation. Die Erkenntnis, daß alle Weltanschauungen, alle politischen Ideen nur partikulare Ausschnitte aus der Totalität der politischen Wirklichkeit sind, nur Perspektiven von bestimmten Klassenlagen aus, ist selbst typisch für die Epoche; sie ist aber als Erkenntnis beschränkt auf die relativ klassenlose Schicht der „sozial freischwebenden Intelligenz". Diese kann auch zum Träger einer politischen Wissenschaft werden, die alle Perspektiven zusammenschaut.[6]

Mannheims Wissenssoziologie ist begründet in der „Lebensverlegenheit" des modernen Menschen, der das Problem von Ideologie und Utopie radikal gestellt und zu Ende gedacht hat. Er formulierte das für seine Zeit neue Thema der pluralen Gesellschaft und ihrer pluralen Wirklichkeitskonstitution. Die parteipolitischen Ideologien, die im Obrigkeitsstaat bis 1918 nicht als plurale Sinnträger voll zur Geltung

---

[5] *Karl Mannheim,* Ideologie und Utopie, Frankfurt 1969, S. 4/5

[6] Ebenda, S. 135

kommen konnten, wurden in der repräsentativen Massendemokratie die Sinnlieferanten schlechthin. Und in dieser Situation der pluralen und gleichzeitig totalen Ideologien kommt der Wissenssoziologie eine eminent wichtige Rolle zu. Sie ist damit aber auch ein eher deutsches Phänomen."[7]

Mannheims Wissenssoziologie soll die Grundlage für die „soziologische Zeitdiagnostik" bilden, die ihrerseits eine Wissenschaft der Politik ermöglichen soll. Mannheims Blick ist also auf die Politik gerichtet und deren „wissenschaftliche", d.h. von den Ideologien der Interessengruppen und Parteien, den Weltanschauungen der Schichten unabhängige Grundlegung. Dies wird zum Schwerpunkt seines Anliegens in der britischen Emigration, nämlich eine Planungswissenschaft als Grundlage für die liberale Demokratie zu entwickeln.

Literatur

Max Adler, Das Soziologische in Kants Erkenntniskritik, Wien 1924
Kurt Beiersdörfer, Max Weber und Georg Lukàcs, Frankfurt 1986
Emile Durkheim, Les formes élémentaires de la vie religieuse, Paris 1927
Günter Dux, Die Logik der Weltbilder, Frankfurt 1982
Norbert Elias, Die höfische Gesellschaft, Darmstadt-Neuwied 1975 (ursprl. 193)
Ders., Über den Prozeß der Zivilisation, 2 Bände, Frankfurt 1978 (ursprl. 1939)
Ders., Engagement und Distanzierung. Arbeiten zur Wissenssoziologie I, Frankfurt
Ders., Über die Zeit. Arbeiten zur Wissenssoziologie II, Frankfurt 1984
Theodor Geiger, Ideologie und Wahrheit. Eine soziologische Kritik des Denkens, Neuwied 1968
Werner Heisenberg, Physik und Philosophie, Frankfurt 1959
Susan J. Hekman, Hermeneutics and the Sociology of Knowledge, Oxford 1986
Karl Jaspers, Die geistige Situation der Zeit, Berlin 1971 (ursprl. 1931)
Wilhelm Jerusalem, Die soziologische Bedingtheit des Denkens und der Denkformen, in: *Max Scheler,* Versuche zu einer Soziologie des Wissens, München 1924, S. 182ff.
Kurt Lenk (Hg.), Ideologie - Ideologiekritik und Wissenssoziologie, Frankfurt - New York 1984
Ders., Marx in der Wissenssoziologie, Berlin 1972
Georg Lukàcs, Geschichte und Klassenbewußtsein, Neuwied-Darmstadt 1976 (ursprl. 1924)
Karl Mannheim, Konservatismus, Frankfurt 1984 (ursprl. 1925)
Ders., Strukturen des Denkens, hg. v. D. Kettler, V. Meja, N. Stehr, Frankfurt 1980
Ders., Wissenssoziologie, in: Handwörterbuch der Soziologie, hg. v. A. Vierkandt, Stuttgart 1931, S. 659ff.
Ders., Wissenssoziologie, Auswahl aus dem Werk, hg. v. K. H. Wolff, Berlin-Neuwied 1964
Ders., Mensch und Gesellschaft im Zeitalter des Umbaus, Bad Homburg-Berlin-Zürich 1967
Volker Meja - Nico Stehr (Hg.), Der Streit um die Wissenssoziologie, 2 Bände, Frankfurt 1982
Gunther W. Remmling, Der Weg in den Zweifel, Stuttgart 1975
Max Scheler, Versuche zu einer Soziologie des Wissens, München 1924
Ders., Die Wissensformen und die Gesellschaft, Bern-München 1960 (ursprl. 1926)
Gunnar Skirbekk (Hg.), Wahrheitstheorien, Frankfurt 1977
Alfred Sohn-Rethel, Soziologische Theorie der Erkenntnis, Frankfurt 1985 (ursprl. 1936 unveröff.)
Werner Stark, Die Wissensoziologie, Stuttgart 1960
Nico Stehr - Volker Meja (Hg.), Wissenssoziologie, KZSS Sonderheft 22. Opladen 1980

[7] *Volker Meja-Nico Stehr* (Hg.), Der Streit um die Wissenssoziologie, Bd. 1, Frankfurt 1982, S. 12

3. Kritische Theorie der Gesellschaft

Das Institut für Sozialforschung

Die Kritische Theoric ist cinc der als Neubelebung der philosophischen Dimension im Marxismus auftretenden Entwicklungen der ersten Jahrzehnte des 20. Jahrhunderts, wie sie auch die Werke von Karl Korsch, George Sorel, Antonio Gramsci, Ernst Bloch und Georg Lukàcs darstellten. Sie wurde dann dem 1923 gegründeten Frankfurter „Institut für Sozialforschung" entwickelt und ist vor allem mit dem Namen Max Horkheimer verbunden.

Das „Institut für Sozialforschung" war ein der Universität Frankfurt angeschlossenes, aber ihr nicht unterstelltes Forschungsinstitut, das zweite seiner Art in Deutschland nach dem Forschungsinstitut für Sozialwissenschften in Köln. Das Institut, das bezeichnenderweise den Beinamen „Café Marx" erhielt, beschäftigte sich anfangs mit historischer Sozialforschung auf der Grundlage eines moskautreuen Marxismus. Sein erster Direktor war der österreichische „Kathedermarxist" Carl Grünberg, der prinzipielle Financier war Felix Weil.

Seit dem Zeitpunkt, als Max Horkheimer (1895–1973) die Leitung des Instituts übernahm (1931), änderte sich die theoretische Ausrichtung des Instituts, weil es bei verstärkter Hinwendung zur Sozialphilosphie und Theoriebildung zu einem deutlichen Abrücken vom orthodoxen Marxismus kam.

Die Mitglieder des Instituts rekrutierten sich fast durchwegs aus jüdischen sozialistischen Intellektuellen. Einige der prominentesten waren neben Marx Horkheimer Friedrich Pollock, Karl A. Wittfogel, Henryk Grossmann, Theodor W. Adorno, Leo Löwenthal. Auch die Sozialpsychologie und Psychoanalyse wurden in das Spektrum des Instituts aufgenommen vor allem durch die zeitweiligen Mitglieder Erich Fromm und Herbert Marcuse.

1933 emigrierten die Mitglieder des Instituts. Nach einem zwischenzeitlich Exil in Genf gingen die meisten nach Amerika, wo an der Columbia University das Institute of Social Research für die emigrierten deutschen Sozialwissenschaftler wiedererstand. Das Institut gab auch ab 1932 eine eigene Zeitschrit für Sozialforschung heraus, die dann zwischen 1939 und 1941 in den USA als „Studies in Philosophy and Social Sciences" erschien.

Um 1950 kehrten einige der Mitglieder des Instituts nach Deutschland zurück, insbesondere Max Horkheimer und Theodor W. Adorno, während Fromm, Marcuse, Löwenthal und Wittfogel in Amerika blieben. Das Frankfurter Institut erstand wieder, und Horkheimer und Adorno wurden die Häupter der „Frankfurter Schule" der Kritischen Theorie in den 50er und 60er Jahren. Besonders Adorno (1903–1969) und sein Schüler Jürgen Habermas wurde zu den Vordenkern der linken Protestbewegung in Deutschland. Im Verlauf der Studentenbewegung der späten 60er Jahre kritisierten sie allerdings deren aktionistische Tendenzen und wurden von den radikalen Studenten angegriffen. Horkheimer hatte sich schon nach der mit Adorno zusammen verfaßten „Dialektik der Aufklärung" weitgehend von den Auffassungen seiner Frühzeit entfernt. Die Situation Deutschlands nach der Rückkehr aus der Emigration war auch eine radikal andere als die, in der die gesellschaftskritische Theorie entstanden war.

Wir wollen hier auf die erste Phase der Konzeption der Kritischen Theorie, wie sie von Max Horkheimer in den 30er Jahren formuliert worden war, und die Arbeiten in der Emigration, aber nicht auf die Nachkriegsentwicklungen als solche eingehen; diese werden später Gegenstand der Betrachtung sein.

Traditionelle und Kritische Theorie

Den Gegensatz zwischen traditioneller und kritscher Gesellschaftstheorie hat Max Horkheimer schon 1937[1] herausgestellt. Demnach sind die Hauptmerkmale der Kritischen Theorie:

1. Die Betonung der dialektischen Einheit von Theorie und Praxis:
   Die herkömmliche Sozialwissenschaft versteht sich als autonom und unabhängig von der gesellschaftlichen Wirklichkeit. Für Horkheimer sind wissenschaftliche Aussagen aber auch gesellschaftliche Tatsachen; jedes Denken, auch das wissenschaftliche Denken ist gesellschaftlich vermittelt und hat gesellschaftliche Folgen. Die Dialektik von Theorie und Praxis geht aber über die phänomenologische Aufhebung der Subjekt-Objekt-Trennung und auch über die Mannheimsche „Seinsverbundenheit allen Wissens“ hinaus, denn sie hebt die dynamische Wechselwirkung zwischen Theorie und Praxis hervor. Theorie ist demnach auch eine Form gesellschaftlicher Praxis, sie verändert die gesellschaftliche Wirklichkeit. Daher muß sie sich dieser ihrer Wirkung aber auch bewußt werden und bewußt diese Veränderung anstreben. Es ist nicht genug, die Rückwirkung der Theorie auf die Praxis festzustellen, zu analysieren, sondern die Theorie muß aktiv auf Gesellschaftsveränderungen bezogen sein.
2. Daraus folgt die Einheit von Sein und Sollen:
   Die traditionelle Theorie trennt bewußt peinlich zwischen der Feststellung des So-Seins und den Soll-Aussagen. Letztere gehören nicht zur Wissenschaft, sind Aufgabe der Praktiker, der Politiker, die sich der Wissenschaft als Entscheidungsgrundlage bedienen. Die Kritische Theorie impliziert aufgrund ihrer dialektischen Vereinigung von Theorie und Praxis auch das Sollen. Die Fakten müssen mit der Vernunft als der leitenden Kraft der Geschichte konfrontiert und in bezug auf diese beurteilt werden. Das Ideal ist eine Gesellschaft, die sinnhaft mit Vernunft durchwaltet ist; jede Theorie, die sich auf Zukunft bezieht, muß Veränderung in dieser Hinsicht anstreben.
   Die Kritische Theorie versucht nicht nur ein Verstehen, sondern darüber hinaus eine dialektische Erklärung der Geschichte, die zukunftsorientiert und auf Veränderung gerichtet Gegenwart und Vergangenheit mit Hilfe der kritischen Instanz der Vernunft erfaßt und die Irrationalität des Bestehenden aufzeigt. Die hegelianisch-idealistische Kategorie der „Vernunft“ als in der Geschichte waltende Kraft wurde in die Kritische Theorie wieder eingeführt und hegelianisiert die materialistische Geschichtsinterpretation von Marx, von der die Kritische Theorie ihren Ausgang nahm.
3. Historische Analyse und kritische Bewertung:
   Die Menschen handeln aufgrund ihres Verstandes, der begrenzt ist durch die formale Logik des Denkens und die historisch-standortgebundenen Interessen. Wenn die Kritische Theorie verlangt, daß die jeweiligen Fakten nicht nur festgestellt, sondern auch bewertet werden und zwar aufgrund der Vernunft, so bedarf dies näherer Erläuterung. Die Standards der Bewertung sind nämlich selbst wieder historisch vermittelt, aber nicht im Sinne der durch Verstand und Interessen der einzelnen Handelnden oder der durch Gruppen und Klassen bestimmten Werte. Sie sind geschichtlich, aber nicht subjektiv standortgebunden und relativistisch. Auch wenn man alle klassenbedingten Standards berücksichtigen würde, ergäbe sich daraus nicht das „wahre“ Bild der Gesellschaft, denn da sie in Widerspruch zueinander stehen, heben sie einander durch ihre Praxis auf. Sie können daher

---

[1] *Max Horkheimer,* Traditionelle und kritische Theorie (1937), in *Max Horkheimer,* Kritische Theorie, Bd. II, Frankfurt 1968, S. 137ff.

nicht gültige Standards der kritschen Bewertung sein. Daraus folgt, daß die Vertreter der Kritischen Theorie, um einerseits die Einheit von Sein und Sollen behaupten zu können und andererseits sich nicht dem Ruf des Dogmatismus aussetzen zu müssen, die historische Analyse zur Grundlage ihrer Bewertung machen müssen.

4. Die historische Totalität:
   Die historische Analyse der Kritischen Theorie ist aber eine andere als die der traditionellen Geschichtsinterpretation. Sie geht von der Kategorie der „Totalität“ aus als einer dialektischen Ganzheit von Sein und Werden, als Totalität dialektischer Vermittlungen. Nicht Einzelereignisse bestimmen diese Geschichtsbetrachtung, sondern die Annahme eines ständig im Fluß befindlichen Zusammenhangs, der sich nicht aus Entsprechungen, sondern aus Widersprüchen, Aufhebungen und Synthesen konstituiert und immer wieder neu konstituiert. In der Totalität der historischen Bewegung enthüllt sich das Walten der Vernunft jenseits und über dem Wirken und Werken des Verstandes und der Interessen. Die Vernunft ist keine Instanz, die einfache Standards von Gut und Böse liefert, sondern ist das Bewegungsgesetz, in deren Folge sich die Standards im Zusammenhang der historischen Totalität entwickeln.
5. Kritische Theorie und Arbeiterklasse:
   Die zentrale inhaltliche Problematik der Kritischen Theorie betrifft die „Entfremdung“ und „Verdinglichung“ des Menschen in der Gesellschaft. Entfremdung wird aber nicht nur aus der Arbeitssituation der Menschen im Kapitalismus erklärt, sondern als allgemeine Bedingung der gesellschaftlichen Existenzweise des Menschen aufgefaßt. Entfremdung gründet in der jeweiligen historischen Irrationalität der gesellschaftlichen Verhältnisse.
   Auch das Proletariat ist daher laut Horkheimer nicht im Besitz des wahren Bewußtseins, zumindest nicht in dieser Gesellschaft, in der die Differenzierung in der Sozialstruktur der Arbeiterklasse gefördert wird und der einzelne in einen Widerspruch zwischen persönlichem und klassenmäßigem Interesse gerät. Das Denken des Intellektuellen gehört als kritisches und progressives Element untrennbar zur Entwicklung des Proletariats dazu. Die Kritische Theorie hat daher nicht die Aufgabe, die Interessen der Arbeiterklasse zu formulieren, sondern ist auf die Feststellung vernünftiger Zustände der Gesellschaft gerichtet. Sie kann sich nicht in den Dienst des bereits Bestehenden, auch nicht im Interesse der Lage des Proletariats begeben; sie kann sich nicht wie die traditionelle Theorie als Teil des funktionierenden Gesellschaftsganzen verstehen.

Kritische Theorie weist über das schon Bestehende und Gegebene hinaus auf ein zukünftiges Mögliches. Ihre Aussagen können und sollen daher nicht am gegenwärtig Gegebenen gemessen oder verifiziert werden, weil sie über dieses hinausgeht. Da die Kritische Theorie einerseits Wissenschaft als gesellschaftlich vermittelt begreift, andererseits für sich in Anspruch nimmt, über diese gesellschaftlichen Vermittlungen hinauszugehen, um sie kritsch beleuchten zu können, gerät sie in einen Widerspruch, den sie aber als notwendig legitimiert.

Die Kritsche Theorie sieht sich selbst als eine durch das Wirken der historisch-dialektischen Bewegung entstandene und mit einer praktischen Aufgabe betraute Auffassung. Kritische oder verneinende Philosophie und Aufklärung stehen zueinander in einem dialektischen Verhältnis. Die Aufklärungsphilosophie des 18. Jahrhunderts hatte ihre Wurzeln in der kritischen Philosophie, die sich verneinend zur bestehenden Gesellschaft verhielt, und mündete durch ihre praktische Vermittlung in revolutionärer und schließlich in positiver Denkweise, deren Praxis ihrerseits wieder das erneute Auftreten kritischen Denkens zur Folge hatte.

Vernunft, Geschichte und Natur:
Die Sozialphilosophie der Kritischen Theorie

Die Kritische Theorie hat sozialphilosophische Wurzeln, die zum besseren Verständnis angedeutet werden müssen. Im Zentrum des Denkens der Vertreter der Kritischen Theorie steht immer wieder der Begriff der Vernunft. Dieser erhielt seine besondere Bedeutung in Aufklärung und Französischer Revolution. In Deutschland wurde er insbesondere von Hegel aufgegriffen und formuliert. Es ist daher durchaus berechtigt, wenn die Kritische Theorie als ein partieller Rückgriff auf den Junghegelianismus interpretiert wird.

Herbert Marcuse hat in seinem Buch „Vernunft und Revolution“ (1941) die Hegelsche Philosophie als Vorläufer des Marxismus dargestellt. Marx war für Marcuse der einzig legitime Erbe der hegelianischen Philosophie. Für Hegel trat die Vernunft an die Stelle traditioneller und persönlicher Autorität und wurde zur Voraussetzung der Freiheit, die es ermöglicht, in Übereinstimmung mit der Erkenntnis der Wahrheit zu handeln. Vernunft wird in Beziehung gesetzt zu Geschichte, ist deren Geist und Sinn. Marcuse als Heidegger-Schüler definierte Vernunft als die Idee eines eigentlichen Seins, in dem alle entscheidenden Gegensätze vereinigt sind und die als kritische Instanz dem Sein gegenüber auftreten kann, d.h. die Irrationalität der bestehenden Gesellschaftsordnung aufzuzeigen vermag.

Vernunft ist für die Kritische Theorie eine synthetische Größe, keine analytische wie der Begriff der Rationalität, d.h. mit dem Begriff der Vernunft ist durchaus auch die Ablehnung der formalen Logik durch die Dialektik vereinbart. Die Gleichsetzung von Vernunft und Logik führe, Horkheimer zufolge, nur zu einer neuen Metaphysik.

Der Vernunftbegriff ist auch von zentraler Bedeutung für das philosophische Denken Horkheimers. In „Eclipse of Reason“ (1947, dt.: Zur Kritik der instrumentellen Vernunft) unterschied Horkheimer zwischen objektiver und subjektiver Vernunft. Die subjektive Vernunft bezeichnete Horkheimer als instrumentell, weil sie Zweck-Mittel-Bezüge vom Standpunkt des Subjekts herstellt. Sie ist die in der modernen Gesellschaft dominierende Vernunft. Die objektive Vernunft hingegen ist gleichzeitig autonom in dem Sinne, daß sie nicht durch Zweck-Mittel-Kalküle der Selbsterhaltung begrenzt ist, sondern auch über deren Sinnhaftigkeit und Vernünftigkeit befindet. Dazu zählen etwa große philosophische Systeme, die eine Hierarchie alles Seienden begründen. Frühere Gesellschaften und das Denken in ihnen waren von objektiver Vernunft geprägt. Vernunft galt nicht als eine dem einzelnen innewohnende Fähigkeit, sondern als eine Kraft, die die ganze Gesellschaft durchwaltete und ihr unerkannter Sinn war.

Die Subjektivierung der Vernunft und des Denkens bedeutete auch deren Instrumentalisierung; sie wurde zum Werkzeug in bezug auf Zwecke, über die die subjektive Vernunft aber nicht reflektieren kann, sondern die sie als gegeben betrachten muß. Das soziale Leben wird somit von der Ebene des Denkens her entleert und verdinglicht. Als vernünftig gilt nur, was durch logisch-kalkulatorische Fähigkeit des Menschen geschaffen wurde. Diese richtete sich vor allem auf die Beherrschung der Natur, ohne daß die Menschen erkennen konnten, daß sie, da sie selbst Teil der Natur sind, sich selbst dadurch instrumentalisieren. In der repressiven Anpassung an die Erfordernisse der Zivilisation geschieht dies an jedem Individuum im Prozeß der Sozialisation: „Als Endresultat des Prozesses haben wir auf der einen Seite das Selbst, das abstrakte Ich, jeder Substanz entleert bis auf den Wunsch, alles im Himmel und auf Erden in ein Mittel seiner Erhaltung zu verwandeln; und auf der anderen Seite haben wir eine leere, zu bloßem Material degradierte Natur, bloßen Stoff, der zu beherrschen ist, ohne jeden anderen Zweck als eben den seiner Beherrschung."[2]

Die Ausformung der Instrumentalisierung der Vernunft in der modernen Gesellschaft läßt sich zunächst in der Sprache aufzeigen. Horkheimer wies darauf hin, daß die Bedeutung von Wörtern und Aussagen mit ihrer Funktion oder ihrer Wirkung gleichgesetzt wird; Begriffe werden zu Parolen und Schlagwörtern, die Idee zur Methode und Technik umformuliert. Kunst degeneriert zur Produktion von Museumsstücken oder kulturellen Waren. Das Leben des einzelnen wird zu einem banalen Wiederholen eines Schemas, das in jeden Fragebogen paßt. Und sogar die Philosophie wurde instrumentalisiert, wurde zu Pragmatismus und Positivismus. Sie sind das Pendant zur modernen Industriegesellschaft.

„Die Absurdität des Zustandes, in dem die Gewalt des Systems über die Menschen mit jedem Schritt wächst, der sie aus der Gewalt der Natur herausführt, denunziert die Vernunft der vernünftigen Gesellschaft als obsolet."[3] In diesem prägnanten Satz kommt sehr deutlich die Einstellung und Stoßrichtung kritischen Denkens, wie es Adorno und Horkheimer in dem vielleicht wichtigsten Buch der Kritischen Theorie, der „Dialektik der Aufklärung" (1944), verstanden, zum Ausdruck.

Aufklärung als die naturbeherrschende Entmythologisierung des Geistes mündet aufgrund der ihr immanenten Verallgemeinerung und Abstraktion selbst wieder im Mythos. Geschichte erscheint nicht als Schaffen und Handeln der Menschen, sondern wieder als Notwendigkeit und Schicksal, weil Gesellschaft und Herrschaft untrennbar zusammengehören, aber Herrschaft durch die Arbeitsteilung und den Markt universell wurde und im Denken Zwang und Gewalt über den einzelnen erhält. "Die Herrschaft tritt dem Einzelnen als das Allgemeine gegenüber, als die Vernunft in der Wirklichkeit."[4] Die Aufklärung wird totalitär, zerstört sich solcherart selbst und wandelt sich zum totalen Betrug der Massen um – zum „Mythos des zwanzigsten Jahrhunderts."[5]

Kritik bedeutet unter diesen Bedingungen die Versöhnung des Menschen mit der Natur, richtet sich also in erster Linie gegen die Beherrschung der Natur durch die Vernunft. Die Vernunft, die Grundlage des menschlichen Denkens, ist krank. Ein neues philosophisches Denken ist notwendig, das sich aber nicht als Propaganda mißversteht, indem es Anleitungen zum Handeln geben will. Die Philosophie soll vielmehr Korrektiv der Geschichte und Gewissen der Menschheit sein. Die Kritische Theorie verläßt damit die analytische und pragmatische Dimension des Marxismus und wird zur Wissenschaftskritik und Kritik der Massenkultur.

Kritische Sozialforschung

Die Mitglieder des Frankfurter Instituts ergingen sich keineswegs nur in derartigen philosophischen Erörterungen über Sinn und Aufgabe der Wissenschaft, sondern sie unternahmen vor allem im amerikanischen Exil in den 40er Jahren empirische Analysen, die sich direkt oder indirekt mit dem Phänomen des Nationalsozialismus beschäftigen. Dabei verstanden sie aber den Nationalsozialismus im allgemeinen als Ergebnis einer notwendigen Entwicklung.

---

[2] *Max Horkheimer,* Zur Kritik der instrumentellen Vernunft, Frankfurt 1974, S. 97

[3] *Max Horkheimer – Theodor W. Adorno,* Dialektik der Aufklärung, Frankfurt 1987 (ursprl. 1944), S. 62

[4] Ebenda, S. 44

[5] Das war der Titel des bekanntesten Werkes des NS-Ideologen Alfred Rosenberg aus dem Jahre 1930.

Auch die „Dialektik der Aufklärung" orientierte sich am Nationalsozialismus, interpretierte diesen als epochalen Prozeß der Entwicklung des Aufklärungsdenkens unter den Bedingungen der industriellen Marktwirtschaft als Endprodukt des Liberalismus und reflektierte damit realhistorisch die allgemeine inhärente Tendenz zu autoritär-bürokratischer Herrschaft und Wirtschaftslenkung in ganz Europa in den 30er und 40er Jahren. Diese Tendenz war charakteristisch nicht nur für Faschismus und Nationalsozialismus, sondern auch für den Sozialismus. Horkheimer sprach daher verallgemeinernd vom „integralen Etatismus".[6]

Konkretere politisch-ökonomische Analysen des Nationalsozialismus lieferten Friedrich Pollock und Franz L. Neumann. Pollock bezeichnete den Nationalsozialismus als totalitäre Form des Staatskapitalismus, von dem er eine demokratische Form als grundsätzlich denkbar, aber nicht real existent unterschied. Die Tendenz zum Staatskapitalismus sah auch Pollock als unausweichlich an. Nach dem Versagen des Marktes einerseits und der Arbeiterklasse andererseits mündet der Wettbewerbskapitalismus nach einer monopolkapitalistischen Phase in den Staatskapitalismus. Dieser zeichnet sich durch drei Merkmale aus:

1. Die Kartellfunktion des Marktes wird durch ein System direkter Kontrollen ersetzt.
2. Diese Kontrollen werden vom Staat wahrgenommen.
3. Der Staat wird zum Machtinstrument einer neuen herrrschenden Gruppe, die aus der Verschmelzung der mächtigsten Kapitaleigner, der obersten Leitungsebene von Industrie und Handel, der oberen Schichten der staatlichen Bürokratie und Militärs sowie der Bürokratie der herrschenden Partei entstanden ist. Bei der demokratischen Form des Staatskapitalismus wird der Staat seinerseits vom Volk kontrolliert.[7]

Neumann andererseits lehnte die Bezeichnung Staatskapitalismus ab, für ihn war die NS-Wirtschaft ein „totalitärer Monopolkapitalismus", d.h. also eine grundsätzlich privatkapitalistische Ökonomie, die durch einen totalitären Staat reglementiert wurde.[8]

Unter dem NS-System kam es zu einer Verstärkung der Monopolstellung der größten Unternehmungen, zur Förderung des Konzernsystems und der Trennung von Besitz und Leitung, aber auch zu einer technischen Revolution zwischen 1930 und 1940, v. a. durch die Einführung neuer chemischer Verfahren. Der Antikapitalismus der Nationalsozialisten richtete sich gegen das Finanzkapital, nicht gegen das Industriekapital. Der einzige wirklich nicht-kapitalistische Bereich der NS-Wirtschaft war der Arbeitsmarkt; hier war die staatliche Kontrolle umfassend.

Gerade das amerikanische Exil war sehr wichtig für die Mitglieder des Instituts für Sozialforschung, weil sie hier wesentliche psychologisch-empirische Impulse erhielten. Unter den bekanntesten empirischen Arbeiten des Instituts finden sich daher sozialpsychologische Untersuchungen zum Problembereich der Vorurteile. Besondere Bedeutung kam hierbei der von Theodor W. Adorno u. a. geleiteten Studie über „Die autoritäre Persönlichkeit" zu. Die grundlegende These war, daß es einen Zusammenhang zwischen Ideologie und Charakterstruktur gäbe, d. h. daß bestimmte

---

[6] *Max Horkheimer,* Autoritärer Staat, in: Wirtschaft, Recht und Staat im Nationalsozialismus, hg. v. *H. Dubiel – A. Söllner,* Frankfurt 1984, S. 55ff.

[7] *Friedrich Oollock,* Staatskapitalismus (1941), in: Wirtschaft, Recht und Staat..., op. cit. S. 81ff.

[8] *Franz L. Neumann,* Behemoth, Struktur und Praxis des Nationalsozialismus 1933–1944, Frankfurt-Köln 1977 (ursprl. 1942), S. 269ff.

Denk- und Charakterzüge die Bereitschaft zur Übernahme faschistischer Ideologie fördern.

Adorno und seine Mitarbeiter konstruierten die sogenannte F(aschismus)-Skala, deren Dimensionen etwa Konventionalismus, autoritäre Unterwürfigkeit, autoritäre Aggression, Aberglaube, Stereotypendenken, Machtdenken, Destruktivität, Projektivität und übertriebenes Interesse an Sexualität umfassen. Wenngleich die Studie von der Problematik des Antisemitismus als eines Systems von Vorurteilen ausging, wurde die F-Skala im Zuge der Untersuchungen zum verallgemeinerten Instrument zur Messung minoritätenfeindlicher Vorurteile. Adorno stellte allerdings fest, daß der Antisemitismus einen funktionalen Aspekt hat, d.h. er ist ein Ventil, nach dem bei einer bestimmten psychischen Dynamik, die gekennzeichnet ist von der Ambivalenz zwischen autoritären und rebellischen Neigungen, ein subjektives Bedürfnis besteht. Der Antisemitismus ist daher nicht durch die Merkmale des Objekts selbst bestimmt, sondern vielmehr durch die Bedürfnisse des Subjekts.

In den empirischen Arbeiten dieser Zeit kommt ansatzweise schon zum Ausdruck, daß kritsche Sozialforschung sich von traditioneller empirischer Sozialforschung unterscheidet. Die Ermittlung von Fakten und ihre Erklärung mittels wissenschaftlicher Kategorien und Hypothesen sind nicht Endzweck, sondern nur Instrument; das Ziel ist, durch kritische Distanz die in den Tatsachen angelegten historischen Tendenzen zu erkennen. Dabei geht es nicht um objektve Erkenntnis, denn das Verharren im Tatsächlichen ist Ausdruck der Verdinglichung unseres Denkens. Kritisches Denken besteht nicht „im bloßen Wahrnehmen, Klassifizieren und Berechnen, sondern gerade in der bestimmenden Negation des je Unmittelbaren.“[9]

Literatur

Theodor W. Adorno, Soziologische Schriften I, Frankfurt 1972

Ders., Studien zum autoritären Charakter, Frankfurt 1973

Theodor W. Adorno et. al., The Authoritarian Personality, New York 1950 (Studies in Prejudice, hg. v. M. Horkheimer – S. H. Flowerman, New York 1949)

Stefan Breuer, Horkheimer oder Adorno: Differenzen im Paradigmakern der kritischen Theorie, in: Leviathan 3/1985, S. 357ff.

Helmut Dubiel – Alfons Söllner (Hg.), Wirtschaft, Recht und Staat im Nationalsozialismus, Frankfurt 1984

Erich Fromm, Escape from Freedom, New York 1941

Ders., Arbeiter und Angestellte am Vorabend des Dritten Reiches, hg. v. W. Bonß, Stuttgart 1980

Axel Honneth – Albrecht Wellmer (Hg.), Die Frankfurter Schule und die Folgen, Berlin–New York 1986

Max Horkheimer, Traditionelle und krtische Theorie (1937), in: Kritische Theorie Bd. II, Frankfurt 1968, S. 137ff.

Ders., Zur Kritik der instrumentellen Vernunft, Frankfurt 1974 (1. Teil urspr. „Eclipse of Reason“, New York 1947)

Ders., Dämmerung. Notizen in Deutschland, Zürich 1934

Ders., Kritische Theorie, 2 Bände, hg. v. A. Schmidt, Frankfurt 1968

Max Horkheimer – Theodor W. Adorno, Dialektik der Aufklärung, Frankfurt 1984 (urspr. 1944)

Martin Jay, Dialektische Phantasie. Die Geschichte der Frankfurter Schule und des Instituts für Sozialforschung 1923–1950, Frankfurt 1976

Herbert Marcuse, Reason and Revolution: Hegel and the Rise of Social Theory, New York 1941

---

[9] *Max Horkheimer – Theodor W. Adorno,* Dialektik der Aufklärung, op. cit., S. 49

Ders., Eros and Civilization. A Philosphical Inquiry into Freud, Boston 1955
Oskar Negt (Hg.), Aktualität und Folgen der Philosophie Hegels, Frankfurt 1971
Franz L. Neumann, Behemoth. Struktur und Praxis des Nationalsozialismus 1933–1944, Frankfurt–Köln 1977 (ursprl. New York 1942)
Wolfgang Schivelbusch, Intellektuellendämmerung. Zur Lage der Frankfurter Intelligenz in den zwanziger Jahren, Frankfurt 1982
Alfred Schmidt, Zur Idee der Kritischen Theorie, München 1974
Alfred Schmidt – Nobert Altwicker (Hg.), Max Horkheimer heute: Werk und Wirkung, Frankfurt 1986
Alfons Söllner, Geschichte und Herrschaft. Studien zur materialistischen Sozialwissenschaft 1929–1942, Frankfurt 1979
Rolf Wiggershaus, Die Frankfurter Schule. Geschichte, theoretische Entwicklung, politische Bedeutung, München–Wien 1986

VI. Verhalten und Sozialität: Die frühe amerikanische Soziologie

In den USA wurde die Soziologie zum Ausdruck und Abbild amerikanischer Zivilisation, Demokratie und „way of life". Und wie die USA sich selbst als das fortschrittlichste, modernste Gesellschaftssystem verstanden – und von den alten europäischen Staaten auch so verstanden wurde, so wurde die amerikanische Soziologie zu der Soziologie der modernen Gesellschaft schlechthin.

Das Erbe der Aufklärung, das die europäische Soziologie in sich trug, konnte erst in Amerika mit dem Anspruch auf praktische Umsetzung auftreten, konnte erst hier zur „angewandten Aufklärung" werden, unbelastet von geschichtlichen Traditionen.[1]

Tenbruck[2] geht soweit, die amerikanische Soziologie als das imperialistische Credo und Weltbild der USA zu bezeichnen, ähnlich dem Marxismus als der zweiten großen Ideologie mit Weltgeltung. Die Soziologie als die Ideologie Amerikas zu sehen, die mit missionarischer Bedeutung ausgestattet der übrigen Welt das Heil bringen soll, ist in gewisser Weise berechtigt. Auch die enge Verbindung amerikanischen sozialen Lebens und sozialer Strukturen mit wissenschaftlichen Begriffs- und Theoriebildungen sollte aus den folgenden Darstellungen verständlich werden.

1. Die neue Welt 1776–1917 und die Entstehung der Soziologie in Amerika

Sozialstrukturelle Eigenart der „Neuen Welt"

Die USA hatten im Vergleich zu allen europäischen Gesellschaften andere Voraussetzungen für die Entwicklung ihrer Sozialstruktur und politischen Kultur: Zunächst die Tatsache der Einwanderung in und Besiedlung eines weiten, spärlich bewohnten Landes durch englische Puritaner; alle späteren Einwanderungsströme aus Europa und Asien, aus katholischen, jüdischen oder asiatischen Kulturen, so zahlreich sie auch waren, konnten den puritanisch-ethischen Charakter dieser Gesellschaft nur modifizieren, sich selbst an ihn anpassen, ihn aber nicht beseitigen.

Das Land hatte keine fixen Grenzen, nach Westen hin zumindest war die Besiedlung noch bis 1890 möglich. Die „frontier" war nicht nur ein Hoffnungsgebiet für Glücksritter, Einwanderer, Aussteiger, sondern auch ein Ventil für soziale Spannungen; das rauhe Leben an der Grenze hat eine eigene Mentalität entstehen lassen, den Hang zum pragmatischen Tun und die Neigung zu naturalistischem Denken verstärkt.

Keine feudalständischen Barrieren zwischen den Menschen behinderten ihre Interaktion, keine aristokratischen Privilegien und traditionalistischen Werte stellten sich in den Weg des gesellschaftlichen Fortschritts. Wandel, vornehmlich wirtschaftlich induzierter Wandel, mußte sich nicht erst mühsam gegen Beharrungstendenzen durchsetzen. Und als die Industrialisierung die Gesellschaft veränderte, entstanden nicht einander mit Haß begegnende Klassen mit schicksalhafter Bedeutung für das Leben des einzelnen. Das Individuum war von seinem eigenen Tun und dessen Wirkung im Zusammenleben der Menschen bestimmt; dies war und ist die Vorstel-

---

[1] *Ralf Dahrendorf* hat seinem Buch über die Gesellschaft und Soziologie der USA diesen treffenden Titel gegeben: „Die angewandte Aufklärung", München 1962

[2] *Friedrich H. Tenbruck,* Die unbewältigten Sozialwissenschaften, Graz-Wien-Köln 1984

lung des Amerikaners vom „Schicksal“. Sozialistische Ideen fanden zwar immer wieder Eingang in Amerika, konnten sich aber nicht wie in Europa zu großen gesellschaftlichen Ideologien entwickeln, weil die interpretativen und sozial-historischen Voraussetzungen dafür fehlten, aber nicht, weil es keine Ungleichheit oder Ausbeutung gegeben hätte. Die USA hatten auch keine breite Bauernschaft, die über viele Jahrhunderte hinweg in Europa die soziale Grundstruktur gebildet hatte. Und die Geschichte der USA war auch nicht so wie die der europäischen Gesellschaft durch den Konflikt zwischen Adel und Krone geprägt worden. Es entstand daher auch kein „Bürgertum“ im europäischen Sinn als Stand bzw. als Klasse.

Die Gleichheit der Ausgangsbedingungen war in den USA keine ideelle Angelegenheit, kein Ideal oder politischer Wert, sondern etwas Reales, Gegebenes, Selbstverständliches. Tocqueville schrieb 1835 über Amerika:

„So stellt also Amerika in seiner Gesellschaftsordnung eine höchst merkwürdige Erscheinung dar; die Menschen sind dort durch größere Gleichheit an Vermögen und Geist gekennzeichnet, oder – mit anderen Worten – sie sind gleichmäßiger stark als in irgendeinem anderen Volk der Erde und zu irgendeiner Zeit, soweit das Gedächtnis der Geschichte zurückreicht.“[3]

Diese pragmatische Gleichheit der Ausgangsbedingungen prägte das Selbstbewußtsein der Amerikaner; es konnte charakteristischerweise nie in einen Konflikt mit dem Ideal der individuellen Freiheit oder mit den im Prozeß der sozioökonomischen Entwicklung real entstehenden gigantischen sozialen, ökonomischen und kulturellen Differentialen der Lebensbedingungen geraten.

Tocqueville war sehr sensibel für die Gefahr des Despotismus, die gerade aufgrund der größeren Gleichheit und der Vereinzelung der Menschen in demokratischen Gesellschaften droht, und er hob hervor, daß dem wirtschaftlichen Individualismus in Amerika ein politischer und sozialer Druck entgegenwirkt in Richtung auf Vereinigung und politische Freiheit. Die freien Einrichtungen, die die Bewohner der Vereinigten Staaten besitzen, und die politischen Rechte, von denen sie einen so regen Gebrauch machen, erinnern jeden Bürger beständig und in unzähligen Formen daran, daß er in Gesellschaft lebt. Sie lenken seinen Geist immerzu auf diese Gedanken, daß Pflicht wie Vorteil den Menschen gebieten, sich ihren Mitmenschen nützlich zu erweisen; und weil er keinen besonderen Grund sieht, sie zu hassen, insofern er weder jemals ihr Sklave noch ihr Herr ist, neigt sein Herz leicht zum Wohlwollen. Man befaßt sich mit dem öffentlichen Wohl zuerst notgedrungen, dann aus freien Stücken; was Überlegung war, wird Instinkt, und durch stetes Arbeiten für das Wohl seiner Mitbürger nimmt man schließlich die Gewohnheit und die Neigung an, ihnen zu dienen.“[4]

Die Gleichheit in dieser Gesellschaft war schon zu Tocquevilles Zeiten nicht eine solche der tatsächlichen Lebensbedingungen, sondern eine vor allem intergenerationale, zunehmend auch eine intragenerationale Chancengleichheit, hervorgebracht durch die große Schnelligkeit im Kreislauf der Vermögen.

Die tatsächlichen Unterschiede zwischen reich und arm waren hier so groß wie anderswo, ja das Geld als solches spielte (und spielt) hier eine so große Rolle im Denken der Menschen wie kaum anderswo. Während es aber in anderen Gesellschaften um die Erhaltung des ererbten Vermögens ging, wurde hier das Gleichbleiben des Vermögens als Mißerfolg gedeutet. In einer Gesellschaft, in der traditionelle Rangun-

---

[3] *Alexis de Tocqueville,* Über die Demokratie in Amerika, München 1984, S. 61
[4] Ebenda, S. 593/4

terschiede und Privilegien nicht mehr wichtig sind, gewinnt automatisch das Geld den Charakter des sozialen Gradmessers der Achtung und des Prestiges. Der Reichtum, der offenkundig zutage tritt, ist die Grundlage der sozialen Anerkennung in einer Gesellschaft, in der sich alles ständig verändert. Und zum Vergleich zu den europäischen Gesellschaften sogar des 19. Jahrhunderts waren die Veränderung und Bewegung das hervorstechendste Merkmal der amerikanischen Gesellschaft. Allerdings: „Die amerikanische Gesellschaft erscheint stark bewegt, weil die Menschen und die Dinge ständig wechseln; sie erscheint einförmig, weil es stets die gleichen Veränderungen sind."[5] Es geht stets um Geld, und die Liebe zum Reichtum ist das Motiv der Bewegung, wie Tocqueville meinte. Und in dieser Gesellschaft kann Reichtum nur durch wirtschaftliche Betätigung erzielt werden.

In besonderer Weise eignete sich diese Gesellschaft zur Veranschaulichung sozialer Evolution. Diese wurde aber nicht als automatischer Entwicklungsgang begriffen, sondern als von den Menschen in ihrem Zusammenwirken geschaffener Fortschritt. Wissenschaft ist in dieser Gesellschaft immer in erster Linie ein Instrument der Gestaltung des Fortschritts, und der Soziologie kam insofern eine besondere Rolle zu, als sie die Mechanismen des Zusammenwirkens der praktischen Handlungen der Menschen aufdecken sollte, um sie für weiteren sozialen Fortschritt förderlich zu gestalten. Sozialer Fortschritt bedeutete stets Verbesserung der technischen und sozialen Fertigkeiten für praktische Zwecke.

Historische Voraussetzungen

Die Vereinigten Staaten von Amerika entstanden formal mit der Unabhängigkeitserklärung und der Unionsverfassung. Diesen ging ein Konflikt mit Großbritannien, aus dem die Einwohner Neu-Englands gekommen waren, voraus, der im allgemeinen als „Amerikanische Revolution" bekannt ist. Der Anlaß für diese an sich wenig beeindruckende Revolution lag in der Erhebung der britischen Kolonien in Nordamerika gegen das Mutterland, die in der Unabhängigkeitserklärung von 1776 resultierte. Diese bedeutete zunächst die Loslösung von Großbritannien; in ihrem Gefolge kam es aber zur Entstehung eigener Verfassungen in den einzelnen Staaten und schließlich zur Unionsverfassung von 1787 und damit zur Begründung der Vereinigten Staaten von Nordamerika. Die Revolution selbst veränderte im Inneren des Landes nicht viel, wenn auch eine Demokratisierung der Regierungsform damit verbunden war. Um so bedeutsamer war die Signalwirkung der Verfassungen der einzelnen Staaten, insbesondere der von Virginia von 1776 und der Unionsverfassung.

Dabei muß man bedenken, daß die Ideen von Freiheit und Gleichheit, die Sozialvertragsvorstellungen und die vernunftmäßige Begründung des Staates in Europa schon lange diskutiert worden waren. Nicht die Ideen an sich, die in den Verfassungen zum Ausdruck gebracht wurden, sowie in den den Verfassungen angeschlossenen Erklärungen der Menschen- und Grundrechte, bestand das Neue, sondern darin, daß hier erstmals ein Staat aufgrund einer geschriebenen Verfassung, die von einer verfassunggebenden Versammlung (Konvent) ausging, die die Souveränität des Volkes repräsentierte, erst gegründet wurde. Die verfassunggebende Versammlung bestand vor dem Staat und der Regierung; die Erklärung der Rechte war ebenso wie die Verfassung selbst vor dem Staat da, begründete ihn und verlieh ihm zugleich seinen Daseinszweck, nämlich den Schutz der verfassungsmäßig verbrieften Rechte zu gewährleisten.

Das Neue und weltgeschichtlich so Bedeutsame an der Amerikanischen Revolution

[5] *Alexis de Tocqueville,* op. cit., S. 719

und ihren Folgen waren nicht die Ideen von Demokratie und rationalem Staat, von Volkssouveränität und Bürgerrechten, sondern die Tatsache ihrer Verwirklichung, ihrer Umsetzung in die Praxis. Die amerikanischen Verfassungen machten in Frankreich den größten Eindruck, waren es doch auch die Ideen der Aufklärung, die hier erstmals praktisch erprobt wurden. Allerdings wäre ein Rousseau enttäuscht gewesen, hätte er die Praxis der Neuen Welt erlebt, denn die Verwirklichung der Aufklärungsideale, die Vorstellungen vom Naturzustand der Gesellschaften und vom rationalen Staat ohne Privilegien und Traditionszwänge in Amerika waren durchaus a-romantisch, pragmatisch und puritanisch. Die Neue Welt enttäuschte denn auch die Romantiker aus den oberen Schichten der europäischen Gesellschaften, die das gelobte Land der Demokratie bereisten; sie zog aber Einwanderungsströme aus den unteren Schichten an, die sich weniger Ideale als reale Möglichkeiten erhofften.

Das Gebiet der Vereinigten Staaten erweiterte sich in den folgenden Jahrzehnten territorial ungeheuerlich, und der Bevölkerungsdruck durch die Einwanderungsströme, die vor allem nach 1830 einsetzten, verschob die Grenze des tatsächlich bewohnten und bearbeiteten Landes immer weiter nach Westen. Die Möglichkeiten, die die Grenze nach Westen für die nachdrängenden Menschen bot, waren zusammen mit der individualistisch-demokratischen Einstellung der Amerikaner der frühen Zeit wesentlich für die Entstehung einer Ideologie des Self-Help und der Chancengleichheit, die zum wirkungsvollen Bollwerk gegen sozialistisches Gedankengut wurde.

Im 19. Jahrhundert galten die USA in Europa noch als fortschrittliches Land in politisch-sozialer Hinsicht: als die Verkörperung der Demokratie. Und nicht nur Tocqueville sah die USA als Vorreiter in einem allgemeinen universalhistorischen Demokratisierungsprozeß, allerdings durchaus mit skeptischem Blick auf die Tendenzen der Demokratie, die sich hier quasi „naturgesetzlich" entfalteten. Wirtschaftliche und politische Interessen verbanden sich in dieser Gesellschaft untrennbar miteinander. Dieses Amalgam von wirtschaftlichen und politischen Motiven lag auch wachsenden Spannungen zwischen den „kommerziellen" Staaten des Nordens und den „agrarischen" Staaten des Südens zugrunde. Sie differierten in Fragen der Wirtschaftspolitik, die in enger Verbindung standen zu politischen Fragen wie der Stärkung oder Schwächung der Zentralgewalt der Union vis á vis den Einzelstaaten, den Beziehungen zu den amerikanischen Nachbarn und den europäischen Staaten; sie unterschieden sich aber auch in der Gesellschaftsstruktur und Lebensweise, die wieder eng mit den wirtschaftlichen Strukturen verknüpft waren. Im Süden hatten sich Strukturen entwickelt – eine Plantagenaristokratie und Sklavenhaltergesellschaft –, die in eklatantem Gegensatz zu den Ideen der Verfassungen von 1776–1787 standen. Dieser Gegensatz wurde zuweilen als Legitimation für den Konflikt zwischen dem Norden und dem Süden herausgestellt, tatsächlich waren aber wirtschaftliche Gründe zumindest genauso wichtig als Auslöser für den Bürgerkrieg von 1861 bis 1865. Es war im wesentlichen der Konflikt zwischen Plantage und Fabrik, der gesellschaftlich-kulturelle Unterschiede zwischen der aristokratischen Kultur des Südens und der bürgerlichen Kultur des Nordens mit umfaßte.

Nach 1840 entwickelte sich in den Staaten des Nordens in rascher Folge die Schwerindustrie; das bedeutete eine größere Unabhängigkeit des Nordens vom Süden, er war nicht mehr auf die industrielle Verarbeitung und Vermarktung der im Süden geernteten Baumwolle beschränkt, sondern entwickelte sein eigenes Wirtschaftssystem, den Konkurrenzkapitalismus, der nun auch in einen ideologischen Konflikt mit der Sklavenwirtschaft des Südens geriet. Dieser wurde zum Anlaß für die Entstehung der Republikanischen Partei, die zur Partei des Nordens wurde; sie stellte 1860 mit Abraham Lincoln den Präsidenten der Union. Die Südstaaten traten daraufhin aus der Union aus und bildeten die „Konföderierten Staaten von Amerika“. Nun ging es nicht nur um die Abschaffung der Sklaverei, sondern um die Rettung der Union, die sich Lincoln zur Aufgabe setzte. Im Zuge dieser Auseinandersetzung entwickelten sich auch die Prinzipien der amerikanischen Demokratie weiter. Dem Prinzip der einzelstaatlichen Souveränität, das von den Südstaaten und der Demokratischen Partei vertreten wurde, setzte Lincoln das Prinzip der demokratischen Mehrheitsentscheidung aller Bürger der Union entgegen. Der Austritt der Südstaaten aus der Union war dieser Auffassung zufolge Anarchie und rechtswidrig. Zwangsläufig kam es zum militärischen Austragen des Konflikts, der 1865 mit der Kapitulation der Konföderierten endete.

Erst 1876 nach einer Verfassungsänderung, die allen Negern das Wahlrecht sicherte, wurden die Südstaaten wieder in den Kongreß als gleichberechtigte Staaten aufgenommen. Wirtschaftlich hatte der Süden einen starken Rückschlag erlitten, nicht nur durch den Krieg, sondern auch durch die Tatsache, daß sich immer intensivere wirtschaftliche Beziehungen zwischen dem industriellen Nordosten des Landes und den Farmern des Westens entwickelte, die auch zu Alliierten des Nordostens im Bürgerkrieg geworden waren. Diese Farmer des Westens waren ihrer Herkunft nach zu einem Großteil Industriearbeiter gewesen, die von den Industriellen im Westen ein Stück Land erhalten hatten. Die Fabrikherren belohnten damit nicht nur langjährige Dienste, sondern dämmten auch sehr wirksam die sozialistischen Tendenzen und die Tendenz zu industriellen Konflikten ein.

Nach dem Bürgerkrieg kam es zu einer gigantischen wirtschaftlich-industriellen Entwicklung; die USA wurden das Land der Zukunft im technisch-wirtschaftlichen Sinn, zur Hochburg des Kapitalismus. Auch im Süden konsolidierte sich wieder die Macht der Pflanzer, die nicht enteignet worden waren und daher faktisch ihr Wirtschaftssystem mit formalen Änderungen wieder aufbauten; die Neger waren nun keine Sklaven mehr, aber auch keine freien Farmer, sie wurden zu Pachtarbeitern auf den Plantagen der Großgrundbesitzer. Die Zentralgewalt der Union war zwar gestärkt worden; dies resultierte jedoch nicht in einer demokratischen Form der Regierung; diese wurde vielmehr beherrscht von einer Koalition von Industrie und Agrariern und schützte vor allem die wirtschaftlichen Besitzinteressen unter Vernachlässigung der Interessen der Neger, der kleinen Farmer und der Industriearbeiter. Den europäischen Sozialisten, die in dieser Epoche schon zu beachtlichen Bewegungen angewachsen waren und zunehmend Einfluß auf die Gestaltung der politischen Kultur in den europäischen Staaten errangen, galten die USA daher auch keineswegs als fortschrittliches Land.

Die sozialistischen Tendenzen in den USA selbst kamen über geringfügige Ansätze nicht hinaus, und diese Tatsache zählte zu den Merkmalen, die in der Folge ein gegenseitiges Unverständnis zwischen den USA und Europa förderten. Die USA selbst hatten dazu allerdings schon sehr früh beigetragen durch ihre seit 1818 und insbesondere seit der Monroe-Doktrin von 1823 explizit gemachte Isolationspolitik gegenüber Europa. Sie hatten sich als essentiell außereuropäisches Land erklärt, dessen Interessen auf dem amerikanischen Kontinent lagen. Erst mit dem Kriegseintritt 1917 durchbrachen die USA ihre Isolation, und Präsident Wilson brachte die neue weltpolitische Verpflichtung der USA auf der Pariser Friedenskonferenz nach Kriegsende zum Ausdruck.

Die USA verstanden sich in ihren Beziehungen zu anderen Staaten und Gesellschaften als Hort der Demokratie und des liberalen Kapitalismus. Erst die große Depression von 1929 führte die Ideologie des freien Unternehmertums in eine Krise. Wirtschaftsinterventionen des Staates schienen angesichts der massenhaften Arbeitslosigkeit geboten. Es war dies keineswegs die erste Wirtschaftskrise gewesen, die Amerika durchzumachen hatte. Eine sehr starke Depression herrschte auch 1893 bis 1897 nach einer Periode stärksten Wachstums. Die damalige Krisenstimmung war noch durch die Tatsache der geschlossenen Grenze verstärkt worden. Bis in das Jahr 1890 war die sich immer weiter nach Westen vorschiebende Grenze das Symbol der Eigenart der amerikanischen Gesellschaft gewesen. Sie war Reservoir von Zukunftschancen und Ventil für soziale Konflikte. Die sozialen Probleme, die das rasche industrielle Wachstum mit sich gebracht hatte, konnten abgelenkt und ihres potentiellen revolutionären Gehalts entleert werden durch die nach Westen hin offene Grenze. Mit der Schließung der Grenze fiel dieser soziale Puffer, dieser Garant gegen die sozialen Spannungen und Konflikte, wie sie in der Alten Welt bestanden, weg.

Proteste und Konfliktmanifestationen, die aus der wirtschaftlich-industriellen Expansion entstanden, gab es natürlich auch in den USA immer wieder. Charakteristischerweise erfolgten die meisten von ihnen von seiten der kleinen Handwerker, die sich auch zuerst zu „unions" zusammenschlossen, die schließlich auch zu einer politischen Reformbewegung der selbständigen Produzenten, Bauern, kleinen Gewerbetreibenden wurden. Eine der bedeutendsten Organisationen waren die „Knights of Labor", die sich ab 1879 auch für ungelernte Arbeiter ohne Rücksicht auf Rasse, Geschlecht und Religion öffneten. Noch immer aber hatten die amerikanischen Arbeiter die Lohnarbeit nicht als Gegebenheit akzeptiert, und ihre Organisationen hatten daher mehr politischen Protest- als wirtschaftlichen Kampfcharakter. Aufgrund ihrer heterogenen Zusammensetzung konnten sich in dieser Organisation auch sozialistische und anarchistische Strömungen entwickeln. Die Handwerker traten in der Folge aus den „Knights" aus und gründeten ihre eigene Dachorganisation, die „American Federation of Labor" (AFL).

In den 80er Jahren waren regional begrenzte sozialistische und anarchistische Organisationen gegründet worden; die letzteren waren am Haymarket Massacre von 1886 in Chicago beteiligt. Die Radikalisierung der Arbeiterschaft einerseits, die Existenz der pragmatischen berufsständischen „unions" der AFofL und die zunehmende Monopolisierungs- und Konzentrationsbewegung der Industrie führten einmal zu einer Spaltung der Arbeiterschaft, zum anderen zur Allianz von Unternehmern, Regierung und AFL-Gewerkschaften, die stark repressiv auf sozialistische politische Bewegungen und die industrielle Gewerkschaftsentwicklung wirkte. In den 90er Jahren kam es daher außer einer Reihe von Streiks nur zur Schwächung der sozialistischen und industriellen Organisationen der Arbeiter. Dies auch deshalb, weil nun eine Generation von Politikern hervortrat, die selbst Reformbestrebungen hegten und vor allem die Macht der großen Trusts beschränken wollten. Es entstand eine Populistische Partei, die allerdings nach einem kurzen Aufschwung wieder in Vergessenheit geriet. Wichtiger war das „Progressive Movement" puritanisch orientierter Intellektueller Neuenglands, das auf politisch-institutionelle Maßnahmen gegen die Auswüchse der Aktivitäten der großen Trusts gerichtet war und von den Idealen des liberalen Marktkapitalismus geprägt war; sie zeigten auch ein soziales Verantwortungsbewußtsein; den Schutz der sozial Schwachen sah man in einem sozialen Rahmen von staatlichen Institutionen, innerhalb dessen das freie Unternehmertum die Wirtschaftsstruktur und -politik prägen sollte. Das Progressive Movement war eine Folgebewegung früherer Reformbewegungen mit puritanisch-ethischer Grundlage, die etwa auch im Bürgerkrieg die Forderungen nach Abschaffung der Sklaverei bestimmt hatten; sie wirkte über die offiziellen politischen Kanäle durch die Haltung bestimmter politischer Repräsentanten; zu ihnen zählten etwa der ältere Roosevelt und Woodrow Wilson. Das hinderte sie aber nicht, ideologisch anders denkende Arbeiterführer und ihre Bewegungen, vornehmlich Sozialisten wie Eugene V. Debs und Anarcho-Syndikalisten, wie sie in den „Industrial Workers of the World“ (IWW) organisiert waren, zu verfolgen und zu unterdrücken.

Im amerikanischen Puritanismus steckten, wie auch Max Weber in dem 2. Teil seiner „Protestantischen Ethik“ aufgezeigt hatte, starke säkularisierte Elemente, die eine enge Verbindung von Geschäft und religiös begründeter Moral förderten, aber auch ein besonderes missionarisches Sendungsbewußtsein, welches vor allem auch den amerikanischen Imperialismus prägte, der nach der Jahrhundertwende einsetzte und die Form der wirtschaftlichen Durchdringung statt der politischen Beherrschung annahm. Die Welthandelsinteressen Amerikas wie auch der Kriegseintritt gegen die „autokratischen“ Mittelmächte verfolgten gleichzeitig das Ziel, einen Kreuzzug für die Demokratie zu unternehmen.

Die frühe amerikanische Soziologie

Zur ersten Generation der Soziologen in den USA werden im allgemeinen William G. Sumner (1840–1910) und Lester F. Ward (1841–1913) gezählt; etwas jünger, aber durchaus noch zur Frühzeit der amerikanischen Soziologie zählend: Franklin H. Giddings (1855–1931) und Albion Small (1854–1926). Edward A. Ross (1866–1951) stellt eine Brücke zur Gegenwartssoziologie dar; sein wichtigstes Werk „Social Control“ erschien aber ursprünglich schon 1905.

William Graham Sumner war ein Liberaler des rechten Flügels, der zunächst Geistlicher, später Professor in Yale war. Den stärksten Einfluß auf sein soziales Denken hatten Herbert Spencer und Ludwig Gumplowicz: mit ihnen die Ideen der sozialen Evolution, des Überlebenskampfes und der natürlichen Begründung sozialer Ungleichheit. Seiner Auffassung zufolge liegen den menschlichen Handlungen vier Hauptmotive zugrunde: Hunger, Sexualität, Eitelkeit, Furcht. Sie begründen Interessen, die eine starke Instinktkomponente aufweisen. Große Bedeutung kommt bei Sumner den ökonomischen Bedingungen zu, vor allem der Bevölkerungsdichte und der Kapitalbildungsrate.

Natürliche und ökonomische Faktoren sind die primären Determinanten des intellektuellen Lebens und der sozialen Beziehungen, und zwar, indem aus dem Überlebenskampf der Menschen in Gruppen „folkways“ und „mores“ entstehen. Die Entstehung der Normen wurde von Sumner auf die weitgehend unreflektierte Lust/Unlust-Reaktion der Menschen auf natürliche und ökonomische Umweltbedingungen zurückgeführt. Diese so entstandenen Normen nannte er „folkways“, und das war auch der Titel seines bekanntesten, allerdings mehr ethnographischen als soziologischen Werkes. Die „folkways“ regeln Eigentums- und sexuelle Beziehungen und die Machtverteilung und werden wirksam durch die Gruppenkonflikte, die um Lebenschancen geführt werden und die gleichzeitig die Solidarität innerhalb der eigenen Gruppe stärken.

Die „folkways“ können zu tief in der Persönlichkeit verwurzelten „mores“ (Sitten) werden; sie werden dann mit ethnischen Vorstellungen hinsichtlich des Wertes einer Handlung oder einer Sache für die Gesellschaft verbunden. Während die „mores“, und mehr noch gesetzliche Normen, einen Rationalisierungsprozeß des sozialen Denkens voraussetzen, wie er für zivilisierte Gesellschaften typisch ist, erfüllten die Tabus und Mythen dieselben Funktionen in prärationalen Gesellschaften.

Die „Gesellschaft“ ist für Sumner eine durch einen natürlichen Evolutionsprozeß bestimmte funktionale Struktur, die sich für das Überleben der Gruppe als nützlich erweist. Änderungen in den Lebensbedingungen („life-conditions“) bewirken Modifikationen der gesellschaftlichen Strukturen. Diese strukturellen Gegebenheiten bestimmen die Wertvorstellungen und Verhaltensweisen, die „folkways“, „mores“ und „conventions“. Sie wirken aber auch in Richtung auf strukturelle Ungleichheit. Für Sumner ist die Ungleichheit vornehmlich ökonomisch verursacht und eine naturgegebene Tatsache, die zu verändern der Gesellschaft insgesamt zum Schaden gereicht. Er leitete daraus ab, daß soziale Reformen zugunsten der ökonomisch Schwachen zu gesellschaftlicher Stagnation führen müßten.

Sumner stellte die praktischen Notwendigkeiten des Überlebens inmitten einer Natur, die sich erst alles mühsam abringen läßt, was sie den Menschen zu geben imstande ist, und unter Bedingungen ökonomischer Knappheit in den Vordergrund. Alles, was nicht diesen praktischen Erfordernissen diente, betrachtete er mit tiefem Mißtrauen, so sehr, daß er einmal allen Ernstes vorschlug, die Philosophie aus dem Curriculum von Yale zu verbannen. Desgleichen lehnte er ethisch-teleologische Elemente in der wissenschaftlichen Forschung ab, die primär die Aufgabe haben sollte, dem Überlebenskampf der menschlichen Gesellschaft zu dienen und ihren Nutzen aufgrund ihres praktischen Erfolges beweisen sollte.

Auch Lester F. Ward war stark von Spencer, Gumplowicz und Ratzenhofer und der Idee der Evolution beeinflußt. Wie Spencer differenzierte er drei Ebenen der Evolution: Materie, Leben und Gesellschaft oder „natürliche“ Evolution, biologische und soziale Evolution. Er unterschied zwei Stadien der Geistesgeschichte: das theoteleologische Stadium mit dem Leib-Seele-Dualismus wird abgelöst vom wissenschaftlich-monistischen Stadium, das er als „anthro-teleologisch“ bezeichnete.

Die treibenden Kräfte der sozialen Evolution sind Hunger und Sexualität auf der einen Seite – sie resultieren in Institutionen der Wirtschaft und der Familie –, und geistig-moralische Faktoren, die zur Ausbildung moralischer und intellektueller Strukturen führen, auf der anderen Seite. Die soziale Evolution weist in ihrer Zielrichtung auf die Entwicklung einer wissenschaftlich fundierten Zivilisation. Auch in bezug auf die soziale Evolution unterschied Ward verschiedene Stadien: das autarke Stadium einzelner geschlossener Gruppen, das anarchische Stadium einer erzwungenen Aggression, das politarke oder nationalstaatliche Stadium und schließlich das pantarke oder kosmopolitische Stadium der Weltgesellschaft.

Diese Stadien entwickelte er in seinem bekanntesten Werk „Dynamic Sociology“ von 1883. Er unterschied auch zwischen einer „Reinen Soziologie“ und der „Angewandten Soziologie“ („Pure Sociology“ 1903, „Applied Sociology“ 1906), d.h. er verstand die Soziologie durchaus als nützlich für die Lösung sozialer Probleme und die Bewältigung des sozialen Wandels, aber er konzedierte ihr auch ein „reines“ Erkenntnisinteresse an der Wahrheit.

Ward wies auch auf die psychische Dimension des soziokulturellen Evolutionsprozesses hin („The Psychic Factors of Civilization“ 1892). Die gesellschaftlichen Institutionen entstehen durch die Wirkung psychischer Energie, die innerhalb von menschlichen Gruppen entsteht, durch Gruppenentscheidungen, die in der Lage sind, auch Konflikte zum Nutzen der Gesellschaft umzuwandeln, so daß daraus Institutionen werden. Diesen Prozeß der Institutionalisierung verstand Ward in Anlehnung an physikalische Vorgänge als einen Prozeß der sozialen Synergie. Allerdings schloß Ward nun nicht wie Sumner, daß der Naturprozeß der sozialen Evolution „notwendigerweise“ Ungleichheit produzierte und möglichst nicht durch reformerische Eingriffe gestört werden solle. Da die soziale Evolution durch geistig-moralische Kräfte ebenso bestimmt wird, ist sie nicht deterministisch; das Wissen stellt die Grundlage für den sozialen und wissenschaftlichen Fortschritt dar. Das Wissen aber ist ungleich verteilt und begründet Machtdifferentiale zwischen den „informierten Ausbeutern“ und den „unwissenden Ausgebeuteten“. Ward sah daher in dem System der Wissensverteilung, also dem System von Bildung und Erziehung, das größte Problem der Gesellschaft. Seiner Auffassung zufolge mußte das Ziel die gleiche Möglichkeit des Wissenserwerbs für alle sein. Dieses Ziel kann nur durch den Start erfüllt werden, dem er die Aufgabe der Kontrolle der interdependenten gesellschaftlichen Kräfte und Institutionen zuwies. Der Nationalstaat sollte eine radikale Reform der Industriegesellschaft bewirken, und zwar durch eine wissenschaftlich begründete Gesetzgebung, die eine „Telische Gesellschaft", eine Gesellschaft gebildeter Bürger, angeleitet durch Soziologen, schaffen sollte.

Die Frage staatlicher Eingriffe in Gesellschaft und Wirtschaft war eines der Hauptprobleme in der zeitgenössischen öffentlichen Diskussion. Ward forderte eine Reformpolitik des Staates und geriet damit in Konflikt mit Sumner. Zwar war Ward auch ein Liberaler, vertrat aber die Ideen des linken Flügels.

Ward war Präsident des Internationalen Instituts für Soziologie und im Jahre 1906 der erste Präsident der Amerikanischen Soziologischen Gesellschaft. Er war der vielleicht einflußreichste Soziologe seiner Zeit in den USA.

Edward A. Ross war ein Schüler Wards. Sein Hauptwerk „Social Control" erschien bereits 1905 und war dem Problem des sozialen Wandels und seiner Bewältigung gewidmet. Ross zielte darauf ab, den sozialen Wandel vorhersagbar zu machen durch die Formulierung von Gesetzen der sozialen Beziehungen, die praktisch nutzbar gemacht werden können, um die Gesellschaft zu reformieren. Gesellschaftliche Reformen sollten Ross zufolge die „welfare" der Individuen in der Gesellschaft erhöhen durch Herstellung eines Gleichgewichtes zwischen gesellschaftlichen und individuellen Bedürfnissen.

Eine ähnliche Einstellung zur Frage der staatlichen Interventionen wie Ward und Ross vertrat auch Albion Small, der Kritik am amerikanischen Kapitalismus und der Politik des ökonomischen Liberalismus übte. Wie Ward sah auch Small in der Soziologie eine Möglichkeit, die staatliche Reformpolitik auf wissenschaftlicher Grundlage zu betreiben. Ähnliche Intentionen hatte auch Gustav Ratzenhofer zum Ausdruck gebracht, den Small rezipierte. In seiner „General Sociology" von 1905 ging er unter dem Einfluß von Ratzenhofers Begriff des Interesses von der Unterscheidung in sechs grundlegende Interessen der Menschen aus, die ihre sozialen Handlungen bestimmen:

das Gesundheitsinteresse
das Reichtums- oder Besitzinteresse
das Geselligkeitsinteresse
das Erkenntnisinteresse
das Schönheitsinteresse
das Rechtlichkeitsinteresse.

Small war ein erklärter Verfechter der Soziologie als Einzelwissenschaft und erwarb sich große Verdienste in bezug auf die akademische Etablierung der Soziologie. Er wurde zum Begründer der ersten und für lange Zeit führenden akademisch-universitären Schule der Soziologie, der sogenannten Chicago School of Sociology, nachdem er 1892 zum Leiter des Department of Sociology der University of Chicago ernannt worden war. 1894 gründete er eines der bis heute führenden publizistischen Organe, das „American Journal of Sociology" und trug dadurch wesentlich zum frühen Professionalisierungsprozeß der amerikanischen Soziologie bei.

Franklin H. Giddings baute ein zweites Zentrum für das Studium der Soziologie an der Columbia University in New York auf. Für Giddings war die Soziologie eine streng empirische Wissenschaft, die es mit Tatsachen, ihrer Beobachtung und Messung zu tun hat. Giddings trat am entschiedensten unter den frühen Soziologen für quantitative empirisch-statistische Methoden ein („Inductive Sociology" 1901. „The Scientific Study of Human Society" 1924). Soziale Probleme definierte er als technische Probleme, die durch die Anwendung quantitativer, empirischer Methoden wie in den Naturwissenschaften gelöst werden können.

Allerdings wies Giddings auch auf die enge Beziehung zwischen Soziologie und Psychologie hin. Die Perspektive, die den Niederschlag der Gesellschaft in der Persönlichkeit beleuchtet, hielt er für die bedeutsamste Sicht. In jedem Individuum entwickelt sich im Prozeß der Interaktionen das „soziale Bewußtsein" (social mind), welches aber anders als bei Durkheim nicht ein kollektives Bewußtsein ist, das dem Individuum gegenüber ein Eigenleben annimmt, sondern sich im gleichen oder ähnlichen Verhalten von mit individuellem sozialem Bewußtsein erfüllten Personen äußert und seine Existenzweise in der gegenseitigen Beeinflussung der Individuen findet („Sozialisation").

Giddings unterschied in seinen „Elements of Sociology" (1898) vier Typen von praktischen Handlungen, d.h. von Aktionen, die auf die natürliche und soziale Umwelt bezogen sind:

1) Einschätzung der Umwelt („appreciation")
2) Benutzung und Verwertung („utilization")
3) Charakterbildung („character formation"), die er als abhängig von der Sozialstruktur verstand.
4) Das Lernen wirksamen Verhaltens im Kontext der sozialen Beziehungen durch Assoziation und Kommunikation („socialization").

Diese praktischen Handlungen werden zu Handlungskomplexen (wirtschaftlichen, rechtlichen, politischen, kulturellen Aktivitäten) durch einen Prozeß der Institutionalisierung. Soziales Verhalten ist für Giddings als Resultat dieser Prozesse durch Gleichartigkeit gekennzeichnet. Es ist entweder impulsiv, traditional oder rational begründet, eine Unterscheidung, die stark an Max Weber erinnert.

Auch Giddings hatte die evolutionäre Theorie Spencers übernommen. Er unterschied Stadien der sozialen Evolution, denen wiederum Typen sozialen Verhaltens, begrifflichen Denkens, der Charakterbildung und der sozialen Ordnung entsprechen.[6]

Die soziale Evolution und der Versuch, den gesellschaftlichen Fortschritt wissenschaftlich-rational zu erklären, sind die dominanten Züge sozialen Denkens der Epoche in den Vereinigten Staaten. Sie vermischen sich allerdings auch bei Giddings noch stark mit geschichtsphilosophisch-spekulativen Typisierungen.

Literatur

Erich Angermann, Die Vereinigten Staaten von Amerika, München 1969

Harry Elmer Barnes (Hg.), An Introduction of the History of Sociology, Chicago-London 1965 (urspr1. 1948)

Charles A. und *Mary R. Beard,* The Rise of American Civilization, New York 1940

Ralf Dahrendorf, Die angewandte Aufklärung. Gesellschaft und Soziologie in Amerika. München 1963.

Ronald Fletcher, The Making of Sociology. 2 Bände, London 1971

Franklin H. Giddings, Principles of Sociology, New York 1896

[6] Siehe: *Ronald Fletcher,* The Making of Sociology, 1. Bd. London 1971, S. 577

Ders., Inductive Sociology, New York 1901
Ders., Elements of Sciology, New York 1898
Ders., The Scientific Study of Human Society, New York 1924
Ders., Civilization and Society, New York 1932
Roscoe C. Hinkle, Foudning Theory of American Sociology 1881–1915, Boston, London and Henley 1980
Max Lerner, American as a Civilization, New York 1957
John Madge, The Origins of Scientific Sociology, New York 1962
Barrington Moore jr., Soziale Ursprünge von Diktatur und Demokratie, Frankfurt 1969, S. 140ff.
Douglas C. North, The Economic Growth of the United States 1790–1860, Englewood Cliffs 1961
Robert R. Palmer, Der Einfluß der amerikanischen Revolution auf Europa, in: Propyläen Weltgeschichte Bd. 8. Berlin-Frankfurt 1986, S. 29ff.
Dorothy Ross, The Origins of American Social Science, Cambridge 1991
Edward A. Ross, Social Control, Cleveland-London 1969 (ursprüngl. 1905)
Ders., Social Psychology, New York, 1912
Ders., The Principles of Sociology New York 1920
Daniel W. Rossides, The History and Nature of Sociological Theory, Boston 1978
Albion W. Small, General Sociology, Chicago 1905
Ders., The Meaning of Social Science, Chicago 1910
Ders., Adam Smith and Modern Sociology, Chicago 1907
William G. Sumner, Folkways, Boston 1906
Ders., Selected Essays, New Haven, Conn., 1924
Ders., What Social Classes Owe to Each Other, New York 1883
Friedrich A. Tenbruck, Die unbewältigten Sozialwissenschaften, Graz-Wien-Köln 1984
Alexis de Tocqueville, Über die Demokratie in Amerika, München 1984 (ursprl. 1835/1840)
Arthur J. Vidich – Stanford M. Lyman, American Sociology: Wordly Rejections of Religion and Their Directions, New Haven 1985
Lester F. Ward, Dynamic Sociology, New York 1883
Ders., The Psychic Factors of Civilization, Boston 1892

2. Cooley, Mead und die intersubjektive Wirklichkeit

Pragmatismus, Behaviorismus und Sozialpsychologie

Betrachtet man die Unterschiede in den Entstehungsbedingungen der Soziologie in Amerika und in Europa in groben Umrissen, so lassen sich – notwendigerweise in starker Vereinfachung – einige Unterschiede der amerikanischen Situation gegenüber der „europäischen" aufzeigen:

Zunächst wurde bereits auf das Fehlen feudaler Traditionen hingewiesen. Die Einwanderer aus Europa kamen zwar mit der Bürde der sozialen Strukturen und Institutionen ihrer alten Heimat in ihrem Bewußtsein, ihrer Denkweise und ihren Verhaltensdispositionen nach Amerika, aber in der Neuen Welt verloren diese mehr und mehr ihre Realität gegenüber den Anforderungen des Lebens in diesem Land. Auch die Vielfalt der europäischen Traditionen, die hier verschmolzen, ließ die Bedeutung jeder einzelnen sinken. Strukturen und Institutionen hatten in ihrer neuen Umgebung nicht den Stellenwert und die Bedeutung, die sie in den europäischen Gesellschaften hatten. Die Vorstellung von sozialen Tatsachen als „Dingen eigener Art", die außerhalb und über den menschlichen Denk- und Verhaltensweisen existieren, konnte hier nicht entstehen.

Eng verbunden mit dieser Tatsache ist auch die Absenz eines guten Nährbodens für marxistische Ideen. Sozialistische Ideen und Bewegungen gab es und gibt es zwar in den USA, aber ihre kollektivistischen Orientierungen, ihre klassenkämpferischen Parolen hatten es sehr schwer, sich in dieser Umgebung durchzusetzen. Die Tatsache, daß sich eine Elite und Oberschicht erst in der Neuen Welt selbst formen mußte, ließ den Mythos von Erfolg und Leistung des einzelnen entstehen, die Self-help-Ideologie. Sozialdarwinismus, ökonomischer Individualismus und Liberalismus prägten die gesellschaftliche Vorstellungswelt des 19. Jahrhunderts in den USA. Erfolg als vergleichbare Leistung des einzelnen verlagerte die Aufmerksamkeit auf das Verhalten anstatt auf die Strukturen.

Wenn man vom Individualismus der amerikanischen Denkweise des 19. Jahrhunderts spricht, darf man allerdings nicht vergessen, daß es ein Individualismus puritanischen Ursprungs ist, nicht die romantische Vorstellung vom Individuum. Individualität und Gleichheit gerieten hier nicht in einen Widerspruch zueinander, weil Gleichheit die Funktion hatte, Vergleichbarkeit zu gewährleisten.

Nicht nur alle sozialistischen Ideen und Bewegungen hatten es hier schwer, sondern auch alle allgemeinen Theoriekonstruktionen, deren „Grau" sich deutlich gegenüber den Notwendigkeiten und Bedingungen des praktischen Lebens abhob. Der Pragmatismus war die Folge und der Ausdruck dieser Haltung, und er durchzieht das Denken der Amerikaner. Puritanismus, Utilitarismus und Busineß-Pragmatismus waren die ethischen Grundlagen des Handelns im Amerika des 19. Jahrhunderts; sie blieben aber darüber hinaus bis heute wirksam.

Der Pragmatismus war eine Grundorientierung amerikanischen Denkens lange vor den philosophischen Systemen von Peirce, James und Dewey. Der Pragmatismus ist für Amerika daher weit mehr als eine philosophische Richtung gewesen. Die Praxisphilosophie selbst ist immer auf Verwertung und Nützlichkeit theoretischer Reflexion gerichtet; ihr Wahrheitskriterium ist der Erfolg des Handelns. Das Handeln der einzelnen und der Erfolg dieses Tuns als Resultat des Zusammenwirkens der vielen wurde auch zu einer grundlegenden Ausgangsperspektive der amerikanischen Soziologie. Der Pragmatismus hat folgerichtig – ähnlich wie die Aufklärungsphilosophie – eine eigene Pädagogik entwickelt, denn er geht davon aus, daß nur durch

Erziehung die Gesellschaft machbar wird. Die Vorstellung von der Machbarkeit der Menschenwelt durch Verwissenschaftlichung der Praxis war in Amerika so stark wie nirgendwo sonst und ähnelt darin den Aufklärungsideen, nur daß sie nicht bei den Ideen steckengeblieben ist, sondern der Praxis die Führungsrolle der geschichtlichen Entwicklung zuwies. Stark ausgeprägt war in Amerika auch die Vorstellung vom „Naturzustand" der Gesellschaft als dem starting-point der sozialen Evolution. Wieder war die amerikanische Vorstellung aber anders als die europäisch-aufklärerischen Ideen nicht Resultat theoretischer Reflexion, sondern der realen Gegebenheiten einer Gesellschaft, die in kurzer Zeit, d. h. über wenige Generationen, aus dem Nichts durch das praktische Handeln der Menschen geschaffen wurde. Der Naturalismus war wie der Pragmatismus daher in den Entstehungsbedingungen dieser Gesellschaft begründet.

Der Business-Pragmatismus war eine spezifische Ausprägung der grundlegenden pragmatischen Orientierung der amerikanischen Denkweise. Er ist klar vom philosophischen Pragmatismus zu unterscheiden. Gemeinsam ist ihnen nur eine Ablehnung utopischer Reflexionen und die Ausrichtung auf die Lösung von in Zeit und Raum begrenzten Problemen. Auch die Wissenschaft erscheint dann als ein Instrument zur Lösung von Problemen und muß ihre Nützlichkeit für die Praxis erweisen. Die empirisch-experimentellen Methoden der Naturwissenschaft mit ihrem „craftsman"-ähnlichen Vorgehen liegen der pragmatischen Natur des amerikanischen Denkens näher, so daß man auch für den philosophischen Pragmatismus in seinen erkenntnistheoretischen Aspekten umgekehrt sagen kann, daß seine Wurzeln im Versuch liegen, „die Vorgehensweise der experimentellen Naturwissenschaften ... ‚logisch zu verallgemeinern' und im Gefolge des Darwinismus alle menschlichen Erkenntnisprozesse auf Lebensprozesse zu beziehen".[1]

Der Begriff des „Lebens" spielt im philosophischen Pragmatismus eine große Rolle, aber er ist frei von den irrationalen und teilweise anti-szientifischen Merkmalen der deutschen Lebensphilosophie oder des Denkens von Bergson. Leben ist immerwährende Problemlösung und funktionale Erkenntnisnotwendigkeit, die aus der praktischen Auseinandersetzung mit der Umwelt folgt und auf kommunikativen Prozessen beruht.

Die Ausrichtung der Wissenschaft am Monismus auf Basis der naturwissenschaftlichen Methode bedeutete für die Soziologie u. a. auch, daß die Disziplinen, die ihr als Vorbild und verwandte Wissenschaften galten, nicht die Philosophie oder die Ökonomie waren, sondern die Physiologie, die Biologie und die Anthropologie. Auch die Nähe zur Verhaltenspsychologie und später zu einer behavioristischen Sozialpsychologie war und ist ein Charakteristikum der amerikanischen Soziologie.

Die Verhaltenspsychologie ist nicht ident mit J. B. Watsons Behaviorismus; dieser ist nur die extremste und krudeste Ausformung einer sich schon in den letzten Jahrzehnten des 19. Jahrhunderts abzeichnenden Abkehr von der Bewußtseinspsychologie, die „Bewußtsein" als eine geistige Entität, als Substanz begriffen hatte. Immer mehr drängte sich die Auffassung in den Vordergrund, Bewußtsein nicht direkt zu untersuchen, sondern die Reaktionen des Organismus auf äußere Reize als direkt beobachtbare Ausgangsfagen zu nehmen. Auch in Europa gab es etwa in der Psychophysik ähnliche Ansätze.

John B. Watson (1878–1958) zog daraus den radikalen Schluß, die Psychologie habe es überhaupt nicht mit Bewußtsein als inneren Prozessen zu tun, sondern nur mit

[1] *Hans Joas,* Praktische Intersubjektivität, Frankfurt 1980, S. 40

beobachtbaren und meßbaren Reaktionen des Organismus. Schon vor Watsons Behaviorismus hatte sich John Dewey (1859–1952) gegen dieses Reiz-Reaktionsmodell gewandt und mit seiner Auffassung von der Reizwahrnehmung als Handlung, die für das Individuum die Einarbeitung neuer Erfahrungen für funktional notwendig werdende Handlungen in neuen Situationen bedeutet, die funktionalistische Psychologie begründet. Ihr geht es um Verhalten als subjektive Reaktion des Individuums auf eine Situation.

Auch die ersten Lehrbücher über Sozialpsychologie erschienen im Jahr 1908, und zwar von McDougall und von E. A. Ross. Beide verstanden Sozialpsychologie in anderer Art und Weise. McDougall sah sie begründet auf sozialen Instinkten, Ross verstand sie als Anwendung (individual-)psychologischer Erkenntnisse auf soziale Zusammenhänge. In beiden Fällen aber war es eine Sozialpsychologie, die sich entschieden von der Massenpsychologie absetzte.

Das theoretische Verdienst von Charles H. Cooley und George H. Mead in dieser Hinsicht ist die Verbindung von Verhaltenspsychologie und Sozialpsychologie zu einem „Sozialbehaviorismus" – dies der Terminus von Mead. Gegenüber dem Behaviorismus Watsons behaupteten sie die Möglichkeit der wissenschaftlichen Erkenntnis der Subjektivität, die dieser geleugnet hatte.

Menschliche Natur und soziale Evolution: Charles H. Cooley

Charles Horton Cooley (1864–1929) gilt heute als einer der Begründer derjenigen theoretischen Richtung, die später als symbolischer Interaktionismus bekannt wurde. Ein anderer war George Herbert Mead, der zu dem Klassiker der Theorie der symbolischen Interaktion schlechthin stilisiert wurde. Cooley und Mead waren befreundet und beeinflußten einander gegenseitig. Cooley lehrte von 1894 bis 1929 an der University of Michigan. Seine wichtigsten Werke umfassen: „Human Nature and the Social Order" (1902), „Social Organization" (1909) und „Social Process" (1918).

Wie seine Zeitgenossen war Cooley stark von der Theorie der sozialen Evolution Herbert Spencers beeinflußt; wie dieser verstand er die soziale Evolution als organischen Gesellschaftsprozeß, in dem es in den funktionalen Teilsystemen zu immer effektiverer Anpassung an die Umweltbedingungen bei gleichzeitiger stetiger Differenzierung der internen Struktur der Gesellschaft kommt. Aber den Individualismus Spencers, der sich vor allem in seinem ökologischen Liberalismus äußerte, lehnte Cooley ab. Insofern stand er den „institutional economists" Thorstein Veblens und John R. Commons nahe. Auch sah er durchaus die starke soziale, vor allem ökonomisch begründete Ungleichheit, die sich in der amerikanischen Gesellschaft zeigte; er nahm dazu eine kritische, aber dennoch optimistische Haltung ein. Grundsätzlich sah er zwei Typen von sozialer Ungleichheit; die eine repräsentiert durch die Kaste („caste"), deren Prinzip die Vererbung des sozialen Status ist; und zum anderen die Klasse („class"), bei der der soziale Status durch Konkurrenz um Einkommenschancen erworben wird. Beruf, Einkommen und Lebensstil („culture") sind die Kriterien dieser Stratifikation, die variabel ist zwischen und sogar innerhalb der Generationen.

Das Dilemma der modernen Gesellschaft sah Cooley in dem Widerspruch zwischen Familientraditionen und -interessen einerseits und der Betonung der individuellen Chancengleichheit, zwischen familien-, kasten- und klassenegiostischen Interessen und gesellschaftlichen Idealen. Aber Cooley blieb ein Spätliberaler, weil er aus seiner Einsicht in die inhärenten Kräfte in der Gesellschaft, die die Armen immer arm, die Reichen immer reich erhielten, keineswegs zu einem sozialistischen Standpunkt kam, sondern an den evolutionären Prozeß des sozialen Systems der USA in Richtung auf ein stetig funktionaler und gleichzeitig gerechter werdendes System der Ungleichheit glaubte. Große Bedeutung maß man hierbei dem Einfluß der Erziehung zu, so daß in den USA nie so tiefgreifende soziale Konflikte möglich sein würden wie in Europa.

Dieser evolutionäre Prozeß impliziert eine Tendenz zu größerer Rationalität, d.h. zunehmend bewußter wahrgenommene und geplante koordinierte Anpassungsprozesse an die Lebensbedingungen. Trotzdem ist dieser Rationalisierungsprozeß kein intellektuell-kognitiver Prozeß, sondern ein Prozeß der Entwicklung des Lebens, der durch tiefsitzende teleologische Kräfte der menschlichen Natur selbst gesteuert wird. Evolution ist ein Prozeß der nicht-intentionalen, tentativen Anpassung, der Experimente und das Prinzip von Versuch und Irrtum einschließt. Rationalität liegt im evolutionären Prozeß des Lebens selbst, wogegen „Fortschritt" auf Glauben, nicht auf Beweis beruht.

Wesentlich ist das Verständnis Cooleys hinsichtlich der menschlichen Natur. Diese faßt er nicht als eine Qualität auf, die eine Eigenschaft jedes einzelnen Individuums ist, sondern als ein Produkt der Kommunikation. Der Mensch wird erst zur menschlichen Person, entwickelt sein Selbst durch den Prozeß der Interaktion mit anderen Menschen. Daher lehnte Cooley die Annahme eines autonomen, rationalen Individuums ab und trat für seine Vorstellung ein, die von größter Wirklichkeit für das Verständnis der amerikanischen Soziologie vor allem unter dem Eindruck der Arbeiten Meads wurde: die soziale Genese des Selbst. Dies ist jedoch keineswegs ident mit einer Art sozialer Determiniertheit des Ichs, einer totalen Anpassung des Individuums an die Gesellschaft.

Beides – Individuum und Gesellschaft – sind für Cooley wie für alle Sozialbehavioristen zwei Ausprägungen derselben Sache, die einander ergänzen, aber keine Dominanz des einen über das andere implizieren. Cooley hielt sogar dezidiert an der Einmaligkeit jedes Individuums fest. Das ist nur zu vestehen auf der Basis der verhaltenspsychologischen Grundlagen der amerikanischen Soziologie, d.h. das Soziale existiert nicht als Ding eigener Art, als vom Individuum losgelöstes Kollektivbewußtsein wie bei Durkheim, sondern als Prozeß von Interaktionen, von aufeinandergerichtetem Verhalten der Individuen. Menschliche Natur ist immer gleichzeitig individuell und sozial, ist eine „Gruppennatur", und jedes Individuum ist das Produkt der jeweils spezifischen Kombination von Interaktionsbeziehungen zu anderen konkreten Personen und Gruppen. Impliziert ist also auch eine dynamische Sicht des Selbst, diese formt sich und formt sich ständig um im Verlauf der Interaktionsprozesse; dies wurde zum Inhalt dessen, was dann allgemein die „Sozialisation" des Individuums genannt wurde.

In dieser Auffassung lag schon die Möglichkeit der Verknüpfung von Mikro- und Makroperspektive, die für die „amerikanische Soziologie" so charakteristisch und bei T. Parsons explizit gemacht wurde. Denn die „soziale Genese des Selbst" bewirkt, daß die Aktivitäten der Individuen neben der Darstellung der Individualität und Subjektivität auch die Eigenschaft aufweisen, in irgendeiner Weise die Gruppenziele und -interessen zu repräsentieren, also Funktionen für das Ganze zu erfüllen, die unterscheidbar sind von den zweckorientierten Intentionen des individuellen Tuns. Die Betonung der schöpferischen Kraft der Gesellschaft ist eine wesentliche Nuance amerikanischen sozialen Denkens.

Cooleys spezifischer Beitrag zu dieser Entwicklung lag einmal in der Bedeutung, die er den „Primärgruppen" im Sozialisationsprozeß und in bezug auf die gesellschaftliche Evolution beimaß, zum anderen in seiner Betonung der symbolischen Qualität der Interaktion.

Die „Primärgruppen" („primary groups" sind kleine Gruppen ohne Spezialisierung auf der Basis von direkten, Face-to-face Beziehungen wie die Familie, die Kinderspielgruppe, die Nachbarschaft. Sie sind „primary" insofern, als

1) sie allgemein in allen menschlichen Gesellschaften verbreitet sind,
2) „natürliche" Gebilde darstellen, d.h. nicht rational aufgrund einer bestimmten Zwecksetzung arbeitsteilig geplant und organisiert sind,
3) das Individuum in ihnen die frühesten Erfahrungen mit menschlichen Beziehungen macht,
4) die Beziehungen und Interaktionen in diesen Gruppen das entstehen und entwikkeln lassen, was „menschliche Natur" ist.

Die Primärgruppen spielen daher eine fundamentale Rolle im Prozeß der sozialen Genese des Selbst, in bezug auf die Menschwerdung des Menschen. Sie sind die „Wiege" der Menschheit und die früheste Vergesellschaftungsform. Ihre Bedeutung wurde durch den Zivilisationsprozeß und seine inhärente Logik der Rationalisierung zurückgedrängt; die „Sekundärgruppen" gewannen an Bedeutung. Diese sind größere Vereinigungen von Menschen, die auf formalisierten, unpersönlichen Beziehungen beruhen, weil sie für bestimmte Zwecke von Menschen bewußt geschaffen worden sind. Jedes Individuum nimmt an derartigen Institutionen nur mit einem Teil seiner Persönlichkeit teil, nicht als totale Person wie in den Primärgruppen. Institutionen beruhen auf sachlich vordefinierten Beziehungen; in primary groups hingegen entstehen die Interaktionen auf der Grundlage gefühlsmäßiger persönlicher Bindungen zwischen den Mitgliedern, deren Teilnahme in der Regel auch nicht bewußt und geplant erfolgt. Primärgruppen und Sekundärgruppen repräsentieren und reproduzieren teilweise widersprüchliche Wertvorstellungen. Cooley verstand die Sekundärgruppen und ihre Prinzipien als potentiell bedrohlich für die Welt der „primary relations", damit aber auch für die menschliche Natur.

Den sozialen Wandel, der die komplexe industrielle Gesellschaft hervorgebracht hat, sah Cooley durch zwei Faktoren charakterisiert: die wachsende Vorherrschaft großer „secondary groups" gegenüber den traditionellen Primärgruppenstrukturen und die Veränderung in der Art der Geschwindigkeit und dem Umfang der Kommunikation, d.h. die Entwicklung der Massenkommunikation. Im Formalismus sah Cooley das Merkmal der Institutionen und auch der massenorientierten Kommunikation, welches eine Gefahr für die Entwicklung der menschlichen Person darstellt. Durch den Widerspruch zu den als konstant verstandenen Werten der „primary groups" kommt es zu einer Desorganisation der Gesellschaft.

Hierin zeigt sich deutlich der Einfluß von Tönnies' Unterscheidung von „Gemeinschaft und Gesellschaft" auf das Denken Cooleys. Er sah jedoch die Aufgabe der Zukunft darin, daß die Menschen sich der Verantwortung für die Reorganisation ihrer Gesellschaft bewußt werden, eine Verbindung zwischen Sekundärgruppen- und Primärgruppenwerten herstellen und ein Programm sozialer Reform und Erziehung ausarbeiten, das es erlaubt, die Sekundärbeziehungen so nahe wie möglich an die „primary relations"-Ideale heranzuführen. Soziologie sollte auch bei Cooley in der Tradition der angewandten Aufklärung praktisch werden.

Cooley ist aber nicht in erster Linie für diese Analysen der modernen Gesellschaft bekannt, die in der Epoche Cooleys Legion sind, sondern als einer der Vordenker des Symbolischen Interaktionismus. In diesem Zusammenhang ist der von ihm geprägte Begriff des „Looking-Glass Self", des Spiegelbild-Selbst, relevant.[2]

---

[2] *Charles H. Cooley,* Looking-Glass Self, in: *J. G. Manis – B. N. Meltzer,* Symbolic Interaction, Boston 1972, S. 231ff.

Es wurde schon darauf hingewiesen, daß Cooley die Persönlichkeit, ja die menschliche Natur, als sozial generiert betrachtet, und zwar insbesondere durch die Interaktionen und Kommunikationen in den Primärgruppen. Kommunikation ist das Instrument der Sozialisation des Individuums und der Mechanismus, durch den menschliche Beziehungen existierten und sich entwickeln („communication“ schafft „community“). Im Kommunikationsprozeß kommt es zum Austausch von Vorstellungen, die die Menschen voneinander haben, zur Erfahrung des Selbst durch die dramatische Wahrnehmung der Einstellungen der anderen.

Das Selbst bzw. dessen Erfahrung ist etwas, was man sich erwirbt, und zwar in Interaktion mit anderen; es beruht auf der Organisation der wahrgenommenen Vorstellungen im Bewußtsein („Spiegelbild-Selbst“). Cooley geht es nicht so wie etwa Mead – oder später Goffmann – primär um diesen Prozeß der Organisation des Selbst, sondern um die Gegenseitigkeit der Vorstellungen, die die Menschen voneinander haben. In diesen Vorstellungen sah er die „harten Tatsachen“, mit denen es die Soziologie zu tun hat. Diese Vorstellungen sind auch die Verbindung zwischen „self“ und „society“; sie sind Bestandteile eines soziomentalen Prozesses; Cooley spricht auch von „social mind“. Dieser Begriff scheint eine große Ähnlichkeit mit dem „Kollektivbewußtsein“ Durkheims aufzuweisen; Cooley zollte hierbei jedoch der dynamischen Existenzweise des „social mind“ als Inhalt des Kommunikationsprozesses weit mehr Beachtung als Durkheim, der das Kollektivbewußtsein wie eine Sache, ein Ding, welches „von außen“ Zwang auf das Individuum ausübt, behandelte. Cooley verwendete den Begriff „social mind“ auch nur gelegentlich und dann eindeutig als Hilfsausdruck.

Die Vorstellungen, die Durkheims Kollektivbewußtsein bevölkern, sind allgemein verbreitete Überzeugungen, Wertvorstellungen, Einstellungen etc., die durch ihre Einheitlichkeit und Regelmäßigkeit auffallen. Die Vorstellungen Cooleys hingegen sind auf den jeweiligen Kommunikationsprozeß bezogene, in einer interaktiven Situation eingebundene Wahrnehmungen der beteiligten Personen voneinander. Daher sind die wechselseitigen Vorstellungen bei Cooley in ihrer subjektiven Dimension zu verstehen; sie sind nicht verallgemeinerte und dadurch objektivierte Bewußtseinsvorgänge, obwohl Cooley sie als Ausprägungen der menschlichen Natur auffaßte.

Sowohl das Selbst wie die Gesellschaft haben bei Cooley dynamischen Charakter, sind nicht „Dinge“, sondern Prozesse, und zwar Kommunikationsprozesse. Und beide Begriffe haben symbolischen Charakter, d.h. sowohl das Selbst wie die Gesellschaft sind in Interaktionen geformte und sich ständig umformende Vorstellungen. Aber nicht die Einheitlichkeit oder Gemeinsamkeit der Vorstellungsinhalte war Cooley wichtig, sondern die gegenseitige Beeinflussung der Vorstellungen in der Kommunikation. Schon bei Cooley finden wir daher das große Gewicht, das der Kommunikation in der amerikanischen Soziologie zukommt, und zwar Kommunikation verstanden als ein aktiver Prozeß interdependenter Verhaltens- und Erfahrungsweisen.

Methodisch nahm Cooley sicherlich eine Außenseiterposition ein; er trat zwar für empirische Forschung ein, schloß sich aber nicht der dominanten Interpretation seiner Zeit an, die darunter in erster Linie quantitativ-statistische Analysen verstand. Cooley hatte mit seiner Definition des Gegenstandes der Soziologie, den Vorstellungen, die die Menschen voneinander haben, die Dimension der Subjektivität in die sozialwissenschaftliche Betrachtung einbezogen, wie dies etwa auch die Vertreter einer verstehenden Methode getan haben. Aber Subjektivität ist bei Cooley untrennbar mit dem sozialen Prozeß selbst verbunden und über Verhalten erkennbar. Dieses

Erkennen impliziert qualitative Techniken der Forschung, beruht aber grundsätzlich auf empirisch-induktiver Methode, wenngleich Cooley diesbezüglich keineswegs konsistent war und gelegentlich eine Vorliebe für intuitive Erfassung bekundete. Die Besonderheit Cooleys, die wir auch bei Mead wiederfinden, ist die Verbindung von naturalistischer Auffassung der sozialen Evolution mit der Betonung der Dimension der Subjektivität. Cooley definierte soziale Evolution daher als Entwicklung der symbolischen Fähigkeiten von Individuen im gesellschaftlichen Austausch.

George Herbert Mead: Leben und Werk

Der Sohn eines protestantischen Pfarrers aus New England bekam in seinen Jugendjahren die Auseinandersetzung zwischen religiösem Dogmatismus und Darwins Evolutionslehre in einer Umgebung mit, die traditionell-puritanisch war, sich aber gleichzeitig sozialreformerisch zugunsten der Emanzipation der Schwarzen und der Frauen betätigte. Mead (1863–1931) blieb in seinem späteren Leben diesem sozialreformerischen Geist treu, engagierte sich in einer Vielzahl von Vereinen und Bewegungen mit sozial- und kommunalpolitischen Zielen, vor allem auch für Erziehungs- und Berufsbildungsfragen.

Seine Entscheidung für die Wissenschaft fiel nicht sofort nach Abschluß seiner Collegezeit: Erst 1887 begann er mit dem Philosophiestudium bei Josiah Royce in Harvard. Bald wandte er sich mehr der physiologischen Psychologie zu und verbrachte einige Jahre in Deutschland, zuerst 1888 in Leipzig, wo er Wilhelm Wundt hörte, bald darauf in Berlin, wo er die Auseinandersetzung zwischen Dilthey und Ebbinghaus, d.h. zwischen geistes- und naturwissenschaftlicher Psychologie mitbekam. 1891 übernahm er eine Lehrstelle für Psychologie in Michigan. Dort traf er auf John Dewey und Charles H. Cooley. Als Dewey nach Chicago berufen wurde, bedingte er sich Mead als Assistenzprofessor aus. Die Beziehung zwischen Dewey und Mead war eine freundschaftliche und auch die Beeinflussung in sachlicher Hinsicht eine gegenseitige, wobei Mead in seiner Sozialpsychologie durchaus eigenständig war. Von 1894 bis knapp vor seinem Tod im Jahre 1931 lehrte Mead am Department of Philosophy an der University of Chicago.

Von vielen Studenten, darunter auch Soziologiestudenten, die seine Vorlesungen besuchten, geschätzt, blieb Mead in der Fachwelt und – was hier relevant ist – bei den Soziologen seiner Zeit ziemlich unbekannt. Ein Grund dafür war sicherlich seine Zurückhaltung, was Buchpublikationen betraf. Zu Lebzeiten veröffentlichte er nur eine größere Anzahl von Aufsätzen, aber keine Bücher. Seine Buchveröffentlichungen sind posthum edierte Sammelwerke: „The Philosophy of the Present“ 1932, „The Philosophy of the Act“ 1938. Sein bekanntestes Werk „Mind, Self, and Society“ erschien 1934 und beruht auf Mitschriften seiner Vorlesungen, die von Schülern verfaßt wurden.

Sein Bekanntheitsgrad stieg erst nach seinem Tod, und gegenwärtig wird ihm eine so große Bedeutung für die Sozialwissenschaften und die Geistesgeschichte beigemessen, daß er gleichrangig neben Max Weber oder Talcott Parsons steht. Mead war jedoch nicht Soziologe im fachgeschichtlichen Sinn, er war Philosoph, dessen Denken aber eine enge Verbindung von Erkenntnistheorie, Persönlichkeitspsychologie und sozialer Lebenspraxis ermöglichte. Für die Philosophie ist er neben Charles S. Peirce, William James und John Dewey einer der wichtigsten Vertreter des Pragmatismus; für die Psychologie ist er der Schöpfer des „Sozialbehaviorismus“, der die Verhaltenspsychologie als Sozialpsychologie konstituierte; und für die Soziologie ist er der Klassiker, auf den sich der „Symbolische Interaktionismus“ der Gegenwart beruft.

Meads soziale Philosophie der Relativität

Meads Werk wird besonders in der Gegenwartssoziologie meist verkürzt dargestellt. Daher soll hier mit einer Charakteristik seines philosophischen Spätwerkes begonnen werden, das für das Verständnis grundlegend ist, denn Mead war kein Soziologe, sondern Philosoph. Wenn dies hier nochmals festgestellt wird, dann ist damit nicht nur gemeint, daß Mead im akademischen Fach „Philosophie" lokalisiert war, sondern dadurch soll ausgedrückt werden, daß für ihn die Behandlung der sozialen Aspekte i. e. S. eingebettet erschien in einen weiteren und grundlegenden Zusammenhang der Konstitution von Wirklichkeit und ihrer Erkenntnis.

Das Bemerkenswerte an Mead war nun, daß er die Wirklichkeit, die Natur, die physischen Dinge genauso wie das Bewußtsein, die Persönlichkeit, als sozial oder besser: als intersubjektiv konstituiert verstand. Mensch, Natur, Zeit und Raum – alles das verbindet er durch die Gemeinsamkeit intersubjektiver Praxis, und es wird Teil einer „sozialen Philosophie", die keine Unterscheidung kennt zwischen wissenschaftlicher und alltäglicher Erkenntnis und auch nicht zwischen Philosophie, Psychologie, Soziologie oder sogar theoretischer Physik.

Meads Bedeutung gerade für die heutige sozialwissenschaftliche Diskussion liegt in seiner Ablehnung des objektivistischen Selbstverständnisses der Wissenschaft als einer grundsätzlich vom Alltagswissen abgehobenen Ebene der Erkenntnis zugunsten der Sicht der Wissenschaft, insbesondere der Psychologie als einer selbstreflexiven Form der Erkenntnis. Wissenschaft ist genauso wie jedes soziale Handeln eine kooperative soziale Tätigkeit, die von Problemen ihren Ausgang nimmt und Lösungen entwickelt.

Im Pragmatismus Meads als einer Form der Praxisphilosophie spielt die Orientierung am Handeln die dominante Rolle. Die Begriffe der Theorien der Wissenschaft sind für Mead daher nicht Konstrukte, die auf die Erfassung der „Wahrheit" als einer letzten Realität abzielen, sondern sie sind stets auf unsere praktischen Handlungen und Erfahrungen bezogen. „Wahrheit besteht immer nur relativ zu den problematischen Situationen." Und: „Wahrheit ist ... gleichbedeutend mit der Lösung des Problems."[3]

Interessant ist nun die Meadsche Definition eines Problems, und zwar als Zusammenbruch der durch gemeinsame Erfahrungen konstituierten und dadurch „objektiven" gemeinsamen Welt einer Gruppe von Menschen. Diese Störungen stellen Ausnahmen dar, sie treten in der Erfahrung von Individuen auf, die aber so beschaffen ist, daß sie zu einer gemeinsamen Erfahrung werden kann. Hier greift die Wissenschaft ein, die die gemeinsame Welt so rekonstruiert, daß die Ausnahmen zu „Fällen" werden, die in die gemeinsame Welt hineinpassen. Die Wahrheit, die in der Lösung des Problems besteht, ist ein Kriterium, welches den Fortbestand einer gemeinsamen Welt erfordert, aber die Emergenz des Neuen nicht unterbindet. Die Kommunikationsgemeinschaft als Voraussetzung dieses Wahrheitsbegriffs verweist auf die inhärente Sozialität aller Wissenschaft wie allen Denkens überhaupt. Die Welt, die Dinge in ihr, Zeit und Raum beruhen bei Mead auf intersubjektiver Wahrnehmung, werden im Prozeß unserer gemeinsamen Praxis konstituiert.

Auch die Objekte der Wissenschaft konstituieren sich im Handlungsprozeß: die physischen Dinge genauso wie die Ich-Identität, das Selbst. Das heißt, auch die Objektivierungen der Wissenschaft vollziehen sich nicht auf einer vom „Leben"

---

[3] *Georg H. Mead,* Eine pragmatische Theorie der Wahrheit, in: Ders., Gesammelte Aufsätze, Bd. 2, Frankfurt 1983, S. 185ff., S. 189 und 194 resp.

abgehobenen Ebene der Theorie, sondern im Prozeß symbolvermittelter Interaktion. Der Lebensbegriff ist bei Mead daher anders als in der deutschen Lebensphilosophie nicht auf die individuelle subjektive Erfahrung bezogen, sondern auf den intersubjektiven Prozeß praktischen Handelns; ist nicht mystisch, sondern pragmatisch. Das Soziale stellt andererseits bei Mead aber auch keine von der Natur abgehobene Dimension dar, sondern ist eingebettet in den Naturprozeß. Mead kennt keine Gegenüberstellung von Mensch und Natur, beides wird als interaktiv konstituiert verstanden. Meads erstaunliche Formulierung dieser Tatsache: „Soziale Lebewesen sind genauso entschieden Dinge, wie physische Dinge sozial sind."[4] Die Identität von Individuen wie von Dingen entsteht im Handlungsprozeß, und in diesem kommt beiden instrumentelle Bedeutung zu.

Mead bemüht sich auch, die Erkenntnisse der modernen theoretischen Physik, vor allem die Relativitätstheorie in seine „soziale" Philosophie einzuarbeiten, was sich insbesondere in seinem Spätwerk, der „Philosophy of the Present", ausdrückt. Großen Einfluß auf sein Denken hatte in diesem Zusammenhang Alfred North Whithehead mit seiner Philosophie der Relativität.

Alfred N. Whitehead begriff die Natur als eine Organisation von Perspektiven, die in der Natur selbst gegeben sind – was ausdrücken soll, daß die Unterschiede der Wahrnehmung von Natur nicht subjektive Bilder der Wirklichkeit sind, sondern daß diese Perspektiven eine objektive Realität darstellen: Jeder Organismus oder jedes Ereignis mit zeitlicher Dauer besitzt ein eigenes Zeitsystem, aufgrund dessen seiner Umwelt ein Hier und Da, Jetzt und Dann zukommt. Jedes Objekt im Raum erscheint in Bewegung oder in Ruhe nur in einer jeweiligen Raum-Zeitperspektive. Die Welt besteht dann aus der Gesamtheit dieser Perspektiven und ihrer Wechselbeziehungen zueinander, nicht aus unabhängigen physikalischen Objekten. Wesentlich für die Folgerungen aus der Relativitätstheorie war die Einbeziehung des Beobachtens selbst in die Betrachtung. Die Welt hat nur Realität in bezug auf ein wahrnehmendes Subjekt. Die raumzeitliche Struktur der Natur ist aber auch relevant nur in bezug auf Wahrnehmungsereignisse oder Organismen, sie schließt Mensch und Gesellschaft ein, und umgekehrt schließen menschliche Erfahrungen und Handlungen Natur mit ein, so daß er den sozialen und psychologischen Prozeß als ein Beispiel für die Evolution der Natur bezeichnen kann.

Whiteheads Philosophie der Relativität prägte zunächst Meads Verständnis der Geschichte. Geschichte ist für Mead nicht „vergangene Vergangenheit", die aus dem Verstehen der subjektiven Perspektiven der Menschen der damaligen Zeit und Kultur konstituiert wird wie für die geisteswissenschaftliche Historik, sondern Geschichte als Interpretation der Vergangenheit ist ihm immer durch die Problemlösungserfordernisse und Praxisbezüge der Gegenwart bestimmt. Jede Gegenwart schafft sich ihre spezifische Geschichte, die eine Funktion in bezug auf das Verständnis und die Kontrolle der gegenwärtigen Probleme hat. Diese immer wieder neu geschaffenen Perspektiven, die auf der Beziehung von Gegenwart und Zukunft und Vergangenheit beruhen, sind aber nicht nur gedankliche Konstrukte, sondern real, weil die Wirklichkeit der Erfahrung immer in der Gegenwart gegeben ist; diese Gegenwart reflektiert aber weder die „räumliche" Zeit der Physik, noch die fließende, strömende Zeit des inneren Erlebens wie bei Bergson, sondern die spezifischen Zeitperspektiven aller Objekte der Natur. Durch Ereignisse und die durch sie hervorgehobene Strukturierung des Ablaufs wird Zeit erfahrbar. Gleichzeitig wird durch die Neuinter-

---

[4] *George H. Mead,* Die objektive Realtität von Perspektiven, in: Ders., Gesammelte Aufsätze, Bd. 2, Frankfurt 1983, S. 211ff., S. 218

pretation der Geschichte als Ablauf, der kausal zu diesem Ereignis führte, auch Gegenwart als Bezugsrahmen für Vergangenheit und Zukunft in der Wahrnehmung konstituiert. Die „in der Gegenwart existierende Vergangenheit zu enträtseln und auf dieser Basis die Zukunft vorauszusagen, ist das Ziel der Wissenschaft."[5]

Auch in den gegenwärtigen sozialen Handlungen manifestiert sich die Objektivität der Perspektiven. Die Sozialwissenschaften haben es mit den Erfahrungen von Individuen zu tun, aber die Individuen können nicht nur ihre eigene Perspektive im Handeln anwenden, sondern auch die Perspektive des anderen sowie die der Gruppe übernehmen. Die Objektivität relativer Wirklichkeiten beruht in der Tatsache der Intersubjektivität der Erfahrung.

Die Gesellschaft ist als Erfahrung eine Organisation von Perspektiven, genauso wie das Selbst. Darüber hinaus lassen sich zwischen der Menschenwelt als solcher und der Natur keine Grenzen ziehen; auch physische Objekte sind, soweit sie für die Kooperation der Menschen wichtig sind, in diese reale Organisation der Perspektiven einbezogen.

Symbolische Interaktion

Mead warf der Psychologie, aber auch der Soziologie seiner Zeit vor, daß sie nur mit individualistischen Menschenbildern arbeiten. Demgegenüber vertrat er die Auffassung, die Gesellschaft besteht nicht aus einer Vielzahl von unabhängigen Individuen, wie die Natur sich nicht aus einer Menge voneinander getrennt bestehender Dinge konstituiere. Die Evolution der Natur und damit auch der menschlichen Gesellschaft ist vielmehr durch die Kooperations- und Kommunikationsprozesse der Menschen untereinander und zwischen Menschen und Dingen bestimmt. Im Verlauf dieses Evolutionsprozesses entwickelte sich auch die menschliche Intelligenz sowie alle anderen Fähigkeiten bis zu dem Niveau, auf dem es sich heute befindet. Dieser Prozeß ist aber ein fortwährender und immer weiter fortschreitender. Jedes Individuum nimmt daran teil und entwickelt in Interaktion und Kommunikation mit anderen erst sein soziales Selbst. Bewußtsein, Denken, Vorstellungen entstehen und verändern sich bezogen auf praktische Handlungen, die die Individuen in Interaktion miteinander oder auf die Gruppe der Gesellschaft hin durchführen.

Diese „soziale Genese" des Selbst hielt er den individualistischen Vorstellungen vom Menschen als eines autonomen Wesens entgegen. Darin ähnelt seine Vorstellung der Cooleys, von dem er auch tatsächlich stark beeinflußt wurde. Mead wollte diese soziale Genese des Bewußtseins aber als einen objektiven Prozeß erfassen. Hierbei orientierte er sich am Pragmatismus William James' und vor allem seines Freundes John Dewey. Der Pragmatismus förderte in der Psychologie eine behavioristische Betrachtungsweise, die nichtreduktionistisch im Sinne Watsons war und deren Merkmal die zentrale Orientierung am Handeln ist.

Diese Auffassung legt es nahe, alle Erfahrung aus der Sicht des Verhaltens als Wirkung einer Ursache, eines Stimulus, anzusehen. Im Gegensatz zum Behaviorismus John B. Watsons aber exkludierte Mead nicht die innere Erfahrung, sondern erklärte sie als sozial begründet und verhaltensbestimmt. Darum bezeichnete sich Mead auch als Sozialbehavioristen. Jede Psychologie muß ihm zufolge Sozialpsychologie sein, denn das Bewußtsein und der Geist des Menschen können nicht losgelöst vom Sozialverhalten erklärt werden. Die positivistisch-naturalistische Dimension des Behaviorismus behielt er durchaus bei, denn er wollte Bewußtsein und Selbst des

---

[5] *George H. Mead,* Philosophie der Sozialität, hrsg. von H. Kellner, Frankfurt 1969, S. 264

Menschen objektiv sozialgenetisch begründen, ganz in der Weise, wie natürliche Prozesse erklärt werden können.

Geist, Sprache, Denken, Rationalität, Intelligenz sind soziale Produkte; ihr gemeinsamer Ursprung ist der „universe of discourse", der Kommunikationsprozeß. Instrument desselben ist die „Geste" oder „Gebärde", ein Begriff, den Mead von Wilhelm Wundt übernommen hat. Bei Wundt kommt der Geste Bedeutung zu als Ausdruck von Emotionen, sie stellen aber auch Bestandteile von Handlungen dar, indizieren den Beginn eines Aktes. Bei Mead erhalten die Gesten darüber hinausgehend grundsätzlich ihre Bedeutung durch die Handlungsbeziehungen der Individuen in der interaktiven Situation.

Die Geste übermittelt „Sinn" zunächst insofern, als sie als Stimulus verhaltensauslösend auf Alter ego einwirkt. Mead nennt sie dann und nur dann „signifikantes Symbol". Als solches ist es Grundlage für Handeln, aber auch für unser Denken, denn Denken ist für Mead eine interne Kommunikation des Individuums mit sich selbst mittels der signifikanten Symbole.

Diese Symbole können nur verstanden und dann reaktionsauslösend wirken, wenn ihre Bedeutungen für alle Mitglieder der Kommunikationsgemeinschaft dieselben sind. Diese Bedeutungen entstehen aber ihrerseits erst im Interaktionsprozeß und verändern sich in dessen Verlauf immer wieder.

Die Gebärden erfüllen Funktionen im Kommunikationsprozeß, sie passen soziale Reaktion und sozialen Reiz wechselseitig einander an, und zwar in einem Prozeß, in dem sich diese ständig verändern. Mead stellt sich den Prozeß der Interaktion so vor, daß alle Beteiligten die Handlungsansätze der jeweils anderen durch die eigenen Reaktionen auf deren Gebärden analysieren. Die Individuen verändern dann ständig ihr Verhalten entsprechend den „signifikanten Symbolen" des Gegenüber. Diese Anpassung ist möglich durch die Fähigkeit des Individuums, seine eigenen Reaktionen auf das Verhalten des Handlungspartners zu analysieren. Wir sind uns unserer eigenen Reaktionen bewußt, weil sie Veränderungen im Verhalten anderer hervorrufen. Wir wissen dies aufgrund unserer sozialen Erfahrungen, so daß wir unser Verhalten auch instrumental einsetzen können, um das Verhalten anderer zu „kontrollieren" (entsprechend dem Englischen „to control", während das deutsche Wort „kontrollieren" eine etwas andere Bedeutung hat).

Zu diesen Auffassungen Meads ist zu bemerken, daß er generell voraussetzt, daß die Menschen das Verhalten der anderen als eine Reaktion auf eigenes Verhalten begreifen können. Wie die moderne Psychotherapie (z.B. Paul Watzlawick u.a.) gezeigt hat, ist dies keineswegs empirisch der Fall, sondern die „normale" Kommunikation weist Pathologien auf, die gerade durch die fehlende Bewußtheit der Beziehungsaspekte in der menschlichen Kommunikation entstehen. Meads Übernahme der Perspektiven der anderen setzt einen Lernprozeß voraus, in welchem die Menschen erst lernen müssen, Intersubjektivität zu sehen.

Für Meads Auffassung des sozialen Handelns und der symbolvermittelten Interaktion spielt die Beziehungsebene die dominante Rolle, während die „verstehenden" Ansätze phänomenologischer und hermeneutischer Provenienz vornehmlich auf Inhalte abstellen. Dies drückt sich sprachlich schon in der Verwendung des Begriffs „Interaktion" aus, also Handeln nicht aus der Sicht des Subjekts als sinnvolles Tun oder Nichttun, sondern als Aktions-Reaktionsabfrage, wobei diese Aktionen und Reaktionen bei Mead mit Hilfe von Symbolen und deren Deutungen bewirkt werden.

Das Selbst und die anderen

Jede symbolvermittelte Interaktion ist auch ein Baustein beim Aufbau bzw. der Veränderung der Ich-Identität, des Selbst. Während Cooley die Wahrnehmung der Vorstellungen des anderen über uns als maßgebend für die Entscheidung des sozialen Selbst angenommen hat, vertritt Mead die Auffassung, daß der Mensch ein Selbst erst entwickeln kann, wenn er fähig ist, sich selbst als Objekt zu erfahren. Er kann dies, weil er die Einstellung des anderen zu sich selbst übernimmt, d.h. durch die Übernahme der Perspektive des anderen. Darin liegt die „soziale" Natur aller unserer Welterfahrung bei Mead begründet; „sozial" nimmt die genauere Bedeutung von „intersubjektiv" an. Das „Soziale" ist eigentlich das, was beim Aufeinandertreffen verschiedener subjektiver Einstellungen geschieht und das Mead als eine situativ relativierte Objektivierung der Subjektivität der beteiligten Individuen sieht.

Die Entstehung des Selbst ist ein Lernprozeß, in dessen Verlauf das Individuum immer wieder die Einstellung anderer übernehmen muß. „Im Prozeß der Kommunikation ist das Individuum ein anderer, bevor es es selbst ist."[6] Diese „objektive" Erfahrung des Selbst erfolgt in jeder interaktiven Situation mit anderen, beschränkt sich aber keineswegs darauf, sondern findet seine Fortsetzung auch im Denken des Individuums, das für Mead eine Erweiterung der sozialen Kommunikation ist, ein innerer Dialog mit anderen. Diese anderen können die „significant others", die konkreten Personen unserer unmittelbaren Umgebung sein oder die „generalized others", die anderen in ihrer Eigenschaft als Repräsentanten bestimmter Funktionen, Rollenträger, die für uns eine Institution, Organisation oder Gruppe verkörpern. Unser Selbstbewußtsein hat also nach Mead eine dramatische Struktur, die auch die Vergangenheit miteinbezieht, da wir auch aus der Erinnerung heraus die Rolle der anderen, ihre Einstellung zu uns einnehmen und in unserer Vorstellung darauf reagieren.

Das Kind erlangt seine Ich-Identität erst allmählich und in Stufen. Zunächst reproduziert das Kind in dem, was Mead als „play" charakterisiert, die Reaktionen der Personen seiner Umgebung, wobei das Kind die Rollen aller Akteure seiner Vorstellungswelt übernimmt; dabei ist es noch stark an die Personen, zu denen es enge gefühlsmäßige Beziehungen hat, gebunden. Allmählich lernt es auch das Verhalten beliebiger Personen zu antizipieren und deren Einstellungen zu übernehmen. In Situationen, die Mead „games" nennt, spielt das Kind dann bewußt eine ganz bestimmte Rolle in einer Gruppe, d.h. aber auch, es kann das Verhalten mehrerer anderer, die auch ganz bestimmte Funktionen repräsentieren, antizipieren und diese Rollen in ihrer Gesamtheit, d.i. die Perspektive der Gruppe übernehmen. Mead nennt dies den „generalized other"; er „besteht" aus den Spielregeln der Spielgruppe, den Normen und Werten der Familie, der Kindergartengruppe, der Schulklasse etc.

Der Sozialisierungsprozeß in unserer modernen Gesellschaft bringt die Notwendigkeit – und auch die Fähigkeit mit sich, sich an immer abstrakter und universaler werdenden „generalized others" zu orientieren. Das Selbst des Menschen, seine Ich-Identität entsteht in diesem Interaktionsprozeß mit einer sozialen Umwelt. In jeder Kommunikationssituation, in jeder Ansicht des Individuums zu handeln, kommt es auch zur „Objektivierung" des Selbst, zur Entstehung eines „Me", einer reflexiven Ich-Identität, die durch die Übernahme der Einstellung oder der Rolle des anderen in bezug auf mich begründet ist. Dieses „Me" muß aber im Selbst der Person durch eine andere Instanz ergänzt werden, die darauf reagiert. Mead nennt dies „I". Die

---

[6] *George H. Mead,* Die objektive Realität ..., op. zit. S. 217

Unterscheidung in Me und I stammt an sich nicht von Mead selbst; er hat sie von William James übernommen, aber mit dieser spezifischen Interpretation versehen.

Schon die Auffassung des Denkens als eines inneren Dialogs fordert eine Zweiteilung des Selbst. Das I hat die Funktion, die Perspektivenübernahme in das Selbst zu integrieren, so daß das vordem „andere" zum Bestandteil der Person gemacht werden kann und der Mensch nicht in der Einstellung zu sich als Objekt verbleibt. Was das Me an Neuem, Anderem, Fremdem enthält, wird internalisiert und Teil des eigenen Selbst. Das I bleibt selbst unbestimmt und „ungreifbar", es ist „Gesprächspartner" des Me, es ist aber auch all das, was ich bereits internalisiert habe, es sind die historischen Me-s, auf deren Grundlage ich neue Rollenübernahmen bewältigen kann. Das „I" ist jedoch keine „Substanz", sondern eine Funktion des Selbst. Das Selbst hat genausowenig Entitätscharakter, sondern ist ein Prozeß, der durch die von I durchgeführten Internalisierungen als fortlaufend modifizierte Organisation von Me-Erfahrungen erscheint.

Das Selbst ist nicht nur die Organisation der historischen Me-Erfahrungen, sondern auch die integrative Instanz, die die Vielzahl der Rollen, die ein Individuum in verschiedenen Gruppenbeziehungen spielt, zusammenfaßt zu einer einzigartigen Kombination kommunikativer Erfahrungen. Das Selbst in Meads Konzeption ist ein dynamisches, komplexes soziales Produkt, aber kein einseitiger Anpassungsprozeß eines als schon existent gedachten Ich an die Vorstellungen, Normen, Zwänge seiner sozialen Umwelt. Diese simplifizierte Interpretation ist das Ergebnis eines gründlichen Mißverständnisses der Meadschen Position. Um diesem vorzubeugen, haben wir mit der „sozialen" Philosophie Meads begonnen. Deren Darstellung sollte klarmachen, daß Mead die Entstehung des Selbst als einen Naturprozeß vesteht, der durch die „Sozialität" der Natur selbst als ein sozialer Prozeß begründet ist. Von Anpassung kann bei Mead nur in bezug auf die jeweilige interaktive Situation gesprochen werden und nur dann, wenn die Meinungen bestimmter anderer Personen oder Gruppen als solche übernommen werden. Die Funktion des I ist es aber auch, eine Distanz zwischen den sozialen Normen und dem Selbst zu begründen, indem es auf die Me-Erfahrung aufgrund der bereits erworbenen Einstellungen reagiert. Jeder Kommunikationsprozeß ist ein Sozialisierungsprozeß und umgekehrt und gleichzeitig ein schöpferischer Prozeß, weil auf Handeln begründet.

Die Konstitution von Gesellschaft durch Kommunikation

Wie für Cooley gibt es auch für Mead keine Trennung und Gegenüberstellung von „Selbst" und „Gesellschaft". Beides sind ineinander übergreifende Prozesse, zwei Seiten ein und derselben Sache: der intersubjektiven Konstitution der Wirklichkeit.

Die Gesellschaft ist eine Kommunikationsgemeinschaft, deren wesentlich „soziale" Merkmale in der Objektivierung des Psychischen bestehen. Sie ist die Organisation der vielfältigen Perspektiven der Wirklichkeit in Selbst, Gruppen, Institutionen, Gesellschaft und sie ist ein Prozeß, der auf den praktischen Aktivitäten und Handlungsbeziehungen zwischen den Personen und Gruppen beruht.

Die Struktur des Selbst reflektiert den gesellschaftlichen Prozeß, und umgekehrt ist die Organisation der Gruppe identisch mit der jedes Selbst, das in ihr eine Rolle spielt. Das Selbst transzendiert die Gruppe, weil es die vielen Me-Erfahrungen enthält, die aus verschiedenen sozialen Situationen entstehen und das Individuum mit verschiedenen Gruppen verbindet.

Der Vorstellung von der Gesellschaft als Kommunikationsgemeinschaft, wie Mead sie entwickelt hat, liegt eine Analyse „realer" Zustände in einem philosophischkonstruktiven Sinn, nicht in empirischer Hinsicht zugrunde; daher enthält sie eine normative Dimension, ist eine ideale Ordnung, gleichzeitig aber pragmatisches Ziel unserer aktiven Teilnahme an Gesellschaft. In diesem Sinn ist sie Leitprinzip sozialer Evolution.

Mead schreibt: „The ideal of human society cannot exist as long as it is impossible for individuals to enter into the attitudes of those whom they are affecting in the performance of their own peculiar functions."[7] Die Übernahme der Perspektive des anderen ist nicht nur die Grundlage der sozialen Genese des Selbst, sondern macht auch erst Kommunikation im Sinne von Verständigung möglich. So betrachtet ist aber auch klar, daß dies in der gegenwärtigen Situation keinesfalls die Regel ist, sondern ein Ideal darstellt, das Ideal einer Gesellschaft, in der die soziale Intelligenz so vollkommen ist, daß jedes einzelne Selbst die Gesamtheit der sozialen Perspektiven in sich repräsentiert, dadurch daß es alle möglichen Rollen einnehmen kann. Ziel der Evolution ist die Identität von Gesellschaft und Selbst, und die Menschheit hat die Aufgabe, Gemeinschaftsformen zu schaffen, in denen Kommunikation in diesem Sinn möglich ist.

Literatur

Charles H. Cooley, Humam Nature and the Social Order, New York 1964 (ursprl. 1902)
Ders., Social Organization, New York 1937 (ursprl. 1909)
Ders., Social Process, New York 1918
Ders., The Roots of Social Knowledge, in: American Journal of Sociology 32/1926, S. 59ff.
John Dewey, Human Nature and Conduct, New York 1922
Ders., Experience and Nature, London 1925
William James, Does „Consciousness" Exist? in: Ders., Essays in Radical Empiricism, London-New York 1912, S. 1ff.
Hans Joas, Praktische Intersubjektivität. Die Entwicklung des Werkes von George Herbert Mead, Frankfurt 1980
Ders. (Hrsg.), Das Problem der Intersubjektivität, Frankfurt 1985
Jörg Klawitter, Charles Sanders Peirce: Realität, Wahrheit, Gott, Würzburg 1984
J. David Lewis – R. L. Smith, American Sociology and Pragmatism: Mead, Chicago Sociology and Symbolic Interaction, Chicago – London 1980
William McDougall, Introduction to Social Psychology, London 1908
Ders., The Group Mind, London 1920
George H. Mead, The Philosophy of the Present, ed. by A. E. Murphy, La Salle, Ill. 1932
Ders., Mind, Self and Society, ed. by Ch. W. Morris, Chicago 1934
Ders., The Philosophy of the Act, ed. by. Ch. W. Morris, Chicago 1938
Ders., Philosophie der Sozialität, hrs. v. H. Kellner, Frankfurt 1969
Ders., Gesammelte Aufsätze, 2 Bände, Frankfurt 1983
Dorothy Ross, The Origins of American Social Science, Cambridge 1991
Edward A. Ross, Social Psychology, New York 1908
Anselm Strauss (Hg.), Sozialpsychologie, Neuwied 1969
John B. Watson, Psychology as the behaviorist views it, in: Psychological Review 20/1913, S. 158ff.
Ders., Behaviorism, New York 1925
Paul Watzlawick, Menschliche Kommunikation, Bern 1980
Alfred N. Whitehead, Science and the Modern World, New York 1925
Ders., Process and Reality, New York 1929

---

[7] *George H. Mead,* Mind, Self and Society, Chicago 1965 (ursprl. 1934), S. 328

3. Die Entstehung der Standardthemen der amerikanischen Soziologie: Die Chicago-Schule und die Einflüsse von Anthropologie und Psychologie

Amerikas New Deal

In den 20er Jahren zeigte die amerikanische Kultur eine starke Spannung zwischen den puritanisch-ethischen Normen der Frömmigkeit, Enthaltsamkeit, des Erwerbs und der Respektabilität des alten Amerika und den städtisch-industriellen Tendenzen des modernen Lebens. Die „Roaring Twenties" waren eine schillernde Epoche mit Wirtschaftswachstum, Wohlstandssteigerung – die Städte wuchsen und entwickelten ihre typische Struktur von Geschäftszentrum und Wohn-Suburbs, Weißen- und Schwarzen-Wohngegenden, die „skylines" der Städte entstanden – die Massenkonsumgesellschaft wurde Wirklichkeit; Masseneinwanderung, Industrialisierung, Kapitalkonzentration und Verstädterung prägten die gesellschaftlichen Bedingungen. Das Ideal auch der Politiker blieb aber die Gesellschaft der mittleren Unternehmer, die agrarisch-mittelständische Gesellschaft mit ihren politischen Konsequenzen des Laisser-faire und der Begünstigung unabhängiger Unternehmer.

Von dieser Wirtschaftspolitik profitierten aber nicht die Farmer und kleineren Unternehmer, sondern die Großindustrie und die Spekulanten. Die 20er Jahre sind daher durch das Auseinanderklaffen von politischen Leitbildern und der realen Entwicklung gekennzeichnet. Dadurch entstanden nicht nur große Unterschiede des Einkommens, der Macht, des Ansehens und damit große soziale Ungerechtigkeit, sondern auch eine Erosion der moralischen Standards in der Wirtschaft; Korruption, Bestechung, gewaltsame Unterdrückung der Arbeiterbewegung und der Schwarzen waren durchaus keine Seltenheit.

Die Wirtschaftsexpansion der 20er Jahre war eine völlig unkontrollierte und auch in ihren sozialen und ökonomischen Folgen unbegriffene und nicht handhabbare Entwicklung gewesen. 1929 mit der durch den Börsen- und Bankenkrach ausgelösten Weltwirschaftskrise war sie mit einem Mal zu Ende, und die schon so nahe scheinende Gesellschaft des allgemeinen Wohlstands erwies sich als das, was sie immer war: als völlig unrealistische Utopie. Das Ausmaß der Krise erschütterte die Fortschrittseuphorie und den sozialen Optimismus von Grund auf und stürzte die amerikanische Gesellschaft in lähmende Verzweiflung.

Da wurde nach dem republikanischen Präsidenten Hoover, dessen Administration der Krise hilflos gegenüberstand, jeder Mann Präsident, dem es gelang, der Nation wieder Hoffnung zu geben, und dessen „Brain Trust" mit dem „New Deal" eine neue Gesellschaftskonzeption begründete: Franklin D. Roosevelt, Demokrat, Anhänger Wilsons und des Progressive Movement, ehemaliger Gouverneur von New York.

Es müßte zu weit führen, alle Reformmaßnahmen des New Deal im einzelnen anzuführen, die nach den ersten notwendigen Sanierungsbestrebungen, insbesondere ab 1935, unternommen wurden. Wesentlich ist anzumerken, daß sie von einem neuen Gesellschaftskonzept getragen wurden: nicht die unabhänige Mittelstandsgesellschaft war Ideal und Ziel, sondern die städtisch-industrielle Massengesellschaft. Nicht allein die Unternehmer galten ihr als Stütze, sondern sie war ein System von „countervailing powers" (Galbraith) mit labilem Gleichgewicht, das vor allem zwischen den großen Gruppen der Gesellschaft, den industriellen Unternehmern, den Farmern und der Arbeiterschaft herrschte. Nicht nur die industrielle Arbeiterschaft wurde als eine der Großgruppen der modernen Gesellschaft anerkannt, sondern auch die „white collar workers" und die Intellektuellen wurden als eigene Gruppierungen innerhalb einer pluralistischen Ordnung gesehen.

Auch die Wirtschaftspolitik Roosevelts unterschied sich grundsätzlich von der bisherigen und setzte entschieden auf Gestaltung, Planung und Lenkung durch den Staat bzw. öffentliche Körperschaften. Sie wandte das Keynessche Prinzip des „deficit spending" zur Lösung des Arbeitslosenproblems an und schuf eine Reihe öffentlicher Planungsbehörden wie die Public Work Administration, die Tennessee Valley Authority u. a., sowie Gesetze wie den National Industrial Recovery Act. In letzerem wurde auch die Koalitionsfreiheit der Arbeiter und das Recht der Gewerkschaften zu Lohnverhandlungen anerkannt. Als Schlichtungsstelle für Arbeitskonflikte wurde der National Labor Board gegründet. Die Gewerkschaften gewannen zusehends an Bedeutung, allerdings kam es in den frühen 30er Jahren, insbesondere im Jahr 1934 zu erbitterten Streiks, und eine ganze Reihe von sozial-radikalen Politikern schafften den Einzug in den Senat, was schließlich zu einem „Linksruck" Roosevelts und der umfassenden Sozialgesetzgebung von 1935 führte: Diese bestand zunächst in dem National Labor Relations Act, durch den der National Labor Relations Board geschaffen wurde, der die gewerkschaftliche Organisierung der Arbeiter durch Abhaltung von Wahlen und Unterbindung der „unfair labor practices" der Arbeitgeber gewährleistete.

Auf bundesstaatlicher Ebene wurde die Institutionalisierung eines Sozialversicherungssystems betrieben (Social Security Act), ein wesentlicher Schritt in Richtung eines modernen Sozialstaates, wenngleich die Leistungen sich kaum mit den europäischen Sozialversicherungssystemen messen konnten. Trotz aller Maßnahmen und zwischenzeitigen wirtschaftlichen Aufschwungphasen blieb die Arbeitslosigkeit eines der Probleme der Zeit bis zum 2. Weltkrieg. Dazu kamen weitere „social problems", die durch die Verstädterung und Masseneinwanderung, die unterschiedliche Behandlung von WASP's (white, anglo-saxon Protestants) und Schwarzen oder Einwanderern aus Südeuropa und Lateinamerika entstanden.

Chicago-Soziologie: Allgemeine Merkmale

An der University of Chicago entstand die erste und lange Zeit dominierende Schule der Soziologie in Amerika; sie hat die Zeit von der Jahrhundertwende bis in die 30er Jahre geprägt. Ihre Merkmale waren:

1) Eine von der Begründung des Department of Sociology her bereits vorhandene Ausrichtung auf sozialpolitische Reformen, mithin ein praktisches Interesse an der Nutzung der Soziologie im Sinne einer Sozialtechnologie. Dieser Zug gründete in dem schon um die Mitte des 19. Jahrhunderts bestehenden „Social Science Movement", welches 1865 zur Gründung der American Social Science Association führte. Seine Vertreter beriefen sich auf Fourier, Comte und Spencer und strebten ein von philantropischen Interessen gelenkte Sozialreform durch „social science" an. Diese reformorientierte „social science" verstand sich nicht als ein streng in der Wissenschaftlergemeinschaft betriebene akademische Disziplin, ihre Träger waren vielmehr breite Kreise von Intellektuellen, keineswegs nur Wissenschaftler. Sie war an den Colleges schon lange geläufig und fand erst später in den Graduate Schools Eingang. Hier allerdings sollte sie sich als ernstzunehmende Wissenschaft bewähren, sollte Gesetzmäßigkeiten der Gesellschaft aufspüren und entdeckte zu diesem Zweck die europäische Soziologie in der Tradition Comtes und Spencers. So hielt die „Soziologie" Einzug in die amerikanischen Graduate Schools, und zwar meist auf Initiative einzelner Persönlichkeiten, die soziale Reformziele und wissenschaftliche Analyse zu verbinden suchten. Dies war auch bei der Gründung

des Departments of Sociology der Universität von Chicago der Fall; der erste Leiter dieses Departments, Albion Small, zeigte, wie schon oben erwähnt, diese reformorientierte Einstellung, verbunden mit der Betonung der einzelwissenschaftlichen Kompetenz der Soziologie. Sie zeichnete auch William I. Thomas und Robert E. Park, die Nachfolger Smalls, aus, wenn auch mit wesentlichen Modifikationen, die zu weiteren Merkmalen der Chicago-Soziologie wurden.

2) Sowohl Thomas wie Park kamen nicht von einer konzeptuellen Einstellung her zur Soziologie, d.h. sie waren nicht an Systematik und Theoriebildung interessiert, sondern am Alltag der Menschen, über den sie aus erster Hand Erfahrungen sammelten. Sie schickten nicht nur ihre Studenten „auf die Straße“, um direkte Beobachtungen und Befragungen zu machen; auch die Professoren selbst sammelten auf diese Weise „human documents“. Die qualitativen empirischen Studien der Alltagswelt der Menschen bestimmten den Stil der Chicago-Soziologie.
3) Dabei handelte es sich um Themen und Objekte, die die Auswirkungen der industriellen Entwicklung, der Verstädterung, der Masseneinwanderung etc. auf das Leben der Menschen, ihre Erfahrungen und ihre Reaktionen darauf betrafen. Nicht Probleme der gesellschaftlichen Evolution in ihren großen und universalen weltgeschichtlichen Bezügen standen im Mittelpunkt, sondern Alltagsleben und -handeln der Menschen hier und jetzt in Abhängigkeit von größeren sozialen, wirtschaftlichen und politischen Bedingungen und deren Veränderungen; kurz: „social problems“ waren das Thema der Chicago-Soziologie.

George H. Mead lehrte in etwa zur selben Zeit wie Thomas und Park in Chicago; die Soziologen nahmen aber von ihm kaum wesentliche Notiz. Zwar stimmten sie mit Cooley und Mead in bezug auf die starke sozial-psychologische Ausrichtung überein, aber sie interessierten sich nicht für die soziale Genese des Selbst als solcher, sondern setzten dies als gegeben voraus, wobei sie allerdings nie so weit gingen wie Mead, das Selbst als schlichtweg soziales Selbst zu betrachten. Für sie blieben die Anpassungsprozesse der Individuen immer etwas Äußerliches, etwas, das einem individuellen Selbst gegenübertritt und wie eine Maske aufgesetzt wird, wie es Robert E. Park ausdrückte[1], anknüpfend an die ursprüngliche Bedeutung des Wortes „Person“ (= Maske). Sie standen daher der kulturanthropologischen Auffassung von Rolle, wie sie etwa Ralph Linton entwickelte, näher. Von daher bekam auch der soziologische Rollenbegriff seine Bedeutung als etwas dem Individuum zunächst Äußerliches, das er annimmt und „spielt“.

Die Definition der Situation

William Isaac Thomas (1863–1947) hob selbst hervor, daß er „nie unter dem Einfluß einer von der Philosophie angebotenen Erklärung der Wirklichkeit“ geriet. Ansonsten war seine intellektuelle Entwicklung durch ein breitgefächertes Spektrum von Disziplinen charakterisiert, die Thomas irgendeinmal studiert hatte. Eigentlich war er von der Ausbildung und frühen Berufstätigkeit her Sprachwissenschaftler, hatte auch in Deutschland Vorlesungen über alle Sprachen gehört, war eine Zeitlang College-Professor für englische Sprache und interessierte sich nebenbei für Biologie, Psychologie und Ethnologie. Anläßlich einer Europareise kam Thomas auch nach Polen und lernte dort Florian Znaniecki kennen. Sein Interesse auf dieser Reise war auf die Untersuchung europäischer Nationalitäten mit Blick auf die Einwandererprobleme in Amerika gerichtet. Als Znaniecki dann selbst nach Amerika kam, arbeiteten sie fünf

---

[1] *Robert E. Park,* Human Nature and Collective Behavior, in: Ders., Society, Glencoe, Ill., 1955, S. 13ff.

Jahre lang an einem Werk über „The Polish Peasant in Europe and America“, das in 5 Bänden zwischen 1918 und 1921 erschien, zusammen.

Ziel und Thematik dieser Arbeit, die heute als einer der Klassiker der Soziologie gilt, stammten aus einer Zeit, in der Thomas noch wenig mit der Soziologie zu tun hatte. Mit der Soziologie seiner Zeit, die er ab 1894 bei Albion Small studierte, konnte er nicht viel anfangen. Gleichwohl wurde er 1910 Professor für Soziologie an der University of Chicago, die er allerdings schon 1918 aus disziplinären Gründen verlassen mußte. Seine wichtigsten Werke stammen aus der Folgezeit: die schon erwähnte Studie „The Polish Peasant in Europe and America“, „The Unadjusted Girl“ (1923) und „The Child in Amerika“ (1928 zusammen mit Dorothy S. Thomas). Seine Lehrtätigkeit übte er an der New School of Social Research und später als Gastprofessor an der Harvard University aus. Sein letztes Werk war „Primitive Behavior: An Introduction to the Social Sciences“ (1937).

Durch alle Werke Thomas' zieht sich ein Gedanke: der der Definition der Situation als Erklärungsgrundlage für Verhalten. Der Mensch handelt in einer gegebenen Situation auf der Grundlage seiner Deutung dieser Situation. Jede konkrete Handlung ist das Resultat einer Situationsdeutung. Thomas hat den Begriff der „Situation“ als Grundbegriff in die soziologische Analyse eingeführt; er versteht darunter den „Bestand von Werten und Einstellungen, mit denen sich der einzelne oder die Gruppe in einem Handlungsvorgang beschäftigen muß und die den Bezug für die Planung dieser Handlung und die Bewertung ihrer Ergebnisse darstellt“.[2]

Die „Situation“ besteht:

1) aus den objektiven Bedingungen, unter denen die Handlung zu erfolgen hat;
2) aus den bereits vorhandenen Einstellungen des einzelnen oder der Gruppe und
3) aus den subjektiven Vorstellungen des einzelnen oder der Gruppe hinsichtlich der Bedingungen sowie dem Bewußtsein, das der Handelnde über seine Einstellungen hat.

Damit der Mensch die Situation durch Handeln bewältigen kann, muß er sie für sich deuten. „Situationsdefinition ist eine notwendige Voraussetzung für jeden Willensakt, denn unter gegebenen Bedingungen und mit einer gegebenen Kombination von Einstellungen wird eine unbegrenzte Vielzahl von Handlungen möglich, und eine bestimmte Handlung kann nur dann auftreten, wenn diese Bedingungen in einer bestimmten Weise ausgewählt, interpretiert und kombiniert werden und wenn eine gewisse Systematisierung dieser Einstellungen erreicht wird, so daß eine von ihnen zur vorherrschenden wird und die anderen überragt“.[3]

Thomas sah als einen Hauptirrtum der Sozialpraxis wie auch der Sozialtheorie die mangelnde Einsicht an, daß die Wirkung eines sozialen Phänomens nicht ausschließlich auf der objektiven Natur dieses Phänomens beruht, sondern auch von dem subjektiven Standpunkt abhängt, den der einzelne oder die Gruppe gegenüber diesem Phänomen einnimmt, d. h. von der Bedeutung desselben für das Individuum. Erst die Deutung der Situation bestimmt die Wirklichkeit der sozialen Situation. Wenn eine Situation von den Menschen als real definiert wird, so ist sie in ihren Kosequenzen real. Die soziale Wirklichkeit ist gekennzeichnet durch die Spannung zwischen spontanen Situationsdefinitionen einzelner Handelnder und dem Vorrat an Situationsdefinitionen, den die Gesellschaft bereithält. Das Individuum orientiert sich in

---

[2] *William I. Thomas,* Einleitung zu „The Polish Peasant in Europe and America“, in: Ders., Personen und Sozialverhalten, hrsg. v. E. H. Volkart, Darmstadt-Neuwied 1965, S. 84

[3] Ebenda, S. 84/85

einer bestimmten Situation an allgemeinen Deutungsmustern und an seinen eigenen Bedürfnissen, die Thomas als „die vier Wünsche“ präsentiert: Wunsch nach Sicherheit, nach Erwiderung, nach neuem Erleben und nach Anerkennung.

Diese Erkenntnis der Bedeutung subjektiver Faktoren bei der kausalen Erklärung sozialen Verhaltens führte zu Thomas' Überzeugung, daß Soziologie und Sozialpsychologie nicht zu trennen sind, weil die soziale Wirklichkeit sowohl objektive, d.h. auch dem Forscher zugängliche, und subjektive, nur für den Handelnden existierende Faktoren enthält. Thomas versucht nun nicht, die subjektiven Faktoren in objektive zu transformieren, sondern plädiert für die empirische Erforschung der subjektiven Sinnentwürfe als solche. Zu diesem Zweck wendete er explorative Forschungsverfahren an wie die „human document studies“, die er auch in der mit Florian Znaniecki gemeinsam unternommenen Studien „The Polish Peasant in Europe and America“ verwendete. Im Falle dieser Untersuchung bestand das Datenmaterial aus einer großen Zahl von persönlichen Briefen, die polnische Immigranten nach Polen schickten oder umgekehrt von ihren Angehörigen in Polen erhielten, ferner aus Archivmaterial einer polnischen Zeitung, Ausreiseunterlagen, Pfarrdokumenten in Gebieten mit starker polnischer Besiedelung und Lebensgeschichten von polnischen Einwanderern, von denen aber nur eine Biographie in die Studie aufgenommen worden war. Besonders Briefe und verfaßte Lebensgeschichten sah Thomas als geeignete Unterlagen an, aus denen soziale Erfahrungen aus der Sicht des Subjekts für die Sozialanalyse erschlossen werden könnten.

Wenngleich Thomas in methologischer Hinsicht einen sehr liberalen Standpunkt einnahm, d.h. sich nicht auf eine genormte Wissenschaftlichkeit beschränken lassen wollte, so war sein methodisches Verständnis doch keineswegs ein intuitionistisches, sondern deutlich empirisch-kausalanalytisch. Allerdings trat er für spezifische sozialwissenschaftliche Methoden ein, die der subjektiven Natur sozialer Situationsdeutungen entsprechen.

In seinem letzten Werk „Primitive Behavior“ erweiterte Thomas seine Situationsanalyse auf den Vergleich von Kulturen. Wie die einzelnen Akteure, so definieren auch Stämme die Situation, in denen sie sich an geänderte Bedingungen anpassen müssen. Verschiedene Gesellschaften entwickeln dabei unterschiedliche Anpassungsreaktionen, d.h. sie deuten dieselbe Situation unterschiedlich und kommen derart zu differenten moralischen und rechtlichen Normen, politischen Prinzipien, organisatorischen Strukturen. Thomas war sich auch durchaus bewußt, daß diese Anpassung durch Situationsdefinition ein sozialer Prozeß ist, in dem Argumente, Konflikte, sprachliche Deutungen, Diffusion etc. eine Rolle spielen; eine Betrachtung, der Herbert Blumer sich dann systematischer zugewandt hat. Auch die Tatsache, daß bestimmte Personen dabei als „Definierer“ auftreten wie Medizinmänner, Propheten, Gesetzgeber, Politiker, Wissenschaftler, hob Thomas hervor. Die Verbreitung bestimmter Situationsdefinitionen kann Kulturepochen und Massenbewegungen begründen.

Thomas war seiner eigenen Einschätzung zufolge kein nachdenklicher Mensch, sondern ein extrovertierter Mensch mit introvertiertem Beruf. Seine Begriffe sind demzufolge nicht exakt definiert, wirken vage; insbesondere der Begriff der „Situation“ selbst. Begriffsanalysen erweisen sich als schwer durchführbar, ergeben ein verwirrendes Bild. Sein Hauptinteresse galt der sozialwissenschaftlichen Teilnahme am praktischen Leben, an der realen Alltagswelt; er zog keinen genauen Trennungsstrich zwischen Wissenschaft und Alltag. Wissenschaft sah Thomas ganz allgemein als einem sozialen Zweck dienend, nämlich der rationalen Kontrolle des Verhaltens zur Meisterung von Krisen. Zu diesem Zweck müssen nachprüfbare Verallgemeinerungen über menschliches Verhalten aufgestellt werden. Er trat, wie schon bemerkt, durchaus für empirisch-analytische Verfahren ein. Obwohl immer wieder bemüht, methodische Fragen zu klären, war Methode für ihn primär praktische Forschungstechnik. In dieser Hinsicht war der zweite bedeutende Kopf der Chicago-Schule durchaus ähnlich eingestellt: Robert E. Park. Seine Schüler sind vor allem gemeint, wenn auf die Chicago-Schule Bezug genommen wird.

„Collective Behavior", Sozialökologie und Subkulturstudien

Robert E. Park (1864–1944) studierte Physik, Philosophie und Deutsch, wurde danach Journalist und entwickelte ein starkes Interesse an sozialer Berichterstattung und an sozialen Reformen. In Harvard führte er seine Studien in Philosophie weiter, wobei ihn jedoch mehr die sozialpsychologische Dimension fesselte. Nach einem vierjährigen Studienaufenthalt in Heidelberg, Straßburg und Berlin legte er 1904 seine auf Deutsch verfaßte Doktorarbeit über „Masse und Publikum. Eine methodologische und soziologische Untersuchung" vor. Darin manifestierte sich bereits sein von seiner journalistischen Tätigkeit gewecktes Interesse an „collective psychology". Wie kurzzeitig auch Thomas, so beschäftigte sich Park noch stärker als dieser mit den Problemen der schwarzen Landarbeiter im Süden der USA. Hier lernten beide einander kennen, und Thomas holte ihn schließlich 1915 nach Chicago.

1916 veröffentlichte er im American Journal of Sociology einen Artikel, der zum Programm seiner Forschungsarbeiten am Department insbesondere mit Bezug auf seine sozialökologischen Untersuchungen wurde: „The City: Suggestions for the Investigation of Human Behavior in the Urban Environment" (wiederabgedruckt in R. Park – E. W. Burgess, The City, Chicago 1925). Und 1921 folgte zusammen mit E. W. Burgess die „Introduction to the Science of Sociology". Wie Thomas war auch Park primär an den Erfahrungen der Menschen in der realen Welt ihres Alltags interessiert und nicht an der Konzeptualisierung und Konstruktion wissenschaftlichen „Wissens".

Massenverhalten, Massenkommunikation beschäftigten ihn auch weiterhin in seiner akademischen Tätigkeit. Er wurde zum Soziologen des „collective behavior" als des typischen „extrainstitutional behavior". Die Masse, die „crowd", war für ihn der Prototyp der sozialen Gruppe und die Soziologie die Grundlagenwissenschaft vom kollektiven Verhalten auf kausalwissenschaftlicher Grundlage.

Als besonders fruchtbar stellten sich die Gemeindestudien heraus, die Park in Chicago förderte. Aufgrund eines Interesses aus seiner Studienzeit an Geographie, das ihm klargemacht hatte, daß Kultur ein geographisches Phänomen ist, ging Park davon aus, daß man das städtische Leben mit denselben Menschen, wie sie die Anthropologen Boas und Lowie für das Studium primitiver Gemeinschaften verwendeten, untersuchen könne. Park teilte das Stadtgebiet in konzentrische Ringe ein, die das Wachstum der Städte wiedergeben: die „business area" im Zentrum, darum herum die „slum area", dann die Arbeitersiedlungen, dann die bessere Wohngegend, die „bungalow section" und schließlich die „commuters' zone".

Die Gesellschaft wird aus der Sicht der menschlichen Ökologie, der für das Leben menschlicher Gemeinschaft wesentlichen Umweltbedingungen, betrachtet. Gesellschaft entsteht aus Gemeinschaft, welche gleichzeitig territorial und funktional bestimmt ist und auf Kommunikation, Konsens und Brauch beruht. Soziale Probleme sind demnach nicht durch die Veränderung der gesellschaftlichen Strukturen als solche zu lösen, sondern durch Verstehen, Annahme und Übernahme der neuen Ordnung in die Gewohnheiten, Traditionen und Sitten der Gemeinschaft.

Parks Bedeutung liegt vor allem in seiner stimulierenden Wirkung in bezug auf die Felduntersuchungen, für die Chicago berühmt wurde. Er arbeitete eng mit Ernest W. Burgess (1886–1966) zusammen, und mehr oder weniger gleichzeitig hatten auch eine Reihe anderer ähnlich gelagerter Forschungsarbeiten begonnen, so daß man von der gegenseitigen Beeinflussung mehrerer Soziologen in Chicago sprechen muß, wobei Park keinesfalls nur als Leiter des Departments fungierte, aber auch nicht dominierte: Nels Anderson führte eine Untersuchung unter Obdachlosen durch („The Hobo", 1923), Fred M. Thrasher über delinquente Jungendliche („The Gang", 1927), Louis Wirth über „The Ghetto" (1928), Harvey W. Zorbaugh veröffentlichte eine Studie über einen zentralen Stadtteil von Chicago mit starken sozialen und ökonomischen Unterschieden („The Gold Coast and the Slum", 1929) und Roderick McKenzie vertiefte den ökologischen Ansatz in „The Metropolitan Community" (1933).

Die Arbeiten der Chicago-Schule instigierten darüber hinaus eine Reihe von Gemeindestudien. Von großer Bedeutung waren die Untersuchungen von Robert S. und Helen Lynd über „Middletown" (1929), eine Industriestadt in Indiana, die als Spiegelbild der amerikanischen Gesellschaft und ihrer Klassenverhältnisse diente. Nach der Wirtschaftskrise wiederholten die Lynds ihre Untersuchungen in dieser Stadt, um die Änderungen zu erforschen, die die wirtschaftlichen Einbrüche in Klassenverhältnissen und Leben der Stadt mit sich gebracht hatten („Middletown in Transition" 1937). Robert Lynd (1829–1931) wurde Professor in Columbia und einer der bedeutendsten Soziologen der Zwischenkriegszeit, der, wie allgemein charakteristisch für die Soziologie der Epoche, ein tiefsitzendes Mißtrauen gegen theoretische Konstruktionen hatte.

In den 40er Jahren erlangten dann die Forschungen von W. Lloyd Warner und seinem Team über Newburyport, Mass., große Bedeutung („Yankee City Series", 4 Bände, ab 1941), die Anlaß waren für die Entwicklung eines Systems von sechs Sozialschichten auf induktivem Wege, das bald eine starke Ausbreitung erfuhr.

Neben einer ganzen Reihe von Untersuchungen, die sich mit menschlichen Gemeinschaften im ländlichen oder städtischen Raum beschäftigten und die in Europa eine gewisse Entsprechung in den soziographischen Studien fanden, gab es insbesondere ein starkes Interesse an Subkulturen, ein Begriff, der seinen Ursprung auch in den Gemeindestudien mit ihrer kulturanthropologischen Schlagseite hatte. Bestsellerqualitäten entwickelte hier insbesondere William Foote Whytes „Street Corner Society" (1943), wobei die teilnehmnede Beobachtung so weit vorangetrieben war, daß sie beinahe zum „insider-report" geriet.

Alle diese, die Epoche der 20er bis 40er Jahre charakterisierenden und über den engeren Kreis der sogenannten Chicago-Schule hinausgehenden Studien zeichnen sich durch die Verbindung genauer Beobachtungen und Beschreibungen mit reportageähnlicher Berichterstattung aus. Trotz durchaus vorhandener methodischer Überlegungen war es eine Sozialforschung „aus dem Bauch" und wurde erst langsam zu einem systematischen Fach- und Berufswissen, zu dem Werke wie George Lundbergs „Social Research" (1929) wesentlich beitrugen. Für die Chicago-Soziologie und darüber hinaus einen breiten Kreis von Soziologen überwog jedoch das praktische Interesse an Problemlösungen, es bestand wenig Anspruch in bezug auf Theoriebildung. Die resultierenden Publikationen waren gut lesbar und fanden ein breites Publikum.

Status und Rolle: Die Anthropologie der modernen Gesellschaft

Generell zeichnet sich die amerikanische Sozialwissenschaft durch einen im Vergleich zur europäischen wesentlich stärkeren interdisziplinären Charakter aus. Kaum ein amerikanischer Soziologe beschränkte sich in seinem Werdegang und in seinen wissenschaftlichen Interessengebieten auf die Grenzen einer streng gehüteten Fachkompetenz. Man griff Objekte und Themen auf und untersuchte sie von verschiedenen Gesichtspunkten aus. Das war spürbar in dieser Phase, in der sich eine amerikanische Sozialwissenschaft mit starker pragmatisch-empirischer Ausrichtung und ohne großen Theorienanspruch entwickelte. Besonders deutlich aber wurde es, als sich die amerikanische Soziologie anschickte, eine eigene universale Theorie der Sozialwissenschaften zu schaffen. Das „Zusammmenschauen" von Erkenntnisen und Perspektiven aus den verschiedenen Wissenschaften, in denen es gerade epochale Entwicklungen gab, und das Eingringen derselben in die Soziologie machte die Vitalität und Faszination der amerikanischen Soziologie vor allem in der Folgezeit, den 40er bis 60er Jahren, aus und ließ sie als die Soziologie schlechthin erscheinen.

Die amerikanische Gemeindesoziologie wies starke Einschüsse der kulturanthropologischen Betrachtungsweise auf. Park, Thomas, Lynd, Warner und andere hatten zumindest eine Kenntnis der Kulturanthropologie v. a. eines Franz Boas, J. Frazer, E. B. Tylor, sofern sie nicht überhaupt wie W. Lloyd Warner von der Kulturanthropologie her kamen. Sie wandten die Methoden derselben auf die moderne Gesellschaft an, was nicht allein eine methodologische Übernahme darstellte, sondern auch durch die von den meisten amerikanischen Autoren geteilte evolutionistische Sicht gesellschaftlicher Entwicklung nahegelegt wurde. Die Kulturanthropologie hatte in Amerika bereits eine lange Tradition. Das Werk Lewis H. Morgans (1818–1881) war von Engels als „eines der wenigen epochemachenden Werke unserer Zeit" bezeichnet worden.[4] Später erhielten W. G. Sumner und G. H. Mead starke Impulse durch die Völkerpsychologie Wilhelm Wundts.[5] Und schließlich erwies sich der Funktionalismus in der Kulturanthropologie von Bronislaw Malinowski, A. R. Radcliffe-Brown und Ralph Linton als Paradigma für die Entwicklung einer umfassenden soziologischen Theorie. Wenden wir uns kurz einigen zentralen Begriffen Lintons zu, die auch zu Standardtermini der Soziologie wurden.

Ralph Linton definierte „society" als „any group of people who have lived and worked together long enough to get themselves organized and to think of themselves as a social unit with welldefined limits".[6] Anders als die ephemere Menge ist eine Gesellschaft über die biologische Dimension hinaus vor allem eine funktionale Gesamtheit; sie entsteht durch die Anpassung und Organisation des Verhaltens der Individuen und durch die Entwicklung eines „esprit de corps". Damit die Gesellschaft „funktionieren" kann, bedarf es der Existenz von Mustern des wechselseitigen Verhaltens, die das Fortbestehen der Gesellschaft ermöglichen. Die Verhaltensmuster regeln das Verhalten der Individuen in bestimmten Positionen, neue Mitglieder können auf ihrer Grundlage in ihre jeweiligen Positionen eingeführt werden. Dabei handelt es sich um „ideal patterns", um gedankliche Vorstellungen, nicht um reale Verhaltensweisen; die Individuen orientieren sich nicht nur an diesen Mustern, sondern an den situativen Erfordernissen und Interessen. Die Verhaltensmuster ihrerseits passen sich diesen Modifikationen, die durch die sich ständig ändernden Umweltbedingungen notwendig werden, langsam und teilweise an, während sich die realen Verhaltensweisen bereits wieder ändern. Trotzdem beeinflussen die „ideal patterns" das Denken und Handeln der Individuen sehr stark, und zwar durch ihren

---

[4] *Friedrich Engels,* Der Ursprung der Familie, des Privateigentums und des Staates. Im Anschluß an Lewis H. Morgans Forschungen, in: MEW XXI, Berlin 1969, S. 28

[5] *Wilhelm Wundt,* Völkerspsychologie: Eine Untersuchung der Entwicklungsgesetze von Sprache, Mythos und Sitte, Leipzig 1900–1920

[6] *Ralph Linton,* The Study of Man, London 1965, S. 91

über-individuellen Charakter: Sie bleiben bestehen, während die Individuen kommen und vergehen. Ihre Gesamtheit stellt das soziale System der Gesellschaft dar.

Die Verhaltensmuster finden ihren Ausdruck in Verhaltensweisen von Individuen, die zueinander in wechselseitigen Beziehungen stehen; die polaren Positionen, die die Verhaltensmuster verbinden, werden „status" genannt. Der Status ist also eine Position in einem Verhaltensmuster. Der Status einer Person ist dann das Insgesamt aller seiner Positionen in allen Verhaltensmustern, die ihn betreffen, d.h. alle Rechte und Pflichten aus allen seinen Positionen. Während der Status die relativen Positionen der Gesellschaftsmitglieder zueinander sowie zur Gesellschaft insgesamt beinhaltet, ist die Rolle der dynamische Aspekt des Status, d.h. die Effektuierung der Rechte und Pflichten aus dem Status.

Linton unterschied zwischen dem „ascribed" und „achieved status". Der „ascribed status" wird dem Individuum ohne Rücksicht auf seine persönlichen Fähigkeiten und Eigenheiten zugeschrieben. Demgegenüber kann der Status einer Person auch von seinen individuellen Eigenschaften und Leistungen bestimmt sein; er kann auch ein erworbener Status sein. Geschlecht, Alter, Familienbeziehungen sind die in allen Gesellschaften als Bezugspunkte verwendeten Merkmale für die Statuszuschreibung; Kasten- oder Klassenzugehörigkeit und Beruf hingegen werden in manchen Gesellschaften ausschließlich zugeschrieben, in anderen können sie auch erworben werden.

Die relativ starre Ordungsvorstellung hinter diesen Begriffen von Verhaltensmustern, Status und Rolle kann ihre Entstehung aus der Erforschung „primitiver" Gesellschaften nicht verleugnen. Aber Linton wandte sie auch auf moderne Gesellschaften an. Hinter dieser universellen Verwendung der Begriffe steht die Vorstellung, daß alle menschlichen Gesellschaften sich hinsichtlich ihres Standes im Prozeß der sozialen Evolution zwar unterscheiden mögen, aber trotzdem dieselbe Grundstruktur aufweisen, die die Basis der Evolution ist. Diese Grundstruktur ist Ausfluß der Eigenschaften der menschlichen Gesellschaft als einer funktionalen Gesamtheit. Der kulturanthropologische Funktionalismus betrachtet die Gesellschaft und ihre Kultur von außen und als Ganzes. Alle Institutionen, Normen, Artefakten, die sich in einer (Stammes-)Gesellschaft unterscheiden lassen, müssen erklärt werden, und dafür bietet sich dem Kulturanthropologen die funktionale Erklärung geradezu an, denn es geht nicht so sehr um die Explikation oder gar das Verstehen von Handlungen von Personen, die uns in diesen Kulturen nur als Positionsträger erscheinen können. Am Grunde dieser Auffassung liegt die Annahme, daß der Mensch in den archaischen Gesellschaften noch nicht ausreichend individualisiert ist, daß er primär Ausdruck seiner Kultur ist. Dies gilt für moderne Gesellschaften zwar nicht; wenn man diese aber als Ganzes in den Blick bekommen will, muß man jedoch auch von den individuellen Eigenschaften absehen und Strukturen erfassen. Und dafür eignet sich die Funktionalanalyse auch im Falle moderner Gesellschaften, weil auch sie – wenn auch viel differenzierter und komplexer als primitive Gesellschaften – „funktionierende" Gesamtheiten sind. Die Funktionalbetrachtung zielt also auf die Erkenntnis gesellschaftlicher Strukturen und nicht auf das Erklären von Handlungen. Talcott Parsons hat dann versucht, beide Ebenen, die der Struktur und die des Handelns, in einem theoretischen Bezugsrahmen zu vereinen.

Die amerikanische Psychosoziologie

Neben der Kulturanthropologie hatte die Psychologie, insbesondere die neu entstandene Sozialpsychologie, ein großes Näheverhältnis zur Soziologie. In vielen Fällen wurde überhaupt nicht zwischen den beiden unterschieden, sie verschmolzen zu einem Erkenntnisbereich, der „Psychosoziologie".

Man kann m. E. vier Dimensionen nennen, in denen sich die Konvergenz von (Sozial-)Psychologie und Soziologie manifestiert. Sie stellen gleichzeitig Schwerpunktbereiche der amerikanischen Sozialwissenschaft dar:

1) Die soziale Genese des Selbst, d. h. die Entstehung der individuellen Persönlichkeit im Kommunikationsprozeß. Dieser Perspektive hatten insbesondere Cooley und Mead ihre Aufmerksamkeit zugewandt, und dieser Konvergenzbereich zwischen Psychologie und Soziologie wurden später als „Sozialisation" zu einem der Standardkapitel soziologischer Lehrbücher und Titel unzähliger Forschungsunternehmungen.

2) Das „collective behavior": Im Unterschied zu der klassischen Studie von Le Bon über das Phänomen der Masse wurde der amerikanische Massebegriff aufgelöst in verschiede Typen von „Masse" (crowd = Menge, Mob, Publikum etc.) und entsubstanzialisiert, d. h. nicht als eine soziale Wesenheit, als ein Ganzes mit bestimmten Eigenschaften aufgefaßt, sondern als Insgesamt von Verhaltensweisen. Die behavioristische Sicht wurde bereits als charakteristisch für die amerikanische Sozialwissenschaft angeführt, und sie manifestiert sich tatsächlich in den meisten Untersuchungen. Nicht „die Masse", „die Menge", „der Mob" ist eigentlich Gegenstand der Betrachtung, sondern „das Masseverhalten", das Verhalten der einzelnen in der Menge, im Publikum, im Mob. Während die europäische „Masse"-Literatur die aristokratisch-kulturkritische Tönung nicht verleugnen kann, wurde der Massebegriff durch die behavioristische Betrachtung, deren Wurzeln in der amerikanischen Zivilisation liegen, „demokratisiert": „Masse", das ist nichts anderes als das Verhalten der vielen einzelnen, ist kein mystisches Wesen, sondern Grundlage des demokratischen Prozesses. Die politischen Wahlen waren daher das Beispiel schlechthin für Masseverhalten, oder aber das Kaufverhalten, das bemerkenswerterweise ganz ähnlich wie das politische Wahlverhalten als „rational choice" aufgefaßt wird und auf „demokratische" Weise („consumer sovereignty") die Präferenzen der Konsumenten aufzeigt. Oder das Verhalten des Radiopublikums oder „des amerikanischen Soldaten" und vieles mehr. Mit der Entwicklung der Umfragetechniken und der Bereitstellung großer finanzieller Mittel entstand die empirische Sozialforschung als „Big Science" und Bestandteil und Aushängeschild der amerikanischen Demokratie.

3) In den 20er und 30er Jahren wurde aber auch ein weiteres zentrales Objekt amerikanischer sozialwissenschaftlicher Forschung entdeckt: die Gruppe, und zwar die „kleine Gruppe" mit nur einer geringen Zahl von Mitgliedern. Auch sie wird nicht eigentlich als substantielle Entität aufgefaßt, sondern als Zusammenwirken von Verhaltensweisen meherer Individuen. Allerdings wurde die „menschliche Gruppe" als so grundlegend für das soziale Leben der Menschen verstanden, daß sich in der „Gruppen"-Literatur doch wieder gewisse mystische Elemente zeigten.
Die „kleine Gruppe" ist in gewisser Weise das andere Ende vom „Masseverhalten" aus gesehen, wenn man sie sich auf einem Kontinuum vorstellt. Dieses Kontinuum ist bestimmt durch eine Reihe von Variablen („togetherness"-Situation oder nicht, strukturierte Interaktionen oder unstrukturierte, spontan-impulsive Verhaltensweisen, überschaubare Anzahl von Mitgliedern oder beliebig große Zahl von Individuen, Bewußtsein des Zusammengehörens oder einfach nur „Mitlaufen" etc.)
Gruppe, Menge, Publikum, Mob, Masse stellen verschiedene Ausprägungen von „collective behavior" dar. Zur Gruppe allerdings fühlt man sich zugehörig, entwickelt ein „Wir-Gefühl", das uns die anderen unterscheidbar macht als

„outgroup“ oder „ingroup“. Kleingruppen unterscheiden sich je nach der Intensität des Gruppenbewußtseins, der Stärke des Zusammenhalts, dem Selbstbewußtsein, das das Individuum aus seiner Gruppenzugehörigkeit bezieht. Die Gruppe wurde auch heroisiert und idealisiert in der amerikanischen Gesellschaft, wurde zum Nachfolger des individualistischen „self-made-man“.

In der Gruppe entwickeln sich Strukturen, und zwar manchmal sehr deutliche soziale Unterschiede nach Macht und Ansehen, aber die Dominanz des groupleaders ist eine situationsabhängige und entsteht aufgrund der Interaktionsprozesse zwischen den Gruppenmitgliedern selbst, wird nicht von außen und von oben oktroyiert. Auch die „Kleingruppe“ reflektiert mithin das demokratische Ideal Amerikas.

Wesentlichen Anteil an der Entwicklung der psychosoziologischen Gruppenforschung hatten die Experimente Elton Mayos in den Hawthorne-Werken von Western Electric in den 20er Jahren, die zur Entdeckung der „informellen Gruppen“ in Organisationen führten, sodann Jakob L. Morenos Soziometrie und Kurt Lewins Gruppendynamik.

4) Die behavioristische Betrachtungsweise in dem weiten Sinn, in dem sie hier verstanden wird, führte im Rahmen der Sozialwissenschaften zur zentralen Bedeutung des sozialen Verhaltens als eines Prozesses des Austausches von Aktionen, der als solcher Gegenstand der Forschung wurde: als Interaktion. Die einzelne Handlung des Individuums wird in den Zusammenhang der interaktiven Situation und der Abfolge von aufeinander bezogenen Handlungen der beteiligten Individuen gestellt.

   Dabei gelangten in der Folge drei theoretische Konzeptionen sowohl in der Soziologie wie in der Psychologie der Interaktion zum Tragen:

   a) der behavioristische Ansatz im engeren Sinn: Er stellt die Abfolge von Aktionen als Reiz-Reaktionszusammenhang in den Brennpunkt und sucht kausale Erklärungen des interaktiven Verhaltens zu entwickeln. Ein Beispiel hierfür ist George C. Homans, auf den wir noch näher eingehen werden;
   b) der Systemansatz: Er geht von der interaktiven Situation als einem System von Inhalts- und Beziehungselementen aus. Ein Beispiel hierfür: Watzlawicks Familientherapie;
   c) der Ansatz des Symbolischen Interaktionismus, bei dem den Bedeutungen von Symbolen in interaktiven Situationen und der Abfolge von wechselseitigen Deutungsprozessen der Individuen besondere Beachtung geschenkt wird. Auch er wird uns später noch beschäftigen.

Die amerikanische Sozialpsychologie bezog ihre große Bedeutung aus dem Verständnis sozialer Prozesse als gestaltbar und durch strukturelle Bedingungen nur vorgeformt, aber nicht determiniert: Gesellschaft ist ein gemeinsames Unternehmen aller Menschen im Zuge ihres sozialen Handelns.

Literatur

Nels Anderson, The Hobo: The Sociology of the Homeless Man, Chicago 1923

Nels Anderson – E. C. Lindemann, Urban Sociology, New York 1930

Paul J. Baker, Die Lebensgeschichten von W. I. Thomas und Robert E. Park, in: *W. Lepenies* (Hg.), Geschichte der Soziologie, Bd. 1, Frankfurt 1981, S. 244ff.

Herbert Blumer, An Appraisal of Thomas and Znaniecki's „The Polish Peasant in Europe and America“, New York (Social Science Research Council Bulletin 44) 1939

Martin Bulmer, The Chicago School of Sociology, Institutionalization, Diversity, and the Rise of Sociological Research, Chicago 1984

Ernst W. Burgess (ed.), The Urban Community, Chicago 1926
Ders., (ed.), Personality and the Social Group, Chicago 1929
Robert E. L. Faris, Chicago Sociology 1920–1932. San Francisco 1967
Bernd Hamm, Aktuelle Probleme sozialökologischer Analyse, in: KZSS 36/1984, S. 277ff.
Lester R. Kurtz, Evaluating Chicago Sociology. A Guide to the Literature, University of Chicago Press 1984
Kurt Lewin, Feldtheorie in den Sozialwissenschaften, Bern 1963 (urspr. amerik. 1952)
J. David Lewis – Richard L. Smith, American Sociology and Pragmatism. Mead, Chicago Sociology and Symbolic Interaction, Chicago 1980
Eduard C. Lindemann, Social Discovery, New York 1924
Ralph Linton, The Study of Man, New York 1936
George Lundberg, Social Research, Boston 1929
Robert S. und *Helen M. Lynd,* Middletown: A Study in Contemporary American Culture, New York 1929
Robert S. und *Helen M. Lynd,* Middletown in Transition, New York 1937
Elton Mayo, The Social Problems of an Industrial Civilization, London 1949
Ders., The Human Problems of an Industrial Civilization, New York 1960 (ursprl. 1933)
Robert M. MacIver, Community, London 1917
Ders., Society, Its Structure and Change, New York 1931
Bronislaw Malinowski, Argonauts of the Western Pacific, London 1922
Roderick McKenzie, The Metropolitan Community, New York 1933
Margaret Mead, Coming of Age in Samoa, New York 1929
Lewis H. Morgan, Ancient Society, New York 1877
Robert E. Park, Masse und Publikum. Eine methodologische und soziologische Untersuchung, Bern 1904
Ders. – *E. W. Burgess,* Introduction to the Science of Sociology, Chicago 1921
Ders. – *E. W. Burgess* – R. D. MacKenzie, The City, Chicago 1925
Ders., Human Ecology, in: Am. J. of Soc. 42/1936, S. 1ff.
Ders., Human Communities, Glencoe, Ill., 1952
Ders. Society, Glencoe, Ill., 1955
Fritz J. Roethlisberger – William J. Dickson, Management and the Worker, Cambridge, Mass., 1939
William J. Thomas, The Unadjusted Girl, Boston 1923
Ders., Person und Sozialverhalten, hrsg. v. Edmund H. Volkart, Darmstadt und Neuwied 1965
Ders., Primitive Behavior: An Introduction to the Social Sciences, New York 1937
Ders – *Dorothy Thomas,* The Child in America, New York 1928
Ders. – *F. Znaniecki,* The Polish Peasant in Europe and America, New York 1958 (ursprl. 1918–1921)
Frederic M. Thrasher, The Gang, Chicago 1927
Graham Wallas, The Great Society, New York 1920
W. Lloyd Warner, The Status System of a Modern Community, New Haven 1943
W. Lloyd Warner – P. S. Lunt, The Social Life of a Modern Community, New Haven 1941
Ders. – *J. O. Low,* The Social System of the Modern Factory, New Haven 1947
William F. Whyte, Street Corner Society, Chicago 1943
Louis Wirth, The Ghetto, Chicago 1928
Ders., Urbanism as a Way of Life, in: Am. J. of Sociology 44/1938
Wilhelm Wundt, Völkerpsychologie, Leipzig 1900–1920
Harvey M. Zorbaugh, The Gold Coast and the Slum, Chicago 1929

VII. Das Management der Gesellschaft in Theorie und Empirie

1. Die große Theorie: Talcott Parsons

Die amerikanische Soziologie der 20er und 30er Jahre war überwiegend durch die Chicago-Schule geprägt und wies eine typisch empirisch-pragmatische Orientierung auf sowie eine gewissen Selbstgenügsamkeit und Abkoppelung von europäischen Traditionen, wenn auch nicht vergessen werden darf, daß die meisten der führenden Soziologen eine Zeitlang in Europa vor allem auch in Deutschland studiert hatten: Albion Small, W. I. Thomas, G. H. Mead. Es war jedoch noch keine theoretische Auseinandersetzung mit diesen Einflüssen erfolgt, weil das Interesse an Soziologie aus sozialreformerischen Impulsen stammte und auf soziale Probleme gerichtet war.

Mit dem Namen Talcott Parsons ist die Entwicklung der „großen Theorie" in Amerika verbunden, einer Theorie, die auf europäischen Traditionen aufbaute, aber dennoch zu einer spezifisch amerikanischen wurde. Die Bezeichnungen, die ihr gegeben wurden, variieren, je nachdem, auf welchen Aspekt der Theorie die Betonung gelegt wird. Häufig wird sie als „funktionalistische Theorie" gekennzeichnet, um eine ganz bestimmte, von der kausalwissenschaftlichen zu unterscheidende Erklärungsweise zu benennen. Der Funktionalismus in der Soziologie hat verschiedene Wurzeln, wobei der vielleicht größte Einfluß auf Parsons selbst von der Kulturanthropologie Bronislaw Malinowskis ausging. Aber funktionale Aspekte spielen bereits in der Soziologie Durkheims eine große Rolle. Auch darf nicht vergessen werden, daß sich in der Erkenntnistheorie eine grundlegende Änderung der Betrachtungsweise in Richtung auf funktionale und relationale Definitionen entwickelte. Auch die Biologie und ihr Aufschwung, der sie zur neuen paradigmatischen Naturwissenschaft nach der Physik werden ließ, hat funktional-analytischen Tendenzen einen großen Auftrieb gegeben. Der soziologische Funktionalismus ist eingebettet in eine breite wissenschaftsgeschichtliche Entwicklung und kann in zweifacher Hinsicht verstanden werden: einmal als bestimmter objekttheoretischer Ansatz und zum anderen als Analyse- und Erklärungsmethode.

Neben der funktionalen Betrachtungsweise war für Parsons aber besonders bestimmend die Orientierung am „Handeln" als theoretischer Ansatzpunkt. Funktion und Handeln als die beiden theoretischen Ausgangspunkte verschmolz er zu einer Theorie der Handlungssysteme, deren wesentlichster Beitrag zur wissenschaftlichen Entwicklung der war, daß der Systembegriff von den biologischen und kybernetischen Bezügen zur Erklärung von Handeln erweitert wurde.

Talcott Parsons: Leben und Werk

Talcott Parsons (1902–1979), Pastorssohn aus Neuengland, wandte sich nach einem anfänglichen Interesse für die Biologie unter dem Einfluß des Institutionalismus der Nationalökonomie und der „Soziologie in einem weiteren Sinne" zu. Ein Studienaufenthalt in England an der London School of Economics machte ihn mit dem kulturanthropologischen Funktionalismus Malinowskis bekannt.

Bronislaw Malinowski (1884–1942) war einer der Begründer der modernen Kulturanthropologie, sein Name ist vor allem mit der funktionalistischen Analyse primitiver Kulturen verbunden. Der Funktionalismus als logisch-analytische Grundkonzeption ist jedoch eine breitere Strömung mit einer langen Tradition. Malinowski wandte die funktionale Betrachtungsweise auf die menschliche Gesellschaft an und definierte Kultur als den instrumentellen Apparat, durch den der Mensch mit den konkreten Problemen seiner Umwelt fertig werden kann.[1] Kultur ist ein System von Gegenständen, Handlungen, Einstellungen, in dem jeder Teil als Mittel zum Zweck dient, und dessen Elemente sich alle in gegenseitiger Abhängigkeit befinden. Wichtige Handlungskomplexe stellen Institutionen wie die Familie, der Clan, der Stamm dar, die in bestimmter Art und Weise organisiert sind, und die die Grundstrukturen für die Aktivitäten der Gesellschaft darstellen.

Von besonderer Bedeutung für das spätere Denken Parsons' erwies sich, daß schon Malinowski Kultur (auch) als Handlungssystem verstand und sich bemühte, die Teilbereiche der Kultur mit den Bedürfnissen des menschlichen Organismus in Beziehung zu setzen. Der Funktionalismus zielt auf die umfassende Erklärung biologischer, physiologischer und kultureller Phänomene und deren wechselseitige Beziehungen ab.

Von London führte der Weg Parsons' nach Heidelberg, wo 1925 der Geist Max Webers noch fünf Jahre nach seinem Tod stark spürbar war. Die Begegnung mit dem Werk Webers war für Parsons von größter Bedeutung. In seiner Doktorarbeit, mit der er bei Edgar Salin promovierte, befaßte er sich mit dem Begriff des Kapitalismus bei Weber und Sombart.

1927 kehrte Parsons in die USA zurück, wo er in Harvard Tutor wurde und bei Taussig und Schumpeter Ökonomie studierte. Er interessierte sich vor allem für die Beziehung zwischen Soziologie und Ökonomie und im besonderen für die „soziologischen" Elemente im Werk des neoklassischen Nationalökonomen Alfred Marshall.[2] Diese Perspektive war für die amerikanische Sozialwissenschaft untypisch, entsprach hingegen stark den in Deutschland üblichen Denktraditionen. Parsons verstand sich daher auch als „Außenseiter", eine Bezeichnung, die später merkwürdig anmuten mußte, nachdem Parsons zu dem Synonym für amerikanische theoretische Soziologie schlechthin geworden war.

Nach vier Jahren am Dept. of Economics und fünf Jahren bei Pitirim A. Sorokin am Department of Sociology wurde Parsons 1936 Assistant Professor in Harvard. Einer seiner Lehrer war auch der Biologe und Physiologe Lawrence J. Henderson, dessen Interessen weit über den eigenen Fachbereich hinausreichten und der aufgrund der von ihm veranstalteten Seminare großen Einfluß ausübte. Eines seiner erklärten Interessen galt der Allgemeinen Soziologie Vilfredo Paretos und dessen Systembegriff.[3] Durch ihn wurde Parsons mit Pareto vertraut, auch Hendersons an Pareto orientierte Systemkonzeption beeinflußte Parsons stark. Und W. B. Cannons Buch „The Wisdom of the Body" (1932), das den Gedanken der homöostatischen Stabilisierung physiologischer Prozesse enthielt, hatte ebenso großen Eindruck auf Parsons gemacht.

Parsons nahm Anregungen aus den Naturwisenschaften bereitwillig auf; er folgte den

---

[1] *Bronislaw Malinowski,* Eine wissenschaftliche Theorie der Kultur, Frankfurt 1975, S. 19ff. (Aufsatz „Die Funktionaltheorie" ursprl. 1939)

[2] Dieses Interesse führte zu einer Reihe von Aufsätzen: „Wants and Activities and Marschall", in: Quarterly Journal of Economics 46/1931, S. 101ff.; „Economics and Sociology: Marshall in Relation to the Thought of His Time", in: QJE 46/1932, S. 316ff.; „Sociological Elements in Economic Thougth", in: QJE 49/1935, S. 414ff.

[3] *Siehe: L. J. Henderson,* Pareto's General Sociology: A Physiologist's Interpretation, Cambridge, Mass., 1935

deutschen Geisteswissenschaften daher nicht in bezug auf ihre Ablehnung der Naturwissenschaften als Grundlage der Humanwissenschaften (die Max Weber ja auch nicht in dieser Form geteilt hatte). Wenn er sich in seiner ersten großen Synthese „The Structure of Social Action" (1937) gegen den naturalistischen Positivismus und damit auch gegen Herbert Spencers Einfluß („Spencer is dead! Wo killed him?") wandte, so bedeutete dies nicht eine Abkehr von naturwissenchaftlich orientierter Methode, sondern vielmehr deren Viertiefung und Erneuerung. Parsons wandte sich gegen den radikalen Empirismus und strebte nach der Aufwertung der Theorie. Sein lebenslanges Augenmerk galt der „Theorie".

Mit der „Structure of Social Action" legte Parsons eine theoretisch-methodische Auseinandersetzung mit großen europäischen Sozialwissenschaftlern (Emile Durkheim, Max Weber, Vilfredo Pareto, Alfred Marshall) vor. Ein unmittelbares Verdienst lag bereits darin, den amerikanischen Soziologen Durkheim und Weber nahezubringen, die bis dahin in den USA kaum bekannt gewesen waren. Dazu kam die Diskussion ihrer Werke auf theoretisch-methodischer Ebene, was ebenfalls ungewöhnlich war. Und schließlich unternahm es Parsons auch noch, darin eine konvergente theoretische Entwicklung aufzuspüren, die vom naturalistischen Determinismus Spencers wegführte in Richtung auf eine voluntaristische Theorie des Handelns. In ihr sah er die Möglichkeit für die Entwicklung einer universalen Theorie der Sozialwissenschaften angelegt. Auch in seinem späteren Werk verstand er seine theoretischen Konstruktionen und Begriffssysteme als Grundlegung einer umfassenden sozialwissenschaftlichen Theorie, nicht einer soziologischen Theorie im engeren Sinn. Und daß er Soziologe wurde, schrieb er selbst der Tatsache zu, daß er auf einen Lehrstuhl für Soziologie berufen wurde. 1946 wurde Parsons Vorsitzender des neuerrichteten Dept. of Social Relations in Harvard, das die Disziplinen Soziologie, Sozialanthropologie, Sozialpsychologie und klinische Psychologie vereinigte. Leiter der Foschung war Samuel Stouffer. 1949 wurde Parsons zum Präsidenten der American Sociological Association gewählt.

Elton Mayo brachte ihm Freud nahe, und dieser wurde nach eigener Aussage zu der entscheidenden geistigen Erfahrung, so sehr, daß sich Parsons einer psychoanalytischen Ausbildung unterzog. Das förderte sein Interesse für die Sozialisationstheorie und für die Kleingruppenforschung; mit dem experimentellen Kleingruppenforscher Robert F. Bales arbeitete er eine Zeitlang zusammen. In der Folgezeit konkretisierten sich Parsons' theoretische Konzeptionen, bei deren Formulierung er auch mit Bales, Edward Shils u. a. zusammenarbeitete. 1952 erschienen sowohl sein „Social System" wie auch die gemeinsame programmatische Schrift zusammen mit E. Shils et al., „Toward a General Theory of Action". Diese beiden Werke, die im selben Jahr erschienen, repräsentieren die beiden Pole der Parsonsschen Theorie: die handlungstheoretische Perspektive und die funktionalistische Systemtheorie. Letztere erhielt starke Impulse durch die sich in den 40er Jahren rasant entwickelnde Nachrichtentechnik und ihre theoretische Untermauerung, die kybernetische Unformationstheorie Norbert Wieners, sowie die Konzeption einer Allgemeinen Systemtheorie. Die 1953 in Zusammenarbeit mit Bales und Shils erstellten „Working Papers in the Theory of Action" enthalten die Ergebnisse aus der Analyse des Handelns in Kleingruppen für die allgemeine Theorie.

1953/54 hielt Parsons an der Universität Cambridge in England Gastvorlesungen, die sich wieder mit Alfred Marshall und der Beziehung zwischen ökonomischer und soziologischer Theorie beschäftigten. Aus diesem Anlaß nahm Parsons die ökonomischen Analysen aus seiner Anfangszeit wieder auf. Die Bekanntschaft mit Neil J. Smelser führte schließlich zur Publikation von „Economy und Society" (1956). In bewußter Anknüpfung an Max Weber versuchten die Autoren eine Analyse von Wirtschaft als gesellschaftliches Subsystem, die auch eine neue theoretische Verknüpfung von Ökonomie und Soziologie ermöglichen sollte. Diese Arbeit war auch Anlaß für eine Erweiterung und Verallgemeinerung der funktionalen Systemtheorie in ihrer Anwendung auf die Erklärung und Systematisierung gesellschaftlicher Strukturelemente. Danach widmete sich Parsons stärker den Aspekten der soziokulturellen Entwicklung, und allmählich gewannen Prozeßgesichtspunkte den Vorrang vor der strukturell-statischen Betrachtung.

Das überaus umfangreiche Werk Talcott Parsons' enthält jedoch nicht nur abstrakttheoretische Konstruktionen, sondern bezeugt auch sein Interesse an sozialen Problemen und Entwicklungen. So beschäftigte er sich mit dem beruflichen Selbstverständnis im Gesundheitswesen, mit dem Erziehungssystem, mit der Familie und der Sozialisation, mit dem Problem von Macht und Einfluß, mit den Phänomenen Alter, Krankheit, Tod und Religion, religiösen Organisationen, mit Rassenproblemen usw. Im folgenden können wir uns allerdings nur auf eine grobe Skizze der Parsonsschen Theorie beschränken. Diese bezeichnete Parsons selbst als „Synthese aus drei Richtungen": der britischen Sozialanthropologie Malinowskis und Radcliffe-Browns, der Soziologie Durkheims und der Handlungstheorie Max Webers.

Der Handlungsbezugsrahmen und die „Pattern Variables"

Die allgemeine Theorie des Handelns soll als Grundlage für die Kodifizierung sozialwissenschaftlichen Wissens, als Leitfaden für die Forschung und als Basis für die Spezialisierung innerhalb der Sozialwissenschaften dienen. Sie soll die universale Theorie aller Sozialwissenschaften werden. An der programmatischen Schrift „Towards a General Theory of Action" haben daher eine Reihe von Wissenschaftlern aus verschieden Fachgebieten mitgearbeitet: Die Soziologen Edward A. Shils und Samuel A.Stouffer, der Kulturanthropologe Clyde Kluckhohn, die Psychologen Gordon W. Allport und Edward C. Tolman u. a.

Die allgemeine Handlungstheorie versteht sich als ein begrifflicher Bezugsrahmen („the action frame of reference"), als ein zusammenhängendes Schema von Begriffen, die das menschliche Handeln als Ausgangspunkt haben. Vorweg eine Übersicht über die grundlegendsten Begriffe dieses Bezugsrahmens:

Handlung = zielorientiertes, normativ geregeltes und motiviertes Verhalten in Situationen, das Umwelt (Objekte) und Situation (Akteure und Objekte) zueinander in Beziehung setzt.

Organismus = biophysische Grundlagen des Verhaltens als Aktivität, die auf Dinge außerhalb des Organismus bezogen sind („Verhaltensorganismus")

Akteur = als „point of reference": Ego – Alter; als empirisches Handlungssystem: Persönlichkeitssystem, Teil des Sozialsystems

Situation = Teil der externen Welt, der für den Akteur, der gerade analysiert wird, bedeutsam ist; Weltausschnitt aus der Perspektive von Ego

Orientierung an der Situation = Bedeutung der Situation für den Akteur, für seine Pläne und Ausgangsbedingungen

Motivorientierung = jene Aspekte der Orientierung eines Akteurs an der Situation, die mit den Erwartungen von Gratifikationen und Deprivationen ja nach der Bedürfnislage des Akteurs verbunden sind: kognitiver, kathektischer, evaluativer Modus der Motivorientierung

Wertorientierung = Aspekte der Orientierung des Akteurs an der Situation, die durch die Einhaltung von Normen und Standards gekennzeichnet sind; drei Modi: kognitive, ästhetische, moralische Wertorientierung

Sozialsystem = Handlungssystem mit zwei oder mehr Akteuren (Individuen oder Kollektivitäten), wobei die Situation für jeden Akteur durch die Existenz der anderen Akteure bestimmt ist und es zu interdependenten Handlungen kommt, die „konzertiert" sind je nachdem, wie groß die Übereinstimmung in bezug auf die gemeinsamen Ziele, Werte und normativen und kognitiven Erwartungen ist.

Persönlichkeitssystem = System, das aus den Handlungsbeziehungen eines individuellen Akteurs besteht, wobei die Handlungen des Individuums durch die Struktur seiner Bedürfnisdisposition und durch die Organisation von Zielen und Werten bestimmt sind.

Kultursystem = Organisation der Werte, Normen und Symbole, die die Handlungen der Akteure bestimmen; es ist nicht ein empirisches System wie die Persönlichkeit oder das Sozialsystem, sondern eine Abstraktion von Elementen derselben; die Kulturmuster bestehen aus zusammenhängenden Elementen, die Wertsysteme, Glaubenssysteme und Symbolsysteme bilden. Diese sind in Sozialsystemen institutionalisiert und in Persönlichkeitssystemen internalisiert.)

Persönlichkeit, Sozialsystem und Kultursystem stellen Perspektiven, Bezugspunkte für die Analyse dar. Die jeweils anderen sind dann die Milieus des als Ausgangspunkt angenommenen Systems:

Sozialsystem	Kultur Persönlichkeit Organismus
Persönlichkeit	Kultur Sozialsystem Organismus
Kultur	Sozialsystem Persönlichkeit Organismus
Organismus	Kultur Sozialsystem Persönlichkeit

Im Zentrum dieses „action frame of reference" steht die „Orientierung" der Akteure (= der empirischen Handlungssysteme, es können Individuen oder Gruppen sein) an der Situation, die eine Mehrzahl von Handelnden umfaßt. Das Begriffsschema befaßt sich mit den Beziehungen zwischen den „Bestandteilen" der Handlungen in der interaktiven Situation, mit den entstehenden Strukturen und Prozessen. Die Situation besteht für die Akteure aus „objects of orientation", die in soziale, physische und kulturelle Objekte unterschieden werden können. Die physischen Objekte stellen Mittel und Bedingungen für das Handeln dar, die sozialen Objekte können Individuen oder „collectivities" sein, die entweder als Ego oder als Alter auftreten, je nachdem, welche Seite als Ausgangspunkt der Analyse der Situationsorientierungen genommen wird. Kulturelle Objekte sind symbolische Elemente der kulturellen Tradition: Ideen und Glaubenssysteme, expressive Symbole oder Wertvorstellungen, die „patterns" darstellen, d. h. häufig vorkommen und Regelmäßigkeiten und Gleichförmigkeiten aufweisen.

Handeln hat immer eine motivationale Komponente, d. h. der Handelnde bezieht die

Situation stets auf seine eigenen Bedürfnisse und Ziele. Der Akteur will in der Situation „gratifications" erhalten und Deprivationen vermeiden. Wenngleich die „motivational orientation" stark durch die „need-disposition", die Bedürfnislage des Organismus bestimmt ist, so ist das für die Handlungstheorie nicht von primärer Bedeutung. Wesentlich ist vielmehr die Erfahrung der Handelnden mit der Bewältigung von Situationen, mit der Organisation seines Handelns. Diese Erfahrung bewirkt, daß der Handelnde nicht einfach reagiert, sondern ein System von Erwartungen in bezug auf die Situationselemente entwickelt. Mitunter ist dieses System von Erwartungen nur bestimmt durch die eigenen „need-dispositions" und die Gratifikationen, die die verschiedenen Handlungsalternativen versprechen. In sozialen Situationen müssen aber auch die wahrscheinlichen Reaktionen der anderen an der Situation beteiligten Individuen und Gruppen antizipiert und bei der Wahl der eigenen Handlungsalternativen berücksichtigt werden.

In der sozialen Interaktion spielen Zeichen und Symbole, die mit bestimmten Bedeutungen versehen werden, eine große Rolle und werden zu Kommunikationsmedien zwischen den Handelnden in der Situation. Erfahrungen in bezug auf soziales Handeln involvieren also auch kulturelle Symbolismen.

Ein konkretes System sozialen Handelns ist eine integrierte Struktur von Handlungselementen in bezug auf eine Situation, d. h. motivationale und kulturelle Elemente werden in eine Ordnung gebracht, deren Struktur durch die Persönlichkeitssysteme der beteiligten Individuen, durch das Kultursystem, welches in ihren Handlungen eingebaut ist, und durch das Sozialsystem der interaktiven Prozesse zwischen den Handelnden gebildet wird.

In der Terminologie der Handlungstheorie wird die Persönlichkeit definiert als organisiertes System von Handlungsorientierungen eines Individuums. Neben den „motivational orientations" sind das die „value-orientations", die durch die Internalisierung von „culture patterns" entstehen und daher eine direkten Bezug zu Elementen des Kultursystems aufweisen.

Parsons differenzierte fünf „pattern variables", d. h. Begriffspaare, die polare Typen von Situationsorientierungen darstellen; sie sind Alternativen, zwischen denen der Handelnde wählen muß. Sie sind Ausdruck dafür, daß Handeln individuelle Orientierungen mit dem kulturellen Sinnzusammenhang verbindet. Sie stellen in der sozialen Interaktionssituation Definitionen von gegenseitigen Rollenerwartungen dar und dienen zur Beschreibung der Wertorientierung der Akteure.

1) **„Affectivity vs. affective neutrality":**
   Hier geht es um das Problem der Affektkontrolle, um das Dilemma, ob der Akteur einem Impuls nachgeben soll oder nicht. Die Alternativen sind unterschiedlich formuliert, je nachdem, ob von dem Aspekt des Kultursystems, der Persönlichkeit oder des Sozialsystems ausgegenen wird:
   Affektivität/affektive Neutralität im Kultursystem weist auf ein normatives Muster hin, welches sofortigen Lustgewinn bzw. Affektkontrolle vorschreibt. Im Persönlichkeitssystem bedeutet es eine Bedürfnisdisposition des Individuums, in einer bestimmten Situation seinen Gefühlen nachzugeben oder sie zu kontrollieren. Im Sozialsystem werden damit entsprechende Rollenerwartungen bezeichnet.

2) **„Self-Orientation vs. collectivity-orientation":**
   Damit wird das Dilemma zwischen Eigeninteresse und Verpflichtung der Gruppe/Gesellschaft gegenüber bezeichnet, zwischen privaten und öffentlichen Interessen. Es stellt sich dar als Norm, als Bedürfnislage und als Rollenerwartung in bestimmten Situationen.

3) **„Universalism vs. particularism“:**
Es ist dies das Problem, ob in bestimmten Situationen allgemeingültige Normen, Bedürfnisstandards und Rollenerwartungen zum Tragen kommen oder aber auf die besonderen Bedingungen der jeweiligen Subjekt-Objekt-Beziehungen abgestellt wird.

4) **„Ascription vs. achievement“:**
In jeder Situation besteht die Alternative, ob den Eigenschaften eines Objekts oder den „Leistungen“ desselben mehr Bedeutung zugemessen werden soll, d.h. ob wichtig sein soll, was es eigentlich „ist“ oder was es „tut“. Normen, Bedürfnisse und Rollenerwartungen können je nach Situation an den Eigenschaften oder den Leistungen orientiert sein.

5) **„Specificity vs. diffuseness“:**
Hier stellt sich die Frage, ob in einer bestimmten Situation der Akteur vorweg nur mit spezifischen Aspekten eines Objekts befaßt ist oder aber „unvoreingenommen“ das Objekt wirken läßt und je nach Bedarf darauf reagiert. Normen, Bedürfnisse und Rollenerwartungen können in bestimmten Situationen vorweg den Relevanzbereich eines Objekts einschränken oder aber ihn mehr oder weniger unbegrenzt lassen.

In jeder Handlungssituation sind diese fünf Alternativen involviert, der Akteur muß zwischen ihnen wählen, und seine Entscheidung führt zu einer bestimmten Organisation dieser „pattern variables“. Als Beispiel dienten Pasons etwa die Handlungsorientierungen in Gesundheitsberufen. Hier herrscht ein altruistisches kollektivitätsorientiertes Serviceideal vor, verbunden mit universalistischen Beziehungen und Leistungsorientiertheit, gefühlsmäßiger Neutralität und spezifischen Normen und Rollenerwartungen.
Die „pattern variables“ stellen ein System dar, welches alle Handlungsalternativen umfaßt, die sich aus dem Handlungsbezugsrahmen ergeben. Während „Diffuseness/Specificity“ und „Affectivity/Affective Neutrality“ mehr Relevanz für die Motivorientierung der Akteure haben, sind die Variablen „Universalism/Particularism“ und „Ascription/Achievement“ von besonderer Bedeutung für die Wertorientierung; „Self-/Collectivity-Orientation“ hingegen ist sowohl für die Motiv- wie für die Wertorientierung von gleicher Bedeutung und von besonderer Relevanz für das Sozialsystem.
In der Folge wandte sich Parsons den „pattern variables“ der Wertorientierung zu, um Typen sozialer Wertorientierungen zu entwickeln. Vier Kombinationen der beiden Paare von Kategorien sind möglich:

1) **„Universalistic achievement pattern“:**
In Kulturen mit dieser dominanten Wertorientierung sind die Erwartungen auf Leistungen als universellen Standard und allgemeine Regelungen gerichtet.

2) **„Particularistic achievement pattern“:**
Hier sind die Leistungserwartungen immer auf den konkreten Bereich sozialer Beziehungen des Akteurs gerichtet.

3) **„Universalistic ascription pattern“:**
Die Erwartungen sind bestimmt durch allgemeine Standards und Regeln, die aber als den gegebenen Strukturen inhärent gesehen werden.

4) **„Particularistic-ascription pattern“:**
Die Erwartungen orientieren sich an den konkreten sozialen Beziehungen und deren Statusimpliktionen.

Diese „patterns“ haben auch einen direkten Bezug zum Sozialsystem, sie bestimmen die strukturelle Differenzierung und Variabilität. In besonderem Ausmaß gilt dies für das Problem „ascription/achievement". Damit daraus die Entwicklung von Typen sozialer Strukturen oder sogar Gesellschaften vorgenommen werden kann, müssen allerdings erst die anderen Komponenten des Sozialsystems berücksichtigt werden.

Sozialsystem

Parsons' Systembegriff gründet in verschiedenen Wurzeln: Zunächst im mechanischen Systemmodell, das Pareto Henderson zufolge verwendete und auf Ökonomie und Soziologie anwandte; Henderson selbst entwicklete einen Systembegriff, der dem physikalisch-chemischen Modell entsprach und versucht, diesen auf biologische Systeme anzuwenden. Der Gedanke der Homöostasis und schließlich der kybernetischen Steuerung bei Cannon, Alfred Emerson und N. Wiener erweiterten Parsons' Verständnis des Systems sozialer Handlungsgefüge. Nach Parsons's Auffassung ist die Steuerung in Handlungssystemen kybernetischer Art; das nahmen manche Kritiker zum Anlaß, Parsons vorzuwerden, er schließe Macht und Zwang als Handlungsdeterminanten aus.

Die Auffassung A. Emersons von der funktionalen Äquivalenz zwischen Genen und Symbolen veranlaßte Parsons zu der Überzeugung, daß zwischen den lebenden Systemen der organischen Welt und denen der soziokulturellen Welt eine fundamentale Kontinuität der Gesetzmäßigkeit besteht, daß dieselben Gesetze für beide gelten.

Ein System ist für Parsons ganz allgemein gekennzeichnet durch die Interdependenz der Teile. Aufgrund des Ordnungscharakters der interdependenten Variablen hat das System die Tendenz zur Selbsterhaltung, was allgemein als Systemgleichgewicht bezeichnet wird. Erweist sich ein Element als inkompatibel in dieser Ordnung, so kommt es entweder zur Ausschaltung des Elements oder zur Anpassungsänderung in den anderen Teilen des Systems.

Das Persönlichkeitssystem und das soziale System bezeichnete Parson als empirische Systeme, die insoweit voneinander differieren, als sie nicht aufeinander reduziert werden können. Allerdings bestehen zwischen ihnen Interpenetrationsbeziehungen, d.h. kein Persönlichkeitssystem ist denkbar, welches nicht an Sozialsystemen teilhat, und kein Sozialsystem, welches nicht integrierende Dimension von Persönlichkeitssystemen ist.

Parsons formulierte die Komponenten der sozialen Handlung als Teil eines Systems, die selbst ebenfalls Systemeigenschaften besitzen. Auch die Persönlichkeit, die Kultur und das Interaktionsgefüge stellen keine homogen monolithischen Einheiten dar, sondern organisierte Ganzheiten mit einer internen Struktur, welche aber nur insofern relevant ist, als zwischen ihren Elementen und den Strukturteilen anderer Systeme Austauschprozesse bestehen. Diese so durch ihre relationalen Merkmale gekennzeichneten Strukturelemente formieren sich daher als Subsysteme eines übergeordneten Systems, als Persönlichkeitssysteme, Kultursystem und Sozialsystem des Handlungssystems.

Die Handlung setzt sich aus einer Reihe von untereinander zusammenhängenden und wechselseitig voneinander abhängigen Elementen zusammen, tritt aber nach außen hin als Ganzheit auf und als solche in Austausch mit ihrer Umwelt. Die Handlung selbst kann daher als System verstanden werden, deren eigentliche Systemeigenschaften sich im Interaktionssystem (Sozialsystem) aktivieren. Dieses stellt aber gleichzeitig ein Handlungssubsystem dar, weil sich jeder „unit act" aus Elementen sowohl des Kultursystems wie des Persönlichkeitssystems, des Organismus und des Sozialsystems konstituiert. Das Sozialsystem entsteht durch Interaktionsprozesse, die sich wieder als Interdependenz von Handlungssystemen erklären lassen. Das Sozialsystem ist demnach einmal als Inputfaktor des Handlungssystems, zum anderen als System der Handlungssysteme in einer Situation zu sehen, in der die Handlungssysteme ihrerseits zu Inputfaktoren des Sozialsystems werden.

Handlungssystem Sozialsystem

←

= Das Sozialsystem als
Determinante des Handelns
(Subsystem des Handlungssystems)

→

= Die Handlung als
situative Komponente (unit act) der
Interaktion, des Sozialsystems

Der „unit act" als Teil eines Systems ist aber nun kein beobachtbares, weil isolierbares Verhalten („behavioral unit"), sondern untrennbarer Bestandteil des Systems („system unit") und daher nur eine hypothetische Entität. „System units" in einem Interaktionssystem sind die **sozialen Rollen.**

Das soziale System besteht aus den Beziehungen zwischen den Handelnden und den durch diese Struktur bestimmten Interaktionen. Die kleinste Einheit des Sozialsystems ist die Rolle, d.h. jener strukturierte Ausschnitt aus den Orientierungen des Handelnden, der seine Teilnahme an einem interaktiven Prozeß aufgrund von komplementären Erwartungen konstituiert und definiert. Die Rollen sind bestimmt durch die allgemein akzeptierten Wertvorstellungen, sie sind Teil von Institutionen, wo sie die Verteilung von Macht und Prestige bewirken; sie beruhen auf Differenzierungs- und Zuweisungsprozessen, die ihrerseits wieder integrative Prozesse notwendig machen: „A social system is a system of the actions of individuals, the principle units of which are roles and constellations of roles. It is a system of differentiated actions, organized into a system of differentiated roles. Internal differentiation, which is a fundamental property of all systems, require integration. ... When a plurality of individual actors are each oriented in a situation to gratify sets of need-dispositions... (and) by virtue of the primordial fact that the objects – social and nonsocial – which are instrumentally useful or intrinsically valuable are scarce..., there arises a problem of allocation: the problem of who is to get what, who is to do what, and the manner and conditions under which it is to be done. ... Without a solution of this problem, there can be no social system."[4]

Typen sozialer Strukturen

Die Rollen sind die „system units" des Sozialsystems, dessen Struktur durch die Rollendifferenzierung geprägt ist. Diese Sozialstruktur variiert je nach der Art und Weise, in der die funktionalen Voraussetzungen des Systems durch die Rollen erfüllt werden. Diese „functional prerequisites" definierte Parsons 1951 als die Probleme der „Allokation" von „personnel" (Positionsinhabern), von „facilities" (z.B. Produk-

---

[4] *Talcott Parsons et al., Toward a General Theory of Action, Cambridge, Mass., 1951, S. 197*

tionsmitteln) und „rewards“ (Belohnungen) einerseits und der Integration durch die Institutionalisierung des Rollensystems andererseits.

„Allokation“ ist ein Terminus, den Parsons aus der „Ökonomie übernommen hat, und bedeutet die Verteilung von Menschen auf Positionen und Rollen, von Produktionsmitteln und Belohnungen auf Rollen und Akteure. Parsons nimmt die Berufsstruktur der modernen Gesellschaft als Grundlage für die Differenzierung der Sozialstruktur. Die Allokation von Individuen auf bestimmte Positionen und Rollen erfolgt nach Zuschreibung oder Leistung; die Allokation der Produktionsmittel erfordert Macht und deren Verallgemeinerung von partikularistischen zu universalistischen Normen. Die Allokation von Belohnungen setzt eine soziale Bewertung von Objekten voraus, wobei die pattern variables „affectivity/affective neutrality“ und „specificity/diffuseness“ zum Tragen kommen.

Für moderne Gesellschaften (Dominanz universalistischer Leistungsnormen) ist besonders die „affective neutrality“ typisch; sie bedeutet ganz allgemein, daß nicht emotionale Bezüge von Relevanz sind, sondern instrumentelle und moralische Wertungen. Erstere bedingen die Anerkennung von Leistungen und ihren quantitativen symbolischen Ausdruck durch Geld. Achtung als diffuse Wertschätzung ist hingegen nicht durch solch direkten Ausdruck zu bestimmen, sie setzt ein hierarchisches System, ein System der „Stratifikation“ der Gesellschaft voraus und drückt sich dann im „Prestige“ als der relativen Wertschätzung aus. Diese Alternativen stellen nicht nur Modi sozialer Bewertung dar, sondern auch die grundlegenden Einstellungen in Rollen, welche daher auch wichtig sind für die anderen allokativen und die integrativen Prozesse.

Das Problem der Integration bezieht sich auf die Erhaltung und Entwicklung der Kollektivität als solcher und wird bestimmt durch die Variablen „self-orientation“ und „collectivity orientation“ und ihre Beziehung. Dabei geht es um die Gruppensolidaritäten innerhalb der Gesellschaft und um die Solidarität in der Gesamtgesellschaft als solcher. Die integrative Strategie des Sozialsystems ist die Institutionalisierung. Institutionen werden von Parsons als „complex of institutionalized role integrates or status-relationships“ definiert.[5] Der integrative Aspekt der Institutionen kann einmal in Normen, die Privatinteressen beschränken, zum Ausdruck kommen, zum anderen durch positive Betonung der Kollektivität.

Parsons unterscheidet „relational institutions“, die die Differenzierung von Akteuren und Rollen, ihre Distribution im System betreffen; „regulative institutions“, die die Allokation der Produktionsmittel und Belohnungen regeln; die „cultural institutions“, die Ideologie, Religion, Symbolismen etc. umfassen und in ein Kultursystem verweben; und die Institutionen der „integrative structures“, die sich direkt auf die Durchsetzung der kollektiven Interessen und den Ausdruck des sozialen Systems als Kollektivität beziehen.

Parsons gelangt dann analog zu seinen Kombinationen von „pattern variables“ zu einer Typologie sozialer Strukturen:

1) Gesellschaften des universalistischen Leistungstyps (= Industriegesellschaft) weisen sich durch eine hohe Bewertung pluralistischer und individualistischer Ziele und deren Erreichen durch instrumentelle Handlungen aus. Universalistische Normen regeln die Leistungsbeurteilung und die Beziehung zwischen Leistung und Belohnung. Das bewirkt die Institutionalisierung von Berufsrollen, Besitzbeziehungen und Austauschprozessen. Wichtigste Grundlage des Belohnungs-

---

[5] *Talcott Parsons,* The Social System, Glencoe 1951, S. 39

systems ist der „Erfolg" als Anerkennung von Leistung. Die relative Wertschätzung nach dem Prestige im Rahmen eines Stratifikationssystems bedingt ein offenes System der sozialen Schichtung basierend auf Chancengleichheit und der Mobilität von Rollenträgern und Produktionsmitteln.

2) Gesellschaften des universalistischen Zuschreibungstyps: In diesem Typ herrscht eine Tendenz zu autoritärer Regelung und hierarchischer Kontrolle vor. Da die Zuschreibung den sozialen Status direkt auf die Strukur der Kollektivität verweist, ist dieser Typus auch stark kollektivistisch orientiert; der Status bestimmt sich nicht durch Leistung und ist durch andere als berufsstrukturelle, durch vorwiegend diffuse Mechanismen geprägt. Aufgrund des Kollektivismus dominiert auch ein scharfer Dualismus der Zuordnung von jenen, die „für uns" und jenen, die „gegen uns" sind. Dies verbindet sich auch mit einer ausgesprochen konservativen Wertorientierung, die aber wieder Anlaß für die Entstehung antagonistischer und extrem radikaler Orientierungen sein kann. NS-Deutschland und die UdSSR wiesen nach Parsons' Meinung Aspekte dieses Typs auf.

3) Gesellschaft des partikularistischen Leistungstyps:
Diesen Typ sah Parsons insbesondere im alten Kaiserreich China verkörpert. Der Partikularismus verweist auf die Bedeutung von Familienbindungen sowie dörflichen Beziehungen, innerhalb derer es aber nicht zu einer passiven Haltung kommt, sondern zu einer aktiven Einstellung zur Umwelt. Damit einher geht eine starke Über- und Unterordnung der Individuen je nach ihrem Status in der Familien- bzw. Dorfstruktur, die sich in der Gesellschaft als solcher fortsetzt bis hinauf zum Kaiser. Die Leistungskomponente bewirkt, daß die Gesellschaft nicht eine rein agrarfeudale blieb, sondern sich sowohl der Handel wie eine Bürokratie mit Leistungselementen entwickelte, wobei allerdings die strikte Über- und Unterordnung das Leistungsprinzip als ein diffuses, nicht ein spezifisch an Befähigung und Erfolg orientiertes Prinzip wirken ließ.

4) Gesellschaften des partikularistischen Zuschreibungstyps: Der Partikularismus verweist hier wieder auf die große Bedeutung von Bluts- und Ortsgemeinschaften als Bezugsgröße der Wertorientierung. Deren soziale Struktur und Organisation wird jedoch als gegeben hingenommen. Die Absenz der Leistungsorientierung läßt Arbeit nur als notweniges Übel erscheinen; der Mensch paßt sich so gut es geht an die Umweltbedingungen an; eimmal gefundene Reaktionsmuster werden beibehalten. Diese Gesellschaften zeichnen sich durch schwache Differenzierung in ihrer Struktur und Traditionalismus in ihrem Handeln aus. Auch wenn die Dorf- oder Stammesgesellschaften zu größeren staatlichen Verbänden zusammengeschlossen werden, hat die Kollektivität des Staates gegenüber den kleineren Einheiten Nachrang; es kommt zur Segmentation. Soll die zentrale Kontrolle verstärkt werden, kommt es in diesen Gesellschaften häufig zur Entstehung von Diktaturen. Lateinamerika erschien Parsons als typisch für diese Art von Gesellschaft.

Vierfunktionenschema und die Struktur von Systemen

In den „Working Papers in the Theory of Action", die die Zusammenarbeit Parsons' mit E. A. Shils und R. F. Bales dokumentieren, wird das sog. Vierfunktionen-Paradigma entwickelt, das einer der bekanntesten Teile von Parsons' Theorie geworden ist. In dieser Phase treten die Überlegungen bezüglich der allgemeinen Eigenschaften von Systemen in den Vordergrund, und die Theorie wird weiter formalisiert. Handeln wird nun stärker auf die Mechanismen des Systems bezogen, wobei für Parsons kein prinzipieller Unterschied zwischen physikalischen, biologischen oder

Handlungssystemen besteht. Handeln ist ein Prozeß im System; die funktionalen Voraussetzungen der Handlungssysteme werden aus den allgemeinen Gesetzen, die für physikalische Systeme aufgestellt wurden, mit Hilfe sowohl der Erkenntnisse der Kleingruppenforschung wie der „pattern variables" abgeleitet.

Die Kleingruppenforschung hat den interaktiven Prozessen zwischen einer beschränkten Anzahl von Personen ihre Aufmerksamkeit zugewandt und kam zu Erklärungen der Struktur und des Wandels in Gruppen aufgrund der Interaktionszusammenhänge zwischen den Individuen. Dabei trat deutlich der „systemische" Charakter dieser Interaktion zutage. Interaktionen zeichnen sich durch ihre Reziprozität aus, durch die wechselseitige Kontingenz des Verhaltens, wodurch das Ergebnis der Interaktionen nie auf die einzelnen beteiligten Akteure reduzierbar ist, sondern unvorhergesehene Folgen absichtgeleiteten Verhaltens, Interaktionseffekte, darstellt.

Die Erkenntnis, daß Interaktionsprozesse eine Eigendynamik entwickeln, die Zusammenhänge und wechselseitige Abhängigkeit begründen, läßt die Gruppe als Realität sui generis entstehen, ihr Bestand ist aber an die Erhaltung der Motivationsbalance zwischen den Mitgliedern gebunden. Die soziale Kontrolle und Kohäsion in der Gruppe wirkt in der Weise der Erhaltung eines Spannungsgleichgewichts zwischen Normeneinhaltung und Devianz, zwischen zentrifugalen und -petalen Kräften der Gruppe. Dieses Gleichgewicht ist von bestimmten Bedingungen abhängig. So fand R. F. Bales heraus, daß Gruppen mit sechs funktionalen Problemen fertig werden müssen, wenn sie als solche überleben wollen. Parsons übernahm diese funktionalen Probleme, kombinierte sie mit seinen „pattern variables" und entwickelte daraus sein Vierfunktionenschema.

Interaktionssysteme müssen demnach vier funktionale Probleme lösen: sie müssen sich in jeder Situtation an die Umwelt anpassen können, sie müssen ihre gesetzten Ziele (Gruppenziele) erreichen, sie müssen ihre Struktur erhalten und die Spannungen zwischen den Mitgliedern bewältigen und sie müssen die Gruppe zu einem Ganzen integrieren. Sie müssen also adaptive, instrumentale, expressive und integrative Funktionen erfüllen.

Diese vier funktionalen Probleme projizierte Parsons dann in einen vierdimensionalen Raum („action-space") als die vier Dimensionen desselben. Das Konzept des Handlungssystems wurde mit einer räumlichen Vorstellung verbunden, die die Übertragung physikalischer Gesetze auf Handlungssysteme gestattet. Das oberste Gesetz ist das der Erhaltung der Systemgrenzen und daher der Systemintegration. Das Trägheitsgesetz bedingt eine Neigung zur Erhaltung der Struktur („latency-pattern maintenance"); das Prinzip von Aktion/Reaktion und des Gleichgewichts der Kräfte verweist auf die inhärente Anpassungstendenz der Elemente des Systems („adaptation") und das Prinzip der Beschleunigung auf den Energiefluß im System, der Prozesse in Gang setzt und im Handlungssystem auf Ziele und die Mittel zu ihrer Erreichung weist („goal-attainment"). Diese vier Dimensionen von Systemen stellen zugleich Phasen in der Beziehung des Systems zu seiner Situation dar und sind funktionale Erfordernisse für die Erhaltung der Sytemgrenzen. Die vier funktionalen Probleme, mit denen Kleingruppen konfrontiert sind, wurden damit verallgemeinert und umgedeutet in funktionale Voraussetzungen mit Gesetzescharakter für den Bestand und die Veränderung von Handlungssystemen.

Der vierdimensionale Raum ist durch zwei Achsen, die Achse der Mittel-Zweck-Orientierung und die Achse der System-Umwelt-Bezüge geteilt. Die Funktionen strukturieren das System in Subsysteme.

Das Subsystem A leistet die Anpassung an den laufenden strukturellen Wandel im

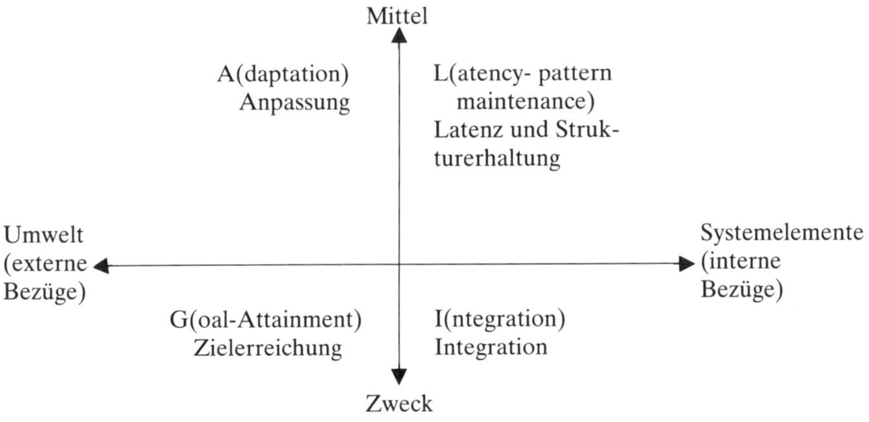

System und im Verhältnis zu Umwelt. Das Subsystem G definiert die Systemziele und die Mittel zur Erreichung derselben und leistet deren Anwendung. Das Subsystem L wirkt in Richtung Erhaltung der Systemstruktur und bewältigt die auftretenden Spannungen und Widersprüche. Das Subsystem I bewerkstelligt die Integration der systembildenen Einheiten. Jedem Strukturteil entspricht demzufolge eine bestimmte Funktion, die im System erfüllt werden muß. Für Handlungssysteme sind die entsprechenden Subsysteme und Funktionen nachstehend aufgeführt.

Das Handlungssystem:

Subsysteme	Funktionen
Organismus	Anpassung (A)
Persönlichkeit	Zielverwirklichung (G)
Kultursystem	Spannungsbewältigung und Strukturerhaltung (L)
Sozialsystem	Integration (I)

Jedes der Subsysteme hat wieder Systemeigenschaften und weist daher ebenfalls die 4 funktionalen Erfordernisse auf; hier wurde exemplarisch das integrative Subsystem differenziert:

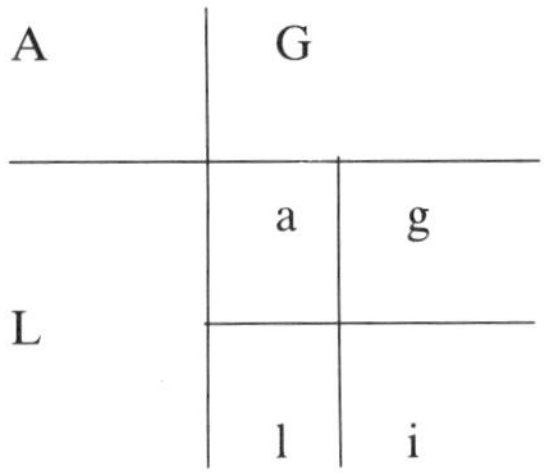

Dadurch wird es möglich, die Verbindungen zwischen makro- und mikrokosmischen Ereignissen herzustellen. Interpersonale Kommunikation etwa kann auf diese Weise als Teil der größeren Handlungsstrukturen aufgefaßt und aufgrund der Austauschprozesse zwischen den Subsystemen erklärt werden. Die gegenseitige Durchdringung (Interpenetration) zwischen den Handlungssubsystemen und zwischen diesen Systemen und ihren Umwelten machen Austauschprozesse zwischen Systemen und ihrer Umwelt möglich. Die Grenzen zwischen den Systemen und zu den Umwelten sind Zonen strukturierter Muster, die als zu beiden Systemen gehörig aufgefaßt werden.

Die Systeme sind analytisch unabhängig voneinander, d. h. sie sind nicht auf andere Systeme reduzierbar. So kann das Persönlichkeitssystem nicht auf die Bedürfnisse des Organismus oder auf das Sozialsystem reduziert werden. Insofern sind alle Systeme gleichrangig, aber im Hinblick auf die Steuerungsprozesse, die die Systeme verbinden, entsteht eine Hierarchie von informationsreicheren Systemen (nach oben) und energievolleren Systemen (nach unten). Diese kybernetische Hierarchie sieht in bezug auf die Handlungssubsysteme wie folgt aus:

Information	Kultur
↕	Sozialsystem
	Persönlichkeit
Energie	Organismus

Das Sozialsystem erfüllt im Handlungssystem die Funktion der Integration, es ist das integrative Subsystem des Handlungssystems. Insoweit als sich das Sozialsystem wieder aus Handlungssystemen bzw. deren Elementen zusammensetzt, ist es selbst wieder nach den vier funktionalen Dimensionen ausdifferenziert.

Das Sozialsystem:

Subsysteme	Funktionen
Werte	Strukturerhaltung und Spannungsbewältigung (L)
Normen	Integration (I)
soziale Gesamtheiten (Kollektivitäten/Gruppen)	Zielerreichung (G)
Rollen	Anpassung (A)

Für das Sozialsystem sind Organismus, Persönlichkeit und Kultursystem Umwelt; zwischen ihm und den Systemen in der Umwelt bestehen Austauschprozesse. Innerhalb des Sozialsystems verlaufen parallel dazu integrative Prozesse und Prozesse der Strukturerhaltung, sodaß die Grenzen des Sozialsystems und damit dieses selbst als Spannungsgleichgewicht dieser Prozesse bewahrt werden. Jedes Element des Systems wird erhalten oder eliminiert nach Maßgabe seines Beitrags zur Systemerhaltung.

Die Gesellschaft wird von Parsons definiert als Sozialsystem, dessen Kennzeichen ein Höchstmaß an Selbstgenügsamkeit im Verhältnis zu seiner Umwelt ist, m. a. W. der Offenheitsgrad dieses Sozialsystems „Gesellschaft" ist gering. Die Gesellschaft ist ein komplexes Sozialsystem mit sowohl einer vertikalen wie einer horizontalen Differenzierung.

Die Struktur des Gesellschaftssystems:

Die gesellschaftliche Gemeinschaft ist das Kernstück der Gesellschaft; seine intrasozialen Milieus sind: Wertsystem (Erhaltung institutionalisierter kultureller Strukturen), politisches Gemeinwesen (Regierungsform), Wirtschaftsform. Die extra-sozialen Milieus sind das Kultursystem, die Persönlichkeitssysteme und die Verhaltensorganismen.

Subsysteme	Funktionen
Gesellschaftliche Gemeinschaft („societal community")	Integration (I)
Wertsystem	Strukturerhaltung und Spannungsbewältigung (L)
politisches Gemeinwesen	Zielverwirklichung (G)
Wirtschaft	Anpassung (A)

Unter der gesellschaftlichen Organisationsebene als solcher befinden sich in vertikaler Reihenfolge andere hierarchische Ebenen der Organisation der funktionalen Probleme: das institutionelle System, die Ebene der formalen Organisation und das primäre (technische) Sozialsystem. Auf jeder dieser Ebenen sind wieder vier fuktionale Probleme zu lösen und daher vier strukturelle Subsysteme auszudifferenzieren.

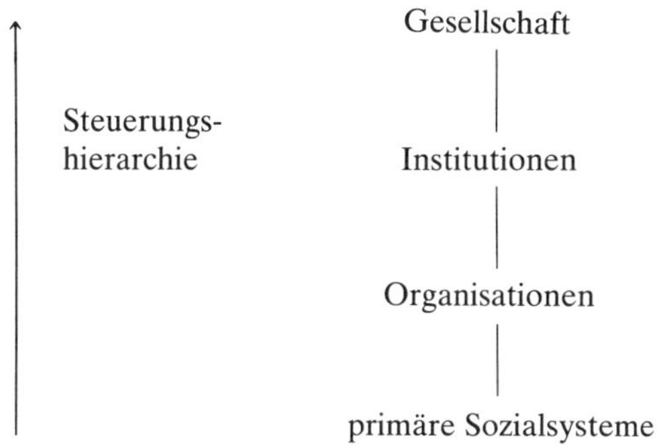

In „A Paradigm of the Human Condition" erweiterte Parsons die Handlungssysteme durch die organischen Systeme, das physikalisch-chemische System und das „telische System" (Telos, griech. = Ziel), wobei er auf Kategorisierungen von Robert N. Bellah, L. J. Henderson, Norbert Wiener und die griechischen Naturphilosophen zurückgriff. Letztere hatten die physische Welt in die vier Elemente Erde, Feuer, Wasser und Luft unterteilt. Parsons ordnete sie seinen vier Funktionen A (Erde), G (Feuer), L (Wasser) und I (Luft) zu. Im System der „Human Condition" erfüllt das physikalisch-chemische System die Anpassungsfunktion, das organische System des Menschen die Zielerreichungsfunktion, das Handlungssystem die Funktion der Integration und das telische System die Funktion der Kulturerhaltung.

„We . . . write and speak as human actors within that framework (of the action system) and attempt to relate ourselves to the rest of the human condition on the assumption that in the relevant sense this is ‚what we are'."[6]
Das Schema, welches Parsons als „system of the human condition" bezeichnet, geben wir hier vereinfacht wieder:

Sozialisation: Persönlichkeit und Sozialstruktur

In „Family, Socialization and Interaction Process" (1955) lag das Schwergewicht der Analyse auf der familialen Sozialisation. Dabei erwies sich die Struktur der Familie als wesentlicher Ausgangspunkt. Diese differiert nach der Verteilung der Macht einerseits, der instrumentellen (auf die externen Bezüge augerichteten) und der expressi-

[6] *Talcott Parsons,* Action Theory and the Human Condition, New York 1978, S. 382/3

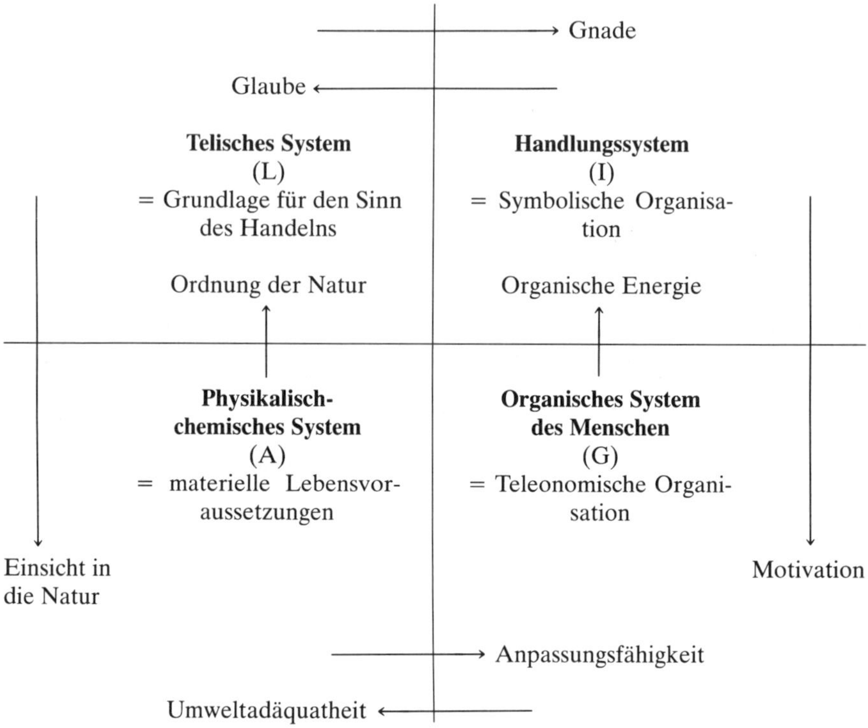

ven (an internen Bezügen orientierten) Funktionen andererseits. Parsons unterteilte die Struktur der Kernfamilie in vier Rollen nach dem Ausmaß und der Art des Einflusses in der Familie als soziales System: die Vaterrolle (große Macht, instrumentelle Priorität), die Mutterrolle (große Macht, expressive Priorität), die Sohnesrolle (geringe Macht, instrumentelle Priorität), die Tochterrolle (geringe Macht, expressive Priorität).

Die Persönlichkeitsentwicklung wird aus dieser funktionalen Perspektive heraus auf die Teilnahme an sozialen Systemen bezogen: Diese Sozialisation hängt von der Internalisierung der sozialen Strukturen, zunächst der Familie, in das Persönlichkeitssystem ab. Dadurch kommt es in diesem zu einem Differenzierungsprozeß, es wird immer komplexer. Die Art und Weise, in der die Sozialisation erfolgt, ist die Interaktion, und der Mensch „lernt" durch diese reziproken Verhaltensmuster wie „Wenn Alter dies tut, sagt etc., dann macht Ego das" und umgekehrt. Egos Persönlichkeit wird dabei als „complex system of patterned action subsystems relative to n alters" gedacht.[7] Der Lernprozeß umfaßt nach Parsons über die klassische und instrumentelle Konditionierung hinaus die Prozesse der Unterscheidung und Verallgemeinerung, durch die die gelernten Elemente in das Persönlichkeitssystem eingefügt werden.

Der Mensch lernt nicht nur reziproke Verhaltensmuster, sondern er lernt auch zwischen „Du-Ich", „Wir" und „Nicht-Wir" zu differenzieren und dies begrifflich zu verarbeiten. Parsons betonte ausdrücklich, daß in diesem Prozeß der Internalisierung immer zwei Perspektiven beteiligt sind: die der „Sozialisation" von der sozialen

---

[7] *Talcott Parsons* (zs. mit R. F. Bales), Family, Socialization and Interaction Process, Glencoe 1955, S. 57

Interaktion her und die der Persönlichkeit und ihrer internen Struktur. Den Sozialisationsprozeß verstand Parsons analog einem therapeutischen Prozeß, denn der „Sozialisator“ spielt immer eine duale Rolle: Er nimmt Teil an dem Handlungssystem mit dem „Patienten“ und repräsentiert gleichzeitig das System der „normalen“ Welt.

In „Social Structure und Personality“ (1964) beschäftigte sich Parsons mit dem Persönlichkeitssystem; unter dieser Voraussetzung bilden die anderen Handlungssubsysteme die Umwelt des Persönlichkeitssystems, sind in diesem aber als Strukturelemente enthalten. Sozialisation als der Prozeß der Interpretation zwischen Sozialsystem und Persönlichkeitssystem wird daher als Aneignung der erforderlichen Orientierungen für das befriedigende Funktionieren in einer Rolle definiert. Vom Persönlichkeitssystem aus betrachtet ist Sozialisation die Verinnerlichung kultureller Symbolsysteme durch Interaktion. Diese Verinnerlichung der Kultur erfolgt durch Interaktion mit anderen Menschen, und die Identifikation mit ihrer Rolle involviert daher immer auch die affektive Orientierung an anderen Personen wie auch das Erlernen, sie in ihrer Rolle generalisieren und kategorisieren zu können. Bedingung der Sozialisation einer Person ist, daß ihre Bedürfnisbefriedigung nicht einfach durch die Objekte erfolgt, sondern Werte, Normen und Symbole voraussetzt, die von der Person verinnerlicht worden sind. Dies ist das „Über-Ich“ Freuds, das Parsons neu zu definieren versucht durch die Unterscheidung von Kultur als Objekt und Kultur als verinnerlicht in der Persönlichkeit.

Die Integration der Persönlichkeit ist die Funktion des Ichs, das sich aber auch mit dem Es (Organismus), der äußeren Situation (Sozialsystem) und den verinnerlichten Symbolsystemen der Kultur (Über-Ich) auseinandersetzen muß. Das Über-Ich hat bei Parsons zentrale Bedeutung, es ist zugleich Teil des Ichs und Erweiterung des Ichs durch die Einbeziehung der verinnerlichten Kultur. Diese umfaßt das kognitive Bezugssystem, die gemeinsamen moralischen Maßstäbe (eig. Über-Ich) und die expressiven Symbole. Das Über-Ich als Erweiterung des Ichs um die kulturellen Elemente „entsteht“ durch Vermittlung des Sozialsystems, d. h. der Interaktionen mit anderen. Wichtig ist hierbei festzuhalten, daß Parsons ganz deutlich nicht nur das Über-Ich als sozialkulturell begründet sieht, sondern auch das Ich, denn das Über-Ich ist ein Teil, bei Parsons ein zentraler Teil des Ich. Mit dieser Neuformulierung des Über-Ich sah Parsons die Möglichkeit gegeben, die Theorie der Persönlichkeit und die Theorie des sozialen Systems auf der Basis eines gemeinsamen begrifflichen Schemas zu entwickeln.

Gesellschaftliche Evolution und Sozialstruktur

Die statische Analyse sozialer Systeme hat Parsons in seinen späteren Arbeiten stärker durch die Analyse prozessualer Abläufe zu ergänzen versucht. Prozesse in sozialen Systemen stellen zunächst Interaktionen dar. Weil soziale Systeme Handlungssysteme sind, erfolgen die Interaktionen symbolgeleitet mit Hilfe von sprachlichen und nichtsprachlichen Symbolen, werden zu Kommunikationen. Diese Kommunikationsprozesse weisen als Systemprozesse kybernetische Eigenschaft auf. Struktur als Komplex institutionalisierter und internalisierter kultureller Muster und Prozeß als zielgerichtetes Handeln von Personen und Gruppen erscheinen ihm als zwei Dimensionen der Wissenschaften vom Handeln. Der Begriff der Funktion verbindet Struktur und Prozeß im Hinblick auf das System.

Parsons unterscheidet zwischen Prozessen als dynamischem Aspekt von Strukturen einerseits und Veränderungen andererseits. Letztere stellen einen besonderen Prozeßtyp dar und sind in Systemen durch einen evolutionären Verlauf charakterisiert. Die Fragestellung, der er sich zuwendet, ist die nach der Bestimmung der Veränderung in Systemen und der Prozesse, die sie auslösen, oder in der Sprache der Kybernetik: die sie steuern. Damit hat Parsons versucht, einen Schritt in die Richtung der Nutzbarmachung der Sozialwissenschaft als Planungswissenschaft zu unternehmen.

Die gesellschaftliche Entwicklung wird als Prozeß der funktionalen Differenzierung in Subsystemen und als Prozeß der Integration zum Zwecke der Grenzerhaltung des sozialen Systems sowie seiner Subsysteme als funktionale Spezialisierung verstanden. In dieser Weise analysiert Parsons die Entwicklung von Differenzierungsprozessen in der Gesellschaft und die sich daran anschließenden Anpassungs-, Intergrations- und Wertverallgemeinerungsprozesse.

Die Funktionen sozialer Systeme können nicht nur als Instrumente zur Feststellung von Strukturelementen herangezogen werden, sondern selbst als Prozesse verstanden werden: da sie allgemein formalisiert sind in Richtung auf immer größer werdende Differenzierung und Spezialisierung, stellen sie evolutionäre Entwicklungsprinzipien dar, die allgemein zur Erklärung gesellschaftlicher Entwicklung verwendbar sind („evolutionary universals"). Grundsätzlich geht Parsons von einer Kontinuität der Evolution lebendiger Organismen bis zu gesellschaftlich-kulturellen Formen aus. Den Sprung zur kulturell-sozialen Evolution konstituiert die Ersetzung des Gens durch das Symbol als fundamentales strukturelles Element; dadurch wurde die Evolution zu einem Veränderungsprozeß von Handlungssystemen. Gesellschaftliche Evolution wird von Parsons interpretiert als die durch die Steigerung der Anpassungsfähigkeit ausgelösten kybernetischen Kommunikationsprozesse in und zwischen Gesellschaften. Daraus resultieren Änderungen des Typs der Gesellschaft in bezug auf Wirtschaftsform, Herrschaftssystem, gesellschaftliche Struktur und Wertsystem. Wenngleich Prozesse der Veränderung ihren Ausgang oft von technisch-wirtschaftlichen Neuerungen nehmen, sieht Parsons doch den Gang der gesellschaftlichen Evolution als solchen wesentlich bestimmt durch kulturelle und integrative Prozesse.

Die gesellschaftliche Evolution ist durch steigende Anpassungsfähigkeit gekennzeichnet; die höchst entwickelte Gesellschaft, die USA, ist für Parsons daher auch die anpassungsfähigste. Die Richtung der Evolutionsperspektive Parsons' ist eindeutig linear, aber er erkennt durchaus eine große Vielzahl von Variationen und Verästelungen des Entwicklungsprozesses und der dadurch entstandenen Gesellschaftstypen an, die sich aus der Tatsache multipler und variabler Ursprünge der Gesellschaftstypen in frühen Phasen der Evolution ergeben. Auch beruht Parsons' evolutionäre Perspektive primär auf der strukturellen Analyse und nicht auf der Erklärung von Prozessen im Sinne von Ursache-Wirkungszusammenhängen. Ähnlich wie in der Biologie werden „Arten", in diesem Fall Typen von Gesellschaften, in ihrer Morphologie verglichen (komparativer Ansatz).

Führende Bedeutung für die Evolution gesellschaftlicher Systeme mißt Parsons dem Kultursystem zu, weil es in der kybernetischen Hierarchie das höchstrangige ist. Er hält damit die kulturell-institutionellen Faktoren für die eigenständigsten und unabhängigsten. Hierdurch unterschied er sich von William Ogburn und seiner Theorie des „cultural lag", die von dem Nachhinken der kulturellen (immateriellen) Aspekte gegenüber der Entwicklung des technisch-materiellen Systems ausging.[8]

Die normativen Elemente hält Parsons für die Veränderung sozialer Systeme für wichtiger als die materiellen Interessen. Der „gesellschaftlichen Gemeinschaft" mißt

---

[8] Siehe: *William F. Ogburn,* Kultur und sozialer Wandel, Neuwied und Berlin 1969 (ursprl. amerik. 1964)

Parsons primäre Bedeutung zu und untersucht die reale Gesellschaft v.a. aus dieser Perspektive. Gesellschaftliche Gemeinschaft meint allerdings häufig sehr Unterschiedliches: Im Theoriekonnex übersetzt Parsons es mit dem normativ-institutionellem System, im Kontext der historischen Analyse nimmt der Begriff aber meist die Bedeutung „Volk“ an.

In seiner evolutionären und komparativen Analyse der gesellschaftlichen Entwicklung („Societies. Evolutionary and Comparative Perspectives“, 1966) geht er von der Annahme von Stufen der Evolution aus, d.h. von Ebenen, von Plateaus der Entwicklung. Er führt drei Stufen ein: die primitive, die intermediäre und die moderne Stufe der Evolution. Die Prozesse, die den Übergang zwischen diesen Stufen ermöglicht haben, stehen im Mittelpunkt seiner Analyse. Diese kombiniert zwei Perspektiven: die der systematischen Theorie und die der historischen Interpretation.

Die modernen Gesellschaften („The System of Modern Societies“, 1968) faßt Parsons als ein System auf, das einen einzigen Ursprung in Europa gehabt hat, als ein Gebiet mit einer gemeinsamen Kultur, die sich auf die Tradition des Christentums einerseits und andererseits auf die Kulturen Israels und Griechenlands, über das institutionelle Erbe Roms vermittelt, stützt.

Diese Entwicklung erfolgte nicht ziellos, sondern zielgerichtet, war nicht Zufallsprodukt, sondern historische Notwendigkeit. Die Voraussetzungen, Bedingungen und Stadien der Evolution suchte Parsons darzulegen, indem er aus der Menge historischer Ereignisse jene Struktur- und Prozeßfaktoren herausfilterte, die für diese Evolution wichtig waren. Anders als bei seiner Analyse der primitiven und intermediären Gesellschaften betonte Parsons nicht mehr die Vielfalt und Verästelung des evolutionären Prozesses, sondern sah die Entstehung eines ziemlich einheitlichen Systems, das sich trotz aller politischen, ökonomischen, ethnischen und sonstigen Unterschiede zwischen den Gesellschaften des „Westens“ auf der kulturellen Ebene herauskristallisiert hat. Auch Unterschiede des evolutionären Stadiums gibt es. Die am weitesten entwickelten Regionen sind für Parsons die USA und Japan. Die „Amerikanisierung“ Europas und Japans nach dem 2. Weltkrieg erscheint aus dieser Perspektive als evolutionäre Anpassung an den relativ höheren Entwicklungsstand der USA.

Die Entwicklung des Systems moderner Gesellschaften erfolgt auf dem Wege von drei Revolutionen: der industriellen, der demokratischen und der Bildungsrevolution. Diese Revolutionen bewirkten progressive Veränderungen in der grundsätzlich evolutionären Entwicklung. Die industrielle Revolution folgte der Ausbreitung des Marktsystems mit Geld als primärem Kontrollmechanismus des Wirtschaftsprozesses. Sie schuf die Basis für die große Verbreitung materieller Güter und die Erhöhung des Wohlstands breiter Schichten der Bevölkerung. Sie bewirkte eine Differenzierung und Spezialisierung der Berufsrollen, die zu den zentralen Aspekten der Sozialstruktur wurden. Die demokratische Revolution brachte von der Französischen Revolution ausgehend eine Reduktion der Beherrschung von Menschen durch Menschen, eine Erhöhung der individuellen Freiheit, die Kontrolle des Volkes über die gewählten Personen, welche Macht und Autorität mit ihren Positionen übernommen haben. Voraussetzung der demoktratischen Revolution war eine neue Art von gesellschaftlicher Gemeinschaft, die vom politischen Gemeinwesen differenziert ist: die Nation. Die Bildungsrevolution setzte die industrielle und die demokratische Revolution voraus und ergänzte sie. Ihr zentraler Aspekt ist der der Chancengleichheit, der die Verbindung herstellt zwischen ökonomischem Erfolg und bürgerlichen Freiheits- und Gleichheitsrechten. Im Brennpunkt dieser Revolution steht Parsons zufolge die

Universität, wobei er die amerikanische Universität[9] im besonderen vor Augen hat. Die Möglichkeit der Bildung für alle beinhaltet, daß gesellschaftliche Rangunterschiede nicht „Schicksal“ sind, sondern zu einem Raster mit wechselnden Personen als Inhalt werden. Die Bildungsrevolution führte daher zu einer Änderung der Grundlagen gesellschaftlicher Schichtung, die sich nicht auf Macht und Reichtum als solche stützt, sondern diese als Folge von Fähigkeiten und Bildung darstellt.

Der Strukturfunktionalismus vertritt eine spezifische Auffassung in bezug auf die Begründung der sozialen Ungleichheit. Die Sozialstruktur ist Ergebnis des horizontalen und vertikalen Differenzierungsprozesses in Gesellschaftssystemen im Zuge der evolutionären Entwicklung derselben. Sie ist Ausdruck eines bestimmten Evolutionsniveaus und Gesellschaftstyps und seiner funktionalen Erfodernisse. In modernen Gesellschaften werden diese mit Hilfe universalistischer Leistungskriterien erfüllt, was bedeutet, daß Positionshierarchie und personale Besetzung nicht identisch sind. Positionen werden nach Maßgabe von Fähigkeiten und Leistungen besetzt; höher bewertete Qualifikationen stellen knappe Güter dar und erreichen daher hohe Gratifikationen. Diese spezifische Ungleichheit der Positionsränge und Gratifikationen ist funktional im System der modernen Gesellschaft.

Wissenschaft und moderne Gesellschaft

Parsons' Interesse war auf die Theoriebildung gerichtet; er beschäftigte sich bewußt nicht mit wissenschaftsphilosophischen oder forschungsmethodologischen Problemen. Parsons führt hier eine Tradition fort, die typisch für die Entwicklung der Naturwissenschaften war: Die Theorie entwickelte sich vor und daher notwendig unabhängig von wissenschaftstheoretischen Überlegungen, die eine Folgeerscheinung sind und von ganz anderen Personen, Spezialisten für metawissenschaftliche Fragen, den Wissenschaftstheoretikern, aufgegriffen werden.

Wenn sich Parsons auch nie wirklich tiefgründig mit Wissenschaftstheorie auseinandergesetzt hatte, betonte er doch die Bedeutung der Begriffe und Theorien des „action frame of reference“ als Metatheorie und bekannte sich zum „analytischen Begriffsrealismus“ und zur „systematischen Theorie“. „Analytischer Begriffsrealismus“ bedeutete das Abgehen von der Annahme des radikalen Empirismus, wonach Theorie nur die gedankliche Abbildung der Realität sei. Parsons maß theoretischen Konstrukten eine selbständige Bedeutung zu, sie sollten nicht nur Antworten liefern, sondern auch die Fragen bestimmen, auf die Antworten gesucht werden: „Theory not only formulates what we know but also tells what we want to know, that is, the questions to which an answer is needed.“[10]

Deutlich wird Parsons' Haltung in dem Briefwechsel[11] mit Alfred Schütz, in dem er es ablehnt, sich auf philosophische oder methodologische Fragen einzulassen. Erst im Rückblick nach 35 Jahren versuchte Parsons die Grundlage seines Denkens etwas mehr in philosophisch-methodologischen Kategorien darzulegen. Er bekannte sich darin zum Neukantianismus, der ihm durch Weber nahegebracht wurde, und zur Position Hendersons, von dem er den Beriff der Tatsache als einer Aussage über die Phänomene der externen Welt übernahm und dessen Terminus „Begriffsschema“ am besten Parsons' Theorieverständnis charakterisiert. Parsons war tief durchdrungen von der Überzeugung, daß Phänomene durch Verstandeskategorien (Kant) bzw. ein Begriffsschema (Henderson) vermittelt sind: Er war nicht bereit, sich auf dieser

---

9 *Talcott Parsons* (zs. mit G. Platt), The American University, Cambridge, Mass., 1973

10 *Talcott Parsons,* The Structure of Social Action, New York 1937, S. 9

11 Siehe: *Talcott Parsons – Alfred Schütz,* Zur Theorie sozialen Handelns, Frankfurt 1977

Ebene mit Schütz, der ja der Phänomenologie Husserls folgend von der direkten Erfahrbarkeit der Phänomene durch die phänomenologische Reduktion ausging, in eine Diskussion einzulassen.

Für Parsons ist alles wissenschaftliche Denken auf einer anderen Ebene als das Alltagsdenken und daher stets abstrakt, aber gleichzeitig ist für ihn Denken im Zusammenhang der Wissenschaft immer gleich wissenschaftliches Denken; das Alltagsdenken des Handelnden selbst wird ja ganz genauso wie bei Webers „subjektiv gemeintem Sinn" nicht als solches berücksichtigt. Der „Handelnde" ist wissenschaftliches Objekt, ist eine begriffliche Relationierung auf andere Begriffe hin; er handelt, aber dieses Handeln ist Resultat einer Zuschreibung durch den Sozialwissenschaftler: „Sie handeln und denken... im ‚Rahmen des Begriffsschemas'..."[12] Das Begriffsschema erst gibt dem Handeln seinen Sinn, einen davon unabhängigen wirklich „subjektiven Sinn" läßt Parsons nicht gelten.

„Ein theoretisches System..." ist für Parsons „eine Gesamtheit allgemeiner Begriffe, die logisch interdependent sind und einen empirischen Bezug haben."[13] Die Festlegung dieses Systems für die Zwecke der Analyse beruht, wie er zugibt, auf freier, ja willkürlicher Entscheidung des Forschers, d. h. die Grenzziehung zwischen dem, was noch Bestandteil des Systems ist und was nicht (also die Umwelt), bestimmt der Wissenschaftler. Das theoretische System ist dabei gleichzeitig ident mit dem empirischen System, denn letzteres ist nur mittels des ersteren überhaupt festzustellen.

Webers Einfluß auf Parsons ging sehr tief; Parsons bekannte sich zur Verwendung von Webers Begriff des zweckrationalen Handelns in idealtypischer Weise, merkte jedoch an, daß die moderne Kybernetik den Begriff der Rationalität stark erweitert habe durch Wegfallen des Postulats, daß bei rationalem Handeln jeder Schritt von Beginn der Handlung vorhersehbar und entscheidbar sein muß. An die Stelle der individuellen Zweckhaftigkeit konnte die Funktionalität in bezug auf das System treten. Der Funktionalismus impliziert auch eine spezifische Art und Weise der Erklärung. Ein Ding oder Ereignis wird nicht als Wirkung einer Ursache gesetzmäßig erklärt, sondern aufgrund der Feststellung seiner Funktion.

Wenn wir zum Beispiel als das grundlegende funktionale Problem des Bestands menschlicher Gesellschaften die ausreichende Ernährung der Bevölkerung bezeichnen, so stellen wir in der Folge fest, welche Einrichtungen und Maßnahmen dies ermöglichen (= „functional prerequisites") und welche Mechanismen deren eventuellen Ausfall ausgleichen könnten („functional equivalents"). Diese Strukturen werden dann durch Bezug auf die funktionalen Probleme erklärt.

Parsons hat offensichtlich gemacht, daß die beiden Begriffe Struktur und Funktion nicht auf derselbe Ebene liegen. „Struktur" ist der Aspekt eines Systems, der relativ stabil ist, er dient der Beschreibung von Elementen eines Systems, die für einen bestimmten Zweck als gegeben angenommen werden, so daß es lediglich um die Ermittlung ihrer Eigenschaften und ihrer Beziehungen zu anderen Elementen geht. In diesem Sinn ist der Begriff „Struktur" allen empirischen Wissenschaften gemeinsam. Die strukturelle Analyse betrifft die Auswahl der in das System aufzunehmenden Eigenschaften und die Feststellung der Beziehung zwischen den Komponenten des Systems.

Der Begriff Funktion liefert die ersten theoretischen Bezugspunkte für eine strukturelle Analyse, indem er die Elemente, die die Struktur eines Systems ausmachen, mit

---

[12] *Talcott Parsons – Alfred Schütz,* Zur Theorie..., S. 134

[13] *Talcot Parsons,* Beiträge zur Soziologischen Theorie, Berlin 1964, S. 31

dem System in Beziehung setzt und so ihren Beitrag für den Geschehensablauf im System bestimmt und die Frage nach den wahrscheinlichen Konsequenzen einer strukturellen Veränderung beantworten. Mit Hilfe des Funktionsbegriffs können die Fragen nach den wechselseitigen Beziehungen zwischen strukturellen Komponenten, der verschiedenen Typen sozialer Systeme und der genetischen Beziehung zwischen den Strukturen (Strukturwandel) beantwortet werden, und zwar durch „... ständige systematische Rückbeziehung jedes Problems auf den Zustand des Systems als Ganzem".[14]

Parsons' theoretisches Werk ist von Abstraktion und Formalismus geprägt. Trotzdem verknüpfte Parsons es selbst mit der Entwicklung der modernen Gesellschaft, insbesondere mit Tendenzen der amerikanischen Gesellschaft und meinte, daß seine Theoreme alternative Interpretationen dieser Erscheinungen bieten können. So erscheint der Wandel in der Struktur amerikanischer Familien nicht notwendig als Desorganisation, sondern wird als Differenzierungsprozeß gedeutet. Er erklärt auch Änderungen in der Einstellung zur religiösen Organisationen nicht als Säkularisation und Schwinden der Religiosität, sondern als Differenzierung, während er den Massenmedien integrative Funktion bescheinigt, entgegen der üblichen negativen Beurteilung der Massenkultur.

Mit Hilfe der Parsonsschen Theorie kommt man zu alternativen Deutungen und Erklärungen gesellschaftlicher Strukturen und Prozesse, die nicht aus Gesellschaftstheorien früherer Zeiten hergeleitet werden, sondern aufgrund des umfassenden Charakters der Parsonsschen Theorie auch zu Erklärungen führen, die der modernen Gesellschaft entsprechen. Diesen Anspruch Parsons' bestätigt Jeffrey Alexander, wenn er schreibt: „Parsons' synthesis ... has captured something of the precarious newness of twentieth century life ..."[15]

Nach zwei Jahrzehnten, in denen der Parsonsianismus auf heftige Kritik und Ablehnung stieß, erwachte in den späten 80er Jahren wieder das Interesse an der Parsonsschen Theorie, teils von einem fachhistorischen Standpunkt aus, teils in der Absicht, die theoretischen Implikationen zu modifizieren und weiterzuführen.

Literatur

Jeffrey C. Alexander, Theoretical Logic in Sociology, Vol. 4: Modern Reconstruction of Classical Thought: Talcott Parsons, London 1984

Robert F. Bales, Interaction Process Analysis: A Method for the Study of Small Groups, Cambridge, Mass., 1950

Max Black (Hg.), The Social Theories of Talcott Parsons, Englewood Cliffs, N.J., 1961

Charles Camic, The Making of a Method: A Historical Reinterpretation of the Early Parsons, in: Am Soc. Rev. 52/1987, S. 421ff.

Paul Colomy (ed.), Functionalist Sociology, Aldershot-Brookfield, Vermont 1990

Rainer Geißler, Die Sozialisationstheorie von Talcott Parsons, in: KZSS 31/1979, S. 267ff.

Alvin W. Gouldner, Reciprocity and Autonomy in Functional Theory, in: Ders., For Sociology, London 1973, S. 190ff.

Robert J. Holton – Bryan S. Turner, Talcott Parsons on Economy and Society, London–New York 1986

Bronislaw Malinowski, Eine wissenschaftliche Theorie der Kultur, Frankfurt 1975

---

[14] *Talcott Parsons,* Beiträge zur Soziologischen Theorie..., S. 36

[15] *Jeffrey C. Alexander,* The Modern Reconstruction of Classical Thought: Talcott Parsons, London 1984, S. 280

Robert M. Marsh, Comparative Sociology, New York 1967
Richard Münch, Theorie sozialer Systeme, Opladen 1976
Ders., Theorie des Handelns: Zur Rekonstruktion der Beiträge von *Talcott Parsons, Emile Durkheim* und *Max Weber,* Frankfurt 1982
Ders., Parsonian Theory Today: In Search of a New Synthesis, in: *A. Giddens – J. Tuner* (Hg.), Social Theory Today, Cambridge – Oxford 1987, S. 116ff.
William F. Ogburn, Kultur und sozialer Wandel, Neuwied und Berlin 1969, (ursprl. amerik. 1964)
Talcott Parsons, Wants and Activities and Marshall, in: Quarterly Journal of Economics (QJE) 46/1931, S. 101ff.
Ders., Economics and Sociology: Marshall in Relation to the Thought of His Time, in: QJE 46/1932, S. 316ff.
Ders., Sociological Elements in Economic Thought, in: QJE 49/1935, S. 414ff.
Ders., The Structure of Social Action, New York 1937
Ders. (zs. mit E. A. Shils u. a.), Toward a General Theory of Action, Cambridge, Mass., 1951
Ders., The Social System, Glencoe 1951
Ders., Essays in Sociological Theory, Pure and Applied, Glencoe 1951
Ders. (zs. mit R. F. Bales und E. A. Shils), Working Papers in the Theory of Action, Glencoe 1953
Ders. (zs. mit R. F. Bales), Family, Socialization and Interaction Process, Glencoe 1955
Ders. (zs. mit N. J. Smelser), Economy and Society, Glencoe 1956
Ders., An Outline of the Social System, in: T. Parsons – E. A. Shils u. a. (Hg.), Theories of Society, 2 Bände, Band 1. Glencoe 1961, S. 30ff.
Ders., Social Structure and Personality, New York 1964
Ders., Beiträge zur soziologischen Theorie, Berlin 1964
Ders., Die jüngsten Entwicklungen in der strukturell-funktionalen Theorie, in: KZSS 16/1964, S. 30ff.
Ders., Societies. Evolutionary and Comparative Perspectives, Englewood Cliffs, N.J., 1966
Ders., Sociological Theory and Modern Society, New York 1967
Ders. (Hg.), American Sociology, New York – London 1968
Ders., The System of Modern Societies, Englewood Cliffs, N.J. 1971
Ders., Die Entstehung der Theorie des sozialen Systems: Ein Bericht zur Person in: T. Parsons – E. Shils – P. Lazarsfeld, Soziologie – autobiographisch, Stuttgart 1975 (ursprl. 1970)
Ders., The Early Essays, ed. by Charles Camic, Chicago – London 1991
Ders., Some Problems of General Theory in Sociology, in: John C. McKinney – Edward A. Tiryakian (eds.), Theoretical Sociology. Perspectives and Development, New York 1970, S. 27ff.
Ders. (zs. mit G. Platt), The American University, Cambridge, Mass., 1973
Ders. (und A. Schütz), Zur Theorie sozialen Handelns. Ein Briefwechsel, Frankfurt 1977
Ders., Social Systems and the Evolution of Action Theory, New York 1977
Ders., Action Theory and the Human Condition, New York 1978
Neil J. Smelser – W. T. Smelser (Hg.), Personality and Social Systems, New York 1963
Pitirim A. Sorokin, Sociological Theories of Today, New York 1966
Bryan S. Turner, Talcott Parsons, universalism and the educational revolution: democracy versus professionalism, in: The British Journal of Sociology 44/1993, S. 1ff.

2. Funktionalismus und Positivismus in der amerikanischen Soziologie

Die strukturell-funktionale Theorie beherrschte in gewissem Maße die amerikanische Soziologie in Amerika in den 50er und 60er Jahren. Es entstand so etwas wie eine Schulsoziologie, die sich in einer Flut von Lehrbüchern dokumentierte. Die funktionalistische Soziologie wurde zu der modernen Soziologie schlechthin, zum Exportprodukt, mit dem die USA auch eine Art Ideologie verbreitete.

Wiewohl Parsons große Bedeutung im Rahmen der funktionalistischen Soziologie zukam, war er keineswegs der einzige Funktionalist, seine Theoriekonstruktion war allerdings die systematischste und umfassendste Synthese. Parsons hat auch keine „Schule" im eigentlichen Sinn begründet, wenn auch seine Schüler mitunter in verschiedenen Teilen der USA wirkten und großen Einfluß hatten. Auch andere wie Robert K. Merton, Marion Levy und Kingsley Davis legten früh, teilweise vor Erscheinen von Parsons' paradigmatischen Werken wie dem „Social System", funktionalistisch orientierte Konzepte vor und sind daher als Mitbegründer des Strukturfunktionalismus anzusehen.[1]

Der moderne Funktionalismus war mit dem Aufschwung der Biologie und der Informationstheorie eng verbunden und stellte daher – anders als der Funktionalismus Durkheims – den Systembegriff in den Mittelpunkt. Das Objekt der Sozialwissenschaft, die Handlungssysteme, die im wesentlichen verstanden werden müssen als sinnkonstituierende Systeme, und die Erklärungsweise der funktionalen Analyse, ließen den Strukturfunktionalismus als Abweichung von der naturwissenschaftlichen Methode und als nicht eigentlich „positivistisch" erscheinen. Parsons bezeichnete sich daher als Außenseiter. Tatsächlich dominierte in der soziologischen „Normalwissenschaft" die kausalwissenschaftliche empirisch-analytische Erklärungsweise und die induktive Forschung. Und tut es bis heute, wie Smelser aufgezeigt hat.[2]

Der Funktionalismus ist aber keineswegs „nicht-positivistisch" in dem Sinne, daß er die Einheit der (naturwissenschaftlichen) Methode ablehnen würde. Es geht ihm vielmehr um eine Erneuerung der einheitlichen (naturwissenschaftlichen) Methode. Die „große" Theorie Parsons' erwies sich allerdings als schwer mit empirischer Forschung verknüpfbar. War die amerikanische Soziologie vorher durch einen Mangel an Theorie und ein Schwergewicht and soziographischer Empirie ausgezeichnet, so drohte jetzt ein Theorie-Empirie-Problem aus gegenteiliger Ursache.

Allerdings zeigte auch die empirische Sozialforschung seit den 40er Jahren eine bemerkenswerte Veränderung. Ein Name, der damit in einem engen Zusammenhang genannt werden muß, ist der von Paul F. Lazarsfeld. Er beeinflußte insbesondere Robert Merton sehr stark, und ihre Zusammenarbeit ließ die Hoffnung auf eine Integration von Theorie und Empirie aufkeimen.

Diese Zusammenarbeit konzentrierte sich an der Columbia Universität, New York, und dem „Bureau of Applied Social Research", das neben dem „Laboratory of Social Relations" in Harvard, wo Parsons, Samuel Stouffer und Clyde Kluckhohn wirkten, eines der Zentren der Soziologie wurde, nachdem Chicago an Bedeutung verloren hatte. Die sozialökologischen Studien der Chicago-Schule wurden von Roderick

---

[1] So etwa *Kingsley Davis,* dessen „Human Society" 1949 erschien oder *Robert K. Mertons* „Social Theory and Social Structure", das ebenfalls 1949 seine erste Auflage hatte.

[2] *Neil J. Smelser,* Die Beharrlichkeit des Positivismus in der amerikanischen Soziologie, in: KZSS 38/1986, S. 133ff.

McKenzie am „Survey Research-Center“ in Michigan weitergeführt. Als ein neues Zentrum mit allerdings sehr unterschiedlichen theoretischen Ausrichtungen entwikkelte sich im Westen die Soziologie an der University of California in Berkeley. Dieses Zentrum gewann in den 60er Jahren an Bedeutung und von hier nahmen auch die Studentenproteste und -unruhen ihren Ausgang.

In Harvard dominierte eindeutig Parsons, ohne daß es hier aber zu einer einheitlichen „Schulbildung“ kam. Die Orientierungen waren zu verschieden. Später wurde auch George C. Homans, einer der Kritiker des Strukturfunktionalismus, nach Harvard berufen. Er entwickelte eine Art individualistisch-kausalwissenschaftliche „Gegentheorie“ auf der Grundlage von Skinners Behaviorismus.

Der Strukturfunktionalismus und die amerikanische Soziologie

Ein Großteil der Begriffe und Hypothesen der strukturell-funktionalen Theorie bildet noch heute den Standardinhalt von Soziologie-Lehrbüchern insbesondere auch in Europa. Wir heben im folgenden nur einige der bekanntesten Namen und Begriffe hervor, nicht um die Gesamtheit der strukturell-funktionalen Soziologe darzustellen, welche vor allem mit dem, was man auch als „Rollentheorie“ zusammenfaßt, eng verbunden ist (wenn sich letztere auch aus mehreren Quellen speist), sondern um beispielhaft die Art von Wirklichkeitsinterpretation zu belegen, die von dieser Soziologie geschaffen wird.

Die Funktionalisten, die von Parsons zwar stark beeinflußt waren, aber sich doch der Probleme dieser „großen“ Theorie bewußt waren, versuchten, neben zentralen Thesen auch jene Bereiche theoretisch zu erfassen, welche in der Parsonsschen Theorie zu kurz kommen bzw. allzu optimistisch-konservativ behandelt werden: die Probleme des sozialen Wandels, des abweichenden Verhaltens, der sozialen Konflikte, von Macht und Herrschaft.

Im folgenden wenden wir uns einigen zentralen Aussagen der strukturell-funktionalen Theorie außerhalb des „Parsonian framework“ zu. Ein wesentliches Problem der strukturell-funktionalen Theorie ist ihre Beziehung zur Empirie; diesem Problem sollten die „middle range theories“, wie sie Merton bezeichnete, abhelfen.[3]

1) Funktionale Analyse und „Middle Range Theories“

Robert K. Merton war besonders von Durkheim und dessen Theorie-Empirie-Verständnis beeinflußt. Er hob daher immer wieder die Vereinbarkeit von Ursachenforschung und funktionaler Analyse hervor. Während Fragen nach der Entstehung die Anwendung der kausalen Analyse erfordern, seien Fragen nach den Konsequenzen mit Hilfe der funktionalen Analyse zu beantworten. Diese interpretiert empirische Daten durch die Herausarbeitung ihrer Folgen für die größeren Strukturen, in die sie eingebettet sind. Während der Begriff des Zieles oder des Zweckes sich auf die Intentionen oder Motive der einzelnen handelnden Akteure bezieht, ist der Begriff der Funktion davon abgehoben und verweist auf die Wirkungen des Handelns für die größeren Zusammenhänge, die die soziale und institutionelle Umwelt des Handelnden darstellen. Die „Funktionalität“ eines Phänomens folgt aus der Betrachtung der allgemeinen Bedürfnisse des sozialen Organismus und deren Konfrontation mit den Wirkungen und Folgen eines Verhaltens oder eines Ereignisses.

Die funktionale Analyse erfolgt in einer Reihe von Arbeitsschritten:

Zunächst müssen die funktionalen Erfordernisse des Systems festgestellt werden,

---

[3] Siehe: *Robert K. Merton,* Social Theory and Social Structure, New York 1957

hierauf erfolgt die Beschreibung der verschiedenen Mechanismen, die der Erfüllung dieser Erfordernisse dienen; bei Auftreten von Störungen müssen diese diagnostiziert werden und nach ausgleichenden Mechanismen geforscht werden; die Störung kann jedoch nur behoben werden, wenn die Strukturbestandteile, deren Funktionen gestört sind, beschrieben werden und die Funktionsmechanismen und ihre Wirkungsweise bekannt sind.

Merton orientierte sich dabei an der methodischen Vorgangsweise der Biologie und der Physiologie, die er ohne deren substantiellen Begriffsinhalte übernahm. Den funktionalistischen Ansatz modifizierte Merton durch das Postulat, daß die Einheit, auf die sich eine Funktion bezieht, jeweils zu spezifizieren ist. Er gab damit die Konzentration auf die Einheit des ganzen Sozialsystems auf zugunsten einer Perspektive, die Teile miteinander verbindet und nach ihrer funktionalen Beziehung fragt. Während es in den einfach strukturierten Gesellschaften, mit denen es die Anthropologen zu tun haben, möglich ist, jedes Phänomen funktional auf das Ganze zu beziehen, ist es in komplexen Gesellschaften notwendig, jeweils zu spezifizieren, in bezug worauf ein Element funktional ist.

Parsons' großer Theorie ging es in erster Linie um die Konstruktion einer umfassenden, universalen Theorie und in deren Rahmen um die Kodifizierung der Begiffe dieser Theorie. Merton hingegen geht es nicht um Theoriekonstruktion, sondern um die Verknüpfung von strukturell-funktionaler Analyse und empirischer Sozialforschung. Er hält der großen Theorie daher die „Theorien mittlerer Reichweite" als Alternative entgegen; sie sind angesiedelt zwischen statistisch-empirischen Arbeitshypothesen und allgemeiner allumfassender Theorie. Diese Theorien mittlerer Reichweite („middle range theories") stellen begriffliche Konstrukte dar, die noch empirisch überprüfbar und begründbar sind, aber mehr sind als Generalisierungen aus empirischen Daten. Die Konzepte der „Bezugsgruppen", der „Anomie", der „Bürokratie" etc. sind solche konstitutiven Begriffe von „middle range theories".

Mertons Neigung zur Empirie manifestierte sich auch in der Zusammenarbeit mit Paul F. Lazarsfeld. Die Kooperation der beiden führenden Soziologen an der Columbia University ließ die Hoffnung entstehen, daß nun auch die Soziologie ein einheitliches Paradigma entwickelt habe, das die Verbindung von Theorie und empirischer Forschung ermögliche.

2) Dysfunktionen und latente Funktionen

Merton verwarf das Postulat des anthropologischen Funktionalismus, wonach die Gesellschaft eine funktionale Einheit darstellt. Laut Merton haben nicht alle sozialen Formen notwendig positive Funktionen; sie weisen vielmehr einen Saldo funktionaler Folgen auf und entwickeln und verändern sich durch den „structural strain", die strukturelle Spannung zwischen funktionalen, dysfunktionalen und nicht-funktionalen Folgen. Es gibt auch keine unentbehrlichen funktionalen Voraussetzungen, sondern die gleiche Funktion kann meist durch alternative Objekte erfüllt werden. Die Folgen daraus: Funktionen verbinden sich mit variablen Strukturen; es gibt funktionale Alternativen für bestimmte Funktionen.

Merton wandte seine Aufmerksamkeit besonders der Tatsache zu, daß Funktionen als objektive Folgen menschlichen Handelns von subjektiven Zwecksetzungen verschieden sind. Systemfunktionalität und Handlungsrationalität sind getrennt zu betrachten, aber sie stehen dennoch in einer Beziehung zueinander. Merton unterschied zwischen jenen Funktionen, bei denen bewußte subjektive Absichten und objektive Folgen übereinstimmen und bezeichnete sie als „manifeste Funktionen". Latente Funktionen stellen jene dar, bei denen die objektiven Folgen von den subjektiven Dispositionen abweichen, d.h. nicht beabsichtigt oder nicht bewußt verfolgt wurden. Ein „Ding“, eine Institution kann sowohl manifeste wie latente Funktionen haben. Die manifeste Funktion der Bildung ist es, Wissen zu vermitteln; latente Funktionen beziehen sich auf die Erweiterung des persönlichen Horizonts, die Bildung vermittelt.

Die latenten Funktionen von Konflikten etwa liegen in deren Wirkung auf die Erhöhung der Gruppenzusammengehörigkeit. Religion etwa hat manifeste Funktionen, aber auch latente, nicht allgemein anerkannte und legitime Folgen für die Sozialstruktur durch den großen Wert, den sie der Tradition zuweist. Die latenten Funktionen sah Merton nicht nur als theoretisches Instrumentarium der komplexen und teilweise irrationalen Wirklichkeit, sondern auch als unabdingbar für die soziale Planung. Der Sozialplaner („social engineer“) muß, um den Wandel einer Organisation in bestimmter Weise herbeizuführen, sowohl die manifesten wie die latenten Funktionen von Institutionen, Traditionen, Verhaltensweisen berücksichtigen.

3) Die Eigendynamik von Prognosen

Merton knüpfte an das Thomas-Theorem (Wenn die Menschen Situationen als real definieren, dann sind sie real in ihren Konsequenzen) an und prägte den Begriff der „self-fulfilling prophecy“. Häufig lösen nicht die objektiven Tatsachen Verhalten aus, sondern Gerüchte, Vorurteile, Interpretationen, Ankündigungen etc. Das unbegründete Gerücht über die bevorstehende Insolvenz einer Bank etwa kann bei den Einlegern ein Verhalten auslösen, welches tatsächlich zur Insolvenz der Bank führt. Der Student, der sich einredet, er werde bei der Prüfung durchfallen, manövriert sich tatsächlich in einen Zustand hinein, der ihn scheitern läßt. Die „self-fulfilling prophecy“ beruht also auf einer zunächst falschen Situationsdefinition, die aber ein Verhalten hervorruft, welches eine Sachlage erzeugt, die die Situtationsdefinition bestätigt. Die „self-fulfilling prophecy“ ist auch wirksam als Ausdruck von Gruppensolidarität und Differenzierung gegenüber Fremdgruppen. Die eigene Gruppe („in-group“), der man sich zugehörig fühlt, sei das die Clique in der Schulkasse, die Anhängerschaft eines Fußballvereins, die Religionsgemeinschaft, die politische Partei, die Rasse, Nation, Volksgruppe etc., kurz jede Gruppierung, die als „wir“ definiert wird, erhält eine positive Einschätzung, während die „anderen“, die Fremdgruppe („out-group“) mit negativen Merkmalen versehen wird, welche sich durch die dadurch hervorgerufene feindliche Einstellung auch bewahrheiten können. Auch durchaus positive tatsächliche Leistungen und Erfolge der out-groups, z.B. der Juden oder der Neger, werden als negativ interpretiert, und jedes Verhalten dieser Gruppenangehörigen erscheint dann nur als weiterer Beweis für die „Theorie“ vom schädlichen Einfluß der Juden, Neger, Kommunisten, etc.

Merton betonte, daß dieser „vicious circle“ von Gerüchten und Ängsten nur möglich ist, wenn geeignete institutionelle Kontrollen fehlen und trat dafür ein, durch politische Maßnahmen und „checks“ die Wirkung der „self-fulfilling prophecy“ zu brechen. Er verwies hierbei als Beispiel auf die Tatsache, daß die Einrichtung der Federal Deposit Insurance Corporation unter Roosevelt erfolgreich die Bankenzusammenbrüche stoppen konnte. Er lehnte es ab, aus der Erkenntnis der Beeinflußbarkeit der Menschen durch Gerüchte den fatalistischen Schluß zu ziehen, daß dies menschliche Natur sei, sondern stellte fest, daß es vielmehr auf die Gestaltbarkeit der Gesellschaft hinweise.

Das Gegenstück zur „self-fulfilling prophecy“ ist die „self-destroying (suicidal) prophecy“. Hierbei wird eine an sich richtige Prognose durch das Verhalten, das sich auslöst, nicht bestätigt, sie zerstört sich selbst. Beispiele dafür finden sich im Alltagsleben (z.B. die Ankündigung eines Staus auf der Autobahn, die die Autofahrer veranlaßt, auf andere Straßen auszuweichen, so daß es gar nicht zum Stau kommt), aber auch sozialwissenschaftliche Aussagen können dazu zählen; dies verweist auf die Tatsache der Reflexivität sozialwissenschaftlicher Aussage, d. h. daß die Objekte der Sozialwissenschaft auf diese reagieren können (z. B. ein Umfrageergebnis, wonach der Antisemitismus in Österreich hoch ist, hat zur Folge, daß die Befragten bei einer späteren Umfrage vorsichtig sind mit antisemitischen Äußerungen).

Die „self-destroying prophecy“ läßt sich als spezifische Eigenschaft der sozialwissenschaftlichen Erkenntnis bezeichnen und hebt deren reflexiven Charakter hervor, insbesondere unter den realhistorischen Bedingungen der modernen Massenmedien und der Integration der Sozialforschung in das Vorfeld politischer und wirtschaftlicher Entscheidungen. Die Umfrageergebnisse vor politischen Wahlen, die veröffentlicht werden, können die Wähler so beeinflussen, daß sie sich ganz anders verhalten, so daß ganz andere tatsächliche Wahlergebnisse resultieren. Die Effekte, die hierbei eine Rolle spielen, wurden in der amerikanischen Sozialforschung als „bandwaggon-effect“ (Mitläufereffekt), „underdog effect“ (Mitleidseffekt) etc. bezeichnet. Im wesentlichen handelt es sich dabei um eine analytische Berücksichtigung der sozialwissenschaftlichen Reflexivität und Eigendynamk, ohne die Subjekt-Objekt-Trennung aufgeben zu müssen.

4) Das „Role-Set“ und die Bezugsgruppen

Die Menschen verstehen ihre Situation und orientieren ihr Verhalten, indem sie sich mit anderen vergleichen, sich abgrenzen, sich angleichen. Die „anderen“ dienen als sozialer Bezugsrahmen für Selbstverständnis und Verhaltensdisposition von Individuen. Die „anderen“ können dabei sehr verschiedene Kategorisierungen sein: die Eigengruppe (ingroup) oder Mitgliedschaftsgruppe, die Fremdgruppe oder Nicht-Mitgliedschaftsgruppe, von der man sich abgrenzen will (negative Bezugsgruppe), oder auch Gruppen, denen man noch nicht angehört, in denen die Mitgliedschaft aber angestrebt wird. Es kann auch sein, daß in bestimten Situationen mehrere Bezugsgruppen verhaltensorientierend wirken: etwa die Kollegen, die Professoren, die Eltern bei Studenten.

Auf diese Weise lassen sich auch die Verhaltenserwartungen, die sich aus der Rolle eines Individuums innerhalb eines sozialen Gebildes ergeben, differenzieren und stellen dann einen Rollenersatz („role-set“) von unterschiedlichen Erwartungen mehrerer Bezugsgruppen in einer Rolle dar. Die Beziehungen innerhalb von sozialen Gruppen oder Systemen – etwa in der Familie, der Schule, dem Betrieb – können als Rollenkonfigurationen interpretiert werden. Jede Rolle ist bestimmt durch die Verhaltenserwartungen der jeweils anderen Teilnehmer, die ihrerseits wieder durch Normen, Regeln, Verhaltens- und Denkmuster zumindest zu einem großen Teil festgelegt und damit vorhersehbar sind und als Verständigungsvoraussetzung wirken können. Dabei gibt es zentrale und periphere Rollenelemente, das sind Verhaltenserwartungen, die sich auf die funktionale Erfüllung der Rolle oder aber auf extrafunktionale Faktoren beziehen. Zwischen diesen Erwartungen bzw. Verhaltensorientierungen kann es auch Widersprüche geben; das Individuum sieht sich dann vor einem Rollenkonflikt, einem Intra- oder einem Interrollenkonflikt, je nachdem, ob die widersprüchlichen Erwartungen aus einer oder meheren Rollen des Rollenträgers stammen.

Merton exemplifiziert an Hand der Bezugsgruppentheorie seine Auffassung von „middle range theories“. Mit Hilfe des analytischen Konzepts der Bezugsgruppen ist es möglich, Verhaltensweisen in ihren Regelmäßigkeiten und Unterschieden zu erklären, und zwar durch das Zusammenwirken von theoretischem Konstrukt und empirischer Forschung.

5) Anomie und abweichendes Verhalten

Bei seiner Analyse abweichenden Verhaltens ging Merton von Durkheims Begriff der Anomie aus. Durkheim hatte Anomie als den Zustand der Normlosigkeit der Gesellschaft verstanden. Merton definierte Anomie als das Fehlen von Regeln (Sitten, Gebräuchen, Institutionen), die festlegen, wie die kulturellen hochgeschätzten Ziele erreicht werden können.

„Anomie" entsteht nach Robert Merton durch die Nichtentsprechung von kulturell vorgegebenen Zielen und den institutionellen Möglichkeiten der Individuen, diese Ziele zu erreichen. Die Menschen versuchen, diese Ziele-Mittel-Kluft durch bestimmte Verhaltensweisen zu überwinden. Die Individuen zeigen grundsätzlich verschiedene Einstellungen sowohl zu den Zielen wie zu den institutionellen Mitteln, die in ihrer Gesellschaft gegeben sind. Diese Formen der Anpassung differenzierte Merton wie folgt:[4]

	Ziele	Mittel
Konformität	+	+
Innovation	+	−
Ritual	−	+
Rückzug (Retreatism)	−	−
Rebellion	(∓)	(∓)

Überwiegende Konformität sowohl den kulturellen Zielen wie den Mitteln gegenüber weist die Gesellschaft als nichtanomisch aus. Die anderen Formen hingegen sind Formen des abweichenden Verhaltens.

Innovation: Akzeptanz der Ziele und Suche nach neuen Wegen, dieselben zu erreichen. Hierbei kann es sich um positive Beiträge handeln, aber auch um negativ deviantes Verhalten (Kriminalität).

Ritual: Das Festhalten an den Sitten, Bräuchen, Normen schließt keine Akzeptanz der Ziele ein.

Rückzug: Weder die Ziele noch die Mittel werden akzeptiert („Aussteiger").

Rebellion: Hier werden die alten Ziele und Mittel durch neue ersetzt.

Merton sah gerade die Betonung des Zieles von ökonomischem und sozialem Erfolg in der amerikanischen Gesellschaft als „strain" an, welcher zur Anomie führen kann, wenn dieses Ziel reduziert wird auf das reine Vergleichen von „outcomes", ohne daß die Wege dazu selbst auch Befriedigung vermitteln.

6) Die Funktionalität sozialer Stratifikation

Einer der umstrittensten Beiträge zur funktionalen Soziologie war die Theorie der Stratifikation von K. Davis und W. E. Moore.[5] Die Autoren gehen davon aus, daß die Differenzierung von Aufgaben und Positionen mit möglicher funktionaler Bedeutung eine universelle ist: Alle Gesellschaften weisen soziale Ungleichheit auf, was darauf hindeutet, daß Ungleichheit wichtige Funktionen in der Gesellschaft erfüllt.

K. Davis definierte „stratification" als Differenzierung der Gesellschaft in Gruppen,

---

[4] *Robert K. Merton,* Social Theory and Social Structure, op. cit., S. 140.

[5] *Kingsley Davis – Wilbert E. Moore,* Some Principles of Stratification, in: Am. Soc. Ref. 10/1945, S. 242ff.

die unterschiedliche Positionen in der Sozialordnung einnehmen und ein unterschiedliches Ansehen genießen. Er machte eine Unterscheidung zwischen Kastenstratifikation (das indische Kastensystem, aber auch die Differenzierung zwischen Weißen und Schwarzen in der amerikanischen Sozialordnung) und „open class stratification" (Schichtung). Im ersten Fall dominieren erbliche Statusunterschiede, im zweiten gibt es zwar Unterschiede der Positionsränge und des Prestiges, aber die personelle Besetzung kann variieren.

In bezug auf die Schichtung nimmt die Theorie an, daß
1) eine funktionale Notwendigkeit für Stratifikation in allen Gesellschaften besteht,
2) die Positionen von unterschiedlicher funktionaler Bedeutung sind und
3) es eine steigende Knappheit an „Personal" gibt, je höher die Qualifikation ist.[6]

Die Talente und Qualifikationen sind unter den Personen, die diese Positionen ausfüllen sollen, ungleich verteilt; daher müssen ungleiche Belohnungen bewirken, daß die wichtigen Positionen von den bestqualifizierten Personen besetzt werden. Solcherart entstehen „leistungsgerechte", aber ungleiche Ordnungen, die durch die Unterschiede der funktionalen Beiträge der arbeitsteilig differenzierten Positionsinhaber begründet werden. Sie spiegelt die große Bedeutung von Arbeitsmarkt und Wirtschaft für das Schichtungsgefüge in den modernen Gesellschaften wider und bezieht den Marktmechanismus als sozialen Sanktionsmechanismus mit ein.

Die Theorie klingt wie die Apologetik leistungsorientierter Manager; sie entspringt einem Denken, welches auch die Gesellschaft als eine Organisation betrachtet, die „gemanagt" werden muß. Sie folgt aus der funktionelen Systembetrachtung und ist kaum empirisch zu überprüfen, weil die bestehenden Ungleichheitsordnungen durchaus dysfunktionale Elemente enthalten dadurch, daß die Definitionen der Funktionen und der Qualifikationen und Belohnungen durch die jeweils Mächtigen beeinflußt werden, wie Davis und Moore selbst zugeben.

7) Konflikte, Wandel und funktionale Autonomie

Lewis Coser kritisierte, daß der Parsonssche Funktionalismus soziale Konflikte nur als dysfunktionale und systemstörende Ereignisse behandeln kann und legte eine funktionale Theorie der Konflikte vor; er suchte in 16 Punkten zu zeigen, daß Konflikte sehr wohl positive Funktionen für die gesellschaftliche Integration erfüllen: Sie dienen als Sicherheitsventile, lassen Gruppenstrukturen entstehen, erhöhen die Kohäsion der Eigengruppe, erhalten Machtgleichgewichte und fördern Koalitionen und Assoziationen etc.[7]

Parsons hob in seinen späteren Arbeiten stärker den dynamischen Aspekt seiner Theorie der Handlungssysteme hervor, er interpretierte Funktionen im System als Prozesse. Wenngleich Parsons die Analyse der Prozesse als Ziel der Erkenntnis betrachtete, hielt er die Soziologie noch nicht für weit genug entwickelt, eine solche durchzuführen. Die strukturell-funktionale Analyse erschien ihm wie auch Merton als die beste Möglichkeit, mit dem vorhandenen Instrumentarium eine prozessuale Analyse zu erreichen. Allerdings impliziert die Annahme der Homöostasis im System, d. h. der Tendenz zur Erhaltung des Gleichgewichts, eine statische Orientierung an der Bewahrung der gegebenen Strukuren – aber verstanden als Relationen zwischen Systemteilen. W. E. Moore meinte, diese Betrachtungsweise erlaube es, Gesellschaften als „functional equilibrium systems" zu sehen.[8]

---

[6] *Kingsley Davis,* Human Society, New York 1949, S. 364ff.
[7] *Lewis A. Coser,* The Functions of Social Conflict, Glencoe 1956
[8] *Wilbert E. Moore,* Order and Change, New York 1967, S. 8

Parsons nahm die Idee der Evolution auf und gab ihr eine neue Interpretation; dennoch impliziert diese Perspektive die Erklärung des sozialen Wandels aus den gegebenen Strukturen und den Prozessen in diesen. Der soziale Wandel entsteht in dieser Sicht durch Veränderungen in den sozialen Strukturen, den „Mustern" des sozialen Handelns und der Interaktionen, die sich auch in Normen, Werten und Symbolen niederschlagen, und wird mit Bezug auf die Funktionen dieser Strukturen im System erklärt. Diese Interpretation legt starkes Gewicht auf den „geordnet" verlaufenden Wandel, d.h. den Wandel, der sich kontinuierlich aus den früheren Strukturen entwickelt. Brüche und Diskontinuitäten in der Entwicklung können nicht adäquat erfaßt werden wie auch sehr rasche Veränderungen durch Revolutionen und Umstürze. Hingegen bietet sich die strukturell-funktionale Theorie für komparative Analysen geradezu an, deren Ziel letztlich die Entdeckung von „evolutionary universals", von allgemeinen Entwicklungsprinzipien, die für alle Gesellschaften gültig sind, ist. Als nicht haltbar erwies sich vor allem Parsons' Annahme der Konvergenz der Gesellschaften hin zur Entwicklung eines einheitlichen Systems moderner Gesellschaften.

Alvin W. Gouldner, selbst Schüler Parsons', kritisierte, daß dieser die integrativen Aspekte sozialer Interaktion einseitig betone. Der Tendenz des Systems in Richtung auf die Erhaltung oder Wiederherstellung des Gleichgewichts entspricht eine Tendenz der Systemteile zu funktionaler Autonomie. Daraus ergibt sich die spezifische Spannung in sozialen Systemen, die Gouldner als Interdependenz-Problem bezeichnet und vom Problem des Gleichgewichts abhebt. „Interdependenz" verlagert das Augenmerk weg vom Verhalten des Systems hin zu dem seiner Teile, das durch Reziprozität und Autonomie bestimmt ist. Reziprozität besteht nicht zwischen allen Teilen des Systems und nicht in gleichem Maße. Nicht in allen Interaktionen sind die Handlungen durch Beziehungen der Reziprozität vorgezeichnet. Manche Elemente sozialer Prozesse zeigen ein hohes Maß an Selbstgenügsamkeit wie religiöser Glaube oder organisatorische Eigendynamik. Funktionale Autonomie ist bestimmt durch die Wahrscheinlichkeit, daß ein Systemteil die Abtrennung vom System „überlebt". Autonomie ist daher umgekehrt proportional dem Grad der funktionalen Reziprozität, die ein Element mit anderen Elementen des Systems verbindet.[9]

In den 50er und 60er Jahren erschien – meist von der strukturell-funktionalen Theorie nahestehenden Autoren – eine Reihe von soziologischen „Bestsellern". Sie sind in gewisser Weise mit der durch Parsons' Werk geförderten „Entdeckung" Max Webers für die amerikanische Soziologie verbunden. Sie zeichneten sich durch die anschauliche, lesbare und teilweise spannend geschriebene Darstellung von Einzelfallstudien oder sozialen Problemen aus, wobei nur am Rande auch funktionalistische Theorie einfloß, mehr in der Form einer grundlegenden Denk- und Betrachungsweise des Autors als in expliziter Form als Theorie. Die Tradition der pragmatischen amerikanischen Soziologie verschmolz hier mit einer vagen strukturell-funktionalen Theorie-Orientierung sowie starken Anklägen an Max Weber. Zu nennen sind beispielsweise: Reinhard Bendix, Work and Authority in Industry (1959); Alvin W. Gouldner, Pattens of Industrial Bureaucracy (1955); Wildcat Strike (1955); Edward Shils, The Torment of Secrecy (1956) u.a.

Viele dieser Bücher beschäftigen sich mit Konflikten in der Arbeitswelt, was die erhöhte Bedeutung industrieller Arbeitsbeziehungen in der öffentlichen Diskussion der Zeit belegt. Noch herrschten Fortschrittsoptimismus und missionarischer

---

[9] *Alvin W. Gouldner,* Reziprozität und Autonomie im Funktionalismus, in: Ders., Reziprozität und Autonomie, Frankfurt 1984, S. 38ff.

Amerikanismus vor, aber schon begann sich auch Kritik und Protest zu bilden. Die Soziologie wurde in dieser Zeit zum Teil des „Establishment", und der Strukturfunktionalismus zog als dessen konservativer Kern zunehmend Kritik auf sich; etwa von C. Wright Mills[10], der die „grand theory" als Ideologie zur Rechtfertigung von Herrschaftsformen bezeichnete oder von Dennis Wrong[11], der den sozialkulturellen Determinismus und das übersozialisierte Menschenbild Parsons' ablehnte; schließlich auch aus den eigenen Reihen, als Alvin W. Gouldner die Ablehnung der New Left interpretierte und die kommende Krise der modernen Soziologie beschwor.[12]

In den späteren 60er und 70er Jahren war der Strukturfunktionalismus als umfassende Theorie so tot, wie Parsons 1937 Spencer für tot erklärt hatte. Erst in den 80er Jahren kam es zu einem erneuten Interesse für Parsons' Theorie. Die Begriffe und Hypothesen der strukturell-funktionalen Soziologie wurden dessenungeachtet als „middle range theories" zu wesentlichen Bestandteilen der Lehrbuchsoziologie.

Sozialforschung als Big Science und die Kleingruppenforschung

Die 40er Jahre in den Vereinigten Staaten waren eine Zeit des epochalen Wandels mit besonderer Bedeutung für die Sozialwissenschaften. Zu dieser Zeit wurde eine Phase der höchsten Entwicklung eingeleitet, die ihre Ursachen teils in der spezifischen Situation des amerikanischen Wissenschaftsbetriebs hatte, teils in politischen und ökonomischen Entwicklungen, die bereits davor eingesetzt hatten, aber in den 40er Jahren in den Sozialwissenschaften ihren Niederschlag fanden.

Die Etablierung und Professionalisierung der Soziologie ging in den USA leichter vor sich als in Europa, weil die Universitäten nicht zentral verwaltet werden und private Förderungen und Stiftungen maßgeblichen Anteil an der Entwicklung einer Wissenschaft nehmen konnten. Ihr Einfluß war und ist besonders wichtig für die sozialwissenschaftliche Forschung, an deren Institutionalisierung und Weiterentwicklung sie großen Anteil hatten, während sich die Institutionalisierung der Soziologie in Europa in erster Linie auf die Lehre bezog. Der stärkere Einfluß der regionalen und lokalen Behörden und Gruppen, der Einfluß von privaten Förderern, hinter denen in der Regel Industrielle, Wirtschaftsführer standen, bewirkte eine stärkere Verwobenheit der soziologischen Forschung mit allgemeinen Problemen, mit sachpolitischen Maßnahmen und gruppenspezifischen Interessen. Sie hatten naturgemäß auch eine stärkere Anwendungsorientierung zur Folge.

Diese schon vorhandene stärkere Betonung der Forschung und der Problemlösungskapazität der Soziologie wurde, beginnend in den 40er Jahren, insofern in eine neue Richtung gelenkt, als sich in dieser Zeit die Wirtschaft Amerikas von einem Schwergewicht auf lokale Märkte zu einem auf nationale Märkte erweiterte. Die Unternehmen bedienten sich immer mehr der empirischen Sozialforschung zu Marktforschungszwecken. Auch die Massenmedien entwickelten sich zu nationalen Kommunikationssystemen, was ebenso eine Anwendung der Marktforschung auf den Bereich der Medien zur Folge hatte: die Publikumsforschung. Auch die staatliche Wirtschaftspolitik hatte in der Folge der Wirtschaftskrise unter der Roosevelt-Administration eine stärkere interventionistische Orientierung angenommen und bediente sich ebenfalls der empirischen Forschung, um Entscheidungsgrundlagen zu erhalten.

---

[10] *C. Wright Mills,* Kritik der soziologischen Denkweise, Neuwied-Berlin 1963, S. 92

[11] *Dennis Wrong,* Theo Oversocialized Conception of Man in Modern Sociology, in: Am. Soc. Rev. 26/1961, S. 183ff.

[12] *Alvin W. Gouldner,* Die westliche Soziologie in der Krise, Reinbek 1974 (ursprl. am. 1970)

1) Umfrageforschung

Für die ESF hatte dies einschneidende Auswirkungen: War sie vordem zwar durchaus an Problemlösungen interessiert gewesen, so waren diese doch lokaler Art gewesen, und die Forschung erfolgte in erster Linie unter akademischen Interessen an der Wahrheitsfindung per se. Nun nahm die ESF zunehmend eine „social policy orientation" an. Sie organisierte sich in stärkerem Maße, um effizient relevante Entscheidungsgrundlagen auf empirischer Basis für nationale sozialpolitische Entscheidungen liefern zu können. Colemann spricht in diesem Zusammenhang von den 40er Jahren als „Wasserscheide" für die Entwicklung der empirischen Sozialforschung.[13] Die Folge für die Sozialforschung bestand in einer bemerkenswerten Ausformung quantitativer Methoden der Umfrageforschung. Dazu ist zu bemerken, daß die empirischen Methoden der Chicago-Schule, die die führende Rolle in der Soziologie der 20er und 30er Jahre spielte, primär qualitativer Natur waren, aber daneben bereits eine starke Entwicklung quantitativer Sozialfoschung bestand, die teils von Sozialstatistikern, teils von Soziologen wie Giddings und William Ogburn betrieben wurde. Sie entstand also keineswegs erst in den vierziger Jahren; aber sie veränderte sich in organisatorischer Hinsicht. Während davor die universitäre Forschung primär durch Gemeindestudien, Randgruppenforschung etc. auf weitgehend qualitativer Grundlage mit geringem organisatorischem und finanziellem Aufwand betrieben wurde, statistische Auswertungen großer Datenmengen vorwiegend außerhalb der Universitäten durchgeführt wurden (es gab auch nur wenige Möglichkeiten, Sozialforschung zu studieren), kam es in den vierziger Jahren zu einer allgemeinen Verbreitung quantitativer Methoden in der akademischen Sozialforschung und zu einer Verbreitung von universitärer und außeruniversitärer Forschung. Diese war beeinflußt von der Markt- und Meinungsforschung, deren Methoden auf alle Bereiche des sozialen Lebens ausgeweitet wurden. Die empirische Forschung wurde ein organisatorisch und finanziell aufwendiges Unternehmen, wurde zur „Big Science".

Eine mit der Ausdehnung der quantitativen empirischen Sozialfoschung eng verbundene Persönlichkeit ist der aus Österreich stammende Paul F. Lazarsfeld (1901–1976). Nach einer Ausbildung in angewandter Mathematik leitete er die Studien der Wirtschaftspsychologischen Forschungsstelle in Wien, einem unabhängigen Forschungsinstitut, das mit dem Psychologischen Institut Karl und Charlotte Bühlers zusammenarbeitete. 1932 entstand die Studie „Die Arbeitslosen von Marienthal", die Lazarsfeld zusammen mit Marie Jahoda und Hans Zeisel verfaßte (Leipzig 1932). Es sollte zu einem klassischen Werk sowohl der empirischen Sozialforschung wie der Erforschung der Lebensbedingungen von Arbeitslosen werden. 1933 reiste Lazarsfeld aufgrund eines Rockefeller-Stipendiums nach Amerika und blieb dann dort. 1936 übernahm er die Leitung der Forschungsstelle der Universität von Newark und 1937 die von der Rockefeller-Stiftung finanzierte neue Forschungsstelle für Rundfunkforschung, die zuerst an der Universität Princeton, dann in Columbia ihren Sitz hatte, wo Lazarsfeld schließlich 1940 eine Professur erhielt. 1945 wurde die Rundfunkforschungsstelle der Columbia-Universität verwaltungsmäßig eingegliedert und wurde zum Institut für Angewandte Sozialforschung (Bureau of Applied Social Research). Derartige Institute für empirische Sozialforschung, die teilweise unabhängig, teilweise als Universitätsinstitute geführt werden, entstanden zu dieser Zeit im ganzen Land. Damit kam es auch zu einer ganz bestimmten Forschungsorganisation, die eigentlich ihren Ursprung in der Wirtschaftspsychologischen Forschungsstelle in

---

[13] *James S. Coleman,* Social Theory, Social Research, and a Theory of Action, in: Am. Journal of Soc. 91/1986, S. 1309ff.

Wien hatte. Der Name Lazarsfeld wurde gleichbedeutend mit der institutsmäßigen Forschungsorganisation.

Lazarsfeld führte aber auch einen neuen Forschungsstil ein, der gekennzeichnet war durch die Kombination von quantitativen Methoden mit introspektivem Vorgehen. Schon 1933 formulierte er folgende Richtlinien:[14]

1. Zu jeder Erscheinung sollten objektive Beobachtungen und introspektive Berichte vorliegen.
2. Statistisches Material und Fallstudien sollen in angemessener Weise verbunden werden.
3. Querschnittsinformationen sollen durch entwicklungsgeschichtliche Informationen ergänzt werden.
4. „Natürliche" Daten sollen mit experimentellen Daten kombiniert werden (natürliche Daten sind solche, die schon vorliegen ohne Intervention des Forschungspersonals; experimentelle Daten sind aus Befragungen bzw. mit Hilfe anderer Techniken erhobene Daten).

Thematisch beschäftigten sich die Umfragen mit dem damals gerade universell verbreiteten Medium des Rundfunks, ferner mit Untersuchungen über das Wahlverhalten. Das wohl umfangreichste Projekt beschäftigte sich während des 2. Weltkriegs mit dem „American Soldier" unter der Leitung von Samuel Stouffer und anderen. Über die Auswertung der Analyse dieser Untersuchung arbeiten auch Lazarsfeld und Merton zusammen.[15] An seinem Radioprojekt beschäftigte Lazarsfeld zeitweise auch Theodor W. Adorno. Diese unternahm mit anderen aber auch ein eigenes großes Projekt über die Merkmale der „Authoritarian Personality" während seines Exils in Amerika. Eine andere großangelegte Studie, an der zahlreiche prominente Sozialforscher mitarbeiteten, war die von Gunnar Myrdal geleitete Untersuchung über die Rassenbeziehungen in Amerika.[16]

2) Kleingruppenforschung als experimentelle Interaktionsforschung

Die Gruppe als soziale Einheit hatte in Amerika traditionell eine starke Aufmerksamkeit erhalten: Bei Ch. H. Cooley in seinem Konzept der Primärgruppen, bei den Chicago-Soziologen einerseits durch ihre teilnehmende Art der Forschung, für die sich diese Ebene des sozialen Lebens am besten eignete, und durch die Rezeption von Simmels Ausführungen über die Gruppe, sowie in der Praxis der Sozialarbeit. Die Hawthorne-Untersuchungen hatten die informellen Gruppen im Betrieb ins Bewußtsein der Sozialwissenschaftler gerückt, und andere Forschungen wie W. F. Whytes „Street Corner Society" (1943) beschäftigten sich ebenfalls mit Gruppen. Auch in der Psychologie beschäftigte man sich immer stärker mit den Auswirkungen der Gruppenbeziehungen auf das Verhalten der Individuen. Von besonderer Bedeutung für die Gruppenpsychologie waren die Arbeiten von Kurt Lewin.

Elton Mayos Studie brachte die beiden Aspekte, den der Gruppe als sozialem Akteur und den der Auswirkungen der Gruppenbeziehungen des Individuums auf dessen Verhalten im Rahmen der industriellen Sozialpsychologie zusammen. Diese wurde in der Folge eines der erfolgreichsten Gebiete, auf dem sich Sozialpyschologie und Soziologie trafen. Unter dem Einfluß der experimentellen Psychologie entwickelte

---

[14] *Paul Lazarsfeld,* Eine Episode in der Geschichte der empirischen Sozialforschung, in: *T. Parsons – E. Shils – P. F. Lazarsfeld,* Soziologie – autobiographisch, Stuttgart 1975, S. 147ff.

[15] *Sammuel A. Stouffer* et al., Studies in Social Psychology in World War II, Princeton 1949ff.; *Robert K. Merton – P. F. Lazarsfeld,* Continuites in Social Research. Studies in the Scope and Method of the „American Soldier", Glencoe 1950

[16] *Gunnar Myrdal,* An American Dilemma, New York 1944

sich das Gebiet der Kleingruppenforschung auch in anderen Bereichen des sozialen Lebens als vorwiegend experimentelle Forschung. Das Interesse an mikroskopischen Untersuchungen der Interaktionen in kleinen Gruppen breitete sich innerhalb der Sozialwissenschaften und der Verhaltenswissenschaften in den vierziger und fünfziger Jahren schnell aus. Alle Arten von Gruppen, Spielgruppen von Kindern, Diskussionsgruppen, Arbeitsgruppen, Planungsteams, Konferenzgruppen, therapeutische Gruppen etc. wurden untersucht.

Diese Forschungen entwickelten einen so einheitlichen Charakter, daß man schließlich von einem eigenen Forschungsgebiet, dem „small group research" sprach, der einen eigenen Typ des Forschers hervorbrachte, den „small group research man". Das führte notwendig dazu, daß auch eigene Forschungsansätze, -methoden und -techniken gesucht wurden. Einer davon wurde am Laboratorium für soziale Beziehungen an der Harvard Universität entwickelt und wurde bekannter als andere durch die Zusammenarbeit von Robert F. Bales mit Talcott Parsons: die „Interaction Process Analysis", deren Ziel es ist, die Bedeutsamkeit jeder Handlung der Gruppenmitglieder für die Lösung des Problems im Gesamtablauf des Gruppengeschehens aufzuzeigen. Die Methode besteht in einer Art Klassifikation des Verhaltens in Kleingruppen und der Analyse mit der Absicht, Indices zu erhalten, die den Gruppenprozeß und die ihn beeinflussenden Faktoren beschreiben. Bales ging dabei von 6 miteinander verbundenen funktionellen Problemen aus, die auf jedes konkrete Interaktionssystem logisch anwendbar sind.[17] Die Integration dieses Ansatzes in die Theorie Parsons' ist symptomatisch für den Anspruch dieser Forschung, nämlich letztlich daraus eine allgemeine Theorie der Interaktionen in kleinen Gruppen zu entwickeln.

3) Soziometrie

Zwei Neigungen amerikanischen sozialen Denkens vereinigte eine andere Konzeption im Rahmen der Kleingruppenforschung: die Soziometrie. Sie verbindet das Ideal der „sozialen Verdichtung" mit der Vorliebe für quantitative Analysen. (Es darf daran erinnert werden, daß der Terminus Soziometrie in anderer Bedeutung von Adolphe Coste verwendet wurde, der darunter die mathematisch-statistische Wissenschaft vom sozialen Verhalten verstand.)

Jakob L. Moreno (1892–1974) entwickelte seine Ideen teilweise schon um die Zeit des 1. Weltkriegs in Österreich, aber zu effektiver Ausformung und Einfluß gelangten diese erst im amerikanischen Ambiente nach seiner Emigration. Morenos Ideen entstanden zunächst in psychotherapeutischer Absicht. Drei Revolutionen – so Moreno – veränderten die Verfahren der Psychotherapie: die erste war die Hypnose, wie sei Mesmer anwandte, die zweite die Freudsche Psychoanalyse, die dritte das Psychodrama, die Entdeckung der therapeutischen Bedeutung des Theaterspielens, wie sie Moreno entwickelte. Die dramatische Struktur dieser Therapieform legte die Erweiterung auf das Soziodrama nahe, bei dem es um die Enthüllung und Darstellung der sozialen Rollen geht, die die Menschen spielen. Therapeutische Wirkung und Analyse der sozialen Wirklichkeit verbinden sich hier, was Moreno, der seinen ursprünglich marxistisch-sozialistischen Tendenzen zufolge besonders an der Sozialanalyse interessiert war, zur Entwicklung der Soziometrie führte, die er als eine experimentelle Methode und gleichzeitig als Grundlage der Sozialwissenschaft verstand. Mit ihr verband er hochgesteckte Ziele; sie sollte „die untergehende Soziologie unseres Jahrhunderts retten."[18]

---

[17] *Robert F. Bales*, Interaction Process Analysis: A Method for the Study of Small Groups, Cambridge, Mass., 1950

[18] *Jakob L. Moreno*, Soziometrie als experimentelle Methode, Paderborn 1981 (ursprl. 1951), S. 29

Ganz deutlich brachte Moreno zum Ausdruck, daß er seine Soziometrie nicht als Summe einzelner empirisch-experimenteller Techniken sah, sondern als Lieferantin von Ideen, die den Ausgangspunkt für theoretische Konzepte und Methoden bilden und darüber hinaus die Verwirklichung echter Demokratie ermöglichen sollte.

Die Soziometrie beschäftigt sich mit der „psychologischen Geographie einer Gemeinschaft", mit den sogenannten Tele-Strukturen, den Gefühlsströmen oder psychischen Netzwerken. Gesellschaft wird als eine psychische Realität aus Gefühlsströmen aufgefaßt, wobei Moreno der weiteren Intention nach keineswegs bei Kleingruppen halt machte, sondern eine soziometrische Analyse der Weltgesellschaft für möglich hielt. Daraus ergibt sich eine gewisse Ambivalenz, die sich auch in zwei unterschiedlichen Definitionen niederschlägt; Soziometrie ist eine Wissenschaft, die sich mit dem mathematischen Studium psychologischer Eigenschaften der Bevölkerung, mit den experimentellen Methoden und den Ergebnissen, die aus der Anwendung quantitativer Prinzipien resultieren, befaßt... und sie ist auch: ... die Untersuchung der Entwicklung und Organisation der Gruppe und der Stellung der Individuen in ihr, die Untersuchung der inneren Struktur der Gruppenorganisation.

Die Gesellschaft weist für Moreno drei Dimensionen auf:

1. die äußere Gesellschaft, d.s. alle erkennbaren (makroskopischen) Gruppierungen;
2. die soziometrische Matrix, d.s. alle mikroskopischen Strukturen, die durch die soziometrische Methode sichtbar werden. Als „Sozioid" bezeichnete Moreno die soziometrische Entsprechung der äußeren Struktur einer sozialen Gruppe.
3. Beides unterschied er von der sozialen Wirklichkeit als dynamischer Synthese aus makroskopischer und mikroskopischer These und Antithese. Sie ist notwendig konfliktär aufgrund der Nichtübereinstimmung von äußeren Strukturen und gefühlsmäßigen Beziehungen, d.h. der „soziodynamischen Differenz zwischen offizieller Gesellschaft und soziometrischer Matrix". Die Soziometrie hat es mit einer dialektischen Wirklichkeit zu tun, und sie greift selbst als Teil derselben verändernd ein; ist selbst auch dialektisch, denn sie begnügt sich nicht mit der objektivistischen Feststellung von Strukturen und Strukturdifferenzen, sondern beeinflußt diese eben durch die Analyse. Die Subjekt-Objekt-Trennung ist aufgehoben, ebenso wie die Indifferenz der Methode dem Objekt gegenüber. Die Soziometrie ist also nicht nur eine Methode zur Analyse der „soziodynamischen Differenz", sondern gleichzeitig zur Lösung derselben, wobei diese bei Moreno nur in Richtung der Anpassung der formellen Strukturen an die Gefühlsströme erfolgen kann, allerdings eben nicht durch Eingriffe von oben oder von außen, sondern durch die Auslösung soziodynamischer Prozesse bei den betroffenen Menschen selbst.

Der Experimentator ist zwar notwendig als Auslöser dieser Prozesse, aber seine Sonderstellung soll verwischt werden dadurch, daß die Versuchspersonen selbst als „Forscher" der Planung und Organisation des Forschungsvorhabens beteiligt werden. Die Tatsache, daß der Forscher dabei nicht objektiv bleiben kann, ist für Moreno kein Problem, denn ihm geht es in erster Linie um die soziale Veränderung und nicht um wissenschaftliche Objektivität als Selbstzweck.

Die Erklärung der Gesellschaft aus dem Verhalten: „Behavioral sciences"

Zusammen mit dem Aufschwung der quantitativen Sozialforschung entstand auch eine theoretische Orientierung an der Entwicklung allgemeiner Gesetze des menschlichen Verhaltens auf empirischer Grundlage. Ihren gemeinsamen Hintergrund bilden der Neopositivismus und der Behaviorismus in einer sehr allgemeinen Interpretation.

Vor allem in methodologischer Hinsicht wurde eine Einheitlichkeit erzielt, so daß es zur Entstehung einer Art Einheitswissenschaft, den „behavioral sciences", kam.

Die „behavioral sciences" verstehen sich als interdisziplinäre Studien. Während die einzelnen Sozialwissenschaften jeweils ihr „ganzes" Gebiet umfassen wollen und sich methodologisch sehr stark unterscheiden, betrachten die „behavioral sciences" ihren Gegenstand unter einem bstimmten Aspekt und erforschen ihn mit einem ganz bestimmten methodologischen Instrumentatrium, das stark an naturwissenschaftlicher, empirisch-analytischer Methode orientiert ist und den Anspruch einer so verstandenen Wissenschaftlichkeit behauptet.

Der gemeinsame Gesichtspunkt ist der des menschlichen Verhaltens, aber verstanden nicht als subjektiv sinnhaftes Handeln, sondern als Dimension der menschlichen Natur. Die „behavioral sciences" sollen Aufschluß vermitteln über die menschliche Natur via Erforschung des menschlichen Verhaltens. Sie sind also im wesentlichen als Naturwissenschaften zu verstehen.

Die paradigmatische Wissenschaft für die „behavioral sciences" ist aber wohl die behavioristische Psychologie, und sie braucht als Grundlagenwissenschaft biologische, physiologische und individualpsychologische Informationen wie biologische und psychische Entwicklung, Wahrnehmungspsychologie, Theorien über Denken und Lernen, Motivationstheorien bis hin zu den sozialen Informationen, die die Familiensoziologie, die Kleingruppenforschung, die Organisations- und Institutionenforschung, die Schichtungstheorien, die Konfliktforschung und die Massenkommunikationsforschung bieten können. Alle diese Forschungsgegenstände werden aber unter behavioristischer Orientierung und mit bestimmten Forschungsmethoden untersucht. Letztere umfassen im wesentlichen; das Experiment, den Stichproben-Survey und die Fallstudie als Forschungsdesigns sowie die direkten Beobachtungstechniken, Befragungen und Dokumentenanalyse als Methoden der Datensammlung. Ziel ist die Formulierung der Ergebnisse in Form von Propositionen, Gesetzen und Hypothesen.

Die Verhaltenswissenschaften haben sich dem kumulativen Fortschritt der Wissenschaften verschrieben und beruhen auf der Überzeugung, daß die menschliche Natur grundsätzlich erforschbar und prognostizierbar ist, wenn man nur genügend allgemeine Aussagen aufgrund empirischer Forschung besitzt. In diesem Sinne war es auch verständlich, daß man versuchte, die Forschungsergebnisse als Sammlung von Sachwissen zu präsentieren, um den Stand der Forschung zu dokumentieren. Berelson-Steiner legten ein „Inventar" wissenschaftlicher Ergebnise vor.[19]

Von den „behavioral sciences" als interdisziplinäres empirisch-quantitatives Forschungsgebiet zu unterscheiden ist der Ansatz von George C. Homans, der versuchte, eine theoretische Alternative zum Funktionalismus, eine Mikrotheorie auf verhaltenspsychologischer Grundlage zu entwickeln. Gemeinsam ist den Verhaltenswissenschaften und der Verhaltenstheorie Homans' das empirisch-analytische Theorieverständnis.

Der Austausch als Grundlage menschlicher Interaktionen: G. C. Homans

George C. Homans und Parsons hatten zwei Entwicklungsschritte gemeinsam. Beide nahmen, allerdings zu unterschiedlichen Zeiten, an dem Seminar über Vilfredo Paretos „Allgemeine Soziologie" teil, das L. J. Henderson veranstaltete und das

---

[19] *Bernard Berelson – G. A. Steiner,* Human Behavior. An Inventory of Scientific Findings, New York 1964; ähnlich auch: *Goerge A. Lundberg* et al., Sociology, New York 1963

Pareto für die amerikanische Soziologie erschloß. Und zweitens wendeten sich beide der psychologischen Kleingruppenforschung zu, Homans in stärkerem Maße als Parsons, und beide zogen daraus durchaus andere Folgerungen.

Homans beschäftigte sich mit englischer Literatur, Anthropologie und Geschichte. Er entwickelte eine Abneigung gegen das funktionale Denken, soweit darunter die Orientierung am Ganzen verstanden wurde, die individuelles Verhalten nur als Beiträge zur Erhaltung des Ganzen erscheinen ließ. Er kam zu dem Schluß, daß die letztendliche Erklärung in Anthropologie, Geschichte und Soziologie im Bereich der psychologischen Hypothesen zu finden seien. So definierte er Geschichte als „the study of changes in human behavior over time".[20] Homans ging hierbei von der behavioristischen Psychologie aus und im besonderen von der experimentellen Forschung B. F. Skinners.

Die Soziologie, die Homans aus dieser Erkenntnis heraus aufzubauen versuchte, kann als „behavioral sociology" charakterisiert werden. Entsprechend dem behavioristischen Denken beruht sie auf der Annahme, daß das Objekt der Soziologie das individuelle Verhalten bzw. die Interaktionen von individuellen Akteuren sind. Auch soziale Strukturen und Institutionen sind nichts anderes als zusammengesetzte individuelle Verhaltensweisen. „Institutions are human behavior and therefore they are to be explained by the characteristics of that behavior."[21] Sozial ist ein Verhalten dann, wenn es zu einem Aktions-Reaktionsprozeß zwischen Individuen kommt. Aber nicht der Interaktionszusammenhang als solcher ist Ausgangspunkt der wissenschaftlichen Erklärung, sondern das individuelle Verhalten.

Dieser „methodologische Individualismus" soll auch den Menschen wieder in die Soziologie zurückbringen, den Parsons mit seiner Konzentration auf Systeme verschwinden ließ. Die Erklärung sozialen Verhaltens und sozialer Strukturen durch behavioristisch-psychologische Hypothesen kommt einer Reduktion der Soziologie auf die behavioristische Psychologie gleich. Dementsprechend sind die „Menschen", die Homans wieder in die Analyse einführt, Verhaltensorganismen, die auf die Einwirkung von externen Reizen reagieren.

Das Objekt seiner Soziologie ist das „elementare soziale Verhalten", d.i. das alltägliche, beobachtbare Verhalten von individuellen Akteuren. Darüber sollen nomologische Hypothesen aufgestellt, also Gesetze des Verhaltens entdeckt werden.

Mit Bezug auf das individuelle Verhalten unterscheidet Homans:

die Aktivitäten, d.s. Bewegungen von Akteuren, die für Dritte wahrnehmbar sind und die gelernt werden können,

die Gefühle, d.s. Aktivitäten (!), in denen Einstellungen oder Stimmungen zum Ausdruck gebracht werden,

die Interaktionen sind Aktivitäten zwischen Personen, die durch die Reaktion des jeweils anderen verstärkt werden können.

Variable Merkmale von Aktivitäten sind: die Quantität, die Häufigkeit des Auftretens einer Aktivität, und die Qualität derselben, das ist der Wert der Aktivität in bezug auf den Zustand des Organismus zwischen Entbehrung und Sättigung. Der Wert der Aktivitäten ist auch als subjektiver Nutzen im Sinne der modernen neoklassischen Ökonomie definierbar, weshalb Homans auch von der ökonomischen Erklärung des sozialen Verhaltens oder vom sozialen Verhalten als Austausch

---

[20] *George C. Homans,* Sentiments and Activities. Essays in Social Science, London 1962, S. 146

[21] Ebenda, S. 35

spricht. „Of all our many ‚approaches' to social behavior, the one that sees it as an economy is the most neglected, and yet it is the one we use every moment of our lives – except when we write sociology."[22] Gemeinsam ist der behavioristischen Psychologie und der neoklassischen Ökonomie die individualistische Grundorientierung.

Die allgemeinen psychologischen Hypothesen dieser Art beziehen sich auf die Erklärung menschlichen Verhaltens als individuelles Verhalten und benutzen daher eine individualistische Perspektive. Ego verhält sich subjektiv rational und versucht, den erwarteten Nutzen aus seinem Verhalten zu optimieren. Alter ego und sein Verhalten sind unabhängige Variable, die zusammen mit anderen unabhängigen Variablen die Aktivität Egos, die abhängige Variable, beeinflussen. Unter dieser Voraussetzung wird der Interaktionsprozeß als Austauschprozeß zwischen interagierenden Individuen verstanden. Verhaltenspsychologie und Ökonomie (als Theorie des Rationalverhaltens) verschmelzen zu einem einzigen Satz von Aussagen. Beide interpretieren menschliches Verhalten als eine Funktion des Verhaltensergebnisses.

Wie A. Malewski aufzeigt[23], geht die verhaltenstheoretische Erklärung auf zwei Entdeckungen zurück, der des Mechanismus des instrumentalen Lernens und der der klassischen Konditionierung. Skinner führte die Unterscheidung von zwei Lernprozessen ein: Reflexreaktionen und operante Reaktionen. Letzere sind keine unwillkürlichen Reaktionen, sondern Verhaltensänderungen, die nur insofern auf ererbten Fähigkeiten beruhen, als Menschen und Tiere in ihrem Verhalten verstärkt werden können. Als operante Konditionierung bezeichnet er die positive oder negative Verstärkung von Verhaltensweisen mit Hilfe bestimmter als Belohnungen bzw. Bestrafungen empfundener Stimuli. Die Steuerung von Verhaltensänderungen, von Lernprozessen, wird damit zur eigentlichen Zielfunktion der Skinnerschen Psychologie, die er auch in einem utopischen Roman zum Ausdruck brachte.[24] „In Walden Two" (1948) beschwört er die Vision einer agressionsfreien Gesellschaft auf der Basis des Prinzips der positiven Verstärkung.

Verstärkung im Interaktionsprozeß sind Aktivitäten von Alter, etwa Ausdruck von Anerkennung, Lob, Sympathie oder Mißachtung, Tadel, Abneigung, oder auch Geldzuwachs oder Geldeinbußen, die für Ego belohnend (positiv verstärkend) oder bestrafend (negativ verstärkend) wirken. Sie bestimmen die Häufigkeit, mit der Ego ein Verhalten setzt. Belohnungen verstärken positiv, d. h. Ego wird dieses Verhalten, das zu einer von ihm als Belohnung empfundenen Aktivität Alters geführt hat, wiederholen. Allerdings wird er bei der Bewertung der Belohung einer Aktivität möglicherweise in Rechnung stellen müssen, daß alternative Aktivitäten ebenfalls zu Belohnungen hätten führen können. Er wird sich also am Nettowert (Gewinn) einer Aktivität orientieren, wenn er die Wahl zwischen mehreren möglichen Handlungen hat.

Die Interaktion wird als ein Austausch von Belohnungen/Bestrafungen interpretiert. Dafür können einige generelle Hypothesen formuliert werden, die den Zusammhang von Belohnung/Bestrafung und Häufigkeit der Ausführung einer bestimmten Aktivität erklären:

Die Erfolgshypothese: Je öfter eine Person innerhalb einer gewissen Zeitperiode die

---

[22] *George C. Homans,* Sentiments..., op. cit., S. 293

[23] *Andrzej Malewski,* Verhalten und Interaktion. Die Theorie des Verhaltens und das Problem der sozialwissenschaften Integration, Tübingen 1967

[24] *B. F. Skinner,* Futurum II. Walden Two. Die Vision einer aggressionsfreien Gesellschaft, Reinbek 1972 (ursprl. am. 1948)

Aktivität einer anderen Person belohnt, desto öfter wird jene diese Aktivität ausführen.

Wenn Alter für Hilfeleistung von Ego dankt, so wird Ego geneigt sein, ihm auch weiterhin zu helfen. Hört Alter auf zu danken, so wird auch Eogo seine Hilfe früher oder später einstellen.

Die Werthypothese: Je wertvoller eine Aktivität für eine Person ist, die sie von einer anderen Person erhält, um so häufiger wird sie selbst Aktivitäten setzen, die von der anderen Person mit dieser Aktivität belohnt werden.

Je stärker Alter Hilfe benötigt, um so öfter wird er darum bitten und Ego für geleistete Hilfe danken; je mehr Anerkennung Ego braucht, um so eher wird er Alter helfen. Die Tauschrate, der „Preis" der Hilfe bzw. des Dankens, sollte dem Verhältnis des Wertes entsprechen, den Alter der Hilfe und Ego der Anerkennung beimessen.

Die Entbehrungs-Sättigungs-Hypothese: Je öfter eine Person in jüngster Vergangenheit von einer anderen Person eine belohnende Aktivität erhalten hat, desto geringer wird der Wert jeder weiteren Einheit jener Aktivität für sie sein.

Je öfter Alter in kurzer Zeit Hilfe von Ego erhalten hat, um so weniger wird er sich in seinen Dankesbezeigungen anstrengen. Hat er Ego etwa zum Dank für seine erste Hilfeleistung ein wertvolles Geschenk gemacht, so manifestiert sich der abnehmende Grenznutzen der Hilfe in der Folge in einem stetig sinkenden Wert der Geschenke, die Alter Ego für dessen Hilfe gibt. Irgendwann einmal wird Ego daher seine Hilfe auch einstellen, wenn der Nettowert der erhaltenen Anerkennung ihm zu gering erscheint, um noch verstärkend zu wirken. Führt dies bei Alter nach einiger Zeit zu Deprivation, wird er wieder Aktivitäten setzen, um Egos Hilfe zu bekommen.

Die Reizhypothese: Wenn Aktivitäten einer Person früher belohnt wurden, wird diese die Aktivität um so eher wieder setzen, je mehr die gegenwärtige Situation in ihrer stimulierenden Wirkung der früheren gleicht.

Die Häufigkeit der Belohnung kann intermittierend sein, d.h. in unregelmäßigen Abständen erfolgen. Ego gewährt nicht jedes Mal seine Hilfe, Alter dankt nicht jedesmal. Dann folgt in Erweiterung von Hypothese 1, daß eine Aktivität, die vorher jedesmal belohnt wurde, beim Ausbleiben der Belohnung schneller „gelöscht" wird als eine, die in unregelmäßigen Abständen belohnt wurde.

Der Wert jeder einzelnen Belohnung für eine Aktivität ist für den Akteur ein relativer Wert, wenn es andere mögliche Aktivitäten gibt, die ihm Belohnungen einbringen können. Wie schon erwähnt, wird er die einzelnen Aktivitäten daher gegeneinander aufrechnen, und jene wählen, deren Nettowert am höchsten ist.

In einer sozialen Situation sind die Belohnungen abhängig von den anderen Personen. Eine Person, die mit einer anderen in Austauschbeziehungen steht, erwartet, daß die Belohnung für jeden Akteur sich proportional zu dessen Kosten verhalten und der Gewinn für alle gleich hoch ist. Tatsächlich kann jedoch der Nettowert der Belohnung für verschiedene Personen ungleich hoch sein. Dieser Zustand wird als „relative Deprivation" bezeichnet.

Je ungleicher die Verteilung des Nettowertes, d. h. je größer die relative Deprivation einer Person ist, um so mehr wird sie das emotionale Verhalten „Ärger" zeigen. **Die Frustrations/Aggressions-Hypothese** besagt demnach, daß Nettowertungleichheit zwischen den Austauschpartnern zu einem Verhalten führt, das den Austausch selbst bedroht. Da dadurch auch der andere Partner um seine zukünftigen Belohnungen gebracht würde, ist er bereit, seine Kosten, d.h. seine Belohnungen für Alter, zu erhöhen.

Die verhaltenstheoretische Soziologie beansprucht, auch komplexe soziale Phänomene mit Hilfe des Hypothesenvorrats der Verhaltenspsychologie-cum-Ökonomie erklären zu können, wie Strukturen und Prozesse in Organisationen, soziale Schichtung, Bürokratie und Gruppenprozesse. Insbesondere lassen sich sozialtechnologische Anwendungsmöglichkeiten aus der vom Skinnerschen Konzept der operanten Konditionierung abgeleiteten Steuerungsmöglichkeit von Verhaltensänderungen nicht leugnen, weshalb sich dieser Ansatz auch als Grundlage von Führungstechniken nutzbar machen läßt. Homans selbst sah darin einen zukünftigen Beitrag der Soziologie als „school of the businessman“, und in einem anderen Zusammenhang betont er die Notwendigkeit, Führung als Fertigkeit aufzufassen, die gelehrt und gelernt werden müsse. Als Ziel der Soziologie sieht er die Aufstellung eines „system of equations which defines the relations between variables, time being one, and by means of which it is possible to predict the changing behavior of single human groups and account for the differences between groups.“[25]

Literatur

Robert F. Bales, Interaction Process Analysis, Cambridge, Mass., 1950

Bernard R. Berelson – P. F. Lazarsfeld – W. N. McPhee, Voting, Chicago 1954

Bernard R. Berelson – Gary A. Steiner, Human Behavior, An Inventory of Scientific Findings, New York 1964

James S. Coleman, Social Theory, Social Research, and a Theory of Action, in: Am. J. of Soc. 91/1986, S. 1309ff.

Paul Colomy (ed.), Functionalist Sociology, Aldershot – Brookfield, Vermont, 1990

Lewis A. Coser, The Functions of Soical Conflict, Glencoe 1956

Kingsley Davis, Human Society, New York 1949

Ders. – *Wilbert E. Moore,* Some Principles of Stratification, in: Am. Soc. Rev. 10/1945, S. 242ff.

Shmuel N. Eisenstadt, Tradition, Wandel und Modernität, Frankfurt 1979 (urspr. am. 1973)

Leon Festinger – Harold H. Kelley, Changing Attitudes through Social Contact, Ann Arbor 1951

Herbert J. Gans (ed.), Sociology in America, Newbury Park – London – New Delhi 1990

Alvin W. Gouldner, Reciprocity and Autonomy in Functional Theory, in: Ders., For Sociology, London 1973, S. 190ff.

Ders., Die westliche Soziologie in der Krise, 2 Bände, Reinbek b. Hamburg 1974 (urspr. am. 1970)

George C. Homans, Sentiments and Activites, Essays in Social Science, London 1962

Ders., Social Behavior as Exchange, in: Am. J. of Sociologey 63/1958, S. 597ff.

Ders., The Human Group, New York 1950

Ders., Bringing Man Back In, in: Am. Soc. Rev. 29/1964, S. 809ff.

Ders., Social Behavior: Its Elementary Forms, New York 1974

Paul F. Lazarsfeld/F. Stanton (Hg.), Radio Research, New York 1941

Paul F. Lazarsfeld et al., Radio and the Printed Page, New York 1940

Ders. – *Bernard Berlson – Hazel Gaudet,* The People's Choice, New York 1944

Marion J. Levy, jr., The Structure of Society, Princeton 1952

Kurt Lewin, Frontiers in Group Dynamics, in: Human Relations 1/1951, S. 5ff. und 143ff.

Georg Lundberg et al., Sociology, New York 1961

Andrzej Malewsi, Verhalten und Interaktion. Die Theorie des Verhaltens und das Problem der sozialwissenschaftlichen Integration, Tübingen 1967

Robet K. Merton, Social Theory and Social Structure, New York 1957 (urspr. 1949)

Ders., Entwicklung und Wandel von Forschungsinteressen. Aufsätze zur Wissenschaftssoziologie, Frankfurt 1985 (urspr. „The Sociology of Science“, Chicago 1973)

Ders., Occupational Roles. Bureaucratic Structure and Personality, in: *N. J. Smelser – W. T. Smelser,* Personality and Social Systems, New York 1963, S. 255ff.

---

[25] *George C. Homans,* Sentiments..., op. cit., S. 257/8

Ders. – *L. Broom* – *L. S. Cottrell,* jr. (eds.), Sociology Today, New York 1959
Ders. – *P. F. Lazarsfeld,* Continuities in Social Research – Studies in Scope and Method of the „American Soldier“, Glencoe 1950
Ders., The Unanticipated Consequences of Purposive Social Action, in: Am. Soc. Rev. 1/1936, S. 894ff.
C. Wright Mills, Kritik der soziologischen Denkweise, Neuwied-Berlin 1963 (ursprl. am. 1959)
Wilbert E. Moore, Order and Change. Essays in Comparative Sociology, New York 1967
Ders., Functionalism. in: *T. Bottomore* – *R. Nisbet* (eds.), A History of Sociological Analysis, London 1979, S. 321ff.
Jakob L. Moreno, Who Shall Survive? New York 1934
Ders., Soziometrie als experimentelle Methode, Paderborn 1981 (ursprl. am. 1951)
Richard Münch, Parsonian Theory Today: In Search of a New Synthesis, in: *A. Giddens* – *J. Turner* (eds.), Social Theory Today, Cambridge-Oxford 1987, S. 116 ff.
Gunnar Myrdal, An American Dilemma, New York 1944
Karl Dieter Opp, Verhaltenstheoretische Soziologie, Reinbek b. Hamburg, 1972
Talcott Parsons – *E. Shils* – *P. F. Lazarsfeld,* Soziologie – autobiographisch – Stuttgart 1975
Allan Silver, The curious importance of small groups in American sociology, in: Herbert J. Gans (ed.), Sociology in America, Newbury Park – London – New Delhi 1990, S. 61ff.
B. F. Skinner, Science and Human Behavior, New York 1953
Ders., Futurum II. Walden Two. Die Vision einer aggressionsfreien Gesellschaft, Reinbek 1972 (ursprl. am. 1948)
Neil J. Smelser, Theory of Collective Behavior, London 1962
Ders., Die Beharrlichkeit des Positivismus in der ameriknaischen Soziologie, in: KZSS 38/1986, S. 133ff.
Ders., – *Talcott Parsons,* Economy and Society, Glencoe 1956
Ders. – *W. T. Smelser* (eds.), Personality and Social Systems, New York 1963
Samuel Stouffer et al., Studies in Social Psychologie in World War II. Princeton 1949ff.
Hermann Strasser – *S. C. Randall,* Einführung in die Theorien des sozialen Wandels, Darmstadt-Neuwied 1979
William F. Whyte, Street Corner Society, Chicago 1943
Dennis Wrong, The Oversocialized Conception of Man in Modern Sociology, in: Am. Soc. Rev. 26/1961, S. 183ff.

VIII. Die Great Society im Zwielicht

1. Gesellschaftspolitik in Amerika

Die amerikanische Nachkriegsgesellschaft und ihre Kritiker

In den 50er und 60er Jahren stieg das Bruttosozialprodukt der USA beträchtlich an (zwischen 1950 und 1960 um knapp 80%), es kam zu einem ungeahnten Wohlstand, die „Überflußgesellschaft" zeigte sich zum ersten Mal in der Menschheitsgeschichte. Allerdings vergrößerte sich die Bevölkerung der USA auch beträchtlich durch Einwanderungsströme, und der Wohlstand verteilte sich in sehr ungleicher Weise. Ein großer Anteil des amerikanischen Kapitals wurde von relativ wenigen Familien kontrolliert und große Teile des Sozialproduktes wanderten in den „militärisch-industriellen Komplex", d.h. eines starken, auch in Friedenszeiten aufrechterhaltenen Militärapparats, von dem ganze Industrien lebten. Die „Corporations", die großen multinationalen Konzerne entstanden und begannen die Wirtschaft zu dominierten. Massenmedien gewannen ungeheuren Einfluß auf Meinungsbildung und Werbung; die moderne Massenunterhaltungsindustrie entstand mit der praktisch universellen Verbreitung des Fernsehens. Auch der Trend zur Verstädterung setzte sich vehement weiter fort; riesige urbanisierte Gebiete entwickelten sich; die Ostküste der Vereinigten Staaten wuchs zur „Megalopolis" zusammen.

Politsch festigte sich das Zweiparteiensystem der Demokraten und Republikaner. Die Schalthebel der Macht befanden sich in den Händen einer ziemlich geschlossenen Machtelite aus Militär, Politik und Wirtschaft. Die Wahlbeteiligung bei den politischen Wahlen war eher niedrig und sank mit abnehmendem Einkommen; die sozial schwachen Unterschichtgruppen verhielten sich weitgehend politisch abstinent. Nur die schwarzen Amerikaner zeigten gerade in den 50er und 60er Jahren einen bemerkenswerten Auftrieb ihres Civil Rights Movement. Die nach dem Wachstum der 50er Jahre einsetzende Stagnation förderte nicht gerade die Angleichung der Einkommen, und auch die 1981 zu erneutem Wirtschaftsaufschwung führenden Reagonomics wirkten eher in Richtung einer Vergrößerung der Einkommensunterschiede.

Die Sozialkritik hat in den USA eine lange und beachtliche Tradition, sofern man darunter das Aufzeigen von sozialen Mißständen oder die Beschäftigung mit Problemgruppen zum Zweck der Sozialreform meint. Wenig Tradition hat in Amerika hingegen Gesellschaftskritik als Systemkritik.

Während seit den 20er Jahren dieses Jahrhunderts ein pessimistischer Grundton charakteristisch war für die amerikanische Literatur – in Romanen und Dramen klingt die Ablehnung der Massengesellschaft, der technischen Fortschrittseuphorie an –, beschränkte sich die kritische Gesellschaft auf einzelne Ausnahmen wie Thorstein Veblen und später C. Wright Mills. Kritische, auf marxistischer Grundlage stehende Analysen sind in der ökonomischen Literatur Amerikas leichter zu finden als in der Soziologie. So erreichten die Bücher von Paul A. Baran und Paul M. Sweezy durchaus weite Beachtung, ja wurden zu Klassikern marxistischer Sozialökonomie.

In den Vereinigten Staaten hatten sozialistische Bewegungen, Ideologien und Gesellschaftsanalysen einen schweren Stand. Dabei bedarf es gar nicht repressiver Kampfmaßnahmen wie während des „red scare" nach dem 1. Weltkrieg und in der McCarthy-Ära nach dem 2. Weltkrieg, als Kommunisten und als Kommunisten verdächtige Personen regelrecht verfolgt und aus öffentlichen Positionen verjagt wurden; der Sozialismus wirkt innerhalb des American Way of Life mit seiner zentralen Betonung des „private business system" als Außenseiter und hat es nie geschafft, das Zweiparteiensystem in den USA auch nur im geringsten in Frage zu stellen. Auch die Gewerkschaften in den USA sind keineswegs systemkritisch eingestellt, es herrscht die pragmatische „bread-and-butter"-Orientierung vor, und die Gewerkschaften selbst werden von den „leaders" als eine Art Geschäftsunternehmen (Mitgliedschaftsbeiträge gegen kollektiv verhandelte Lohnerhöhungen), als „business unionism" betrieben. Die beiden großen Parteien, die Republikaner und die Demokraten, sind nicht Gesinnungsgemenschaften mit Mitgliederorientierung, sondern Wahlorganisationen, die bestimmte Kandidaten unterstützen.

Die vorherrschende soziale Ideologie in Amerika war und ist die Chancengleichheit, die hier nichts anderes als die Betonung des individuellen Erfolgsethos ist, nicht eigentlich Gleichheit von Einkommen und Eigentum anstrebt, sondern die Vergleichbarkeit und die Abgrenzung gegenüber den Erfolglosen meint. Daher wird es auch nicht als Widerspruch verstanden, wenn in dem Land der Chancengleichheit eine im Vergleich zu den meisten europäischen Ländern sehr starke Ungleichheit von Einkommen und Eigentum besteht. Denn diese Ungleichheit wird durchaus als gesellschaftlich nützlich und unvermeidlich gesehen, da Erfolg und Leistung in der Regel ident gesetzt werden. Es herrscht die Überzeuung vor, daß sich in diesem Land des „hard work" letztlich wirklich nur die beste Leistung durchzusetzen vermag. Der Durchschnittsamerikaner will nur eines nicht: zu den Erfolglosen, den „outgroups" am Rande der Gesellschaft zu gehören. Und auch wenn er weiß, daß er nicht gerade ein „success" ist, zählt er sich doch – häufig objektiv zu unrecht – zur Mittelklasse.

Darum kam es aber auch zur Identifizierung von Randgruppen als denjenigen, die nicht „wir" sind. Auch in der Sozialforschung, gerade in der sozial engagierten, herrscht ein reges Interesse an den „marginal groups", „problem groups" etc. vor. Dies hilft sicher in gewisser Weise, sozialpolitische Maßnahmen gezielt zu setzen, es ist selbst aber ein Produkt der universellen Mittelklassenorientierung auch der Sozialforscher.

In den 50er und noch mehr in den 60er Jahren wuchs die (Selbst-)Kritik der Amerikaner, was sich in einem bemerkenswerten Boom von sozial- und kulturkritischen Studien dokumentrierte. Dabei handelte es sich in der Mehrzahl der Fälle allerdings nicht um eine Kritik „von außen", sondern um ein Sich-selbst-Erforschen mit gewissem Unterhaltungswert und entsprechenden Absatzziffern. Aber auch echte Besorgnis um die amerikanische Demokratie und ihre Ideale von Freiheit und Gleichheit bewegte viele dieser kritischen Analysen. Bemerkenswert ist insbesondere das wachsende Unbehagen, welches das Vordringen der großen Organisationen und ihres Einflusses auf die menschlichen Beziehungen und die Interpretation der Wirklichkeit durch die massenmedial unterstützten Meinungsbildungsprozesse auslöst. „The organized system" und die Benützung der modernen Psychologie, einschließlich der Psychoanalyse, um die Menschen dem System anzupassen, werden problematisiert. Goodman wirft den Sozialwissenschaftlern vor, sich nur eine Theorie zugelegt zu haben: „That you can adapt people to anything, if you use the right techniques".[1]

William H. Whyte zeigte die Entwicklung des „Organisation Man" durch die Anwendung einer sozialen Philosophie der Gruppe in den großen Organisationen auf. Er wies auf die Entstehung einer neuen Art von Kollektivierung des Menschen durch die „Human relations"-Bewegung und ihre anwendungsorientierte Gruppen-

[1] *Paul Goodman,* Growing Up Absurd, New York 1960, S. 10

verherrlichung hin. Die Motivation, Mitwirkung und Teilhabe im Rahmen dieser gruppenzentrierten Organisationsmystik seien – so meinte Whyte – untrennbar mit Konformismus und Anpassung verbunden.

Vance Packard, David Riesman, Daniel J. Boorstin, John K. Galbraith und viele andere beleuchteten verschiedene Aspekte des modernen Lebens in Amerika mehr oder weniger kritisch, jedoch ohne grundlegende Kritik am System. Härtere Kritiken waren C. Wright Mills' „Power Elite" oder Michael Harringtons „The Other America", die das Machtdreieck von Staat, Wirtschaft und Militär bzw. die Realität des Lebens der Unterschichtangehörigen thematisierten. Eine stärkere Neigung zur Kritik begünstigte mit zunehmender Dauer der unglückselige Vietnamkrieg, der das Selbstbewußtsein der Amerikaner doch einigermaßen schwächte.

C. Wright Mills und die Ohnmacht der Massen in der amerikanischen Demokratie

Charles Wright Mills (1916–1962) war eine außergewöhnliche Erscheinung unter den amerikanischen Soziologen. Nach der Ausbildung an der University of Wisconsin, wo er bei Hans Gerth und Howard Becker studierte, wurde er schließlich 1956 Professor an der Columbia-Universität, wo er starke Einflüsse von Robert Lynd, der ebenfalls kritisch gegenüber der amerikanischen Gesellschaft eingestellt war, erhalten hatte. Er gehörte zum Kreis um den ehemaligen Trotzkisten Dwight Macdonald, der sich eine konzessionslose Kritik der modernen Industriegesellschaft zum Ziel gesetzt hatte. Mills' Bestreben war es, eine nachmarxistische Gesellschaftsanalyse zu entwickeln. Dabei war er von der historischen Methode Max Webers stark beeindruckt, was ihn schon in eine Außenseiterposition aufgrund der dominanten psychologischen Orientierung der Soziologie brachte. Seine Bücher „White Collar" (1951), mehr noch seine „Power Elite" (1956) stießen auf Ablehnung und Empörung in sozialwissenschaftlichen Kreisen, aber darüber hinaus bei den politisch interessierten Intellektuellen. Als Konsequenz war er in den USA weitgehend isoliert. Reisen nach Europa brachten ihm Kontakte zu den Neuen Linken in England, den Revisionisten in Polen; er besuchte Kuba und ergriff Partei für Castro und gegen den amerikanischen Imperialismus in Lateinamerika.

Seine kritische Analyse der amerikanischen Gesellschaft begann mit einer Untersuchung über die Gewerkschaftsführer („New Men of Power: America's Labor Leaders", 1948), die entweder selbst die amerikanische Mittelklassenorientierung teilen oder angesichts der Dominanz derselben unter den Gewerkschaftsmitgliedern zu ideologischer Abstinenz neigen. Sie werden damit zu etablierten Machtfaktoren der bestehenden Ordnung. Die amerikanische Mittelschicht ist für Mills die ohnmächtige und käufliche Masse der „Menschen im Büro", die den großen Organisationen dienen, welche im Zentrum der riesigen modernen Maschinerie der Menschensteuerung stehen. Mills' Thema ähnelt also dem etwas später von William H. Whyte in „Organisation Man" (1956) behandelten Problem.

Die Machtelite aus Wirtschaft, Politik, Militär stellt einen antidemokratischen Herrschaftsfaktor dar, dessen tatsächlicher Einfluß sich jeder demokratischen Kontrolle entzieht. Das, was Mills zufolge am schwersten wiegt, ist die Tatsache, daß diese Machtelite auch verhindern kann, daß sich oppositionelle Kräfte formieren, weil sie die Meinungsbildung beherrschen.

Eines der durchgängigen Themen Mills' war die Ohnmacht und Orientierungslosigkeit der Massen in der modernen Industriegesellschaft trotz ihrer demokratischen Verfassung. Die Soziologie – oder was er als die „sociological imagination" bezeichnete – sollte Mills zufolge helfen, die Überfüllung an Informationen richtig zu nutzen, eine vernünftige Übersicht über das Weltgeschehen und seine Bedeutung für das

Individuum zu erlangen. Soziologisch denken soll heißen, daß der Mensch Geschichte und persönlichen Lebenslauf und ihre Beziehung zur Gesellschaft begreifen lernt. Das bezieht auch die Erkenntnis der Kulturbedeutung der Sozialwissenschaften mit ein.

Mit der Bedeutung der Sozialwissenschaften für die Kulturprobleme seiner Zeit beschäftigte sich Mills in der „Sociological Imagination" (1959). Er schrieb: „Der Begriff der Sozialwissenschaft, so wie ich ihn verstehe, steht in offenem Gegensatz zur Sozialwissenschaft im Sinne bürokratischer Techniken, welche die Sozialforschung mittels ‚Methodologie' hemmen und mit Konzeptionen spicken, die bloß verdunkeln, oder sie zu einer trivialen Beschäftigung mit unbedeutenden, mit den wirklich relevanten allgemeinen Sachverhalten unverbundenen Problemen herunterbringen."[2] Mit dieser Ansicht stand er in einer Epoche der zunehmenden „Verwissenschaftlichung" und Technologisierung der Soziologie ziemlich allein.

Mills beschäftigte sich sodann kritisch mit der großen Theorie Parsons', der er ideologische Bedeutung für die Legitimierung von Herrschaftsstrukturen zuwies, sowie mit dem abstrakten Empirismus, mit dem er auch P. F. Lazarsfeld identifizierte und dem er Methodenreiterei vorwarf. Der modernen Soziologie hielt er insbsondere ihre „social engineering"-Orientierung an praktischer Nützlichkeit im unmittelbaren Sinne der Verwertung als Grundlage für Planung, Steuerung und Kontrolle vor. Sie werde damit zum bürokratischen Instrumentarium für Zwecke der Machterhaltung und -legitimierung. Dies trifft insbesondere auf die moderne Sozialforschung zu, deren Entwicklung gerade in den 40er und 50er Jahren einen ungeheuren Aufschwung genommen hatte und diese zu einem aufwendigen kollektiven Unternehmen für konkrete Zwecke von Auftraggebern aus Politk, Wirtschaft und Militär machte.

Mills wandte sich damit keineswegs gegen eine praxisorientierte Sozialforschung, wohl aber gegen den Primat der Methode, gegen die Ausschaltung der „Wertbeziehung" der Sozialwissenschaft und die Indienstnahme für bürokratische Lenkung. Mills schwamm damit gegen den mächtigen Strom amerikanischer soziologischer Tradition, gegen die naturalistisch-positivistisch und pragmatisch orientierte „angewandte" Sozialwissenschaft. Mills wandte sich auch vehement gegen die Verbannung der Geschichte aus der Sozialwissenschaft und wies darauf hin, daß Sozialstrukturen nur aus ihrer Entstehung und Formung über lange Zeiträume hinweg verstanden werden können. Ahistorische Vergleiche von entwickelten und unterentwickelten, kapitalistischen und kommunistischen Ländern gehen am Kern des Problems vorbei; aber auch die Psychologie müsse nicht nur sozial, sondern auch historisch fundiert werden durch die Verknüpfung von Biographie und Sozialstrukturanalyse.

Mills verband die Bedeutung der Soziologie mit der existenziellen Ortung in Zeit und Raum, die der Mensch anstreben muß, um zu begreifen, wer er ist und wohin er geht. Und ihr Zweck liegt für ihn darin, die Menschen zu befähigen, frei zu werden, in die Geschichte aktiv einzugreifen, d.h. aber auch, sich nicht von den Mächtigen steuern zu lassen, sich nicht vorgeben zu lassen, was sie denken sollen. Gerade in der demokratischen Massengesellschaft mit ihrer Überorganisation und ihren verschleierten Machtstrukturen sah Mills die Notwendigkeit dieser Emanzipation des Denkens.

Mills' Gesellschaftskritik hat wenige Nachfolger gefunden; die nächste Welle der Kritik in Amerika war mit den Ideen Herbert Marcuses und deren Wirkung im Rahmen der Studentenbewegung der späten 60er Jahre verbunden. Sie war jedoch im

---

[2] *C. Wright Mills,* Kritik der soziologischen Denkweise, Neuwied-Berlin 1963, S. 68

wesentlichen eine Kulturkritik trotz ihrer revolutionär-dialektischen Rhetorik. Mit Mills' hatte sie die Betonung der Ohnmacht und Manipulation der Masse gemein. Während es Mills aber darauf ankam, konkrete Machtstrukturen aufzuzeigen, verschwand der „Gegner" bei Marcuse hinter einer allgemeinen Technokratiekritik. An die Tradition Mills knüpfte der Politologe Ralph Miliband an mit seiner Analyse des westlichen Machtsystems, wobei sich Miliband als britischer Sozialist und Wissenschaftler der London School of Economics vor allem auf europäische Systeme bezog und die Tendenz zu staatlichem Autoritarismus selbst bei sozialdemokatischen Regierungen hervorhob.[3]

Protestbewegung und Gegenkultur

Insgesamt stieg in den 60er Jahren das Interesse an sozialen Konflikten, sozialen Problemen, Rassenproblemen an und führte zu einer großen Zahl von sozialwissenschaftlichen Studien, deren Ziel aber nicht die Systemkritik, sondern eher die Schaffung der „Great Society" war. Die „Great Society", die Präsident Johnson zur Devise der Zukunftsgestaltung machte, ist eine Gesellschaft des Wachstums mit Überfluß und Freiheit für alle, eine Gesellschaft, in der der Fortschritt entsprechend den Bedürfnissen der Menschen voranschreitet und auch für Muße, Schönheit, Bildung und die Bewahrung der Natur Platz ist. In ihrem Rahmen steht an erster Stelle die Bekämpfung der Armut in der Überflußgesellschaft, aber das Programm der „Great Society" zielte nicht auf die Transformation der amerikanischen Gesellschaft, sondern auf die Verbesserung ihm Rahmen der Grundlagen des „American way of life".

Herbert Marcuse (1898–1979) hielt diesem Ideal seine inhärenten Widersprüche vor, insbesondere die Frage, wie es möglich sein soll, in dieser Great Society, die auf der Dynamik des kapitalistischen Systems aufgebaut ist, die Möglichkeit schöpferischer Tätigkeit für alle Individuen zu gewährleisten. Er fragt: „Wie und wo kann individuelle Schöpferkraft sich im sozialen Maßstab in einer Gesellschaft entwickeln, in der die materielle Produktion zunehmend automatisiert und standardisiert wird?"[4] Und die Gestaltung einer wirklich freien Gesellschaft setzt bereits freie Individuen voraus, d.h. aber auch eine Erziehung, die über die bestehende Gesellschaft hinausweist. Und eine solche ist wieder nicht zu erwarten, da sie nicht den Interessen der herrschenden Gruppen in der bestehenden Ordnung entspricht. Aber nicht nur diese widersetzen sich einer grundlegenden Veränderung, sondern die Tatsache der allseitigen Organisation, die für die fortgeschrittene Industriegesellschaft charakeristisch und für ihr Funktionieren unerläßlich ist, steht in Widerspruch zu individueller Schöpferkraft und Initiative. Marcuse schließt mit der Feststellung, daß die Voraussetzungen des kalten Krieges, des Neokolonialismus und des militärischen Establishments unvereinbar seien mit den Idealen von Frieden, Freiheit und Gerechtigkeit, wie sie die Great Society anvisiert.

Marcuse war stark beeinflußt von der neuen Marx-Interpretation im Anschluß an die Wiederentdeckung der „Ökonomisch-philosophischen Manuskripte" des jungen Marx, die eine stärker anthropologische Orientierung aufweisen als die späteren Werke, sowie von der Psychoanalyse, die er als europäischer Emigrant nicht als Konfliktverhinderungs- und Anpassungstechnik verstand. Die Verbindung von Marxismus und Psychoanalyse verfolgten sowohl Erich Fromm wie Herbert Marcuse, die

---

[3] *Ralph Miliband,* Der Staat in der kapitalistischen Gesellschaft, Frankfurt 1975 (ursprl. engl. 1969)

[4] *Herbert Marcuse,* Ideen zu einer kritischen Theorie der Gesellschaft, Frankfurt 1969, S. 172

beide dem Frankfurter Institut für Sozialforschung nahegestanden waren, aber aus ihrem Exil in den USA nicht mehr nach Europa zurückkehrten. Marcuse wurde Professor der Philosophie an der University of California, und Erich Fromm hatte einen Lehrstuhl für Psychoanalyse an der Universität von Mexico City inne.

Während sich Fromm mit der Psychoanalyse als Therapieform beschäftigte, ging es Marcuse um die Philosophie der Psychoanalyse. Die Psychoanalyse soll die Verbindung zwischen Überbau und Unterbau herstellen, d.h. sie soll die psychologische Theorie des Marxismus liefern. Fromm sah die Aufgabe der analytischen Sozialpsychologie (nach seiner Distanzierung von Freuds Metapsychologie und Libidotheorie sprach er nicht mehr von Psychoanalyse) darin, unbewußt motiviertes Verhalten als Auswirkung der materiellen Basis auf psychische Grundbedürfnise zu untersuchen. Die Sexualität paßt sich den gesellschaftlichen Verhältnissen leichter an als Hunger, daher reflektiert sie diese besser. Jede Gesellschaft habe daher ihre eigene Libidostruktur; der Ödipuskomplex etwa sei typisch für patriarchalische Gesellschaften.

Herbert Marcuse, der zwar den Arbeitsbegriff als zentrale anthropologische Kategorie betrachtete, weil Arbeit das Wesen des Menschen bestimme, verstand Freud als revolutionären Denker, indem der das Lustprinzip als revolutionären Gegensatz zu dem Leistungsprinzip als dem spezifischen Realitätsprinzip der westlichen Gesellschaft definierte. Da er dafür eintrat, daß es für unterdrückte Minderheiten ein „Naturrecht" auf Widerstand auch mit Hilfe außergesetzlicher Mittel geben solle, unterschied er sich in bezug auf seine Rolle gegenüber der Studentenbewegung der 60er Jahre sehr deutlich von der Haltung Horkheimers und Adornos in Deutschland. Die Stoßrichtung des Protestes der Studenten zielte vor allem gegen die moderne „Technokratie" und deren sublimen Totalitarismus. „The destructive feature of the regime of experts lies in the fact that, while possessing ample power to coerce, it prefers to charm conformity from us by exploiting our deepseated commitment to the scientific world-view and by manipulating the securities and creature comforts of the industrial affluence which science has given us."[5] Gegen diese technokratische Beherrschung helfen keine Interventionen von oben oder über die etablierten Kanalisierungen des Konflikts in den demokratischen Gesellschaften, sondern nur die radikale Negation.

Marcuse plädierte für den Entzug der Toleranz, die für pluralistische Gesellschaften im Gegensatz zur „repressiven Gesellschaft", die selbst strukturelle Gewalt darstellt, typisch ist. Insbesondere die falsche Toleranz gegen Geschäft und Publicity, deren betrügerische Praktiken er als Basis der repressiven Gesellschaft ansah, prangerte er an, stellte allerdings fest, daß ihre Beseitigung die totale Revolution bedeuten würde. Marcuse hielt es für möglich, daß die Richtung der notwendigen Veränderung der herrschenden Institutionen, politischen Praktiken und Meinungen von allen denen, die gelernt haben, rational und autonom zu denken, bestimmt werden könne. Erziehung in diesem Sinne wird notwendig politisch: „Zu lernen, die Tatsachen, die ganze Wahrheit zu kennen und zu begreifen, bedeutet in jeder Beziehung radikale Kritik, intellektuellen Umsturz."[6]

Marcuse wurde zur Identifikationsfigur der radikalen Studentenbewegung, deren wichtigstes Zentrum die University of California in Berkeley war. Zu den wichtigsten Schriften, die zur Grundlage der Ideologen der Studentenbewegung der späten 60er Jahre gehörten, zählte Marcuses „Der eindimensionale Mensch" (1964). Darin

---

[5] *Theodore Roszak,* The Making of a Counter Culture, Garden City, New York 1968, S. 9

[6] *Herbert Marcuse,* Repressive Toleranz, S. 91ff., in: *R. P. Wolff-B. Moore – H. Marcuse,* Kritik der reinen Toleranz, Frankfurt 1968, S. 123

bezichtigte Marcuse die moderne Industriegesellschaft, durch die ökonomisch-technische Gleichschaltung in Form der Manipulation der Bedürfnisse totalitär geworden zu sein. Er unterschied wahre und falsche Bedürfnisse und bezeichnete jene Bedürfnisse als falsch, die den Menschen durch gesellschaftliche Mächte, welche an seiner Unterdrückung interessiert sind, suggeriert werden und die, wenn auch ihre Befriedigung für die einzelnen höchst angenehm ist, doch harte Arbeit, Aggressivität, Elend und Ungerechtigkeit verewigen.

Durch die Befriedigung dieser repressiven Bedürfnisse selbst ist eine neue Art der sozialen Kontrolle entstanden, gegen die Opposition nicht möglich ist, weil das Individuum selbst sie reproduziert. Die Warenkultur der modernen Gesellschaft beinhaltet mit den die falschen Bedürfnisse befriedigenden Gütern auch stereotype Einstellungen, geistige und gefühlsmäßige Gewohnheiten, seinen Lebensstil. Sie läßt ein falsches Bewußtsein entstehen, das allerdings gegen die Erkenntnis seiner Falschheit immun ist, und das auch die Vorstellung des Andersseins unterbindet. Das Denken und Verhalten wird eindimensional, Alternativen werden ausgeschlossen. Dieses Denken und Verhalten versteht sich als rational, jedes andersartige Verhalten wird als neurotisch oder abartig diskriminiert; und doch ist gerade diese technologische Rationalität irrational, weil sie durch die widersprüchlichen Tendenzen zu immer größerer Rationalität bei gleichzeitiger Beschränkung derselben auf die bestehenden Institutionen bestimmt ist.

Die kritische Theorie kann in dieser Situation nur negativ sein, sie verspricht keine positive Veränderung, denn diese würde nur die bestehende Gesellschaft stärken. Eine revolutionäre Transformation „von unten" aber fände in der gegenwärtigen Situation als mögliche Träger einer solchen nur die outcasts und outgroups der Gesellschaft, die dafür völlig ungeeignet sind. Was die politische Möglichkeit der Opposition bleibt, ist daher nur die „Große Weigerung".

Diese „Weigerung" fand eine Form in dem Ausstieg aus den „normalen" Lebensformen, der sogenannten Hippie-Bewegung. In der Hippie-Bewegung hatten weniger gesellschaftskritische Bestrebungen ihren Ausdruck gefunden als vielmehr die gewaltlose Abwendung von der durch die Industriegesellschaft geprägten Kultur. Bewußtseinserweiterung durch östliche Mystik und psychedelische Drogen und der „Ausstieg" aus den Verpflichtungen der bürokratisch-technokratischen Gesellschaft zugunsten neuer Formen der Gemeinschaft stellten eine Art „Gegenkultur" her. Eine andere Form der „Weigerung" resultierte in „urban guerilla"-Aktivitäten der radikalen Studenten, worin sich die Heroisierung von Revolutionären wie Che Guevara niederschlug.

Während sich in Europa die Studentenprotestbewegung hier und da mit bestehenden radikalsozialistischen Tendenzen der Arbeiterbewegung verband, es zu einer Allianz von Studenten und Arbeitern, wie im heißen Herbst 1968 in Frankreich kam, blieb die amerikanische Protestbewegung weitgehend ein Kulturkonflikt, weil die amerikanischen Gewerkschaften aufgrund ihrer „business"-Orientierung keine geeigneten Partner abgaben. In Europa besonders, in den USA zu einem geringen – auf Underground-Aktivitäten beschränkten – Ausmaß stimulierte die Protestbewegung die Erneuerung der sozialistischen Ideologie und einer neomarxistischen kritischen Soziologie. In Amerika bestanden die Nachwirkungen der Protestbewegung mehr in Bestrebungen einer Humanisierung der Technologie, der Verstärkung demokratischer Kontrollen und der Betonung von Gestaltungs- und Freiheitsräumen der Individuen.

Relativ wenig dauerhafte Bedeutung erlangte hier die „kritische Soziologie", sofern man darunter eine gesellschaftskritische Analyse versteht. Eine Selbstbesinnung der

Soziologie auf ihre Rolle und Bedeutung in der modernen Gesellschaft, auf ihre eigene Verankerung in derselben fand zwar statt, war jedoch auch nur von geringer Dauer. Alvin Gouldner trat für eine „reflexive Soziologie" ein, die sich nicht nur ihrer eigenen Wurzeln in sozialen Bedingungen bewußt ist, sondern darüber hinaus das kreative Potential des einzelnen Soziologen vis à vis den Konformitätsanforderungen der etablierten Institutionen, der Universitätsstrukturen, Berufsorganisationen, der kulturell definierten Rollen betont: „... men must accept their own unique talents, varying ambitions, and experience of the world, as authentic. If they find these are distant from the requirements of their culture and role, they should, at least, face up to if not accept the difference. They must consider the possibility that their personal experience, impulses, and special talents have as much right to be heard as the cultural norms..."[7]

Die Entwicklung des soziologischen Denkens wurde nur peripher beeinflußt von der Protestbewegung und die Wirkungen, die sich ausnehmen lassen, waren gekennzeichnet durch eine stärkere Öffnung gegenüber individueller und kollektiver Spontaneität als Faktor sozialen Handelns. Ralph H. Turner wies auf eine Verschiebung weg von einem institutionell begründeten Bild des Selbst hin zu einem „impulsive view of self"[8], zur Wahrnehmung der Verbindung von realen Personen mit sozialen Strukturen in dynamischen Beziehungen. In gewisser Weise schufen sie daher den Boden für den Erfolg des Symbolischen Interaktionismus und der phänomenologischen Soziologie in Amerika, die die fortwährende „Erschaffung" der Wirklichkeit durch jedes Individuum berücksichtigen, allerdings keinerlei kritischen Anspruch in bezug auf sozialstrukturelle und institutionelle Gegebenheiten erheben.

Literatur

James Baldwin, Schwarz und Weiß oder: Was es heißt, ein Amerikaner zu sein, Reinbek 1965
Paul A. Baran – Paul M. Sweezy, Monopoly Capital, New York 1967
Daniel Bell, Die Sozialwissenschaften seit 1945, Frankfurt – New York 1986
Adolf A. Berle, Power without Property, New York 1959
Daniel J. Boorstin, Das Image oder: Was wurde aus dem Amerikanischen Traum? Reinbek 1964
James Burnham, The Managerial Revolution, New York 1941
Stokely Carmichael – Charles V. Hamilton, Black Power, New York 1967
Erich Fromm, The Sane Society, New York 1955
Ders., The Revolution of Hope. Toward A Humanized Technology, New York 1968
John K. Galbraith, American Capitalism. The Concept of Countervailing Power, Boston 1956
Ders., Gesellschaft im Überfluß, München-Zürich 1972 (ursprl. am. 1958)
Ders., Die moderne Industriegesellschaft, München-Zürich 1972 (ursprl. am. 1967)
Ders. Wirtschaft für Staat und Gesellschaft, München–Zürich 1976 (ursprl. am. 1973)
Alvin W. Gouldner, The Coming Crisis of Western Sociology, New York–London 1970
Paul Goodman, Growing Up Absurd, New York 1960
Geoffrey Gorer, Die Amerikaner. Eine völkerpsychologische Studie, Reinbek 1966 (ursprl. am. 1947)
Jean Gottmann, Megalopolis, Cambridge, Mass., 1961
Michael Harrington, The Other America, New York 1962
Wiliam Kornhauser (ed.), Problems of Power in American Democracy, Detroit 1957
Hans J. Kleinsteuber, Die Binnenstruktur der USA und ihre weltwirtschaftliche Dominanz, in: *Wilfried Röhrich* (Hg.,), Gesellschaftssysteme der Gegenwart, Opladen 1986, S. 43ff.

---

[7] *Alvin W. Gouldner,* The Coming Crisis of Western Sociology, New York–London 1970, S. 505
[8] *Ralph H. Turner,* The Real Self: From Institution to Impulse, in: Am. J. of Soc. 81/1976, S. 989ff.

Robert S. Lynd, Knowledge For What? Princeton 1939
Herbert Marcuse, Der eindimensionale Mensch, Neuwied und Berlin 1967 (ursprl. am. 1964)
Ders., Aggressivität in der gegenwärtigen Industriegesellschaft, in: *H. Marcuse* et al., Aggression und Anpassung in der Industriegesellschaft, Frankfurt 1968, S. 7ff.
Ders., Ideen zu einer kritischen Theorie der Gesellschaft, Frankfurt 1969
Ralph Miliband, Der Staat in der kapitalistischen Gesellschaft, Frankfurt 1975 (ursprl. engl. 1969)
C. Wright Mills, The Power Elite, New York 1956 (dt.: Die amerikanische Elite, Hamburg 1962)
Ders., White Collar, The American Middle Classes, New York 1951
Ders., Kritik der soziologischen Denkweise, Neuwied–Berlin 1963 (ursprl. am. 1959)
Ders., New Men of Power: America's Labor Leaders, New York 1948
Ders., The Causes of World War Three, New York 1958
Ders., Images of Man, New York 1960
Ders., The Marxists, New York 1962
Vance Packard, The Pyramid Climbers, New York 1962
Ders., The Status Seekers, New York 1959
Richard Parker, Der Mythos von der Mittelschicht, Reinbek 1973 (ursprl. am. 1972)
David Riesman et al., Die einsame Masse. Eine Untersuchung der Wandlungen des amerikanischen Charakters, Neuwied 1956 (ursprl. am. 1949)
Theodore Roszak, The Making of a Counter Culture. Reflections on the Technocratic Society and Its Youthful Opposition, Garden City, New York 1968
Andrew Shonfield, Modern Capitalism, New York–London 1965
Paul M. Sweezy, Theorie der kapitalistischen Entwicklung, Frankfurt 1976 (ursprl. am. 1942)
Ralf H. Turner, The Real Self: Form Institution to Impulse, in: Am. Journal of Sociology 81/1976, S. 989ff.
Thorstein Veblen, The Theory of the Leisure Class, New York 1899
Ders., The Theory of Business Enterprise, New York 1904
William H. Whyte, jr., The Organization Man, New York 1956
Robert P. Wolff – B. Moore – H. Marcuse, Kritik der reinen Toleranz, Frankfurt 1968 (ursprl. am. 1965)

2. Sozialpsychologie und Pragmatik des Alltagshandelns: Die Interpretative Soziologie in Amerika

Neben der objektivistischen Wissenschaftstradition in Amerika war schon seit Cooley, Thomas und Mead eine andere theoretische Sicht sozialen Verhaltens vorhanden, d.h. die der Erklärung sozialen Verhaltens durch Einbeziehung der subjektiven Deutung der Situation durch die beteiligten Individuen. Cooley verwies auf das „Spiegelbild-Selbst" und die Bedeutung der Primärgruppe für unser Selbstverständnis. Mead baute seine Sozialpsychologie und -philosophie auf der Annahme der gegenseitigen Interpretation der Handlungen der interagierenden Individuen und die Übernahme der Perspektive des jeweils anderen auf. Und Thomas meinte, das Verhalten der Individuen in einer bestimmten Situation hänge davon ab, wie sie diese definieren.

Diese „interpretative" Dimension kann zu einem Bruch mit dem dominanten behavioristischen Erklärungsmodell des sozialen Handelns führen, muß es aber nicht. Mead nannte sich selbst einen Sozialbehavioristen. Lerntheoretiker wie Edward C. Tolman zeigten, daß sich kognitive Elemente durchaus in die verhaltenstheoretische Erklärung einbauen lassen, etwa durch die Hineinnahme der Erwartungen des Individuums in bezug auf den Wert oder Nutzen einer bestimmten Situation („Wert-Erwartungstheorie").

Andererseits wurden Elemente der verstehenden Soziologie schon über den frühen Einfluß von Georg Simmel, über die „Entdeckung" bzw. „Neuentdeckung" der Soziologie Max Webers und die Rezeption des Versuchs von Alfred Schütz, die Webersche Soziologie und die Phänomenologie Edmund Husserls zu verbinden, in die amerikanische Sozialwissenschaft eingeführt. Hier reicht der Boden von Albion Small, Robert Mac Iver, Howard Becker bis zu Erving Goffmann und Peter Berger. Von besonderer Bedeutung für das Eindringen phänomenologischer Elemente in die amerikanische Soziologie war Alfred Schütz bzw. die Fortführung seines Werkes durch Peter Berger und Harold Garfinkel. Das Werk von Schütz erhält besondere Beachtung durch seine Entdeckung im Zuge der Studentenbewegung der 60er Jahre.

Eine andere Auffassung der interpretativen Dimension sozialen Handelns verbindet sich mit der Hervorhebung der pragmatischen Aspekte der Sprache, wobei hier die Sprachphilosophie des späten Wittgenstein von großer Bedeutung war. Während in Frankreich existentialphänomenologische Ansätze (Sartre, Merleau-Ponty) dominierten und dann vom Strukturalismus abgelöst wurden und in Deutschland die Hermeneutik durch Gadamer eine Renaissance erlebte, zielten die interpretativen Ansätze in den USA auf eine Sozialpsychologie bzw. eine Pragmatik des Alltagshandelns und stellen damit ein Gegengewicht gegen die makrostrukturellen und institutionellen Ansätze des Funktionalsimus dar, implizieren auch die relative Autonomie der mikrosozialen Alltagshandlungen von den makroskopischen Strukturen.

Die Grenzen zwischen den im folgenden präsentierten drei Ausformungen der interpretativen Soziologie in Amerika sind schwer zu ziehen, da vielfältige Querverbindungen bestehen und daher nur Schwergewichte gesetzt werden können, die als jeweiliger Kern der drei „Richtungen" angesehen werden können: einmal die Orientierung an Mead, der von manchen Symbolischen Interaktinisten mehr behavioristisch, von anderen mehr phänomenologisch interpretiert wird, zum anderen die Einflüsse von Schütz und durch dessen phänomenologische Auslegung vermittelt von Max Weber, die eigentlich die größte Streuung aufweisen und in fast allen subjektiven Ansätzen nachweisbar sind, und drittens die Hinwendung zu Wittgenstein, zur „common sense" – Philosophie der 50er Jahre in England und zur Linguistik. Es sind dies drei Strömungen, die man in bezug auf ihre sehr unterschiedlichen philosophischen Grundlangen voneinander deutlich differenzieren muß. Aber sie haben doch auch einige Gemeinsamkeiten, die sie alle zusammen vom Funktionalismus, Strukturalismus und der Verhaltenstheorie unterscheidet: die Betonung des Sinns des subjektiven Handelns und ein anderes Verständnis von Theorie und Empirie.

Der Symbolische Interaktionismus

Die Bezeichung „Symbolischer Interaktionismus" steht für den Anspruch, eine Alternative sowohl zum makrosoziologischen Funktionalismus sowie zum individualpsychologisch begründeten Interaktionismus von Homans u. a. zu bieten, und ist von Herbert Blumer eingeführt worden. Herbert Blumer war Nachfolger G. H. Meads an der University of Chicago und machte Mead erst einer breiten Öffentlichkeit von Soziologen bekannt. Er berief sich auf Mead und die Chicago-Soziologie als Grundlagen für den Symbolischen Interaktionismus.

Die Berufung Blumers auf G. H. Mead als den eigentlichen Begründer des Symbolischen Interaktionismus hat Kritik hervorgerufen von denjenigen, die einen grundsätzlichen Unterschied zwischen dem Sozialbehaviorismus Meads und dem Symbolischen Interaktionismus sehen. Dem hielt Blumer entgegen, daß zwischen seiner Auffassung und der Meads kein essentieller Unterschied bestehe; beide stünden in der naturalistischen Tradition.[1]

Den Symbolischen Interaktionisten geht es in erster Linie um die reale Erfassung dessen, was zwischen sozial Handelnden tatsächlich passiert. Der philosophische Pragmatismus bietet eine gemeinsame Grundlage, von der aus sich bereits seit Simmel Verbindungen zur verstehend-lebensphilosophischen Tradition aufweisen lassen. Im Grunde behält der Symbolische Interaktionismus aber das behavioristische Denkmodell bei, bezieht jedoch sowohl die Tatsache der gegenseitigen Interpretation wie die soziale Entstehung von Bedeutungen im Interaktionsprozeß mit in die Analyse ein. Was die Symbolischen Interaktionisten von Mead unterscheidet, ist die Tatsache, daß sie mehr „Soziologen" sind als dieser. Während es Mead um die Erklärung der Selbst-Werdung als eines sozialen Prozesses ging, steht bei Blumer dieser selbst im Mittelpunkt, und die soziale Genese des Selbst ist bereits Voraussetzung.

Die Symbolischen Interaktionisten gehen davon aus, daß der soziale Prozeß des Zusammenlebens die Regeln schafft und aufrechterhält und nicht umgekehrt die Regeln erst die Interaktionen schaffen und erhalten. Auch schon existente Regeln müssen in jeder neuen Handlungssituation von den beteiligten Personen wieder interpretiert und auf die gegebene konkrete Situation adapiert werden.

Nach Blumer beruht der Symbolische Interaktionismus auf drei Prämissen:[2]

1. Menschen handeln auf der Grundlage von Bedeutungen, die die Dinge, Personen oder Situationen für die Handelnden besitzen.
2. Die Bedeutung entsteht im Prozeß der sozialen Interaktion.
3. Die Bedeutung wird in einem interpretativen Prozeß zwischen Handelnden und Umwelt angewendet und modifiziert.

---

[1] *C. McPhail – C. Rexroat, Mead vs. Blumer:* The Divergent Methodological Perspectives of Social Behaviorism and Symbolic Interactionism, in: Am Soc. Ref. 44/1797, S. 449ff.; *Herbert Blumer,* Social Behaviorism and Symbolic Interactionism, in: Am. Soc. R. 45/1980, S. 409ff.

[2] *Herbert Blumer,* Der methodologische Standort des Symbolischen Interaktionismus, S. 80ff., in: AG Bielefelder Soziologen (Hg.), Alltagswissen, Interaktion und gesellschaftliche Wirklichkeit, Reinbek bei Hamburg 1978, S. 81

Dieser interpretative Prozeß vollzieht sich in zwei Phasen: Zunächst kommt es zu einer „inneren Kommunikation" der Person mit sich selbst (der innere Dialog bei Mead) über das „Ding", die Situation und die anderen beteiligten Personen, in bezug auf welche das Individuum handeln will oder soll. Sodann werden die Bedeutungen in Hinblick auf die angestrebte Handlungsstellung geprüft. Die Bedeutungen, die im sozialen Prozeß entstehen, werden vom Handelnden nicht einfach als vorgefertigte Produkte übernommen, sondern auf die Situation und den Handlungszweck hin überdacht und abgeändert.

Begriffe dienen als Werkzeug, um sinnvolles Handeln mit Bezug auf die Umwelt zu ermöglichen. Begriffsbildung steht daher auch am Anfang jeder Veränderung der realhistorischen Bedingungen, etwa durch revolutionäres Handeln: Ungleichheit mußte erst in einem langwierigen und komplexen Prozeß der kollektiven Umdeutung in „Ungerechtigkeit" modifiziert werden, um zu einem handlungsrelevanten Begriff zu werden.

Begriffe sind eine Zugangsweise zur erfahrbaren Welt, die die Kraft haben, diese Welt zu verändern. Blumer untersuchte daher den sozialen Interaktionsprozeß als einen Vorgang, durch den bestimmte Faktoren mit Bedeutungen versehen und damit handlungswirksam werden. Diese Betrachtung macht grundsätzlich auch vor der Wissenschaft selbst nicht halt. Ein Anliegen Blumers ist die Hinterfragung traditioneller Begriffe in der Soziologie wie Status, Rolle, Normen etc. Er wirft der üblichen Verwendung dieser Begriffe vor, daß sie die Realität durch die Etikettierung mit diesen Begriffen verdingliche. Auch wissenschaftliche Begriffe erhalten wie alle anderen Begriffe ihre Bedeutung erst im Prozeß der sozialen Interaktion. Status, Norm, Rolle erhalten erst ihre handlungsleitenden Bedeutungen in der sozialen Interaktion.

Während die Soziologie in der Tradition Durkheims von der Vorstellung einer festen Lebensordnung („Kultur", „soziale Ordnung"...) ausgeht, die in Regeln, Normen, Werten, Institutionen besteht, leugnet Blumer diese feste Lebensordnung und meint, daß es eine Reihe nicht-institutionalisierter Bereiche gibt und daß zum anderen auch die bestehenden Regeln in jeder Handlungssituation von den Akteuren wieder interpretiert und daher in gewisser Weise immer wieder – zumal als verhaltensleitende Bedeutungen – neu geschaffen werden müssen. Die gesellschaftlichen Deutungsmuster für die Regeln werden in jeder einzelnen Situation umgeformt und umgedeutet.

Bei Durkheim erscheinen die sozialen Tatsachen den Individuen als äußere Zwänge ihres Handelns. Demgegenüber betont Blumer, daß die soziale Realität permanent gestaltet und umgestaltet wird durch die Individuen in ihrem Interaktionsprozeß. Auch komplexe soziale Gebilde wie Klassen, Verbände, Organisationen, Institutionen, die von der traditionellen Soziologie als Einheiten mit einer Eigendynamik betrachtet werden, sind für die Symbolischen Interaktionisten Anordnungen von Personen, deren Handlungen untereinander verkettet sind und deren Situationsdeutungen aufeinandertreffen. Sie führen das soziale Handeln in Organisationen nicht auf Prinzipien der Organisation oder des „Systems" zurück, sondern auf die interpretativen Prozesse, in denen die symbolischen Interaktionen der Handelnden resultieren.

Soziale Probleme sind für Blumer nicht Zustände des Gesellschaftssystems, sondern Produkte eines Prozesses der kollektiven Definition, Aktion und Neustrukturierung. Die „Karriere" eines sozialen Problems verläuft in mehreren Schritten: Zunächst kommt es zur Definition einer bestimmten Sachlage als „soziales Problem" und der damit verbundenen Anerkennung als legitimer Bereich für gesellschaftliche Intervention. Die Mobilisierung der Aktion beruht auf der Diffusion dieser Problemorientierung und damit der kollektiven Definition des Problems. Die Erstellung eines Aktionsplanes und seine Durchführung bringen eine „Lösung", d. h. eine Neustrukturierung des Problems in der kollektiven Interpretation.

Nach Blumers Auffassung kann die Wissenschaft keine sozialen Probleme entdecken, denn diese sind immer schon da als Brennpunkt divergierender Interessen, Absichten und Ziele. Die Wissenschaft reformuliert sie mit Hilfe ihrer Begriffe und Forschungsmethoden, wobei aber diese selbst auch wieder in Hinblick auf das zu untersuchende Problem neu definiert werden müssen.

Herbert Blumer bezeichnet als die Aufgabe der Soziologie die direkte „naturalistische" Prüfung der empirischen sozialen Welt.[3] Diese ist die Welt alltäglicher Erfahrungen, die unsere Perspektive, aus der wir unser Leben und das der anderen sehen, bestimmt. Sie geht als Voraussetzung in die Wissenschaft ein, stellt ihre Prämissen dar. Daraus entwickelt der Wissenschaftler die Fragestellung und gelangt zur Definition des Problems der Untersuchung. Diese wieder bestimmt die zu suchenden Daten, die auf der Grundlage des Konzepts miteinander in Beziehung gesetzt und interpretiert werden.

Blumer unterscheidet zwei Methoden der Sozialforschung: Exploration und Inspektion. Als Exploration bezeichnet er die Bestimmung der Problemstellung und die Erarbeitung des Konzepts. Es ist dies die Auseinandersetzung des Forschers mit den „Dingen", die er erforschen will. Die dazu notwendigen Verfahren sind von heuristischer Bedeutung und müssen eine große Flexibilität aufweisen.

Die im Prozeß der wissenschaftlichen Kommunikation entstandenen „Bedeutungen": Begriffe, analytische Kategorien etc. müssen in Hinblick auf das konkrete Problem auf ihren empirischen Gehalt hin überprüft werden. Begriffe wie „Integration", „Mobilität", „Charisma" müssen auf das konkrete Forschungsvorhaben angewendet und in ihrer empirischen Relevanz geprüft werden. Diesen Prozeß nennt Blumer „Inspektion".

Der Forschungsprozeß hat nach Blumers Auffassung daher weniger objektbezogene Erklärungsrelevanz, sondern wird selbst als ein interpretativer Prozeß verstanden. Wissenschaft ist ein „ongoing process", in dem Wirklichkeit gedeutet wird. Sie beruht auf dem Insgesamt der schon vorhandenen wissenschaftlichen Deutungsmuster, die im Forschungsprozeß als ein Diskurs zwischen Wissenschaft und Objektwelt modifiziert, umgedeutet werden.

Darin äußert sich zweifellos auch eine andere erkenntnismethodische Zugangsweise, weil Objektwelt und Wissenschaft nicht streng als Objekt und Subjekt getrennt erscheinen, sondern die Wissenschaft selbst als ein sozialer Prozeß mit einbezogen wird. Die „naturalistische" Position Blumers wie Meads ist jedoch eine Abkehr sowohl von idealistischen wie realistischen Standpunkten. Zwar wird eine reale Welt als Objekt postuliert, aber diese wird nicht als fest vorgegeben angenommen, sondern als mit unseren Wahrnehmungen wechselnd. Naturalistisch bedeutet dementsprechend, daß es trotz der Hervorhebung der subjektiven Deutung um die „reale" Welt des Alltagslebens und -handelns geht, wie es „natürlich" von den Menschen in ihrem „everyday conduct" vollzogen wird.

Anselm L. Strauss, ein anderer Vertreter des Symbolischen Interaktionsmus, betont die grundsätzliche Relevanz der Sprache für das Handeln und die Identität. Am

---

[3] *Herbert Blumer,* Social Behaviorism and Symbolic Interactionism, in: Am. Soc. R. 45/1980, S. 412

Anfang jeder Interaktion steht immer die gegenseitige „Bennennung“ von sich selbst und den anderen. Strauss beschäftigt sich mit dem Problem der Identität der Person, aber nicht mit der Organisation der sogenannten Ich-Identität, sondern mit den sozialen Prozessen, die die symbolischen und kulturellen Grundlagen der Struktur von Identität im Interaktionsprozeß bestimmen. In jeder sozialen Situation bleibt die Frage: Wer bin ich in dieser Situation? so lange problematisch wie die Situation selbst. Strauss führt das Konzept des „awareness context“ ein, um einen Begriff zu haben für die Kombination all dessen, was ein Handelnder in einer Situation über die Identität des anderen sowie über seine eigene Identität, wie sie vom anderen aus gesehen wird, weiß. Insbesondere ist die Mitgliedschaft in Gruppen, sowohl in strukturierten Organisationen wie in abstrakten Gruppierungen („Welten“), ein symbolischer Sachverhalt; die Gemeinschaft der Perspektiven, Grundlage und Produkt von Kommunikation, konstituiert die Gruppe.

Die moderne Gesellschaft erscheint in symbolischer Betrachtung als aus einer Vielzahl von „sozialen Welten“ zusammengesetzt, von denen jede eine organisierte Perspektive darstellt, von Menschen in ihren gegenseitigen Interaktionen aufgebaut. Jede soziale Welt ist ein Kulturgebiet, dessen Grenzen durch die Schranken wirksamer Kommunikation bestimmt werden.

Bei Strauss-Glaser zeigt sich auch eine Haltung, die in gewisser Weise typisch ist für den Symbolischen Interaktionismus, aber mehr noch für die Ethnomethodologen: die Ablehnung der Soziologie als „Große-Männer-Disziplin“ und der Ableitung von Problemen aus der Theorie.[4] Probleme entstehen in ihrer Sicht im alltäglichen Interaktionszusammenhang, und der Soziologe sollte sie auch dort aufspüren. Darin zeigt sich wieder die starke Hinwendung zur „Realität“ des Alltagslebens, die aber nicht als gegeben und unproblematisch, sondern als vielschichtiger, perspektivenreicher Vorgang der Erzeugung von Realität durch Kommunikation aufgefaßt wird.

Interaktion und Identität: Erving Goffman

Die Vielfalt der Perspektiven, die die „sozialen Welten“ für die teilnehmenden Individuen darstellen, durchzieht auch die Analysen von Erving Goffman. Goffman ist vielleicht der bekannteste Autor, der gemeinhin unter die Symbolischen Interaktionisten gereiht wird. Diese Zuordnung ist allerdings aufgrund der Originalität von Goffmans Beitrag problematisch, wenn er auch eine Reihe von Annahmen mit den anderen Interaktionisten teilt. Er selbst sah sich mehr als Außenseiter denn als Vertreter einer Richtung; dies ist allerdings eine Selbsteinschätzung, die in Amerika eine gewisse Tradition hat.

Erving Goffman (1922–1982) erwarb 1953 das PhD in Chicago mit einer Untersuchung über Kommunikationsstrukturen auf den Shetland Islands, arbeitete dann – was für seine intellektuelle Entwicklung sehr wichtig war – am National Institute of Mental Health in Washington, wurde dann Professor in Berkeley; 1981 war er Präsident der Amerikanischen Soziologischen Gesellschaft. Die Ansprache zu Ende seiner Amtszeit trug den bezeichnenden Titel: „Die Interaktionsordnung.“[5]

Goffman beschäftigte sich mit situativen Handlungssystemen, d.h. anders als die Funktionalisten nicht mit dauerhaften Strukturen, sondern mit Momentaufnahmen des Verhaltens von Menschen, die gemeinsam etwas tun. An Stelle der Erklärung

---

[4] Siehe: *Anselm L. Strauss – B. Glaser,* Awareness Context and Social Interaction, in: Am. Soc. R. 29/1964, S. 669ff.

[5] *Erving Goffman,* The Interaction Order, in: Am. Soc. Rev. 48/1983, S. 1ff.

großer Strukturen wählt er einen „atomistischen Bezugsrahmen" und fragt nach dem, was in einer ganz bestimmten realen Situation „eigentlich" vorgeht. Auf dieser Grundlage erscheint der Mensch bei Goffman nicht durch Bezugnahme auf Kultur, Geschichte, Gesellschaftstruktur bestimm- und erklärbar, sondern er ist, was er gerade tut. Das Tun bestimmt das Sein oder „doing is being".

1) Das Drama sozialer Interaktion

Das Ausdrucksverhalten tritt bei Goffman stark in den Vordergrund. Das Verhalten ist zwar inhaltlich bestimmt, aber daneben sendet das Individuum durch Gesten, Mimik, Haltung Signale aus, die Ausdruck dieses Inhalts, aber auch von ganz anderen Dingen sein können. Darin klingt die bekannte mögliche Diskrepanz zwischen verbaler und nonverbaler Kommunikation wieder an. Mit Hilfe des Ausdrucksverhaltens, das vornehmlich nonverbal ist, erzeugt der Mensch bewußt oder unbewußt Eindrücke von sich selbst bei anderen. Der tatsächliche Eindruck bei den Adressaten ist dabei zu unterscheiden von dem vom handelnden Individuum beabsichtigen Eindruck.

Das Ausdrucksverhalten wird zur Selbstdarstellung eingesetzt, zur Manipulation des Eindrucks, den das Individuum bei anderen erzeugen will („impression-management"). Ausdrucksverhalten kann auch die „wahren" oder „eigentlichen" Motive, Intentionen, Einstellungen des Menschen „verraten", kann anderen nicht beabsichtigten Aufschluß über uns geben, kann unsere Worte „Lügen" strafen. Es kann aber auch bewußt eingesetzt werden, um zu täuschen, um anderen etwas vorzumachen.

Daß sich Goffman nicht nur auf nonverbales Verhalten bezog, legt er etwa in den in „Forms of Talk" zusammengefaßten Ausätzen dar. Er sah stets verbale und nonverbale Ausdrucksformen als eine Einheit an. Dabei hob er insbesondere die Ritualisierung des Verhaltens, die Tatsache, daß wir uns der Laute, der Blicke, des Auftretens, der Bewegung, die wir in Gesprächen als unbeabsichtigte Äußerungen von uns geben, bewußt werden, sie bei anderen beobachten, und dann auch bewußt und strategisch einsetzen. Sie verselbständigen sich solcherart und werden eine eigene Dimension in Gesprächssituationen. Wichtig in Gesprächssituationen ist auch das „participation framework", die spezifischen Adressaten und Teilnehmer, die Situation mit ihren Positionen und normativen Vorgaben hinsichtlich des „passenden" Verhaltens, sowie die Tatsache, daß wir in unserer Rede sehr oft Äußerungen verwenden, die nicht von uns stammen, die wir übernommen haben von anderen und aus anderen Situationen.

In der sozialen Interaktion reagieren die Individuen sowohl auf den Inhalt der Handlung wie auf die Deutung der Handlung durch den Handelnden, die er durch sein bewußtes Ausdrucksverhalten dartut, aber auch durch das unkontrollierte Ausdrucksverhalten offenbart: Diese Wahrnehmungen bestimmen auch die jeweiligen Interpretationen des Handelns. Darüber hinaus wird die Interaktionssituation noch dadurch kompliziert, daß beide Akteure zu ihren eigenen Handlungen und Verhaltensweisen eine unterschiedliche Haltung einnehmen können („ehrlich", „zynisch"...).

Goffmans Einsichten aus dieser Betrachtungsweise können wie folgt zusammengefaßt werden:

- Menschen handeln in Situationen nicht unabhängig voneinander, sondern als Beteiligte an der Situation.
- Sie orientieren sich dabei an Verhaltensmustern, die sie aber erst durch ihre „Darstellung" zum Leben erwecken und interpretieren.
- Menschen handeln nicht nur in bezug auf einen Zweck, der den Inhalt der Handlung repräsentiert und treten dadurch mit anderen in Kontakt, sondern sie

kommunizieren darüber hinaus miteinander noch auf einer anderen Ebene, auf der sie bestimmte Eindrücke von sich erzeugen und Ausdrucksverhalten anderer deuten.

- Menschen sind in ihrer sozialen Kommunikation nicht immer das, was sie zu sein scheinen; Ausdruck, gemeinter Sinn und Handlungsinhalt können voneinander abweisen.

Dieses vielschichtige Geschehen versucht Goffman mit Hilfe einer dramatischen Analyse, die die Prinzipien des Theaters auf die soziale Interaktion anwendet, zu erfassen.[6] Er verwendet die Strukturelemente der Theatersituation wie die Beziehungen Schauspieler – Publikum, Person – Rolle, Bühne – Kulissen, um soziale Situationen und interaktives Verhalten abzubilden.

Bei dieser Analyse geht es um den in Situationen handelnden Interaktionsteilnehmer, der seine Position, ein bestimmtes Image von sich selbst und seine Situationsdeutung durch Selbstdarstellung und in Aushandlung mit seinen Kontrahenten durchzusetzen versucht. Dabei gibt es verschiedene „Stücke" und Inszenierungen, unterschiedliche Mitspieler, und auch das Publikum ist differenziert oder verändert sich. Es gibt die Darstellungsebene („Bühne") und die Zone „hinter den Kulissen", wo man sich „so gibt, wie man ist", das Dargestellte konterkariert und solcherart eine Darstellung der Darstellung betreibt. Die Interaktion ist demnach ein vielschichtiges Geschehen, in dem nicht nur unterschiedliche Perspektiven und Interpretationen aufeinandertreffen, sondern auch mehrere Ebenen von „Wirklichkeit".

Die I-Me-Relation, die in der Meadschen Sozialpsychologie in stetem inneren Dialog das Selbst konstituiert, interpretiert Goffman als gespaltene Identität des Menschen und sieht sie als die existentielle Grundbedingung menschlichen Seins. Zwischen dem pathologischen Bild der gespaltenen Persönlichkeit in der Psychiatrie und der normalen menschlichen Situation gibt es Goffman zufolge nur graduelle Unterschiede, was dazu führt, daß das Verhalten Geisteskranker in pointierter und extremerer Form das normale Verhalten reflektiert. In dieser Hinsicht kommt Goffman der Auffassung Roland Laings sehr nahe.[7]

2) „Framing" – Die Organisation der Erfahrung

Goffman greift auch die Problematik der „Wirklichkeit" in der personalen Wahrnehmung zwischenmenschlicher Kommunikation auf, die auch Mead im Anschluß an Whiteheads „Objektivität der Perspektiven" und Alfred Schütz von der Phänomenologie her behandelt haben. Die uralte philosophische Frage: Was ist Wirklichkeit? ist mit William James umzuformulieren in: Unter welchen Bedingungen halten wir etwas für wirklich? Nicht die Wirklichkeit „an sich", sondern die Auffassung, die Definition von Wirklichkeit ist das Entscheidende. Die „objektive" Wirklichkeit zerfällt in die vielfältigen subjektiven Wirklichkeiten oder „Welten", „Perspektiven", „Situationsdefinitionen", „Sinnbezüge". Die Sache wird noch dadurch kompliziert, daß auch die reflexiven Fähigkeiten des menschlichen Denkens „entdeckt" wurden und in die Analyse eingehen, d.h. die Fähigkeit des Menschen, über seine eigene Interpretation der Wirklichkeit nachzudenken. Diese Fähigkeit begründet auch die Fähigkeit des Menschen zum Spiel und zur Wissenschaft.

Gregory Bateson leitete aus dieser Fähigkeit des Menschen, aus „ernstgemeinten" Tätigkeiten Vorbilder für „unernste" Formen zu machen, „Wirklichkeit" von Spiel,

---

[6] Siehe: *E. Goffman,* The Presentation of Self in Everyday Life, Garden City, N. Y. 1959

[7] Siehe: *Ronald D. Laing,* Das geteilte Selbst, Köln 1972 (ursprl. engl. 1967)

Phantasie und Täuschung zu unterscheiden, die Eigenschaft der „Wirklichkeit" ab, als „Rahmen" benützt und verfremdet zu werden.[8] Diesen Begriff der „Rahmen" oder „Rahmungen" (wobei das englische Wort „framing" die Mehrdeutigkeit, die intendiert ist, viel besser wiedergibt) verwendet Goffman, um die Vielschichtigkeit der Organisation unserer Erfahrung zu beschreiben.

Wenn der Mensch ein bestimmtes Ereignis erkennt und definiert, ist seine Interpretation der Situation durch Deutungsmuster bestimmt, die ihm eine ansonsten sinnlose Szene bedeutsam machen. Dies sind die primären Rahmen, die natürliche oder soziale Interpretationsmuster sein können. Die primären Rahmen weisen ein unterschiedliches Ausmaß an Organisation auf; einige sind geschlossene Systeme von Forderungen, Regeln etc., die meisten anderen haben hingegen keine vorweg fest umrissene Gestalt, sind Ansätze, Perspektiven, Orientierungen. Die primären Rahmen ermöglichen dem Menschen die Lokalisierung, Wahrnehmung, Identifizierung und Etikettierung einer scheinbar unendlichen Reihe von konkreten Tatbeständen. Der Mensch ist sich zwar in der Regel dieser Organisation seiner Erfahrung – der Rahmen – nicht bewußt, er setzt sie aber nichtdestoweniger ein. Die „frames" wirken über den Prozeß der Internalisierung auf das Bewußtsein der Menschen und erzeugen die Ordnung seiner Erfahrungen gemäß dem „framework".

Die Deutungsmuster können aber auch als Muster verselbständigt werden. Sie dienen dann nicht mehr dazu, eine sinnlose Situation sinnvoll zu machen, sondern sie werden auf andere Situationen übertragen. Goffman nennt sie daher transformierte Rahmen oder „framework of frameworks". Solche Übertragungen lassen die Situationen, auf die sie angewendet werden und die auch primäre Rahmen aufweisen, anders erscheinen. Dies ist der Fall etwa bei Spiel, Ritual, Scherz, Tagtraum, Drama, Analyse, d.s. Situationen, die durch eine Übertragung von Regeln, durch Modulationen anderer primär sinnhafter Situationen entstehen. Andere Transformationen kommen durch Täuschung zustande wie im Falle des Experiments, der Parodie, der Ideologie, der Lüge.

Die Transformationen sind ihrerseits wieder der Deutung zugänglich, daher auch der Rücktransformation in den ursprünglichen Sinn. Jede Handlung hat daher verschiedene Schichten in bezug auf ihre Interpretation: Die Außenschicht gibt Aufschluß über die Bedeutung der Handlung in bezug auf die Außenwelt, die inneren Schichten können durch andere Bedeutungen repräsentiert sein. Das Deuten einer Handlung impliziert einen Prozeß der Ablösung der äußeren Bedeutungsschichten, um zu den inneren und schließlich zum Kern vorzudringen, wie beim Ablösen der Schichten einer Zwiebel.

Das Vielschichtige und Trügerische unserer Erfahrung wird in unserem Selbst reflektiert und macht es verletzlich. „Das Ich ist also keine halb hinter den Ereignissen verborgene Entität, sondern eine veränderliche Formel, mit der man sich auf die Ereignisse einläßt. Genau, wie die augenblickliche Situation den offiziellen Schleier vorschreibt, hinter dem wir uns verbergen, so sorgt sie auch dafür, daß wir an bestimmten Stellen in bestimmter Weise durchscheinen, und die Kultur selbst schreibt vor, für was für eine Art von Wesen wir uns zu halten haben, um auf diese Weise etwas durchscheinen lassen zu können."[9]

Ihn interessiert, wie Menschen sich in sozialen Situationen darstellen, wie sie wahrnehmen und ihre Handlungen koordinieren. Das Problem, das er erkannte, war

---

[8] *Gregory Bateson,* Steps to an Ecology of Mind, New York 1972

[9] *Eving Goffman,* Rahmen-Analyse, Frankfurt 1977, S. 617

die Gefahr für das Selbst in der Interaktion, die die Notwendigkeit zur Kontrolle und Organisation der Selbstdarstellung zum Schutz der Identität begründet. Der Identität des Menschen in der Gesellschaft gilt das Grundinteresse Goffmans; die soziale Interaktion stellt für den Menschen einen risikoreichen Prozeß dar, dessen Merkmal die Unsicherheit durch die situativ relativierten Normen und die Handlungsmöglichkeiten der anderen ist.

3) Soziale Identität und Rollenspiel

Die soziale Identität wird dabei in zweifacher Weise relevant: einmal im Sinne einer sozialen Kategorie („categoric identity"), zum anderen als individuelle, persönliche Identität. Der Handelnde versucht, Erwartungen zu erfüllen und dennoch seine Definition der Situation durchzusetzen. Das setzt einen Arbeitskonsens, einen instabilen Zustand wechselseitiger Anerkennung, eine vorläufig geltende, intersubjektive Definition der Situation voraus. Dabei spielen auch die gegenseitigen Zuschreibungen von Merkmalen („virtual social identity") und die Differenz derselben zu den tatsächlichen individuellen Attributen („acutal social identity") eine Rolle. Diese Unterscheidung liegt dem sozialen Prozeß der „Stigmatisierung" zugrunde, bei dem die soziale Umwelt eines Individuums ein Merkmal desselben, das sie als negativ empfindet, zum Anlaß nimmt, sich von ihm abzuwenden und es zu keinem gewöhnlichen sozialen Verkehr mit ihm kommen zu lassen.

Vom Individuum aus gesehen ist der Interaktionsprozeß einer Art Aushandlung, bei der es um die Erhaltung und Durchsetzung der persönlichen Identität, um ein „Als-ob-Handeln um Identität" geht. Diese „sekundäre Anpassung" durch strategisches Setzen von Handlungen (etwa von „face strategies") zum Zwecke des „impression management" ist das natürliche Schauspiel, welches sich in sozialen Situationen vollzieht.

Diese Auffassung Goffmans hat bedeutsame Wirkungen auf den Rollenbegriff. Dieser verliert bei Goffman seine Bedeutung als Strukturbegriff und wird zum Situationsbegriff, d. h. wird auf Momentaufnahmen des Face-to-face Verhaltens von Menschen, die gemeinsam etwas tun (focused interaction"), bezogen. „Rolle" wird nicht primär allein normativ-strukturell bestimmt gesehen, sondern als Verhalten in einer Situation („situated role"). Dabei kommt der Definition durch die beteiligten Individuen große Bedeutung zu.

Davon ausgehend tritt bei Goffman aufgrund der Tatsache der Wahrnehmung der Individuen, daß sie Erwartungen gegenüberstehen und der Wahrnehmung dieser Wahrnehmung, das „Spielen" der Rolle als Transformation der primären „frames" in seinen dramaturgischen Aspekten besonders hervor. Das Individuum sieht sich in verschiedenen Situationen einer Reihe von Erwartungen gegenüber; durch „audience segregation", d. h. die Differenzierung des „Publikums", grenzt er seine verschiedenen Rollen gegeneinander ab („role-segregation").

Das Rollenspiel des Individuums verändert sich je nachdem, ob es sich um regelmäßig wiederkehrende soziale Situationen oder einmalige Situationen handelt. „Regular performers" haben eine höhere Rollenaneignung („commitment"); typisch dafür sind Berufsrollen: Hier wird das Individuum besonders stark den Zwängen der Rollenanforderungen unterworfen. Wenn das Individuum sich soweit mit seiner Rolle identifiziert, daß es sich selbst in ihr wiederfindet und dementsprechend auch affektiv an dieser orientiert ist, spricht Goffman von „role-attachment". Geht dies soweit, daß das Individuum vollständig in der sozialen Situation „aufgeht", das Tun zum Sein wird, so bezeichnet Goffman dies als „role-embracement". Identifiziert sich das

Individuum nur scheinbar mit seiner Rolle, liegt „role-simulation" vor, die sichtbar wird im „Aus-der-Rolle-Fallen", wenn der einzelne sich unbeobachtet fühlt.

Liegen offenkundige Diskrepanzen zwischen Rolle und Ausdrucksverhalten vor, die auf unterschiedlichen Situationsdefinitionen beruhen und bewußt gesetzt werden, handelt es sich um Rollen-Dissens ober aber um Rollen-Distanz, bei der zwar die Rolle gespielt wird, jedoch effektiv gleichzeitig zum Ausdruck gebracht wird, daß sich das persönliche Selbst nicht ganz dem situativen Selbst unterwirft (etwa durch „Sich-lustig-Machen", Nonchalance etc.). Die Rollen unterscheiden sich allerdings stark nach ihren expressiven Möglichkeiten, d.h. es gibt Rollen, die „dehnbar" sind, weil das Individuum hier über das Ausdrucksverhalten „Dampf ablassen" kann, während andere Rollen dies nicht erlauben (z.B. Student vs. Fließbandarbeiter).

Goffmans Analysen handeln von der Beziehung zwischen Strukturen und alltäglichem Handeln, allerdings von der Seite des letzteren aus betrachtet und unter der Thematik der Verletzlichkeit der persönlichen Identität. Das Alltagshandeln wird von Goffman weder als Folge noch als Voraussetzung struktureller Ordnung gesehen, sondern er behandelt es als eine relativ autonome Sphäre, die ihre Autonomie der Tatsache verdankt, daß es durch die Face-to-face-Kontakte von Menschen zu bestimmten Wirkungen kommt, die nicht auf Strukturen reduziert werden können, die aber diese beeinflussen.

Phänomenologische Soziologie in Amerika

Erving Goffman bezog sich zwar explizit auf das Werk von Alfred Schütz; seine Orientierung ist aber entschieden sozialpsychologisch und steht mehr in der Tradition von G. H. Mead und des amerikanischen Pragmatismus und Behaviorismus.

Eine andere Verbindung von Schütz und Mead, die aber auch Elemente der objektiv-funktionalistischen Soziologie Durkheims und der Institutionenlehre Gehlens verarbeitet, ist die Soziologie des Alltagswissens, die die beiden Schütz-Schüler Peter Berger und Thomas Luckmann in ihrem Buch „The Social Construction of Reality" (1966) vorstellten. Als Aufgabe dieser Art von Wissenssoziologie sehen die Autoren die Aufdeckung der Gründe an, die dazu führen, daß ein bestimmtes Wissen zur gesellschaftlich etablierten „Wirklichkeit" wird. Bei diesem Wissen handelt es sich um das Alltagswissen, das die Menschen in ihren Handlungen einsetzen; es bestimmt auch die Bedeutungs- und Sinnstrukturen in der Gesellschaft, denn diese individuellen Sinngebungen bleiben nicht rein subjektive Vorstellungen, sondern „objektivieren" sich in Erzeugnissen menschlicher Tätigkeit, welche sowohl dem Erzeuger als auch anderen Menschen als Elemente ihrer gemeinsamen Welt „begreiflich" sind.

1) Alltagswissen

In der Interaktion kommunizieren wir durch Ausdrucksbewegungen, Gesten und v. a. die Sprache. Sie überdauern einerseits nicht die gegenwärtige Vis-à-vis-Situation, sind andererseits aber verallgemeinerte Zeichen, fügen sich zu Zeichensystemen zusammen und werden dadurch zu objektivierten Mustern, die über die subjektiven Intentionen im ‚Hier und Jetzt' hinausreichen und machen so erst „Wirklichkeit" möglich: „Die Wirklichkeit der Alltagswelt ist nicht nur voll von Objektivationen, sie ist vielmehr nur wegen dieser Objektivationen wirklich."[10] Denn sonst würde jeder

---

[10] *Peter L. Berger – Thomas Luckmann,* Die gesellschaftliche Konstruktion der Wirklichkeit, Frankfurt 1969, S. 37

nur in seiner Vorstellungswelt leben und Denken, Tun und Da-Sein anderer wäre für ihn „unwirklich".

Sprache ist das wichtigste Zeichensystem der menschlichen Gesellschaft. Durch Sprache werden Sinn, Bedeutung, Meinung vermittelt, die nicht nur direkter Ausdruck des Subjekts „hic et nunc" sind, sondern semantische Felder, Sinnzonen bilden. Die Autoren nehmen ähnlich wie Mead an, daß die Menschen tatsächlich gemeinsame Bedeutungen mit Begriffen und Gesten verbinden, zumindest innerhalb ihrer Kulturgemeinschaft. Dies ermöglicht Verstehen.

Wissen und sprachliche Symbole sind zwar kultur- und gesellschaftsbedingt, daher gibt es Unterschiede der Bedeutung, aber die Betonung liegt bei Berger/Luckmann nichtsdestoweniger nicht auf der Begündung der Unterschiede, sondern diese dienen nur zur Abgrenzung der gemeinsamen Lebenswelt. Ziel ist die Erklärung und Begründung der Gemeinsamkeit, der Regelmäßigkeiten und typischen Erscheinungen in der Lebenswelt.

Unsere Erfahrungen werden vor allem durch die Sprache objektiviert und als gesellschaftlicher Wissensvorrat von Generation zu Generation weitergegeben. Teilweise nimmt er den Charakter und die Funktion von ‚Rezeptwissen' an, welches als Orientierungs- und Entscheidungshilfe in verschiedenen Situationen dient. Der gesellschaftliche Wissensvorrat liefert die Typisierungen für die Ereignisse und Erfahrungen der Alltagswelt und „verwirklicht" sich in unseren Handlungen.

Berger/Luckmann betonen stärker als die Symbolischen Interaktionisten den institutionellen, traditionalen Charakter des Wissens. Dessen Verwirklichung in unseren Handlungen stellt zwar ein dynamisches Element dar, aber die in der Vergangenheit erfahrene und in Zeichensystemen objektivierte Lebenswelt wird als Voraussetzung für unsere Handlungen als immer wieder neue „Verwirklichung" gesehen. Anders als Goffman legen Berger/Luckmann auch kein besonderes Gewicht auf die Tatsache, daß die Menschen über dieses Wissen und auch dessen „Verwirklichung" im Handeln reflektieren, sich dazu so oder so einstellen, sich davon distanzieren, es instrumental für Zwecke der Abwehr dieser verallgemeinerten Zwänge einsetzen.

Sprache errichtet „riesige Gebäude symbolischer Vorstellung, welche sich über der Wirklichkeit der Alltagswelt zu türmen scheinen wie gigantische Präsenzen von einem fernen Stern".[11] So entstehen Religion, Kunst, Wissenschaft als sprachlich vermittelte symbolische Welten, die aber wieder in die Alltagswelt rücküberführt werden müssen, denn nur in dieser werden sie „verwirklicht". Wissen heißt „Verwirklichung" durch Erfassen der objektivierten gesellschaftlichen Realität und deren Produktion in der Alltagswelt.

Unser Wissen bestimmt unsere Definition der Wirklichkeit, d. h. was wir für wirklich halten. Die Gründe ihrer Konstitution müssen für uns daher von fundamentaler Bedeutung sein, und diese aufzudecken ist die Aufgabe der Soziologie. Sie kann es, weil sie selbst aus der Lebenswelt entstanden ist und in ihr gründet, selbst wenn sie als symbolische Objektivität „von einem fernen Stern" erscheint. Auch Soziologie muß in die Wirklichkeit der Alltagswelt rückübersetzbar sein, sonst ist sie sinnlos.

2) Institutionalisierung und Internalisierung

Die Gesellschaft erscheint bei Berger/Luckmann zugleich als objektive und subjektive Wirklichkeit, ist ein Produkt menschlichen Tuns, der Externalisierung von Sinn, aber

---

[11] *Peter L. Berger – Thomas Luckmann,* Die gesellschaftliche Konstruktion..., op. cit., S. 42

gerade diese bewirkt auch ihren Ding-Charakter. Gesellschaft ist daher vom Individuum aus gesehen sowohl etwas Subjektives wie auch eine objektive Gegebenheit, allerdings eine von Menschen konstruierte, die sich jede neue Generation wieder durch Internalisierung aneignen muß.

Die Institutionalisierung stellt einen Prozeß der Objektivierung sozialer Erfahrungen dar.[12] „Institutionalisierung findet statt, sobald habitualisierte Handlungen durch Typen von Handelnden reziprok typisiert werden." Sie resultiert in einer Typisierung der Handelnden und einer Typisierung der Handlungen in Rollen.

Die Institutionalisierung steht am Anfang jeder gesellschaftlichen Situation, die ihren eigenen Ursprung überdauert. Institutionen sind vergegenständlichte menschliche Tätigkeiten, die sich im gesellschaftlichen Wissen als der objektivierten Sinnhaftigkeit institutionalen Handelns niedergeschlagen. Dies setzt gesellschaftliches Erinnerungsvermögen und einen Prozeß der Sedimentierung durch Objektivation der Erfahrungen (Erinnerungen) mit Hilfe eines Zeichensystems voraus. Dadurch wird die Tradierung des Wissens ermöglicht. Für die Übernahme der Institutionen durch eine neue Generation bedürfen diese aber der Erklärung und Rechtfertigung, d.h. der Legitimierung. Dadurch entsteht die sekundäre Objektivation von Sinn; eine neue Sinnhaftigkeit für primär objektivierte Institutionen wird erzeugt. Bei der Schaffung dieser symbolischen Sinnwelten spielen Theorien und Ideologien eine bedeutsame Rolle.

Für die Individuen wird ihr Bereich der Lebenswelt durch die Zuteilung von gesellschaftlichem Wissen in Form von Rollen abgesteckt. Rollen sind austauschbare Typen innerhalb eines objektivierten Wissensbestandes; sie repräsentieren die Gesellschaftsordnung. Die objektivierte Wirklichkeit, der gesellschaftliche Wissensvorrat, der Institutionen und Legitimationen werden in subjektive Wirklichkeit zurückgeführt durch den Prozeß der Internalisierung. Dabei übernimmt das Individuum in einem sozialen Lernprozeß das gesellschaftliche Wissen und inkorporiert es in seine Persönlichkeit in einem andauernden, lebenslangen Prozeß. Das gesellschaftliche Wissen wird damit zu einem Fundament der Identität und der „Wirklichkeit" des Individuums. Die subjektive Wirklichkeit wird durch die Interaktionen des Individuums in seiner sozialen Umwelt immer wieder aktiviert. Dabei kommt es auch zu Neuinterpretationen der subjektiven Wirklichkeit, allerdings nicht wie bei Goffman durch den „situational context" als solchen, sondern durch die Internalisierung neuer Gehalte, die auch eine Identitätsmodifikation bewirken.

Gerade in der modernen Gesellschaft stürmen die unterschiedlichsten Informationen auf das Individuum ein, die sich auch zu vielfältigen „Wirklichkeiten", konträren „Welten" verdichten und damit die Wirklichkeitserfahrungen des Individuums relativieren. Der Mensch internalisiert in der Folge mehrer Wirklichkeiten für jeweils verschiedene Zwecke. Es entsteht ein „Wirklichkeits- und Identitätspluralismus", der instrumental einsetzbar ist und in einem Netzwerk reziproker Manipulationen resultiert. Berger/Luckmann gelangen damit zu einer – kritisch getönten – Erkenntnis, von der Goffman bereits als Voraussetzung ausgeht: die vielfältigen Wirklichkeiten. Die Stoßrichtung ihrer Analysen erscheint sehr ähnlich; aber Berger/Luckmann sehen die individuelle Identität des Menschen in der modernen Gesellschaft bedroht. Aber während Goffman den „Objektivationen" die persönliche Identität gegenüberstellt, ist die Identität bei Berger/Luckmann bereits eine soziale Identität, deren Relativierung und Pluralität als typisch für die moderne Massen (Kommunikations)gesellschaft angesehen wird; wohingegen Goffman die Verletzlichkeit persönlicher Identität als

---

[12] *Peter L. Berger – Thomas Luckmann,* op. cit., S. 58

„natürliche“ Bedingung menschlicher Existenz in der Gesellschaft betrachtet. Der individualistisch-liberale Tenor der Analysen Goffmans ist genauso evident wie die konservativ-kulturkritische Orientierung Berger/Luckmanns.

3) Die fröhliche Wissenschaft

Berger selbst sieht seine Auffassung als eine humanistische an und die Soziologie als „fröhliche Wissenschaft“, die sich nicht in humorloser Wissenschaftlichkeit auf exakte Methoden versteift. „Die Sozialwissenschaftler neigen noch immer dazu, in grimmiger Humorlosigkeit auf ihre Methoden zu starren und Wörter wie ‚empirisch‘, ‚Daten‘, ‚Gültigkeit‘, ‚Fakten‘ so ehrfurchtsvoll zu beschwören wie ein Vodoo-Zauberer seine verwöhntesten Teufelchen.“[13]

Akademische Toleranz anderen Auffassungen gegenüber und das Eingeständnis der Begrenztheit und Relativität aller wissenschaftlichen Methode faßt Berger als Zeichen der Reife einer Wissenschaft und als Grundlage ihrer humanen Bedeutung auf. Darüber hinaus verweist der Gegenstand der Soziologie als einer der Wissenschaften vom Menschen immer wieder auf die Grundfrage, was es denn bedeutet, Mensch in einer bestimmten gesellschaftlichen Situation zu sein. Soziologie muß engagiert sein, nicht im Sinne von Ideologie, sondern für die Menschen als lebendige Mit-Menschen, nicht als Kategorien und Konstrukte.

Neben der Wiederentdeckung von Schütz' „Der sinnhafte Aufbau der sozialen Welt“ (1932) im Zuge der Protestbewegung der 60er Jahre, die sich in ihrer „nach innen“ gerichteten Rebellion gegen Methode und Zielsetzung konventioneller Wissenschaftlichkeit richtete, kommt der Veröffentlichung des von Schütz unvollendeten nachgelassenen und von Thomas Luckmann ergänzten Manuskripts unter dem Titel „Strukturen der Lebenswelt“ (2 Bände: 1979/84) große autoritative Bedeutung für die Begründung einer phänomenologischen Soziologie zu. Da es sich dabei um ein Grundkonzept von Schütz handelt, wurde dieses Werk an anderer Stelle bereits besprochen. Es stellt auch nicht eigentlich ein Beispiel amerikanischer phänomenologischer Soziologie dar, wenngleich sowohl Schütz wie Luckmann längere Zeit in den USA gelebt haben und Luckmann ein Schüler Schütz' an der New School for Social Research in New York war. Luckmann selbst wandte sich in besonderem Maße der Soziolinguistik zu und rezipierte hierbei sowohl strukturalistische wie hermeneutische Ansätze.

Die Ethnomethodologie

Eine Verbindung von Ethnowissenschaft[14], der verstehenden Soziologie Alfred Schütz' und der Sprachphilosophie des späten Wittgenstein stellt die von Harold Garfinkel so bezeichnete „Ethnomethodologie“ dar.

Wittgenstein ging davon aus, daß ein Wort seine Bedeutung erst durch den Gebrauch gewinnt. Diese Auffassung Wittgensteins in den „Philosophischen Untersuchungen“, die Begriffen ihren Ort im Kontext der in der Gesellschaft stattfindenden zwischenmenschlichen Beziehungen zuweist, bezeichnete Peter Winch als Revolution in der Philosophie. Das Sprachverhalten ist an bestimmten Regeln orientiert, die wieder die Deutung von Sprechakten ermöglichen. Verstehen bedeutet dann die Kontrolle der Einhaltung von Regeln. Die Regeln, die das Sprachverhalten bestimmen, gründen in

---

[13] *Peter L. Berger,* Einladung zur Soziologie, München 1973, S. 178

[14] Die „ethnoscience“ beschäftigt sich mit der Erforschung des Wissens, welches die Mitglieder einer primitiven Kultur verwenden, um ihre natürliche Umwelt zu beherrschen.

der gemeinsamen „Lebensform". Diese wieder manifestiert sich durch die intersubjektive Geltung von sprachlichen und Handlungsregeln in der Kommunikationsgemeinschaft. Dadurch entstehen „Sprachspiele", die in der sprachlichen Sozialisation angeeignet werden.

Garfinkel verallgemeinert diese Zielsetzung auf moderne Gesellschaften und bezeichnet als Gegenstand seiner Ethnomethodologie die rationalen Eigenschaften (die formalen Strukturen, Methoden – daher: Ethnomethodologie) praktischer Handlungen, oder: die Methoden, derer sich die Gesellschaftsmitglieder bedienen, um ihre Alltagshandlungen durchzuführen. Die wissenschaftlichen Methoden und Theorien sind ein Teil der „Alltagstheorien" und der Methoden des Alltagswissens, die die Menschen in ihren praktischen Handlungen anwenden. „Soziologie betreiben" ist eine Alltagshandlung unter vielen.

1) Die Rationalität des Alltagshandelns

Als Alltagshandeln wird Handeln in nicht – oder nur wenig – strukturierten und institutionell vordefinierten Situationen verstanden. Handeln ist Hervorbringen und nicht wie für die Behavioristen Reaktion auf Reize oder für die Rollentheoretiker auf normativ vorgeprägte Erwartungen; es ist aber zweckhaft auf Ordnung, Rationalität und Darstellbarkeit des Alltagslebens gerichtet. Untersucht wird nicht das „Warum", sondern das „Wie" des Handelns, die Regeln, Theorien, Methoden der Handlungsdurchführung.

Die Ethnomethodologen nehmen an, daß Menschen in ihren Alltagshandlungen rational vorgehen. Es handelt sich dabei aber um „procedural rationality", also um die Prozeß-Rationalität der Durchführung, nicht um die „substantial rationality", die inhaltliche Rationalität der Zweck-Mittel-Kombination. Der Begriff Rationalität kann hier ohne weiteres durch den der Methode oder der Technik ersetzt werden. Nach Garfinkel weist das Alltagshandeln eine Reihe von rationalen Praktiken auf: Kategorisieren, Vergleichen, Fehlerschätzen, die Suche nach Mitteln und Instrumenten, die Analyse von Alternativen und deren Konsequenzen, Strategien, Zeiteinteilung, Vorausschau, Verfahrensregelung etc. Wie das Alltagshandeln so weist auch die Wissenschaft eine Reihe von rationalen Praktiken auf wie die Abstimmung der Zweck-Mittel-Beziehung mit der formalen Logik, die semantische Klarheit und die Präzision der Ausdrucksweise.

Die Ethnomethodologie behandelt die rationalen Praktiken des Alltages, aber auch die der Wissenschaft selbst, nicht als methodologische Prinzipien, sondern als problematische empirische Daten. Sie selbst läßt sich jedoch auf keine Diskussion ihrer eigenen Methoden ein und verzichtet in diesem Sinne bewußt darauf, ihre Wissenschaftlichkeit unter Beweit zu stellen.

Das alltägliche Verhalten kann nicht durch reifizierte Begriffe wie Rolle und Status erklärt werden. Wie der Mensch im Alltag denkt und handelt, wie er dabei vorgeht, kann damit nicht erklärt werden. Rolle und Status müssen für den Akteur selbst nicht relevant sein. Normen sind in alltäglichen Situationen stets problematisch, weil wir die Situation deuten und damit die Normen je nach der Situation rekonstruieren. Auch der Begriff der sozialen Struktur erweist sich als fragwürdig: „Social structure remains an accountable illusion of the sociologist's common sense knowledge unless we can reveal a connection between the congnitive processes that contribute to the emergence of contextual activities, and the normative accounting schemes we use for claiming knowledge as laymen and researchers."[15]

---

[15] *Aaron V. Cicourel,* Cognitive Sociology, London 1973, S. 100

2) Regeln alltäglichen Sprechens

Wie Goffman setzen die Ethnomethodologen ihre Analyse der sozialen Kommunikation beim Ausdrucksverhalten an. Handlungen werden von den beteiligten Personen gegenseitig als Ausdruck (als „Dokument") eines zugrundeliegenden Musters interpretiert. Diese Muster entstehen durch den fortlaufenden Prozeß der Interpretation in der Kommunikation.

Der Ausdruck ist ein Index für ein dem Handeln zugrundeliegendes Interpretationsmuster („Grammatik"), das in der Situation von den Beteiligten vorausgesetzt und gedeutet wird. Die „Indexikalität" des Sprechens in sozialen Kommunikationssituationen verweist auf die Beziehung zwischen Ausdruck und zugrundeliegendem Muster und ist einer der Grundbegriffe der Ethnomethodologen. Wir unterhalten uns in unseren Alltagskommunikationen mit Hilfe eines „shorthand-code", den indexikalischen Ausdrücken (z. B. wir, sie, hier, jetzt, damals...) und setzen wesentliche Teile der Kommunikationsinhalte einfach als selbstverständlich voraus. Kommunikation ist dann ein Prozeß des wechselseitigen Kodierens und Dekodierens, in dem aber auch die Rationalität der eigenen Handlungen für andere erkennbar gemacht wird. Die Reflexivität der Darstellung besteht darin, daß die Menschen gewisse Merkmale betonen, andere unterschlagen und auf einen allgemein bekannten Kontext verweisen. Mit Hilfe von („Krisen"-)Experimenten kann man diese Selbstverständlichkeiten aufdecken, indem man in einer Situation diese vorausgesetzten Muster für ungültig erklärt. Die Versuchspersonen reagieren mit Unsicherheit und Aggressivität auf diese Infragestellung der Gemeinsamkeit ihrer Alltagswelt und des sich daraus herleitenden Alltagswissens, das aus nicht ausgesprochenen Mustern besteht. Das Alltagswissen, die „Selbstverständlichkeit", das praktische Wissen, das Rezeptwissen, beruhen auf der in der allgemeinen Verständigung bewiesenen „Richtigkeit" und auf der moralischen Legitimität dessen, was allgemein geglaubt wird („Du weißt schon, was ich meine").

Neben der Indexikalität der Sprache, die in einer Situation verwendete Kürzel durch ihre mitgedachte Bedeutung mit früheren Situationen, Erfahrungen und deren Kontexten verbindet, beruhen die alltäglichen kommunikativen Voraussetzungen auf der Reziprozität der Perspektivien, d. i. die Annahme des gemeinsamen „social setting", das individuelle Differenzen aufhebt, sowie auf den „normal forms" (der Orientierung an „normalen" Erscheinungsweisen) und dem Etcetera-Prinzip, der Gewohnheit, mannigfache Absichten nicht zu äußern, so daß sie vom anderen stillschweigend ergänzt werden müssen.

Cicourel nennt diese Prinzipien „generative principles", weil sie es möglich machen, eine Unzahl von Bedeutungen mit sich entfaltenden sozialen Situationen zu verknüpfen. Sie „produzieren" die sozialen Strukturen der Alltagswelt, und ihre Handhabung weist auf die „interactional competence" der Kommunikationsteilnehmer hin. Die Begriffe „Struktur" und „Kompetenz" nehmen in der Sicht der Ethnomethodologen allerdings einen anderen Sinn an, denn sie sind stets an Bedeutungen gebunden, die kontextabhängig, offen und daher ständig im Fluß sind. „The ethnomethodologist views meaning as situated, self-organizing and reflexive interaction between the organization of memory, practical reasoning, and talk."[16] Die semantische Bedeutung von Begriffen, mit deren Hilfe wir kommunizieren, wird in den Interaktionsprozessen des täglichen Lebens geschaffen. Sprache ist daher etwas, das in enger Verbindung mit dem, was wir „Kultur" nennen, die Sinnstrukturen unserer Alltags-

---

[16] *Aaron V. Cicourel,* Cognitive Sociology, op. cit., S. 7

welt erzeugt. Cicourel sieht den Irrtum der traditionellen Soziologie darin, daß die gemeinsame Kultur und Sprache als etwas Gegebenes und Fixiertes angenommen werden und nicht als das eigentliche Problem, das nach Erklärung verlangt.

Cicourel nennt das gemeinsame Interpretationsschema von Teilnehmern an sozialer Interaktion „Basisregeln“ (interpretative Regeln). Mit ihrer Hilfe schreiben die Menschen den Handlungen und Gesprächen Bedeutungen zu und verbinden allgemeine normative Regeln mit den aktuellen Interaktionssituationen. Die normativen Regeln sind historisch spezifische Wissensbestände einer Kollektivität, die Basisregeln hingegen sind universelle Wissensbestände aller alltagsweltlich existenten Kollektivitäten.

Cicourel kontrastiert die Vorstellung von der „mechanical production of speech“ mit den „generative semantics“, d.h. der Auffasung, daß durch Interpretation in der Kommunikation kontext-bestimmte Ausdrücke mit „offener“ Bedeutung geschaffen werden. Bedeutung, auch die semantische Bedeutung von Begriffen, wird in den Handlungen und Interaktionen des täglichen Lebens erzeugt. Allerdings kann die Bedeutung von Worten und Sätzen nicht immer ausgedrückt werden, sondern wird nur indexikalisch wiedergegeben. Bedeutung ist einmal bestimmt durch die syntaktische Struktur des Redens und die Tatsache, daß sich der Sinn der Situation und der Sprache aufgrund der Dynamik der Situation entwickelt. Jede gesellschaftliche Wirklichkeit besteht letztlich nur auf zeit- und interaktionsgebundenen, ständig reinterpretationsbedürftigen dokumentarischen Sinnschichten.

Interpretative Soziologie und ihre Methode

Cicourel bezeichnet es als Hauptproblem der ESF, daß die soziologische Sprache über Theorien wie über soziales Geschehen mit der Umgangssprache identisch ist. Als zweites Hauptproblem sah er die Oktroyierung von Messungsverfahren auf mathematischer Grundlage an, bevor noch geklärt ist, daß diese Verfahren dem Gegenstand entsprechen.[17]

Das empirische Selbstverständnis der symbolisch-interaktionistischen, phänomenologischen und ethnomethodologischen Forschung ist durch zwei Grundannahmen charakterisiert:

1. Daß die Methode vom Objekt abhängt, daher ein Vorwissen über das Objekt in die Wissenschaft eingehen muß. Nicht die Methode als solche ist maßgebend für wissenschaftliche Erkenntnis, sondern die Adäquanz von Methode und Objekt. Es geht daher nicht primär um die Frage, ob quantitativen oder qualitativen Methoden der Vorzug zu geben sei, sondern um die Frage, wie die sozialen Objekte, die von diesen Auffassungen als „Sprach- und Sinnprobleme“ definiert werden, entsprechend zu erfassen sind.
2. Sprache ist die gemeinsame Grundlage für Wissenschaft und Lebenswelt, zwischen beiden besteht daher kein grundsätzlicher Unterschied; dies führt aber dazu, daß es zu einer immerwährenden Interaktion zwischen Wissenschaft und Lebenswelt kommt. Jeder Forschungsakt ist auch soziale Interaktion, und jede soziale Interaktion berührt potentiell die Forschung. Eine erhöhte Wahrnehmung der Reflexivität der Wissenschaft und der interventionistischen Effekte der Forschung ist die Folge.

Die phänomenologisch-hermeneutischen Elemente der dargestellten Ansätze haben ihre geistigen Wurzeln nicht in Amerika gehabt; sie entstammen der idealistischen

---

[17] *Aaron V. Cicouel,* Methode und Messung in der Soziologie, Frankfurt 1974, S. 18ff.

Tradition Deutschlands, die die „Geisteswissenschaften" und die hermeneutische Philosophie hervorgebracht hat. Wittgenstein, Schütz und Weber haben den größten Einfluß auf diese Entwicklungen in der amerikanischen Sozialwissenschaft gehabt.

Die Bereitschaft zur Aufnahme dieser Art des Denkens und der Auseinandersetzung mit ihr ist sicherlich in Amerika schon durch die Tatsache vorbereitet worden, daß die früheren amerikanischen Soziologen vielfach in Europa studierten. Die Vermischung mit den pragmatisch-behavioristischen Grundorientierungen des amerikanischen Denkens hat sehr interessante Ergebnisse gezeitigt und die philosophisch-esoterische Tradition der europäischen, vornehmlich der deutschen Phänomenologie mit psychologisch-behavioristischen und empirisch-pragmatischen Impulsen angereichert und damit erdnäher gemacht.

Literatur

AG Bielefelder Soziologen (Hg.), Alltagswissen, Interaktion und gesellschaftliche Wirklichkeit, 2 Bände, Reinbek bei Hamburg 1973

Peter L. Berger, Einladung zur Soziologie, München 1971 (ursprl. am. 1963)

Ders. – *Thomas Luckmann,* Die gesellschaftliche Konstruktion der Wirklichkeit. Eine Theorie der Wissenssoziologie, Frankfurt 1969 (ursprl. am. 1966)

Ders. – *St. Pullberg,* Verdinglichung und die soziologische Kritik des Bewußtseins, in: Soziale Welt 15/1965, S. 97 ff.

Herbert Blumer, Colletive Behavior, in: *A. Lee* (Hg.), New Outline of the Principles of Sociology, New York 1951, S. 165 ff.

Ders., Society as Symbolic Interaction, in: *Arnold M. Rose* (Hg.), Human Behavior and Social Processes, Boston 1962, S. 179 ff.

Ders., Symbolic Interactionism, Englewood Cliffs, N. J. 1969

Ders., Der methodologische Standort des Symbolischen Interaktionismus, in: AG Bielefelder Soziologen (Hg.), Alltagswissen, Interaktion und gesellschaftliche Wirklichkeit, Reinbek bei Hamburg 1978, S. 80 ff.

Ders., Social Behaviorism and Symbolic Interactionism, in: Am. Soc. Rev. 45/1980, S. 409 ff.

Aaron V. Cicourel, Cognitive Sociology, London 1973

Ders., Methode und Messung in der Soziologie, Frankfurt 1974 (ursprl. am. 1964)

Jeff Coulter (ed.), Ethnomethodological Sociology, Aldershot – Brookfield, Vermont, 1990

Jason Ditton (ed.), The View from Gottman, London und Basingstoke 1980

Rolf Eickelpasch – B. Lehmann, Soziologie ohne Gesellschaft? Probleme einer phänomenologischen Grundlegung der Soziologie, München 1983

Paul Filmer u. a., Neue Richtungen in der soziologischen Theorie, Wien 1975

Harold Garfinkel, Studies in Ethnomethodology, Englewood Cliffs, N. J. 1967

Ders. – Harvey Sacks. On Formal Structures of Practical Actions, in: J. McKinney – E. Tiryakian, Theoretical Sociology, New York 1970, S. 337 ff.

Anthony Giddens, Interpretative Soziologie, Frankfurt 1984 (ursprl. engl. 1976)

Erving Goffman, The Presentation of Self in Everyday Life, Garden City, N. Y., 1959

Ders., Rahmen-Analyse. Ein Versuch über die Organisation von Alltagserfahrungen, Frankfurt 1977 (ursprl. am. 1974)

Ders., Interaktion: Spaß am Spiel. Rollendistanz, München 1973 (ursprl. am. 1961)

Ders., Stigma. Über Techniken der Bewältigung beschädigter Identität, Frankfurt 1967 (ursprl. am. 1963)

Ders., Interaktionsrituale. Über Verhalten in direkter Kommunikation, Frankfurt 1978 (ursprl. am. 1967)

Ders., Strategic Interaction, New York 1972

Ders., Das Individuum im öffentlichen Austausch. Mikrostudien zur öffentlichen Ordnung, Frankfurt 1974 (urspr. am. 1971)

Ders., Forms of Talk, Oxford 1981

Ders., The Interaction Order, in: Am. Soc. R. 48/1983, S. 1 ff.

Horst Jürgen Helle, Verstehende Soziologie und Theorie der Symbolischen Interaktion, Stuttgart 1977

Ronald Hitzler, Der Goffmensch, in: Soziale Welt 43/1992, S. 449ff.

Ronald D. Laing, Phänomenologie der Erfahrung, Frankfurt 1969 (urspr. engl. 1967)

Ders., Das geteilte Selbst, Köln 1972 (urspr. engl. 1960)

Ders., Das Selbst und die Anderen, Köln 1973 (urspr. engl. 1961)

Clausjohann Lindner, Kritik des symbolischen Interaktionismus, in: Soziale Welt 30/1979, S. 410ff.

Thomas Luckmann, Persönliche Identität in der modernen Gesellschaft, in: *Hans Georg Gadamer – P. Vogler* (Hg.), Sozialanthropologie, Stuttgart 1972, S. 168ff.

Ders., Zur Soziologie der Sprache, in: *R. Kjoseth – F. Sack* (Hg.), Zur Soziologie der Sprache, KZSS Sonderheft 15, Opladen 1971, S. 36ff.

C. McPhail – C. Rexroat, Mead vs. Blumer: The Divergent Methological Perspectives of Social Behaviorism and Symbolic Interactionism, in: Am. Soc. R. 44/1979, S. 449ff.

Ken Plummer (ed.), Symbolic Interactionism, Vol. I/II, Aldershot–Brookfield, Vermont, 1991

Alfred Schäfer, Identität und sekundäre Anpassung. Zum theoretischen Bezugsrahmen Erving Goffmans, in: KZSS 35/1983, S. 629ff.

Alfred Schütz, Der sinnhafte Aufbau der sozialen Welt, Frankfurt 1974 (urspr. 1932)

Ders. – *Thomas Luckmann,* Strukturen der Lebenswelt, 2 Bände, Frankfurt 1979/1984

Dimitri N. Shalin, Pragmatism and Social Interactionism, in: Am. Soc. R. 51/1986, S. 9ff.

Tamotsu Shibutani, Reference Groups as Perspectives, in: Am. J. of Soc. 60/1955, S. 562ff.

Ders., Society and Personality, Englewood Cliffs, N.J., 1961

Anselm Strauss, Spiegel und Masken. Die Suche nach Identität, Frankfurt 1974 (urspr. 1959)

Ders. – *B. Glaser,* Awareness Contexts and Social Interaction, in: Am. Soc. R. 29/1964, S. 669ff.

Helmut R. Wagner, Der Einfluß der deutschen Phänomenologie auf die amerikanische Soziologie, in: *Wolf Lepenies* (Hg.), Geschichte der Soziologie, Bd. 4, Frankfurt 1981, S. 202ff.

Elmar Weingarten – F. Sack – J. Schenkein (Hg.), Ethnomethodologie, Frankfurt 1976

Peter Winch, Die Idee der Sozialwissenschaft und ihr Verhältnis zur Philosophie, Frankfurt 1974 (urspr. engl. 1958)

IX. Differenzen und Konvergenzen

1. Der Positivismusstreit

Die Soziologie in Deutschland nach dem 2. Weltkrieg

Die europäische Soziologie seit den 50er Jahren war beherrscht von der amerikanischen empirischen Sozialwissenschaft und später auch von der strukturell-funktionalen Theorie. Die Jahre unmittelbar nach 1945 in Deutschland waren jedoch noch geprägt von den auf ihren Lehrstühlen verbliebenen Professoren aus der NS-Zeit. Diese waren nicht allesamt Anhänger des Nationalsozialismus gewesen, hatten diesem aber zumindest sowenig geschadet, daß er sie geduldet hatte. Dominant in der wieder errichteten Gesellschaft für Soziologie war wie schon in der Weimarer Zeit Leopold von Wiese.

Verständlicherweise war kaum jemand unter den Soziologen an einer Beleuchtung der unmittelbaren Soziologiegeschichte interessiert[1]. Auch die Analyse der Nachkriegsgesellschaft fand noch nicht statt, obwohl hier die Bestrebungen der amerikanischen Besatzungsmacht dahingingen, einen „der Demokratie verpflichtete, auf empirischen Forschungsmethoden basierende Wissenschaft zu importieren."[2] Praxisferne und gesellschaftliche Irrelevanz kennzeichneten diese Phase wie schon die Zwischenkriegssoziologie. Weyer bezeichnet das, was sich nach dem Krieg als Fach „Soziologie" etablierte, als „Phantomfach".

In der außeruniversitären Forschung – vor allem in der Sozialforschungsstelle Dortmund – fanden aber bereits in den 50er Jahren empirische Methoden und praxisorientierte Forschungen Eingang, die sich nach etwa 1955 auch in der akademischen Soziologie durchzusetzen begannen.

Die Neuorientierung der empirischen Sozialforschung erfolgte aus unterschiedlichen Quellen: Am meisten von sich reden machte die empirische Sozialforschung, wie sie sich in den USA seit den 40er Jahren entwickelt hatte, und im Vergleich zu der sich die europäische Soziologie zu einem drastischen Empiriedefizit bekennen mußte. In gewissem Sinne auch aus Amerika, allerdings als Emigrationsland, kam die kritische Sozialforschung, wie sie von dem Frankfurter Institut für Sozialforschung entwickelt worden war, wieder nach Deutschland zurück.[3] Von großem Einfluß war auch insbesondere in der Industriesoziologie der Franzose Georges Friedmann, von dem die Gruppe Bahrdt – Popitz – Jüres – Kesting beeinflußt war aufgrund der gemeinsamen linkskatholischen Orientierung.[4]

Diese Einflüsse verbanden sich mit der in Deutschland bereits bestehenden eigenen Tradition der empirischen Sozialforschung. Die Interessen, die in den USA die Entwicklung der ESF gefördert hatten, i. e. Wirtschaft und Politik, waren aber in

---

[1] Ein starkes Interesse an der deutschen Soziologie der Nachkriegszeit entstand erst in den 80er Jahren.

[2] *Johannes Weyer*, Soziologie – ein Phantomfach? S. 87ff. In *J. Hülsdünker – R. Schellhase* (Hg.), Soziologiegeschichte, Berlin 1986, S. 91

[3] Siehe die Studie über: „The Authoritarian Personality" von *Th. W. Adorno* u. a., New York 1950

[4] Siehe dazu u. a.: *Hans Paul Bahrdt – H. Popitz – E. A. Jüres – H. Kesting*, Das Gesellschaftsbild des Arbeiters, Tübingen 1957; dies., Technik und Industriearbeit, Tübingen 1957

Europa weniger stark wirksam. Die empirische Forschungsmethodologie selbst war auch viel weniger an die Soziologie als akademische Disziplin gebunden; sie entwikkelte sich wesentlich stärker in der Psychologie und in naturwissenschaftlich orientierten neuen Gebieten wie der Arbeitswissenschaft.

Diese Entwicklung, deren Ansätze schon in der Zwischenkriegszeit vorhanden waren, waren durch den Nationalsozialismus noch verstärkt worden. Die spezifische Verbindung von ESF und Soziologie, die in den USA angestrebt war und die die empirische Soziologie als eine theoretisch und empirisch ausgerichtete Wissenschaft entstehen ließ, fand daher erst nach dem 2. Weltkrieg aufgrund des amerikanischen Beispiels (und teilweise auch Druckes) Eingang in Europa.

Im Zuge der 50er und 60er Jahre kam es auch zur eigentlichen Etablierung und Professionalisierung der Soziologie als akademisches Fach und zur Schaffung einer großen Zahl von Lehrstühlen. Die Auffassungen von Soziologie aber divergierten. Eine der sich (wieder) formierenden „Schulen" entstand rund um das Frankfurter Institut für Sozialforschung in der Wiederaufnahme der Kritischen Theorie und kritischen Sozialforschung der Weimarer Republik, insbesondere um Theodor W. Adorno. Wenn hier der Ausdruck „Schule" verwendet wird, dann bezieht er sich in erster Linie auf die nach der Rückkehr aus dem Exil von Horkheimer und besonders von Adorno entfaltete Lehrtätigkeit. Keinesfalls sind „Kritische Theorie" und Frankfurter Schule ident, denn zu ersterer zählen auch die Arbeiten von Personen, die zwar dem Frankfurter Institut in der Zwischenkriegszeit nahestanden, aber mittlerweile eigene Wege gegangen waren wie Herbert Marcuse, Leo Löwenthal, Walter Benjamin.

Eine erste Auseinandersetzung in der deutschen Nachkriegssoziologie lag jedoch in dem Gegenübertreten von in der Tradition der „Deutschen Soziologie" stehenden Soziologen und den empirisch orientierten Sozialwissenschaftlern. Eine personalisierte Facette dieser Auseinandersetzung war die zwischen René König und Helmut Schelsky. Mit dem Namen René König, der den Lehrstuhl von Wieses in Köln übernahm, ist die Förderung einer empirischen Soziologie in Anlehnung an die Entwicklungen in den USA verknüpft.

Eine andere Position repräsentierte Helmut Schelsky (1912–1984); er war ein konservativer Positivist und plädierte für eine versachlichte Sozialanalyse ohne aufklärerische Intention. Er stand in der Tradition konservativer Kulturkritik von Hans Freyer und Arnold Gehlen. Die Bücher Arnold Gehlens und Helmut Schelskys erwiesen sich als die größten Publikumserfolge der Nachkriegssoziologie. Auch zwischen Gehlen und Schelsky auf der einen Seite und Adorno und Habermas auf der anderen Seite kam es zu einer Auseinandersetzung, die mitunter als „Konservativismusstreit" bezeichnet wird.

Im Zuge der stärker empirisch-wissenschaftlichen Ausrichtung wurde auch in Deutschland die im anglo-amerikanischen Bereich dominante empirisch-analytische Wissenschaftstheorie und insbesondere der Kritische Rationalismus Karl R. Poppers rezipiert. In den 50er und 60er Jahren kam es zu einer Auseinandersetzung zwischen der empirisch-analytischen Wissenschaftsauffassung in der Soziologie und der Kritischen Theorie. Diese Diskussion der späten 50er und 60er Jahre ging unter dem Namen „Positivismusstreit" in die Geschichte der Soziologie ein. Damit war im deutschsprachigen Raum die Diskussion über die Methoden der Sozialwissenschaften, die mit dem Methodenstreit des frühen 20. Jahrhunderts in der Nationalökonomie begonnen hatten, wieder aufgenommen. Hauptkontrahenten waren Theodor W. Adorno und Jürgen Habermas auf der Seite der Kritischen Theorie und Karl R.

Popper sowie Hans Albert auf seiten der empirisch-analytischen Wissenschaftsauffassung.

Im folgenden sollen die Positionen kurz umrissen werden. Dazu ist zunächst zu sagen, daß die von Adorno eingeführte Bezeichnung „Positivismus" von seinen Kontrahenten, allen voran Karl Popper, abgelehnt wurde. Wir müssen uns daher zunächst mit der „positivistischen" oder besser: empirisch-analytischen Position beschäftigen.

Positivismus und Wissenschaftstheorie

Kolakowski nennt vier fundamentale Merkmale der Beziehung von Welt und Wissenschaft, die man „positivistisch" nennen kann:

1. Phänomenalismus, d. h. es werden Wesen und Erscheinen gleichgesetzt; für die menschliche Erkenntnisfähigkeit unzugängliche Annahmen werden verworfen (Wesen, Seele...).
2. Nominalismus: Begriffe sind Namen für Dinge und enthalten kein allgemeines Wissen.
3. Werturteile haben keinen Erkenntniswert.
4. Einheit der Wissensmethode; d. h. dieselben Erkenntismethoden (die naturwissenschaftlichen) gelten für alle Erfahrungsbereiche.[5]

Frühe Versionen des Positivismus lassen sich schon im Spätmittelalter aufzeigen; sie entwickelten sich in enger Verbindung mit den aufkommenden naturwissenschaftlichen Interessen und der Abkehr von der aristotelischen Metaphysik. Einen Auftrieb erhielten die positivistischen Strömungen im 17. Jahrhundert durch die epochalen naturwissenschaftlichen Forschungen von Kepler und Galilei sowie des Arztes Gassendi. David Hume und George Berkeley begründeten die Position des radikalen Empirismus, der Erkenntnis auf Erfahrungswissen, über das nur Einzelbeobachtungen möglich sind, reduzierte.

Der Positivismus der Aufklärung ist zusätzlich zu diesen forschungspragmatischen Standpunkten gekennzeichnet durch den Glauben an die „Vernunft" und das Hineinnehmen des Menschen in die Natur. Der Positivismus Comtes stellt eine spezifische Variante dar; den eigentlichen Höhepunkt erreichte er aber mit Charles Darwin, Claude Bernard, John St. Mill und Herbert Spencer.

Mill sah im Utilitarismus Benthams die spezifische positivistische Ethik; noch wichtiger ist jedoch, daß er zwischen Logik und Erkenntnistheorie differenzierte und Regeln vernünftigen Denkens aufstellte. Damit beginnt eigentlich die moderne Wissenschaftstheorie, die sich als Instanz für das Setzen von Regeln wissenschaftlichen Arbeitens auf der Grundlage der formalen Logik begreift.

Eine Spielart dieses Neopositivismus, der Empiriokritizismus von Richard Avenarius und Ernst Mach, betonte die Begründung der Erkenntnis in der Erfahrung; Theorien begründen kein Wissen, das nicht schon in der Erfahrung da ist. Diese Erfahrungswelt wird als einheitlich im Sinne des Monismus aufgefaßt; der Leib/Seele-Dualismus wird aufgegeben. Beide begründen auch das Prinzip der Denkökonomie: Begriffe und Gesetze sind nur nützlich im Sinne der Vereinfachung durch Verallgemeinerung; sie sind aber selbst weder wahr noch falsch, wie Henri Poincaré meinte. In dieser Beziehung ähnelt der europäische Neopositivismus stark dem amerikanischen Pragmatismus, der Theorien nur als Instrumente wirksamen Reagierens auf die Welt auffaßt. „Wahrheit" wird durch Nützlichkeit ersetzt.

---

[5] *Leszek Kolakowski*, Die Philosophie des Positivismus, München 1971, S. 9ff.

Der Neopositivismus als eine wissenschaftsgeschichtliche Entwicklung kann wie folgt charakterisiert werden:

1. Die Aufgabe der Wissenschaft ist das zuverlässige, präzise und in sich widerspruchsfreie Beschreiben der beobachteten Phänomene.
2. Jede Art von Metaphysik wird abgelehnt.
3. Wissenschaftliche Gesetze sind nicht „Naturgesetze", die in den Dingen selbst liegen, sondern rational-logische Denkkonstruktionen.
4. Daher wird für die wissenschaftliche Erkenntnis die mathematische (symbolische) Logik oder Logistik zur unabdingbaren Grundlage.

Der Logische Empirismus oder Neopositivismus ist also eine Synthese und damit Überbrückung der Dichotomie von Empirismus und Rationalismus: Alles Wissen gründet zwar in der Erfahrung, aber die zum Zwecke der Denkökonomie notwendigen allgemeinen Kategorien und Aussagen beruhen auf der mathematischen Logik. Die Idee einer spezifischen Wissenschaftssprache, der Konstruktion einer präzisen, eindeutigen, widerspruchsfreien wissenschaftlichen Sprache, lag nahe. Die Philosophie wurde in extremer Auslegung reduziert auf die wissenschaftliche Sprachanalyse, die die Aufgabe hatte, die syntaktischen und semantischen Eigenschaften der Sprache (der Wissenschaft) einer logischen Analyse zu unterziehen; sie wurde zur Wissenschaft von den Methoden wissenschaftlicher Verfahren, der Gültigkeit der Schlüsse und der Berechtigung der Ausdrücke.

Der Neopositivismus ist hauptsächlich mit den Namen von Personen verbunden, die in den 20er Jahren den „Wiener Kreis" bildeten. Innerhalb des „Wiener Kreises" gab es gemäßigte Vertreter wie Viktor Kraft und Moritz Schlick und radikale wie Rudolf Carnap und Otto Neurath. In einer zeitweisen Verbindung zu den Philosophen des „Wiener Kreises" standen auch Karl R. Popper und Ludwig Wittgenstein, die in wesentlichen Punkten von den Auffassungen des „Wiener Kreises" abwichen, wie Popper mit seinem später so benannten Kritischen Rationalismus und Ludwig Wittgenstein mit seiner analytischen Sprachphilosophie.

In den USA entwickelte sich unter dem Einfluß des Logischen Empirismus und des Pragmatismus eine besonders radikale Variante des Neopositivismus, der Operationalismus von Percy Bridgman, der davon ausgeht, daß die Bedeutung einer Aussage durch die Methode der Verifikation bestimmt ist. „Wahrheit" ist daher ein Resultat der „Operationen", die sie feststellen, d. h. wir erhalten unterschiedliche Ergebnisse durch verschiedene Meßtechniken. Wissenschaftliche Hypothesen beziehen sich eigentlich auf die experimentellen Verfahren und nicht auf den Gegenstand.

Der logische Positivismus war eine der Wurzeln für das, was heute als analytische Philosophie bzw. als empirisch-analytische Wissenschaftstheorie bezeichnet wird. Die analytische Philosophie ist eine breite Strömung, die durchaus nicht in allen ihren Teilbereichen positivistisch ist. So ist die linguistische Philosophie oder „common-language-philosophy" der 50er Jahre in Oxford, die vom Spätwerk Ludwig Wittgensteins ihren Ausgang nahm, eigentlich antipositivistisch eingestellt und versteht sich daher auch nicht als Wissenschaftstheorie.

Die sich als analytische Wissenschaftstheorie begreifende Richtung geht auf den Wiener Kreis, den frühen Wittgenstein („Tractatus logico-philosophicus") und die mathematische Logik Bertrand Russells zurück. Allgemein gesagt, gehen der logische Empirismus und die moderne analytische Wissenschaftstheorie davon aus, daß die Wahrheit sich nicht auf inhärente „Essenzen" von Ideen oder Begriffen bezieht, sondern auf Aussagen. Wahrheit ist eine Beziehung zwischen Aussagen und gründet in der Aussagenlogik. Unter den Aussagen werden unterschieden: Allaussagen

(Gesetze) und Existenzaussagen (singuläre Aussagen über Einzelereignisse), sowie analytische Aussagen (die nur logisch wahr oder falsch sein können) und synthetische Urteile (die aufgrund der Erfahrung als wahr oder falsch erwiesen werden können).

Der analytischen Wissenschaftstheorie geht es in erster Linie um eine positivistische Theorie der wissenschaftlichen Erklärung. Den wesentlichsten Beitrag hierzu lieferte Carl Gustav Hempel mit dem deduktiv-nomologischen (DN-)Erklärungsschema. Danach werden unterschieden:

1) Gegenstand der Erklärung (Explanandum, Explikandum)
   = das zu erklärende Ereignis
2) Basis der Erklärung (Explanans, Explikatum)
   = Ereignisse oder Zustände, die Antecedensdaten für das Explanandum darstellen
3) Allgemeine Gesetze oder Propositionen, unter die Explanans und Explanandum subsumiert werden.

Das Explanandum wird erklärt durch Deduktion von einem allgemeinen Gesetz unter Berücksichtigung bestimmter Anfangsbedingungen.

Hempel hat noch eine zweite Variante des allgemeinen Erklärungsschemas differenziert: das induktiv-probabilistische Schema, bei dem das allgemeine Gesetz eine Wahrscheinlichkeits-Hypothese ist. Das Hempel-Schema erwähnt den Ursache-Wirkungszusammenhang nicht; aber die Verbindung zwischen Explanandum und Explanans ist in der Regel eine kausale.

Ernest Nagel differenzierte weiter in vier Typen von Erklärungen:

1. die deduktive 2. die probabilistische 3. die funktionale oder teleologische 4. die genetische	Erklärung

Für den Bereich der Sozialwissenschaften spielen probabilistische und funktionale Erklärungen eine große Rolle. Die probabilistische kann man wieder in dedukiv- und induktiv-statistische Erklärungen unterteilen.

Der Philosoph, der am nachhaltigsten die Diskussion über die Wissenschaftstheorie auch in bezug auf die Sozialwissenschaften beeinflußt hat, ist Karl R. Popper. Sein Vortrag auf der Tübinger Arbeitstagung der Deutschen Gesellschaft für Soziologie 1961 markiert eine der Positionen des sogenanten Positivismusstreits.[6]

Schon seit 1919 beschäftigte sich Popper, damals in Wien, mit dem Problem der Abgrenzung zwischen Wissenschaft und Pseudowissenschaft und der Frage, wann eine Theorie als „wissenschaftlich" eingestuft werden könne. In seinem Buch „Die Logik der Forschung", das 1935 erschien, legte er das Kriterium der Wissenschaftlichkeit und seine Auffassung von wissenschaftlichem Fortschritt nieder.

Als das Kriterium der Wissenschaftlichkeit bezeichnete er die Falsifizierbarkeit von Theorien. Mit diesem Postulat entfernte er sich von der traditionellen Bemühung um die Rechtfertigung des Wahrheitsanspruchs einer Theorie, die die logischen Positivisten etwa in der Verifikation der Theorie an der empirischen Wirklichkeit sahen.

---

[6] *Karl R. Popper*, Die Logik der Sozialwissenschaften, in: *Th. W. Adorno* et al., Der Positivismusstreit in der deutschen Soziologie, Neuwied-Berlin 1969, S. 103f.

Popper stellte demgegenüber fest, daß der empirische Beweis einer Theorie logisch nicht möglich ist; nur die Falschheit einer Theorie kann „bewiesen" werden, nicht ihre Richtigkeit, weil niemals alle Tatsachen überprüft werden können, die die Theorie einschließt, dafür aber eine einzige Tatsache genügt, um die Theorie zu widerlegen. Damit, so meinte Popper, habe er ein weiteres wichtiges philosophisches Problem, das Induktionsproblem gelöst, indem er die Überprüfung von Theorien auf deduktivem Wege postulierte, d. h. durch Ableitung von der Allaussage und Schluß auf singuläre Sätze, die mit der Wirklichkeit übereinstimmen können oder nicht. Tun sie es nicht, ist die Theorie falsifiziert, stimmen sie überein, so hält man vorderhand noch an der Theorie fest. Allerdings gibt Popper selbst zu, daß die Widerlegbarkeit kein strenges Postulat sein kann, vor allem deshalb, weil Theorien durch bestimmte Strategien immer gegen die Widerlegung immunisiert werden können und dies mitunter auch praktisch geboten erscheint.

Wenngleich Popper wissenschaftliche Wahrheit durch die Korrespondenz von Aussagen mit den Tatsachen bestimmt sieht, ist die Wahrheit für Popper eine unerreichbare Sache. Die Idee der Wahrheit ist absolut, aber es kann keine absolute Gewißheit geben. Wir suchen nach der Wahrheit, aber wir besitzen sie nicht. Wissenschaft ist daher ein endloser Weg der schrittweisen Annäherung an die Wahrheit; Fortschritte sind möglich, eine Theorie kann „besser" sein als eine andere, aber sie besitzt immer nur eine vorläufige Gültigkeit. Wissenschaft ist ein fortlaufender Prozeß von Versuch und Irrtum, Vermutung und Widerlegung.

Daraus folgt, daß alle Gesetze oder Theorien grundsätzlich als Hypothesen betrachtet werden müssen. Woher die Hypothese stammt, wie man zu ihr kommt, ist für Popper unerheblich. Keine Erkenntnistheorie sollte versuchen zu erklären, wie wir zu Erklärungen kommen; ihre Aufgabe ist die Überprüfung der Theorie an den Tatsachen, und zwar die deduktive Prüfung. „Die Methode der Wissenschaft ist die Methode der kühnen Vermutungen und der sinnreichen und ernsthaften Versuche, sie zu widerlegen."[7]

Mit einem populären Ausdruck bezeichnet Popper diese Einstellung zur Erkenntnis auch als Scheinwerfermodell, d. h. die aktive systematische Beobachtung ist die Methode der wissenschaftlichen Erkenntnis und nicht die „Kübeltheorie" des naiven Empirismus, wonach die Erkenntnis ein Kübel ist, in den die Erfahrungen fallen. Wenngleich Erkenntnis ein aktiver Prozeß ist, so tritt Popper aber für „objektive Erkenntnis" ein, denn es geht nicht um Erkenntnis als psychologischen Prozeß, sondern als Resultat wissenschaftlicher Forschung, d. h. eines kritischen Prüfungsprozesses. Objektiv bedeutet für Popper: ohne Berücksichtigung des erkennenden Subjekts.

Es ist leicht einzusehen, daß dieses Objektivitätspostulat für die Sozialwissenschaften aufgrund der Gleichartigkeit von Erkenntnissubjekt und -objekt oder anders ausgedrückt: durch die Teilhabe auch des Sozialwissenschaftlers an der Lebens- und Denkwelt, an der Kultur und daher der Abhängigkeit der Erkenntnis von dieser, ein großes Problem darstellt. Aus diesem Grund wurde von Sozialwissenschaftlern oft betont, sie hätten es nicht mit „Menschen" zu tun, sondern mit sozialen Tatsachen oder mit sozialen Systemen.

Der „Kritische Rationalismus", der sich aus dem Erfolg der Werke Poppers in der internationalen Diskussion als eine wissenschaftsphilosophische Richtung herausgebildet hat, will nicht als Positivismus verstanden werden. Mit dem Neopositivismus verbinden ihn aber dennoch eine Reihe von Merkmalen:

---

[7] *Karl R. Popper*, Objektive Erkenntis, Hamburg 1973, S. 95

1) Die Ablehnung der Metaphysik.
2) Die Idee des kumulativen Wissenschaftsfortschritts.
3) Die Trennung von wissenschaftlicher Erkenntnis und Alltagserfahrung, mithin auch die Trennung von Subjekt und Objekt der Wissenschaft.
4) Die große Bedeutung von nomologischen (Gesetzes-)Hypothesen und der Deduktion daraus.
5) Die Bevorzugung von Kausalzusammenhängen.
6) „Wissenschaftlichkeit" ist bestimmt durch die Methode, die für alle Erfahrungswissenschaft gilt.

Popper unterscheidet die Welt der „Dinge", der physikalischen Objekte (Welt 1), die Welt der subjektiven Erfahrungen, zu denen auch die Denkprozesse gehören (Welt 2), und die Welt der Sätze an sich, der Denkinhalte (Welt 3), wozu er insbesondere Probleme, Theorien und kritische Argumente zählt, die er als den inneren Kern der Welt 3 bezeichnet. Auch die „Gegenstände" der Welt 3 werden von Popper als genauso „real" angesehen wie die physikalischen Objekte; allerdings geht er bei seinem Verständnis von „Realität" davon aus, daß es hierbei zu einer Beeinflussung zwischen Welt 1 und Welt 3 kommt: daß Theorien die Dinge verändern und umgekehrt. Dabei fungiert die Welt 2 als Vermittler, denn die Welt 1 und die Welt 3 können nicht direkt aufeinander einwirken, sondern nur durch die Verbindung in Denkprozessen und Vorstellungen, im Bewußtsein.

Was gerade bei sozialwissenschaftlichen Theorien problematisch ist, sind Poppers Annahmen, daß die Welt 3 in gewissem Maße autonom ist und daß sie zeitlos ist: Eine Theorie ist immer wahr oder falsch. Diese Zeitlosigkeit bezieht sich auf die Relationen zwischen den „Gegenständen" der Welt 3, also auf die logische Struktur von Aussagen. Popper meint weiter: Die Welt 3 ist ein Resultat menschlichen Geistes und beruht daher auf der Evolution der Sprache und wirkt auf diese und damit auf uns ein. Sie hat daher durchaus eine Geschichte, die Geschichte unserer Ideen.

Der Kritische Rationalismus sieht als zentrale Begründung wissenschaftlicher Erkenntnis die kritische Prüfung an; dabei wird die Kritik im Falsifikationismus als Selbstzweck verstanden. Helmut Spinner spricht daher vom „Prinzip Kritik",[8] es ist eine Kritik, die sich als methodisches Prinzip versteht und – zumindest expressis verbis – Gewißheit für unmöglich hält, daher auch nicht von einer Position der Gewißheit kritisiert, sondern allein aufgrund der Berufung auf die rationale Methode.

In „The Poverty of Historicism" (1957) wandte sich Popper gegen die Auffassung, wonach historische Voraussagen das Ziel der Sozialwissenschaften sei. Sowohl in den hermeneutischen wie den naturalistischen Versionen des Historismus resultierte dies in Prophezeihungen von angeblich „notwendigen" Entwicklungen. Dem hält Popper die technologischen Prognosen entgegen, die es ermöglichen, daß wir unsere Vernunft verwenden, um eine vernünftigere Welt Schritt für Schritt zu planen und zu schaffen (Sozialtechnik).

Die Aufgabe der Wissenschaft ist nach Popper einmal die theoretische der Erklärung, zum anderen aber auch eine praktische: Sie soll Voraussetzungen und technische Anwendung ermöglichen. Der Kritische Rationalismus bezog seine Faszination vor allem aus dieser Kombination eines Versprechens der Freiheit und gleichzeitig der Ermöglichung rationaler Planung. Eine derartige Wissenschaftsauffassung ist kompatibel mit liberalen, marktbestimmten Kulturmustern und hat daher eine entsprechende politisch-weltanschauliche Strukturierung der Wissenschaftlergemeinschaft

---

[8] *Helmut Spinner*, Ist der Kritische Rationalismus am Ende? Weinheim und Basel 1982

zur Folge gehabt. Dies um so mehr, als Popper selbst durchaus einen dezidierten sozialphilosophischen Standort vertrat und vor allem in seinem Werk „The Open Society and its Enemies“ (1944) niederschrieb.

In der „offenen Gesellschaft“ wird deutlich, daß Popper in den „Schicksalsmythen“ der Geschichte, den großartigen Ideen zukünftiger Welten, wie sie sich bei Plato, Hegel und Marx finden, die Grundlage des Totalitarismus und der Gefährdung der Freiheit erblickt. Nicht die Geschichte, der Popper jeden „Sinn“ per se abspricht, bestimmt den Weg in die Zukunft, sondern wir selbst können, wenn wir uns mit schrittweisen Verbesserungen ohne endgültige Gewißheit bescheiden, der Geschichte einen Sinn verleihen und gleichzeitig unsere Zukunft erschaffen.

Allerdings – und dies gibt heute gerade angesichts der Umweltprobleme zu denken – können wir diesen rationalen Fortschritt selbst nicht voraussehen und planen, den Weg der Wissenschaft nicht ausmachen, denn dieser geht ex definitione durch schrittweises Problemlösen, Verbessern im kleinen vor sich. Da unser Wissen immer nur ein vorläufiges ist, sich aber immer weiterentwickelt, können wir die zukünftigen Folgen unserer Erkenntnis mit den Mitteln der gegenwärtigen Wissenschaft nicht beurteilen. Daher ist es müßig, sich über die Folgen des wissenschaftlichen Fortschritts Gedanken zu machen, weil sich unser Wissen ebenfalls weiterentwickelt. Popper erhebt damit zur Tugend, was Leon Festinger in seiner „Archäologie des Fortschritts“ als Grundproblem der Menschheit konstatiert: daß wir zwar immer wieder Lösungen für Probleme finden, aber offenbar unfähig sind, die Konsequenzen dieser Problemlösungen abzuschätzen.[9]

Erkenntniskritik als Gesellschaftskritik

Der Positivismusstreit zwischen der kritisch-dialektischen Theorie und der empirisch-analytischen Sozialwissenschaft hat sehr weit zurückreichende Wurzeln und kann als Kennzeichnung eines immer wieder aufflammenden Gegensatzes in der europäischen Ideengeschichte bezeichnet werden. Schon Comte formulierte seine positive Philosophie in bewußtem Gegensatz zu der kritischen Philosophie des 18. Jahrhunderts; der Marxismus hat seine Bedeutung als Gesellschafts- und Ideologiekritik des bürgerlichen Denkens; die Kritische Theorie der Weimarer Republik war nicht zuletzt auch eine Reaktion auf den Neopositivismus des Wiener Kreises.

Der Positivismusstreit der 50er und 60er Jahre ist zu sehen im Zusammenhang der Entwicklung der Soziologie in Deutschland nach dem 2. Weltkrieg. Unter dem Einfluß der US-amerikanischen Soziologie begann sich in Deutschland das Verständnis von „moderner“ Soziologie als empirisch-analytischer Sozialwissenschaft durchzusetzen, damit gleichzeitig eine der amerikanischen Sicht entsprechende Gesellschaftsauffassung und Konzeption der Rolle der Sozialwissenschaften in der Gesellschaft.

In der Popper-Adorno-Kontroverse über die Logik der Sozialwissenschaften auf der Tübinger Tagung der Deutschen Gesellschaft für Soziologie im Jahr 1961 standen methodisch-logische Differenzen im Vordergrund. Während Popper den Forschungsprozeß aus der unmittelbaren Lebenspraxis herauslöste und für ihn wertungsfreie Objektivität verlangte, auf der seine Vorstellung eines rationalen wissenschaftsinternen Fortschritts beruhte, ging Adorno von der grundsätzlichen Einbettung sowohl von sozialen Problemen wie ihren wissenschaftlichen Problemlösungen in der Totalität der Gesellschaft aus. Er stellte fest: „Man würde die Wissenschaft fetischisieren,

---

[9] *Leon Festinger*, Archäologie des Fortschritts, Frankfurt – New York 1985

trennte man ihre immanenten Probleme radikal ab von den realen, die in ihren Formalismen bloß widerscheinen."[10]

Weil sich die Dinge nach Adorno nicht nach den logischen Prinzipien richten, hängt die Methode nicht von einem dekretierten Ideal ab, sondern von der Sache selbst. Damit übernahm Adorno die hermeneutische Position, wonach sich die Methode nach dem Objekt richtet. Das impliziert jedoch genausowenig wie der Poppersche Standpunkt eine relativistische Sicht der Wahrheit. Während Popper die Wahrheit von Aussagen als ihre Korrespondenz mit den Tatsachen verstand, verschmolzen bei Adorno Sein und Sollen in seinem Wahrheitsverständnis: „Im emphatischen Begriff der Wahrheit ist die richtige Einrichtung der Gesellschaft mitgedacht."[11] Diese „richtige Einrichtung" der Gesellschaft ist Maßstab der Kritik an den bestehenden Verhältnissen. Diese machen es aber auch unmöglich, daß Sozialforschung konstruktiv-positive Praxis werden kann. Die Vorstellung, daß Wissenschaft zur Grundlage einer schrittweisen Verbesserung der Gesellschaft wird, die Poppers Sozialtechnik-Konzept zugrunde lag, war für Adorno nicht akzeptabel.

Die Kritik ist das Motto sowohl des Kritischen Rationalismus wie der Kritischen Theorie. Aber es handelt sich einmal um Kritik als Methode der Wahrheitsannäherung und zum anderen um Kritik als Gesellschaftstheorie, die „negative Dialektik" in bezug auf die gegebenen Gesellschaftsverhältnisse. Im einen Fall (Popper) wird differenziert zwischen kritischem und dogmatischem Denken, im anderen wird kritische Theorie abgegrenzt gegenüber „traditioneller" bzw. „konservativer" Soziologie.

Die Kritische Theorie hat zwei miteinander verbundene Angriffsbereiche ihrer Kritik: Der eine ist die Kritik an der Technokratie, der andere richtet sich gegen den Positivismus, ist Ideologiekritik der modernen Wissenschaftsauffassung.

Die Kritische Theorie der Frankfurter Schule zielt – obgleich sie Kritik an der Gesellschaftsordnung intendiert – in erster Linie auf die Abgrenzung zur traditionellen Theorie bzw. zu den „konservativen Aufgaben der Soziologie". Ihre Gegner, die „positivistischen" Wissenschaften, sind der Ausdruck für die Entfremdung in der technokratischen Gesellschaft und ihrer instrumentellen Vernunft. Die empirisch-analytische Wissenschaftsauffassung gerät daher stellvertretend für die Gesellschaft, die ihr Umfeld und ihre Voraussetzung bildet, ins Schußfeld der Kritik. Während in den USA die Technokratiekritik in der Studentenbewegung und in den Analysen Herbert Marcuses eine größere Rolle spielte, konzentrierte sich die Kritik in Deutschland auf die wissenschaftstheoretische Ebene.

In der zweiten Phase der Auseinandersetzung zwischen kritischer und analytischer Sozialwissenschaft auf der Frankfurter Tagung 1968, deren Verhandlungen unter dem Titel „Spätkapitalismus oder Industriegesellschaft" erschienen, gewann zwar die politische Argumentation wieder die Oberhand, aber sie blieb auf längere Sicht weniger einflußreich als Habermas' Wende zur Wissenschaftstheorie, weil die „Wissenschaft selbst zur ‚Lebensform' der industriellen Gesellschaft geworden ist und Aufklärung daher nur als Aufklärung der an der Wissenschaft mittelbar oder unmittelbar Partizipierenden möglich ist... Das heißt aber..., daß gerade in dem Wissenschafts- und Ausbildungssystem hochindustrialisierter – d. h. von der Wissen-

---

[10] *Theodor W. Adorno*, Zur Logik der Sozialwissenschaften, S. 125ff., in: *Th. W. Adorno* et al., Der Positivismusstreit..., op. cit., S. 129

[11] Ebenda, S. 143

schaft lebender – Gesellschaften ... das Interesse an Emanzipation künftig wirksam werden und in Aufklärung und emanzipatorische Praxis einmünden kann."[12]

In seinem Nachtrag zur Kontroverse zwischen Popper und Adorno („Analytische Wissenschaftstheorie und Dialektik") hob Habermas die hegelianisch orientierte Auffassung Adornos von der Gesellschaft als Totalität hervor. Adorno selbst warnt jedoch davor, den Begriff der Totalität zu hypostasieren und verweist auf die Dialektik, in der das Denken „Einspruch gegen die Archaismen seiner Begrifflichkeit" erhebt.[13] Wahrheit verhält sich nach Adorno immer negativ zu seinem Objekt, löscht den „Schein seines unmittelbaren So-Seins" aus zugunsten der Nichtidentität, des Nicht-so-Seins. Totalität ist kein „Ganzes" im positiven Sinn, sondern die dialektische Beziehung des Seienden zu dem, was es nicht ist. Darin liegt die Möglichkeit der Kritik.

Soziologie hat es mit dem gesellschaftlichen Lebenszusammenhang als einer dialektischen Totalität zu tun; sie muß historische Totalität der Gesellschaft voraussetzen, gehört ihr aber selbst an: Daraus folgt die inhärente Dialektik von Gesellschaft und Soziologie. Diese Auffassung stellt Habermas dem Begriff der Gesellschaft als System, mit dem die empirisch-analytische Sozialwissenschaft operiert, gegenüber. Das „hypothetisch im dekuktiven Zusammenhang mathematischer Funktionen abgebildete Verhältnis des Systems und seiner Elemente" ist grundverschieden von der dialektischen Beziehung der Totalität und ihrer Momente, weil es sich um andere „Sprache" handelt.[14] Der Begriff der Totalität kann in der Sprache der formalen Logik nicht gefaßt werden und umgekehrt der Begriff des Systems nicht in der Sprache der Dialektik.

Die folgenden Relationen werden vom Unterschied zwischen empirisch-analytischer und dialektischer Wissenschaft betroffen:[15]

1. Das Verhältnis von Theorie und Objekt:
   Während die empirisch-analytische Wissenschaft von der grundsätzlichen Unabhängigkeit der Methode vom Objekt ausgeht, müssen in dialektischer Auffassung die Kategorien der Sozialwissenschaften ihrem Gegenstand angemessen sein und dieser in der Methode zum Ausdruck kommen, wie dies auch die Hermeneutik fordert.

2. Das Verhältnis von Theorie und Erfahrung:
   Erfahrung wird in der empirisch-analytischen Wissenschaft zur Empirie, d. h. zur wissenschaftlich kontrollierten Beobachtung. Der Auffassung der dialektischen Theorie zufolge ist die lebensgeschichtliche Erfahrung der Gesellschaft vorwissenschaftliche Voraussetzung der Forschung; dies verbindet sie mit der Hermeneutik. Nach Habermas konstituiert sich aber der objektive Zusammenhang, aus dem soziales Handeln begriffen werden kann, aus Sprache, Arbeit und Herrschaft. Eine kritische Soziologie „verlangt ein Bezugssystem, das einerseits die symbolische Vermittlung des sozialen Handelns nicht zugunsten eines bloß zeichenkontrollierten und reizstimulierten Verhaltens naturalistisch unterschlägt; das aber andererseits ebensowenig einem Idealismus der Sprachlichkeit verfällt und gesellschaftliche Prozesse ganz zu kultureller Überlieferung sublimiert."[16] Trotz der

---

12 *Albrecht Wellmer*, Kritische Gesellschaftstheorie und Positivismus, Frankfurt 1969, S. 147

13 *Theodor W. Adorno*, Negative Dialektik, Frankfurt 1982 (ursprl. 1966), S. 156

14 *Jürgen Habermas*, Analytische Wissenschaftstheorie und Dialektik, S. 155ff., in: *Th. W. Adorno* et a., Der Positivismusstreit ..., op. cit., S. 156

15 *Jürgen Habermas*, Analytische Wissenschaftstheorie und ..., op. cit., S. 155ff.

16 *Jürgen Habermas*, Zur Logik der Sozialwissenschaften, Frankfurt 1985 (ursprl. 1970), S. 309

starken Übereinstimmung der Erkenntnisvoraussetzungen zwischen Hermeneutik und Dialektik darf die Soziologie daher nicht auf eine verstehende allein reduziert werden.

3. Das Verhältnis von Theorie und Geschichte:
   Während Popper die Möglichkeit historischer Gesetze ablehnt, erhebt die dialektische Theorie der Gesellschaft den Anspruch, historische Bewegungsgesetze zu erkennen. Dabei handelt es sich allerdings um einen anderen Gesetzesbegriff, der nicht vom spezifischen Zusammenhang der Epoche, der Situation abstrahiert. Die historischen Bewegungsgesetze beziehen sich nicht auf geschichtlich Konstantes, sondern auf einen einmaligen Entwicklungsprozeß, und sie stützen sich nicht auf den Objektivismus der empirisch-analytischen Wissenschaft, aber auch nicht auf eine nur subjektiv sinnverstehende Hermeneutik, sondern streben eine objektiv sinnverstehende Theorie gesellschaftlicher Lebenszusammenhänge und ihrer Entwicklung an. Sie bleibt nicht auf Vergangenheit bezogen, sondern öffnet die Geschichte zur Zukunft hin, indem sie die Tendenzen der historischen Bewegung aufzeigt.

4. Das Verhältnis von Wissenschaft und Praxis:
   Die Beziehung der empirischen Wissenschaft zur Praxis ist entweder eine rein analytische oder aber eine Sozialtechnik-Orientierung, die versucht, soziale Prozesse wie Naturprozesse zu behandeln und daraus technische Anleitungen zur Kontrolle derselben abzuleiten. Sie ist dann eine Hilfswissenschaft rationaler Verwaltung, die trennt zwischen Begründung und Verwertung ihrer Aussagen und den Begründungszusammenhang von Wertungen und Soll-Aussagen frei hält. Tatsachenfeststellung ist die Aufgabe der empirischen Wissenschaft, und hier haben Wertungen keinen Platz; Entscheidungen treffen ist die Aufgabe der Praktiker, die die wissenschaftlichen Aussagen mit ihren Wertsystemen verbinden.
   Eine kritische Sozialwissenschaft kann sich nicht mit der Begründung allein bescheiden, denn sie erfaßt auch die praktischen Entscheidungen als Bestandteil des gesellschaftlichen Lebenszusammenhanges. Tatsachen und Entscheidungen können nicht abgetrennt voneinander behandelt werden; die Diskrepanzen zwischen den praktischen Fragen und den technischen Antworten können nicht verhüllt bleiben. Und die Ziele der Wissenschaft können nicht von den Zielen, die die Praxis bestimmen, gesondert werden. Diese Mitberücksichtigung der Wissenschaft als Teil der Lebenspraxis und ihrer Beziehungen zueinander führt zur Einsicht in die ideologische Funktion von Wissenschaft und Technik. In dem Maße, in dem Technik und Wissenschaft die institutionellen Bereiche der Gesellschaft durchdringen und das Denken in der Lebenswelt, aber daher auch in der Wissenschaft selbst bestimmen, werden sie zur Ideologie. In „Technik und Wissenschaft als ‚Ideologie'" (1968) nimmt Habermas Marcuses Kritik an Max Webers Rationalisierungsthese auf, die dieser nicht nur als Tatsachenfeststellung gelten ließ, sondern auch ihre apologetische Funktion für das technokratische System aufzeigte. Damit führt kritisch-dialektische Wissenschaft zum Problem der Wertfreiheit der Forschung.

5. Das Verhältnis von Sein und Sollen:
   Der Dualismus von Tatsachen und Entscheidungen, der der empirischen Wissenschaft zugrunde liegt, wird von der dialektischen Auffassung abgelehnt, wobei aber auch davon abgegangen wird, daß Werte sozusagen von den Dingen abgelöst werden können und eine eigene Sphäre idealer Objekte konstituieren. Werte bilden sich vielmehr aufgrund der dialektischen Beziehung von Sein und Sollen im

Hinblick auf einen Sinn der Situation, des Gegenstands; Werte sind also den „Dingen" immanent, und daher kann man sie auch nicht aus der Wissenschaft entfernen. Habermas führt sie in diese als ihre erkenntnisleitenden Interessen wieder ein.

Damit wandte er sich auch gegen die Gleichsetzung von Kritik und Naturwissenschaft in einem materialistischen Szientismus bei Marx und hob die dadurch verschüttete Erkenntnis, daß Gesellschaftstheorie nur als Selbstreflexion des erkennenden Bewußtseins möglich ist, wieder hervor. Habermas versuchte damit auch die Reduktion der Erkenntnistheorie auf Wissenschaftstheorie zurückzunehmen.

Bei Kant und Fichte fand er in dem Begriff des „Vernunftinteresses" bereits den Zusammenhang zwischen Interesse und Erkenntnis angelegt, der im Positivismus des 19. Jahrhunderts verschüttet worden war.[17]

Habermas geht dann daran, auch die empirisch-analytische Erkenntnisweise auf ihre Verankerung im Lebensvollzug hin zu untersuchen, ihre erkenntnisleitenden Interessen aufzuzeigen. Diese pragmatische Deutung der empirisch-analytischen Wissenschaft bedeutet, „daß erfahrungswissenschaftliche Theorien die Wirklichkeit unter den leitenden Interessen an der möglichen informativen Sicherung und Erweiterung erfolgskontrollierten Handelns erschließen."[18]

Der empirisch-analytischen Methode, der typischen Methode der Naturwissenschaften, ordnet er ein technisches Erkenntnisinteresse zu. Ihr entspricht der Lebensbereich „Arbeit", verstanden als instrumentelles Handeln und rationale Wahl. Der historisch-hermeneutischen Methode als der typischen Methode der Geisteswissenschaften ordnet Habermas ein praktisches Erkenntnisinteresse an der Ermöglichung von Kommunikation zu. Das Hauptmedium ist die Sprache.

Für die Sozialwissenschaften besteht nicht nur die von der Praxis geforderte Notwendigkeit, sondern auch die Möglichkeit, die Trennung in empirisch-analytische und historisch-hermeneutische Methoden zu überwinden, die objektiven Bedingungen der Lage zu analysieren, sie aber auch in bezug auf das Selbstverständnis von Gruppen zu interpretieren.

Die kritisch-dialektische Methode (der Sozialwissenschaften) hat darüber hinaus ein grundlegendes Interesse an der Emanzipation der Menschen aus den Bezügen der „Herrschaft". Eine kritische Soziologie beruht zwar auf der Rekonstitution der Philosophie als kritischer Erkenntnistheorie, muß aber darüber hinaus zu einer Kritik der Gesellschaft führen. Sie ist Erkenntniskritik insoweit, als „sie sich auf die Gesellschaft vor einer kritiklosen Bearbeitung des Bestehenden, vor seiner mit wissenschaftlichen Mitteln naiv vollzogenen Befestigung" schützt, sie muß aber vor allem „ohne Anklage und ohne Rechtfertigung" zeigen, was nicht ist, d. h. „daß Sekurität um den Preis eines gewachsenen Risikos nicht Sicherheit; Emanzipation um den Preis steigender Reglementierung nicht Freiheit; Prosperität um den Preis der Verdinglichung des Genusses nicht Überfluß ist; dann ist diese wie immer bittere Erfolgskontrolle ihr Beitrag, um die Gesellschaft entgegen dem Huxleyschen Alptraum, entgegen dem Orwellschen Grauen, offenzuhalten...", „unsere Gesellschaft davor zu bewahren, sich unter einem autoritären Regime in eine geschlossene Anstalt zu verwandeln..."[19].

Die Positionen des „Positivismusstreits" haben sich insofern angenähert, als beide als

---

[17] *Jürgen Habermas*, Erkenntis und Interesse, Frankfurt 1973, S. 59ff.

[18] *Jürgen Habermas*, Gegen einen positivistisch halbierten Rationalismus, S. 45ff., in: *J. Habermas*, Zur Logik der Sozialwissenschaften..., op. cit., S. 54

[19] *Jürgen Habermas*, Kritische und konservative Aufgaben der Soziologie, S. 290ff., in: *J. Habermas*, Theorie und Praxis, Frankfurt 1982, S. 303

Ziel die Aufklärung und Emanzipation ansehen und die Wissenschaft als ein Instrument dazu betrachten. Allerdings muß sich die Wissenschaft ihrer eigenen Grundlagen bewußt werden, was ein hermeneutisches Verständnis auch der empirisch-analytischen Wissenschaft impliziert. Positivismus, Hermeneutik, Dialektik werden bei Habermas nicht mehr als Gegensätze aufgefaßt, sondern als gegenseitige Ergänzungen. Dies allerdings nur unter der philosophischen Voraussetzung der Selbstreflexion der Wissenschaft.

Als eine Facette der langen Auseinandersetzung der kritischen Wissenschaftsauffassung mit „konservativen", traditionalen oder positivistischen Konzeptionen ist auch die Diskussion zwischen Habermas und Luhmann über die Systemtheorie in den 70er Jahren zu sehen. Diese bezeichnet Habermas als „Hochform eines technokratischen Bewußtseins, das heute praktische Fragen als technische von vornherein zu definieren und damit öffentlicher und ungezwungener Diskussion zu entziehen gestattet."[20]

In dieser Auseinandersetzung taucht bei Habermas bereits die Verlagerung des Schwergewichts seiner Analyse auf: das kommunikative Handeln als konstitutiv für die Erfahrungswelt einerseits und den Diskurs als vom pragmatischen Kontext unabhängige Struktur der Kommunikation andererseits. Diese Betonung der Kommunikation als Grundlage sowohl der Gesellschaft wie der Wissenschaft verweist auf die von Habermas rezipierte Renaissance der Meadschen Sozialphilosophie in Amerika sowie sprachanalytisch orientierter Ansätze.

Literatur

Theodor W. Adorno, Negative Dialektik, Frankfurt 1982 (ursprl. 1966)
Ders., et al., Der Positivismusstreit in der deutschen Soziologie, Neuwied-Berlin 1969
Ders. et al., Spätkapitalismus oder Industriegesellschaft? Stuttgart 1969
Hans Albert, Traktat über kritische Vernunft, Tübingen 1968
Ders., Plädoyer für kritischen Rationalismus, München 1971
Wolfgang Bonß – Axel Honneth (Hg.), Sozialforschung als Kritik, Frankfurt 1982
Arnold Gehlen, Die Seele im technischen Zeitalter, Reinbek bei Hamburg 1957
Jürgen Habermas, Erkenntnis und Interesse, Frankfurt 1973 (ursprl. 1968)
Ders., Theorie und Praxis, Frankfurt 1982 (ursprl. 1963)
Ders., Technik und Wissenschaft als ‚Ideologie', Frankfurt 1968
Ders., Zur Logik der Sozialwissenschaften, Frankfurt 1985 (ursprl. 1970)
Ders., Analytische Wissenschaftstheorie und Dialektik, in: *Th. W. Adorno* (Hg.), Der Positivismusstreit in der deutschen Soziologie, Neuwied-Berlin 1969
Ders. (Hg.), Antworten auf Herbert Marcuse, Frankfurt 1968
Ders. – *Niklas Luhmann*, Theorie der Gesellschaft oder Sozialtechnologie? Frankfurt 1971
Carl G. Hempel, Aspekte wissenschaftlicher Erklärung, Berlin – New York 1977
Josef Hülsdünker – Rolf Schellhase (Hg.), Soziologiegeschichte, Berlin 1986
Joachim Israel, Der Begriff Dialektik, Reinbek bei Hamburg 1979
Leszek Kolakowski, Die Philosophie des Positivismus, München 1971 (ursprl. poln. 1966)
René König, Soziologie heute, Zürich 1949
Ders., Soziologische Orientierungen, Köln 1965
Imre Lakatos – A. Musgrave (Hg.), Kritik und Erkenntnisfortschritt, Braunschweig 1974
Hans Lenk, Zwischen Wissenschaftstheorie und Sozialwissenschaft, Frankfurt 1986
John Losee, Wissenschaftstheorie. Eine historische Einführung, München 1977
Günther Lüschen (Hg.), Deutsche Soziologie seit 1945, KZSS Sonderheft 21/1979

---

20 *Jürgen Habermas*, Systemtheorie der Gesellschaft oder Kritische Gesellschaftstheorie? S. 369ff., in: *J. Habermas*, Zur Logik…, op. cit., S. 371/2

Ernest Nagel, The Structure of Science. Problems in the Logic of Scientific Explanation, New York - Chicago 1961

Theo Pirker, Deutsche Soziologie in Westdeutschland nach 1945, in: *J. Hülsdünker - R. Schellhase*, Soziologiegeschichte, Berlin 1986, S. 223 ff.

Karl R. Popper, Logik der Forschung, Tübingen 1966 (urspr1. 1935)

Ders., Conjectures and Refutations. The Growth of Scientific Knowledge, London 1963

Ders., Ausgangspunkte, Hamburg 1979

Ders., Objektive Erkenntnis, Hamburg 1973 (urspr1. engl. 1972)

Ders., Das Elend des Historizismus, Tübingen 1971 (urspr1. engl. 1960)

Ders., The Open Society and Its Enemies, London 1944

Ders., Die beiden Grundprobleme der Erkenntnistheorie, Tübingen 1979 (urspr1. 1930–33)

Ders., Die Logik der Sozialwissenschaften, in: *Th. W. Adorno* (Hg.), Der Positivismusstreit in der deutschen Soziologie, Neuwied-Berlin 1969, S. 103 ff.

Wilfried Röhrich (Hg.), Aspekte der Kritischen Theorie, Berlin-München 1987

Alan Ryan, Die Philosophie der Sozialwissenschaften, München 1971

Helmut Schelsky, Ortsbestimmung der deutschen Soziologie, Düsseldorf-Köln 1959

Ders., Die Arbeit tun die anderen, München 1977

Ders., Rückblicke eines „Anti-Soziologen", Opladen 1981

Helmut F. Spinner, Pluralismus als Erkenntnismodell, Frankfurt 1974

Ders., Ist der Kritische Rationalismus am Ende? Weinheim und Basel 1982

Wolfgang Stegmüller, Hauptströmungen der Gegenwartsphilosophie, Stuttgart 1969

Ernst Topitsch, Logik der Sozialwissenschaften, Köln-Berlin 1966

Georg Henrik Von Wright, Erklären und Verstehen, Frankfurt 1974

Albrecht Wellmer, Kritische Gesellschaftstheorie und Positivismus, Frankfurt 1969

Johannes Weyer, Westdeutsche Soziologie 1045–1960, Berlin 1984

Ders., Soziologie - ein Phantomfach? Einige Konsequenzen der 1945 erfolgten Weichenstellungen für die Identität der heutigen Soziologie, in: *J. Hülsdünker - R. Schellhase* (Hg.), Soziologiegeschichte, Berlin 1986, S. 87 ff.

Rolf Wiggershaus, Die Frankfurter Schule, München-Wien 1986

2. Zwischen System und Lebenswelt

Anfang der 70er Jahre fand eine Auseinandersetzung zwischen Jürgen Habermas und Niklas Luhmann in der BRD statt, die zunächst als Neuauflage des Positivismusstreits der 50er und 60er Jahre interpretiert wurde. Das Thema der Diskussion stellte die von Niklas Luhmann konzipierte Reformierung der Soziologie als Theorie sozialer Systeme dar, der Habermas bescheinigte, die „Hochform eines technokratischen Bewußtseins (zu sein), das heute praktische Fragen als technische von vornherein zu definieren und damit öffentlicher und ungezwungener Diskussion zu entziehen gstattet."[1]

Die Bedeutung der Auseinandersetzung lag nicht so sehr in dem Vorwurf, Systemtheorie sei „positivistisch", sondern in dem im zweiten Teil des obigen Zitats zum Ausdruck gebrachten Herausnehmen praktischer Fragen aus dem Kommunikationsprozeß. Für die Habermassche Position in dieser Auseinandersetzung ist die durch Symbolischen Interaktionismus, Ethnomethodologie und phänomenologische Soziologie hervorgehobene Bedeutung der Sprachanalyse und der Hermeneutik wichtig gewesen, was beim ursprünglichen Positivismus nicht der Fall war.

Beide, Luhmann wie Habermas, strebten eine Neukonstruktion der Theorie in den Sozialwissenschaften an, nicht nur eine soziologische Theorie, und für beide ist Kommunikation konstitutiv für Gesellschaft. Beide produzieren auch zugleich ihre eigene Erkenntnistheorie mit bzw. schaffen die Erkenntnistheorie überhaupt ab, weil ihre Ansätze Objekt- und Metaebene integrieren, empirische und normative Wissenschaftlichkeit transzendieren.

Die Ähnlichkeiten zwischen beiden Universaltheorien sind verblüffend, insbesondere wenn man ihre konträren Intentionen bedenkt. Ein fundamentaler Unterschied zwischen der Luhmannschen Universaltheorie und der Habermasschen Sozialphilosophie ist aber die Tatsache, daß der Sprache bei Luhmann keine so grundlegende Bedeutung zukommt wie bei Habermas. Sinn und Kommunikation sind bei Luhmann vorsprachlich begründet, bei Habermas wird die Intersubjektivität kommunikativen Handelns sprachpragmatisch entwickelt.

Niklas Luhmann:
Soziale Systeme zwischen Sinnkonstruktion und Steuerungseffizienz

Zur Person Luhmanns: Nach dem Studium der Rechtswissenschaft war er im Kulturministerium in Hannover tätig, studierte dann an der Harvard Universität 1960/61 Soziologie, wo er mit Parsons' Theorie der Handlungssysteme vertraut wurde. 1968 wurde er Professor für Soziologie an der Universität Bielefeld.

Die frühen Arbeiten Luhmanns reflektieren das juristische Grundstudium und die Orientierung an formalen Organisationen: „Funktionen und Folgen formaler Organisation" (1964), „Legitimation durch Verfahren" (1969). In „Zweckbegriff und Systemrationalität" (1968) griff er die im amerikanischen Strukturfunktionalismus bedeutsame Diskussion über die latenten Funktionen und den Zusammenhang zwischen individuellen Zwecksetzungen und interaktionsbedingten Effekten auf. Von da an beschäftigte sich Luhmann in einer Vielzahl von Aufsätzen mit der Entwicklung einer Theorie sozialer Systeme; sie sind im wesentlichen in den Bänden

---

[1] *Jürgen Habermas,* Eine Auseinandersetzung mit Niklas Luhmann (1971): Systemtheorie der Gesellschaft oder Kritische Gesellschaftstheorie? S. 369ff., in: Ders., Zur Logik der Sozialwissenschaften, Frankfurt 1985, S. 371/2

der „Soziologischen Aufklärung" enthalten. Und 1984 faßte er die Ergebnisse in einem „Grundriß einer allgemeinen Theorie" (so der Untertitel von „Soziale Systeme") zusammen.

1) Funktionale Analyse und Systemtheorie

Zunächst suchte sich Luhmann vom Parsonsschen Strukturfunktionalismus abzugrenzen, indem er diesem vorwarf, Strukturen vorauszusetzen und dadurch diese nicht problematisieren zu können. Während Parsons' Funktionen als Differenzierungsprozesse in Systemen auffaßt, hebt Luhmann den Funktionsbegriff von der Ebene sozialer Systeme ab, um auch nach der Funktion von Systemstrukturen fragen zu können.

Luhmann differenziert zwischen funktionaler Analyse und Systemtheorie. Die Systemtheorie ist die Grundlage für den Einsatz der funktionalen Analyse, denn sie konstruiert das Problem. Probleme versteht Luhmann als zusammenhängend und daher nicht isoliert definier- und lösbar, als Systemprobleme bzw. Problem-Systeme. Daher muß die Theorie zuerst die spezifische Problemperspektive aus dem Systemzusammenhang her konstruieren. Die funktionale Analyse bezieht dann Gegebenes auf diese Problemgesichtspunkte und verweist auf mögliche Problemlösungen, sie dient als Leitfaden der Suche nach funktionalen Äquivalenten. Damit können Strukturen selbst auch problematisiert werden: Es kann nach dem Sinn der Systembildung gefragt werden und nach den Funktionen derselben. Damit hatte Luhmann der Parsonsschen strukturell-funktionalen Theorie die „funktional-strukturelle Analyse" entgegengesetzt.[2]

Auch die Beziehung von Handeln und System bei Luhmann erfordert einen Vergleich mit Parsons. Während Talcott Parsons soziale Systeme als Subsysteme von Handlungssystemen konzipierte, ist das soziale System bei Luhmann durch Sinn konstituiert, den es aber selbst erzeugt. Der Kommunikationsprozeß konstituiert daher das soziale System als ein Prozeß, in dem Sinn entsteht und damit auch Systembildung erfolgt. Unter dieser Voraussetzung kann menschliches Handeln nicht mehr als subjektiv begründet in die Systemtheorie eingehen, sondern es wird auf das System bezogen konzipiert. Handlung wird zu einem „Element für Relationierungen", zur Verbindung zwischen Vergangenhheit und Zukunft des Systems. Das Handeln als Element eines sozialen Systems interessiert auch nicht mehr in bezug auf seine subjektive Zweckrationalität; der Zweck wird vielmehr in das System gelagert und seine Funktion für das System untersucht. Luhmann führt für diesen Sachverhalt die Bezeichnung „Systemrationalität" ein.

Theorie und Analyse sind auf Problemlösung angelegt, allerdings erfolgt die Definition und mithin Konstruktion des Problems wieder durch Theorie. Der Problembegriff wird dementsprechend verallgemeinert: Die „Welt" wird als Problem verstanden, und die Systembildung dient der Erfassung des Problems, die funktionale Analyse seiner Lösung. Steuerung wurde bei Parsons als Prozeß im System verstanden, bei Luhmann als Problemlösungsintervention. Die moderne Systemtheorie macht damit auch das Schisma zwischen empirischer und normativer Wissenschaft hinfällig.

Sehr ähnlich ist die Auffassung von Theorie bei Parsons wie Luhmann: Sie verstehen darunter ein Begriffssystem; jede Bestimmung eines Begriffs bedeutet die Einschrän-

---

[2] *Niklas Luhmann,* Soziologie als Theorie sozialer Systeme, in: Ders., Soziologische Aufklärung 1, Opladen 1970, S. 113ff.

kung der Möglichkeit weiterer Begriffsbestimmungen, und die Theorie entsteht so als sich selbst limitierender Kontext.

Als grundlegender Begriff wird der des Systems von Luhmann gewollt breit und zirkulär definiert: „Von System im allgemeinen kann man sprechen, wenn man Merkmale vor Augen hat, deren Entfallen den Charakter eines Gegenstandes als System in Frage stellen würde.“[3] Er unterscheidet drei Ebenen der Systembildung, die gleichzeitig Ebenen der Theorie sind:

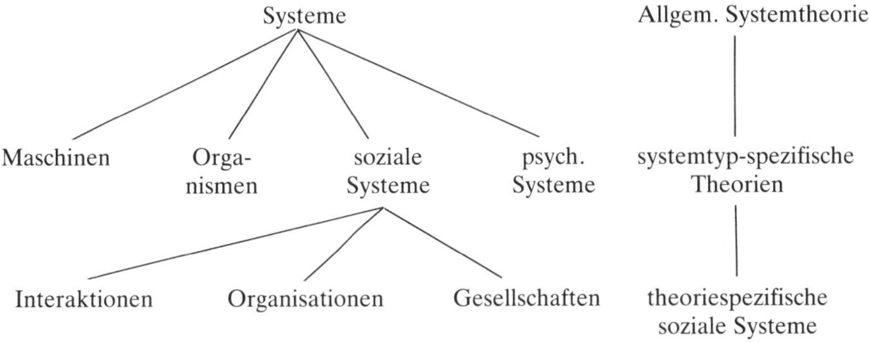

Das Begriffssystem, das Luhmann in „Soziale Systeme“ entwickelt, bezieht sich auf die Ebene der allgemeinen Theorie sozialer Systeme und nicht auf die einer Systemtheorie der Gesellschaft, der Organisation oder der Interaktion.

2) Selbstreferentielle Theorie und Erkenntnis

Der Soziologie der Gegenwart attestiert Luhmann „multiple Paradigmatase“.[4] Sie stecke in einer Theoriekrise, die in einer zunehmenden Komplexität des Faches selbst resultiert, was für sinnkonstituierende Systeme katastrophal, ja existenzbedrohend ist. Wenn Wissenschaft mehr verwirrt als erklärt, dann stellt sie sich selbst in Frage.

Luhmann strebt mit seiner Theorie eine universelle Theorie (Supertheorie) sozialer Systeme an, d. h. sie soll eine facheinheitliche Theorie sein, das allgemeine Paradigma der Soziologie im Sinne von Thomas Kuhn. Das bedeutet nicht, daß sie die einzig „wahre“ Theorie in bezug auf die Erklärung der Wirklichkeit zu sein beansprucht; sie will vielmehr die universale Definition des Gegenstands der Soziologie liefern. Die „Wirklichkeit“ tangiert sie nur, insoweit sie Produkt eines sinnkonstituierenden Systems ist. Das damit verbundene Theoriegefühl faßt Luhmann selbst sehr anschaulich in Worte: „Der Flug muß über den Wolken stattfinden, und es ist mit einer ziemlich geschlossenen Wolkendecke zu rechnen. Man muß sich auf die eigenen Instrumente verlassen. Gelegentlich sind Durchblicke nach unten möglich – ein Blick auf Gelände mit Wegen, Siedlungen, Flüssen oder Küstenstreifen, die an Vertrautes erinnern ...“[5]

Luhmann ist stark von der biologischen Erkenntnistheorie und von Entwicklungen in der mathematischen Informationstheorie beeinflußt, und seine Auffassung reflektiert daher auch den von diesen eingenommenen Standpunkt des erkenntnistheoretischen

---

[3] *Niklas Luhmann,* Soziale Systeme, Frankfurt 1984, S. 15

[4] *Niklas Luhmann,* Handlungstheorie und Systemtheorie, S. 50ff., in: Ders., Soziologische Aufklärung 3, Opladen 1981, S. 50

[5] *Niklas Luhmann,* Soziale Systeme, op. cit., S. 13

Konstruktivismus. Diese Einflüsse haben vor allem Luhmanns Systemkonzeption geprägt.

Die Art und Weise, in der Systeme begriffen wurden und damit auch die Systemtheorie selbst, hat sich im Laufe ihrer Entwicklung geändert. Luhmann sieht dies durch den Wandel in der Leitdifferenz der Theorie bestimmt: Im 18. Jahrhundert entstand das Denken in Systembezügen; es orientierte sich an der Leitdifferenz „Ganzes-Teile", die bis ins 20. Jahrhundert hinein wirksam blieb. Die Konzeption der allgemeinen Systemtheorie durch Ludwig von Bertalanffy machte die Leitdifferenz von „System/Umwelt" zur zentralen Betrachtungsweise. Damit ist aber auch ein paradigmatischer Wechsel der Orientierung von der Binnenstruktur zu den Außenbeziehungen des Systems erfolgt. Die Reduktion auf die Ganzes/Teil-Differenz setzt die Annahme geschlossener Systeme voraus, die Systemtheorie nach der System/Umwelt-Differenz ist aber typischerweise eine Theorie offener Systeme, deren zentrale Probleme die der externen Differenzierung und der Grenzerhaltung sind. Auch die Binnenstruktur des Systems wurde nun als interne System/Umwelt-Differenzierung reinterpretiert.

Eine neue Leitdifferenz entstand aufgrund der Abgrenzungsbemühungen von Biologen zwischen „Leben" und unbelebter Natur. Als grundlegendes Merkmal für „Leben" wurde dabei die „Autopoiesis", die Fähigkeit des lebenden Systems, sich selbst zu erneuern, bezeichnet. Dies setzt die Möglichkeit von Selbstreferenz der Elemente und Systeme voraus, die Differenzierung in „selbst" und „andere". Die Leitdifferenz selbstreferentieller (autopoietischer) Systeme ist daher die von „Identität-Differenz". In bezug auf Selbstreferenz sind Systeme „geschlossen", in bezug auf Umwelt sind sie „offen".

Luhmann übernahm das Konzept der Selbstdifferenz von den chilenischen Biologen Humberto Maturana und Francisco J. Varela, aber auch in der Informationstheorie sind ähnliche Vorstellungen zirkulärer Erkenntnis entwickelt worden. Maturana und Varela betrachten Lebewesen als Netze von molekularen Interaktionen, die sich selbst erzeugen und ihre eigenen Grenzen bestimmen. Diese Eigenschaft von Lebewesen, die Autopoiesis, bedingt aber auch, daß Lebewesen zugleich mit ihrer Selbsterzeugung auch ihre eigene Umwelt hervorbringen, d.h. das, was für sie „die Welt", „die Wirklichkeit" ist. Es gibt daher kein Erkennen einer Welt an sich, über die Informationen empfangen werden, sondern „Das Erkennen ist als Tun des Erkennenden in der Eigenart seines Lebendig-Seins, seiner Organisation, verwurzelt."[6]

Nun besteht aber ein konstitutioneller Unterschied zwischen physikalisch-chemischen, biologischen und sozialen Systemen: Soziale Systeme sind auf der Basis von „Sinn" konstituiert. Das System würde aufhören zu bestehen, wenn es die momenthaften Elemente, aus denen es besteht (Handlung/Zeit/Ereignis), nicht mit „Anschlußfähigkeit" (= Sinn) ausstatten und so reproduzieren könnte. Zwar schließt Luhmann in bezug auf den Sinnbegriff an Husserl an, jedoch intendiert er keine philosophische Auseinandersetzung; er verwendet zwar die phänomenologischen Begriffe wie Intention, Erleben, Handeln, aber er bezieht sie ein in die systemtheoretisch-kybernetische Sprache. Sinn wird nicht als subjektiv gemeinter Sinn, sondern als ein Prozessieren von Differenzen verstanden, wodurch Ereignisse zu Systemelementen werden. Eine Systemtheorie sozialer Systeme muß auf diese grundlegende Eigenschaft sozialer Systeme abgestellt sein und gleichzeitig dem Faktum Rechnung

---

[6] *Humberto Maturana – Francisco J. Varela,* Der Baum der Erkenntnis, Bern, München, Wien 1987, S. 40

tragen, daß sie selbst diesen Sinn mitkonstituiert. Hier liegt eine bemerkenswerte Ähnlichkeit zu der Hermeneutik Gadamers und dem „objektiven Verstehen". Allerdings sollte die Betonung der Konvergenz von Systemtheorie und objektiver Hermeneutik nicht übertrieben werden, weil diese nicht zentral für die Intentionen Luhmanns ist. Luhmann folgt der Auffassung des Konstruktivismus, der die Rückbezüglichkeit des Denkens behauptet. Die Erkenntnis der Welt verweist auf den Erkennenden selbst. Systeme sind real, nicht nur, weil auch unser Denken real ist, sondern weil dieses Denken eigentlich das einzig Reale darstellt. „Verum ipsum factum" (G. Vico), das Wahre ist dasselbe wie das Gemachte: Menschliche Wahrheit ist das, was der Mensch erkennt, indem er es handelnd aufbaut und durch sein Handeln formt. Die Welt unserer Wahrnehmung ist das Produkt kognitiver Konstruktion, ist unsere „Erfindung".

Universalen Theorien spricht Luhmann das Merkmal der „Selbstreferenz" zu, d.h. sie beziehen sich auf sich selbst, kommen als ihr eigener Gegenstand vor. Anders ausgedrückt: Sie verstehen Theorie – und daher auch sich selbst – als Bestandteil des Gegenstandsbereichs. Soziologische Theorie ist konstituierender Bestandteil des „Sinnsystems Gesellschaft", sie muß daher notwendig gleichzeitig mit ihrer Reflexion über den Gegenstand über sich selbst reflektieren. Der Gegenstand wird nicht mehr als ein Weltausschnitt gedacht, den die Soziologie von außen betrachtet, sondern sie lernt an ihren Gegenständen immer auch etwas über sich selbst. Sie ist aber darum auch notwendig zirkulär: Sie setzt sich als „selbsttragende Konstruktion" voraus und sieht sich gleichzeitig als Teil ihres Gegenstands. Damit ist auch die Theorie-Empirie-Beziehung neu definiert. „Die Theorie sieht, wie in einem Spiegel, sich selbst und anderes ..."[7]

Selbstreferentielle Systemtheorie mit Universalitätsanspruch schließt Systeme des Analyse- und Erkenntnisverhaltens mit ein. Sie löst damit die klassische Erkenntnistheorie ab, die strikt zwischen Objekttheorie und Metatheorie entscheidet und die Selbstreferenz als Tautologie behandelt. Die Systemtheorie löst auch die Aussagen-Logik ab durch eine Art „simultaner Dialektik" zwischen den Ebenen von Objekt- und Metabereich. Allerdings setzt sie sich selbst als universale Theorie absolut und erlaubt somit keinen Ausbruch des Denkens aus dem Zirkel des Systems, erlaubt keine autonome Wahl zwischen verschiedenen Theorien und auch keine historische Reflexivität.[8]

3) Die Theorie sozialer Systeme

Der Gegenstand der soziologischen Systemtheorie kann nicht „aus Menschen bestehen", sondern aus „Interaktionen", „Organisationen", „Gesellschaft", d.s. Termini für sinnbildend abgrenzbare Perspektiven. Würde man an der Prämisse, daß Gesellschaft aus Menschen bestehe, festhalten, so würde daraus unweigerlich die Ablehnung des Universalitätsanspruchs der Systemtheorie folgen, denn sie wird dann in einem ontologischen Sinne „real" und kann sich damit nicht mehr auf sich selbst beziehen. Der Mensch ist für die Luhmannsche Systemtheorie nicht System und nicht Teil des Systems, sondern Umwelt des Systems, denn er ist immer komplexer als die Systeme.

Diese Bedingung ist aber nicht nur eine logische Voraussetzung der Systemtheorie, sondern Luhmann interpretiert sie dadurch auch historisch als Ergebnis soziokulturel-

---

[7] *Niklas Luhmann,* Soziale Systeme, op. cit., S. 653

[8] Darauf weist etwa Karin Knorr-Cetina hin: Zur Unterkomplexität der Differenzierungstheorie. Empirische Anfragen an die Systemtheorie, in: Zschr. f. Soziologie 21/1992, S. 406ff.

ler Evolution; allerdings in anderem Zusammenhang: „Daß soziale Systeme entstehen, die so komplex sind, daß sie sich selbst nicht mehr als Kollektiv von Menschen (congregatio, universitas, communitas, Gruppe) und auch nicht mehr als Beziehung zwischen Positionen (officio, états, Rollen) begreifen können, ist ein Ergebnis, wenngleich nicht ein angezieltes, ja nicht einmal ein normal erwartbares Ergebnis soziokultureller Evolution."[9] Der Luhmannschen Systemlogik steht die historisch-semantische Analyse wie ein Spiegel gegenüber, in der sich die Theorie selbst als historisch-kulturelles Produkt begreifen lernen soll. Die semantischen Analysen sind vor allem in seiner »Gesellschaftsstruktur und Semantik" (1980/81/89) enthalten.

Während die Habermassche Theorie immer auf eine Wirklichkeit außerhalb der Theorie gerichtet ist, die diese praktisch beeinflussen soll durch Analyse und Kritik, so dreht sich die Luhmannsche Universaltheorie um sich selbst, ist ihre eigene Wirklichkeit. Habermas' Verwendung des Begriffs „System" impliziert immer eine theorieexterne und -vorgegebene Wirklichkeit; der Begriff „System" bei Luhmann ist selbstgenügsam, er löst die „Welt" in System/Umwelt-Bezüge auf, die sich selbst erzeugen.

Ein Grundbegriff der Systemtheorie ist der der Komplexität. Eine Menge von Elementen ist komplex, wenn aufgrund beschränkter Verknüpfungskapazität nicht mehr jedes Element jederzeit mit jedem anderen verknüpft werden kann. Die soziale Umwelt ist komplex, wenn sie nicht mehr sinnvoll rekonstruierbar ist. Zur Konstitution von Sinn ist es notwendig, bestimmte Elemente und Relationen auszuwählen (Selektion), die Komplexität durch Systembildung, d.h. als Einschränkung der im System zugelassenen Relationen zu reduzieren. Das Relationsgefüge eines komplexen Zusammenhangs wird durch einen zweiten Zusammenhang mit weniger Relationen rekonstruiert (Reduktion der Komplexität). Systembildung entsteht durch Selektivität aus der komplexen Umwelt. Die Umwelt ist daher begriffsnotwendig immer von höherer Komplexität als das System. Der Mensch als reales Wesen des Alltagslebens ist – weil nicht als Gegenstand der Analyse definiert – außerhalb der Systeme.

Selbstreferenz bedeutet, daß sich das System selbst organisiert, und zwar durch die Auswahl von Elementen und Relationen (basale Selbstreferenz), die reflexiv auf den Prozeß der Selektion bezogen sein kann (prozessuale Selbstreferenz) und reflektiert werden kann als System-Umwelt-Differenz (Systemreferenz).

Zeit wird im System durch die Differenz von Struktur und Prozeß, die sich wieder wechselseitig voraussetzen, behandelt. Strukturen halten Zeit reversibel fest, ermöglichen Wahlen und Änderungen, Prozesse markieren die Irreversibilität der Zeit und bestehen aus Ereignissen. Strukturen sind geltende, übliche Relationen, Prozesse kommen dadurch zustande, daß konkrete selektive Ereignisse zeitlich aufeinander aufbauen. Das System steigert seine eigene Komplexität durch Temporalisierung (= Anpassung des Systems an die Irreversibilität der Zeit); Reproduktion wird zu einem Dauerproblem, was besonders für Handlungssysteme charakteristisch ist.

Die Elemente des sozialen Systems sind Kommunikationen. Die Selektion erfolgt auf der Basis von Erwartungen und Erwartungen von Erwartungen. Die Kommunikation kann nicht direkt beobachtet werden, denn sie besteht aus Information, Mitteilung und Verstehen als Einheit. Gerade in der Einheit dieser drei Konstituentien der Kommunikation liegt der „Sinn" als der „Überschuß von Verweisungen auf Möglichkeiten des Erlebens und Handelns".[10]

---

[9] *Niklas Luhmann,* Handlungstheorie ..., op. cit., S. 59
[10] *Niklas Luhmann,* Soziale Systeme, op. cit., S. 93

Die Dimensionen der Konstitution von Sinn unterteilt Luhmann in die Sach-, die Zeit- und die Sozialdimension. In bezug auf diese drei Dimensionen kann Sinn vermittelt werden. Die Sozialdimension umfaßt die Herstellung von Beziehungen zu anderen Systemen („Handeln“) und den Rückbezug auf sich selbst („Erleben“). „Handeln ist **soziales** Handeln immer dann, wenn bei seiner Sinnbestimmung die Sozialdimension mitberücksichtigt wird; wenn man also beachtet, was andere davon halten würden. Handeln ist **gesellschaftliches** Handeln aber nur, wenn es als Kommunikation intendiert und/oder erfahren wird, weil es nur so das Sozialsystem der Gesellschaft mitvollzieht.“[11]

Soziale Systeme bestehen aus Kommunikationen und konstituieren sich durch deren Sinn, aber sie müssen sich als Handlungen begreifen, um sich selbst beobachten zu können. Sozialsysteme sind also zunächst Kommunikationssysteme, sie bauen aber in die „selektiven Synthesen“ der Kommunikation eine Auslegung der Kommunikation als Handlung ein und beschreiben sich selbst damit als Handlungssystem.

Luhmann lehnt einerseits den handlungstheoretischen Ansatz Parsons' als individualistisch ab und bezeichnet die doppelte Kontingenz der Kommunikation als konstitutiv für soziale Systeme, d.h. daß sich das soziale System aus zwei (oder mehreren) Komplexen der Umwelt des Systems bildet. Dieser Sachverhalt, die doppelte Kontingenz der Kommunikation, wird in der amerikanischen Sozialpsychologie auch als Interaktionseffekte bezeichnet. Kommunikationssysteme sind „subjektfrei“, weil Verhalten in der Situation doppelter Kontingenz unbestimmbar wird; es entsteht eine „freischwebende konsolidierte Realität, ein sich selbst gründendes Unternehmen“.[12] Darin liegt der spezifische System„gegenstand“ sozialer Systeme.

Das Verhältnis von Person und sozialem System wird unter dem Gesichtspunkt der Interpenetration begriffen. Der Mensch ist Umwelt sozialer Systeme, weil er komplexer ist als jedes Kommunikationssystem. Zugleich kann durch die Tatsache der doppelten Kontingenz kein Kommunikationssystem auf eine Person zurückgeführt werden. Die Person besteht aber ihrerseits aus Systemen, dem psychischen und dem organischen System. Zwischen diesen und dem sozialen System kommt es zur Interpenetration. Dabei handelt es sich um etwas anderes, als Parsons mit den Austausch- oder Input-Output-Beziehungen meinte. Durch Interpenetration ermöglichen sich zwei Systeme wechselseitig dadurch, daß sie in das jeweils andere ihre vorkonstituierte Eigenkomplexität einbringen.

Luhmann unterscheidet zwischen sozialer und menschlicher Interpenetration. Letztere ist nur durch Kommunikation möglich und eröffnet die Sphäre der Intimität zwischen zwei Menschen. Menschliche Interpenetration schließt allerdings auch die potentielle Inkommunikabilität mit ein. Moral versteht Luhmann als Technik, die die Funktion der Verbindung von sozialer und zwischenmenschlicher Interpenetration erfüllt: „Moral ist eine symbolische Generalisierung, die die volle reflexive Komplexität von doppelkontingenten Ego/Alter-Beziehungen auf Achtungsausdrücke reduziert.“[13] Am Beispiel der Moral wird auch aufgezeigt, daß die Interpenetration von Sinnsystemen durch binäre Schematisierung erfolgt, also etwa durch das Begriffspaar Achtung/Mißachtung.

Die Strukturierung sozialer Systeme erfolgt durch Selektion aufgrund der Kriterien „Hierarchie“ und „Funktion“. Diese morphogenetischen Prinzipien sozialer Systeme

---

[11] *Niklas Luhmann,* Soziale Systeme, op. cit., S. 580

[12] Ebenda, S. 173

[13] Ebenda, S. 320

begründen Erwartungsstrukturen. Sie sind häufig latent, d. h. nicht bewußt; und diese Latenz erfüllt eine gewisse systemerhaltende Funktion. Aufklärung macht Strukturen manifest und die Latenz zum Problem. Soziale Systeme haben aber die Fähigkeit, sich gegen Ablehnung und Widerspruch zu immunisieren. Ihr Immunsystem bewirkt eine Sicherung ihrer Selbstreproduktion, auch wenn die systembestimmenden Erwartungen wegfallen (Motivschwund).

Die Ordnung der Erwartungen im sozialen System erfolgt mittels Identifikation von „Personen", „Rollen", „Programmen" und „Werten". „Personen" definiert Luhmann als die soziale Identifikation eines Komplexes von Erwartungen, die an einen Einzelmenschen gerichtet werden. Bei der „Rolle" geht es hingegen immer um einen Ausschnitt des Verhaltens eines Menschen, der als Einheit von vielen und auswechselbaren Menschen wahrgenommen werden kann. Dieses Auseinanderfallen von persönlich adressierten Erwartungen und Rollenerwartungen ist ein Resultat soziokultureller Evolution. „Programme" sind Erwartungsordnungen, die über die Verhaltensmöglichkeiten von Individuen hinausgehen; sie nehmen den Charakter von „Strategien" an, wenn sie im Verlauf ihres Vollzuges geändert werden können. „Werte" stellen allgemeine, einzeln symbolisierte Präferenzen von Zuständen oder Ereignissen dar.

Soziale Konflikte bezeichnet Luhmann als soziale Systeme besonderer Art. Sie haben daher wie alle Systeme die Tendenz, sich selbst zu reproduzieren und zu erhalten. Die Beendigung von sozialen Konflikten kann daher nicht durch das System selbst erfolgen, sondern nur aus der Umwelt des Systems.

Luhmann unterscheidet zwei grundsätzliche Arten der Systembildung im Falle der sozialen Systeme: Interaktionen und Gesellschaften. Interaktionssysteme sind durch Anwesenheit der Personen definiert, die die Kommunikation und die sie begründenden Erwartungen bestimmen. Zwischenmenschliche Interpenetration ist daher bei Interaktionssystemen grundsätzlich möglich.

Gesellschaft ist demgegenüber das umfassende Sozialsystem, das keine soziale Umwelt mehr hat, eine selbstsubstitutive Ordnung von sinnhaft selbstreferentieller Geschlossenheit. Gesellschaft ist nicht ohne Interaktion und Interaktion nicht ohne Gesellschaft möglich; beide sind aber dennoch getrennt voneinander konstituiert und in ihrer Differenz füreinander unentbehrlich. Gesellschaft ist aber nicht das Insgesamt der Interaktionen; Interaktionen sind nur Episoden des Gesellschaftsvollzugs, ihre Gesamtheit ist eine „basale Anarchie", nicht „Gesellschaft", die sich durch Ordnung auszeichnet.

Interaktions- und Gesellschaftssysteme sind Typen sozialer Systeme, die Extrema anzeigen. Zwischen ihnen ist der Typus der Organisationssysteme angesiedelt, der aber wieder spezifische Prinzipien der Selektion und Variation aufweist. Sein Ordnungsprinzip ist Mitgliedschaft, während das einfacher Sozialsysteme (Interaktionen) die Anwesenheit ist und Gesellschaftssysteme durch die kommunikative Erreichbarkeit schlechthin bestimmt sind.

Nur auf der Ebene des Gesellschaftssystems und seiner Subsysteme ist Evolution möglich, d.h. eine Änderung der Systemstrukturen durch Variation, Selektion und Restabilisierung. Ein derartiger Evolutionsprozeß war die Umstellung des Gesellschaftssystems von stratifikatorischer zu funktionaler Differenzierung. Diese neue Differenzierungstypik sprengte die hierarchische Weltordnung und setzte die Funktionssysteme autonom. Die Folge davon war die Notwendigkeit, Fremdreferenz (Bezug auf Gott) durch Selbstreferenz zu ersetzen. Die Gesellschaft wurde zum sich selbst reproduzierenden System – und ihre Theorie die Systemtheorie.

Das moderne Gesellschaftssystem der Gegenwart umfaßt die „Weltgesellschaft", weil gesellschaftliche Kommunikation heute keine Grenzen (und daher keine Umwelt) mehr hat. Damit ist die Kluft zwischen Gesellschaft und Interaktion unüberbrückbar geworden; die in Interaktionen gewonnenen Erfahrungen vermitteln kein ausreichendes Wissen für das umfassende System gesellschaftlicher Kommunikation. In dieser Gegenüberstellung von Gesellschaft als „Weltkommunikationssystem« und Interaktion als Handlungs- und Erlebenszusammenhang ist bei Luhmann jedoch kein kulturkritisches Moment enthalten. Auch stellte er einseitig auf die „modernen" Elemente der Weltgesellschaft ab.

Die linguistische Wende der Philosophie und die Kommunikationstheorie der Erkenntnis: Zum Verständnis der philosophischen Voraussetzungen der „Theorie des kommunikativen Handelns" von Jürgen Habermas

In den 70er Jahren kam es international zu einer Entwicklung, die die Dominanz der analytischen Wissenschaftstheorie für die Soziologie in Frage stellte. Andere philosophische Grundlagen der Gesellschaftstheorie erwiesen sich als relevant, insbesondere die Sprachphilosophie des späten Wittgenstein, die Hermeneutik Gadamers und die phänomenologische Soziologie im Anschluß an Schütz sowie die Ethnomethodologie. Diese Ansätze, die auch die „linguistische Wende" der Philosophie in der Gegenwart markieren, wurden – Habermas zufolge – auch zur Grundlage einer „linguistischen Wende" der Kritischen Theorie und führten in der Folge zum Übergang der Erkenntnistheorie in die Kommunikationstheorie.

Die Auseinandersetzung mit den erkenntnistheoretischen Grundlagen der interpretativen Ansätze ist in Europa wesentlich stärker als in den USA. In Ergänzung der amerikanischen interpretativen Strömungen folgen zum besseren Verständnis auch der Habermasschen Auffassung einige kurze Bemerkungen zu den Implikationen der Sprachanalyse Wittgensteins und der Soziolinguistik sowie der Hermeneutik Gadamers.

1) Wittgenstein und Soziolinguistik

Die Auffassung des frühen Wittgenstein, wie sie im „Tractatus logico-philosophicus" niedergelegt ist, ging davon aus, daß die Sprachlogik nicht aus der Umgangssprache ableitbar ist, sondern einer Rekonstruktion der Sätze der natürlichen Sprache in der logischen Sprache der „Principia Mathematica" bedürfe. Soweit war Wittgensteins Auffassung der von Carnap ähnlich, differenzierte aber hinsichtlich der grundlegenden Intention: Während Neurath und Carnap die wissenschaftliche Universalsprache nur aus Gründen der Forschungsmethodologie entwickelten, sollte die Universalsprache Wittgensteins ein Abbild der Welt sein, das transzendentale Problem lösen, wie Erkenntnis der Wirklichkeit durch die Sprache möglich sei. Aus diesem Grund kann Wittgensteins Position selbst in der Frühphase nicht eigentlich als positivistisch angesehen werden, weil seine Sprachlogik keine Reduktion der Erkenntnistheorie auf Methodologie beabsichtigte.

Die Erkenntnis der fiktiven Natur der transzendentalen Sprache bewog Wittgenstein in seiner späteren Entwicklung, doch die Umgangssprache als Grundlage und Medium der Wirklichkeitserkenntnis heranzuziehen. Das bedeutete das Aufgeben der Annahme, daß es **eine** bestimmte Form von Sprache gibt, die die Wirklichkeit adäquat wiedergeben kann, und markierte den Übergang zu einem Pluralismus von „Sprachspielen" und damit auch die Auffassung einer sprachlich vermittelten Vielfalt der Wirklichkeit.

Wenn es aber keine Berechtigung gibt für eine spezifische Wissenschaftssprache, die besser als die Umgangssprache für die Erkenntnis der Wirklichkeit geeignet ist, dann verliert die sprachliche Welt ihren theoretischen Sinn und wird praktisch, d.h. der Sprachgebrauch ist grundlegend für die Erkenntnis der Welt; es gibt darüber hinaus keine **theoretische** Korrespondenz von Zeichen und Sachverhalten. Verschiedene Interpretationen der Wirklichkeit sind grundsätzlich möglich und sind Ausdruck verschiedener Lebensformen.

Die Regeln, die die „Sprachspiele" ordnen, sind Grammatiken ebensowohl von Sprachen wie von Lebensformen. „Konstitutive Regeln" verbinden die Grammatik der Sprache mit bestimmten Lebensformen. Die Grammatik umgangssprachlicher Kommunikation ist mit dem Lebensvollzug der sie gebrauchenden Menschen unlösbar verknüpft; Sprache und „Lebensform" entsprechen einander. Jeder Lebensform entspricht daher eine eigene Logik, die Syntax des Sprachspiels. Die Sprache der (Natur-)Wissenschaft ist nur **ein** Sprachspiel unter vielen, und Erkenntnis bezieht immer verschiedene Sprachspiele und Lebensformen mit ein, ist Kommunikation zwischen der Sprache des Analytikers und der Objektsprache in der entsprechenden Wissenschaft. Für die Sozialwissenschaften kommt noch die Sprache der „Objekte" hinzu. Zwischen diesen verschiedenen Sprachen muß vermittelt werden, muß Intersubjektivität ermöglicht werden. Dies impliziert eine Vermittlung zwischen verschiedenen Sozialisationsmustern, weil die grammatischen Regeln nicht nur den Zusammenhang von Symbolen betreffen, sondern zugleich die Interaktionen, durch die Sprache im Rahmen der Praxis des Lebensvollzugs gelernt wird. Das Kind lernt Sprache in bestimmten Situationen, es lernt „Sprachspiele". Sprachanalyse ist daher die virtuelle Wiederholung des Sozialisationsprozesses.

Nun ist der Gegenstand der Sozialwissenschaften die Verschiedenheit der Lebensformen; da sich diese aber auch in Sprachspielen manifestieren, resultiert daraus eine „soziolinguistische Selbstreflexion" der Sozialwissenschaften.

Ein weiterer Gedanke Wittgensteins war die Widerlegung der Möglichkeit einer privaten Sprache. Wenn wir von ‚Sprache' reden, dann meinen wir stets die Sprache einer Gemeinschaft, nie die Sprache des einzelnen. Unsere Sprache ist das Ergebnis einer Übereinstimmung, die wir als Mitglieder einer Sprachgemeinschaft erzielt haben. Diese Übereinstimmung beruht nicht auf willkürlichen Konventionen der Meinungen der Sprachpartner, sondern ist Ausdruck einer gemeinsamen Lebensform: Das Wort ‚Sprachspiel' soll hervorheben, daß das Sprechen der Sprache Teil einer Tätigkeit oder einer Lebensform ist. Durch unsere Naturgeschichte ist uns ein bestimmtes Vorverständnis für die Erlernung der Sprache gegeben, und eben dieses Vorverständnis veranlaßt uns zur bedingungslosen Anerkennung der Regeln des Sprachgebrauchs in der Lebensgemeinschaft. Diese Einbettung des Wortes innerhalb eines bestimmten Kommunikationskontextes, der seinen Sinn bestimmt, ist der Ausgangspunkt der „ordinary language philosophy" in den 50er Jahren in England unter dem Einfluß Wittgensteins.

Man kann die Entwicklung der Sprachwissenschaft in den 70er Jahren als eine Art fortschreitender Pragmatisierung sprachwissenschaftlicher Probleme sehen. Das heißt, daß die Fixierung auf Laut-, Wort-, oder Satzprobleme als solche immer mehr gesehen wird als ein Einbeziehen dieser Probleme in die Tätigkeit der Menschen als sprechende Wesen (siehe Sprechakttheorie Austins und Searles). Das bedeutet:

1. Sprache wird an die Sprachsubjekte und damit an den Vollzug von Handlungen gebunden.
2. Sprache ist somit nur als sprachliches Handeln begreifbar.
3. Dieses Handeln ist sinnkonstituierend, denn der Sprecher verbindet mit seiner

Handlung einen Sinn, und konventionell, weil der Sprecher sich am Handeln anderer orientieren und somit einen Sinn voraussetzen muß.

Diese Sprachpragmatik bietet einen Ansatzpunkt für eine verstehende Soziologie, die sich auf Sprache stützt; eine solche Konzeption verfolgen Peter Winch, Schüler Wittgensteins, und ebenso Jürgen Habermas. Die Regeln der Sprachspiele sind stets kommunikativ und bieten daher bereits die Grundlage für die Intersubjektivität der Erkenntnis. Handlungssteuernde Normen können aus Regeln umgangssprachlicher Kommunikation entnommen werden. Dabei sind die Regeln der Handelnden maßgebend, nicht die vorausgesetzten „Spielregeln". Damit weicht Winch aber von Wittgensteins Verständnis von „Sprachspielen" in Richtung auf eine behavioristische Sicht ab.

Bei Wittgenstein ist das Sprachspiel nicht ein empirisch beobachtbarer Zusammenhang der Zeichenverwendung einerseits, der Verhaltensweisen andererseits, sondern die durch die Funktion der Sätze bestimmte Bedeutung der sprachlichen Ausdrücke, wobei die Funktion der Sätze aber feststehend ist. Die „Sprachspiele" werden dadurch fest umrissene, geschlossene Annahmen und die Regeln als gegeben und vorausgesetzt angenommen. Dem ist entgegenzuhalten, daß eigentlich nur „tote" Sprachen ein festes Gerüst an Regeln haben. Wo Sprache sich in Gesprächen äußert, ändern sich nicht nur die Bedeutungen des Wortes, sondern auch die Regeln. Das ist die Kritik, die im Sinne der Hermeneutik gegen die Sprachanalyse vorgebracht wird. Wittgenstein strebte, so gesehen, doch wieder nach einer Universalgrammatik, in der alle Sprachspiele und Lebensformen erklärbar sein sollten.

Ein Versuch, eine solche Universalgrammatik zu entwickeln, beruht auf dem Konzept Noam Chomskys und wurde von Gerry A. Fodor und J. J. Katz entwickelt. Sie gehen davon aus, daß wir Sätze, die wir nie zuvor gehört haben, trotzdem verstehen, wenn sie mit gelernten Regeln übereinstimmen. Diese „generativen Regeln" sind Gegenstand einer Metatheorie der Umgangssprache und Grundlage der „Linguistik". Auf dieser Ebene treffen sich die common language philosophy, die Sozio-Linguistik und die Ethnomethodologie: Alle gehen von der Alltagssprache aus. Für Harold Garfinkel, der wesentlich von Schütz beeinflußt war, ist es ein Anliegen, das Alltagsverständnis und seine Rationalität als Grundlage der Erkenntnis gegenüber den Ansprüchen einer wissenschaftlichen Rationalität hervorzuheben. Das bedeutet aber, daß das Alltagsverständnis bestimmten festen Regeln folgt, die Gegenstand ethnomethodologischer Forschung sind. Grafinkel nimmt einen Pluralismus an „Rationalitäten" an. Er setzt als Gegenstand die Alltagshandlungen an, die die Mitglieder der Gesellschaft in öffentlich interpretierte Sprachformen übersetzen. Die Sprache hat also auch in der Ethnomethodologie grundlegende Bedeutung, in ihr spiegeln sich die Handlungen. Während die Sprachphilosophen aber nur mit mehr oder weniger abstrakten Sprachregeln befaßt sind, beschäftigen sich die Ethnomethodologen mit aktuellen Gesprächen zwischen Personen und ihrem Verlauf und den Alltagstheorien, die Menschen dabei anwenden.

2) Gadamer: Sprache als objektiver Zusammenhang der Tradition

Die philosophische Hermeneutik, die Hans-Georg Gadamer in „Wahrheit und Methode" (1960) auf der Heideggerschen Phänomenologie aufgebaut hat, beruht auf der Annahme eines vorwissenschaftlichen Verständnisses, das Verstehen ermöglicht (hermeneutischer Zirkel), und das als existentiell begründet uns mit unserer Mitwelt verbindet. Gadamer hat die Konzeption des Verstehens als einfühlendes Nacherleben ersetzt durch die Hermeneutik, d. h. die Verständigung über Sinn und Wahrheit der sprachlich vermittelten Sachwelt.

In der Hermeneutik spielte Sprache naturgemäß immer schon eine große Rolle; anders als Wittgensteins Pluralismus der Sprachspiele beruht die Hermeneutik aber auf der transzendentalen Einheit aller Sprachen aufgrund der Tatsache, daß alle tradierten Sprachen ineinander übersetzt werden können. Das Modell der „Übersetzung“ ist grundsätzlich nicht nur auf die Kommunikation zwischen Sprachgemeinschaften anwendbar, sondern auch auf die zwischen Generationen und Epochen.

Verständigung ist grundsätzlich möglich bzw. wo gestört, wiederherstellbar, weil die Lebenswelten der Sprachstrukturen nicht gegeneinander abgeschlossen, sondern gegeneinander offen sind. Die Grammatik einer Sprache ist kein starres Muster, sondern historisch veränderbar. Darin liegt auch die Bedeutung der Tradierung von Sprache, sie ermöglicht eine grundsätzliche Einheit der Sprache durch das Erlernen der Sprachformen, die aber ihrerseits wieder interpretiert und fortgebildet werden können. Und diese Offenheit und Reflexion ermöglicht auch Verständigung durch den Austausch zwischen den Lebenswelten der Sprachformen, die zu einem Gemeinsamen, der Kommunikation, führen.

Sprache hat nach Gadamer keine geschlossenen Grenzen, sondern „Horizonte“. Hermeneutische Verständigung ist Verschmelzung von Horizonten, vertikal durch Überwindung historischer, horizontal durch Überwindung kultureller Distanzen. Mit der Verständigung ist nicht ein einseitiges Sich-Hineinversetzen verbunden, sondern immer die Entwicklung eines gemeinsamen höheren „Horizonts“, der die eigene und die fremde Partikularität überwindet. Die „Horizonte“ sind daher auch nichts Festes, Gegebenes, sondern etwas Bewegliches, sowohl in der sozialen Kommunikation von Mensch zu Mensch wie auch in der historischen Deutung: Der eigene Horizont wie auch der Horizont der Gegenwart bildet sich dynamisch gerade durch die Begegnung mit dem anderen bzw. mit der Vergangenheit.

Aber nicht nur das Verständnis der Gegenwart bildet sich fortwährend durch die Begegnung mit der Vergangenheit um; auch die „Vergangenheit“ ist in ihrer Bedeutung bestimmt durch ihre Folgen. Die Wirkungsgeschichte von Texten und Ereignissen, die Kette von Interpretationen, die das Vorverständnis begründen, ist daher wesentlich für das Verstehen des Sinns eines Dokumentes, eines Ereignisses. Und jede neue Interpretation eines vergangenen Ereignisses eröffnet eine neue Retrospektive auf den Gegenstand. Die Hermeneutik transzendiert Sprache also wieder durch den **objektiven** Zusammenhang der Tradition, die die Gemeinsamkeit der Regeln kommunikativen Handelns begründet.

3) Die Diskurstheorie der Wahrheit und das Apriori der Kommunikationsgemeinschaft

Die Wendung zur Sprache hat die moderne verstehende Soziologie geprägt. Sie hatte ein Zurücktreten des ursprünglichen phänomenologischen Ansatzes einer Konstitutionsanalyse der alltäglichen Lebenspraxis zentrierend um das innere Zeitbewußtsein (Schütz) zur Folge. Bewußtsein wird ersetzt durch Sprache in der Form der linguistischen Analyse durch Sprachspiele oder in der Hermeneutik durch Tradierung und Übersetzung. Sprache wird auch eindeutig als kommunikativ aufgefaßt, damit ist ein Abgehen von der subjektivistischen Phänomenologie gegeben; Intersubjektivität wird nicht durch bewußtseinsmäßige Prozesse des Verstehens, sondern durch sprachliche Formen der Verständigung hergestellt.

Sprachliche Verständigung als Gegenstand der Soziologie bedeutet auch das Hervortreten der interpretativen, reflexiven und zirkulären Natur der sozialwissenschaftlichen Erkenntnis. Und wenn Erkenntnis sich systematisch selbst miterfaßt, resultiert dies in der Aufgabe der Trennung von Meta- und Objektebene. Die Erkenntnistheorie als Metatheorie löst sich auf und wird ersetzt durch eine Meta- und Objektebene übergreifende Kommunikationstheorie. Das stellt eine epochale Wendung dar, ähnlich der kopernikanischen Wende, die Kant in bezug auf die Erkenntnistheorie vollendet hat: Erkenntnis wird als kommunikativer Prozeß und Kommunikation als Erkenntnisprozeß aufgefaßt.

Diese Entwicklung hat Habermas nachvollzogen: Seine Theorie des kommunikativen Handelns ist nicht mehr eine Theorie aus methodologischer Perspektive. Habermas hat nach dem Positivismusstreit mit der Annahme des Primats der Erkenntnistheorie gebrochen und den unauflöslischen Zusammenhang der Logik der Forschung mit der Logik willensbildender Diskurse angenommen, der die Vorstellung einer in herrschaftsfreier Diskussion unverkürzt zur Geltung kommenden Rationalität zugrunde liegt (Diskursrationalität). Im Anschluß an Ch. S. Peirce, R. Rorty, St. Toulmin gelange er so zu einer Diskurstheorie der Wahrheit, d.h. einer in herrschaftsfreier Diskussion unverkürzt zur Geltung kommenden Rationalität.

Darin findet sich eine in der Praxisauffassung naturwissenschaftlicher Forschung allgemein gängige Annahme reflektiert: nämlich daß der Fortschritt der wissenschaftlichen Forschung ein Kooperations- und Kommunikationsprozeß in der Kommunikationsgemeinschaft der Wissenschaftler ist. Demgegenüber entwickelte sich die rein philosophische Erkenntnistheorie ausgehend von der Annahme, daß Erkenntnis auf einer bestimmten mentalen Ausstattung des Menschen beruhe, deren Erfassung den Inhalt der Theorie des Erkennens darstelle. Diese an der subjektzentrierten Vernunft der europäischen philisophischen Tradition, insbesondere seit der Aufklärung, orientierte Auffassung von Erkenntnis, kurz: die Subjektphilosophie, erfuhr durch den Strukturalismus einerseits und die (Alltags-)Sprachphilosophie andererseits eine entscheidende Erschütterung.

Die Wittgensteinsche Wendung bedeutete die Orientierung von Erkenntnis an der Alltagssprache und den vielfältigen Wirklichkeiten. Damit wurde eine von der Alltagswelt abgehobene Ebene der Erkenntnis obsolet. Sprache, Wissen und Erkenntnis wurden mehr und mehr als Medium und Resultat des Kommunikationsprozesses interpretiert. Damit erlitt der Geltungsanspruch der Erkenntnistheorie eine Reduktion und konnte historisch relativiert werden. Die philosophische Erkenntnistheorie kann – so Richard Rorty – nun als Episode der europäischen Kulturgeschichte verstanden werden. Der Prozeß der Reflexion wird nicht mehr als Erkenntnis eines empirischen oder transzendentalen Subjekts verstanden, sondern als Kommunikation von mindestens zwei sprechenden Subjekten. Erkenntnis in der Kommunikation ist intersubjektiv und reflexiv auf die gegenseitigen Erwartungen bezogen; deren Verständigung über etwas bedeutet gleichzeitig Verständigung über die intersubjektive Geltung des Verstandenen.

Die Sprachanalyse, Semiotik und Hermeneutik und ihre Bedeutung für die Erkenntnistheorie bewogen den Frankfurter Philosophen Karl-Otto Apel zu der „Transformation der Philosophie“ (1976) in eine Transzendentalpragmatik. Apels Denken hat Jürgen Habermas besonders beeinflußt. Apel geht es nicht mehr um Verstehen im Sinne der Erkenntnis durch ein Subjekt, sondern um Verständigung. Nur diese garantiert die intersubjektive Geltung von Erkenntnis. Er impliziert damit eine Konsenstheorie der Wahrheit, wobei der Konsens als sprachliche Sinn-Verständigung aufgefaßt wird. Diese wieder beruht auf der Apriori-Existenz einer realen Kommunikationsgemeinschaft, als die Gesellschaft verstanden wird. Im Verständigungsprozeß selbst muß von jedem denkenden Subjekt eine ideale Kommunikationsgemeinschaft angenommen, eine unbegrenzte Verständigungsmöglichkeit a priori vorausgesetzt werden als Grundlage von Sinn und Wahrheitsgeltung der Erfahrung. Die hermeneutrische Transzendentalphilosophie Apels nimmt Wahrheit als begründet in der Kommunikationsgemeinschaft an, wobei die Möglichkeit von Wahrheitserkenntnis aber begrenzt ist durch die Verwirklichung unbegrenzter Verständigung im Diskurs. Das Apriori der Verständigunsgemeinschaft bedeutet, daß die menschliche Gattung bzw. die Gesellschaft als Subjekt der Wahrheit angesehen wird. Nicht mehr die gemeinsame Lebensform oder Lebenswelt ermöglicht Verstehen, sondern das Apriori der Kommunikationsgemeinschaft, das „transzendentale Sprachspiel". Der transzendental-hermeneutische Begriff der Sprache faßt diese als Bedingung der Möglichkeit und Gültigkeit der Verständigung, Selbstverständigung, des begrifflichen Denkens, der gegenständlichen Erkenntnis und des sinnvollen Handelns auf. Im theoretischen Diskurs, in der Argumentation, spielen sowohl die reale wie die ideale Kommunikationsgemeinschaft eine Rolle: „Wer nämlich argumentiert, der setzt immer schon zwei Dinge gleichzeitig voraus: erstens eine **reale Kommunikationsgemeinschaft,** deren Mitglied er selbst durch einen Sozialisationsprozeß geworden ist, und zweitens eine **ideale Kommunikationsgemeinschaft,** die prinzipiell imstande sein würde, den Sinn seiner Argumente adäquat zu verstehen und ihre Wahrheit definitiv zu beurteilen. Das Merkwürdige und Dialektische der Situation liegt aber darin, daß er gewissermaßen die ideale Gemeinschaft in der realen, nämlich als reale Möglichkeit der realen Gesellschaft, voraussetzt; obgleich er weiß, daß (in den meisten Fällen) die reale Gemeinschaft einschließlich seiner selbst weit davon entfernt ist, der idealen Kommunikationsgemeinschaft zu gleichen."[14]

Damit wird die historische Objektivation der Kommunikationsgemeinschaft und die dialektische Überwindung des Widerspruchs zwischen realer und idealer Kommunikationsgemeinschaft möglich. Erkenntnis richtet sich dann nicht auf szientifisch-technologische Objektivität oder interpersonale Verständigung, sondern auf die Verwirklichung der idealen Kommunikationsgemeinschaft in und durch die Geschichte. Dabei stützt sich dieses Erkenntnisinteresse an der historischen Emanzipation der Gesellschaft zunächst auf die beiden anderen Erkenntnisinteressen, verändert ihre Sinnhorizonte aber in der Folge, denn die Veränderung der Gesellschaft als realer Kommunikationsgemeinschaft verändert auch den Sinn von Naturerkenntnis und interpersonaler Verständigung.

Das führt direkt in das Problem der Ethik hinein, das Apel in der modernen Welt als paradox charakterisiert, und zwar dadurch, daß einerseits das Bedürfnis nach einer einheitlichen Ethik gerade in der sich entwickelnden „planetarischen Einheitszivilisation" so stark wie nie zuvor ist, andererseits aber eine solche gerade im Zeitalter der Wissenschaft durch die Idee der wertfreien Objektivität unmöglich ist. In dem Apriori der Kommunikationsgemeinschaft sieht Apel die Möglichkeit für die Entwicklung einer Ethik, die auch die fehlende Ethik der demokratischen Willensbildung ersetzen könnte. Als Ethik der Kommunikation basiert sie nicht auf Vertrag, sondern auf der Verpflichtung aller denkenden und daher kommunizierenden Menschen, eine Übereinkunft zwecks solidarischer Willensbildung anzustreben. Die regulativen Prinzipien, die die moralische Handlungsstrategie jedes Menschen bestimmen müssen, sind: einmal die Erhaltung der realen Kommunikationsgemeinschaft und zum anderen die Verwirklichung der idealen Kommunikation in der realen Gemeinschaft, wobei das erstere letztlich nur durch das zweite Kriterium wirklich sinnvoll wird.

Apel formuliert sodann die Strategie eines humanitär-emanzipatorischen Neomarxismus: Demnach impliziert die Realisierung der idealen Kommunikationsgemeinschaft auch die Aufhebung der Klassengesellschaft, d. h. kommunikationstheoretisch for-

---

[14] *Karl-Otto Apel,* Tranformation der Philosophie, Frankfurt 1976, Bd. 2, S. 429

muliert: „Die Beseitigung aller sozial bedingten Asymmetrien des interpersonalen Dialogs."[15]

Jürgen Habermas: Kommunikation und Lebenswelt

Von Adorno zu Habermas erfolgte – wie Axel Honneth meinte – ein Paradigmenwechsel der Kritischen Theorie.[16] Dieser Wechsel vollzog sich sehr allmählich und ist erst in der „Theorie des kommunikativen Handelns" (1981) wirklich explizit gemacht. In gewisser Weise kann man daher den wissenschaftstheoretisch argumentierenden Habermas des Positivismusstreits und den des „kommunikativen Handelns" unterscheiden. Für letzteren ist nicht mehr die Tradition Hegelscher Philosophie und linkshegelianischer Kritik die Grundlage der Kritischen Theorie, sondern die Rezeption linguistischer Philosophie und soziologischer Kommunikationstheorie; kritische Theorie ist für Habermas nicht mehr Geschichtsphilosophie, sondern Universalpragmatik.

1) Kommunikative Rationalität

Als die vorläufig umfassendste Darlegung eines langen Reflexionsprozesses ist die „Theorie des kommunikativen Handelns" (2 Bände, 1981) anzusehen, die eine kritische Gesellschaftstheorie, ausgehend von der Analyse der Interaktions- und Kommunikationsverhältnisse, begründen soll.

Wesentliche Grundgedanken finden sich bereits in früheren Werken: so die Idee des herrschaftsfreien Diskurses schon in der Habilitationsschrift „Strukturwandel der Öffentlichkeit" (1962); darin untersuchte er die Entstehung und den Zerfall der liberalen Öffentlichkeit im historischen Zusammenhang der kapitalistischen Entwicklung. Die Idee einer herrschaftsfreien diskursiven Willensbildung wurde erstmals im politischen System des bürgerlichen Rechtsstaates institutionalisiert; gleichzeitig waren diese demokratischen Prozesse aber mit den Forderungen des kapitalistischen Systems unvereinbar. Dieser Widerspruch durchzieht die bürgerlich-kapitalistische Gesellschaftsordnung. Die kapitalistische Entwicklung führte zu einem Anwachsen des Staatsinterventionismus und zur steigenden Interdependenz von wissenschaftlicher Forschung, Technik und staatlicher Verwaltung. Der geplante wissenschaftlich-technische Fortschritt wurde zur primären Produktivität des Systems erhoben. Als Folge wurde die Öffentlichkeit zunehmend entpolitisiert und die demokratische Willensbildung durch Technokratie ersetzt, wobei sich aber gerade durch den Widerspruch zwischen formaler Demokratie und faktischer Technokratie ein chronischer Bedarf an Legitimationen ergibt.

Für die Wissenschaft bedeutet dies, daß sie mehr und mehr in die politische Planung integriert und als politisches Subsystem konstituiert wurde. Die Aufgabe der kritischen Wissenschaft sah Habermas daher darin, Alternativen des Fortschritts zu den industriell-technologisch ausgerichteten Denkweisen, die auf diskursiven Willensbildungsprozessen und dem Abwägen der praktischen Folgen beruhen, zu entwickeln und zu präsentieren.

Die kritische Wissenschaft – so argumentierte er später – nimmt das erkenntnisleitende Interesse – und zwar in ihrem Falle das Interesse an Emanzipation – in ihre Bewußtseinsstrukturen auf und vermag so – anders als die empirisch-analytischen und

---

[15] *Karl-Otto Apel*, Transformation der Philosophie, Frankfurt 1976, Bd. 2, S. 432

[16] *Axel Honneth,* Von Adorno zu Habermas, in: *W. Bonß – A. Honneth* (Hg.), Sozialforschung als Kritik, Frankfurt 1982, S. 87ff.

die hermeneutischen Wissenschaften – Theorie und Praxis zu verbinden. Die Emanzipation von den spezifischen Herrschaftsansprüchen der Technokratie kann aber nicht mehr über eine am zentralen Angelpunkt der Arbeit orientierte Gesellschaftsveränderung, wie sie Marx anstrebt, bewirkt werden, sondern über die Infragestellung von Geltungsansprüchen durch den Abbau von herrschaftsbedingt verzerrten Kommunikationsstrukturen in diskursiven Prozessen. Dies ist auch der Ansatzpunkt seiner „Theorie des kommunikativen Handelns": Nicht Arbeit bzw. Produktion, sondern die Kommunikationsstrukturen und -prozesse sind Grundlage kritischer Gesellschaftstheorie. Habermas bezeichnet das traditionelle Produktionsparadigma (gesellschaftliche Praxis = Produktion) des Marxismus als veraltet und zu naturalistisch, um daraus normative Gehalte zu gewinnen. Diese können nur aus dem Paradigma des verständigungsorientierten Handelns entwickelt werden, denn es kommt darauf an herauszufinden, was die Menschen in einer Situation wollen könnten und was sie im gemeinsamen Interesse tun sollten. Dazu müssen aber die Kommunikationsprozesse und nicht die Produktionsverhältnisse geändert werden.

Die Theorie des kommunikativen Handelns soll „Gesellschaftstheorie (sein), die sich bemüht, ihre kritischen Maßstäbe auszuweisen". Die Theorien von Weber, Mead, Durkheim und Parsons sowie die Tradition kritischer Theorie stellen die soziologischen Bezugspunkte für Habermas dar. Der Zusammenhang von kommunikativem Handeln und Gesellschaftskritik wirft zunächst die Frage der Rationalität auf. Während „Arbeit" (bei Habermas als sehr umfassende Kategorie verstanden, man könnte auch Erwerbssystem oder „Wirtschaft" dafür setzen) der Bereich des instrumentellen Handelns ist, in dem sich die Rationalität um die Frage dreht, ob der Zweck des Handelns erreicht wurde oder nicht (= instrumentelle Rationalität), so geht es bei „Interaktion" um Verständigung, um die Überführung von monologischem in dialogisches Handeln, mithin um „kommunikative Rationalität", und im Bereich „Herrschaft" bemißt sich die „kritische Rationalität" nach dem Ausmaß, in welchem von strategischem Handeln zu kommunikativem Handeln übergegangen worden ist. Herrschaft wird also durch Bezug auf Kommunikation definiert, als ungleiche Kommunikationsverhältnisse, in welchen es um Strategien „gegen" jemanden geht und nicht um Konsensus „mit".

Aus den Weberschen Handlungstypen entwickelt Habermas eine eigene Typologie, die sich nach zwei Handlungsorientierungen (erfolgsorientiert, verständigungsorientiert) entfaltet:

Handlungsorientierung / Handlungssituation	erfolgsorientiert	verständigungsorientiert
nicht-sozial	instrumentelles Handeln	—
sozial	strategisches Handeln	kommunikatives Handeln

Ziel dieser Typologie ist die Ergänzung der kognitiv-instrumentellen Rationalität des Handelns durch die kommunikative Rationalität des Spechens und dadurch die Lösung der letzteren aus ihrer Unterordnung und Bestimmtheit durch die instrumentelle Rationalität. Habermas betont die spezifische Rationalität der Kommunikation, die von der Zweckrationalität unterschieden und mit einer eigenen Logik ausgestattet ist. Neben die monologischen Handlungsformen des instrumentellen und strategischen Handelns tritt das kommunikative Handeln als dialogische Beziehung zur Mitwelt über Vermittlung durch Sprache.

Das impliziert zwei Annahmen:

1. Die Einführung der phänomenologisch-hermeneutischen Kategorie der „Lebenswelt" als Bezugsgröße für kommunikatives Handeln, denn „kommunikativ handelnde Subjekte verständigen sich stets im Horizont einer Lebenswelt".[17]
   Die Parallelisierung von instrumenteller und kommunikativer Rationalität beruht auf der Gegenüberstellung von zwei Bezugs„welten": dem „System" als Bezugsdimension für die instrumentelle Rationalität und der „Lebenswelt" als Grundlage für Verständigung.
   Habermas formuliert den phänomenologischen Begriff der Lebenswelt, den er als kulturalistisch verkürzt bezeichnet, in einen kommunikationstheoretischen Begriff um und definiert ihn in pragmatischer Absicht als „Kontext von Verständigungsprozessen".

2. Was „Sprache" ist, muß für die Zwecke dieser Theorie neu definiert werden. Habermas spricht in Anlehnung an Chromskys Begriff der „sprachlichen Kompetenz" von „kommunikativer Kompetenz". Dieser ist aber im Gegensatz zu Chromskys Begriff kein monologischer, sondern ein dialogischer Begriff, d.h. meint nicht nur die Sprechbeherrschung des Subjekts, sondern umfaßt neben der reinen Sprachkompetenz auch das Wissen um die gesellschaftlichen Rahmenbedingungen und deren gesellschaftliche Interpretation. Sie ist ihrem Wesen nach auf Verständigung gerichtet und daher intersubjektiv und dialogisch; sie zielt auf die Entstehung von Sinn und Bedeutung der sprachlichen Ausdrücke durch Kommunikation.

Ein zentraler Begriff für die Theorie des kommunikativen Handelns ist der „Diskurs". Ausgehend von der Theorie der Sprechakte (Austin, Searle) und der Auffassung von Kommunikation als sprachvermittelte Interaktion wird Diskurs als Argumentation verstanden, bei der strittige Geltungsansprüche thematisiert werden unter der allen gemeinsamen Annahme, daß grundsätzlich ein rational motiviertes Einverständnis erzielt werden kann, d.h. eine herrschafts- und normenfreie Verständigung möglich ist. Diskurs ist also die unter der Annahme einer von instrumentell-rationalen Bezügen losgelösten kommunikativen Rationalität erfolgende Argumentation und Verständigung von Menschen, die eine gemeinsame Lebenswelt haben.

In dieser Auffassung sind Elemente enthalten, die einerseits an den allerdings vorsprachlichen Begriff des „Kollektivbewußtseins" von Durkheim wie an die „Übernahme der Perspektiven des anderen" bei G. H. Mead erinnern. Meads Erklärung der sozialen Genese des Selbst setzt eine ideale Kommunikationsgemeinschaft voraus. Auch Habermas' Theorie führt zum Konzept einer Ethik des Diskurses. Von beiden Konzeptionen unterscheidet sich Habermas' Theorie aber doch in wesentlichen Punkten: von Durkheims Kollektivbewußtsein durch die sprachliche Qualität der Kommunikation und von Mead dadurch, daß im Gegensatz zu Mead, der auf eine Theorie des Selbst abzielte, eine Theorie der Gesellschaft entwickelt werden soll. Habermas gibt allerdings zu, daß sich gesellschaftliche Reproduktionsprozesse nicht zureichend mit Hilfe der kommunikativen Rationalität erklären lassen, „wohl aber

---

[17] *Jürgen Habermas,* Theorie des kommunikativen Handelns, Frankfurt 1981, Bd. 1, S. 107

die symbolische Reproduktion einer aus der Innenperspektive erschlossenen Lebenswelt sozialer Gruppen.“[18]

Gesellschaft wird daher zweistufig gefaßt, d. h. aus zwei verschiedenen Perspektiven und deren Verhältnis zueinander zu erklären und zu beurteilen versucht: einmal als „Lebenswelt“, als die aus der Teilnehmerperspektive handelnder Subjekte entstandene und entstehende symbolische Selbstreproduktion oder Selbstinterpretation einer sozialen Gruppe; und zum anderen als „System“ von Handlungen, als das Gesellschaft dem unbeteiligten Beobachter erscheint. Gesellschaften müssen gleichzeitig als Systeme und als Lebenswelt betrachtet werden. System und Lebenswelt sind zwei verschiedene Deutungen in einer dreigeteilten Welt: der objektiven Welt der Tatsachen, der sozialen Welt der Normen und der subjektiven Welt der inneren Erlebnisse.

„Lebenswelt“ ist der kooperative Deutungsprozeß mit Bezug auf alle drei Welten, der jeweils in einer bestimmten „Situation“ erfolgt. Die Situation ist ein Ausschnitt aus der Lebenswelt, der aus dieser durch bestimmte Themen und Handlungsziele herausgehoben ist. Als transzendentale Verständigungsvoraussetzung ist die Lebenswelt nicht nur Grundlage, sondern auch Einschränkung des rationalen Diskurses. Lebensweltliche Gemeinsamkeit besteht vor jedem möglichen Dissens; die Lebenswelt selbst kann nicht kontrovers sein, sie kann nur zerfallen.

Von sehr untergeordneter Bedeutung sind bei Habermas die teleologischen Elemente kommunikativen Handelns gegenüber den symbolischen der Situationsinterpretation. Das zentrale Anliegen ist die Herstellung und Entwicklung einer gemeinsamen Situationsdefinition; die individuellen Ziele und Motive sind ihr untergeordnet. „Im kommunikativen Handeln verfolgen die Beteiligten ihre Pläne auf der Grundlage einer gemeinsamen Situationsdefinition einvernehmlich.“[19] Das kommunikative Handeln ist ein normativer Typus, nicht einfach jedes beobachtbare sprachlich vermittelte Interagieren.

2) Zur Kolonisierung der Lebenswelt durch die Systeme

Habermas bringt auch die Dimension der Evolution ins Spiel und meint, Gesellschaft habe sich im Verlauf ihrer Evolution sowohl als System wie als Lebenswelt ausdifferenziert. Bei der Systemrevolution geht es um die Steigerung der Steuerkapazität einer Gesellschaft. Die Evolution der Lebenswelt resultierte in dem Auseinandertreten von Kultur, Gesellschaft und Persönlichkeit. Diese schon bei Parsons betonten Differenzierungsprodukte, die von diesem als Subsysteme des Handlungssystems verstanden werden, werden bei Habermas zu Komponenten der symbolischen Strukturierung der Lebenswelt.

Grundproblem und Spezifikum der modernen Gesellschaft ist für Habermas die Entkoppelung von System und Lebenswelt. Sie äußert sich zunächst in einem Versachlichungsprozeß moderner Lebenswelten. Privatsphäre und Öffentlichkeit entstehen. Gleichzeitig sprengt das Gesellschaftssystem den lebensweltlichen Horizont, d. h. wird unbegreifbar für das Alltagsverständnis. Das bewirkt bei zunehmender Komplexität der Systeme von Wirtschaft und Staat immer provinzieller werdende Lebenswelten.

Die gesellschaftliche Evolution in der Moderne ist charakterisiert durch die Umkehr der Abhängigkeiten zwischen Lebenswelt und Systemen. Waren es ursprünglich die

---

[18] *Jürgen Habermas,* Theorie des kommunikativen Handelns, op. cit., Bd. 2, S. 10

[19] *Jürgen Habermas,* Theorie ..., op. cit., Bd. 2, S. 193

	Gesellschaftssystem	Lebenswelt
Ausdifferenzierung	Wirtschaft Staat	Privatsphäre Öffentlichkeit
Medien	Geld Macht	Sprache Interaktion

Medien der Lebenswelt, die die Systeme bestimmten, so entwickelten diese eine zunehmende Selbständigkeit; die Systeme verloren ihre ursprüngliche Abhängigkeit von lebensweltlichen Zusammenhängen und entwickelten eine Eigendynamik. Diese Versachlichung der Gesellschaft stellt eine Umpolung auf sprach- und kommunikationsunabhängige Medien wie Geld und Macht dar, was nicht anderes als die „Kolonisierung", d. h. die Assimilierung der Lebenswelten durch die Systeme bedeutet. Habermas sieht die Entwicklung der Moderne durch die folgenden Prozesse charakterisiert, welche allerdings nicht notwendig als zeitliche Aufeinanderfolge zu verstehen sind:

Rationalisierung der Lebenswelt durch Umorientierung auf die Medien Geld und Macht.

|

Ausdifferenzierung von Wirtschaft und Staat als Systeme, für die Lebenswelt zur Umwelt wird.

|

Starke Wachstumsdynamik der Wirtschaft in der kapitalistischen Gesellschaft einerseits, Autonomisierung der Verwaltung in bürokratisch-sozialistischen Gesellschaften andererseits.

|

Entstehung von Systemungleichgewichten und Steuerungskrisen in Systemen.

|

Diese haben Pathologien der Lebenswelt zur Folge: Verdinglichung von kommunikativen Beziehungen in kapitalistischen Gesellschaften, Vorspiegelung kommunikativer Beziehungen in sozialistischen Gesellschaften.

Die neuen Konflikte entstehen an den Nahtstellen zwischen System und Lebenswelt (Umweltproblematik, Überkomplexität, Überlastung kommunikativer Strukturen etc.). Es kann daher nicht durch eine Analyse der Systemprozesse allein zu einer Klärung der Probleme der modernen Gesellschaften kommen, sondern durch ihre Kritik mit Hilfe einer der Systembetrachtung entgegengesetzten Konzeption, und dies kann die lebensweltliche Analyse des kommunikativen Handelns sein. (Die Lebenswelt nimmt bei Habermas eine gewisse Zweideutigkeit an, weil sie einmal als Teilnehmerperspektive, andererseits als Gegenstand der Analyse erscheint.)[20]

---

[20] Siehe zur Kritik an Habermas' Theorie: *A. Honneth – H. Joas* (Hg.), Kommunikatives Handeln, Frankfurt 1986

Gegenstand einer kritischen Gesellschaftstheorie der Gegenwart sind die systemisch induzierten Pathologien der Lebenswelt oder anders ausgedrückt, die symbolische Reproduktion in nachliberalen Gesellschaften. Damit kann auch das Kriterium einer kritischen Gesellschaftstheorie, nämlich als einer auf Aufklärung angelegten Theorie, erfüllt werden. Als solche ist sie selbst auch kommunikatives Handeln, denn jede Aufklärung setzt sprachliche Verständigung voraus.

Dieser kritischen Theorie geht es nicht mehr um Ideologien, denn das Charakteristikum der Moderne sieht Habermas in der Fragmentierung des Alltagsbewußtseins und seiner Kolonialisierung durch die Systeme. Das Zerfallen einer lebensweltlichen Gesamtdeutung hat aber auch das Ende der Ideologien zur Folge; an die Stelle des „falschen Bewußtseins" tritt das fragmentierte Bewußtsein. Desgleichen ist der Begriff des Klassenbewußtseins überholt, und der kritische Gesellschaftstheoretiker darf daher nicht mehr „den verwehten Spuren eines revolutionären Bewußtseins nachjagen",[21] sondern muß sich der Kritik der kulturellen Verarmung und der Untersuchung der Bedingungen für eine Wiedervereinigung der rationalisierten Kultur mit einer auf vitalen Überlieferungen beruhenden Alltagskommunikation zuwenden.

Literatur

Karl-Otto Apel, Die Entfaltung der ‚sprachanalytischen' Philosophie und das Problem der ‚Geisteswissenschaften'. In: Philosophisches Jahrbuch 72/1965/66, S. 239ff.
Ders., Transformation der Philosophie, 2 Bände, Frankfurt 1976
Ders. (Hg.), Sprachpragmatik und Philosophie, Frankfurt 1976
J. L. Austin, Zur Theorie der Sprechakte, Stuttgart 1981
Ders., How to do Things with Words, Oxford 1962
Dirk Baecker et al. (Hg., Theorie als Passion. Niklas Luhmann zum 60. Geburtstag, Frankfurt 1987
Ders., Information und Risiko in der Marktwirtschaft, Frankfurt 1988
Frank Benseler – P. M. Hejl – W. K. Köck (Hg.), Autopoiesis, Communication and Society: The Theory of Autopoietic System in the Social Sciences, Frankfurt 1980
Wolfgang Bonß – A. Honneth (Hg.), Sozialforschung als Kritik, Frankfurt 1982
George Spencer Brown, Laws of Form, New York 1979
Noam Chomsky, Reflexionen über die Sprache, Frankfurt 1977 (ursprl. am. 1975)
Fred Emery, Futures we are in, Leiden 1977
Hans-Georg Gadamer, Wahrheit und Methode, Tübingen 1960
Ders. – *G. Boehm* (Hg.), Seminar: Die Hermeneutik und die Wissenschaften, Frankfurt 1978
Klaus Grimm, Niklas Luhmanns ‚soziologische Aufklärung' oder Das Elend der aprioristischen Soziologie, Hamburg 1974
Jürgen Habermas, Strukturwandel der Öffentlichkeit, Berlin 1969 (ursprl. 1962)
Ders., Theorie und Praxis, Frankfurt 1973
Ders., Legitimationsprobleme im Spätkapitalismus, Frankfurt 1973
Ders., Zur Rekonstruktion des Historischen Materialismus, Frankfurt 1976
Ders., Theorie des kommunikativen Handelns, 2 Bände, Frankfurt 1981
Ders., Moralbewußtsein und kommunikatives Handeln, Frankfurt 1983
Ders., Zur Logik der Sozialwissenschaften, Frankfurt 1985
Ders., Der philosophische Diskurs der Moderne, Frankfurt 1985
Ders., – *Niklas Luhmann,* Theorie der Gesellschaft oder Sozialtechnologie? Frankfurt 1971
Axel Honneth, Von Adorno zu Habermas. Zum Gestaltwandel kritischer Gesellschaftstheorie, in: *W. Bonß – A. Honneth* (Hg.,), Sozialforschung als Kritik, Frankfurt 1982, S. 87ff.

---

[21] *Jürgen Habermas,* Theorie ..., Bd. 2, S. 522

Ders. – *Hans Joas* (Hg.), Kommunikatives Handeln, Frankfurt 1986
Gabor Kiss, Grundzüge und Entwicklung der Luhmannschen Systemtheorie, Stuttgart 1986
Karin Knorr-Cetina, Zur Unterkomplexität der Differenzierungstheorie. Empirische Anfragen an die Systemtheorie, in: Zschr. f. Soziologie 21/1992, S. 406ff.
Alfred Kuhn, The Logic of Social Systems: A Unified, Deductive, System-Based Approach to Social Science, San Francisco 1974
Wolfgang Lipp, Autopoiesis biologisch, Autopoiesis soziologisch, in: KZSS 39/1987 S. 452ff.
Niklas Luhmann, Funktionen und Folgen formaler Organisation, Berlin 1964
Ders., Zweckbegriff und Systemrationalität, Tübingen 1968
Ders., Soziologische Aufklärung, 5 Bde, Opladen 1970/1975/1981/1987/1990
Ders., Gesellschaftsstruktur und Semantik, 3 Bände, Frankfurt 1980/1981/1989
Ders., Soziale Systeme. Grundriß einer allgemeinen Theorie, Frankfurt 1984
Ders., Die Wissenschaft der Gesellschaft, Frankfurt 1990
Ders., Am Ende der kritischen Soziologie, in: Zschr. f. Soziologie 20/1991, S. 147ff.
Ders., Wie ist soziale Ordnung möglich? In: Gesellschaftsstruktur und Semantik, Bd. 2, Frankfurt 1981, S. 195ff.
Ders., Erkenntnis als Konstruktion, Bern 1988
Ders., Das Erkenntnisprogramm des Konstruktivismus und die unbekannt bleibende Realität, in: Soziologische Aufklärung Bd. 5, Opladen 1990, S. 31ff.
Ders., Beobachtungen der Moderne, Opladen 1992
Ders., Gibt es in unserer Gesellschaft noch unverzichtbare Normen? Heidelberg 1993
Franz Maciejeroski (Hg.), Theorie der Gesellschaft oder Sozialtechnologie. Beiträge zur Habermas-Luhmann-Diskussion, 2 Bände, Frankfurt 1975
Ulf Matthiesen, Das Dickicht der Lebenswelt und die Theorie des kommunikativen Handelns, München 1983
Humberto R. Maturana, Erkennen: Die Organisation und Verkörperung von Wirklichkeit, Braunschweig 1982
Claus Offe, Strukturprobleme des kapitalistischen Staats, Frankfurt 1972
Richard Rorty, Der Spiegel der Natur. Eine Kritik der Philosophie, Frankfurt 1984 (ursprl. am. 1979)
Wolfgang L. Schneider, Objektives Verstehen, Opladen 1991
John R. Searle, Speech Acts, London 1969
Michael Theunissen, Gesellschaft und Geschichte. Zur Kritik der kritischen Theorie, Berlin 1969
Stephen Toulmin, Kritik der kollektiven Vernunft, Frankfurt 1983 (ursprl. am. „Human Understanding“, 1972)
Axel van den Berg, Critical Theory: Is There Still Hope? In: Am. J. of. Soc. 8601980, S. 49ff.
Francisco G. Varela, Principles of Biological Autonomy, New York 1979
Gerhard Wagner, Gesellschaftstheorie als Politische Theologie? Zur Kritik und Überwindung der Theorien normativer Integration, Berlin 1993
Albrecht Wellmer, Critical Theory of Society, New York 1971
Danilo Zolo, Reflexive Selbstbegründung der Soziologie und Autopoiesis. Über die epistemologischen Voraussetzungen der „allgemeinen Theorie sozialer Systeme“ Niklas Luhmanns, in: Soziale Welt 36/1985, S. 519ff.

3. Symbolstrukturen und gesellschaftliche Transformation

Intellektuelle Strömungen in Frankreich

Für das französische intellektuelle Klima bis in die 70er Jahre kennzeichnend war die große Bedeutung des Marxismus, der als Bezugspunkt sowohl für Freund wie Feind wirkte. Alle philosophischen „Moden" wie Existentialismus und Strukturalismus wiesen auch eine marxistische Spielart auf. Ein anderes Merkmal französischer Kultur, das sie auch mit der italienischen verbindet, ist die enge Verknüpfung von philosophischer Reflexion und politischem Engagement sowohl auf der Rechten wie auf der Linken des ideologischen Spektrums. Auch die Distanz zwischen den „Drei Kulturen", der Philosophie, der Wissenschaft und der Literatur, ist traditionell eine geringere als in Deutschland oder den USA. Um nur zwei Beispiele zu nennen: Jean-Paul Sartre war der große Philosoph des französischen Existentialismus, gleichzeitig einer der größten zeitgenössischen Dichter und auch politisch überaus aktiv und engagiert. Raymond Aron bewegte sich zwischen Philosophie, politischem Journalismus und Soziologie.

1) Phänomenologie und Existentialismus

Die dominanten intellektuellen Bewegungen, die unmittelbar nach dem 2. Weltkrieg und aus den Entwicklungen der Zwischenkriegszeit entstanden, waren Phänomenologie und Existentialismus, wobei erstere keineswegs die Einheitlichkeit einer Schule aufwies, sondern eine sehr heterodoxe Entwicklung darstellte, zu der so kontroverse Figuren wie Maurice Merleau-Ponty, Paul Ricoeur, Jean Paul Sartre oder auch der frühe Raymond Aron zu zählen sind. Seine Hauptströmung stellt aber die Existentialphänomenologie mit Sartre, Merleau-Ponty und Gabriel Marcel dar. Die Husserl-inspirierte Phänomenologie wurde modifiziert zu einer Lebensphilosophie á la Scheller und Heidegger unter dem Einfluß Henri Bergsons, Nikolai Berdjaevs, Gabriel Marcels, des Hegelianismus und des Marxismus eines Henri Lefebvre.

Sartre schwebte das Ideal einer Gesellschaft ohne Macht vor; sein Freiheitsbegriff ist auf die individuelle Existenz bezogen. Es verwundert daher kaum, daß Sartre, der ursprünglich die Vereinigung von Marxismus und Existentialismus anstrebte, sich zunehmend vom Marxismus, den er dann als Philosophie der Macht verstand, entfernte.

In der „Critique de la raison dialectique" (1965) entwickelte Sartre eine Theorie gesellschaftlicher Praxis aus der radikalen Option für individuelle Praxis, d.h. er setzte kein „fertiges" soziales Sein voraus, sondern entwickelte dieses aus individuellen, gemeinschaftserzeugenden Handlungen. Die Dialektik wird zur Logik der schöpferischen Aktion, die Freiheit der individuellen Existenz wird über alles andere gestellt. Gemeinsame Geschichte und Kultur entstehen unter Bedingungen materieller Knappheit, die die Menschen in negativer Weise zu gegenerischen Kollektiven machen, die in sich serienmäßig austauschbare Individuen enthalten. Die gemeinsame Bedrohung durch andere löste nun die gemeinsame Praxis einer Gruppe aus; dies ist allerdings ein transitorischer Zustand der Gemeinsamkeit, der durch Not und Protest erzwungen wurde. Die Gruppe hat keinen Bestand, sie ist nicht, sondern sie existiert nur in der Bewegung, im Handeln. Binden sich die Gruppenmitglieder auf Dauer aneinander, so bilden sie Organisationen und schließlich Institutionen und werden dann wieder zu Kollektiven, in denen es unter dem Druck der Notlage dann wieder zur Entstehung von „Praxis" als dem befreienden gemeinsamen Handeln der einzelnen kommt.

2) Strukturalismus

In den 60er Jahren löste der Strukturalismus als neue intellektuelle Mode die existentialistischen Modeströmungen ab. In allen einschlägigen Darstellungen des Strukturalismus als die disziplinübergreifende „Philosophie" oder „Methode" wird unisono gleich zu Beginn versichert, kein Mensch wisse, was Strukturalismus überhaupt sei. Einigermaßen einig ist man sich aber über die folgenden Merkmale:

Seinen Ursprung hatte der Strukturalismus in der Linguistik Ferdinand de Saussures, der davon ausging, daß eine Nichtübereinstimmung zwischen dem sich in der Rede, beim Sprechen formenden Begriff und den Zeichen, die als „Sprache" bei allen Individuen gespeichert sind, besteht. Dieser Unterschied wurde mit Hilfe der Differenzierung in eine synchronische und eine diachronische Betrachtungsweise zu erfassen gesucht: Unter synchronischer Analyse wird von formalen Strukturen des Denkens ausgegangen, die als universell über kulturhistorische Bedingtheiten hinaus wirksam angenommen werden; die diachronische Betrachtung hingegen geht von der dynamischen historischen Veränderung aus und hebt die kulturhistorischen Unterschiede der Bedeutung hervor. Das Gesprochene bezieht sich auf Vergangenheit, Sprache hingegen hat Dauer und Struktur. Der strukturale Ansatz beruht nun darauf, daß die diachronische Analyse der snychonischen untergeordnet wird und nach universellen Strukturen des Denkens und Sprechens gesucht wird, die sich hinter den raumzeitlichen Prozessen verbergen. Beobachtbare Phänomene werden nicht als Einzelerscheinungen betrachtet, sondern erhalten ihre Bedeutung erst als Elemente eines strukturierten Systems. Die Relationen zwischen den Elementen, die formalen Strukturen, nicht die Inhalte an sich, sind der Gegenstand wissenschaftlicher Analyse. Auf die Sprache bezogen bedeutet das, aus dem Studium bewußter Spracherscheinungen werden die unbewußten „Infrastrukturen" der Beziehungen zwischen den Ausdrücken, das zugrundeliegende System, aufzuspüren und in allgemeinen Gesetzen festzuhalten gesucht.

Das linguistische Modell wurde von Claude Lévi-Strauss auf das Gebiet der Kulturanthropologie übertragen, d. h. die beobachtbaren Kulturerscheinungen und Verhaltensweisen wurden durch die Aufdeckung unbewußter formaler Strukturen zu erklären gesucht. Zunächst fand man diese Strukturen in den Verwandtschaftsbeziehungen, später ging Lévi-Strauss dazu über, allgemeine Denkstrukturen aufzuspüren. Claude Lévi-Strauss gilt allgemein als der Begründer des Strukturalismus als sozialwissenschaftliches Paradigma, dem seine Hauptwerke gewidmet sind: „Les Structures Eléméntaires de le Parenté" (1949) und „Anthropologie Structurale" (1958), insbesondere aber „La Pensée Sauvage" (1962). Man kann davon sprechen, daß der Strukturalismus eine „neue wissenschaftliche Philosophie" ist, die den Durkheimschen Ansatz neubelebt und in der Sprache der strukturalen Linguistik formuliert hat.

Über das Ziel der Ethnologie schreibt Lévi-Strauss: „Ihr Ziel ist es, trotz des bewußten und immer unterschiedlichen Bildes, das die Menschen sich von ihrem Werden machen, zu einem Katalog unbewußter Möglichkeiten zu kommen, von denen es nicht beliebig viele gibt und deren Übersicht und Beziehungen hinsichtlich Vereinbarkeit und Unvereinbarkeit, die sich miteinander unterhalten, eine logische Architektur für historische Entwicklungen liefern, die unvorhersehbar sein können, ohne jemals willkürlich zu sein."[1] Und darin sieht er die die Geschichtsschreibung ergänzende Rolle der Ethnologie entsprechend dem berühmten Marx-Ausspruch: Die Menschen machen ihre eigene Geschichte, aber sie machen sie nicht aus freien Stücken.

---

[1] *Claude Lévi-Strauss,* Strukturale Anthropologie, Frankfurt 1967 (urspr. frz. 1958), S. 38

Lévi-Strauss zielt mit Hilfe der strukturalen Analyse durchaus auf positive Erkenntnis und die Entdeckung allgemeiner Gesetze in der Ethnologie. Wie schon Durkheim und Mauss macht er auch keine strenge Trennung zwischen Ethnologie und Soziologie. Die Sprachwissenschaft sieht Lévi-Strauss als die fortgeschrittenste Sozialwissenschaft; ihre Bedeutung für Ethnologie und Soziologie ist eine zweifache: einmal als Vorbild in bezug auf die strukturanalytische Methode, zum anderen, weil soziale Strukturen immer auch in sprachlichen Ausdrücken eingebunden sind. Lévi-Strauss unterscheidet das „système des appellations" (Benennungssystem) und das „système des attitudes" (Einstellungssystem); diese sind die zwei Wirklichkeitsordnungen des Verwandtschaftssystems: Verwandtschaft kommt in Einstellungen und Verhaltensweisen, aber auch in reziprok aufeinander bezogenen Normen zum Ausdruck. Verwandtschaft ist in dieser Sicht nicht mehr nur eine biologische Verbindung zwischen Menschen, sondern eine Beziehung von Symbolen. Die Sprache aber ist ein soziales Phänomen, das vom Beobachter unabhängig ist. Sie kann daher als Struktur von außen erforscht werden, ähnlich den Strukturen von Elementen, die der Chemiker untersucht.

Lévi-Strauss geht dann dazu über, auch die Struktur der Mythen aufzuzeigen. Mythen beziehen sich einerseits immer auf die Vergangenheit, aber andererseits erhalten diese Ereignisse, auf die sich der Mythos bezieht, ihren Sinn dadurch, daß sie eine Dauerstruktur bilden, die sich gleichzeitig auf Vergangenheit, Gegenwart und Zukunft bezieht. Ähnlich hat auch die Ideologie eine historische und zugleich eine ahistorische Dimension. Die Struktur ist nicht unmittelbar in der empirischen Wirklichkeit auffindbar, sondern nur die Beziehungen. Die „Struktur" ist also ein Modell der empirischen sozialen Beziehungen. Gesellschaft enthält eine Vielzahl von Strukturen, das Verwandtschaftssystem, das soziale Schichtungssystem, die Wirtschaftsbeziehungen etc.; sie sind gleichzeitig Benennungs- und Einstellungssysteme.

Durch seine Betonung positiver, nomologischer Erkenntnis geriet Lévi-Strauss in eine gewisse Gegnerschaft zur französischen Phänomenologie, mehr noch wurde der Strukturalismus durch die Zurückdrängung des Subjekts und die Hervorhebung der Struktur zur Antithese von Sartres subjektzentriertem Existentialismus. Sartre und Merleau-Ponty wandten sich gegen die „Philosophie ohne Subjekt"; andere wie Paul Ricoeur suchten eine Verbindung zwischen Strukturalismus und Hermeneutik herzustellen. Michel Foucault, Jacques Lacan, Jacques Derrida, Roland Barthes wurden zum Strukturalismus gezählt, differierten jedoch stark sowohl von Saussure wie von Lévi-Strauss, so daß sie mitunter als Poststrukturalisten bezeichnet werden.

Auch manche Marxisten haben eine Verbindung mit dem Strukturalismus gesucht, wie etwa Louis Althusser, und ihn dabei modifiziert. Louis Althusser differenziert die Gesellschaft in vier „Produktionssphären": Wirtschaft, Politik, Ideologie, Wissenschaft, die jeweils eine relativ autonome Praxis der Produktion aufweisen, wobei sich aber durchaus der eine oder andere Bereich als dominant erweisen kann. Letztlich ist es aber die materielle Produktion, die sich als determinierend in allen Fällen ergibt. Das Modell der Struktur von Produktionsweisen leitet sich ab von der ökonomischen Produktion und besteht aus einer Reihe von Elementen (Arbeiter, Produktionsmittel, Nichtarbeiter und Aneigner von Mehrwert) und Arten von Beziehungen (Eigentumsbeziehungen, Beziehungen der realen und materiellen Aneignung). Aus der Kombination dieser Elemente und Relationen ergeben sich mögliche Strukturen von Produktionsweisen. Historische Prozesse lassen sich daher nicht durch eine Ursache erklären, sondern durch „strukturale Kausalität".

Aufgrund des Einflusses von Lévi-Strauss in den USA wurde hier auch eine Erneuerung der amerikanischen strukturell-funktionalen Theorie versucht, wie etwa von E.

A. Tiryakian, der den Strukturfunktionalismus als strukturale Soziologie mit dem Ziel der Erschließung der grundlegenden Dimensionen der Makrodynamik gesellschaftlicher Systeme versteht.

Zur Entwicklung der akademischen Soziologie in Frankreich

Wenngleich Frankreich die Wiege der Soziologie seit Comte und mit Durkheim auch die der akademischen Soziologie als Einzelwissenschaft war, so kamen nach dem 2. Weltkrieg die Anstöße zu einer rein „wissenschaftlichen" Soziologie doch vornehmlich unter dem Einfluß der amerikanischen Soziologie und Sozialforschung zustande. Die französische Soziologie der Zwischenkriegszeit war beherrscht von der Durkheim-Schule, die sich aber zunehmend auf kulturanthropologischem Gebiet betätigte. Die zweite große Schule mit sozialwissenschaftlicher Orientierung waren die Historiker rund um die Zeitschrift „Annales d'histoire économique et social", die aufgrund ihrer interdisziplinären Orientierung auch die Zusammenarbeit mit der Durkheim-Schule suchten, dieser jedoch auch Konkurrenz auf dem Gebiet soziologischer Kompetenz machten. In gewisser Weise fand zwischen den beiden Schulen auch eine Art Methodenstreit statt, denn die Durkheimiens vertraten mehr oder weniger dogmatisch den Methodenmonismus, während die „Annales"-Gruppe offener in bezug auf Methoden waren, ja Methodendiskussionen meist überhaupt vermieden.

In den 30er Jahren begann die Bedeutung der Durkheim-Schule zu schwinden; neue Vertreter der Soziologie begannen sich fernab von dieser zu entwickeln wie Georges Friedmann und Georges Gurvitch, die die Soziologie der ersten Jahrzehnte nach dem Ende des 2. Weltkriegs beherrschten. Auch die Annales-Historiker wurden immer wichtiger für die französische Soziologie; insbesondere Lucien Febvre spielte eine wichtige Rolle bei der Wiederbelebung der Soziologie nach dem Krieg. Die Soziologie, die sich nach dem 2. Weltkrieg dann aber tatsächlich etablierte, war nicht nach dem Geschmack der Annales-Historiker, denn sie kapselte sich zunehmend ab, wandte sich der Mikroebene zu und wurde ahistorisch.

Eine Neuauflage der Auseinandersetzung zwischen Annales-Historikern und Durkheim-Schule brachte der Aufschwung, den die strukturale Anthropologie seit dem Ende der 50er Jahre erlebte. Der Strukturalismus wurde in der Folge zu einer kulturell-intellektuellen Strömung weit über seine einzelwissenschaftliche Bedeutung in Linguistik und Anthropologie hinaus.

Die französische akademische Soziologie nach dem 2. Weltkrieg war dominiert von Georges Gurvitch (1894–1965), der den Lehrstuhl Durkheims an der Sorbonne innehatte. Er entwickelte eine dynamische Theorie sozialer Strukturen, wobei er dialektische und empirische Methoden in einer „hyperempirischen Dialektik" verband. Die Phänomenologie Husserls, Schelers und Bergsons ermöglichte es, die Durkheimische Wissenssoziologie durch die Berücksichtigung der dialektischen Beziehung von Gesellschaft und individuellem Bewußtsein zu erweitern.

Ein anderer, der zu einer der Leitfiguren französischer Soziologie wurde, war Georges Friedmann (1902–1977), der die in Frankreich besondes bedeutsame Arbeitssoziologie mitbegründete. Jean Stoetzel setzte die sozialpsychologische Tradition durch Verbindung mit amerikanischen Meinungsforschungsmethoden fort, und Henri Lefebvre verband Marxismus und Soziologie miteinander. Von besonderer Bedeutung sowohl als Soziologe, der stark von der deutschen Philosophie und Geisteswissenschaft beeinflußt war, wie als politischer Kommentator, der vor allem gegen einen strukturalen Marxismus von großer Moskautreue auftrat, war Raymond Aron (1905–1983).

Darüber hinaus ist das Bild der französischen Soziologie überaus vielfältig und durch eine große Zahl von teilweise originellen Studien geprägt gewesen. Die philosophischen und ideologischen Moden reflektierten sich darin bis in die 60er Jahre hinein nur in geringem Maße. Das änderte sich in der Folge etwas; man kann von der Entstehung von Schulen in den 70er Jahren sprechen. Sie entwickelten sich vor allem um vier Personen: Michel Crozier, Raymond Boudon, Pierre Bourdieu und Alain Touraine. Während Bourdieu und Touraine eine gewisse Rolle in den Ereignissen des Jahres 1968 gespielt hatten und ihre Soziologie Elemente marxistischer Gesellschaftsanalyse aufweist, sind Crozier und Boudon von der amerikanischen Soziologie beeinflußt. Michel Crozier wandte sich dem Studium organisationaler Probleme zu, dem Phänomen der Bürokratie und der Angestelltenproblematik; Raymond Boudon widmete sich hingegen mehr den formallogischen und methodischen Aspekten. Seine Soziologieauffassung knüpft u. a. auch an Paretos Begriff der nichtlogischen Handlungen an, und wie dieser versucht er eine Logik des Nichtlogischen; er wirkte mit am Aufschwung der „Rational Choice"-Soziologie der 80er und 90er Jahre.

Struktur, Praxis und Erkenntnis: Zur Soziologie der symbolischen Formen Pierre Bourdieus

Einen der interessantesten Ansätze der Soziologie in Frankreich hat Pierre Bourdieu, Professor für Kultursoziologie, entwickelt, dessen Elemente sich aus einem strukturalen Marxismus mit Einflüssen von Cassirers „Philosophie der symbolischen Formen" konstituieren. Dabei sucht Bourdieu einen anderen Weg als den der einander scheinbar ausschließenden und doch seiner Meinung nach gleichzeitig einander legitimierenden Standpunkte einer geisteswissenschaftlich-verstehenden und subjektbezogenen interpretierenden Methode und einer positivistisch-monistischen, empirischen Sozialwissenschaft. Insbesondere die subjektbezogene Soziologie, die die Analyse aus der Sicht des Subjekts durchführt, lehnt er als „Spontansoziologie" ab. Darunter fallen auch die Ansätze, die als ihren Gegenstand die „intersubjektiven Beziehungen" angeben wie der Symbolische Interaktionismus, und für die die subjektiven Deutungen die Wirklichkeit konstituieren. Die subjektbezogene Soziologie sieht Bourdieu als den Überrest eines veralteten Denkens ähnlich dem Substanzdenken in der Geometrie und Mathematik. Während man hier längst zu einer Relationslogik gefunden hat, wehrt sich das „Subjekt, gemeinsames Erbe des christlichen Spiritualismus und des cartesianischen Dogmas ... mit mehr Erfolg als die Figuren der Geometrie gegen den Versuch, oberhalb der einzelnen, unmittelbar gegebenen Konfigurationen das Bezugssystem zu erfassen, innerhalb dessen es erst ein Dasein, seine raison d'être und sogar den Anschein einer autonomen Existenz gewinnt."[2] Bourdieu verwahrt sich aber auch gegen eine objektiv-empirisch vorgehende Sozialwissenschaft, die Objektivität mit schlichter Unterwerfung unter gegebene Tatsachen verwechselt.

Seine frühe Beschäftigung mit der Anthropologie (v. a. der algerischen Kultur und Gesellschaft) brachte ihn natürlich zum Strukturalismus als eine Denkweise und Analyseform, die den sonst fast unvermeidlichen Ethnozentrismus anthropologischer Forschung vermeidet. Bourdieus Argumente in seinen Analysen der kabylischen Gesellschaft war nicht so sehr auf die Mythen und Rituale als Symbole an sich gerichtet, sondern als symbolische Praktiken, Verrichtungen, Handlungen, die Beziehungen zwischen Elementen herstellen, etwa zwischen dem Handwerk des Webens

---

[2] *Pierre Bourdieu,* Zur Soziologie der symbolischen Formen, Frankfurt 1974 (ursprl. frz. 1970), S. 19

und der Tatsache, daß es aufgrund seiner Verrichtung im Inneren des Hauses als weibliche Betätigung mit spezifischen Ehrbegriffen verbunden wird.

1) Struktur und Praxis

Der strukturalen Analyse gesteht er zu, eine adäquate Erfassung der objektiven Verhältnisse zu leisten, ohne in den Irrtum zu verfallen, Einzelfälle zu verallgemeinern oder aus der Subjektsicht zu erklären. Der Strukturalismus zwingt zu einem relationalen Denken zum Unterschied vom substantialisierten Denken. Die strukturale Analyse verfährt „subjektfrei", sie untersucht das „System der objektiven Beziehungen", das bestimmt ist durch die Ökonomie und Morphologie der Gruppen. Sie definiert es als Struktur (erster Ordnung), d. h. als System von Kovarianten, mittels dessen sich ein Relationssystem in ein anderes transformiert.

Die „Struktur" im Sinne des Strukturalismus ist ein Relationssystem zwischen den konstitutiven Elementen einer Totalität. Das Ideal ist ein formalisiertes Modell analog den Symbolen und Operatoren der mathematischen Modelle. Das Ziel der strukturalen Analyse ist die Feststellung von strukturalen Homologien. Für den Bereich der Sozialwissenschaften ist dies der Vergleich von Gruppen mit äquivalenten Stellungen in der Gesellschaft durch die Herausarbeitung transhistorischer und transkultureller Merkmale dieser Gruppen.

Bourdieu aber geht darüber hinaus und meint, dieser vorläufige Objektivismus sei eine Notwendigkeit, um davon ausgehend die Bedingungen der Praxis festzustellen. Bourdieus zentrales Problem ist die Beziehung zwischen Erkennen und Handeln, die auch zur Beziehung zwischen Subjekt und Objekt in der Forschung wird. Sein Schluß ist zunächst, daß alle Versuche eines direkten Verstehens eine Absolutsetzung des Ichs des Beobachters bedeuten und daß die Objektivierung durch die strukturale Analyse das Fremde näherbringt, obwohl sie es scheinbar von uns entfernt. Sein Erkennungsziel ist das Verstehen durch Objektivieren. Insbesondere die vorlogische Logik des praktischen Handelns, etwa der Rituale, kann nicht durch „Sich-Hineinversetzen" des mit rationaler Logik behafteten Beobachters verstanden werden, sondern wird „greifbarer" durch Distanzierung und Objektivierung, aber der Objektivismus entdynamisiert die Wirklichkeit auch. Diese aber ist Praxis, nicht Momentaufnahme.

Neben die phänomenologischen und objektivistischen Modi der theoretischen Erkenntnis der sozialen Welt stellt er – diese gleichzeitig dialektisch überwindend – die praxeologische Erkenntnis. Ihr Ziel ist nicht die Feststellung objektiver Strukturen als solche, sondern von „strukturierten Strukturen, die geeignet sind, als strukturierende Strukturen zu wirken."[3]

Für Bourdieu enthält Praxis aber auch immer etwas Unsagbares, eine mimesis, die sich symbolisch ausdrückt, aber reines Tun ohne Theorie ist, nicht in Worten ausgedrückt werden kann. Dies wird besonders deutlich am Kunstwerk, das trotz aller Deutung und Interpretation durch die Kunstgeschichtler immer etwas anderes (und daher immer neu deutbar und die Zunft der Kunstgeschichte derart fördernd) ist als diese, weil das Kunstwerk Produkt der Praxis, der „Kunst" ist. Der Begriff der Praxis, den Bourdieu hier entwickelt, zeigt eine gewisse Ähnlichkeit mit dem des „Lebens" des Pragmatismus, weniger dem des Existentialismus oder der Existentialphänomenologie. Er bezieht seinen Ursprung aus der Zurückweisung der Annahme, alles Denken sei nur als sprachliches und solcherart logisches Denken möglich; er betont immer wieder die vorlogische Logik der Praxis.

---

[3] *Pierre Bourdieu,* Entwurf einer Theorie der Praxis, Frankfurt 1976 (urspr. frz. 1972), S. 165

Praxis ist für Bourdieu bestimmt durch die Dialektik von objektiven Strukturen und verinnerlichten Strukturen (das „Eingeborensein" in eine Kultur), wobei „Dialektik" zum Ausdruck bringt, daß sich die verinnerlichten Strukturen nicht aus den objektiven Strukturen restlos erklären lassen, aber auch umgekehrt die objektiven Strukturen nicht aus den Intentionen der in ihnen Handelnden herleiten lassen. Die verinnerlichten Strukturen versteht Bourdieu als ein System von Dispositionen. Solcherart kann er auch praxeologische Erkenntnis definieren als dialektische Beziehung zwischen objektiven Strukturen einerseits und dem System der Dispositionen, welche diese aktualisieren und reproduzieren.

Das System der organischen oder mentalen Dispositionen und der unbewußten Denk-, Wahrnehmungs- und Handlungsschemata nennt er „Habitus". Damit überwindet und vereinigt Bourdieu Objektivismus und Subjektivismus; der Habitus stellt die Verbindung zwischen Struktur und Praxis her durch die „Dialektik zwischen Interiorität und Exteriorität".[4]

Praxis darf nicht als mechanische Reaktion auf vorher gegebene determinierende Bedingungen verstanden werden, wie das der positivistische Materialismus tut, aber das ebenso eine Sichtweise reflektiert, die typisch ist für die Weltinterpretation „von den besseren Plätzen der Sozialstruktur" aus. Praxis wie auch die Theorie der Praxis selbst sind Produkt der dialektischen Beziehungen zwischen einer Situation und einem als System dauerhafter Dispositionen begriffenen Habitus.

2) Symbolisches Kapital und Habitusdifferenzierung

Weder läßt sich eine soziale Gruppe oder Klasse allein aus ihrer Lage und Stellung in der gesellschaftlichen Struktur bestimmen noch durch die Wirkung interaktiver Beziehungen zwischen Individuen und dem Austausch ihrer subjektiven Vorstellungen und Erwartungen. Individuen treten in symbolische Beziehungen zueinander, in denen sie mit Hilfe von signifikanten Unterscheidungsmerkmalen ihre Position ausdrücken wollen. Diese „Distinktionszeichen" aber sind weder auf die objektive Struktur noch auf die subjektiven Motive allein zurückführbar; sie verweisen auf eine Homogenität in den Praxisformen der Gruppe oder Klasse, die die individuellen oder kollektiven bewußten Absichten transzendiert, weil sie Produkt der Verinnerlichung der objektiven Strukturen sind.

Diese symbolischen Unterscheidungen erfolgen etwa durch die Art der Verwendung der ökonomischen Mittel, also den Konsum, insbesondere jenen, den man als „symbolisch" oder „ostentativ" bezeichnen kann („demonstrativer Konsum" bei Th. Veblen), oder aber durch die Sprache, die „Manieren", den „Geschmack", die „Bildung". Sie scheinen Wesenseigenschaften von Personen, persönliche Tugenden, Begabungen, Anlagen zu sein; sie sind jedoch nicht durch die subjektiven Bestrebungen und Vorstellungen erklärbar, sondern nur mittels Rekurs auf die objektiven, d. h. die ökonomischen Verhältnisse. Allerdings determinieren die ökonomischen Strukturen nur die Lage und Stellung der Gruppe, während das System der symbolischen Beziehungen seine Regeln mit einer gewissen Autonomie sowohl von den ökonomischen Verhältnissen wie von den subjektiven Absichten entwickelt. Die Struktur der symbolischen Beziehungen ist nicht die der ökonomischen Verhältnisse. Handeln ist bei Bourdieu also nicht direkt durch die ökonomischen Verhältnisse determiniert, sondern durch die Habitusformen geprägt. Eine soziale Klasse ist durch mehr als ihre ökonomische Lage und Stellung bestimmt, sie unterscheidet sich auch symbolisch durch die von den Individuen zur Schau getragenen Habitusformen, und jede

[4] *Pierre Bourdieu,* Entwurf einer Theorie ..., op. cit., S. 164

gesellschaftliche Praxis ist durch beide bestimmt. Die Individuen tragen ihre gegenwärtige wie vergangene Position innerhalb der Sozialstruktur in Gestalt der Habitusformen mit sich herum, die sowohl die soziale Person mit all ihren Dispositionen wie auch Hinweise auf die gesellschaftliche Position enthalten.

Bourdieu spricht von der Verdoppelung der Güter durch ihr symbolisches Dasein neben ihrer ökonomischen Existenz (analog der „Verdoppelung der Welt“ durch die Begriffe). Neben das ökonomische Kapital tritt das symbolische Kapital, das sind die Distinktionszeichen und distanzierenden Handlungen der Individuen, die sich voneinander abzugrenzen suchen und dadurch die ökonomischen Unterschiede aktivieren, reproduzieren und auch neben diesen als darüber hinausgehende Unterscheidungsprinzipien wirken. In der gegenwärtigen Gesellschaft herrscht die herrschende Klasse nicht nur durch das ökonomische Kapital, sondern auch durch das symbolische Kapital; für Bourdieu gehören neben den Unternehmen besonders die Intellektuellen zur herrschenden Klasse.

Distinktionszeichen (z.B. Titel, Kleidung, Sprache ...) schaffen durch die begriffliche Zusammenfassung der solcherart „Distinguierten“ zugleich Unterscheidungen zwischen Gruppen. Das symbolische Kapital stellt für die Herrschenden Vertrauenskapital, Kredit, dar. Symbolisches Kapital vermittelt genauso wie ökonomisches Kapital Macht, „Macht zur Durchsetzung der Anerkennung der Macht«.[5]

Bourdieu unterscheidet zwischen der „nackten“ ökonomischen Gewalt und der symbolischen Gewalt. Letztere ist beschönigte, unkenntlich gemachte, ja anerkannte Gewalt, die durch die Aneignung von Habitusformen wirkt, aber auch den ständigen Einsatz der Herrschenden zur Aufrechterhaltung symbolischer Herrschaft erfordert. Dies ändert sich allerdings im Lauf der gesellschaftlichen Entwicklung. In dem Maße, in dem in den modernen Gesellschaften objektive Mechanismen entstanden wie die Selbststeuerung des Marktes, die Institutionen etc., die die gewünschten Dispositionen von selbst erzeugen, wird die symbolische Herrschaft von den Personen und ihrem Tun immer unabhängiger; Titel sichern den Fortbestand der Macht; das Bildungssystem liefert die praktische Rechtfertigung der bestehenden Ordnung und ihrer Verknüpfung von Titeln und Positionen.

Die individuellen Habitusformen innerhalb einer durch ihre Lebensbedingungen abgegrenzten Gruppe weisen ein Verhältnis der Homologie auf, d. h. wohl macht kein Individuum in der Klasse ganz die gleichen Erfahrungen, was den Zugang zu Gütern, Dienstleistungen und zur Macht betrifft, aber diese Erfahrungen sind innerhalb einer Klasse doch von wesentlich größerer Homogenität als zwischen den Klassen, so daß Bourdieu jedes individuelle System von Dispositionen als eine strukturale Variante des Klassenhabitus betrachten kann.

Bourdieus Analyse konstituiert zunächst den sozialen Raum als eine Struktur objektiver Relationen, die die Interaktionen und Vorstellungen der Individuen und Gruppen determiniert; er läßt in der Folge aber auch diesen Objektivismus wieder hinter sich und faßt die sozialen Positionen als strategische Positionen im Kampf der Klassen und Gruppen auf; dabei geht es um den Kampf um die Repräsentation der jeweiligen sozialen Gruppen. In diesem Prozeß spielen objektive Lebensbedingungen eine Rolle, aber auch die Vorstellungen, die die sozialen Subjekte voneinander haben. Diese Vorstellungen aber sind wieder verinnerlichte soziale Strukturen, die zu Klassifikationsschemata, zu symbolischen Formen werden, die ihrerseits die Gruppen- und Klassenbildung bzw. die Distanz und Unterscheidung in der Gesellschaft

[5] *Pierre Bourdieu,* Sozialer Sinn, Frankfurt 1987 (ursprl. frz. „Le sens pratique“ 1980), S. 240

fördern – und damit auch Geschichte erzeugen und selbst auch Produkt der Geschichte sind.

„Als Produkt der Geschichte produziert der Habitus individuelle und kollektive Praktiken, also Geschichte, nach den von der Geschichte erzeugten Schemata; er gewährleistet die aktive Präsenz früherer Erfahrungen, die sich in jedem Organismus in Gestalt von Wahrnehmungs-, Denk- und Handlungschemata niederschlagen und die Übereinstimmung und Konstantheit der Praktiken im Zeitverlauf viel sicherer als alle formalen Regeln und expliziten Normen zu gewährleisten suchen.“[6] Der Habitus ist Vergangenheit, die in der Gegenwart und Zukunft fortdauert. Die Habitusformen ändern sich nur in dem Maße, in dem sich die Existenzbedingungen einer Klasse oder Gruppe ändern. Dann können jederzeit neue Erfahrungen strukturiert werden, allerdings innerhalb gewisser Selektionsgrenzen, die durch die ursprünglichen Dispositionen bestimmt sind.

Bourdieus Soziologie ist direkter Ausfluß seiner ethnologischen Studien; in gewisser Weise entsprechen die Klassen den Stämmen der alten Gesellschaften in bezug auf die Hervorhebung der im Habitus zusammengefaßten Traditionen. Bourdieu betont weniger die „modernen“ Züge der modernen Gesellschaften, sondern die traditionellen Distinktionen. Seine Theorie ist geprägt worden durch die epistemologischen Probleme in der Untersuchung kabylischer Dörfer, den Widerstreit von Engagement, Distanzierung und Ethnozentrismus. Gleichzeitig wurde er mit dieser ethnographischen Basis und der Betonung der symbolischen Bedeutung von Habitusformen und materieller Kultur zu einem der Wegbereiter einer neuen Kultursoziologie, die nicht wie die traditionelle auf die „geistige“ Kultur abstellt, sondern von der materiellen Kultur ausgeht und sich in dieser Perspektive mit ähnlichen Entwicklungen innerhalb der Kulturanthropologie und der Kulturgeschichte trifft.

Soziologie und programmierte Gesellschaft: Alain Touraine

Alain Touraine, seit 1966 Professor in Nanterre und an der Ecole Pratique des Hautes Etudes, war selbst aktiv in der Studentenbewegung der 60er Jahre. Er hat seine besondere Aufmerksamkeit zwar der Arbeits- und Entwicklungssoziologie zugewandt, hat darüber hinaus aber über die Analyse sozialer Bewegungen und sozialer Konflikte auch einen allgemeinen theoretischen Zugang zur Soziologie moderner Gesellschaften gesucht. Das Werk, welches die methodisch-theoretischen Überlegungen Touraines am stärksten reflektiert, ist „Sociologie de l'action“ (1965: dt. Soziologie als Handlungswissenschaft, 1974). Darin erörtert er seinen die funktionalistischen und strukturalistischen Konzeptionen ergänzenden Ansatz des Aktionalismus. Dabei sind die methodisch-theoretischen Aspekte seiner Auffassung weniger bedeutsam; diese erhält ihre Wirkung mehr durch die Kraft des Engagements, die darin zum Ausdruck kommt.

1) Soziologie und soziale Bewegung

Der Aktionalismus Touraines erwuchs aus seinen Untersuchungen über die Arbeit im Sinne von Marx als dem Transformationsprinzip des Menschen und der Natur. Arbeit impliziert immer das Streben nach Herstellung und nach Kontrolle. Arbeit wird als historisches Handeln aufgefaßt und daher in seinem Bedeutungsumfang erweitert, so daß es ident wird mit Handeln in bezug auf die Perspektive der Veränderung, der Bewegung. Die Analyse der Arbeit kann analog auf das Handeln übertragen werden. Die aktionalistische Analyse befaßt sich nicht nur mit Arbeit und Beziehung zwischen

---

[6] *Pierre Bourdieu,* Sozialer Sinn, op. cit., S. 101

Mensch und Natur, sondern auch mit dem sozialen Handeln. Dabei kann die Tatsache nicht außer acht gelassen werden, daß sich Handeln immer auf einen Sinn, der einer Situation beigemessen wird, bezieht. Historisches Bewußtsein, Sozialität als die bewußte Beziehung zum anderen und das existentielle oder anthropologische Bewußtsein bezeichnet Touraine als die drei grundlegenden Themen der aktionalistischen Analyse. „Bewußtsein" steht hierbei nicht für den Gegenstand einer idealistischen Interpretation, sondern deutet darauf hin, daß nicht Tatsachen, sondern „Daseinsführungen" im Zentrum stehen.[7] Die Soziologie ist keine Wirklichkeitswissenschaft, sondern eine Untersuchung des sozialen Handelns. Die Wirklichkeit muß zerlegt werden in eine Pluralität von Feldern, deren Kombination noch immer die Wirklichkeit nicht ausschöpft, da diese auf Ereignisse hin analysiert werden muß.

Auch in „Was nützt die Soziologie?" verfolgt er diese allgemeinen Überlegungen weiter. Dabei wird deutlich, daß er die Soziologie stets auch als eine Art der gesellschaftlichen Praxis versteht, d. h. sie nicht nur als einen Weg sieht, die moderne Gesellschaft zu erklären, sondern auch umgekehrt aus der gesellschaftlichen Wirklichkeit Rückbezüge auf die Art von Soziologie, die ihr entsprechen, entnimmt. Dies verweist auf die Tatsache, daß der Soziologe seine Weltsicht stets in seine Soziologie einbringen muß. „Die Forschung hat es immer mit der Beziehung zwischen dem Soziologen und seinem Gegenstand zu tun, nie mit diesem allein." Oder anders ausgedrückt: „Die Soziologie deckt ihren Gegenstand nur auf, wenn sie selbst eingreift, um ihn sichtbar zu machen ..."[8]

Touraines Soziologie ist auf Praxis gerichtet, versteht sich als aktive Mitgestaltung gesellschaftlicher Bewegung und Veränderung. Nur durch das Engagement des Soziologen wird der Gegenstand der Soziologie sichtbar. Touraines Soziologie erinnert hier stark an die Kritische Theorie und ihre Einheit von Theorie und Praxis, Sein und Sollen; seinem Denken fehlen aber die bei Horkheimer und Adorno so deutlichen pessimistischen Elemente und deren Selbstbeschränkung in bezug auf die aktive Mitwirkung in der gesellschaftsverändernden Praxis. Touraines Verhältnis zum Theorie-Praxis-Bezug ist ungebrochen und „aktionalistisch". Der Soziologe muß sich in der Bewegung engagieren, gleichzeitig aber Distanz zu deren Organisationen wahren.

Die Praxisorientierung Touraines bewirkt auch seine Ablehnung und Kritik der Integrationstheoretiker. Gesellschaft darf – seiner Meinung nach – nicht als Ordnung begriffen werden, denn: „Von Soziologie läßt sich erst sprechen, wenn die Gesellschaften nicht mehr in bezug auf eine Ordnung festgelegt werden, die ihnen äußerlich bleibt, sondern wenn sie in ihrer Historizität, in ihrer Fähigkeit sich zu produzieren, begriffen werden."[9] Man darf nicht von Ordnungskategorien wie Normen, Institutionen, die Touraine als „außergesellschaftlich" versteht, für die Erklärung der gesellschaftlichen Entwicklung ausgehen, sondern von immanenten Kräften, die sich selbst durch Veränderung der sozialen Beziehungen, Entscheidungen und Konflikte definieren. Das heißt aber auch: Sozialer Wandel wird von gesellschaftlichen Kräften bewirkt, nicht von außergesellschaftlichen wie Technologie, Wirtschaft, Politik.

Als „Gegenstand" der Soziologie sieht Touraine die sozialen Beziehungen an, die aber „rein" nicht erfaßbar sind, weil sie immer schon interpretiert und ständig in Bewegung sind. Das Ziel der Soziologie richtet sich auf die Erfassung dieser

---

[7] *Alain Touraine,* Soziologie als Handlungswissenschaft, Darmstadt und Neuwied 1974 (urspr. frz. 1965), S. 30

[8] *Alain Touraine,* Was nützt die Soziologie? Frankfurt 1976 (urspr. frz. 1974), S. 18

[9] Ebenda, S. 12

Bewegung, nicht eigentlich auf irgendwelche an sich extrasozial begründete Strukturen. Nicht die Institutionen stellen den eigentlichen Untersuchungsgegenstand der Soziologie dar, sondern Macht, Einfluß, Konformität und Konflikt. Der Verweis auf die Kräfte gesellschaftlicher Bewegung bedingt aber auch – wie bei der Kritischen Theorie – die Orientierung an der Historizität der Gesellschaft und der sie konstituierenden Klassenverhältnisse. Er schreibt in „Production de la société": „Le problème central de la sociologie est de comprende comment une société repose sur un ensemble d'orientations tout en étant dirigée et organisée par un pouvoir, comment elle est une et double, historicité et rapport de classes."[10]

Die Gesellschaft ist nicht nur Reproduktion und Anpassung, sondern auch Schöpfung, Selbstproduktion. Diese Eigenschaft der Gesellschaft der Selbstbeobachtung und Selbstbestimmung ihrer Praxis nennt Touraine „Historizität". Der Soziologe ist wie alle Intellektuellen ein Agens dieser Historizität. Er ist aber auch hineingestellt in die Klassenauseinandersetzungen und nimmt an ihnen in irgendeiner Form teil, auch wenn er es nicht wahrhaben will. Und keiner kann alle Respektiven der sozialen Akteure in gleicher Weise vereinen und Objektivität in diesem Sinne erreichen.

2) Der neue soziale Konflikt

In seiner Analyse der Entwicklung der modernen Gesellschaften, die vor allem in den Aufsätzen in „Die postindustrielle Gesellschaft" enthalten ist, und die stark geprägt ist von den Bezügen auf die Studentenbewegung von 1968, stellt er recht dramatisch fest: „Vor unseren Augen entstehen Gesellschaften eines neuen Typs."[11] Er bezeichnet sie als „postindustrielle Gesellschaften" oder „technokratische Gesellschaften", am liebsten aber als „programmierte Gesellschaften". Ihr Merkmal ist, daß das Wirtschaftswachstum zwar der dominierende Faktor ist, aber nicht mehr primär von ökonomischen Bedingungen, sondern von sozialen Kräften geprägt ist, insbesondere der Fähigkeit zu Planung, Organisation und Kontrolle. Ihr Grundproblem ist nicht die Ausbeutung als ein wirtschaftlicher Sachverhalt, sondern die Entfremdung, die Touraine im Rahmen gesellschaftlicher Verhältnisse definiert: „Unsere Gesellschaft ist eine Gesellschaft der Entfremdung, nicht weil sie die Menschen ins Elend stößt oder weil sie polizeiähnliche Zwänge auferlegt, sondern weil sie verführt, manipuliert, integriert."[12]

Die gesellschaftliche Integration besteht in der programmierten Gesellschaft nicht nur in der Teilnahme am Arbeitsprozeß, sondern in der Einbeziehung in ein totales Kommunikationssystem; die kulturelle Manipulation erfaßt Bedürfnisse und Verhaltensweisen in allen Lebensbereichen, die politische Kontrolle ist so stark wie nie zuvor. Der entfremdete Mensch in dieser Gesellschaft nimmt teil und bleibt abhängig, denn er nimmt nur teil in dem Ausmaß, in dem es ihm von der herrschenden Klasse zugebilligt wird. Diese „abhängige Partizipation" bestimmt die Entfremdung, sie dient aber auch der Reduktion des sozialen Konflikts und sie ist auch das Charakteristikum der Beziehungen zwischen entwickelten und unterentwickelten Ländern.

Die Klassengesellschaft des 19. Jahrhunderts war bestimmt durch die Tatsache, daß die Klassen nicht nur ökonomisch differenzierte Gruppen, sondern sozial und kulturell unterschiedliche Gesellschaftsbereiche waren, die sozialen Spannungen aufgrund des Fehlens der politischen Kontrolle im Industrialisierungsprozeß nur

---

[10] *Alain Touraine,* Production de la société, Paris 1973, S. 11
[11] *Alain Touraine,* Die postindustrielle Gesellschaft, Frankfurt 1972 (ursprl. frz. 1969), S. 7
[12] Ebenda, S. 13

wenig institutionalisiert waren und das Gesellschaftsbild sowohl im bürgerlichen wie im proletarischen Bewußtsein auf die Zukunft hin orientiert war.

Die Auflösung dieses Gesellschaftsbildes erfolgte – hier unterscheidet sich Touraine deutlich von Bourdieu – durch das Verschwinden der kulturell differenten Grundlagen der Gesellschaftsklassen, sie wurden zur formlosen Masse, aus der sich dann rein ökonomische Klassen, Interessengruppen, entwickelten. Diese Situation förderte die Insitiutionalisierung des industriellen Konflikts. Die wachsende Bedeutung von Organisation, Hierarchie und Bürokratie führte zu einer Trennung der Probleme der Organisation und der wirtschaftlichen Entscheidungsmacht und folglich auch von Organisationskonflikten und Klassenkonflikten. Zu einer Konzentration der Macht kommt es durch die Tatsache, daß die Zukunftsorientierung sich nicht aus der Akkumulation als dem Interesse einer Klasse ergibt, sondern aus der Programmierung als dem Interesse der gesamten Gesellschaft. Die herrschenden Gruppen der programmierten Gesellschaft sind die Technokraten, die Bürokraten und die Techniker.

Gegen die von ihnen im Rahmen des Oberziels des Wirtschaftswachstums gebotene abhängige Partizipation setzen sich zum einen jene zur Wehr, die als lohnabhängige Konsumenten ein Interesse an Sicherheit haben und jene Personen, die aufgrund ihrer wissenschaftlichen und technischen Kompetenz am besten die Widersprüche der programmierten Gesellschaft begreifen, die Avantgarde einer neuen Arbeiterklasse. Darüber hinaus sind die Universitäten durch die Einbeziehung der Wissenschaft in den Dienst der Produktion politisiert worden, und ihre Mitglieder können sich nicht mehr abseits von den zentralen Konflikten der modernen Gesellschaft halten; die Universität wird zum privilegierten Ort des Widerstands – darin klingt der Nachhall des heißen Herbstes 1968 weiter. Der Widerstand darf sich aber nicht auf die Universitäten beschränken, wenn er etwas bewirken soll, sondern muß alle Lebensbereiche umfassen.

Der neue soziale Konflikt steht jedoch nicht außerhalb des Produktionssystems, sondern vielmehr in seinem Mittelpunkt, weil die Informationen, die Erziehung und der Konsum enger als vordem mit dem Bereich der Produktion verknüpft sind. Wenn der Konflikt der Studentenbewegung als ein kultureller erschien, so deshalb, weil die Kontestation in der programmierten Gesellschaft von der ganzen Persönlichkeit, d. h. allen Lebensbereichen getragen wird und die kulturelle Kontestation die Avantgarde der neuen sozialen Konflikte darstellt. Wie Habermas hält Touraine den herrschenden Interessen in der programmierten Gesellschaft das Privatleben als Ausdruck des ganzen Menschen entgegen; der Protest darf sich nicht an Konsuminteressen orientieren, denn diese sind auch ökonomisch. Kultur muß einerseits verbreitet und allen zugänglich gemacht, andererseits aber kritisch werden.

Für die Klassengesellschaft mit ihrer Trennung von Wirtschaft und Gesellschaft war auch die Spaltung des sozialen Denkens typisch, die in Ökonomie einerseits, Geschichtsphilosophie andererseits zerfiel. In der modernen Gesellschaft, in der die wirtschaftliche Tätigkeit mehr Ergebnis der Politik denn der wirtschaftlichen Mechanismen ist, wird die gesellschaftliche Analyse unmittelbar soziologisch, eine Soziologie der Entscheidung entsteht in der programmierten Gesellschaft und analog dazu eine Soziologie der Kontestation.

3) Ende der Soziologie?

In der Gegenwart sieht Touraine die Idee der Soziologie selbst in Frage gestellt, weil die Idee der Gesellschaft verschwindet. Touraines Begründung ähnelt stark der, die wir am Beginn unserer Darstellung im Kapitel über die Idee der Soziologie entwickelt haben. Der klassischen Soziologie – einschließlich der Parsons' – entspricht ein Gesellschaftsbegriff, der „nur die abstrakte Übersetzung der Wirklichkeit des Nationalstaats (ist), in der der Staat die Nation repräsentiert, während die Gesellschaft eine Verbindung aus Institutionen und Verfahren darstellt, die sich beinahe alle auf der Ebene der Nation als zugleich wirtschaftlicher, politischer, kultureller und sprachlicher Einheit entwickeln."[13] Diese Einheit ist heute in Auflösung begriffen, zum einen, weil ein großer Teil unseres kollektiven Lebens nicht mehr national, sondern transnational ist; zum anderen, weil die Einheit immer weniger auf einer gesetzlichen Ordnung beruht und immer mehr als eine Art Management erscheint, wobei sich die Menschen nicht mehr als Bürger fühlen.

Das reflektiert sich in der Soziologie: die Einheit der „gesellschaftlichen Gemeinschaft",, die noch Parsons meinte, wurde demontiert durch eine Auffassung, die das soziale Leben als eine symbolische Sprache mit bestimmten Transformationsregeln versteht, wie dies sowohl der Strukturalismus wie die Luhmannsche Systemtheorie und auch die Ethnomethodologie tun. Aber auch die verstärkte Konzentration soziologischer Theorie auf die Idee des Subjekts und die Intersubjektivität untergräbt in der Sicht Touraines die klassische Soziologie.

Sowohl Strukturalismus wie Handlungstheorie kommen ohne den substantiellen Begriff der Gesellschaft aus. Touraine plädiert daher für die Ersetzung des Gesellschaftsbegriffs als Gegenstand der Soziologie durch den der sozialen Akteure und ihrer Beziehungen. Dabei steht Touraine durchaus die große Bedeutung, die der Kommunikationsprozeß in der gegenwärtigen Soziologie besitzt. Er ist für ihn Reflex der Tatsache, daß die Produktion sich aus dem Bereich der materiellen Güter hin zu dem der symbolischen Güter verlagert. Dabei kommt es zu einer bezeichnenden Gegensatzbildung zwischen dem Begriff der Information und dem der Kommunikation.

Information meint gleichzeitig die Macht in bezug auf die Informationsmedien, die Produktion und Diffusion von Entscheidungswissen; Kommunikation ist hingegen der Austausch von Mitteilung zwischen Akteuren, von Verständigung und Verstehen lebensweltlicher Erfahrung. Hier sieht Touraine auch das Gemeinsame aller neuen sozialen Bewegungen: in dem Bestehen auf Kommunikation im Gegensatz zu Information aus der geballten Zweckmäßigkeit. Die sozialen Bewegungen ersetzen für Touraine auch die Klassen als die sozialen Akteure der Gegenwart. Allerdings konstatiert Touraine einen Rückgang revolutionären Denkens oder seine Degradation zum Terrorismus und die Regression auf einen Utilitarismus, den er als „Nullpunkt des Koordinatensystems des soziologischen Denkens" bezeichnet.[14] Das soziale Denken zerstört sich selbst und die Frage, die zu einer Hauptfrage des soziologischen Denkens wurde, lautet: „Kann, nachdem die transzendenten Legitimationsprinzipien der gesellschaftlichen Ordnung nicht mehr vorhanden sind, das soziale Leben etwas anderes sein als ein Netz von Interessen, von monetären Tauschbeziehungen, von Machtstrategien, von Gelegenheiten zur Bereicherung und zur Unterhaltung?"[15]

Touraine selbst sieht bereits die Erneuerung des sozialen Lebens und damit auch des soziologischen Denkens heraufdämmern, das die lange und vielschichtige Krise des Denkens, das der Zersetzungskrise der industriellen Gesellschaft entspricht, über-

---

[13] *Alain Touraine,* Krise und Wandel des sozialen Denkens, in: Soziale Welt, Sonderband 4: Die Moderne – Kontinuitäten und Zäsuren, Göttingen 1986, S. 19

[14] *Alain Touraine,* Krise und Wandel ..., op. cit., S. 33

[15] Ebenda, S. 18

windet und das auf der Zurückweisung des Herrschaftsanspruchs und der vernunftorientierten Konzeption der Modernisierung beruht, die die Soziologie bisher selbst mitgeschleppt hat. „Es ist schon keine Zeit mehr, sich in die Krise zu versenken und die beobachtbaren Veränderungen in Kategorien der Krise zu interpretieren: Wir sind bereits aufgefordert, eine soziale Realität zu verstehen und auf sie einzuwirken, die zugleich gründlich verändert und dem Zugriff aller Deutungssysteme entzogen ist.“[16]

Zur Situation der Soziologie in Großbritannien

Wenn Perry Anderson vom Ausbleiben der Soziologie in Großbritannien spricht, so stimmt dies nur bedingt. Es stimmt insofern, wenn man sich, wie Anderson das tut, die Namen berühmter Philosophen und Wissenschaftler vergegenwärtigt und dann daraufkommt, da die meisten von ihnen nicht in Großbritannien geboren sind, sondern Emigranten aus Österreich (Wittgenstein, Popper, Melanie Klein etc.), aus Polen (Malinowski, I. Deutscher) und aus Deutschland (Eysenck) sind; für die Soziologie wären hier vor allem Karl Mannheim und Norbert Elias zu ergänzen. Vor allem ortet Anderson den Grund in der fehlenden Auseinandersetzung mit Marx. Diese wurde allerdings im Zuge der Eindrücke der französischen, amerikanischen und deutschen Studentenbewegung und ihrer geistigen Vorbilder und Leitbilder auf die britischen Intellektuellen seit den 60er und 70er Jahren nachgeholt. Insbesondere Habermas wurde in Großbritannien stark rezipiert, und es entstand sogar eine Tradition kritischer Soziologie, die eine spezifische Färbung aufweist durch die Vermengung von Marxismus und „radical thinking“.

Großbritannien hat aber auch eine starke endogene Tradition der empirischen Soziologie, die sich vor allem in der Industriesoziologie, die hier von großer Bedeutung ist, niederschlug (Dorothy Wedderburn, John H. Goldthorpe, David Lockwood etc.). Die Beschäftigung mit soziologischer Theorie als solcher besitzt in Großbritannien hingegen keine Tradition, die der in Deutschland vergleichbar wäre. Nichtsdestoweniger zeigten die Jahrzehnte sei den 60er Jahren hier auch eine Änderung: John Rex, Tom Bottomore u. a. legten wesentliche Beiträge zur Grundlagenforschung der theoretischen Soziologie vor. Insbesondere ein Name aber rückte immer mehr ins Zentrum der Aufmerksamkeit: Anthony Giddens, Professor der Soziologie in Cambridge und Autor einer erstaunlich großen Zahl von Publikationen, die ihn auch im deutschen Sprachraum bekannt machten. Er beschäftigte sich mit Marxismus, mit Durkheim, mit den Ansätzen zu einer interpretativen Soziologie und entwickelte in diesem Prozeß der Auseinandersetzung mit Theorietraditionen schließlich auch seine eigene „theory of structuration“, die im folgenden kurz vorgestellt werden soll.

Die Theorie der Strukturbildung: Anthony Giddens

Anthony Giddens vereinigt in seinem Ansatz einer „theory of structuration“ eine Vielfalt von Impulsen von der Heideggerschen Philosophie und der Psychoanalyse über Goffman, Schütz, Parsons, Habermas, Foucault bis zur Zeitgeographie. Seine Wissenschaftsauffassung ist von der Marxschen Praxisphilosophie einerseits und der Hermeneutik andererseits geprägt. Wie Bourdieu verwirft er die Zweiteilung in hermeneutische und „objektivistische“ Wissenschaftskonzeption und sucht nach einer Überwindung dieses Schismas. Dabei wendet er sich nicht nur gegen subjektivistische vs. objektivistische Auffassungen, sondern auch gegen die Trennung in Mikro- und Makroebene soziologischer Analyse.

---

[16] *Alain Touraine,* Krise und Wandel ..., op. cit., S. 39

Der Gegenstand der Soziologie kann nicht einseitig auf die Erfahrungen und Handlungen von Indivuduen beschränkt werden, aber auch nicht auf die Betrachtung der gesellschaftlichen Ganzheit und ihrer Strukturen. Für Giddens ist der Gegenstand der Soziologie gegeben in den „social practices ordered across space and time". Seine Theorie der Strukturbildung verknüpft Mikro- und Makroebene, subjektivistische und objektivistische Betrachtung und die Handlungstheorie mit der strukturalen Soziologie. Allerdings akzeptiert Giddens einen „hermeneutic starting-point" insofern, als die Beschreibung menschlichen Handelns immer eine Vertrautheit mit den Lebensformen der Handelnden voraussetzt.

Gleichzeitig wird Soziologie, besser: die Sozialwissenschaft als solche ebenfalls als Teil des Gegenstands, den sie untersucht, gesehen. Sie ist selbst die Ansammlung von „social practices" in Zeit und Raum. Giddens nennt dies die „doppelte Hermeneutik" der Soziologie; sie ist dadurch bestimmt, daß jeder wissenschaftliche Ansatz selbst eine Lebensform darstellt, die bestimmte Interpretationen hervorbringt; diese Interpretationen kommen zu den bereits in der „Objektwelt" der Soziologie bestehenden und ständig neu erzeugten Bedeutungen und Interpretationen hinzu. Diese muß der Soziologe durch Vermittlung von Alltagssprache und Theoriesprache reinterpretieren, was eine hohe Komplexität soziologischer Analyse bedingt, da sich beide Ebenen auch gegenseitig beeinflussen: Alltagsbedeutungen gehen als Voraussetzungen – und natürlich: Objekte – in die soziologische Analyse ein, diese erzeugt theoriesprachliche Interpretationen, die immer wieder zu Bestandteilen auch der Alltagssprache werden.

Giddens' marxistische Tendenz äußert sich keinesfalls in einer dogmatischen Übernahme des Marxismus für die Zwecke der soziologischen Analyse, sondern vielmehr in der Überzeugung, daß Soziologie und Geschichte eine Einheit darstellen, weil die Menschen durch ihr soziales Handeln ihre Geschichte machen. Diese Auffassung bedingt die Sicht des Handelns als Praxis, d. h. als Hervorbringen, die grundsätzliche hermeneutische Ausgangssituation der Soziologie und ihre kritische Intention. Analyse und Erklärung reichen nicht aus; die Welt kann nicht einfach als gegeben angenommen werden, sondern die Analyse sollte uns auch dann befähigen, die Welt zu verändern oder zumindest deren Fortbestand zu gewährleisten.[17] Die Aufgabe der soziologischen Analyse bestimmt er andernorts als eine zweifache: 1) Die hermeneutische Erklärung und Vermittlung divergierender Lebensformen in deskriptiven Metasprachen der Sozialwissenschaften und 2) die Erklärung der Produktion und Reproduktion der Gesellschaft als Ergebnis menschlichen Handelns.[18]

1) Handeln und Struktur als Einheit: Die Dualität der Struktur

Giddens beginnt seine Darstellung der Grundlagen der „theory of structuration" mit der Analyse des Handelns. Dabei sind eine Reihe von Merkmalen, die er als konstitutiv für menschliches Handeln auffaßt, zu beachten:

1) Handeln ist praktisches Hervorbringen; es ist daher weder allein durch die individuellen Motive noch durch die strukturellen Zwänge erklärbar. Diese Auffassung des Handelns drückt Giddens durch die Bezeichnung des Akteurs als „agent" aus.

2) Handeln ist rekursiv, d. h. ist Reproduktion, Repetition, Routine: „In and through

---

[17] *Anthony Giddens,* Sociology. A Brief But Critical Introduction, London – Basingstoke 1982, S. 165ff.

[18] *Antoni Giddens,* Interpretative Soziologie, Frankfurt 1984, S. 199f.

their activities agents reproduce the conditions that make these activities possible."[19]

3) Diese rekursive Ordnung praktischen sozialen Handelns begründet Kontinuität und setzt Reflexivität voraus. Giddens versteht Reflexivität jedoch nicht nur im Sinne von Selbstbewußtheit, sondern von Kontrolle über das Handeln. Die Tatsache, daß soziales Handeln reflektiv ist, verbindet es nicht so sehr mit den individuellen Motiven und Intentionen, die häufig nicht als solche von vornherein existieren (sondern mehr im Sinne von Ex-post-Rationalisierungen), sondern ermöglicht den Bezug des Handelns auf den Zeit-Raum-Kontext, in dem es sich vollzieht. Handeln ist nicht eine Kombination von einzelnen Akten, die von der körperlich-räumlichen Präsenz der „agents" und der zeitlichen Dauer abgelöst werden kann. Menschliches Handeln erfolgt als „durée", als kontinuierlicher Fluß des Verhaltens und des Denkens.

4) Im Handeln wird vor allem das gemeinsame Wissen reaktiviert, das aber nicht notwendig als solches bewußt sein muß. Giddens unterscheidet zwischen „discursive consciousness" und „practical consciousness". Letzteres geht in das Handeln ein, aber ohne daß sich der Akteur ständig dieses praktischen Wissens bewußt ist im Sinne von diskursiv formulierten Argumenten. Gerade die rekursive Qualität sozialen Handelns verweist auf einen hohen Anteil dieses praktischen, gemeinsamen Wissens, und Reflexivität kann sich daher nicht nur auf das im diskursiven Bewußtsein vorhandene Wissen beziehen.
Das praktische Wissen ist zwar in der Regel nicht vollständig bewußt, trotzdem ist es nicht ident mit dem Freudschen „Unbewußten", das Giddens davon klar abgrenzt als etwas, über das der Mensch keine Kontrolle besitzt, während er beim praktischen Bewußtsein durchaus Kontrolle reflexiv auszuüben vermag. Diskursives und praktisches Bewußtsein sind gegeneinander nicht abgegrenzt; die Unterscheidung beruht einfach darauf, was gesagt wird oder werden kann und was einfach getan wird. Praktisches, diskursives Bewußtsein und unbewußte Motive setzt Giddens an die Stelle der Freudschen Triade von Ich, Über-Ich, Es.

5) Besondere Bedeutung kommt auch bei Giddens den „unintended consequences of action" zu. Anders als Merton sieht Giddens sie als unbeabsichtigte Folgen von Handlungszusammenhängen und -abläufen, die nicht notwendig latent funktional sind für die Gesellschaft, nicht eine „List der Vernunft" (= der Gesellschaft) darstellen. Für Giddens stellen sie ein regelmäßiges Nebenprodukt des sozialen Handelns dar, das teilweise unbemerkt und unbewußt bleiben kann und dann zu den „unacknowledged conditions of action" wird.

6) Handeln involviert Macht als logische Voraussetzung. Macht ist nicht abhängig vom individuellen Willen zur Macht und ist auch nicht eine Eigenschaft, die ihren Ursprung in der Gesellschaft hat als die automatisch reproduzierte Verteilung von Ressourcen. Macht ist eine transformative Fähigkeit, die mit dem Handeln verbunden ist und individuelle Intentionen und strukturelle Relationen von Autonomie und Abhängigkeit verknüpft zu einer „dialectic of control" der Macht „von oben" und der Macht „von unten", d. h. durch die Gegentendenzen, Macht zu erhalten und wieder zu erringen, dialektisch bestimmt ist. Macht als fundamentale Kategorie des Handelns ist wie die Bedeutungen und die Normen stets mit dem Handeln verbunden und stellt auch einen der Grundbegriffe der Soziologie dar.

Von besonderer Bedeutung für die Theorie der Strukturbildung ist der Begriff der

---

[19] *Anthony Giddens,* The Constitution of Society, Cambridge 1984, S. 2

Struktur. Giddens grenzt sich diesbezüglich gegenüber der strukturalen und funktionalen Betrachtungsweise ab. Struktur und Handeln sind für ihn zwei Dimensionen derselben Sache: Struktur wird von ihm daher nicht als extern in bezug auf Handeln aufgefaßt und auch nicht als unbewußte Codes. Struktur, d.s. die „recursively organized sets of rules and resources", die als über Zeit und Raum ausgedehnte Praktiken zu Institutionen werden. „Struktur" in diesem Sinn ist keine vom Beobachter plastisch gedachte Gestalt sozialer Beziehungen, die den Individuen äußerlich ist. „Struktur" liegt in den individuellen Handelnden selbst angelegt, beschränkt ihr Handeln, ermöglicht es aber auch. Im Handeln reproduziert sich die Struktur und verändert sich. Darin liegt die „duality of structure" begründet, d.h. die zweigeteilte Einheit im Gegensatz zur geläufigen Vorstellung eines Dualismus von „Individuen" und „Gesellschaft", „Handeln" und „Struktur". „Struktur" bei Giddens ist sowohl auf Handeln wie auf Systemproduktion bezogen, ist das gemeinsame Wissen der Akteure in ihren praktischen Handlungen, zugleich Mittel und Ergebnis der Praxis.

Die Dimension der Dualität der Struktur stellt Giddens wie folgt dar:[20]

structure	signification	↔	domination	↔	legitimation
	↕		↑		↑
modality of structuration	interpretative scheme		facility		norm
	↕		↓		↓
interaction	communication	↔	power	↔	sanction

Bedeutung, Normen und Macht sind untereinander verbunden und bestimmen die Handlungen in der interaktiven Situation. Die Handelnden bedienen sich der Modalitäten der Strukturierung bei der Reproduktion von Interaktionssystemen und rekonstituieren gleichzeitig deren strukturelle Merkmale.

Bedeutung (signification), Herrschaft (domination) und Legitimation (legitimation) sind die drei strukturellen Dimensionen sozialer Systeme. Bedeutungsstrukturen, symbolische Ordnungen, Diskursformen sind verbunden mit Zeichen, die bei Giddens nur in der interaktiven Situation als Mittel und gleichzeitig Resultat des kommunikativen Prozesses existieren. Legitimation hat zu tun mit normativer Regelung und Rechtsinstitutionen; Herrschaft ist entweder Ermächtigung oder Verteilung und stellt sich dar in Form politischer bzw. ökonomischer Institutionen. Allerdings lassen sich die strukturellen Dimensionen der institutionellen Ordnung nur analytisch differenzieren.

2) Soziale Systeme und „time-space"

Das soziale System ist für Giddens das Insgesamt der Handlungen menschlicher „agents" in bestimmten Situationen, das in Zeit und Raum reproduziert wird. Er unterscheidet „sozial integration" als Reziprozität von Akteuren in Face-to-face-Situationen („co-presence") und „system integration" als Reziprozität von Akteuren oder Kollektiven, die sich über Zeit-Raum-Konstellationen hinaus erstrecken. Soziale Systeme weisen dabei nur zu einem Teil homöostatische Kausalverbindungen

---

[20] *Anthony Giddens,* The Constitution ..., op. cit., S. 29

auf, wie sie typisch sind für biologische Systeme, zu einem beträchtlichen Teil beruhen sie auf reflexiver Selbstregulation. Giddens meint daher, der Systemcharakter sozialer Systeme sei variabel; er spricht von „degrees of systemness". Der „degree of systemness" ist dort hoch, wo eine große Zahl von unbeabsichtigten Konsequenzen auf die Anfangsbedigungen zurückwirken. In vielen sozialen Situationen erfolgt jedoch ein „information filtering" durch strategisch positionierte Akteure, so daß der automatische „causal loop" des Feedback-Prozesses in den Hintergrund gedrängt wird.

Gesellschaften sind soziale Systeme, bei denen bestimmte strukturelle Prinzipien eine Häufung von Institutionen über Zeit und Raum hinweg immer wieder produzieren. Gesellschaften erscheinen als Systeme mit definitiven Grenzen, wo sie mit Nationalstaaten zusammenfallen. Dies ist jedoch nur eine mögliche Form, die in der modernen Welt auch wieder viel von ihrer Selbstverständlichkeit eingebüßt hat. Gesellschaften sind heute nicht mehr so leicht unterscheidbar und voneinander abzugrenzen. Giddens sieht sie als soziale Systeme und gleichzeitig als konstituiert durch die Kreuzung von multiplen sozialen Systemen, die gesellschaftsintern oder auch gesellschaftsübergreifend sein können.

Bei Giddens werden Systeme auf jene Interaktionsgefüge bezogen, die in Zeit und Raum reproduziert werden, also nicht auf situative Interaktionszusammenhänge unter Anwesenden. Dies verweist auf eine Komponente der „theory of structuration", die sie von vielen anderen Sozialtheorien unterscheidet: die Bedeutung von Zeit und Raum. Zeit wird von Giddens als konstitutiv für soziale Handlungen angesehen, wobei er nicht an Historizität, sondern an Zeitlichkeit im Sinne Heideggers denkt. Zeit und Raum sind nicht Umweltbedingungen sozialen Lebens, sondern fundamental für das soziale Handeln. In verschiedenen Kulturen und Lebensformen wird Zeit unterschiedlich erfahren; dies ist bekannt, aber bedeutsam ist, daß diese unterschiedliche Erfahrung von Zeit auch verschiedenartige Handlungen bedingt.

Die Zeiterfahrungen, die man einander grundsätzlich gegenüberstellen kann, sind die „lineare Zeit" und die „reversible Zeit". Die Alltagserfahrungen begründen mit ihrer Repetition von täglich wiederholten Handlungen die Vorstellung der Dauer („durée") und der Reversibilität. Der Lebenslauf des Individuums hingegen läßt Zeit als etwas Irreversibles von einem Anfang zu einem Ende hin sich Bewegendes erscheinen. Die „longue durée" (Fernand Braudel) der Institutionen wieder tritt als „reversible time" auf, denn sie schließt Dauer und Wechsel der Generationen ein. Giddens unterscheidet diese drei Formen der Zeitlichkeit, hebt aber hervor, daß sie einander immer wieder kreuzen; so der Lebenslauf der Individuen mit der tagtäglichen Wiederholung sozialer Aktivitäten und der longue durée der Institutionen.

Raum als „setting of interaction" schließt notwendig immer Zeit ein; Giddens spricht daher in der Regel von „time-space". Er differenziert auch drei Aspekte der Räumlichkeit: 1) den Kontext der „co-presence" in der interaktiven Situation und die Positionierung der Akteure darin; dabei können „regions" als Zeit-Raum-Zonen routinisierter sozialer Handlungen differenziert werden (Mensa, Hörsaal ...). Diese „regions" können „front regions" oder „back regions" sein, je nachdem, ob es sich um stärker ritualisierte „offizielle" Situationen handelt oder um informelle „private" Aktivitäten; 2) die räumlichen Aspekte des Körpers, seine Bewegung in Zeit und Raum; 3) die örtlichen und räumlichen Gegebenheiten von Institutionen und Konventionen.

Alle Gesellschaften bestehen aus Zeit-Raum-Zonen; jede Koordinierung von Handlungen im Raum bezieht Zeit mit ein und Zeit bedingt eine bestimmte räumliche Organisation: so etwa hatte die Quantifizierung der Zeit räumlich-soziale Konsequenzen. Soziale Organisation erscheint unter diesen Bedingungen als Organisierung von Zeit-Raum durch soziale Systeme.

Giddens tritt für das Abgehen von evolutionären Theorien des sozialen Wandels ein, weil sie eine unlineare Tendenz haben, Ähnlichkeit mit der Entwicklung der Persönlichkeit suggerieren, eine normative Illusion erwecken und zeitliche Verzerrungen hervorrufen. Geschichte wird durch die Reproduktion von „social practices" und das sich im sozialen Handeln auswirkende Transformationsprinzip der Macht von den Menschen als „agents" ihres gesellschaftlichen Schicksals „gemacht"; soziales Leben ist episodisch, und sozialer Wandel beruht daher auf dem Zusammentreffen von Umständen und Ereignissen, die von den „agents" reflexiv kontrolliert werden.

Literatur

Perry Anderson, Großbritannien: Soziologische Gründe für das Ausbleiben der Soziologie, in: *W. Lepenies* (Hg.), Geschichte der Soziologie 3, Frankfurt 1981, S. 413ff.

Louis Althusser, Für Marx, Frankfurt 1968 (ursprl. frz. 1965)

Dick Atkinson, Orthodox Consensus and Radical Alternative. A Study in Sociological Theory, London 1971

Raymond Aron, Erkenntnis und Verantwortung. Lebenserinnerungen, München-Zürich 1985 (ursprl. frz. 1983)

Ders., L'Opium des Intellectuels, Paris 1955

Ders., Dix-huit leçons sur la société industrielle, Paris 1962

Tom Bottomore, Sociology as Social Criticism, London 1975

Ders. – *Robert Nisbet,* Structuralism, in: Dies. (Hg.), A History of Sociological Analysis, London 1978, S. 557ff.

Raymon Boudon, The Logic of Sociological Explanation, Harmondsworth 1974 (ursprl. frz. 1971)

Ders., Die Logik des gesellschaftlichen Handelns, Nuewied und Darmstadt 1980 (ursprl. frz. 1978)

Pierre Bourdieu, Zur Soziologie der symbolischen Formen, Frankfurt 1974 (ursprl. frz. 1970)

Ders., Entwurf einer Theorie der Praxis auf der ethnologischen Grundlage der kabylischen Gesellschaft, Frankfurt 1976 (ursprl. frz. 1972)

Ders., Sozialer Sinn, Fankfurt 1987 (ursprl. frz. 1980)

Ders., Die feinen Unterschiede. Kritik der gesellschaftlichen Urteilskraft, Frankfurt 1982 (ursprl. frz. 1979)

Ders., Homo Academicus, Paris 1984

Ders., – *J.-C. Passeron,* Soziologie und Philosophie in Frankreich seit 1945: Tod und Wiederauferstehung einer Philosophie ohne Subjekt, in: *W. Lepenies* (Hg.), Geschichte der Soziologie, Bd. 3, Frankfurt 1981, S. 496ff.

Ira J. Cohen, Structuration Theory and Social Praxis, in: *A. Giddens – J. Turner* (eds.), Social Theory Today, Cambridge 1987, S. 273ff.

Michael Crozier, La société bloquée, Paris 1970

Luc Ferry – Alain Renaut, Antihumanistisches Denken, München 1987 (ursprl. frz. 1985)

Michel Foucault, Archäologie des Wissens, Frankfurt 1973 (ursprl. frz. 1969)

Manfred Frank, Was ist Neostrukturalismus?, Frankfurt 1984

Georges Friedmann, La puissance et la sagesse, Paris, 1970

Anthony Giddens, Capitalism and Modern Social Theory, Cambridge 1971

Ders., Die Klassenstruktur fortgeschrittener Gesellschaften, Frankfurt 1979 (ursprl. engl. 1973)

Ders., Central Problems in Social Theory, London 1979

Ders., A Contemporary Critique of Historical Materialism, London 1981

Ders., Interpretative Soziologie, Frankfurt 1981 (urspgl. engl. 1976)

Ders., Sociology. A Brief But Critical Introduction, London – Basingstoke 1982

Ders., The Constitution of Society. Outline of Theory of Structuration, Cambridge 1984

Ders., Social Theory and Modern Sociology, Cambridge 1987

Ders. – *Johathan Turner* (eds), Social Theory Today, Cambridge 1987

Georges Gurvitch, The Social Frameworks of Knowledge, Oxford 1971 (ursprl. frz. 1966)
Martin Heidegger, Sein und Zeit, Tübingen 1979 (ursprl. 1927)
Axel Honneth, Die zerrissene Welt der symbolischen Formen. Zum kultursoziologischen Werk Pierre Bourdineus, in: KZSS 36/1984, S. 147ff.
Maria Iser, Der Habitus als illegitimer Normalfall gesellschaftlicher Reproduktion, unveröff. Diss., Wien 1983
Hans Joas, Giddens' Theorie der Strukturbildung, in: Zeitschr. f. Soziologie 15/1986, S. 237ff.
Henri Lefebvre, Le manifeste différentialiste, Paris 1970
Ders., The Sociology of Marx, New York 1968
Claude Lévi-Strauss, Die elementaren Strukturen der Verwandtschaft, Frankfurt 1981 (ursprl. frz. 1949)
Des., Strukturale Anthropologie, Frankfurt 1967 (ursprl. frz. 1958)
Ders., Das wilde Denken, Frankfurt 1968 (ursprl. frz. 1962)
Maurice Merleau-Ponty, Die Abenteuer der Dialektik, Frankfurt 1974 (ursprl. frz. 1955)
John Rex, Key Problems of Sociological Theory, London 1969
Ders., Sociology and the Demystification of the Modern World, London 1974
Paul Rocoeur, Hermeneutik und Strukturalismus, München 1973 (ursprl. frz. 1969)
Jean-Paul Sartre, Kritik der dialektischen Vernunft, 1. Bd.: Theorie der gesellschaftlichen Praxis, Reinbek b. Hamburg 1978 (ursprl. frz. 1960)
Günther Schiwy, Der französische Strukturalismus, Reinbek 1969
Edward A. Tiryakian, Structural Sociology, in: *J. C. McKinney – E. A. Tiryakian* (Hg.), Theoretical Sociology, New York 1970, S. 111ff.
Alain Touraine, Was nützt die Soziologie? Frankfurt 1976 (ursprl. frz. 1974)
Ders., Krise und Wandel des sozialen Denkens, in: Soziale Welt, Sonderband 4: Die Moderne – Kontinuitäten und Zäsuren, Göttingen 1986, S. 15ff.
Ders., Die postindustrielle Gesellschaft, Frankfurt 1972 (ursprl. frz. 1969)
Ders., Production de la société, Paris 1973
Ders., Soziologie als Handlungswissenschaft, Darmstadt und Neuwied 1974 (ursprl. frz. 1965)
Jonathan Turner, The Theory of Structuration, in: Am. Journal of Soc. 91/1985-6, S. 969ff.
François Wahl (Hg.), Einführung in den Strukturalismus, Frankfurt 1973 (ursprl. frz. 1968)
Bernhard Waldenfels (Hg.), Phänomenologie in Frankreich, Frankfurt 1983

4. Rational Choice-Soziologie oder: Die Ökonomie des Sozialen

In den 80er Jahren kam es in Teilen der „scientific community" der Soziologie zu einer bemerkenswerten Wendung: Beruhte das Selbstverständnis der Soziologen bis dahin zu einem großen Teil auf der bewußten Abgrenzung von der Ökonomie, so vollzog sich nun eine – teilweise recht verspätet anmutende – Hinwendung zur ökonomischen Theorie. Dies wurde zweifellos begünstigt durch verhaltenswissenschaftliche Tendenzen in der Mikroökonomie sowie einige neuere Entwicklungen in der Ökonomie, die eine soziale und gesellschaftliche Perspektivik enthalten wie die Theorie der Public oder Social Choice (James Buchanan, Kenneth J. Arrow), die Theorie der Kollektivgüter (Mancur Olson), die ökonomische Theorie der Demokratie (Anthony Downs), der Transaktionskostenansatz und die „Theory of the Firm" (Ronald Coase, Oliver Williamson), die Theorie der Eigentumsrechte (Douglass North) und insbesondere die Spieltheorie (Oskar Morgenstern – John von Neumann). Folgerichtig kam es unter Ökonomen zu einem schon in Tendenzen bei manchen Ökonomen früherer Generationen anklingenden Anspruch der ökonomischen Theorie, Grundlagenkonzeption der Sozialwissenschaften zu sein. Von besonderer Wirkung über das Fach hinaus wurden dabei vor allem die Arbeiten Jon Elsters über die Logik rationalen Handelns einerseits, die Auffassung Gary S. Beckers über die allgemeine Relevanz der Nutzentheorie für menschliches Handeln andererseits.

Rationale Wahl

Die Bezogenheit der Ökonomie auf die Welt materieller Güter, ökonomischer Dienstleistungen und Geld wurde aufgegeben zugunsten einer Verallgemeinerung im Rahmen einer umfassenden Theorie des menschlichen Handelns schlechthin. Diese Tendenzen klangen etwa schon bei Ludwig von Mises stark an, gelangten aber erst durch die Arbeiten des Chicago-Ökonomen Gary S. Becker (und Soziologen: Er hat gleichzeitig einen ökonomischen und einen soziologischen Lehrstuhl inne) zu internationaler Bedeutung. Becker übertrug die in der modernen Mikroökonomie fundamentale Theorie des rationalen Wahlhandelns vom ökonomischen Kontext auf Bereiche wie: Zeitverwendung, Heiratsverhalten und Familienleben, Diskriminierung, Verbrechen und Strafen u. a.

1) Die ökonomische Logik des Alltagshandelns: Gary S. Becker

Gary S. Becker erweitert das Tauschmodell der rationalen Wahlhandlungen über die Begrenzung auf den Waren- und Dienstleistungsmarkt hinaus zu einer Theorie des menschlichen Rationalverhaltens schlechthin. Er geht von der Fixierung auf Marktpreise ab und ersetzt sie durch Schattenpreise, d. h. Opportunitätskosten der Verwendung knapper Ressourcen, läßt unvollkommene Information zu und stellt Transaktionskosten in Rechnung. Er geht vom Begriff des „sozialen Einkommens" aus, unter dem er das jeweilige Geldeinkommen der Individuen zuzüglich den in Geldgrößen ausgedrückten Bewertungen seiner sozialen Umwelt versteht. Mit diesen Annahmen geht er zwar vom neoklassischen Konzept des Kosten-Nutzen-Kalküls ab, soweit sich dieses nur auf Gütermärkte bezieht, behält jedoch grundsätzlich die Maximierungsannahme, individuelle Entscheidungen, stabile Präferenzen nicht nur für Waren, sondern für Gesundheit, Prestige, Güte, Neid, Sex etc. sowie die Annahme des Marktgleichgewichts (auch auf „Als-ob"-Märkten wie dem Heiratsmarkt) bei. Die Kombination von Maximierungsverhalten, Marktgleichgewicht und stabilen Präferenzen stellen für Becker den Kern des ökonomischen Ansatzes dar, gleichgültig ob es um die Marktpreise für und die Nachfrage nach Eiern oder die Schattenpreise für Kinder und den Kinderwunsch bzw. die Wartezeit als Bestandteil des Preises für

… impliziert ist das subjektive Bewußtsein hin- … rungsverhaltens. Becker setzt also nicht einen … n-Kalkül bei den Individuen voraus, damit die … eichgültig ist auch neben dem Gegenstand die … Frage von Tod oder Leben oder das Problem, welcher … ob es sich um reiche oder arme Leute, Männer oder Frauen, Erwachsene … r, intelligente oder dumme Individuen handelt.

Er konnte zeigen, daß Investitionen in die eigene Ausbildung von Individuen dann getätigt werden, wenn sie sich davon eine Verbesserung ihrer Arbeitsmarktchancen erwarten („human capital"); daß steigende Reallöhne die Opportunitätskosten der Zeit für die Individuen erhöhen, so daß es zu einer Substitution von Zeit durch Güter und Dienstleistungen kommt; oder daß die Ehe das Resultat freiwilliger rationaler Entscheidung ist, wobei der Nutzen der Heirat als größer eingeschätzt wird als der des Alleinlebens, Kinder als Konsumgut „behandelt" werden, so daß der Kosteneinsatz in einem angemessenen Verhältnis zur Befriedigung durch das Kinderhaben stehen muß. Die Familie ist für ihn eine Gruppe, in der die Umverteilung des Einkommens der Mitglieder nicht den Konsum oder die Wohlfahrt der einzelnen Mitglieder verändert, weil in diesem Fall Transfers von anderen Familienmitgliedern, insbesondere dem Oberhaupt der Familie erfolgen. In einer Studie über Diskriminierung und deren Effekte auf die Einkommenslage verschiedener Gruppen integrierte Becker Merkmale wie Rasse, Religion, Geschlecht, persönliche Merkmale verschiedener Gruppen in die Nutzenfunktionen der Akteure.

Die Relation von knappen Ressourcen und alternativen Zwecken ist eine sehr allgemeine, die weit über den Bereich materieller Güterversorgung hinaus Bedeutung hat. Knappheit und Wahlhandeln sind die beiden Grundfaktoren menschlichen Handelns, die den „economic approach" charakterisieren, aber nicht auf einen bestimmten Gegenstand beschränkt sind.

Die eigentliche Bedeutung des Beckerschen Ansatzes und seine eigene Intention liegt wohl in dem Aufzeigen, daß sich menschliches Verhalten nicht nach Gegenstandsbereichen untersuchen läßt, sondern daß bestimmte Verhaltensprinzipien für jedes Handeln gelten, also wie auch Raymond Boudon aufzeigt, die Paretosche Einteilung in die Bereiche des logischen und des nichtlogischen Handelns und die entsprechenden Zuständigkeiten für Ökonomie und Soziologie hinfällig ist. Man sollte daher die Bezeichnung „ökonomischer Ansatz" eigentlich im Sinne von „ökonomischer Perspektive" verstehen und nicht als ein Ansatz, der die Totalität menschlichen Verhaltens zu erklären sucht. Wie Becker beteuert, soll dies nur einen Rahmen für die Erklärung menschlichen Verhaltens darstellen, nicht die anderen Sozialwissenschaften verdrängen, denn neben der ökonomischen Perspektive gibt es eine ganze Reihe von anderen Facetten menschlichen Verhaltens, die eine Rolle spielen. Auch Becker ist sich bewußt, daß dieser „Ansatz" so neu nicht ist, liegt er doch schon dem Menschenbild der klassischen Nationalökonomie und der „Moralphilosophie" zugrunde, wurde im Utilitarismus zur allgemeinen Sozialphilosophie erklärt und klingt auch bei vielen Vertretern der Neoklassik an. Beckers Beitrag besteht daher vor allem darin, diese Auffassung objekttheoretisch belegt und durch seinen mit einem Nobelpreis gekrönten Erfolg popularisiert zu haben.

2) Rational Choice, Games and Decisions

Bei der Rational-Choice-Theorie der Ökonomie handelt es sich zunächst trotz aller verhaltenswissenschftlichen Annahmen nicht um eine empirische Theorie, sondern um eine normative Theorie. Sie soll zeigen, wie Ziele zu erreichen, wie Probleme zu lösen sind, wenn bestimmte Ziele angenommen werden, Bedingungen festgestellt und der Erfolg alternativer Handlungen erwartet und verglichen werden kann. Sie kann auch zum Zwecke der Erklärung empirischen Verhaltens verwendet werden, allerdings stößt die Theorie dann auf anders geartete Schwierigkeiten, die sich aus der Tatsache ergeben, daß Menschen nicht immer rational im Sinne der Theorie handeln. Die Annahmen sind dabei: Individuen handeln auf der Basis (Zweck/Mittel)rationaler Kalküle auf Grund gleichbleibender Präferenzen und unter Kenntnis der Kosten und erwarteten Nutzen mehrerer Entscheidungsalternativen. Unter diesen Voraussetzungen handeln Menschen rational, wenn sie diejenige Alternative wählen, die in ihrer Einschätzung den höchsten Nutzen einbringt.

Wichtige und nicht unumstrittene „Vokabel“ stellen die Begriffe Nutzen, Kosten, Präferenzen, erwarteter Nutzen dar. Probleme der Rational-Choice-Theorie liegen in der Frage, ob die Rationalitätsannahme in vollem Ausmaß beibehalten werden kann, wobei sich einerseits die Annahme der Maximierungsintention als fraglich herausgestellt hat, zum anderen die Rationalität der Entscheidung als solche. Herbert A. Simon hat schon vor einigen Jahrzehnten darauf hingewiesen, daß Menschen nicht notwendig eine Maximierung ihrer Zielerfüllung anstreben, sondern sich mit einem Niveau der Befriedigung bescheiden, das sie als zufriedenstellend akzeptieren können. Nicht Maximierung, sondern „satisficing“ kann angestrebt werden. Die unbeschränkte Zweck-Mittel-Rationalität stellte sich als nicht verhaltensgerecht heraus, Simon plädierte daher für die „bounded rationality“, die Annahme einer begrenzten Zweckrationalität des Handelns, begrenzt vor allem durch die mangelhaften Fähigkeiten der Menschen. Auch wies er auf die Bedeutung der „procedural rationality“ hin, die die „substantive rationality“ überlagern kann und bei der es auf das Handeln als solches und nicht die Zweck-Mittel-Relation ankommt.

Problematisch ist auch die Annahme, daß die Präferenzen der Menschen langfristig stabil bleiben. Paul Samuelson legte hierbei fest, daß die Ökonomie vom Verhalten auf die zugrundeliegenden „revealed preferences“ schließe. In dieser Annahme reflektiert sich nichts anderes als die behavioristische Behandlung des Bewußtseins. Sie bestimmte die ökonomische Forschung über Jahrzehnte vor allem im Bereich der Konsumökonomie. Als normative Wissenschaft geht die Ökonomie jedoch über diese empirischen Annahmen hinaus, sie muß logische Voraussetzungen hinzufügen. Diese Präferenzen werden daher als konsistent und logisch widerspruchsfrei angenommen, um allgemeine Theorien daraus abzuleiten. Das Problem mit dem „revealed-preference“-Ansatz ist, daß Präferenzordnungen nicht notwendig über längere Zeit stabil bleiben; so zielt etwa die Werbung in bezug auf das Konsumentenverhalten, die Propaganda und die „moral persuasion“ im Bereich des politischen Wahlverhaltens durchaus auch auf eine Änderung der Präferenzen der Adressaten. Auch die Tatsache, daß Individuen nicht alle möglichen Alternativen tatsächlich bewerten können oder wollen, daß sie indifferent sein können und daher sich einmal so und ein anderes Mal anders entscheiden, stellen Probleme dar. Schließlich spielt die Zeit eine Rolle, wobei die Ökonomen dazu neigen, zukünftige Erträge einfach zu diskontieren und von einer Präferenz für gegenwärtige Nutzenrealisierungen ausgehen.

Noch wichtiger aber ist das Phänomen, daß durch die soziale Interaktion subjektiv rationaler Akteure und durch das sog. strategische Handeln, bei dem es eine Interdependenz der Entscheidung gibt, „unintended consequences“ entstehen, die das individuell rationale Wahlverhalten als suboptimal erweisen können. Zwei oder mehrere Akteure, jeder mit einer Menge von möglichen Wahlen und Präferenzordnungen, interagieren, wobei jeder seinen Nutzen zu maximieren sucht. Solche Spiele können Nullsummenspiele sein, wobei der Gewinn des einen der Verlust des anderen ist, oder auch Nicht-Nullsummenspiele, wenn die Teilnehmer kooperieren oder gemischte Strategien verfolgen, teilweise kooperieren und teilweise nicht

Das bekannteste Beispiel für ein nichtkooperatives Spiel ist das sog. Gefangenendilemma, das Standardbeispiel der Spieltheorie. Die Alternativen für die beiden Delinquenten sind dabei: 20 Jahre Gefängnis, wenn der andere gesteht, er selbst aber nicht; Freiheit, wenn er gesteht, der andere nicht; 10 Jahre Gefängnis, wenn beide gestehen; 2 Jahre Gefängnis, wenn keiner gesteht. Was soll jeder einzelne der Gefangenen, die nicht miteinander kommunizieren können, tun: gestehen oder nicht gestehen? Wenn sie rational überlegen, dann ist es in jedem Fall besser zu gestehen, denn dann sind die Resultate, abhängig von der Entscheidung des jeweils anderen, entweder Freiheit oder höchstens 10 Jahre Gefängnis. Gesteht er hingegen nicht, so drohen ihm 20 Jahre. Demnach müßten beide gestehen, würden damit jedoch der optimalen Lösung von jeweils 2 Jahren, wenn beide nicht gestehen, verlustig gehen. Dieses Beispiel wurde daher immer wieder als Argument gegen rein individuelle Entscheidung und für kollektive Wahlen ins Treffen geführt. In anderen Worten: Was für das Individuum von Vorteil ist, ist keineswegs für die Gruppe notwendig das Beste.

Die Spieltheorie ist insofern für das Verständnis des sozialen Handelns wichtig, als und soweit dieses als strategisches Handeln aufgefaßt werden kann. Handlungen können an anderen orientiert und als sozial, aber deshalb nicht notwendig strategisch sein. Strategisches Handeln liegt dann vor, wenn die Teilnehmer an den Kosten und Nutzen der gegenseitigen Aktionen interessiert sind. Dies ist nicht notwendig immer der Fall, etwa wenn ich mich an Vorbildern orientiere, im Affekt handle etc. Somit ist strategisches Handeln ein Spezialfall sozialen Handelns. Zudem hat sich die Spieltheorie hauptsächlich mit dem nichtkooperativen Handeln beschäftigt.

Dabei taucht hier ein Problem auf, das sich allgemein auf das Kosten-Nutzen-Kalkül bezieht: Es kommt auf die subjektiven Intentionen und Präferenzen an, die Rationalität ist immer eine subjektive, und sie bezieht sich immer nur auf die Mittel bzw. die „feasible actions", nie auf die Ziele. Gleichzeitig wird jedoch in der Theorie von den tatsächlichen subjektiven Beweggründen abgesehen und diese durch allgemein plausible oder logische Annahmen ersetzt. So könnten im Gefangenendilemma die Präferenzen für eine möglichst geringe Gefängnisstrafe für sich selbst bei einem der beiden Gefangenen überlagert sein durch die Präferenz für „Schweigen unter allen Umständen" oder irgendetwas anderes. Die Theorie nimmt aber ganz bestimmte Voraussetzungen hinsichtlich der Präferenzen an, die keineswegs subjektiv-empirisch erfaßt, sondern axiomatisch oder normativ gesetzt sind.

Diskussionspunkte innerhalb der Rational-Choice-Theorie als solcher betreffen auch das Problem der Aggregation individueller Wahlen, die Rationalität des kollektiven Handelns und der sozialen Entscheidungen sowie die Frage, ob sich dieser Ansatz auf das Handeln von Organisationen oder „corporate actors" übertragen läßt. Besondere Beachtung hat auch das Entscheiden unter Unsicherheit gefunden. Das Wahlhandeln erfolgt nur in manchen Fällen unter Bedingungen vollkommener Information, zumindest muß für viele Situationen unvollständige Information hinsichtlich der Ergebnisse unterschiedlicher Entscheidungsalternativen angenommen werden. Entscheidungen unter Risiko liegen dann vor, wenn der Akteur zumindest in der Lage ist, den verschiedenen „outcomes" Wahrscheinlichkeiten – Harsanyi spricht von „objective probabilities" – zuzuordnen. Ungewißheit („uncertainty") ist dann gegeben, wenn keine solche Zuordnung von Wahrscheinlichkeiten möglich ist. Bei Risikoentscheidungen handelt der Akteur rational, wenn er seine „expected utility", d. h. den durch die Wahrscheinlichkeiten gewichteten Durchschnitt der Nutzen der verschiedenen

Ergebnismöglichkeiten maximiert. Bei Ungewißheit kann er das hingegen nicht oder anders ausgedrückt: Er kann den verschiedenen Alternativen nur subjektive Wahrscheinlichkeiten zuordnen, da die objektiven unbekannt sind.

3) Rationalität und menschliche Schwächen: Jon Elster

Jon Elster hat das ökonomische Modell der Rationalität, das nur „preferences" und „opportunities" kennt, erweitert und unterscheidet: „desires", „beliefs" und „information". Sie können jeweils Bezugsgrößen für Rationalität sein: Die Theorie des rationalen Handelns muß daher durch eine Theorie des rationalen Dafürhaltens (belief), die die Beziehung zur Information zum Inhalt hat, ergänzt werden. Bevor man an die eigentliche Entscheidung gehen kann, muß man eine Entscheidung darüber fällen, wieviel Information gesammelt werden soll. Elster nennt dies eine „shadow decision", bei der es jedoch nicht um ein Maximum an Information, sondern um ein Optimum geht, das abhängig ist von den Wünschen des Akteurs. Sind diese sehr wichtig, so wird mehr Information gesucht, sind sie weniger wichtig, wird weniger an Suchleistungen investiert. Auf der anderen Seite gibt es auch eine rationale Anpassung der Wünsche an die Mittel, so daß man auch von „rational desire" sprechen kann. Damit unterscheidet sich Elsters Ansatz von dem Standardmodell des rationalen Wahlhandelns, das die Ziele grundsätzlich als gegeben annimmt. Ziele und Wünsche, Bedürfnisse und Interessen haben aber wieder ihre Gründe, die jedoch nicht in das Modell eingehen. Das Modell geht auch nicht auf die Tatsache ein, daß Entscheidungen meist in sozialen Situationen geschehen und solcherart auch eine gegenseitige Beeinflussung hinsichtlich der Wünsche, des Glaubens und des Wissens bzw. des „beliefs in information" stattfindet. Auch zwischen den Wünschen und dem Glauben oder der Informationsuche kann es eine Beeinflussung geben, etwa durch „wishful thinking". Besondere Aufmerksamkeit hat er dem Phänomen des „weakness of the will" (Willensschwäche) zugewandt. Wider besseres Wissen entscheidet sich der Akteur dabei für die suboptimale Alternative, wie etwa beim Rauchen oder Trinken. Der Zeitfaktor kann hierbei auch eine wichtige Rolle spielen: etwa wenn ein vorher vereinbarter Zahnarzttermin abgesagt wird, wenn die Zeit für den Besuch näherrückt. Darin zeigt sich auch, daß sich Präferenzen durch den Zeitablauf verändern können.

Ein anderes Phänomen, bei dem es zu einem intrapersonalen Präferenzwechsel kommen kann, bezieht sich auf den Effekt, daß bei wachsender Zahl der kooperierenden Personen die Vorteile der Kooperation für die Kooperationswilligen, aber auch für die „free riders" wächst. Probleme der Rationalität entstehen auch, wenn Individuen indifferent sind gegenüber mehreren Alternativen, weil sie ihnen als gleich erscheinen, oder weil sie unfähig sind, Vergleiche zwischen ihnen anzustellen auf Grund ihrer unvollkommenen Präferenzordnung, oder auch, wenn die optimale Menge an Information nicht bestimmt werden kann, weil das Individuum die noch nicht erhaltene Information eben nicht kennt und daher nicht bewerten kann. Im realen Leben verzichten Individuen oft auf die Maximierung ihres Nutzens, wenn sie unter Risiko entscheiden müssen, weil sie die Katastrophenwahrscheinlichkeit zu hoch ansetzen. Oft können Ziele auch nicht instrumental verfolgt werden, was etwa bei Spontaneität der Fall ist. Und schließlich entscheiden viele Menschen nicht nach genauem Abwägen von Kosten und Nutzen, sondern auf Grund von Daumenregeln.

Ein für den Bereich der Soziologie wichtiges Thema ist das Verhältnis zwischen Normen und rationaler Wahl. Normen können entweder als Bestandteile der Bedingungen, unter denen sich die einzelnen Alternativen realisieren lassen, gesehen werden, oder aber sie können an die Stelle rationaler Wahl treten, entweder als bewußte Normkonformität oder auf Grund der Internalisierung der Normen. Im realen Handeln kommen alle diese Möglichkeiten in Betracht, mitunter sind Normen eben einzukalkulierende Randbedingungen, manchmal folgen wir ihnen, ohne uns um die Maximierung unseres Nutzens dabei zu kümmern, etwa weil ein bestimmtes Handeln an sich wertbesetzt ist oder weil wir die Situation nicht durchschauen etc. Normen, kulturelle Werte, Attitüden werden im Laufe unseres Lebens in einer Gesellschaft von uns internalisiert und bestimmen solcherart die Ziele, die wir verfolgen, aber auch unsere Meinungen und Einstellungen und auch unser Wissen. Wir lernen „rationale Wünsche" und die Mittel und Wege, sie zu realisieren; daher kann man auch von einer „adaptive rationality" sprechen. March[1] unterscheidet auch die „contextual rationality", die sich auf die Tatsache bezieht, daß unser Entscheidungsverhalten in Situationen eingebettet ist, in denen sehr unterschiedliche Erwartungen und Ansprüche, Ziele und Interessen auf uns zukommen. Wir handeln auch immer aus einer bestimmten Position anderen gegenüber, und die Rationalität unseres Handelns ist darauf bezogen. Im allgemeinen wollen wir rational sein, was uns dazu bringt, viele unserer Handlungen im nachhinein zu rationalisieren oder auch im nachhinein Präferenzen dafür zu finden.

Der rationale homo sociologicus

Für den Anspruch der Ökonomen, eine Theorie menschlichen Handelns schlechthin zu bieten, konnten sich auch eine Reihe von Soziologen erwärmen. Einerseits hat dieser Entwicklung die permanente „Krise" der Soziologie Vorschub geleistet, zum anderen der herrschende „Zeitgeist", der konservative und liberale Denkweisen begünstigte (Reagonomics, Thatcherism). Die Gründe hingegen liegen tiefer und treffen hier auf schon immer die Reflexion über das Verhältnis von Gesellschaft und Individuum und deren theoretisch-methodische Umsetzung betreffende Divergenzen. Während die Wissenschaft der Ökonomie sich unter Betonung des individuellen Tuns und der durch die unsichtbare Hand herbeigeführten gesellschaftlichen Harmonie und Wohlfahrt entwickelte, sich mit philosophischen, politischen und ethischen Standpunkten des Individualismus, Utilitarismus und Liberalismus verband, lehnten die Soziologen die Annahme der Willensfreiheit des einzelnen ab, sahen in der Interaktion, im System, in der Gruppe, in der Gesellschaft ihren Gegenstand, betonten die Sozialisierung des einzelnen, die Bestimmtheit seines Denkens, Wollens und Tuns durch die soziale Umwelt und die gesellschaftlichen Institutionen. Hier wie dort gab es immer auch Ausnahmen, doch das Besondere an der derzeitigen Diskussion um „rational choice" in der Soziologie ist einerseits die Tatsache, daß individualistische und „ökonomische" Erklärungen nicht Ausnahmepositionen, sondern durchaus zentrale Diskursbeiträge darstellen, und andererseits Grenzen zwischen Disziplinen überschritten werden. Die Aufteilung in den Bereich des logischen Handelns, der der Ökonomie vorbehalten ist, und den Bereich des nichtlogischen Handelns, mit dem sich die Soziologie beschäftigt, wie sie Vilfredo Pareto sah, und die Behauptung einer Realität sui generis des Sozialen, die Emile Durkheim als Erkenntnisgegenstand der Soziologie reklamierte, können damit möglicherweise überwunden werden. Die einen sehen darin eine Ökonomisierung der Sozialwissenschaften, die anderen eine Annäherung zwischen Ökonomie und Soziologie, wieder andere die Überwindung des Methodendualismus der Sozialwissenschaften.

Die Argumente, die dabei von seiten der Soziologen vorgebracht werden, betreffen:

---

[1] *James G. March,* Bounded rationality, ambiguity, and the engineering of choice, in: Jon Elster (ed.), Rational Choice, Oxford 1986, S. 142ff.

- die Unzufriedenheit mit den „Theorien", wie sie üblicherweise in mehr oder weniger diffuser Bedeutung in der Soziologie aufgestellt werden, und der Wunsch nach exakter Theorie; damit geht mitunter auch die methodisch-theoretische Präferenz für logische Modellkonstruktion (immerhin ist die neoklassische ökonomische Theorie in erster Linie eine normative Konzeption) statt empirischer Theorien einher. Man wird dabei unweigerlich im Wege des Kontrastes an Hans Albert erinnert, der vor Jahrzehnten dafür plädierte, die rein logische Markttheorie der Ökonomie durch eine empirische Marktsoziologie zu ersetzen. Er kritisierte den Modellcharakter oder die fiktiv-normative Qualität der „reinen" Theorie der neoklassischen Ökonomie und sprach sich für ein Abgehen vom „Modell-Platonismus" der homo-oeconomicus-Fiktion, der Spieltheorie und der mathematisch-logischen Kalküle aus. Er trat für eine Kombination des Programms des methodologischen Individualismus, der nomologische Verhaltensshypothesen erlaube, und des theoretischen Institutionalismus ein, so daß eine theoretische Analyse zur Erklärung der historischen Zustände und Prozesse und zur Lösung praktischer Probleme möglich werde. Er plädierte solcherart für eine Soziologisierung der Ökonomie, wobei er dies unter methodischen Gesichtspunkten als Hinwendung der Ökonomie zur Empirie im Verständnis des Kritischen Rationalismus verstand.
- Wenn nach Erklärung beobachtbaren Verhaltens gesucht wird, so wird meist argumentiert, daß nur individuelles Verhalten als solches Gegenstand explikativer Theorien sein kann (methodologischer Individualismus). Dafür gäbe es allerdings grundsätzlich zwei Möglichkeiten: das Handeln von Individuen, die im Eigeninteresse interagieren (Tauschtheorie) oder aber jene Konzeption, die ursprünglich den Vorstellungen vom „Sozialvertrag" (Hobbes, Locke, Rousseau) zugrunde lagen (Vertrags- oder Gerechtigungstheorien). Eindeutig hatten bei individualistischen Ansätzen bisher die Tauschtheorien das Übergewicht. Aber auch die individualistische Soziologie kann sich zumindest in Teilaspekten auf eine lange Tradition individualistischer und „ökonomischer" Ansätze innerhalb der Soziologie beziehen: Hier ist insbesondere auf die verhaltenstheoretische Austauschtheorie George C. Homans (vgl. Kap. VII/2) hinzuweisen. Vielleicht noch deutlicher hat Peter M. Blau schon in den 60er Jahren die ökonomische Sicht betont.
- Ein anderes Argument betrifft die Deutung menschlichen sozialen Handelns als zumindest subjektiv rational. Demnach hat es die Soziologie daher keineswegs nur mit nichtlogischen Handlungen zu tun. So plädiert Raymond Boudon für den rationalen homo sociologicus. Tatsächlich wurde die Rationalität des Handelns in der Mainstream-Soziologie nur als ein Sonderfall behandelt, während die Betonung auf den sozialen Umweltbedingungen und dem Zwangscharakter des Handelns (Durkheims „soziale Zwänge") lag. Die Vertreter dieser Auffassung vom rationalen Charakter menschlichen Handelns müssen allerdings nicht notwendig auf die Nutzentheorie der Ökonomie rekurrieren, auch die Ethnomethodologen gehen von der Rationalität der Alltagshandlungen aus. Und auch die verstehenden Soziologen müssen von Annahmen über menschliches Verhalten ausgehen, die Rationalität implizieren. Wie Jon Elster meint, muß man davon ausgehen, daß Handeln rational ist, da man es sonst überhaupt nicht verstehen könnte.

1) Subjektivität und rationales Handeln

Auch in Deutschland hat die Auseinandersetzung um die Rational-Choice-Ansätze zu Diskussionen geführt. Individualistische Ansätze waren hier schon seit längerem etwa durch Karl-Dieter Opp vertreten worden. Besondere Aufmerksamkeit hat jedoch Hartmut Essers Versuch einer Zusammenführung von Handlungskonzepten,

die auf Alfred Schütz aufbauen, und der Rational-Choice-Theorie erlangt. Wie bereits erwähnt (Kap. V/I), stand Alfred Schütz in seiner Wiener Zeit der Grenznutzenschule nahe, nahm an ihren Seminaren und Diskussionen teil, kritisierte jedoch deren objektivistische Haltung in bezug auf die Beurteilung des individuellen Handelns. Er versuchte daher, Webers Handlungsbegriff um die Phänomenologie Husserls angereichert als Alternative zu entwickeln. Schütz wurde im Rahmen der österreichischen Nationalökonomie vor allem von Ludwig von Mises beeinflußt, der selbst bereits die ökonomische Handlungslehre als eine allgemeine Handlungstheorie verstand.
Ludwig von Mises war der Auffassung, Handeln sei immer wählen und werten, vorziehen und zurückstellen und daher ex definitione subjektiv rational, sei immer Handeln des einzelnen nach seiner subjektiven Wertung. Mises vertrat damit einen individualistischen Standpunkt mit universaltheoretischem Anspruch, wobei er sich aber von den objektivistischen Ansätzen der Neoklassik distanzierte, denn er ging von der Annahme des subjektiven Bewußtseins des Handelnden als Ausgangspunkt der Analyse aus. Er differenzierte sehr deutlich zwischen diesem Verständnis des Handelns als subjektiv rational und der behavioristischen Interpretation des Verhaltens, bei dem der Entscheidung des einzelnen wenig Gewicht zukommt. Er kritisierte aber auch Webers Unterscheidung zwischen zweckrationalem, wertrationalem, affektivem und traditionalem Handeln, weil für ihn alles über die rein reaktiven Organismusfunktionen hinausgehende Verhalten immer Wahl und Entscheidung impliziert.

Im Alltag, so Schütz wie Esser, stellt die bewußte rationale Maximierung der erwarteten Nutzen jedoch eher einen Sonderfall dar, denn hier spielen „habits“ und „frames“ eine große Rolle, was Esser allerdings nicht als Grund ansieht, die Rational-Choice-Erklärung des Alltagshandelns fallen zu lassen. Rezeptanwendung, Routine, habitualisierte Handlungen sind nicht weniger rational als das maximierende Handeln, meint er und argumentiert, daß auch Alfred Schütz das Alltagshandeln nicht anders erklärt habe, als dies der Rational-Choice-Ansatz tue. Die Integration habitualisierten Handelns als rationales Handeln in den Ansatz der ökonomischen Logik erfordere allerdings eine Lockerung der strikten Annahmen. Genau das geschieht, wie Esser aufzeigt, in den – oben skizzierten – Diskussionen innerhalb der Rational-Choice-Theorie.

Dies ist auch der Ausgangspunkt von Essers Argument, daß die durch Annahmen der subjektiven Wissensbestände und der Situation der Unsicherheit oder des Risikos modifizierte Rational-Choice-Theorie, die sog. SEU(„subjective expected utility“)-Theorie sich eigentlich dem Schützschen Standpunkt angenähert habe. Eine grundlegende Funktion weist Esser dieser Theorie im Hinblick auf die Überwindung des Methodendualismus zwischen interpretativen und erklärenden Ansätzen in der Soziologie zu. In Essers Interpretation gliedert sich das SEU-Modell in drei Phasen, die Kognition, die Kalkulation oder Evaluation und die Selektion. Zentrale Bedeutung kommt dabei der Phase der Kalkulation zu, denn in dieser vollzieht sich eigentlich die „rational choice“ zwischen den Handlungsalternativen, denen das Individuum jeweils vor dem Hintergrund seiner Präferenzen Zielsituationen zuordnet. Die Vermittlung zwischen den Zielsituationen und den Handlungsalternativen wird durch eine Matrix von subjektiven Erwartungen hergestellt, die die subjektiven Wahrscheinlichkeiten des Akteurs in bezug auf die unterschiedlichen Handlungsmöglichkeiten und ihre Ergebnisse enthält. Die SEU-Theorie arbeitet somit durchwegs mit subjektiven Wahrscheinlichkeiten, während andere Rational-Choice-Ansätze in der Ökonomie dies nur bei Ungewißheit annehmen. Esser nimmt auch an, daß das Individuum mehrere mögliche Ziele verfolgt, so daß für jede Handlung die Zielsituationen, zu denen sie führen kann, bewertet und dann aufaddiert werden. Das

Ergebnis ist die „subjective expected utility“ einer Handlungsalternative in bezug auf alle Ziele. Dies wird für jede Handlungsalternative durchgeführt, und zum Schluß kommt das Individuum zu einer Ordnung von solchen SEU-Werten und wählt daraus gemäß dem Kriterium der Maximierung der subjektiven Nutzenerwartungen aus. Ist auch die Kalkulation der Kern des Entscheidungsproblems, so stellt sich doch die Kognition als jene Phase dar, die am problematischsten ist, denn hier erfolgen die Vorentscheidungen oder Weichenstellungen hinsichtlich Wahrnehmung von Problemen, Artikulierung von Zielen, Beschaffung von Informationen, Verwendung von Erfahrungen, Assoziation, Erinnerung, Interpretation von Symbolen, Normen, Erwartungen, und insbesondere die subjektiven Wahrscheinlichkeiten grundgelegt. Im großen und ganzen bedeutet die Argumentation Essers daher eigentlich in erster Linie eine andere Strukturierung des Problems, wie Menschen handeln, und den Verweis dessen, womit sich die Soziologie eben bisher auseinandergesetzt hatte, in eine mehr oder weniger periphere Phase, somit um eine andere Fokussierung.

2) Interessen, Kontrollrechte und „corporate actors“: James S. Coleman

James S. Coleman ist Beckers Kollege in Chicago und hat den vielleicht wichtigsten Beitrag von seiten eines Soziologen zur Theorie des rationalen Handelns geliefert, das Konzept einer Soziologie, die auf „Rational-Choice“-Grundlagen aufbaut. Die Elemente seiner Theorie sind: Akteure, Ressourcen, Interessen und Kontrolle. Aber eigentlich geht es um Handlungs- bzw. Kontrollrechte, deren Zuteilung, Ausübung und Entzug. Ressourcen sind nichts anderes als Handlungsrechte, die in bezug auf Ressourcen ausgeübt, errungen oder durch Zustimmung anderer einem Akteur übertragen werden. Coleman übernimmt die Annahmen der Nutzentheorie und schließt, daß alle Handlungen grundsätzlich mit dem einzigen Zweck gesetzt werden, die Verwirklichung der Interessen des Akteurs zu fördern. Coleman übernimmt auch das Markttauschmodell der Ökonomie mit ihren Gleichgewichtsannahmen. Die Diskrepanz zwischen Interesse und Kontrolle kann durch Austauschprozesse reduziert werden bis zu einem Gleichgewichtspunkt, bei dem für beide Kontrahenten keine weitere Steigerung der erwarteten Interessenrealisation mehr möglich ist. Dies ist der Punkt, an dem die Maximierung der Nutzen beider Akteure erreicht ist.

Macht ist dann die Anfangsausstattung eines Akteurs mit Ressourcen, sprich: Handlungsrechten, und ist somit bestimmt als Merkmal von Akteuren, nicht von Beziehungen. Der Wert der Ressourcen bestimmt sich je nach dem Interesse, das mächtige Akteure an ihnen haben, als Tauschwert. Transaktionen verursachen Kosten und damit Erwartungen nach Kompensation, wobei das Individuum die Gewinn- und Verlustwahrscheinlichkeit aufrechnet.

Autorität entsteht durch Macht, einseitige Abtretung von Handlungsrechten oder Tausch von Kontrollrechten. Sie kann wieder verbunden, also im gemeinsamen Interesse, oder unverbunden auftreten. Bei „conjoint authority“ ist der Konsens über Ziele und die Führung Voraussetzung, bei „disjoint authority“ hingegen nicht, die Anerkennung der Autorität muß durch eine Gegenleistung erworben werden, z.B. durch den Lohn. Es kommt zum Abtreten von Kontrollrechten über die eigenen Handlungen, z.B. während der Arbeitszeit, wobei die Individuen aber ihre Eigeninteressen nach wie vor haben, so daß es zu Interessendivergenzen kommt. Dies macht Überwachung, Sanktionsandrohung oder Anreize erforderlich. Mitunter wird auch versucht, eine Interessenangleichung herbeizuführen, etwa durch Gewinnbeteiligung oder durch Förderung der Identifikation.

Es gibt einfache und komplexe Autoritätssysteme; bei ersteren besteht nur eine Unterordnung unter die höhere Ebene, wie es die Feudalordnung war. Komplexe

Autoritätssysteme wie bürokratische Organisationen hingegen kennen eine Abstufung der Hierarchieebenen, wobei auf jeder übergeordneten Ebene Kontrollrechte gleichzeitig mit Übertragungsrechten in bezug auf Kontrolle zugewiesen werden, wodurch Delegation möglich wird. Autoritätssysteme sind auf unverbundenen oder verbundenen Normen begründet. Bei der Schaffung von verbundenen Normen entstehen Autoritätsbeziehungen, bei denen Personen einmal als individuelle Normunterworfene auftreten, zum anderen als Kollektiv mit Autorität ausgestattet werden. Größere Autoritätssysteme machen eine Verfassung und die Übertragung von Handlungsrechten an Organe notwendig. Die Verfassung kann wieder verbunden oder unverbunden sein. In jedem Fall jedoch entwickeln die Organe Eigeninteressen, denen mit Hilfe von Regeln entgegengewirkt werden muß.

Anders als im Modell des vollkommenen Marktes sind die Transaktionen in der sozialen Welt nicht kostenfrei und sofort realisierbar. Das läßt Risiko entstehen, und in solchen Beziehungen spielt das Vertrauen eine große Rolle. Dieses versteht Coleman als rational begründet und sieht in der Notwendigkeit, in sozialen Interaktionen Vertrauen und Vertrauenswürdigkeit zu erhalten, eine Voraussetzung für optimalen Ausgleich von Kosten und Nutzen nicht nur für die einzelnen Akteure, sondern für das soziale System als Ganzes, so daß Vertrauen durch Normen, Gesetze und Sanktionen unterstützt wird. Vertrauen spielt insbesondere dort eine Rolle, wo Handlung und Gegenleistung zeitlich auseinanderliegen, und ist dann rational, wenn die Gewinnerwartung größer ist als die Verlustgefahr. Vertrauen ist abhängig von eigenen Beobachtungen, Informationen und Erfahrungen, verstärkt sich jedoch, wenn viele andere in eine bestimmte Person Vertrauen setzen. Umgekehrt tritt dieser Schneeballeffekt auch in bezug auf Vertrauensentzug auf. Stabile soziale Beziehungen und dichte Interaktionsnetze erhöhen auch die Kosten eines Vertrauensbruchs. Ebenso ist bei gegenseitigen Vertrauensverhältnissen und bei sozialen Gebilden, die im gemeinsamen Interesse errichtet wurden, ein Vertrauensbruch kostspielig.

Das kollektive Verhalten ist für die Theorie des rationalen Handelns insbesondere ein schwieriges Terrain, als hier individuelle Rationalität häufig unvorhergesehene Folgen zeitigt. So signalisiert sie dem Individuum im Falle des Ausbruchs eines Feuers in einem Saal voller Menschen, sich durch schnellste Flucht zu retten. Dieses Verhalten führt jedoch unweigerlich zur Panik, wenn alle so handeln. Die Strukturierung der Menge durch Zuweisung von Kontrollrechten an einige kann dies verhindern. Ein ähnlicher Vorgang führt jedoch etwa bei einer Demonstration möglicherweise zur Radikalisierung im Sinne eines Entzugs der Kontrollrechte, die an etablierte Autoritäten übertragen sind, durch die Radikalen. Die Rationalität kollektiven Handelns kann nicht gesichert sein, denn es gibt keine Entscheidungsregel, die gewährleisten könnte, daß die Aggregation der einzelnen Wahlentscheidungen nicht zu Inkonsistenz führen kann (Arrow-Paradoxon).

Normen sieht Coleman als rational begründet an, sie entstehen durch zielgerichtetes Handeln, werden von Personen wegen ihrer Zweckmäßigkeit geschaffen oder in ihrem Bestand erhalten. Sie zeichnen sich dadurch aus, daß die Handlungsrechte nicht beim Akteur, sondern bei anderen liegen, die von dem normgeleiteten Verhalten profitieren. Nichtsdestotrotz setzen Normen Konsens voraus, der allerdings von den Machtverhältnissen beeinflußt ist. Coleman unterscheidet grundsätzlich zwischen verbundenen („conjoint norms") und unverbundenen („disjoint norms") Normen. Unterscheidungskriterium ist, daß bei den ersteren die Normunterworfenen auch von den Normen profitieren, während bei unverbundenen Normen die von den Normen in ihren Handlungsrechten beschnittenen Individuen nicht mit denen ident sind, in deren Interesse die Normen aufgestellt wurden.

Die Voraussetzung für das Aufstellen von Normen liegt im Auftreten von Externalitäten, vor allem von negativen Effekten des Handelns auf andere („negative externalities"). Es entsteht daher ein Interesse an der Reduzierung dieses Handelns, das durch Normierung bewirkt werden soll. Auch positive Externalitäten können zu Normen führen, wenn die positiven Effekte des Handelns auf andere bei diesen ein Interesse an der Verstärkung dieser Art von Transaktion hervorruft. In beiden Fällen kann man davon sprechen, daß es eine Nachfrage nach Normen oder vielmehr: nach Mitbestimmung am bzw. nach Kontrolle über das Handeln der Verursacher von Externalitäten gibt. Allerdings ist dabei eine Vielzahl von Individuen vorausgesetzt, da bei zwei Individuen oder auch bei wenigen Interakteuren eine „Spielsituation" entsteht und es zum Tausch von Kontrollrechten kommen kann.

Bei unverbundenen Normen besteht ein Interessengegensatz zwischen Normunterworfenen und Normnutznießern, wobei Machtverhältnissen über die Möglichkeit der Sanktionierung wieder große Bedeutung als „effektive Nachfrage" zukommt. Bei verbundenen Normen besteht kein solcher Interessenkonflikt, allerdings tritt verstärkt auf Grund der Eigenschaft der Normen als „öffentliches Gut" das free-rider-Problem auf. Dazu kommt es, wenn die Kosten des normgemäßen Handelns höher sind als der Nutzen eines solchen Verhaltens. Sanktionen für das Freeriding stellen dann ihrerseits wieder öffentliche Güter dar. Die Internalisierung von Normen, die nicht selbst als sozialer Prozeß im Rahmen einer Theorie des rationalen Handelns erklärt werden kann, wirkt hemmend auf das Auftreten von Abweichungen und Trittbrettfahren und reduziert somit die Sanktionsnotwendigkeit. Sie ist aber, wie Coleman meint, unter den Bedingungen der modernen Gesellschaft im Schwinden begriffen. Dichte Kommunikationsnetze, enge Kontakte, Großfamilie u.ä. begünstigen hingegen die Internalisierung und erhöhen auf der anderen Seite die Kosten von Abweichungen und Trittbrettfahren für das Individuum. Verbundene Normen bringen Elemente des Sozialvertrags in soziale Beziehungen hinein, sie dienen auch nicht immer nur der Reduzierung von negativen, sondern auch der Produktion von positiven Externalitäten. So dienen Höflichkeitsnormen der Verstärkung der Gruppensolidarität oder zur Distanzierung von anderen Gruppen.

Die Interdependenz der Handlungen in einer Gesellschaft kann grundsätzlich verschiedene Formen aufweisen: Zum einen einfach die Tatsache der „externalities", d.h. daß meine Aktionen in ihren Auswirkungen andere – positiv oder negativ – betreffen. Sodann kann die wechselseitige Beziehung einen zweiseitigen Austausch, etwa eine Bargaining-Situation, darstellen. Dies kann zu einer Marktstruktur mit vielen Teilnehmern erweitert werden. Die Interdependenzen können aber auch in Form von kollektiven Entscheidungen, von „social choice", etwa bei Wahlen entstehen, oder aber durch formale Organisation, und schließlich durch die Einrichtung kollektiver Rechte der sozialen Kontrolle über die Handlungen eines oder mehrerer Akteure.

Coleman differenziert zwischen Markthandeln und der sozialen Entscheidung, deren Voraussetzung die Unteilbarkeit des Ereignisses ist. Körperschaften werden durch Übertragung von Rechten geschaffen, um negative Externalitäten zu reduzieren oder zu beseitigen. Die Verfassung ist ein Instrument, um die Rechte zwischen der Körperschaft und den natürlichen Personen oder untergeordneten Körperschaften zu regeln. Es gibt Körperschaften, bei denen die elementaren Akteure die natürlichen Personen sind; bei diesen hat die Körperschaft nicht das Recht, ihre Handlungen zu bestimmen. Aber es gibt andere Körperschaften, bei denen das Recht, die internen Abläufe zwischen Individuen sowie auch zwischen untergeordneten Gruppen und innerhalb derselben zwischen Individuen zu kontrollieren, bei der übergeordneten

Instanz liegt. Bei unverbundenen Autoritätssystemen wie Unternehmen treten Individuen Kontrollrechte an die Körperschaft ab, aber sie behalten ihre Eigeninteressen.

In der modernen Gesellschaft stellen nicht nur natürliche Personen, sondern auch Körperschaften die elementaren Akteure dar. Die Rechtsfigur der „juristischen Person" ist indikativ dafür, sie ist im Zuge der Entwicklung des modernen Rechts als Reflex der gesellschaftlichen Veränderungen entstanden. Die moderne Gesellschaft ist daher eine komplexe Ordnung, weil sie auf zwei Ebenen konstituiert ist: auf der der Beziehungen zwischen natürlichen Personen und auf der der Beziehungen zwischen kollektiven Akteuren. Während Coleman die erstere Form als typisch für vormoderne Gesellschaften und daher in modernen Gesellschaften als rückläufig ansieht, sind die Beziehungen zwischen Körperschaften typisch für die moderne Gesellschaft. Personen treten hierbei als Agenten der Körperschaft auf; vorausgesetzt wird dabei die Teilung von Personen, natürlichen wie juristischen, in das Objekt-Selbst, den „Prinzipal", und das Handlungs-Selbst, den Agenten. Bei natürlichen Personen sind die beiden im Individuum in der Regel vereinigt, in Körperschaften fallen beide typischerweise auseinander (im Unternehmen: Eigentümer und Beschäftigte, im Verband: Mitglieder und Funktionäre, im Staat: Staatsbürger und politische Funktionäre). Als rationaler Akteur muß die Körperschaft die Ressourcen und Interessen der Prinzipale aggregieren und die Interessen durch Einsatz der Ressourcen mittels Organisierung der Agenten verwirklichen. Die Organisation ist also das Handlungssystem der Körperschaft.

Coleman beschäftigt sich sodann auch mit der Frage der sozialen Verantwortung der Körperschaft und den Möglichkeiten, diese zu gewährleisten. Wichtig ist zunächst die Frage, was verantwortungsvolles Handeln bedeuten soll, und in bezug auf welche Ziele oder Gruppeninteressen Verantwortung gefordert ist. Hierfür gibt es äußere Beschränkungen durch Gesetze und Einflußnahmen, der innere Wandel im Handlungssystem der Körperschaft kann jedoch verantwortungsvolles Handeln von selbst erzeugen, etwa durch Repräsentation von Arbeitnehmerinteressen, Einrichtungen zur Partizipation von internen und externen Interessen an den Entscheidungen der Organisation, Internalisierung von externen Interessen (z.B. umweltorientiertes Management).

Schließlich wendet sich Coleman den Konflikten zwischen Familie und Körperschaft sowie zwischen Staaten und multinationalen Unternehmen und dem Wandel in bezug auf das soziale Kapital zu. Unter dem „sozialen Kapital" versteht Coleman jene produktiv einsetzbaren Ressourcen, über die Individuen oder corporate actors verfügen können, und die in den sozialen Beziehungen selbst verkörpert sind. Sie sind nicht Merkmale von Akteuren selbst oder technisch-physische Dinge. Autorität, Vertrauen und soziale Normen stellen über die Herstellung von Verpflichtungen, Erwartungen und Vertrauenswürdigkeit soziales Kapital für Individuen dar, das sich aus Merkmalen der Sozialbeziehungen herleitet und in der Weise wirksam wird, daß manche Handlungen innerhalb der Sozialstruktur für das Individuum erleichtert werden. Soziales Kapital kann mitunter bewußt aufgebaut werden, entsteht aber auch oft als Nebenprodukt anderer Handlungen. Coleman konstatiert einen Rückgang an Sozialkapital, das aus Familienbeziehungen und gemeinschaftlichen Bezügen stammt, während jenes soziale Kapital, das von Körperschaften zur Verfügung gestellt wird (Schule, Krankenhaus, Staat), oder das zwischen corporate actors entsteht, zunimmt.

Coleman faßt die Soziologie als reflexiv und selbstreflektierend auf; die Sozialtheorie wie auch die Sozialforschung müssen sich gemäß dem Wandel der Gesellschaft verändern, wenn sie relevant sein sollen. Die Ökonomie spiegelt die Komplexität moderner Wirtschaftssysteme wider, die Politologie diejeniger moderner Rechts- und Politiksysteme. Die Soziologie sollte auch auf diesen Wissenschaften aufbauen und nicht nur verhaltensorientiert sein, sondern insbesondere die Wichtigkeit des Rechtssystems in einer komplexen Gesellschaft wie der modernen erkennen. Die Sozialtheorie und Sozialforschung müssen nicht nur die soziale Wirklichkeit und ihren Wandel festhalten, sondern sich selbst als ihr eigenes Objekt auffassen.

Und er stellt fest, daß der soziale Wandel in den modernen Gesellschaften und in der Soziologie und der Beziehung zwischen beiden die folgenden Merkmale aufweisen:[2]

1. Die Gesellschaft ist individualistischer geworden, Familie und Gemeinschaft spielen keine so große Rolle mehr.
2. Die Sozialforschung ist von der Erklärung des Funktionierens sozialer Systeme zu der des individuellen Verhaltens übergegangen.
3. Nicht das Zusammenwirken des Zwängen unterworfenen zweckorientierten Handelns der Individuen erklärt das soziale System, sondern verschiedene externe Faktoren, die sich dem individuellen Bewußtsein des einzelnen entziehen, wurden berücksichtigt, um daraus Schlüsse über das individuelle Handeln zu ziehen.
4. Der Wandel hin zum Individualismus wurde in den modernen Gesellschaften begleitet durch eine wachsende strukturelle Asymmetrie, wobei große corporate actors wie Großunternehmen oder Staat auf der einen Seite, Individuen auf der anderen Seite einander gegenüberstehen. Sie treten nicht vermittelt durch intermediäre Gemeinschaften und direkte Kommunikation, sondern durch Massenmedien miteinander in Kontakt.
5. In dieser Sozialstruktur ist eine neue Art von Sozialforschung entstanden teilweise als Artikulierung der Beziehungen von corporate actors und Individuen, zunächst in Form der Marktforschung, dann in Form des „social policy research". Damit konnte sich die Sozialforschung zum ersten Mal in das Funktionssystem der Gesellschaft einschalten und soziale Probleme mitgestalten.

Ganz grundsätzlich erhält die Soziologie, wie Coleman meint, Relevanz erst, wenn sich ein Wandel hin zu einem konstruierten sozialen Umfeld vollzieht, an dessen Konstruktion sie teilnehmen kann. Die Gestaltung der sozialen Wirklichkeit wird heute vor allem durch coporate actors bestimmt, und die Soziologie beteiligt sich an der Gestaltung des sozialen Umfeldes daher in erster Linie im Auftrag von Körperschaften wie Unternehmungen, staatlichen Behörden, Verbänden. Coleman plädiert damit für nichts anderes als für die Sozialtechnologie, die immer schon als Zielvorstellung bei Soziologen positivistischer Orientierung von Auguste Comte bis Otto Neurath vorherrschte. Während sie bisher nur angestrebt war, könne sie nun jedoch realisiert werden, eine Einschätzung, die allerdings in bezug auf ihren Zeithorizont verwirrend erscheint, weil schon die Kritischen Soziologen der 60er Jahre sich gegen diese Instrumentalisierung der Sozialforschung im Dienste des „establishments" wandten. Auf der anderen Seite beschwören Colemans Ausführungen etwa hinsichtlich der sozialen Organisation der modernen Gesellschaft und der Konflikte zwischen Körperschaften und Familie geradezu die Soziologie der 30er Jahre, als Cooley zwischen Primär- und Sekundärgruppen unterschied und die Gefahr für die Erosion der natürlichen sozialen Beziehungen zeichnete. Die Aussagen Colemans in bezug auf den sozialen Wandel in Gesellschaft und Soziologie sind daher von jener für

---

[2] *James S. Coleman,* Social Theory, Social Research, and a Theory of Action, in: American Journals of Sociology 91/1986, S. 1319f.

Soziologen so typischen historischen Großzügigkeit[3]; die Relevanz seines Ansatzes liegt meines Erachtens mehr in der Betonung der Notwendigkeit der Einbeziehung des Körperschaftshandelns in die Sozialtheorie und der Wichtigkeit des Rechtssystems.

Literatur

Hans Albert, Marktsoziologie und Entscheidungslogik, Neuwied und Berlin 1967
Ders., Die Einheit der Sozialwissenschaften, in: Ernst Topitsch (Hg.), Logik der Sozialwissenschaften, Königstein/ZTs 1984, S. 53ff.
Gary S. Becker, The Economic Approach to Human Behavior, Chicago–London 1976
Peter M. Blau, Exchange and Power in Social Life, New York 1964
Raymond Boudon, Widersprüche sozialen Handelns, Darmstadt–Neuwied 1979
Ders., The Unintended Consequences of Social Action, London and Basingstoke 1982
Ders., Die Logik des gesellschaftlichen Handelns, Darmstadt–Neuwied 1980
James S. Coleman, Foundations of Social Theory, Cambridge, Mass.–London 1990
Ders., Social Theory, Social Research, and a Theory of Action, in: American Journal of Sociology 91/1986, S. 1309ff.
Ders., Social Capital in the Creation of Human Capital, in: American Journal of Sociology (Supplement) 94/1988, S. 95ff.
Ders., The Rational Reconstruction of Society, in: American Sociological Review 58/1993, S. 1ff.
Ders. – *T. J. Farago,* Rational Choice Theory, Newbury Park 1992
Jon Elster, Nuts and Bolts for the Social Sciences, Cambridge 1989
Ders. (ed.), Rational Choice, Oxford 1986
Ders., The Cement of Society, Cambridge 1989
Hartmut Esser, Alltagshandeln und Verstehen, Tübingen 1991
Ders., „Habits", „Frames" and „Rational Choice", in: Zschr. f. Soziologie 19/1990, 231ff.
Ders., Die Rationalität des Alltagshandelns – Eine Rekonstruktion der Handlungstheorie von Alfred Schütz, in: Zschr. f. Soziologie, 20/1991, S. 430ff.
Bruno S. Frey, Ökonomie ist Sozialwissenschaft, München 1990
James G. March, Bounded Rationality, Ambiguity, and the Engineering of Choice, in: Jon Elster (ed.), Rational Choice, Oxford 1986, S. 142ff.
Ludwig von Mises, Grundprobleme der Nationalökonomie, Jena 1933
Mancur Olson, Die Logik des kollektiven Handelns, Tübingen 1968
Karl-Dieter Opp, Individualistische Sozialwissenschaft, Stuttgart 1979
Ders., Ökonomie und Soziologie – Die gemeinsamen Grundlagen beider Fachdisziplinen, in: H.-B. Schäfer/K. Wehrt (Hg.), Die Ökonomisierung der Sozialwissenschaften – Sechs Wortmeldungen, Frankfurt – New York 1989, S. 103ff.
Hans-Bernd Schäfer/Klaus Wehrt (Hg.), Die Ökonomisierung der Sozialwissenschaften – Sechs Wortmeldungen, Frankfurt – New York 1989, S. 103ff.
Amartya K. Sen, Rational Fools: A Critique of the Behavioural Foundations of Economic Theory, in: Ders., Choice, Welfare and Measurement, Oxford 1983, S. 84ff.
Herbert A. Simon, Models of Bounded Rationality, Cambridge, Mass., 1982
Ilja Srubar, Grenzen des „Rational Choice"-Ansatzes, in: Zschr. f. Soziologie 21/1992, S. 157ff.
George J. Stigler – G. S. Becker, De Gustibus Non Est Disputandum, in: American Economic Review 67/1977, S. 76ff.
Richard Swedberg, Economics and Sociology, Princeton, N.J., 1990
Erich Weede, Mensch und Gesellschaft, Tübingen 1992
Helmut Wiesenthal, Rational Choice, in: Zschr. f. Soziologie 16/1987, S. 434ff.

---

[3] Dies wird insbesondere in seiner „presidential address" deutlich, wo er von einer „Great Transformation" seit dem 18. Jh. spricht, in der die „primordial institutions", die auf der Familie als dem zentralen Element der sozialen Organisation beruhten, durch zweckorientiert konstruierte Organisationen abgelöst wurden. Die Soziologie selbst sieht er als Produkt dieses Prozesses. Siehe: James S. Coleman, The Rational Reconstruction of Society, in: American Sociological Review 58/1993, S. 1ff.

5. Soziologische Erkenntnis zwischen Selbsterzeugung und Geschichte: Zur Soziologie der Postmoderne

In der letzten Zeit taucht der Begriff der „Postmoderne“ (mitunter auch „posthistoire“) immer häufiger auf und verweist zusammen mit dem noch geläufigeren Begriff der „postindustriellen Gesellschaft“ (Daniel Bell, Alain Touraine) auf die Tatsache, daß sich die Gegenwart von Traditionen abzukoppeln beginnt, aber noch kein eigenes Selbstverständnis gefunden hat. Wie bei allen Schlagwörtern ist die Diskussion darüber, was denn nun eigentlich unter diesem Begriff zu verstehen ist, in vollem Gange und belegt die unausrottbare menschliche Neigung, Begriffshülsen zu schaffen und hernach über ihren Inhalt zu streiten. Die einen verstehen darunter die Entkoppelung von Modernität und Rationalität, also das Ende des Vernunftbegriffs der Aufklärung und setzen den Beginn postmodernen Denkens mit Nietzsche an (Jürgen Habermas), andere verstehen darunter den Abschied von der Moderne als kultureller Lebensform und den Eintritt in ein nachgeschichtliches Zeitalter („posthistoire“), wieder andere verabschieden die Moderne sowohl als kulturelle wie als gesellschaftliche Epoche (George Bataille, Roland Barthes, Michel Foucault).

Mit der Vernunftkritik kam es auch zu einer Re-Mythisierung des Denkens. Die kritische Einstellung zur Wissenschaft als der Inkarnation aufgeklärter Vernunft geriet zur Reduktion der Wissenschaft zu einer Façette des Diskurses; dies führte in der Folge zur esoterischen Selbstbezüglichkeit des Denkens, die es isoliert und abhebt von der Wirklichkeit, aus der sie ihren Ausgang genommen hat. „Ich kann auch ohne jeden Anspruch, eine Realität darzustellen oder zu analysieren, irgendwo in der Welt (dort) eine gewisse Anzahl von Zügen (ein Wort mit graphischem und sprachlichem Bezug) aufnehmen und aus diesen Zügen ganz nach Belieben ein System bilden,“[1] meint Roland Barthes.

Die Abwendung von den Grundlagen der Moderne spielt sich in philosophischen und ästhetischen Dimensionen ab; das unterscheidet diese Vernunftkritik von der Gesellschafts- und Wissenschaftskritik der 60er Jahre, obwohl bei Adorno und Horkheimer auch schon von der „Verschlingung von Mythus und Aufklärung“[2] die Rede ist. Seit den 80er Jahren sind aber auch Gegentendenzen verstärkt zu bemerken, die die Ideale der Moderne wieder mit neuem Leben zu erfüllen versuchen. Man diskutiert über die „Modernisierung der modernen Gesellschaft“, und individualistische und rationalistische Tendenzen werden wieder positiv wertbesetzt. Auch der Begriff der „civil society“ ist insbesondere im Zusammenhang mit der Neukonstitution der Gesellschaften in Osteuropa wieder aufgetaucht.

Wir wollen hier die Diskussion über den Begriff der Postmoderne nicht wiedergeben, sondern diesen gebrauchen als ein Zeichen dafür, daß wir uns intellektuell und gesellschaftlich in einer Epoche des Übergangs befinden. Und um die Frage anzureißen, wohin wir in unserer soziologischen Reflexion unterwegs sind. Zu diesem Zweck und angesichts des Umfangs des vorstehend dargestellten, dennoch nur skizzierten und selektiv angedeuteten Weges der Soziologie seit ihrer Entstehung ist es notwendig, einen kurzen Rückblick auf diesen Weg zu machen.

---

[1] *Roland Barthes,* Das Reich der Zeichen, Frankfurt 1981, S. 13

[2] siehe: *Jürgen Habermas,* Der philosophische Diskurs der Moderne, Frankfurt 1985, S. 130ff.

Kurzer Rückblick auf den Weg der Soziologie

Die Soziologie, die sich im Frankreich des 19. Jahrhunderts von Comte bis Durkheim entwickelte, war historisches Resultat des realen Wandels der französischen Gesellschaft sowie der nachrevolutionären Reaktion auf die kritische Philosophie des 18. Jahrhunderts. Die Merkmale dieser Soziologie, die sich teilweise bis heute erhalten haben, waren die Vorstellung von der Einzelwissenschaft „Soziologie", die Annahme allgemeiner Gesetzlichkeiten menschlicher Gesellung, die Abtrennung der Sphäre des Sozialen von der der Ökonomie, die Loslösung von „Gesellschaft" aus dem Gesamtzusammenhang der historischen Wirklichkeit.

In bezug auf diese Grundmerkmale unterscheidet sich die Soziologie Comtes nicht wesentlich von der Spencerschen Konzeption, nur daß Spencer im britischen Geistesleben isoliert blieb und seine Wirkung sich eher außerhalb von Großbritannien entfaltete, während sich von Comte zu Durkheim doch eine Linie der grundsätzlichen Übereinstimmung erkennen läßt trotz aller Unterschiede, die die Durkheim-Soziologie gegenüber Comtes Gedanken aufweist.

Die genannten Merkmale treffen mit gewissen Modifikationen auch auf diejenigen Soziologen zu, die sich auf Comte und Spencer beriefen, wie Graham Sumner und Lester Ward in den USA und Ludwig Gumplowicz in Österreich. Sie treffen auf Durkheim und die von ihm gegründete Schule der Soziologie weitgehend zu sowie auf die Soziologie in aller Welt, die den Einfluß Durkheims anerkennt, mithin auf den Großteil, was heute als moderne Soziologie gilt.

Das 19. Jahrhundert brachte aber auch alternative Denkansätze hervor: die empirische Sozialforschung, den dialektischen Materialismus und die geisteswissenschaftlich-historische Gesellschaftslehre. Ihnen ist bei allen Unterschieden gemeinsam, daß sie nicht von der Vorstellung einer Einzelwissenschaft „Soziologie" ausgehen; sie nennen sich daher zunächst in der Regel nicht so; sie gehen, wenn sie überhaupt Gesetzmäßigkeiten des Sozialen untersuchen, von einem anderen Gesetzesbegriff (statistische Gesetze, historisch-dialektische „Bewegungsgesetze") aus; sie trennen nicht zwischen Gesellschaft und Ökonomie unter Aussonderung letzterer, und sie beziehen sich immer auf die historische Wirklichkeit als Grundlage der Erkenntnis. Mitunter subsumieren sie Soziologie unter Geschichte und/oder Ökonomie, aber nicht umgekehrt. Später suchten sie häufig den Zusammenhang mit der „Soziologie", was Richtungen der Soziologie begründete.

Um die Jahrhundertwende und die ersten Jahrzehnte des 20. Jahrhunderts läßt sich eine besondere Entwicklungsphase der Soziologie beobachten; sie ist durch eine Reihe von heute als „Klassiker" behandelte Namen gekennzeichnet: Durkheim, Weber, Simmel, Pareto waren nicht nur Zeitgenossen, sondern fast gleich alt. Diese Phase reflektiert die Etablierung der Soziologie bzw. der sozialwissenschaftlichen Perspektive, gleichzeitig aber auch die unterschiedlichen Versuche einer Erforschung der gesellschaftlichen Ordnung im Rahmen wissenschaftlicher Vorgangsweisen. Sie ist gekennzeichnet durch eine vor dem Hintergrund der realhistorischen Umwälzungen der Zeit merkwürdig anmutende intellektuelle Distanz zur Wirklichkeit mit Hilfe verschiedener abstrahierender Techniken. Trotzdem ist die Tatsache der starken Entwicklung der Soziologie in dieser Zeit ein indirekter Reflex der historischen Ereignisse: der Entstehung der Massendemokratien, des Niedergangs der bürgerlich-liberalen Ordnung, des Untergangs der dynastischen Systeme, des Kapitalismus in seiner Monopolform. Im Zusammenhang dieser Entwicklung weist die Soziologie der Zeit defensive Züge auf, erscheint wie das Rückzugsgefecht der liberal-individualistischen Weltauffassung. Was sich in dieser Epoche als Soziologie begriff, war von individualistisch-bürgerlicher Orientierung. Selbst der dem Sozialismus nahestehende Durkheim wies immer wieder auf das Begründetsein des Sozialen im individuellen Verhalten hin, freilich wäre es gerade das Merkmal der Soziologie, daß sie vom Individuell-Persönlichen absehe und Gleichförmigkeiten, Ähnlichkeiten und Unterschiede feststelle; ihre Basis wären aber die individuellen Verhaltensweisen, die durch Agglomeration zu sozialen Tatsachen würden. Bei Durkheim, dem Anhänger einer rationalen Wissenschaftlichkeit, klingen geradezu mystische Töne bei der Beschreibung des Vorgangs an, wie aus dem individuellen Verhalten die sozialen Tatsachen entstehen; ein Zug zum Mystischen hat sich bis heute erhalten. Dieser Mystik des Sozialen entsprach im deutschen Kulturraum die Mystik des Individuums.

Die der Verstehensmethodologie verpflichtete Soziologie Simmels und Webers mußte schon aus methodischen Gründen vom individuellen, i. e. historischen Ereignis ausgehen. Beide waren zweifellos dem bürgerlich-liberalen Lebensgefühl auch in ihrer eigenen Biographie verpflichtet.

In einem scheinbaren Widerspruch dazu steht die Spencer-Tradition, die mit ihrer Betonung des Organismus und der Evolution an der Kollektivität als einer sozialen Entität ansetzt. Aber das täuscht, da diese Kollektivität eine fiktive Entität ist. Gesellschaft wird als Organismus behandelt, gerade um die in der „Natur" der Gesellschaft liegende Selbständigkeit gegenüber den kollektivistischen politischen Tendenzen der Zeit hervorzuheben. Gerade Spencer verteidigte leidenschaftlich die individuelle Freiheit gegenüber dem institutionell-politischen Zugriff.

Es ist charakteristisch für diese Epoche, daß der Gegenstand der Soziologie nicht mehr die Gesellschaft ist, sondern die „sozialen Tatsachen", das „soziale Handeln", die „sozialen Formen" etc. Stärker als in der europäischen Soziologie rückten dann in Amerika Gegenstandskonstruktionen in den Mittelpunkt, die das Objekt der Soziologie in den relationalen Aspekten, in den Beziehungen zwischen Individuen und Gruppen, in den Aktionen, die zwischen Akteuren passieren, begründeten („Interaktion", „Kommunikation").

Es entwickelten sich die durchgängigen Denkschemata über einzelne Theorieansätze hinweg, die bis heute noch die Weltsicht der Soziologie bestimmen:

1. Die Perspektive der „Sozialisation": Denken, Bewußtsein, Wünsche und Werte, Verhalten und Handeln der Menschen entstehen und entwickeln sich im wechselseitigen Interaktionsprozeß.
2. Die Perspektive der „sozialen Kollektivitäten": Hauptfiguren des Gesellschaftsspiels sind nicht die Individuen als solche, sondern die Gruppen, Klassen, Schichten, die sie bilden, deren Mitglieder sie sind, und von denen her sie sozial eingeordnet und beurteilt werden können.
3. Die Perspektive der „sozialen Dynamik": Veränderungen im soziokulturellen Bereich werden als einseitig endogen bestimmt verstanden; ein interner „Mechanismus" – Interaktionszusammenhang oder Systemevolution – begründet den sozialen Wandel, der daher deutlich von der Geschichte, wie sie die Historie versteht, zu unterscheiden ist, zumal Ereignisse so gut wie keine Rolle spielen – und daher auch nicht erklärt werden können.
4. Die Perspektive der „Steuerung": Die „Ordnung" der Gesellschaft wird durch den gewaltlos funktionierenden Sanktionsmechanismus der „sozialen Kontrolle" hergestellt; im System erscheint er durch die kybernetische Selbststeuerung, die aber grundsätzlich Machbarkeit und Planung nicht ausschließt, gegeben.

Die Folgezeit zwischen den beiden großen Kriegen in Europa, vor allem in Deutschland, ist durch einen „Weg in den Zweifel" und eine Vielzahl von soziologischen Perspektiven gekennzeichnet. Eine davon war der Wandel des Marxismus von einer

Antithese der bürgerlichen Soziologie zur Soziologie der neuen Zeit. Das Festhalten an den „natürlichen Gesetzmäßigkeiten" der Gesellschaft begünstigte hingegen die Verschmelzung der Soziologie Frankreichs und Großbritanniens mit der Kulturanthropologie.

Eine besondere Entwicklung nahm die Soziologie in Amerika, wo sie zunächst stark pragmatisch und psychologisch orientiert war. Dann aber entstand gerade hier eine disziplineinheitliche Supertheorie, der Parsonssche Ansatz, der europäische Einflüsse integrierte und umdeutete. Aufgrund des unproblematischen Umgangs mit der Massendemokratie, dem Monopolkapitalismus und dem gebremsten Staatsinterventionismus in den USA kommt es hier zu einem ungeheuren Aufschwung der empirischen Sozialforschung. Die Verbindung des Strukturfunktionalismus mit der Sozialforschung erweckte erstmals berechtigte Hoffnung auf die wissenschaftliche „Reifung" der Soziologie als „single paradigm-science". Auch verhieß die Kombination der Erklärungskraft der Evolutionstheorie mit der Möglichkeit systematischer Steuerung die Verwirklichung der kühnen Träume der Aufklärung.

Doch zeigte sich bald, daß die Theorie-Empirie-Verbindung prekär blieb: Neben einer rasch wachsenden „Standard-package"-Lehrbuchsoziologie, die in alle Länder, in denen der amerikanische Einfluß nach dem Zweiten Weltkrieg stark war, exportiert wurde, steht die ebenso Weltgeltung erlangende vorwiegend quantitativ orientierte Sozialforschung mit geringer theoretischer Neigung. Eine einigermaßen geglückte Zusammenführung von theoretischer Soziologie und experimenteller Sozialpsychologie vollzog sich nur im Bereich der Kleingruppenforschung.

Kritische und alternative Entwicklungen zur funktionalistischen Soziologie traten auf den Plan: die individualistisch-behavioristische Verhaltenswissenschaft, der Symbolische Interaktionismus, die Ethnomethodologie, die Phänomenologie. Besonders die letzten beiden verweisen mit ihren geistigen Wurzeln wieder auf Europa wie auch die Kritische Theorie, die im Zuge einer Kulturkrise der westlichen Demokratien mit ihrem immanenten Gegensatz von kollektivistischen und liberal-individualistischen Tendenzen zusammen mit anderen Formen neomarxistischen Denkens neuen Auftrieb erhielt. Die politische Brisanz der „Neuen Linken" verebbte bald, nicht jedoch die theoretische Bedeutung marxistischer Methode. Die Situation der Soziologie ist durch eine Dualität von Theorie und Empirie gekennzeichnet. Auf der einen Seite gibt es eine riesige Zahl von empirischen Detailanalysen oder auch mehr literarischen Essays, die sich mit begrenzten Problemen aus dem sozialen Erfahrungszusammenhang befassen und damit eine definitiv zeiträumlich umgrenzte Relevanz aufweisen, obwohl sie immer wieder auch mit dem Anspruch auf die Erkenntnis „ewiger" Gesetzmäßigkeiten des Sozialen auftreten. Auf der anderen Seite stehen mehr oder weniger abstrakte „Theorien", deren Spitze Quasi-Philosophien oder Supertheorien darstellen, die aber von ihrer Zielsetzung her primär auf die Konstruktion von Denk- und Aussagesystemen gerichtet sind und deren konkret zeiträumlicher Bezug höchstens akzidentieller Art ist. Diese Situation zeichnet sich durch zentrifugale Tendenzen aus: Die Arbeit, die die Soziologen leisten, strebt entweder in die eine oder in die andere Richtung auseinander, mit dem Ergebnis, daß sich die Soziologie gerade mit dem Gegenstand, für den sie eigentlich geschaffen wurde und zuständig zu sein scheint: die jeweilige konkrete soziale Gegenwart in ihrer gesellschaftlichen Bedeutung, nicht beschäftigt, sondern mit sich selbst. Damit blieb auch Mannheims Forderung nach einer „Zeitdiagnostik" unerfüllt.

Die Restauration „konservativen" Denkens ließ die Soziologie zunächst orientierungslos zurück zwischen „anything-goes"-Standpunkten und akademischer Normalwissenschaft. Erst die späten 70er und die 80er Jahre brachten einen neuen Boom soziologischer Theorieentwürfe. Diese Theorieentwürfe zeichnen sich durch hohes Abstraktionsniveau und den Charakter von Denkweisen, von logischen Systemen oder Sprachspielen aus, sind Supertheorien für Denkbereiche, die sich nicht auf die engen Grenzen einer „Einzelwissenschaft“ einengen lassen, sondern Entwürfe für neue Reflexionssysteme darstellen. Sie weisen vor allem eine bemerkenswerte Reflexivität auf, d.h. sie beschäftigen sich mit Vorliebe mit sich selbst als Interpretationsweisen von Wirklichkeit. Diese Selbstreflexivität hängt eng zusammen mit der zirkulären bzw. dialektischen Logik ihrer Aussagen. Ein weiteres Merkmal der meisten dieser neuen Ansätze ist die Verschmelzung von Theorie und Praxis, die die große Bedeutung des Marxismus als epochale intellektuelle Grundlage des Denkens belegt.

Besonders charakteristisch ist auch, daß diese Ansätze zugleich ihre eigene Erkenntnistheorie mitproduzieren. Erkenntnis selbst wird als sozialer Prozeß verstanden und nicht als Erkenntnisleistung eines dem Objekt mit „höheren“ philosophischen Mitteln der Einsicht ausgestattet gegenüberstehenden Subjekts. Die neuen Theorien sind nicht so sehr Theorien im Sinne empirisch-analytischer Wissenschaftsauffassung, sondern Denkweisen, Sprachspiele, Interpretationsschemata. Ihr eigentliches Ziel ist der Entwurf einer „Soziologie“, wie ihn schon Comte unternommen hatte, d.h. in jeder neuen „Theorie“ wird Soziologie neu konzipiert. Nur daß der bei Comte noch implizite, Objekt- und Metaebene übergreifende Konstruktivismus explizit als eine Dimension des Zielsystems der Wissenschaft erscheint: Sinnkonstitution und Konstruktion von Wirklichkeit sind Objekt-Probleme, insofern als sie Produkte des Handelns und der Kommunikation im Alltag, in der Lebenswelt, und Erzeuger und Erzeugnisse der Systeme, somit der Wissenschaft selbst, sind.

Die Dialektik der Geistesgeschichte und gleichzeitig der Pluralismus des modernen Denkens manifestieren sich in der Neuauflage rationalistischer und individualistischer Sozialtheorien, die im Zuge der Sedimentierung politischer und ökonomischer „Restauration“ nach den turbulenten 70er Jahren im „Zeitgeist“ und verstärkt durch den Zusammenbruch des realen Sozialismus in Osteuropa und den scheinbaren Sieg der Marktwirtschaft auftraten. Auch für sie gilt jedoch trotz aller Betonung „exakter“ theoretischer Wissenschaftlichkeit, daß es sich im Kern um ein Design für die „richtige“ Art von Soziologie handelt.

Soziologische Erkenntnis

Die Leitvorstellungen wissenschaftlicher Erkenntnis haben sich im 20. Jh. in bemerkenswerter Weise verändert. Dominierte zunächst noch die „Ding“- oder „Substanz“-vorstellung, d.h. etwa mit Bezug auf die Soziologie die Konzeption des Sozialen als Einheit, als „Gesellschaft“, die einerseits dem Staat, andererseits dem Individuum gegenübergestellt werden konnte, so kam es mehr und mehr zu einer Wendung zu einer relationalen Denkweise, und zwar unter dem Einfluß der Mathematik und theoretischen Physik sowie der analytischen Philosophie und Wissenschaftstheorie.

Relationen wurden in der Soziologie als Erkenntnisobjekt erfaßt (Interaktionen, Kommunikationen, Klassenbeziehungen...), aber auch als grundlegende begriffslogische Auffassung, d.h. man ging von Substanzbegriffen, die Einheiten, Substanzen meinten über zu Relations- und Funktionsbegriffen, deren Inhalt nur in einem bestimmten Zusammenhang sinnvoll ist. Und schließlich stellte man auch die Relation zwischen der sozialen Realität und dem Wissen darüber her (Marx, Karl Mannheim...).

Das relationale Denken setzte sich nur langsam in den Sozialwissenschaften durch und gelangte eigentlich erst zu Anerkennung in Verbindung mit dem Vordringen des systemtheoretischen Paradigmas. Dieses selbst hatte aber in den letzten Jahrzehnten eine entscheidende Wendung vollzogen hin zu autopoietischen Systemen, d.h. sich selbst erzeugenden, selbstreferentiellen Systemen. In der Soziologie reflektiert sich diese Entwicklung in dem zunehmenden Interesse an einer Betrachtungsweise, die die Soziologie als ein System sieht, das sich seine Wirklichkeit gleichzeitig mit der Selbstkonstitution als Wissenschaft erzeugt. Auch dort, wo nicht explizit die Theorie selbstreferentieller Systeme zugrunde gelegt wird, spielt doch die Reflexivität und Selbstreproduktion der Soziologie eine große Rolle in der soziologischen Theoriebildung.

Während naturwissenschaftliche Erkenntnis trotz aller Abstraktion und Formalisierung am Ziel der „richtigen Erfassung der Wirklichkeit“ orientiert bleibt, wirkt zwischen Sozialwissenschaft und sozialer Wirklichkeit eine „doppelte Hermeneutik“, wie Giddens feststellte. Die Wirklichkeit, mit der es die Sozialwissenschaft zu tun hat und die sie selbst mitkonstruiert, wird als eine „erfundene Wirklichkeit“ verstanden.

Diese Wirklichkeit, wiewohl „erfunden“, ist aber – und das kann nicht genug betont werden – nichtsdestoweniger „wirklich“. Wie Searle hervorhob, sind unser Geist, unser Denken, unsere Vorstellung sehr wohl wirklich, denn jeder geistige Vorgang wird in unserem Hirn verursacht, ist nichts anderes als eine Eigenschaft unseres Hirns. Er stellt daher fest: „Es gibt Geisteszustände wirklich, einige davon sind bewußt; viele sind intentional; alle sind subjektiv; und viele haben kausalen Einfluß auf materielle Ereignisse in der Welt.“[3]

Aus dieser „Lösung“ des Körper-Geist-Problems schließt Searle allerdings keineswegs auf einen erkenntnistheoretischen Monismus, sondern kommt vielmehr zu einer radikalen Diskontinuität von Gesellschafts- und Naturwissenschaften und damit auch zur Negation der Kontinuität der Evolution von Natur zu Gesellschaft. Dies deshalb, weil Geist und Handeln (als verursacht von geistigen Zuständen) nicht nur eine Syntax wie Computer haben, sondern auch eine Semantik; unser Gehirn erzeugt und reproduziert nicht nur formale Regeln, sondern auch Bedeutungen. Und deshalb sind auch die Kategorien der Gesellschaftswissenschaften nie abgeschlossen (wie das materielle Dinge sind); sie beruhen auf Einstellungen, Vorstellungen, die sich ständig ändern können.

Zu einer ähnlichen Auffassung kommt auch – wiewohl auf einem ganz anderen Weg – Cornelius Castoriadis, wenn er meint, Gesellschaft instituiere sich mit der Institution einer Welt von Bedeutungen und verwandle sich selbstschöpferisch durch das Denken. Gesellschaft kann als „imaginäre Institution“ aufgefaßt werden, aber die Weltbilder, Bedeutungen, Interpretationen sind genauso wirklich wie die Dinge. Und zwar einmal aus demselben Grund wie diese: weil sie da sind (oder waren) und „Dinge“ bewegt, verändert haben; und zum anderen, weil unser Denken an kognitive Grundstrukturen gebunden ist, die ihrerseits Produkt materieller Bedingungen der Umwelt im Zusammenhang ihrer Wirkung auf die biologisch-physiologische Ausstattung unseres Gehirns und unseres ganzen Organismus sind. Bereits in diesem grundlegenden Zusammenhang ist angelegt, daß dem Denken stets Rückbezüglichkeit und „Selbsterzeugung“ eigen sind. Für die Zwecke naturwissenschaftlicher Erkenntnis – so wie sie heute noch vielfach verstanden wird – mag es geboten erscheinen, diese Eigenschaften auszuklammern und Denken auf Logik und Syntax zu reduzieren.

In den Sozialwissenschaften aber wird gegenwärtig Denken immer mehr selbst als ein

---

[3] *John R. Searle,* Geist, Hirn und Wissenschaft, Frankfurt 1986, S. 26

sozialer Prozeß (nicht als ein materiell-ökonomisch bestimmtes Resultat wie bei Marx) aufgefaßt. Den entscheidenden Anstoß dazu hat wahrscheinlich G. H. Mead gegeben. Von ihm und von den Phänomenologen ging aber auch der Angriff auf die Trennung von Objekt- und Metaebene aus, und damit konnte in der Folge auch die wissenschaftliche Erkenntnis wie alles Denken als ein sozialer Prozeß aufgefaßt werden. Das führte zum Bruch mit der subjektzentrierten Erkenntnistheorie. Erkenntnis ist nicht mehr die Reflexion der Welt im Bewußtsein eines Subjekts. Dieses Subjekt konnte die in Philosophie/Wissenschaft disziplinierte Vernunft oder aber der in seinem Geist die Welt subjektiv erfassende und aufgrund innerer Erfahrung verstehende Mensch sein: In einem Fall erscheint die Welt als objektiv begreifbar, im anderen Fall als inneres, individuell subjektives Bild. Beides sind Versionen der Subjektphilosophie. Angriffe darauf gab es vor allem von seiten der Dialektik, die Erkenntnis als einen Prozeß versteht, in dem Objekt- und Subjektebene zueinander in einem Widerspruch stehen, der im Erkenntnisprozeß immer wieder überwunden werden muß. Eine andere Lösung des Objekt/Subjekt-Problems wurde durch den Begriff der „Intersubjektivität" anvisiert.

Wenn Whitehead von der Objektivität der Perspektiven sprach und Searle die Subjektivität geistiger Wirklichkeit betont, so meinen beide damit die Unterschiedlichkeit der Welt von verschiedenen Standorten aus. Erkenntnis der Welt muß aber deshalb nicht notwendig nur durch „Verstehen" oder phänomenologische Reduktion erfolgen. Diese wäre eine Leistung ausschließlich des erkennenden Individuums allein. Demgegenüber betont die Auffassung, wonach Erkenntnis ein sozialer Prozeß ist, die kommunikative Produktion von Wissen. In zunehmendem Maße wird auch die Erzeugung sozialwissenschaftlichen Wissens, wird der sozialwissenschaftliche Forschungsprozeß als Prozeß der Kooperation, Diskussion und des Dialogs begriffen. Das reflektiert die geänderte Praxis sozialwissenschaftlicher Forschung in der Gegenwart, die nicht mehr ausschließlich wie früher als eine singuläre Erkenntnisleistung eines Individuums angesehen werden kann. Das reflektiert aber auch die Massenkommunikationsgesellschaft und die Diffusion des (massen-)demokratischen Prinzips, wonach Entscheidungen – auch darüber was „wirklich", „wahr", „relevant" sein soll – immer einen Kommunikationsprozeß involvieren. In diesem Kommunikationsprozeß wird nicht nur „Wissen" erzeugt, sondern auch „Intersubjektivität" als Mittel und Möglichkeit der Verständigung. Intersubjektivität existiert nur in und durch den Kommunikationsprozeß. Versuchte Mead aber noch, Intersubjektivität durch die Fähigkeit des Individuums zur Übernahme der Perspektive des anderen zu begründen, so tritt dies in den modernen Auffassungen zurück, und Intersubjektivität wird durch den Verlauf der Interaktion selbst beschrieben. Damit geht einher ein weitgehendes Aufgeben inhaltlicher Bezüge und Bedeutungen zugunsten einer prozessualen und rationalen Ausrichtung: Nicht die Inhalte unseres Wissens, sondern der Prozeß der Entstehung von Wissen, Bedeutung, Erkenntnis in der Kommunikation wird zum Ziel der Erkenntnis. Intersubjektivität verweist nicht auf Inhalte, sondern auf prozessuale Relationierungen.

Die theoretischen Probleme der modernen Soziologie ergeben sich aus dieser Vermengung von Erkenntnis der Erkenntnis und Erkenntnis der Welt auf der Basis der beiden gemeinsamen Eigenschaft sozial generiert und sozial generierend zu sein. Die soziale Welt erscheint zudem nur indirekt erkennbar, nämlich über die Erkenntnis der Sozialität unseres Wissens über die Welt. Mitunter verliert sich der Bezug zur Welt ganz und erschließt sich nur als „by-product" der Theoriekonstruktion und aufgrund des Eindrucks, den die Konzeption beim Leser, der sie mit seiner Wirklichkeitsinterpretation verbindet, hervorruft. Die Systemtheorie Luhmanns, die Theorie der Strukturbildung von Giddens und die Theorie des kommunikativen Handelns von

Habermas – sie alle rufen Eindrücke hervor, die sich mit unserer Lebens- und Welterfahrung schemenhaft verbinden, aber sie sprechen nichts, was uns im täglichen Leben tatsächlich als „Gegebenheit", als verdinglichter Begriff, als Erfahrungen und Lebensverhältnisse begegnet, konkret an. Sie handeln nicht davon, sondern von der Art und Weise, wie man darüber wissenschaftlich kommuniziert – und vor allem, wie Menschen, deren Beruf es ist, über die soziale Wirklichkeit Bücher zu schreiben, diese Wirklichkeit erzeugen.

Über wissenschaftlichen und gesellschaftlichen Fortschritt

In der akademischen Praxis hat sich ein Denken und Sprechen eingebürgert, welches vom „Entwicklungsstand der Forschung, des Wissens etc.", vom „Begriffsinstrumentarium", von Methoden, die man verschärft und verbessert, von Theorien, die überprüft werden, m. a. W. vom Fortschritt der Wissenschaft ausgeht. Dieser wissenschaftliche Fortschritt hat sich losgelöst vom gesellschaftlichen Fortschritt, zum einen, weil Wissenschaft ohnehin als die einzige Möglichkeit des Fortschritts betrachtet wurde, zum anderen, weil die Ansichten darüber, was gesellschaftlicher Fortschritt bedeuten solle, durch die Entstehung interessebedingter und parteipolitisch formulierter Ideologien stark differierten. Im Zuge der Krisen und Kriege seit den Zeiten der Aufklärung und ihres Fortschrittsoptimismus hat die Euphorie über die Möglichkeit allgemeinen Fortschritts der „menschlichen Gesellschaft" merklich nachgelassen. Zu vielen erscheinen die verschiedenen Entwicklungen des 19. Jahrhunderts nicht als Fortschritt, sondern als Rückschritt. Fortschritt wurde auch bestenfalls für die eigene Nation oder Klasse erhofft, aber nicht mehr für „die Menschheit" als solche.

Die endgültige Loslösung der Naturwissenschaften aus der Philosophie, ihre spektakulären Entdeckungen und deren Nutzbarmachung im technischen Fortschritt der Industrie bewerkstelligten zweierlei:

Einmal die Reduktion des wissenschaftlichen Fortschritts auf jene Bereiche, die sich als technisch-industriell verwertbar erwiesen, damit die Bestimmung des Fortschritts von der industriellen Verwertung her.

Und zum anderen die Reaktion der Philosophie, die nun daran ging, ihre Erkenntnislehre zur Wissenschaftstheorie umzufunktionieren, die Kriterien der Wissenschaftlichkeit festlegt und über den wissenschaftlichen Fortschritt befindet.

Die Idee des wissenschaftlichen Fortschritts der empirisch-analytischen Wissenschaftstheorie ist der der Kumulation von arbeitsteilig durch die Beiträge der einzelnen Wissenschaftler angehäuftem Sachwissen in Form von Hypothesen, Theorien und Gesetzen, die fortlaufend an der Wirklichkeit überprüft werden. Wissenschaftliche Methode ist das Entwickeln von Lösungen für Probleme, worunter man allerdings nicht praktische oder politische Probleme, sondern wissenschaftliche „Rätsel" verstehen muß. Die Lösungsversuche müssen der sachlichen empirischen Überprüfung zugänglich sein, und die Wissenschaftlergemeinde versucht, die Hypothesen durch empirische Überprüfung zu widerlegen. Gelingt dies nicht, wird ein anderer Lösungsversuch gesucht, den man sich wieder zu falsifizieren bemüht usw. Die Methode der Wissenschaft nach Popper ist also die des tentativen Lösungsversuches, der von der schärfsten Kritik kontrolliert wird (Versuch und Irrtum). Die Objektivität der Wissenschaft besteht in der Objektivität der Methode der Prüfung.

Thomas Kuhn, der ausgehend von der Popperschen Wissenschaftsauffassung eine rationale Rekonstruktion der Wissenschaftsgeschichte vorgenommen hat, kommt zu etwas anderen Vorstellungen vom wissenschaftlichen Fortschritt. Er unterscheidet zwischen wissenschaftlichen Revolutionen, die durch das Auftreten neuer Paradigmata („disziplinärer Systeme“) gekennzeichnet sind und den Phasen der Normalwissenschaft. Ist eine Wissenschaft noch in ihren frühen Stadien der Entwicklung, treten zahlreiche, alternative Paradigmata auf; erst wenn sich ein gemeinsames Paradigma durchgesetzt hat, hat die Wissenschaft ihr Reifestadium erreicht, sie kann zur Normalwissenschaft übergehen. Ihre Aufgabe ist das „Rätsellösen“, wobei allerdings keine praktischen Probleme gemeint sind, sondern jene, die das Paradigma vorgibt. „Die normale Wissenschaft strebt nicht nach neuen Tatsachen und Theorien und findet auch keine, wenn sie erfolgreich ist,“[4] stellt Kuhn fest. Die Rätsel entsprechen dabei den Popperschen Falsifikationen, nur daß ein Paradigma nicht wie eine Hypothese bei der ersten Falsifikation fallengelassen wird. Erst wenn es offensichtlich nicht gelingt, die Wirklichkeit dem Paradigma anzupassen, treten neue Paradigmata auf; diese sind Zeichen der Krise.

Auch Kuhn ist vom wissenschaftlichen Fortschritt überzeugt, spätere Theorien sind seiner Meinung nach immer besser als frühere, was aber nicht stärkere Wirklichkeitsannäherung bedeutet, sondern bessere Methode, mehr Konsens in der Wissenschaftlergemeinschaft. Fortschritt gibt es nur in Zeiten der normalen Wissenschaft. Fortschritt ist bei Kuhn nicht zielorientiert, es ist nicht ein Fortschreiten auf etwas hin, sondern von etwas fort.

Die Umformulierung, die Kuhn dem Fortschrittsgedanken in der Wissenschaft angedeihen ließ, hat dazu geführt, daß die Frage des Fortschritts eine Frage der zeitlichen Perspektive geworden ist. In kurzzeitlicher Betrachtung gibt es „normalwissenschaftlichen“ Fortschritt in Einzelfragen von begrenzter theoretischer Reichweite, in der „longue durée“ kommt es zu wissenschaftlichem Paradigmawechsel.

Wenn man will, so geht es in der gegenwärtigen Situation der Soziologie um einen Paradigmawechsel. Allerdings war die Entwicklung der Soziologie höchstens über relativ kurze Strecken durch die Dominanz eines Paradigmas gekennzeichnet, niemals jedoch gab es wirklichen Konsens aller Soziologen über ein Paradigma. Allerdings war es durchaus eine Idealvorstellung auch der Soziologen, zu einem einheitlichen Paradigma zu gelangen, wie noch Luhmanns Vorwurf an die Soziologie, an „multipler Paradigmatase“ zu leiden, belegt.

Da der Begriff des Paradigmas selbst jedoch ein sehr unklarer ist, ist es müßig, sich darüber den Kopf zu zerbrechen, ob der gegenwärtige Theorieboom nun den Wechsel eines grundlegenden Paradigmas oder die Fortführung der multiplen Paradigmatase mit anderen Mitteln bedeutet. Wesentlich wichtiger ist die Frage, ob der Weg der Soziologie in der Anhäufung von Sachwissen resultiert oder resultieren kann. Manche halten dies durchaus für möglich auf der Basis eines konsistenten theoretischen Systems. Nun sind aber soziologische Theorien keine Systeme syntaktischer formalisierter Regeln, sondern arbeiten mit Begriffen, die in bezug auf ihre Semantik und Pragmatik auf einen historischen und kulturellen Bezug verweisen. Die Bürokratietheorie Webers, die Rassenkampftheorie Gumplowicz', der Ideologiebegriff Mannheims, die Oligarchiethese Michels' etc., sie alle verweisen auf einen historischen Bezug. Dieser Bezug kann wie andererseits auch die reflexive Orientierung an Theorietraditionen bei den einzelnen Soziologen unterschiedlich stark sein. Zweifellos orientierte sich Parsons mehr an der intellektuellen Tradition der akademischen Profession als etwa C. Wright Mills oder Robert Michels. In jedem Fall aber ist die konkrete Haltung und damit die Relevanz von historischem Bezug (politisches Engagement, politische Funktionen, Involvierung im sozialen Leben etc., Interesse

[4] *Thomas S. Kuhn,* Die Struktur wissenschaftlicher Revolutionen, Frankfurt 1978, S. 65

an der Lebenswirklichkeit) und intellektueller Tradition durch Verpflichtetsein und Anknüpfen an vorhergehende theoretisch-intellektuelle Konzepte (vermittelt durch einen „Lehrer", Faszination durch die Logik einer Argumentation, Übernahme von Begriffen etc.) eine unterschiedliche.

Sozialwissenschaftliches „Sachwissen" ist immer durch zwei Dimensionen, die historische und die intellektuell-traditionale, vermittelt. Das ist die eine Seite; dazu kommt natürlich die raumzeitliche Begrenztheit soziologischer Empirie. Empirische Befunde sozialer Wirklichkeit sind nicht Erkenntnisse allgemeiner menschlicher Sozial„natur". Selbst dort, wo quasi-gesetzmäßige Aussagen getroffen werden können, sind die Antezedenzbedingungen historisch variabel. Soziologie wie jede andere Wissenschaft auch, aber vielleicht noch mehr als alle anderen, ist nie abgeschlossen, hat nie „gesicherte Erkenntnis" von etwas, nicht einmal von sich selbst; ist immer Entwurf in systematischer Absicht, Entwurf ins Ungewisse, der in komplexer und indirekter Weise durch die Wirklichkeit als Lebenserfahrung und Begriffspragmatik geprägt ist und diese wieder ihrerseits verändert. Gerade weil sie Selbsterkenntnis vermittelt, bietet sie keine Gewißheit.[5]

Die Wege, die die Soziologie in den letzten 150 Jahren gegangen ist, zeigen am nachdrücklichsten, daß in dieser Wissenschaft als Ganzes besehen kein kumulativer Fortschritt stattgefunden hat: neben der Vielzahl an einzelnen auf abgegrenzte Probleme bezogenen Forschung kommt es immer wieder zu neuen Entwürfen, Konzepten dieser Wissenschaft „Soziologie" selbst. Jede Epoche, jede Gesellschaft konstruiert sich ihr eigenes Bild, verfremdet es durch Abstraktion und Methodenüberlegungen und nennt es „Soziologie". Zudem gibt es auch gleichzeitig eine Vielzahl von Bildern, die alle gleich wahr und relevant sind, denn alles was in der Forschung nicht durch mathematische Formeln und die Funktion technischer Apparaturen bestimmt ist, setzt Denken, geistige Zustände voraus, die notwendig subjektiv, d. h. perspektivisch sind. Das bedeutet nun nicht, daß die soziologischen Erkenntnisse der Vergangenheit irrelevant seien, Abfall der intellektuellen Bewältigung vergangener Gegenwarten darstellen.

Kumulativer Fortschritt anderer Art hat in der Soziologie jedoch stattgefunden, nämlich als synthetische Vermengung vorhergehender Theorien oder Teile davon, um neue theoretische Konzepte daraus zu konstruieren. Besonders deutlich wird das, wenn man sich die Theoriegebäude[6] von Parsons, Luhmann, Habermas, Giddens oder Coleman betrachtet. Da wird klar, daß soziologische Theoriekonstrukteure tatsächlich „auf den Schultern von Riesen" stehen, wie es Robert K. Merton ausdrückte[7]. Und wenn man eine solche „große Theorie" der Soziologie, wie sie etwa Colemans „Foundations of Social Theory" enthält, liest, kann man nicht umhin festzustellen, daß hier reflexiv und unmittelbar auf konkrete Aspekte der gesellschaftlichen Wirklichkeit der Welt des Autors abgestellt wird – und James Coleman würde das auch keineswegs bestreiten. Gleichzeitig werden aber Begriffs- und Theoriebausteine „mitgeschleppt", die ihren Ursprung im 19. Jh. oder in der ersten Hälfte dieses Jahrhunderts hatten, und sie werden so behandelt, als ob es sich um Faktenwissen handeln würde, mit dem man rein wissenschaftsintern, also unabhängig von den historischen und kulturellen Bedingungen ihrer Entstehung und ihrer Verbreitung

---

[5] *Agnes Heller,* Von einer Hermeneutik in den Sozialwissenschaften zu einer Hermeneutik der Sozialwissenschaften, in: KZSS 39/1987, S. 450

[6] Vgl. hierzu etwa die amüsante Paraphrase von Jens Soentgen über die Luhmannsche Systemtheorie: „Der Bau", in: Zeitschrift für Soziologie 21/1992, S. 456ff.

[7] *Robert K. Merton,* Auf den Schultern von Riesen. Ein Leitfaden durch das Labyrinth der Gelehrsamkeit, Frankfurt am Main 1980 (ursprl. am. 1965)

umgehen könne. Man kann diese Art von Kumulation besser als Tradition bezeichnen, und es ist einsichtig, daß eine „scientific community" sich zur Förderung ihres Ansehens und ihrer Ansprüche in Hinblick auf ihre institutionellen und professionellen Interessen um den Aufbau, um die „Erfindung" einer Tradition bemüht. Wenn man diese Traditionen jedoch als sachliche Erkenntnisse mit Allgemeinheitsanspruch behandelt, dann überträgt man zeitgenössische Interpretationen vergangener Wirklichkeiten auf die Gegenwart. In diesem Sinne hat Anthony Giddens darauf hingewiesen, daß die Soziologie geradezu „zwanghaft", wie er meint, an den Traditionen der Moderne festhält[8]. Es geht nun sicherlich nicht darum, Traditionen abzuschütteln, aber man sollte sie als das sehen, was sie sind: Versuche zur Entwicklung einer Wissenschaft, die aus Interpretationen, Verallgemeinerungen, Formalisierungen historischer Wirklichkeiten gespeist wurden und werden. Sie können uns sehr wertvollen Aufschluß geben, aber doch in erster Linie über den zeiträumlich-kulturellen Kontext, in dem sie entstanden sind, und die Interpretation desselben, aber nicht über die „Entwicklung *der* menschlichen Gesellschaft", zumindest nicht direkt, sondern eben nur mittelbar über ihre zeiträumlich differenzierten Ausformungen und die verschiedenen Möglichkeiten, wie Menschen von bestimmten Standpunkten aus zu Auffassungen darüber gelangen. Das bedeutet nicht, daß sie für die Gegenwart irrelevant sind. Sie erhalten ihre Relevanz für die Gegenwart durch ein Verständnis derselben als „geworden" und daher viele Aspekte verschiedener Zeitschichten der Vergangenheit als Gleichzeitigkeit des Ungleichzeitigen enthaltend; ein Verständnis der Gegenwart, das der große französische Sozial- und Wirtschaftshistoriker Fernand Braudel in seinen Werken immer wieder hervorhob.

Wissenschaftsgeschichte der Soziologie ohne Berücksichtigung des historischen und kulturellen Kontexts und auch der Biographie und den Intentionen der Autoren ist aus dieser Sicht ein wenig sinnvolles Unterfangen. Jede Soziologiegeschichte muß gleichzeitig auch partielle Sozialgeschichte, muß Sozialgeschichte der Soziologie sein, sonst wird sie zur selbstbezogenen Rekonstruktion eines von jeder Realitätsrelevanz entfernten Diskurses und reflektiert nicht die ständige Wechselbeziehung des Denkens und der Welt. Die Historizität der Soziologie bezieht sich auf ihre Begriffe bzw. deren Bedeutungen, ihre Problemstellungen, auch die, welche auf theoretische oder methodologische Aspekte gerichtet sind, und natürlich auch die Bewertungen – oder um mit Max Weber zu sprechen: Wertbeziehungen –, die in soziologischen Erkenntnissen, Aussagen und Theorien enthalten sind.

Diese Geschichtlichkeit ist eine notwendig gegebene, aber meist keineswegs beabsichtigte oder auch nur reflektierte. Die Soziologie hat sich bekanntlich ganz im Gegenteil in deutlicher Distanz zur Geschichte, wie sie die Historiker verstehen und betreiben, entwickelt. Man hat die Soziologie mitunter als Erbin der Geschichtsphilosophie bezeichnet; diese sah von Giambattista Vico bis Hegel die Geschichte nicht als eine zufällige Abfolge von Ereignissen, sondern als einen bestimmten Weg, eine Richtung „objektiv" verfolgend und mit einem Sinn ausgestattet. Das Fortschrittsdenken der Aufklärung interpretierte diesen Weg nicht als „ricorsi" wie Vico, sondern als geradlinig verlaufende Höherentwicklung. Die Idee der Evolution schien wie geschaffen dafür, weil sie gleichzeitig die durchaus politisch motivierte Sicht von Mechanismen der internen Dynamik des Sozialen mit wissenschaftlicher „Objektivität" zu verbinden erlaubte. Das 19. Jh. hatte aber noch eine andere Vorstellung von der internen Mechanik der Geschichte hervorgebracht: die Dialektik, die von Hegel und in seiner Nachfolge von Karl Marx nunmehr auf den Geschichtsprozeß übertra-

[8] *Anthony Giddens,* Tradition in der post-traditionalen Gesellschaft, in: Soziale Welt 44/1993, S. 445ff.

gen wurde. Die Historiker hingegen distanzierten sich von der Geschichtsphilosophie und konzentrierten sich auf die quellenbezogene Erforschung von Ereignissen und deren zeitliche Abfolge, was zwar Theorien keineswegs ausschließt, aber ihnen explizit eine instrumentale Funktion zuweist. Darauf gründete dann die bekannte Differenzierung in die deskriptiv und idiographisch vorgehende Historie und die nomothetische Sozialwissenschaft (Wilhelm Windelband). Tatsächlich war jedoch nicht die Methode, sondern die grundlegende Auffassung von und Haltung zur Geschichte eine andere.

Gesellschaftliche Veränderungen wurden in der Soziologie nicht als durch Ereignisse, durch Geschehen, bestimmt gesehen, sondern in internen Prozessen innerhalb von Gesellschaften verortet. Wie Friedrich Tenbruck aufzeigte, vernachlässigte sie damit systematisch die Beziehungen zwischen Gesellschaften, die Effekte kultureller Diffusion, und die „von oben" gesetzten Maßnahmen in ihrer Erklärung des sozialen Wandels[9]. Die „Gesellschaft", der Handlungs- oder Kommunikationszusammenhang, das „soziale System" wurden damit zu Begriffen, die sich immer mehr von der konkreten zeiträumlich eingebundenen Wirklichkeit des sozialen Lebens abhoben. Geschichte wurde damit durch Interpretationen der Veränderung im Sinne von soziokultureller Evolution, sozialem Wandel, sozialer Dynamik ersetzt und damit die Vorstellung einer inneren Logik der Entwicklung verbunden, die am deutlichsten in der Theorie der Industriegesellschaft zum Ausdruck kam. Die moderne Gesellschaft oder besser: die „Gesellschaft" der Moderne, an der nur die „modernen" Elemente interessierten, wurde zum Gegenstand der Soziologie, die somit eine scharfe und durchaus künstliche, zum Teil auch schlicht falsche Trennung zwischen vormodernen und modernen Gesellschaften vornahm. Die Moderne aber ist nicht die historische Gegenwart, sondern die Kennzeichnung einer Epoche, impliziert somit eine dauernde, erweiterte Gegenwärtigkeit bestimmter als konstitutiv angesehener Merkmale. Damit verfing sich die Soziologie im „Gefängnis der Gegenwart"[10], sie befreite sich nicht von den Denkselbstverständlichkeiten dieser erweiterten Gegenwart und wurde zum szientifischen Mythos der Moderne.

Die grundlegende Problemperspektive dieser Welt hat sich seit den Zeiten der Aufklärung und der Französischen Revolution entscheidend geändert: Wir wollen keine neue Gesellschaft auf der Grundlage der Erkenntnis der „natürlichen" sozialen Ordnung mehr schaffen, wir wollen überleben angesichts kalter und heißer Kriege, atomarer Katastrophen und kaputter natürlicher Umwelt. Die moderne Gesellschaft ist zu einer „Risikogesellschaft" geworden (Ulrich Beck). Die Modernisierung aller Gesellschaften der Welt kann nicht mehr mit dem naiven Glauben an die Vorbildfunktion der westlichen Industrieländer verbunden werden, diese selbst müssen sich die Folgen ihrer eigenen Modernisierung bewußt machen und zu einer „reflexiven Modernisierung"[11], also zu einer anderen Moderne, gelangen. Die anderen Länder der Welt aber sind weitgehend darauf zurückverwiesen, ihren jeweils eigenen Weg zu finden, und viele von ihnen tun dies in deutlicher, ja teilweise durch definitive Abneigung geprägter Art und Weise. „Modernität" läßt sich nicht mehr einseitig nach den europäischen Kulturtraditionen der letzten zweihundert Jahre bestimmen, und die Soziologie sollte ihre ethnozentrische Konzentration auf die Problemstellungen, die in dieser Tradition stehen, aufgeben. Eine Möglichkeit dazu ist die Konzentration

---

[9] *Friedrich H. Tenbruck,* Gesellschaftsgeschichte oder Weltgeschichte? In: KZSS 41/1989, S. 417ff.

[10] *Agnes Heller,* Von einer Hermeneutik in den Sozialwissenschaften zu einer Hermeneutik der Sozialwissenschaften, in: KZSS 39/1987, S. 425ff.

[11] *Ulrich Beck,* Die Erfindung des Politischen, Frankfurt am Main 1993

auf das Wissen der anderen Kulturen und unserer eigenen Geschichte. Das Verständnis unserer gesellschaftlichen Wirklichkeit als historisch geworden und der Soziologie als Produkt, Reflex und Mit-Produzent dieses Prozesses kann uns helfen, uns von den Selbstverständlichkeiten des Denkens und Wissens zu befreien und uns wieder vom selbstbezüglichen Diskurs über den Diskurs der Wissenschaft den realen Problemen der konkreten Wirklichkeit zuzuwenden.

Literatur

Karl Acham, Philosophie der Sozialwissenschaften, Freiburg-München 1983
Roland Axtmann, Society, Globalization and the Comparative Method, in: History of the Human Sciences 6/1993, S. 53ff.
Roland Barthes, Das Reich der Zeichen, Frankfurt 1981
Ulrich Beck, Risikogesellschaft, Frankfurt am Main 1986
Ders., Die Erfindung des Politischen, Frankfurt am Main 1993
Heinrich Best, Historische Sozialforschung als Erweiterung der Soziologie, in: KZSS 40/1988, S. 1ff.
Marc Bloch, Apologie der Geschichte, Stuttgart 1974 (ursprl. frz. 1949)
Fernand Braudel, Histoire et Sciences Sociales. La Longue Durée, in: Annales XIII/1958, S. 725ff.
Peter Burke, History and Social Theory, cambridge 1992
Craig Calhoun, Culture, History, and the Problem of Specificity in Social Theory, in: Steven Seidman/David G. Wagner (Hg.), Postmodernism and Social Theory, Cambridge-Oxford 1992, S. 244ff.
Ernst Cassirer, Substanzbegriff und Funktionsbegriff, Berlin 1910
Cornelius Castoriadis, Gesellschaft als imaginäre Institution, Frankfurt 1984
Lewis A. Coser, Masters of Sociological Thought: Ideas in Historical and Social Context, New York 1971
Günter Dux, Die Logik der Weltbilder. Sinnstrukturen im Wandel der Geschichte, Frankfurt 1982
Shmuel N. Eisenstadt, Die soziologische Tradition: Ursprünge, Grenzen, Innovationsmuster und Krisenformen, in: KZSS 35/1983, S. 205ff.
Norbert Elias, Die Gesellschaft der Individuen, Frankfurt 1987
Ders., Über den Rückzug der Soziologen auf die Gegenwart, in: KZSS 35/1983, S. 1ff.
Paul Feyerabend, Erkenntnis für freie Menschen, Frankfurt 1980
Michel Foucault, Archäologie des Wissens, Frankfurt 1973
Lee Freese, Cumulative Sociological Knowledge, in: Am. Soc. Rev. 37/1972, S. 472ff.
Hans-Georg Gadamer, Lob der Theorie, Frankfurt 1983
Arnold Gehlen, Die gesellschaftliche Situation in unserer Zeit, in: Ders., Anthropologische Forschung, Reinbek 1961, S. 127ff.
Anthony Giddens, Tradition in der post-traditionalen Gesellschaft, in: Soziale Welt 44/1993, S. 445ff.
Paul Good, Von der Verantwortung des Wissens, Frankfurt 1982
Jürgen Habermas, Der philosophische Diskurs der Moderne, Frankfurt 1985
Hans Haferkamp/Neil J. Smelser (Hg.), Social Change and Modernity, Berkeley/Los Angeles/Oxford 1992
Agnes Heller, Von einer Hermeneutik in den Sozialwissenschaften zu einer Hermeneutik der Sozialwissenschaften, in: KZSS 39/1987, S. 425ff.
Paul Kellermann, Konjunktur und Szenen. Über die Abhängigkeit der Soziologie und ihrer Lehre vom herrschenden Geist, in: A. Neusel/U. Teichler/H. Winkler (Hg.), Hochschule, Staat, Politik, Frankfurt am Main 1993, S. 127ff.
Leszek Kolakowski, Die Gegenwärtigkeit des Mythos, München 1973
Peter Koslowski, Die postmoderne Kultur, München 1987
Reinhard Kreckel, Soziologische Erkenntnis und Geschichte, Opladen 1972
Thomas S. Kuhn, Die Struktur wissenschaftlicher Revolutionen, Frankfurt 1978
Imre Lakatos-Alan Musgrave, Kritik und Erkenntnisfortschritt, Braunschweig 1974

Peter Ch. Ludz (Hg.); Soziologie und Sozialgeschichte, KZSS-Sonderheft 6, Opladen 1972
Niklas Luhmann, Tautologie und Paradoxie in den Selbstbeschreibungen der modernen Gesellschaft, in: Zschr. f. Soziologie 16/1987, S. 161 ff.
Burkhart Lutz (Hg.), Soziologie und gesellschaftliche Entwicklung, Frankfurt 1985
Jean-François Lyotard, La condition postmoderne, Paris 1979
Peter T. Manicas, A History and Philosophy of the Social Sciences, Oxford 1987
Robert K. Merton, Auf den Schultern von Riesen. Ein Leitfaden durch das Labyrinth der Gelehrsamkeit, Frankfurt am Main 1980 (ursprl. am. 1965)
Robert Nisbet, The Sociological Tradition, New York 1966
Ders., History of the Idea of Progress, New York 1980
Talcott Parsons et al. (Hg.), Theories of Society, 2 Bde., New York 1961
Helmuth Plessner, Diesseits der Utopie, Frankfurt 1974
Karl R. Popper, Das Elend des Historizismus, Tübingen 1965
John R. Searle, Geist, Hirn und Wissenschaft, Frankfurt 1986
Steven Seidman/David G. Wagner (Hg.), Postmodernism and Social Theory, Cambridge-Oxford 1992
Quentin Skinner (Hg.), The Return of Grand Theory in the Human Sciences, Cambridge 1990
Jens Soentgen, Der Bau, in: Zeitschrift für Soziologie 21/1992, S. 456 ff.
Helmut F. Spinner, Das ‚wissenschaftliche Ethos' als Sonderethik des Wissens, Tübingen 1985
Friedrich H. Tenbruck, Geschichte und Gesellschaft, Berlin 1986
Ders., Der Fortschritt der Wissenschaft als Trivialisierungsprozeß, in: *Nico Stehr-René König* (Hg.), Wissenschaftssoziologie, KZSS-Sonderheft 8, Opladen 1975, S. 19 ff.
Friedrich H. Tenbruck, Gesellschaftsgeschichte oder Weltgeschichte? In: KZSS 41/1989, S. 417 ff.
Edward A. Tiryakian (Hg.), The Phenomenon of Sociology, New York 1971
Giovanni Battista Vico, Prinzipien einer neuen Wissenschaft über die gemeinsame Natur der Völker, Hamburg 1990 (ursprl. 1744)
Immanuel Wallerstein, Das moderne Weltsystem, Frankfurt 1986
Paul Watzlawick (Hg.), Die erfundene Wirklichkeit, München 1986
Peter Wehling, Die Moderne als Sozialmythos, Frankfurt am Main 1992
Albrecht Wellmer, Zur Dialektik von Moderne und Postmoderne, Frankfurt 1985
Wolfgang Zapf (Hg.), Die Modernisierung moderner Gesellschaften, Frankfurt am Main 1991

Sachregister

Personenregister